Richard Heinzel

Geschichte der Niederfränkischen Geschäftssprache

Richard Heinzel

Geschichte der Niederfränkischen Geschäftssprache

ISBN/EAN: 9783743364233

Hergestellt in Europa, USA, Kanada, Australien, Japan

Cover: Foto ©ninafisch / pixelio.de

Manufactured and distributed by brebook publishing software (www.brebook.com)

Richard Heinzel

Geschichte der Niederfränkischen Geschäftssprache

Geschichte

der

Niederfränkischen Geschäftssprache

von

Richard Heinzel

Paderborn

Druck und Verlag von Ferdinand Schöningh

1874

Einleitung.

Unter niederfränkischer Geschäftssprache verstehe ich den Dialekt der fränkischen und benachbarten Canzleien von Mainz abwärts bis in die Niederlande, in so fern er mindestens noch *v* für *b* oder *t* für *z* in Pronominalformen auch ausser *dit* aufweist, und andrerseits nicht ndl. ist. Von den elf dargestellten Mundarten sind somit nur die ersten acht niederfränkisch. Unter diesen gehen nur I, II, III, V, VII in die ahd. Periode zurück und sind vom 8. bis 12. Jh., dieses eingeschlossen, belegbar; IV und VI sind jüngere Typen, IV datiert aus dem 13. Jh., VI ist kaum vor dem 14. nachweisbar. Sie mögen früher existiert haben, — in der Literatur steht das für VI ausser Zweifel — und lassen sich vielleicht nur nicht erkennen in den lateinischen Urkunden des 12. und 13. Jhs. Jedesfalls haben sie entfernt nicht die Rolle gespielt, waren nicht zu so fester Schreiberegel in Cöln und südlich Cöln im Rhein- und Moselthale geworden, als von dem bezeichneten Zeitpuncte ab.

Die acht Mundarten erscheinen zum Teil auf verschiedenen geographischen Gebieten, zum Teil rückt eine Mundart an die Stelle, welche eine andere in einer früheren Periode eingenommen hatte, — dass hiebei eine niederdeutschere Mundart an die Stelle einer hochdeutscheren tritt, ist sehr selten, — zum Teil auch decken oder schneiden sich die Sphären verschiedener Mundarten in derselben Zeit.

Die Mundart I, welche die nordwestlichen Territorien unseres Gebietes umfasst, ist nachzuweisen vom 9. bis Anfang des 11. Jhs., in den Daten geht sie sogar ins 8. Jh. herab. Die jüngere Sprossform dieser Mundart, der wir im 14. und 15. Jh. mehrfach begegnen, ist in dem geographischen Verzeichniss mit II^b zusammengeworfen. Davon sogleich.

Die Mundart II, die Geldern-Clevesche, nach den Hauptstationen ihres Erscheinens, ist zuerst belegbar im 10. 11. Jh., wenn auch die Daten schon dem 8. Jh. angehören. Sie entwickelt vom Ende des 13. Jhs. ab zwei Sprossformen, II^a, die Geldernsche, II^b, die Clevesche Mundart. Letztere umfasst im geographischen Verzeichniss auch die jüngere Gestalt von I, vor allem deswegen, weil die Unterscheidung zwischen II^b und I^b, wie man es nennen könnte, nur auf den ersten Spuren der Lautverschiebung beruht, welche sich in II^b finden. Bei den oft so kurzen Urkunden wäre es reine Willkür, ein Denkmal als I^b zu bezeichnen, das vielleicht, wenn es einige Zeilen länger gewesen wäre, das entscheidende — *lich* oder — *lichen* geboten und sich dadurch zu II^b bekannt hätte. Im 15. Jh. aber erscheinen längere Rechtsdm. der Städte, welche keinen Zweifel über den Typus erlauben. Hier ist im geographischen Verzeichniss durch den Exponenten 3 ersichtlich, dass die Urkunde eigentlich zu I gehört.

III, die ältere Cölnische oder die Jülich-Bergsche Mundart tritt auf im 10. 11. Jh., nach den Urkundentiteln sogar schon im 8. Jh. und dauert, zuletzt allerdings nur kümmerlich, bis ins 15. Jh.

Die Triersche Mundart oder V finden wir vom 8. bis Ende des 13. Jhs.; im 14. nur mehr spärliche Reste.

VII, die mainzische Mundart erhält sich vom 9. bis ins 15. Jh.

Jüngere Typen sind:

IV, die jüngere Cölnische Mundart. Sie entfaltet eine üppige Blüte vom 13—15. Jh. — III/IV ist eine Spielart, welche sie mit III verbindet.

VI ist als eine Weiterbildung von IV zu betrachten und blüht im 14. 15. Jh.

Nur in der Literatur, kaum in den Canzleien, kann ich nachweisen die Spielart von VII, VII^r im 12. und 13. Jh.

VIII ist ein sehr wenig geübter Typus, der zwischen VI und IX steht; nachgewiesen im 14. 15. Jh.

IX, X, XI sind nicht nfr. Mundarten, sondern Typen, welche dem hd. näher stehen als VIII, aber auch auf Gebieten, welche früher eine der nfr. Mundarten gezeigt hatten, erscheinen; sie treten ein seit den letzten Jahrzehnten des 13. Jhs.

VII, IX, X weichen mitunter im 13. 14. Jh. nach einer Seite von ihrem Typus ab. Es entstehen die Spielarten VII' IX', X'.

Das Gebiet unseres Dialektes vom 8.—15. Jh. war ein sehr bedeutendes, und die Reihe der deutschen Stämme, welche sich desselben bedienten, ist bunt. Aber auch die Abweichungen der nfr. Mundarten unter einander sind grösser als die der andern fränkischen Dialekte.

Das nfr. erscheint in den Niederlanden, den Rhein und die Maas aufwärts, steigt zur Mosel herab, überschreitet sie und dringt nach Luxemburg und Lothringen, Sponheim, Mainz vor. Am rechten Rheinufer begegnet es im heutigen Westfahlen, Waldeck, Hessen, Nassau.

Bei der geographischen Beschreibung von IX bin ich etwas weiter östlich und südlich gegangen als das Princip, nach welchem IX nur dort, wo einst auch echt nfr. Mundarten — hier zumal VI und VII - herrschten, zu erwähnen gewesen wäre, erlaubt hätte. Ich habe noch die Pfalz, in der VII nur sehr schwach bezeugt ist, und die Wetterau hinzugenommen.

Aber das nfr. ist in dem beschriebenen Gebiete nicht überall gleich alt. In den Niederlanden ist es nur in den östlichen Provinzen althergebracht: Utrecht, Veluwe, Betuwe, Zütphen. Ueberall sonst machen die nfr. Mundarten nur bestrittene vorübergehende Eroberungen. Westfahlen und Waldeck war vor dem 14. Jh. noch sächsisch und auch Hessen gehörte einem unfränkischen Typus an. Müllenhoff Dm. p. VIII.*) Nur drangen im 15. Jh. einzelne VI, VII in seine Canzleien ein.

---

*) Obwol die ältere Canzleisprache in Hessen noch zu erforschen bliebe.

Bis zum 12. Jh. stellt sich der Umfang und die Verteilung unseres Dialektes auf verschiedene Stämme in folgender Weise dar.

Weitaus der grösste Teil des dem Dialekt zukommenden Gebietes ist niederlothringisch, aber die eben erwähnten östlichen Teile des Herzogtums Friesland müssen auch dazu geschlagen werden, und südöstlich streift der Dialekt nach Francien hinüber, so dass an ihm Teil haben:

Salische, batavische, chamavische Franken in Utrecht, Veluwe, Betuwe, Hamaland vom 9. bis Anfang des 11. Jh. — I. Ueber mögliche weitere Ausdehnung s. unten unter I. — Später in Utrecht und Zütphen (Hamaland) II.

Chattuarische Franken und die benachbarten fränkischen Stämme im Waasgau, Moilla, Teisterbant vom 9. bis Anfang des 11. Jhs. — I; — später in den entsprechenden Gebieten von Cleve und Geldern II.

Ripuarische Franken. Im untern Ruhrtal (Werden) im 10. und beginnenden 11. Jh. I, später II, — im Nievenheimergau (s. Neuss) im 10. 11. Jh. — die Datierungen stammen aber aus dem 8. und 9. Jh. — II, später III, das seit dem 10. Jh. in Cöln und noch früher wie es scheint rechts Rhein in Gerresheim herrscht, und im Verlauf des 11. 12. Jhs. sich in dem Gebiet nördlich, westlich und südlich von Cöln, d. i. bis zu II, der romanischen Sprachgrenze und über die Eifel hin bis in die Nähe von V ziemlich deutlich zu erkennen gibt. Diese Mundart III mag wol schon früher in diesen Gegenden gebräuchlich gewesen sein. Rechts Rhein scheint sie von Kaiserswert bis gegen Siegburg herauf sich verbreitet zu haben.

Chattische Franken in Mischung mit ripuarischen und Alemannen. Im untern Moseltal und der südlichen Eifel vom 8.—12. Jh. — V, an der Saar bis nach Oberlothringen vom 9.—12. Jh. — VII. s. Excurs bei V.

Rheinische Franken. Links Rhein im 11. 12. Jh. in Mainz und früher vielleicht in pfälzischen Besitzungen — VII, — im Einrichgau im 9. Jh. — V oder VII'.

Diese Verteilung der elf nfr. Mundarten ist in dem folgenden derart ersichtlich gemacht, dass in dem jeder einzelnen gewidmeten Capitel voransteht eine Beschreibung des Typus dessen Eigentümlichkeiten in einer angeschlossenen Charakteristik auf die verwanten oder abweichenden Erscheinungen der übrigen deutschen Dialekte und germanischen Sprachen bezogen werden. Ich habe mich beinahe auf die Lautlehre beschränkt; eine ausgedehntere Berücksichtigung der Formenlehre hätte natürlich die Wortbildung nach sich gezogen, hier wäre es sehr schwierig gewesen die Vergleichung mit dem hd. festzuhalten, welche sich praktisch empfiehlt. Schliesslich hätten Wortschatz und Syntax nicht geringeren Anspruch auf Berücksichtigung gehabt. Der Charakteristik folgt eine Aufzählung der schönen und wissenschaftlichen Literatur. Besonders letztere ist sehr unvollständig. Die Cölnischen und andern niederrheinischen Drucke des 15. 16. Jhs. waren mir beinahe unzugänglich, die vielen rheinischen und niederländischen Vocabularien müsten auf ihre Mundart und den Ort ihrer Entstehung geprüft werden; s. Gerhards von Schueren Teuthonista (ed. 1807) p. LXXXVII. Mit einer Bestimmung des geographischen Gebietes, welches eine Mundart in verschiedenen Epochen beherrscht, schliesst jedes Capitel.

Ueber die Verwertung von Urkunden zur Bestimmung und geographischen Begrenzung der Mundarten kann einiges allgemeine bemerkt werden.

Lateinische Urkunden. Jeder Zweifel ob die Form der im Context der Urkunde erscheinenden Eigennamen oder sonstiger Ausdrücke in der Landessprache dem Schriftgebrauch des Ausstellers entsprächen, wäre nur in originalen Holographen ausgeschlossen: s. L. 1, 4 (794) *sig. Wracharii qui hanc traditionem propria manu perfecit subtusque firmavit*, ebenso L. 1, 2 (793), eine Tradition Liudgers, L. 1. 11 (799), eine Tradition Hludwins. Aber sie kommen selten und nur in Abschrift vor. In der Regel wird die Urkunde von einem Schreiber angefertigt, von dem Aussteller höchstens nur unterschrieben: s. L. 1, 24 *sig. Folcrade que hanc traditionem fieri rogavit et propria manu firmavit* und L. 1, 33 (816). — Es wird sich demnach hauptsächlich darum handeln den deutschen Schriftgebrauch der Schreiber zu ermitteln. Das kann mit Sicherheit nur geschehen aus den geographischen und Personennamen seiner nahen Nachbarschaft, — entfernterer Gegenden nur dann, wenn die Lautgestalt, in welcher sie der Schreiber giebt, mit der ihnen zukommenden uns sonst bekannten Mundart nicht übereinstimmt. Denn die Eigennamen fremder Stämme werden bald in die Mundart des Schreibers umgesetzt, bald unverändert gelassen.

Häufiger ist es, dass die fremde Namensform bewahrt wird. So in Kaiserurkunden: vSp. 2, 4 (Otto I. 937) *Vilike* Vilich no. Bonn, in einer päpstlichen Urkunde 2, 5 (996) *Filiche*, — 2, 7 (Otto III. 1000) *Testerbant*, L. 1, 276 (Heinrich V. 1114) *Hertenowe*, Hirzenach am Rhein nww. S. Goar, B. 1, 422 (1112) *Adelgotus Magdeburgensis episcopus*, ebenso 1, 472 *Megingotus Merseburgensis episcopus*, neben 1, 426 (1113) *Berengozus abbas S. Maximini* bei Trier. Ferner in Cöln: L. 1, 140 (1003) *Gotterswick* bei Duisburg, 1, 153 (1019) aber *Goterswich*, 1, 283 (1117) *Bucult* Bocholz bei Siegburg, 1, 333 (1139) *Holthuisen, Apelderlo, Brückhuisen*, aber *Werbruch* im Lande Dinslaken, 1, 355 (1138—1146) *Kriekenbeco* sw. Wachtendonk, 4, 643 (1200) *Mekelenbeke, Bede* in Westfahlen. In einer von Stablo und Metz angestellten Urkunde Calm. n. 414 (1035) *Walendorp*, wahrscheinlich Waldorf soo. Ahrweiler. *in comitatu Oththemedensi*: das wird Ochtendung meinen, — *of themo dinge*, — in Werden L. 1, 10 (798) schreibt man *Melanbach* im Bonnergau, in Cleve L. 4, 654 (1202—1230) *Heimerceim* bei Rheinbach, in Utrecht Bond. 1, 2,56 (1176) *Heinricus de Berebache* 1, 2, 60 (1178) *Wonnersbach supra Andernaken*, in der Kanzlei der bairischen Pfalzgrafen L. 2, 193 (1233) wechselt — *ich* und — *eke* ganz der Mundart entsprechend *Gulich, Floverke*.

Dieser Gebrauch ist uns natürlich sehr wertvoll. Für einen Punct des nfr. Gebietes können Urkunden aus der entlegensten Gegend desselben nutzbar gemacht werden, oder auch Urkunden, die ausserhalb unseres Gebietes entstanden sind, kaiserliche, päpstliche.

Allerdings sind es in diesem Falle nur die Lauterscheinungen eines Wortes, welche den Schreibgebrauch einer Ortschaft oder einer in einem bestimmten Bezirk ansässigen Person repräsentieren sollen. Aber es können gerade für den Typus einer Mundart wichtige Tatsachen in einem Worte enthalten sein. So bietet Ochtendung wgs. Coblenz in seinen ältesten Formen schon verschobenes *up*, das entscheidende Merkmal der hochdeutscheren Mundarten von V aufwärts. Die Abfolge ferner der Verschiebungsprocesse erlaubt über das unmittelbar gegebene hinaus zu schliessen. Wo ein *p* z. B. nach Vocalen unverschoben erscheint ausser in *up*, da wird man annehmen können, dass *t* noch sehr wenig, *k* nur zum Teil dem hd. Vorbild gefolgt sei. Davon unten.

Aber allerdings ist das Resultat kein reines: es gilt eigentlich nur für den Lautstand der Eigennamen, welcher vielleicht hinter der sonst üblichen deutschen Schriftsprache zurückgeblieben war, wenigstens nachdem sich eine deutsche Geschäftssprache seit der zweiten Hälfte des 13. Jh. ausgebildet hatte, und die heutigen offiziellen Schreibungen zeugen noch davon. s. z. B. Vilip sgw. Bonn oder *Ripersceit*, Reifferscheid, *Hertenich* bei Zülpich in Denkmälern welche sonst IV bieten; s. Nachtrag zur Beschreibung der Mundart III.

Natürlich gilt die Mundart eines Ortes, welche aus dem altertümlichen Lautstande seines Namens für einen Zeitpunct ermittelt wurde, auch oder vielmehr mit grösserem Rechte für die vorausgegangenen Zeiten. Zeigt ein Ortsname im 12. Jh. III, so werde ich im 10. Jh. dieselbe Mundart annehmen, wenn nicht sogar II als wahrscheinlich angenommen werden kann. In ganz seltenen Fällen allerdings ist ein Rückschritt merklich; s. unten.

Aber auch die Umschreibung ist keineswegs eine vereinzelte Erscheinung. Man findet sie z. B. in Urkunden, welche sich auf die Niederlande beziehen. So in den traditiones Fuldenses aus dem 8. Jh. vd. Bergh Mnl. Geogr. p. 256 wo *Holz — bah — dorf* ganz gewöhnlich sind, in ottonischen Urkunden vdB. n. 38 (Otto I. 960) *Wězefeld, Werebache, Miatrebache*, n. 64 (Otto III. 985) *Medemelacha, Huotelbaldus, Bruocsella*, — es ist allerdings eine junge Abschrift,

— in Lorscher Urkunden z. B. Bond. 1, 23 (839) *Selebach* in der Veluwe. Umschreibung in die höhere Mundart auch in Cöln z. B. L. 4, 603 (899) *Afaldrabechi*, Aplerbeck Kreis Hamm, L. 1, 153 (1019) *Gladebeche*, Gladbeck Kreis Recklinghausen, 1, 162 (1027) *Tugilesbachi*, *Gladbechi* zwischen der Emscher und Ruhr, in Deutz, L. 1, 243. (1079—1089) *Holzecläen* nw. Siegen in Westfahlen, — auch in nd. Orten welche sich bemühen hd. zu schreiben, in Gerresheim, L. 1. 68 *Sunnenbrunno*, Somborn n. Bochum in Essen, L. 2. 225 (1241) *Stouphemberg* mehrmal, es ist Stoppenberg im Essenschen.

Deutsche Urkunden. Die Mundart der Urkunde beweist für den Aussteller

1. wenn sie sich auf den Aussteller selbst oder dessen nächste Angehörigen, Untergebene, bezieht. Z. B. Testamentsbestimmungen. Erbteilungen, Verhandlungen des Bischofs mit der Stat, des Bischofs mit seinem Münzmeister. Desgleichen wenn der Vornehme mit dem viel geringeren verkehrt, z. B. König Albrecht mit von Covern 14. Jh. IX, der Erzbischof von Trier mit von Stromberg 14. Jh. IX.

2. wenn sie an Personen oder Ortschaften der nächsten Umgebung gerichtet oder mit solchen ausgestellt ist, sofern nicht bekannt ist dass diese einer andern Mundart angehören: z. B. von Isenburg und von Sain 14. Jh. VI, von Geisbusch und Münster Maifeld 15. Jh. VII.

3. wenn sie an Personen oder Ortschaften gerichtet ist, deren Mundart wir als verschieden kennen. So müsten wir, wenn es sonst nicht bekannt wäre, X als eine Geschäftssprache Frankfurts im 15. Jh. anerkennen, weil es in diesem Typus an den König von Frankreich schreibt, Janss. n. 361 (1410), so haben Sain und Wied im 14. Jh. VII. weil ihre an Cöln gerichteten Schriftstücke in dieser Mundart abgefasst sind, Katzenellenbogen und Nassau weil es an Berg, Hessen weil es an Cleve - Mark, von Reichenstein weil es an König Ruprecht in VII schreibt, und König Karl IV. hat IX, weil er diese Mundart zum Verkehr mit Cöln verwendet. Sain

war im 13. Jh. IV, weil seine mit Nassau ausgestellte Urkunde die Mundart zeigt, dass Loon - Heinsberg - Löwenberg in IV heimische Angelegenheiten besorgte, erfahren wir aus seinem Verkehr mit Cleve - Mark. Wied, Sain, Sponheim verwenden VII zum Verkehr mit Cöln: es ist also ihre heimische Amtssprache. Ebenso im Reichensteinischen, da Herr von Reichenstein es neben VII dem Kaiser Ruprecht gegenüber verwendet.

4. Eine Urkunde, welche an einen Adressaten gerichtet ist, der sich der in ihr gebrauchten Mundart zu eigenen inneren Angelegenheiten bedient, beweist für den Aussteller — wenn sie eine sprachliche Färbung zeigt, welche sich aus der geographischen Lage des Adressanten erklärt. So sind die in IV geschriebenen Sainer Urkunden des 13. Jhs. an Cöln gerichtet, dessen Mundart IV ist. Aber wir finden in ihnen *dorf* und keine *ai, oi, ui.* — Ich habe jedoch von diesem seltenen und nicht ganz sicheren Kriterium in den geographischen Verzeichnissen keinen Gebrauch gemacht. Die Sainer Urkunden stehen unter Verkehr mit Cöln im 13. Jh.

Die Urkunde kann aber auch für andere als für den Aussteller beweisen

a) für den Adressaten: wenn der Adressant zu eigenen Angelegenheiten sich einer andern Mundart bedient. König Ruprecht schreibt in VI an Cöln. VI muss eine in Cöln übliche Amtssprache gewesen sein. Ebenso zeugt Lothringen-Brabant - Limburg für III in Loon, Brabantsche Städte für III in Jülich, Brandenburg für VI in Jülich, Cleve für VI in Lothringen, Meurs für VII in Wied, Kaiserswert für VII in Hammerstein: so im 15. Jh., — im 14. Jh. beweist Corvei IX in Sponheim, Graf von Waldeck VI in Berg, Mark und Berg VI in Nassau, Mainz VI in Trier, von Grafschaft VI in Siegburg, Jülich VI in Sain, Loon X in Nassau. Mitunter zeigt der unreine Typus die ungeübte Hand des Ausstellers. So ist die Urkunde L. 3, 786, nach welcher die Bischöfe von Münster und Paderborn und die Städte Münster, Dortmund, Soest im J. 1376 dem Erzbischof von Cöln gewisse Zugeständnisse machen, in IV ausgestellt, aber *ghemênlike*, — und die Seltenheit der charakteristischen Vocalformen lässt die Entstehung auf sächsischem Boden durchblicken. Oder Karl IV. gelobt dem Erzbischofe von Cöln Schutz und Beistand L. 3, 779 (1376) in IV, aber einige *ei* für *i*. Ebenso L. 3, 781, Karl IV. verfügt über Cölner Bürger im Sinne des Erzbischofs 1376, in IV, aber *Zeiten Reichs*. — König Ruprecht bedient sich in zwei an den Erzbischof von Cöln gerichteten Erlässen im Anfang der Mundart VI, später geht der Typus in IX über, Chm. Rup. n. 3 (1401), L. 4, 1 (1401). Der Herzog von Sachsen schreibt in X an Cöln, L. 4, 236 (1440), aber ein *dat*. Der Erzbischof von Cöln schreibt an den Herzog von Sachsen, L. 4, 456 (1492), offenbar in der Absicht hd. zu schreiben, aber *hoichgeborne*. Der Herzog von Jülich-Berg-Geldern ebenso an Kaiser Sigmund, L. 4, 217 (1435), aber *hain*, *i* und *ei* wechselt, *ü* für *eu*, *au* ist Regel. Oder die Herzogin von Jülich schreibt an ihren Bruder, Markgrafen von Brandenburg hd. aber mit beinahe durchgehendem *d* für *t*, Kaisb. 2, n. 372 (s. d., nicht aus dem kaiserlichen Buch). Ganz lächerlich ist die Orthographie der Gräfin von Cleve in einer an ihren Neffen, den Erzbischof von Cöln, gerichteten Erklärung L. 3, 646 (1363): es soll IV sein, aber z. T. schiesst sie über das Ziel hinaus *daz*, *slötzen* (arcibus), z. T. bleibt sie weit dahinten zurück. *Ertzebuscop*, *vrunschap*, *gesekerd*, *gemaket*, *thó lyftucht*: das alles in sechs Zeilen. — Ein seltsames Deutsch schreiben mitunter Ausländer. Vom Metzer Bischof liegt ein ganz rein geschriebener Brief an Erzherzog Maximilian vor, Mon. Habsb. 1, 1 p. 149 (1477), aber der König von Dänemark in einem Schreiben an Kaiser Friedrich IV., Mon. Habsb. 1, 1, p. 451, hält zwar im allgemeinen den hd. Typus fest, dabei aber *langkweirig forsten* und regelmässig *zt* für *z*, *ztu*, *zteyt*. Noch viel wüster aber ist die Orthographie Marias von Burgund an ihren Bräutigam Erzherzog Maximilian, Mon. Habsb. 1, 1, p. 140 (dat. *Cheint* d. i. Gent 1474): sie schreibt *gedoien* (facere), *gueren* (lubenter), *griussen* (salutare), *loissen* (sinere), *deurffent* (indigent): es ist eine Art IX.

Urkunden dieser Kategorie können für die Amtssprache des Adressaten beweisen, auch wenn über diese sonst nichts bekannt wäre; s. IX. Pfalz und Sponheim 15. Jh.: gewönlich unterstützen sie nur andere Beweise.

b) für nahe Nachbarn, wenn wir nicht wissen, dass sie einer andern Mundart zufallen; s. oben 3. Die Geschlechter und Ortschaften z. B., welche zwischen Cöln und Jülich liegen, werde ich im 14. Jh., auch wenn keine Urkunde für sie zeugt, unbedenklich als IV annehmen.

c) für Zeugen oder Mittelspersonen, welche in der Urkunde genannt sind. Ich kann als Beispiel nur einen Fall anführen. Hö. 1, 10 sind Transfixbriefe zwischen Walram, Grafen in Jülich, und dem Erzbischof von Cöln (s. d. vor 1271) abgedruckt. Von dem zweiten, dem Kölnischen nur sechs Zeilen. Dr. Jänicke hatte die Freundlichkeit mir eine Abschrift des ganzen zu senden. Die Mundart ist II^b, welche in der Jülichschen Canzlei beinahe so unwahrscheinlich ist als in Cöln. Nun sind aber die Schiedsrichter des hier ausgetragenen Streites der Propst von Achen, der Herr von Falkenburg, nw. Achen, und der Herr von Vrenz, wnw. Düren. Nur dem Herrn von Falkenburg ist im 13. Jh. II^b zuzutrauen; s. geogr. Verzeichniss II 13. Jh.

Auch deutsche Urkunden können über die Mundart in Zweifel lassen, wenn sie kurz sind. So ist das Wt. 6, 638^b eigentlich VIII: aber da das zeitlich nahe andre desselben Ortes p. 639 deutlich VI zeigt, so wird man annehmen, auch in 6, 638^b würden, wenn es von grösserer Ausdehnung wäre, sich einige v für b gezeigt haben.

Ein wesentlicher Unterschied in Benützung der lateinischen und deutschen Urkunden besteht darin, dass in diesen aus den Formen jeder einzelnen, wenn sie nicht allzukurz ist, der Typus abgelesen werden kann, während man bei jenen gezwungen ist mehrere desselben Ortes und derselben Epoche vereint auf ihren Lautstand anzusehen, in der allerdings wahrscheinlichen Voraussetzung dass die deutschen Wörter in denselben derselben Mundart angehören würden. — In den Quellenverzeichnissen der Beschreibungen sind die Urkundentitel ausführlich angegeben, — wo es von Belang schien auch der Ausstellungsort und der Name und Stand des Schreibers, — weil es für die Beweiskraft der einzelnen Wortformen wichtig ist zu wissen, wie weit die genannten Personen oder Ortschaften vom Aussteller der Urkunde entfernt waren, und für wen die Urkunde bestimmt oder an wen sie gerichtet war. Eine Urkunde kann ja von A ausgestellt, aber von einem Secretair des B, für den oder mit dem sie ausgestellt war, redigiert sein.

In den geographischen Verzeichnissen sind zuerst Actenstücke aufgezählt, welche beweisen, dass die genannte Person oder Ortschaft der Mundarten von II—XI als Geschäftssprache zu heimischen Angelegenheiten sich bedient habe, — und zwar zunächst Urkunden der Landesherren grösserer Gebiete so wie der mit diesen gleichnamigen Städte, sodann Urkunden der kleinen Geschlechter, der Klöster, Städte und Dörfer. Die Aufzählung geschieht in horizontalen Parallelen von Nord nach Süd, dies- und jenseits des Rheins. An lateinischen Urkunden bis Ende des 12. Jhs. sind alle zur Beschreibung verwendeten aufgenommen, ausserdem noch einige, welche geeignet waren einen Ort der betreffenden Mundart zuzuweisen, — von den deutschen nur jene, welche nach den oben angeführten Gesichtspuncten 1. 2. 3. beweisen: also nur von A ausgestellte Urkunden werden hier zum Beweise, dass A diese oder jene Mundart geschrieben, aufgezählt. Beweisstücke der Kategorie a) fallen unter den Verkehr. Ganz ausgeschlossen sind jene Urkunden einer Mundart, welche von A an B gerichtet sind, wenn feststeht dass beide zu innern Angelegenheiten sich dieser Mundart bedienen. So fehlt z. B. die von Mainz an Frankfurt gerichtete Urkunde Bö. Cod. 773 (1395) in IX. Daher kommt dass zwar in der Regel, aber nicht notwendig, die zur Beschreibung der Mundart benutzten Urkunden auch im geographischen Verzeichniss ihren Platz finden. — Ausser den in der Beschreibung verwerteten deutschen Urkunden sind eine überwiegende Anzahl anderer in den geographischen Verzeichnissen aufgezählt.

Nach einer Vergleichung der für die Mundart einer Epoche erhaltenen Flächenausdehnung mit den Zuständen der vorausgehenden Epoche und mit der Verbreitung collidierender Mundarten derselben Epoche folgt eine Aufzeichnung von Urkunden, welche direct oder unter der Form einer öffentlichen Erklärung an Personen oder Ortschaften der ersten Aufzählung gerichtet sind, oder welche mit diesen ausgestellt sind. Doch nur solcher Personen oder Ortschaften, von deren Amtssprache wir nicht wissen dass sie die in Rede stehende gewesen. — Gewiss gehören viele der im Verkehr aufgeführten Personen und Ortschaften dem Typus an, in welchem sie sich an unzweifelhafte Angehörige desselben wenden: aber bewiesen ist es nicht. In derselben Gruppe auch solche, deren eigene Geschäftssprache bestimmt eine andre gewesen ist. Sie beweisen für die Adressaten nach Kategorie a).

Wünschenswert wäre eine dritte Gruppe, aus welcher ersichtlich würde, bis zu welchem Grade die Personen und Ortschaften jene Mundart, welche ihre heimische Amtssprache ist, zur Correspondenz mit andersschreibenden Canzleien verwenden, also unter welchen Umständen sie sich nie von derselben entfernen, unter welchen andern zuweilen, unter welchen dritten in der Regel. Belehrend wären Zahlen, welche zeigten, wie oftmal in einer bestimmten Anzahl von Fällen diesem oder jenem Adressaten gegenüber die heimische Sprache aufgegeben wird. Aus einer Vergleichung solcher Register müste der Einfluss und die Würde, wie die Ohnmacht und Niedrigkeit unserer verschiedenen Mundarten ziemlich deutlich hervorgehen.

Durch den Exponenten 1 bezeichne ich Beimischung des nhd. Vocalismus, durch den Exponenten 2 überwiegend oder vollständig durchgedrungene Verschiebung der germanischen Dentalmedia, durch den Exponenten 3 den jüngeren Typus von I also II^b mit ganz unverschobenem Consonantenstand, durch den Exponenten x eine Spielart der Mundarten VII, IX, X, — s. Nachtrag zu VII, IX, X, — durch den Exponenten y eine Spielart des Typus VII, — s. Beschreibung VII. Cursivschrift hebt Dm. des 16. Jhs. hervor. — Die Urkundentitel sind erst vom 13. Jh. an angegeben, da sie für die früheren Perioden in den Quellenverzeichnissen zu den Beschreibungen stehen. Rund eingeklammerte Zahlen vor dem 13. Jh. bezeichnen dass der Ort oder das Geschlecht nur auf Grundlage seiner Namensform in Urkunden, deren Aussteller nicht der durch den Lautstand des Namens indicierten Mundart angehörten, meist Kaiser und Päpste, der in Rede stehenden Mundart zugewiesen worden ist: vom 13. Jh. ab werden in diesem Falle die ganzen Urkundentitel in eckige Klammer gesetzt. — Nur bei den Urkundentiteln des 13. Jhs. ist durch ein beigefügtes l. oder d. angegeben, ob sie deutsch oder lateinisch sind. Die älteren sind durchweg lateinisch, von den jüngeren habe ich nur deutsche benutzt.

I.
Beschreibung.

Iα, Iβ, Iγ.

Das einzige Denkmal, welches uns eine über das ganze Gebiet des Ripuarischen Herzogtums gültige Geschäftssprache bezeugen könnte, ist die Lex ripuaria. Aber sie gewährt sehr geringe Ausbeute.

Consonanten. hd. *d: fredo.* — hd. *t: raida* — hd. *b: morgangeba.* — lat. p: *Ribuarii,* — hd. *ph: stapplum,* wofür jüngere Hss. *ff, pf, pfp* haben. — hd. g: *morgangeba — rachinburgii.* — hd. *h: scôgilo.*

Vocale. hd. *i: fredo.* — hd. *ei: bain, raida.* — hd. *uo: scôgilo.*

Es ist aber auch nichts, das hinderte dieses Denkmal unter I zu stellen, obwol *b* in *morgangeba* auffällt.

Iα.

(Werden, 9. 10., Anfang 11. Jhs.)

Quellen.

Crecelius Collectae I, IIa, IIIa: Mitteilungen aus dem Index redituum monasteriorum Werdinensis et Helmonstadensis aus dem 9. 10. Jh. Eine Datierung *ab anno d. incarn. DCCCXC* giebt die Grenze an; s. L. Urk. 1 p. XI, Crecelius Collectae I p. 2, IIa p. 1.

Lacomblet Archiv 2, 209 ff.: Abdruck des eben genannten Index.

Lacomblet Urkundenbuch. Die Traditionen und Register des liber cartarum, auch cartularium Werthinense genannt, nach der Schrift dem 10. 11. Jh. angehörig, wahrscheinlich Abschrift einer ältern vor 849 abgeschlossenen Sammlung, s. Lacomblet u. a. O. p. XI. — 1, 3 (Sigiwinus überträgt der Abtei Werden ein zur Villa Hrodbertingahova, am Gilbach s. Neuss, gehöriges Cortile. — Dat. Widugises hova bei Hrodbertingahova — Werinhardus presbiter — 793), 1, 6 (Henricus schenkt der Abtei Werden seine Rottung zu Heisingen. soo. Duisburg. — Dat. Laupendahl nno. Düsseldorf.— Thiatbaldus presbiter — 796),1,7(der Franke Theganbaldus schenkt der Abtei W. eine Hufe bei Fischlacken oso. Duisburg. — Dat. ad crucem im Gau Nievenheim, confirmiert in Fischlacken — Thiatbaldus presbiter — 796), 1, 8 (Liudgerus, des Hredgerus Sohn, schenkt der Abtei W. sein Erbe in der Villa Bidningahem und Doornspijk an der Zuydersee. — Dat. in loco qui dicitur ad os amnis — Thiatbaldus presbiter — 796) 1, 10 (Irpingus verkauft der Abtei W. einen Weinberg in der Villa Bachem am Melenbach sos. Bonn. — Act. in Saxonia ubi tunc temporis fuimus in hoste in loco Mimtum — Thiatbaldus presbiter — 798), 1, 11 (Hludwinus schenkt der Abtei W. einen Teil seines Erbes an der Ruhr. — Dat. Diapanbeci bei Werden — Thiatbaldus presbiter — 799), 1, 12 Folcbert tauscht von der Abtei W. gegen die Rottung Widuberg, j. Wynberg, eine Hufe zu Fischlacken, oso. Duisburg, ein. — Dat. Diapanbeci bei Werden — 799), 1, 13 (die Abtei W. erwirbt die in der vorigen Urkunde erwähnte Rottung. — Dat. Diapanbeci bei Werden — Thiatbaldus presbiter — 799), 1, 14 (Oodhelmus schenkt der Abtei W. drei Hufen im Isselgau und im Gau Nordtwente. — Dat. Wichmund an der Issel — Thiatbaldus presbiter — 799), 1, 16 (Reginaldus, Folchardus, Gerhardus, Wifil und Helmberhtus schenken der Abtei W. einen Acker zu Wichmund a. d. Issel. — Dat. Wichmund a. d. Issel — Thiatbaldus presbiter — 800), 1, 17 (Efurwinus, Hildiradus und Irminwinus schenken der Abtei W. eine Rottung bei Heisingen, soo. Duisburg. — Dat. Diapanbeci bei Werden — Thiatbaldus presbiter — 800), 1, 19. Hildiradus schenkt seine Rottung zwischen der Borbeck und dem Wynberg bis zur Ruhr der Abtei W. — Dat. Diapanbeci bei Werden — Thiatbaldus presbiter — 801), 1, 21 (Helmbaldus empfängt die Rottung in der Villa Salehem bei Werden von der Abtei W. zur Hälfte zurück. — Dat. Widapa bei Werden, — Wambertus Clericus — 801) 1, 22 (Hrodulfus schenkt der Abtei W. ein Curtile im Gau Velau in der Villa Engeland. - Dat. Wichmund a. d. Issel — Thiatbaldus presbiter — 801), 1, 27 (Liudgerus, Sohn des Hredgerus und Hiddo schenken der Abtei W. einen Teil ihres Erbes in der Villa Doornspijk an der Zuydersee. — Dat. Bidingahem — Thiatbaldus presbiter — 805), 1, 28 (Hiddo und Gattin schenken der Abtei W. einen Teil ihres Erbes zu Quarsingseli und Schotenburg bei Doornspijk an der Zuydersee, Bockhorst am linken Ufer der Issel, Telgt bei Puttem. — Dat. Bidingahem bei Doornspijk — Thiatbaldus presbiter — 806), 1, 29 (Willeburg verkauft der Abtei W.

ein Grundstück in der Villa Menden, oso. Duisburg. — Dat. Werden 811), 1, 30 (Gundvinus und Adelboldus verkaufen der Abtei W. ein Cortile in der Villa Mehlem sos. Bonn. — Dat. ad Rura ante basilica sancti salvatoris — Amalbertus diaconus — 812), 1, 31 (Graf Hrodsten schenkt der Abtei W. einen Hörigen. — Dat. Werden — Hildiwardus cancellarius — 815), 1, 32 (Eric und Ermenfrid verkaufen der Abtei W. Teile eines Forstes an der Erft (mündet bei Neuss in den Rhein) bei dem Orte ad crucem. — Dat. ad Rura ante basilica sancti Salvatoris — Amulbertus diaconus — 816), 1, 33 (Eric und Ermenfrid schenken die erwähnten Forstteile der Abtei W. — Amalbert presbiter — 816), 1, 37 (Sigihard schenkt der Abtei W. einen Morgen Landes zu Fischlacken, oso. Duisburg. — Liudberhtus diaconus — 819), 1, 38 Bado schenkt der Abtei W. eine Hufe in der Villa Pierbecke bei Dortmund. — Geschrieben von dem Werinhardus presbiter, der auch die folgende Urkunde abgefasst hat — 820), 1, 39 (Huntio schenkt der Abtei W. einen Morgen Landes in der Villa Oeft bei Werden. — Dat. W. — Adalgerus diaconus — 820), 1, 40 (der Diacon Theodgrim schenkt der Abtei W. sein Erbe in der Villa Arlo im Gau Drente. — Dat. Mimigernaford — Werinhard presbiter — 820), 1, 42 (Helmbrat schenkt der Abtei W. einen Morgen Landes. — Liudbaldus cancellarius — 826), 1, 43 (Erps, nach der Ueberschrift und dem Liber privilegiorum major von 1160 Erpo, und Helmfrid schenken im Bezirk der Villa Menden, oso. Duisburg, der Abtei W. einen Morgen Landes. — 809—827), 1, 44 (Reginbrat und Flodoin schenken der Abtei W Land und Wald zu Mulenegia und eine Rottung an der Hesper; wol der Bach bei Werden, Förstemann 2, 695. — 809—827), 1, 45 (die Geschwister Wolf Meinbrat Osbirin Meinbirin schenken der Abtei W. eine Mastberechtigung und acht Morgen Landes. — Dat. Werden — Hrodwaldus presbiter — 833), 1, 46 (Abbo schenkt der Abtei W. zwei Hufen an der Ruhr in der Villa Laupendahl, nno. Düsseldorf. — Dat. Werden — Reginharius presbiter — 834), 1, 47 (Hemric schenkt der Abtei W. Weideberechtigung im Bezirke von Oeft bei Werden. — Dat. Werden — Reginharius presbiter — 834), 1, 48 (Bischof Gerfrid, Verwalter der Abtei W., ertauscht von Frithuardus einen halben Mansus in der Villa Heisingen, soo. Duisburg, gegen einen halben Mansus im Brukterergau in der Villa Castrop, no. Bochum, und ein Grundstück im Dreingau, in der Villa Werne, sso. Lüdinghausen. — Dat. Billerbeck w. Münster — Reginharius presbiter — 834), 1, 49 (Meginhard und Gunthard schenken der Abtei Weiderecht in der Villa Oeft bei Werden. — Dat. Werden — Reginharius diaconus — 836), 1, 50 (die Brüder Theodold und Thrudger schenken der Abtei W. Weiderecht in der Villa Oeft bei Werden. — Dat. Werden — Thiadgerus subdiaconus — 836) 1, 51 (Oddag verkauft der Abtei W. zehn Morgen Landes in der Villa Menden, oso. Duisburg. — Dat. Werden — Thancbaldus Monachus — 836), 1, 52 (Erpo schenkt der Abtei W. eine Rottung in Waneswalde. Der liber privilegiorum major von 1160 hat Wenaswalde, der nach 1, 19 zwischen der Borbeck, der Ruhr und

dem Wynberge gelegen ist. — Dat. Werden — Hrodaldus cancellarius
— 837), 1, 53 (Sneoburg schenkt der Abtei W. fünf Morgen Landes in
der Villa Fischlacken, oso. Duisburg. — Dat. Werden — Reginharius
presbiter — 838), 1, 54 (Helmbrahtus schenkt der Abtei W. einen Morgen
Landes zu Harnscheid an der Ruhr. — Dat. Werden — Thancbaldus
subdiaconus — 838), 1, 55 (Meinbardus, Vogt der Abtei W., tauscht von
Thiatungus gegen acht Morgen Landes zu Gisfridinghovum Grundbesitz
an der Hesper ein. — Dat. Werden — Thiathardus presbiter — 841),
1, 56 (Meginbard und Wolf schenken der Abtei W. Triftberechtigung zu
Oeft bei Werden. — Dat. Werden — Thiathardus subdiaconus — 841),
1, 57 (Erpo schenkt der Abtei W. zwei Morgen Landes zu Menden, oso.
Duisburg. — Dat. Werden — Thiathardus diaconus — 843), 1, 58 (Evur-
win schenkt der Abtei W. zwei Morgen Landes zu Oeft bei Werden.
— Dat. Werden — Thiathardus diaconus — 844), 1, 60 (Andger schenkt
zwei drittel seines Erbes in der Velau der Abtei W. — Dat. Werden —
Thiathardus diaconus — 845), 1, 61 (Imma schenkt der Abtei W. ein
Weidestück im sächsischen Südergau in den Villen Aldgrepeshem und
Kempingwerva, im friesischen Westergau in der Villa Westerburon. —
Dat. Werden — Thiathardus diaconus — 845), 1, 62 (Gislun schenkt der
Abtei W. einen Morgen Landes in der Velau. — Dat. Werden — Thiathardus diaconus — 846), 1, 63 (Wolf in Hetterscheid, nnw. Elberfeld,
schenkt sein Erbe daselbst der Abtei Werden. — Dat. Werden — Liudbaldus Cancellarius — 847), 1, 64 (Gunthard und Athilwin verkaufen
dem Bischof Altfrid für die Abtei W. eine Rottung in dem Oefterwalde
bei Werden. — Dat. Werden — Liudbaldus levita — 848), 1 p. 29
(Register der Wald- und Weideberechtigung der Abtei W. zu Heisingen
und Oeft bei Werden), — 1 p. XI (Index der verlornen Urkunden des
liber cartarum).

Consonanten.

Hd. *d* erscheint beinahe nur im In- und Auslaut: *Weridina*
L. 1, 29, *Thiatbaldus* L. 1, 10, *Adelboldus* L. 1, 30, — *Reginbald* L. 1, 39, *Alfnand* L. 1, 30. — Im Auslaut auch euphonisches *t: Hrôtstêni* neben *Hrôdstên, Hildisuit* L. I, 31. — Im
Anlaut ist *th dh* Regel: *Theganbaldo* L. 1, 12, *Thornspic* an der
Zuydersee L. 1, 27, *thiu that* Cr. I, 25, *Badanasthorpa* Cr. I, 19,
— und auch im In- und Auslaut häufig *Holtgiweldithi niđar-
run* Cr. IIIa 20, *Rothum* L. 1, 12,*) *Werithina* L. 1, 11, Cr.

*) Wie die ahd. Formen *rod rodh* neben *riutjan* zeigen Gff. 2,
489 muss es neben der germanischen Wurzel *rud* auch eine ältere *ruþ*
gegeben haben. Wie auch *skaid* und *skaiþ* anzunehmen ist nach dem
hd. *skeidan skeitôn*, und *gud guþ*.

IIIa 39, *Menethinne*, oso. Duisburg, L. 1, 43, *Adalold, Hadumár* Cr. IIIa 20, *Sûthanbróka* Cr. I, 18, *Frithubaldi* L. 1, 60, *Urdingi* Cr. IIIa 19, — *Hródbraht* Cr. IIIa 20. Nichts andres wird *ht* bedeuten in *Norhttuianti* L. 1, 14. — Assimilation in *Lankiêr* Cr. I, 10. Wenn L. 1, 53, Cr. IIIa 25 *Tottonthorra* richtig geschrieben und gelesen ist, so drängt sich die Vermutung auf, es sei hier abzuteilen *tóte* (oder schon *tót?*) *then thorna*, daraus *tót ten thorna:* Gr. 1³, 105. 3, 777, — und noch weiter assimiliert *tóttonthorra.*

Hd. *t* erscheint regelmässig nur wo germanisches *t* zu Grunde liegt, wie in den Namen auf *-brat -bert -bret: Adelberti* L. 1, 60, *Helmbrat* L. 1, 42, *Frimbret* L. 1, 37. Doch auch hier *th* in *Thrûtgêr* L. 1, 30. — Sonst ist *d* Vertreter: *Diapanbeci* bei Werden L. 1, 11, *Widuberg* bei Fischlacken, oso. Duisburg L. 1, 12, *iukruoda* L. A. 2, 219, *Blidgêringmad* bei Wichmund a. d. untern Issel L. 1, 8, *Reginald* L. 1, 30, *Aldberti* L. 1, 60, *gibrâkôd* L. A. 2, 218. — Daneben auch *td: Thiatdungi* L. 1, 55 — und *th: langon edsca* (g. *atisk.*) Cr. IIa 11 — *Andulfes vurd, Lacvurd*, Cr. I, 20. 21, neben *Wôdfurd* Cr. III. 20. — Euphonisches *t: malterôt* L. A. 2, 230. — Abfall: *Thiagrim* L. A. 2, 237.

Hd. *z* für germanisches *t* kommt der Mundart nicht zu: sogar das lateinische census muss zu *tins* werden: *wahstinsigon* Cr. IIIa 68; — *te* Cr. I, 25, *twêdihóva* Cr. IIIa 41, — *waterscapis* L. 1, 3, *Ketile* L. A. 2, 219, — *holtscara* L. 1 p. 29, *holtgiweldithi* Cr. IIIa 20. Zwischen Vocalen sogar *d: Alfgódinghóva* L. 1, 12, neben *Alfgâtinghóva* L. 1, 7. Wol nur einSchreibfehler ist *Siwazarashuervia* Cr. I, 11, ein par Zeilen nach *Siwutarashwervia.* — Aber in den Deminutiven dieselben *z zz* wie im ahd. und alts. (s. Gr. 3, 692): *Azo* [hs. *Ázo*] bei Hoch-Emmerich) Cr. IIIa 20, *Ôzo Hizzon Azelino* wahrscheinlich von Laupendahl, sw. Werden, Cr. IIIa 49, *Hródzilonis* bei Hoch-Emmerich Cr. IIIa 21, *Kikiza Werinza* Cr. I, 27, *Ráza* Cr. III 49,*) — *Tétta* Cr. I, 27 wird eine Friesin sein.

---

*) Auch bei den Sachsen war es früh Mode hd. verkleinerte Eigennamen zu brauchen l. Gr. 3, 692 und *Eizo Also Azelin Azeko Meinzo Witzo* in der Frekenhorster Heberolle.

Hd. *b* ist im Inlaut selten: *Eburini* Cr. IIIa 30, *Ubiterô Oeft* bei Werden Cr. IIIa 30, *Calberlôge* L. A. 2, 230. — Statt dessen *b v*, selbst *f*: *Deddingiwerbe* Cr. IIIa 34, *obarrun* Cr. IIIa 20, *Ubiti* Cr. IIIa 30, *Berahthraban* Cr. IIIa 20, — *Evurwine* L. 1, 17, *Evruin* L. 1, 30, *Evurwin* L. 1, 50. 57, *Hravingêr* L. 1, 30, *Kempingwerva* L. 1, 61, *Uviti* L. 1, 39. 49. 50. 58, *hôvas* L. 1, 14, *sivun* Cr. I, 25, *Calvaslôgi* L. A. 2, 238, — *Efurwine* L. 1, 17. — Im Auslaut gewöhnlich *f*: *Alfgâtinghôva* L. 1, 7, *Alfgêri* L. 1, 5, *Suâfgêr* Cr. IIIa 20, *half* Cr. I, 25, *Liafgêr* Cr. IIIa 20: — aber auch *Suâbhêm Albwin* Cr. IIIa 19. — Nasalierung zeigt sich in *Wolfhramni* L. 1, 60. — Abfall: *Burgwî* bei Hoch Emmerich, gegenüber Duisburg, Cr. IIIa 20, *Adalwi de Bergon sive de Gent* Cr. IIIa 37, *Burgwi Râdwi*, s. Lüdinghausen, L. A. 2, 231.

Lat. *p* in *Ripuarii* wird durch *g* vertreten: *Rigoario* Cr. IIIa 29, L. 1, 36, *Rigoariorum* L. 1, 61, was nur romanische Aussprache der Erweichung *Ribuarii Riboarii* sein kann — *Rivoarii Rigvoarii*; s. Zeuss, Die Deutschen p. 343.

Hd. *ph* als Africata oder Spirans kommt nicht vor: *Diapanbeci*, bei Werden, L. 1, 11. *Hlôpanheldi*, sw. Werden, L. 1, 6, *Arnapa*, Erft, mündet bei Neuss in den Rhein, Cr. IIIa 29, *waterscapis* L. 1, 3 — *uppan* Cr. I, 11, *Hattorpe*, wnw. Soest, Cr. IIIa 18, — *Castorp*, nww. Dortmund, L. 1, 48.

Hd. *f v*. Die Schreibung *f* ist im Anlaut so sehr Regel, dass *Hêthveldun* in *Hêthfeldun* corrigiert wird Cr. IIa 17, und doch war die erweichte Aussprache vielleicht schon angebahnt, wenn man auf das *W* in *Welloe* L. 1, 62 neben *Felum* L. 1, 22 Gewicht legen will. Vielleicht bedeutet es *v*; s. Rumpelt Natürl. System p. 61 ff. — Im In- und Auslaut kann aber statt *v* auch *b* stehen: *Ricolbeshêm*, bei Lüdinghausen, Cr. IIa 11 — *Vulbgrimo* Cr. IIIa 30. — Abfall in *Liutridi*, was kaum etwas andres sein kann als *Liutfridi*. Auch die Trad. Corbei. bieten ein solches *Liudrid*, Förstemann 1, 873.

Hd. *w* besteht noch vor *r*: *Wracardi* L. 1, 55. — Im Anlaut kann es mit *f* wechseln *Ôdfinni* L. 1, 6, *Autfini* L. 1, 44. — Zwischen Vocalen fällt es oft aus: *Gundoino* L. 1, 32, *Snêoburg Snêuburgam* L. 1, 53, *Bunnengao* L. 1, 30,

Ruricgôa Ruriggó L. 1, 37, — *Welanaia Brêdanaia* Cr. IIIa 36, *Telgoia* Cr. IIa 16. — Im Anlaute kann es sich mit folgendem i zu u vocalisieren: *Rêduni* im Gau Leri, *Ósuni* im Hasegau L. A. 2, 239, neben *Gêrwini* (die Ausgabe hat Gerwim) im Hasegau, *Helmwini* im Brukterergau L. A. 2, 239.

Hd. *g*. Trat der Anlaut durch Composition in das innere des Wortes, so zeigt sich Neigung zur Vocalisierung: *Wulviêrrasthorpa* Cr. I, 6, *Lankiêr* Cr. I, 10, *Folckiêr* Cr. IIa 16, — eine Neigung, welcher die Schreibung: *Liafgêr* Cr. IIIa 20, gegenübersteht oder begegnet. — Auslautend keine euphonische Veränderung: *Widuberg* L. 1, 12, *Willeburg* L. 1, 29, *Ricburg* L. 1, 50, *bivang* L. 1, 52. — Zwischen Vocalen häufig Ausfall: *Eilbold* L. 1, 32, *Sieffredi* L. 1, 23, *Sicard* L. 1, 37, *Wibaldi* L. 1, 22, *Oilind* (= *Agilind*, s. Förstemann 1, 18) L. A. 2, 244, *Wildai* (= *Wildagi*; so. Münster) L. A. 2, 245.

Hd. *kk*: *giekkian* (complanare) L. A. 2, 218.

Hd *ch*. Oberdeutsches *ch* in *Erchengêr* L. 1, 32, neben *Erkingêr* L. 1, 37. — Der Bestand des alten *k* ist sonst ganz unberührt: *Diapanbeci* bei Werden L. 1, 11. 12. 13. 17, *Hasalbeki* Cr. IIIa 67, *Burgbeki* L. 1, 19, *Billarbeci* w. Münster L. 1, 48, *Fislacu* no. Duisburg L. 1, 12. 13. 37. 53, *Bladriceshêm* bei Friemersheim, noo. Crefeld, Cr. IIIa 18, *Embrikni*, Hoch Emmerich gegenüber Duisburg Cr. IIIa 19, *Wracardi* L. 1, 55, *Kirica* Cr. I, 25 *gibrácón* (proscindere) L. A. 2, 218, — *Frithuric* L. 1, 46, *Ricfridus* L. 1, 40, *iucfac* (sepes jugalis), *iukruoda* (virga jugalis) L. A. 2, 219.

Für hd. *h* steht *g*: *Binutlôga* Cr. IIa 14, *Calbeslôge* L. A. 2, 230, — *Bráclôg* L. 1, 22. — Auch *Wigtmundi* gehört hieher neben *Withmundi* L. 1, 22 und L. 1, 14. 16. *Wihtmundhêm* nach einer Urkunde von 866 bei Mieris, Förstemann 1, 1265, ist derselbe Name und wol auch derselbe Ort, heute *Wichmund*, s. Gr. 1², 278. 279. — Häufiger ybfall: zwar steht *h* noch vor *l r v*: *Illópanheldi* L. 1, 6, *Hludowici* L. 1, 31, *Hródbertingahóra* L. 1, 3, *Hródstên* L. 1, 31, *Hródbrat* L. 1, 51, *Hródbraht* Cr. IIIa 20, *Hródlêf* L. A. 2, 238, *hvervia* Cr. I, 11 — kann aber auch fehlen: *Lápanheldi* L. 1 p. 29, *Kempingwerva* in Sachsen L. 1, 61. Charakteristisch ist der Abfall vor *t*: neben *Helmbrahtus* L. 1, 54, *Berhta* Cr. IIIa 19, *Gêrbraht Hródbraht* Cr. IIIa 20, *Borahtbeki* Cr. IIIa 43, *ego Liudberhtus diaconus* L. 1, 37 — und den Formen mit *c*: *Altperct Altprect* L. 1, 31. 36, sig. *Liudbercti* L. 1, 28 — steht *Folcbrat* L. 1, 12, *Âsbret* L. 1, 30, *Reginbrat Erimbret* L. 1, 37 (während der Schreiber sich *Liudberhtus* nennt), *Helmbrat* L. 1, 42, *Reinbrat* L. 1, 45, *Bortergô* L. 1, 48, *Hródbrat* L. 1, 51, *Frithubrat* L. 1, 44. Dass der Weg über Assimilation gegangen zeigen die Formen *Heribrahtti* L. 1, p. XI, *Fresbrahtteshêm* Cr. I, 20, *Hildibratti* L. 1, 19, *Hródbratti Helmbratti* L. 1, 58, *Irmbertti* Cr. I, 20. — Vor *s* bleibt *h* unerschüttert in *Sahsinghêm Sahsgêr* Cr. I, 12. 13. 14. — Zwischen Vocalen und im Auslaut schwindet der Laut in *Âstarlôon* Cr. IIIa 19. *Hôanstedi* L. A. 2, 131, *Hûrlâon* L. A. 2, 241, — aber *Hôhanstedi Hatilôha* L. A. 2, 238, *Dungalâkon* L. A. 2, 242, — *Arlô* L. 1, 40 neben *Brâclôg* L. 1, 22. Und selbst anlautend vor Vocalen in zweiten Compositionsteilen: *Nivenêm* L. 1, 33. *Sicard* L. 1, 37. — So scheint es nicht glaublich dass jener *Flôdoin* (= *Hrôdowin*), der eine Rottung an der Hesper besessen L. 1, 44 ein Angehöriger unsrer Gegenden gewesen sei. — Unorganisches *h* als Längezeichen *Ohtric* L. 1, 37, neben *Oodric* L. 1, 33.

IId. *j* findet sich einmal *g* geschrieben: *Gerusalem* L. 1, 21.

Hd. *m* ist in *Hêmricus Heimrici* L. 1, 6 *Hêmric* L. 1. 47 noch erhalten neben der gewönlichen Schwächung.

Hd. *n* kann sich benachbarten Muten assimilieren: *Irmumfridi* L. 1, 64, und *Bidingahêm* L. 1, 27 für *Bidningahêm* L. 1, 7. 28 wird auf *Biddingahêm* zurückgehen. Ebenso aufzufassen ist *Töttonthorra* für *tôte themo thorna*, bei Fischlaken, oso. Duisburg, s. oben hd. *d*. — Aber auch der für das sächsische charakteristische Ausfall des *n* vor dentalen Spiranten kann unsrer Mundart nicht ganz abgesprochen werden: freilich *Âsbret* L. 1, 30, *Âsold* L. 1, 44, *Ôslêvi* L. 1, 52 sind vielleicht Unterschriften sächsischer Stiftsangehöriger. *Ôsbirin* L. 1, 45 ist unsicher; aber *Hildiswit* heisst eine in Werden lebende Sclavin nach der von dem Kanzler Hildiwardus ausgestellten Urkunde L. 1, 31. — Kein Wunder also dass friesische und sächsische Ortsnamen wie *Súthanbrôka* Cr. I, 18, *Stivarnamúthi* Cr. IIa 8 unverändert bleiben. Daneben sind in den Signaturen ganz gewönlich *Grimundi* L. 1, 18, *Guntberti* L. 1, 21, *Gunthardi* L. 1, 53, *Alfnandi* L. 1, 7. 39. 44; — und *Hildisuind Hildiswind Bernswind Engilswind* Cr. IIIa 20 waren zwischen Hoch Emmerich, gegenüber Duisburg, und Geldern, angesessen, so dass man vielleicht vermuten darf nur die Formel -*inth* hätte im untern Ruhrthal den nasal einbüssen können. Dabei ist nicht zu übersehen dass *Athalmund* L. A. 2, 242 ein Bewohner des Brukterergaues ist. — Höchst wahrscheinlich aber ist auch *fif* obwol das einzige Zeugniss dafür erst durch Conjectur hergestellt werden muss: L. A. 2, 229 steht: *in Andhêton sibta tuêdi muddi roggon*. Die Synkope ist unerhört, — die Frekenhorster Heberolle hat z. 496 (ed. M. Heyne) *van themo ambehta Aningera-lô: sivothu half malt rokkon*: es wird *fibta* zu lesen sein. vgl. *Vulbgrimo* Cr. IIIa 30, *Albmand* L. 1, 44.

Hd. *l.* Metathese: *Bladrikeshêm* bei Friemersheim, ssw. Duisburg am Rhein Cr. IIIa 18? Förstemann 1, 210. 2, 250.

Hd. *r.* Metathese: *Mallingfrost*, oso. Duisburg, neben *Mallingforst* Cr. IIIa 45, *Fretmâreshêm* und *Fertmêreshêm* im friesischen Fivelgau, Cr. I, 13. 14, *Brunovurd* im Gau Drenthe und *Burnvurd* Cr. I, 13. 15, *Sunnobrunnon* im sächsischen Dreingau Cr. IIa 17 neben *Sunnoburnon* Cr. IIa 20 und *Heriburnon* Cr. IIa 19 eben daselbst. — Für die Aussprache zeugen die Schreibungen *werr werrstedi* Cr. I, 25, *obarrun nidarrun* Cr. IIIa 20? S. Synkope.

hd. *sc.* neben *Fisclaco* oso. Duisburg L. 1, 37 auch *Fislaca* L. 1, 7. 53.

Vocale.

Hd. *a* geht von *ld* zu *o* über: *Adelbold* L. 1, 30, *Frethubold* Cr. IIIa 20 — bei *Adalold* Cr. IIIa 20, kommt noch die Einwirkung des ausgefallenen *w* hinzu, — *Oldan akaron* Cr. I, 7. Daneben *Reginald* L. 1, 25, *Reginbald* L. 1, 46, *Raada* L. 1, 25. Dieselbe Verdumpfung bei ausgefallenem *n* vor *s*: *Ôs-*

birin L. 1. 45, *Oslévi* L. 1, 52, neben *Asbret* L. 1, 30, *Asold* L. 1, 44, — wenn es ripuarische Namen sind, — und bei Vocalisierung des *g: Oilind* L. A. 2, 244, eine Sächsin, Förstemann 1, 18..— Aber auch Assimilation drückt *a* zu *o* herab: *sêlogo* Cr. IIIa 45. — hd. *á*. Der sächsische Wechsel zwischen *á* und *é* wird getreu widergegeben: *Rádgêr* bei Lüdingbausen L. A. 2, 244, — *Rêdgêr* L. A. 2, 230, ebendaselbst, *Rêdwini* in der Landdrostei Osnabrück L. A. 2, 337.

Hd. *e*. Selten tritt Umlaut nicht ein *Campinni*, Kempén L. A. 2, 227, *Salehêm* L. 1, 21, *werrstadi hofstadi* Cr. I, 25, neben *selihôva* L. 1, 14, und in den Ortsnamen ganz regelmässig *-stedi: Hôonstedi* Cr. I, 9, *Hrótholfstedi* Cr. I, 7. 8, — *gilendi, endi* Cr. I, 25. — Erhöhung zu *i* in *Forkonbiki* L. A. 2, 227, neben *Forkonbeki* Cr. I. A. 2, 222, *Ékesbiki Thasbiki* im Dreingau Cr. IIa 19. 20, wenn es nicht Nachahmung der sächsischen Aussprache ist; s. Frekenhorster Heberolle z. 244 (ed. M. Heyne) in *Forkonbikie*. Dasselbe könnte man auch von *Scúrilinges miri* Cr. IIa 20 im Dreingau annehmen, neben *Almeri* (die Zuydersee) Cr. I, 25, *Ascmeri* bei Friemersheim, sw. Duisburg, l. Rhein, aber auch *Werthina* wechselt mit *Wyrdina* L. 1, 38. — Für *e* wird auch *ae* geschrieben: *Landbaerht* Cr. IIIa 20, *Paereshém* Cr. I, 20, neben *Pevishém* Cr. I, 14. — Hd. *é*. Sächsischen Namen wird hie und da ihr *á* gelassen: *Gârward* bei Lüdinghausen L. A. 2, 245.

Hd. *i*. Dafür häufig e: Neben überwiegendem *fridu* auch *Siefredi* L. 1, 23, *Freduward* L. 1, 46, *Frethuward* im Dreingau Cr. IIa 17, *Gêrfredo* L. 1, 48, *Frethubold* in Hoch Emmerich, gegenüber Duisburg, Cr. IIIa 20, *Frethubern, Frethurád* im Gau Buldern Cr. IIa 12, — *Kerikon* Cr. I, 16, neben *Kirica* Cr. I, 25, *Ermenfrid* L. 1, 32, neben *Irminwino* L. 1, 17, *Irmumfridi* L. 1, 64, — *Spelthorpe* L. 1, 188, — *Aprelis* L. 1, 38.

Hd. *o*. Statt dessen auch noch *a* in *fan Almeri* Cr. 1, 25, — *fana Almeri?* — und *u* in *Vulf* L. 1, 39, neben *Volfoni* L. 1, 47, *Uviti* L. 1, 49, neben *Oviti*, Oeft bei Werden, L. 1, 49, *Musanáhurst Arnáhurst* im Dreingau Cr. IIa 17. 18, — auch in lateinischen Worten *Octubris* L. 1, 17, *diabulo* L. 1, 8, *prumptissime* L. 1, 47. — Hd. *ó*. Die Monophthongierung des alten *au* hat noch keine ganz feste Gestalt gewonnen: neben *Ôstarhêm* bei Friemersheim. noo. Krefeld, Cr. IIIa 18, *Hôanstedi* L. A. 2, 231, *Alfgôdingôva* L. 1, 12, auch *Âstarlôon*, bei Friemersheim, noo. Krefeld, Cr. IIIa 18, *Hâhanstedi* L. A. 2, 238, *Alfgâtinghôva* L. 1, 7, *Hûrlâon* L. A. 2, 241, *Dungalâhon* L. A. 2, 242, — ja selbst *Aostarhêm* Cr. IIIa 20, *Aonrapon* Cr. IIa 11.

Hd. *u.* Dafür *o* in *Sacoburg* L. 1, 53. Sonst bleibt der Vocal auch vor Doppelliquida und Liquida mit Muta ungestört: *Bunnengao* L. 1, 30, *Burgbeki* L. 1, 19, — *Stucciasvurd* Cr. I, 13 *Stikkesvurd* Cr. I, 15, — aber *Hlotwini* neben *Hludwini* L. 1, 7. 11. — Wechsel mit *y i* in *Ruricgôa* L. 1, 37, *Ryriclande* L. A. 2, 218, *Stucciasvurd Stikkesvurd* Cr. I, 13. 15. *Campinni* Kempen L. A. 2, 227 ist Iβ *Campunni* Cr. IIIa 19.

Hd. *ei.* Der Diphthong ist selten erhalten: *Heissi* bei Werden L. 1, 6, neben *Hêsi* L. 1 p. 29, *Heimricus* L. 1, 17 neben *Hêmricus*, *Bidningaheim* bei Doornspijk L. 1, 8. 27. 28. Dagegen *Hêsangi Hêsingi* dasselbe was *Heissi* bei Werden, L. 1, 48, *Hêmric* L. 1, 47, *Salehêm* L. 1, 21, *Aldgrepeshêm* in Sachsen L. 1, 61, *Melenhêm*, sos. Bonn, *Tuntileshêm Berghêm Ôstarhêm Bladrikeshêm*, sämmtlich bei Friemersheim, ssw. Duisburg, l. Rhein, Cr. IIIa 18, *Hernatscêt* a. d. Ruhr L. 1, 54, *Hestrathescêthe*, nnw. Elberfeld, L. 1, 63, *Êkonscêda* Cr. IIIa 30, *Hrodstên* L. 1, 31, *Ôslêvi* L. 1, 52, *Gêssere*, w. Kempen, Cr. IIIa 44, *ên* Cr. I, 25. — Die mitunter für dieses *ê* eintretenden *ae* — *Lendinghaem* bei Friemersheim, ssw. Duisburg, l. Rhein, Cr. IIIa 18, — weisen vielleicht auf die zweite sächsische Contraction. — Unsicher sind die Längezeichen in *Wênaswalde* bei Werden L. 1, 19, *Wâneswalde* L. 1, 52, neben *Wagneswalde* L. 1 p. 29.

Hd *iu.* Der Diphthong ist in der Regel noch erhalten: *Liudgêri* L. 1, 6. 7, Cr. I, 25, *Liudulfi* und *Liudalug*, zwei Friesen, Cr. I, 22, *Liudburg* Cr. IIIa 20, *Liudinghûsun* Cr. IIa 9, *Diusburg* Cr. IIIa 19, *thiu* Cr. I, 25 — einmal in der altertümlichen Form, *gibreuwan* Inf. also für *gibriuwan* L. A. 2, 219. — Ob in *Ludgis* L. 1, 30 Monophthongierung vorliege ist zweifelhaft.

Hd. *io*. Die Brechungsdiphthonge sind *eo ia ea ie: Theodbald* L. 1, 39, *Theodold* L. 1, 50, — *Hriatthrúdae* L. 1, 6, *Diapanbeci* bei Werden, *Thiatheri* L. 1, 11, *Thiatfrid* L. 1, 30, *Liefgêr* bei Hoch Emmerich, gegenüber Duisburg, Cr. IIIa 20, *Wianheri*, Weener, nahe der Emsmündung, Cr. I, 22, *Ottarfliaton* in der Drenthe Cr. I, 13, *Thiathardus* L. 1, 60, — *Hêlagônu fliathon* bei Weener Cr. I, 13, — *Theatbaldi* L. 1, 17, *Theatrâdi* L. 1, 60, *Threant Tueanti* für *Thribant Tuibanti* L. 1, 14. 40, Cr. I, 12, — *Thiedold* Cr. 1, 23 und *Thiebolt* L. A. 2, 231, beide Friesen, *afterbier* L. A. 2, 219. — Monophthongierungen auf sächsische und fränkische Weise: neben dem erwähnten *Wianheri* auch *Wênari* Cr. I, 10, neben *Ottarfliaton* auch *Ottarflêtun* Cr. I, 14. Auch *Gênhúson* muss auf *iu* beruhen wie eine Schreibung des zwölften Jahrhunderts lehrt: *Gienhúson* Cr. I, 9. Einer noch jüngern Sprachperiode aber nähert sich *Weinere* für *Wianheri Wênari* Cr. IIIa 40. — Andererseits *Tidmâr*, im sächsischen Dreingau. Cr. IIa 16.

Hd. *ou*. Dafür *au ao* in *Ruracgauwa* L. 1, 29, *Bunnengao* L. 1, 30. Nur in *auwa* bildet sich auch *ai: Brêdanaia Welanaia*, wahrscheinlich in der Nähe von Werden, Cr. IIIa 36. In *Telgoia* L. A. 2, 235 im sächsischen Dreingau. Die Nebenform *Telgóge* L. A. 2, 226, so wie *Mulenegia*, im jüngeren Register *Mulenoie*, Cr. IIIa 21 scheinen den Weg über *augwa* oder *augwia* anzudeuten. — Monophthongierung: *Ruricgoo* L. 1, 37, *Ruriggó* L. 1, 39, *Hlôpanheldi* L. 1, 6, *in pago Ruricgóa* L. 1, 37, *in Hasgóa* L. A. 2, 229, *in Emisgóa* L. A. 2, 235, *in pago Hasgó* L. A. 2, 239. — Wie das dem hd. entsprechende wechselt auch dieses *ó* zuweilen mit *â: Lápanheldi* L. 1. p. 29. — *Luopanhelderó* L. 1, 188 soll wol *Loupanhelderô* bedeuten.

Hd. *uo* hat bereits einige *ó* verdrängt. Zwar die Personennamen — *sig. Hruodulfi, sig. Duodoni* — L. 1, 5 beweisen noch nicht, da die werdenschen Zeugen fremde gewesen sein können, — ebensowenig die in Sachsen ansässigen *Hruoding* Cr. IIa 11, *Hruodbraht* Cr. IIa 7, *Hruodgêr* L. A. 2, 229, — auch ins sächsische dringt ja *uo* ein, — wol aber *iukruoda* L. A. 2, 219. — Doch ist *ó* noch immer Regel: *Hrôdbaldi, hôva* L.

1, 7, *Hrôdstën* L. 1, 31. *Hrôthwaldus* L. 1, 45, *Hrôdberti* L. 1, 16, *Hrôdulfus* L. 1, 22, *Atmârasbôkholta* L. A. 2, 244, *in Havocasbrôca* L. A. 2, 246, *Töttonthorra* L. 1, 53.

Assimilation zeigt sich in *silogo* Cr. IIIa 45, *Miculunhurst* L. A. 2, 247. *Musanâhurst* neben *Musnôhurst* Cr. IIa 17. 20, *Stedarâ, Bêdarâ* Cr. I, 16, *Wurthurô Hevanorô* Cr. I, 17, *Bêdorô* Cr. I, 12.

Apokope s. Declination.

Synkope: *Musnôhurst* neben *Musanâhurst* Cr. IIa 17. 20, *Evroin* L. 1, 30, *Midlisthëm* Cr. I. 13, neben *Middilmâdun* Cr. I, 22, *Middilhëm* Cr. I, 13, gewönlich *-braht -brat*; s. hd. *h*, — aber auch *Berahtgër* (ein Sachse) L. A. 2, 239, *herimaldre* L. A. 2, 229, neben *herimalder* L. A. 2, 226, *Karlus* Cr. IIIa 18, neben *Caroli* Cr. IIIa 19, *obarrûn nidarrûn* Cr. IIIa 20, s. hd. *r*.

Declination.

Nominale Declination. *-A* und *-ja* Stämme. Masc. Neutr. Sing. Nom. *sub Bisone episcopo II familiae in Brämseli, sub Amulung I ducenhûser* L. A. 2, 231. — Gen. *Hênrikas* Cr. I, 13, *Wibadas* Cr. I, 16, *Wilbrandas* Cr. I, 21, *Flatmârasbeki Hrôdmâraslöa* Cr. I, 6, *Badunathashëm* Cr. I, 22, *Wënaswalda* L. 1, 19, *Hundasarsa* L. A. 2, 240, *Havocasbrôca* L. A. 2, 246, *Calvaslôgi* L. A. 2, 138, *Sivataras* Cr. I, 11, *Stucciasvurd* Cr. I, 13, — *Gendrikeshëm* Cr. I, 23, *Folcbaldesthorpe* Cr. IIIa 41, *Wâneswalde* L. 1, 52 — Dat. *in Wënaswalda* L. 1, 19, *Hundasarsa* L. A. 2, 240, *in Sûthanbrôka* Cr. I, 18, *in Bobbonberga* L. 1, 18, *in Spinolôha* L. A. 2, 238, *in Fennilôa* Cr. IIIa 20, *in pago Ruricgôa* L. 1, 37, *Munielanda* Cr. I, 16, *Hattorpa* Cr. IIIa 20, — *Asiningsclia Hôouselia* L. A. 2, 246, — *Hirutlôge* L. A. 2, 220, *Wâneswalde* L. 1, 52, *Westerwalde Folcbaldesthorpe* Cr. IIIa 41, *Ryriclande* L. A. 2, 218, *Timberlâe Holanlâe* Cr. I, 22, — *Calvaslôgi* L. A. 2, 238, Cr. I, 16, *Withmundi* L. 1, 14, — *fan Almeri* Cr.

I, 25, *in Scûrilingesmiri* L. A. 2, 261, *in Wedmeri* L. A. 2, 225. — Plur. Gen. *Havukôhurst* L. A. 2, 246, *Musnôhurst* Cr. IIa 20, *Apuldaróhêm* Cr. IIa 13, *Amutharió* Cr. I, 12, *Emutherô* Cr. I, 14, *Uvitherô* L. 1, 64, *Lincurthirô Hevanorô Wurthurô* Cr. I, 17, — *Musanâhurst* neben *Musnôhurst* Cr. IIa 17. 20, *Arnâhurst* Cr. IIa 18,*) *Stedará* Cr. I, 16, s. hd. ô ou. — Dat. *Gisfridinghovum* L. 1, 55, — *Tafalbergon* Cr. I, 25, *Hârláon* L. A. 2, 241, *Dungalâhon* L. A. 2, 242. *akaron* Cr. I, 7, — *Hosterhúsum* Cr. I, 24, — *Thorpun* Cr. I, 21, — *Marefeldon Willinghúson* Cr. IIIa 42, — *Bernatheshúsan* L. A. 2, 242, *Beruglanscûtan* L. 1, 28, — *Heribeddiun* L. A. 2, 236, — *Heribeddion* L. A. 2, 226, *Waltsátion* Cr. I, 13, *Lantsétion* L. A. 2, 227.

-*Â* -*já* Stämme: Fem. Sing. Nom. *Fislaca* L. 1, 53, *Selihóva* L. 1, 14, — *Alfgôdinyhôve* L. 1, 12, — *in villa que dicitur Fislacu* L. 1, 7, — *Hlôpanheldi* L. 1, 6. — Gen. *de officio Gibu advocatae* Cr. I, 16. — Dat. *Fisclacu* L. 1 p. 29, *in Velavu* Cr. IIIa 40, *an theru Fehtu* Cr. I, 25, *Hókinaslávu* Cr. I, 5. 7, *Langwadu* L. A. 2, 242, — *Hasicasbruggiu* L. A. 2, 246, — *Siwatarashwerviâ* Cr. I, 11, *Wiggeldasgihvervia* Cr. I, 12, — *Meniwerrá* Cr. I, 12, *Lóponheldá* Cr. IIIa 49. — Plur. Gen.: *bónón* L. A. 2, 229.

-*I* Stämme: Masc. Fem. Sing. Nom. *Municmád* Cr. I, 12. — Dat. *Flatmárasbeki* L. A. 2, 228, *Brédenbeki Tilbeki* L. A. 2, 221, *Wurmstedi Rôônstedi* Cr. I, 5, *werrstedi* Cr. I, 25. — Plur. Nom. *forsti* Cr. IIIa 21. — Dat. *stedun* Cr. I, 25, *mádun* Cr. I, 22, — *stedion* Cr. I, 13, — *stedon* Cr. I, 14.

-*U* Stämme: Sing. Dat. *Rénwidu* Cr. I, 23, — *Uneswido* Cr. IIIa 41, — *Sténwidi* Cr. IIa 13, — *Aludwide* L. A. 2, 229, *Langwide* L. A. 2, 233.

-*An* Stämme der Substantiva. Sing. Gen. *roggon* L. A. 2, 229, Dat. *Sunnobrunnon* Cr. IIa 20, — Plur. Gen. *Frankônô furd* Cr. IIIa 39, — *Ohsánôbeki* Cr. IIa 18, — *Falcónhêm* Cr. I, 12.

-*Ân* Stämme der Substantiva. Sing. Nom. *kirica* Cr. I, 25. — Gen.: *foreste qui Amulric***) *fuit et Theadrádán* L. 1,

---

*) Bei den Compositis sind die Längezeichen allerdings unsicher.
**) Ebenso Cr. IIIa 20 *Berhta, uxor Suáfgêr.*

32, — *kerikôn* Cr. I, 16? — *quae Avezûn et quae Hizzôn erant* Cr. IIIa 49, — *kiricûn* Cr. I, 13.

-*An* Stämme der Adjectiva. Sing. Nom. *sélogo* Cr. IIIa 45. — Dat.: *Evilancampa* Cr. IIa 18, — *Curtonbróke* Cr. IIa 19, *Aldonthorpe* Cr. I, 22, *Scónonthorpe* L. A. 2, 229. — Accus. *Aldanbóchêm* L. A. 2, 240, *Midlistanhêm* Cr. I, 20, — *Miculunhurst* L. A. 2, 247, — *Hóhonberg* Cr. IIIa 19, — Plur. Nom. *wahstinsigon* Cr. IIIa 68. — Gen. *hêlagónu* Cr. I, 23. — Dat. *oldan* Cr. I, 17, — *aldun* Cr. I, 5.

-*Ân* Stämme der Adjectiva: Sing. Dat. *núôn* Cr. I, 8? — *Brêdenbeki* L. A. 2, 221. — Plur. Dat. *brêdôn* Cr. I, 22?*)

Pronominale Declination der Pronomina. Masc. Sing. Dat. *Tóttonthorra* Cr. I, 25. — Fem. Sing. Dat. *theru* Cr. I, 12. 25. — Neutr. Sing. Nom. *that* Cr. I, 25.

der Adjectiva: Masc. Plur. Gen. — *Bédoró* Cr. I, 12, *Bédará* Cr. I, 16. — Fem. Sing. Nom. *én tuédihóva*. — Plur. Accus. *duas tuédiá scaras* Cr. I, 22.

Iβ.

(Nordwestliche Niederfranken in den Gauen Hattuaria, Moilla, Maasgau, Teisterbant, in der Betuwe, der Veluwe, dem Hamaland, 9. 10. Anfang 11. Jhs.)

Quellen.

Bondam Charterboek 1, 1, 2 (Graf Ebroinus [von der Duffel? vd. Bergh Mnl. Geographie p. 206] beschenkt das Kloster Reynaren, jetzt Rinderen, ngw. Cleve, in der Düffel, 720. 721), 1, 1, 18 Gerwardus schenkt Güter und Mancipien des Hamalandes an Utrecht. — Dat. Emmerich 828), 1, 1, 19 (Wibertus und sein Sohn Walbertus beschenken Utrecht mit Gütern bei Arnhem in der Veluwe und bei Praest in der Oberbetuwe 834).

Crecelius Collectae IIIa. Die Aufzeichnungen des alten Heberegisters W I aus dem 9. 10. Jh. die Werdenschen Besitzungen am linken Rheinufer vom Nievenheimer Gau nördlich betreffend. Die Treue mit welcher der im 10. 11. Jh. geschriebene liber cartarum die Nievenhei-

---

*) In *obarrun nidarrun* Cr. IIIa 20 ist das Geschlecht zweifelhaft.

mischen Namen wiedergibt, s. Mundart II, leiht auch diesen werdenschen
Aufzeichnungen einige Glaubwürdigkeit.

Lacomblet Urkundenbuch 1, 2 (Liudgerus Sohn des Hredgaerus
schenkt der Abtei Werden sein halbes Erbe zu Berilsi und in dem Seae-
wald oder Suifterbant, bei Wichmund r. Issel im Schultheissenamt Zütphen.
— Dat. Bidningahusum bei Doornspijk — sig. Liudgeri qui hanc traditionem
perfecit et propria manu firmavit — 793), 1, 4. (Graf Wracharius schenkt
der Abtei W. Grundstücke im Gau Hisloae in der Villa Wichmund, s.
oben. — Dat. Brimnum, wahrscheinlich Brummen l. Issel — sig. Wracharii,
qui hanc traditionem propria manu perfecit subtusque firmavit — 794), 1,
8 (Liudgerus, Sohn des Hredgerus schenkt der Abtei W. sein Erbe in
der Villa Bidingahem und Doornspijk. — Dat. ad os amnis (Isselort?) —
Thiatbaldus — signum Liudgeri — 796), 1, 9 (Oodhelmus, Sohn des
Oodwercus schenkt der Kirche zu Wichmund, s. oben, Erbgüter im Isselgau und in dem Gau Nordtwente. — Dat. Wichmund, s. oben, — sig·
Oodhelmi — ego Hildigrimus indignus diaconus subscripsi — ego Abba
presbiter subscripsi — 797), 1, 14 (Oodhelmus, Oodwercus' Sohn, schenkt
der Abtei W. Grundstücke im Gau Hisloi und im Gau Nordtwente. —
Dat. Wichmund, s. oben, — Thiatbaldus — sig. Oodhelmi — 799), 1, 16
(die Erbbeteiligten Reginaldus Folchardus Gerhardus Wifil und Helmberhtus schenken der Abtei W. einen Teil ihres Erbes zu Wichmund,
s. oben. — Dat. Wichmund, s. oben, — Thiatbaldus — sig. Folchardi
Gerardi Wifil et Helmberti — 800), 1, 22 (Hrodulfus schenkt der Abtei
W. einen Teil seines Erbes im Gau Velau in der Villa Englandi. — Dat.
Wichmund s. oben — Thiatbaldus sig. Hrodulfi — 801), 1, 25 (Raadald
schenkt der Kirche zu Wichmund, s. oben, sein Erbe daselbst und zu Hel-
missi. — Sig. Frithuwardi presbiteri — 802), 1, 27 (Liudgerus, Sohn des
Hredgerus, und Hiddo, Sohn des Herewinus, schenken einen Teil ihres Erbes
in der Villa Doornspijk der Abtei W. — Dat. Bidingahem bei Doornspijk
— Thiatbaldus, — Sig. Liudgeri — sig. Hiddoni similiter tradentis et
subtus firmantis — 805), 1, 28 Hiddo und Gattin schenken der Abtei
W. einen Teil ihres Erbes zu Quarsingseli Bertanscotan (Bunschoten
oder Schotenburg?) Bochursti (l. Issel unter Hattem) und Telgud bei
Puttem. — Dat. Bidningahem — Thiatbaldus — sig. Hiddoni -- 806),
1, 65 (Folckerus schenkt seine Erbgüter in Hamaland Veluwe Betuwe
Flebite Kinhem Westergau und Humerki der Abtei W. — Dat. in pago
cui vocabulum est Flethetti in villa que vocatur Hlara — et in pago
vocato Batue in villa que vocatur Hlegilo — ego Hildiricus subdiaconus
hujus traditionis cartam rogatus scripsi et subscripsi — signum Folckeri
qui hanc traditionem manu propria perfecit et roboravit — 855). —
Diese Urkunde ist aus dem alten im 9. 10. Jh. geschriebenen Heberegister, — die andern aus dem derselben Zeit angehörigen Liber
cartarum. — Einige Sicherheit für unveränderte Orthographie geben nur
die Urkunden L. 1, 2. 4. 9. 25. 65, die nicht nur an Ort und Stelle geschrieben sind, sondern auch wie es scheint nicht von Werdenschen

Schreibern. Die Hildigrimus, Abba, Frithuwardus. Hildiricus dieser Urkunden sind sonst nicht bekannt, während Thiatbaldus presbiter an verschiedenen Orten bei Werden, im Gau Nievenheim, in Sachsen Werdensche Urkunden ausstellt L. 1, 5. 6. 7. 10. 11. 12. 13. 17. 19. 20. Allerdings aber darf L. 1, 4 nicht für ein Holograph des Grafen Wracharius gehalten werden, wie aus L. 1, 65 hervorgeht. — 1, 159 (Graf Balderich von Upladen, später Clevischer Besitz, beschenkt das Kloster Zyfflich wnw. Cleve 1014—1021). Ueber das Original dieser letzten Urkunde ist nichts bekannt; s. Lacomblet Anm. zu 1, 159.

Lex Chamavorum ed. Gaupp Lex Francorum Chamavorum 1855.

Dazu käme das Nekrologium des S. Victorstifts zu Xanten vom 9. Jh. aus der Bibliothek der königlichen Akademie zu Münster; Citate bei Watterich Die Sigambern p. 152.*)

Consonanten.

Hd. *d*: *Theoden*, Didam im Hamaland, Bon. 1, 1, 18, — *Hródhing* L. 1, 25, — *Frithuwardi* L. 1, 25, *Athala* L. 1, 59, *Frithubodo Mathalwini* L. 1, 65, *Hathabert Hathawerk Hathabold Hathabrün Hathagêr* — *Hathswint Hathwig* Necr. Xant, *Vulfrid* Cr. IIIa 20. — Aber auch *Adalwý*, Hamavin, Bon. 1, 1, 18, *Frideric*, Veluwer oder Betuwer, Bon. 1, 1, 19, *Sêaewald* in der Veluwe L. 1, 2, *Engilswind* Cr. IIIa 20, — *Ulfbald*, Hamave, Bon. 1, 1, 18. — Nach romanischer Weise *Atalgôt* L. 1, 25. — *quicquic illic* L. 1, 65 lässt vielleicht auf euphonische Muta mit geräuschloser Explosion schliessen.

Hd. *t*: *Dagerberch* in der Düffel Bon. 1, 1, 2, *Frithubodo* L. 1, 65, *Godefredum Godebrectum*, aus der Düffel, Bon. 1, 1, 2, — *wardam* Lex Cham. 34, *Widmundi* L. 1, 4, *Liudgêri* L. 1, 14, *Raadald* L. 1, 25. — *Duethekinum* zweimal L. 1, 59. — *t* abgeworfen in *Wibrach Egilbrech Otbrach Ricbrech*, Veluwer oder Betuwer, Bon. 1, 1, 19.

Hd. *z*: *Tuianti Tueanti*, die Twente, L. 1, 9. 14, *Suifterbant* bei Wichmund L. 1, 2, *Atalgôt* L. 1, 25. Die Dienstmannen des Grafen Balderich von Upladen (später clevischer Besitz) *Ezelinum Hecilinum* L. 1, 59, beweisen nicht für eingetretene Verschiebung. s. p. 19 Anm. — Die zu *êwa*

---

*) Ein anderes Xantner Necrologium B. M. 1, 375 stammt erst aus dem 13. Jh.

gehörige Glosse *gesunfti* des Titels der Lex Cham. steht nur in der Metzer Hs.

Hd. *b: Waltrabhan* östlich vom Rhein ansässig, L. 1, 65. p. 32, — *Evorold Everhard* L. 1, 65, *Irminlêvi* L. 1, 4, *Raveningi*, Hamave, Bon. 1, 1, 18, — *Efurgéri* L. 1, 4. — Aber *Dublen*, die Düffel, Bon. 1, 1, 2. — Euphonisches p: *Suábhém* bei Hoch Emmerich, Duisburg gegenüber, Cr. IIIa 19, — *Alfgrim* L. 1, 25, *Athulêf Gêrlêf Hródlêf*, in der Veluwe, L. 1, 65, *Liafgêr* Cr. IIIa 20, *Alfric Hunlêff*, Veluwer oder Betuwer, Bon. 1, 1, 19. — Abfall in *Burgwi* Cr. IIIa 20, *Gârwi Adalwý*, Hamavinnen, Bon. 1, 1, 18, *Hathawi* Necr. Xant.

Hd. *v* fällt ab in *Ulfbald*, Hamave, Bon. 1, 1, 18, neben *Vulfrid* Cr. IIIa 20.

Hd. *w: Wracharius* L. 1, 4. — Ausfall: *Hisloae* L. 1, 4, *Hisloi* L. 1, 9, *Sêaewald*, bei Wichmund an der Issel, *Enedsêae* L. 1, 2.

Hd. *g: Folckêri* L. 1, 65, — *Mashau* Lex Cham. 25. — Euphonisches k: *Dayerberch*, in der Düffel, Bon. 1, 1, 2, *Hellenwich*, Heelweg bei Aalten im Hamaland, Bon. 1, 1, 18. — Abfall: *Wibrach, Wibertus*, Veluwer oder Betuwer, Bon. 1, 1, 19.

Hd. *ch; Embrikni*, Hoch Emmerich, gegenüber Duisburg, Cr. IIIa 19, *Rikiló* an der Maas Cr. IIIa 44, *Saflicka*, Zyfflich, wnw. Cleve, *Duethekinum* L. 1, 59, — *Hôstbeke Ôsterbac*, bei Arnhem in der Veluwe, Bon. 1, 1, 19, *Hildiric*, östlich vom Rhein ansässig, L. 1, 65 p. 32, *Scaftric* Cr. IIIa 20, *Alfric Sigeric Frideric Ricbrech*, Betuwer oder Veluwer, Bon. 1, 1, 19.

Hd. *h: Hrêdgaeri* L. 1, 2, *Sahsgêr Egilbraht*, östlich vom Rhein, L. 1, 65, *Gêrbraht*, in Hoch-Emmerich, gegenüber Duisburg, Cr. IIIa 20, *Ansbraht*, in der Veluwe, L. 1, 65, *Berahthraban Berhta* Cr. IIIa 20, *Lantbaerht*, in *Astarlóon* bei Friemersheim, Cr. IIIa 20, — *Cunebrechtus*, in der Düffel, Bon. 1, 1, 2, — *Godebrectus*, in der Düffel, Bon. 1, 1, 2, — neben *Polikbertus*, in der Düffel, Bon. 1, 1, 2, *Herebertho* L. 1, 59, *Alegbrath*, Hamave, Bon. 1, 1, 18. — Abfall in *Amore* Lex Cham. — Ausfall: *Witmundi Withmundi*, heute Wichmund

an der Issel; L. 1, 4. 25, — *Ottarlóun* L. 1, 65, *Héligberti*
L. 1, 4, — *Hornlô Bûrlô Dabbonlô*, in der Veluwe, L. 1, 65,
Illegilô, in der Betuwe, L. 1, 65. — Dagegen *wactam* Lex
Cham. 34 — Unorganisches *h* in *Höstbeke* neben *Östcrbach*, in
der Veluwe, Bon. 1, 1, 19.

Hd. *n: Engilsuind Hildisuind* Cr. IIIa 20, aber *Sidgót*,
in der Veluwe, L. 1, 65, *Bernsuîde* L. 1, 2.

Vocale.

Hd. *a: Wigbaldi Isinbaldi* L. 1, 2, *Séaewald*, bei Wichmund im Hamaland, L. 1, 2, *Ulfbald*, Hamave, Bon. 1, 1, 18,
Thitbald Wilbald, Betuwer oder Veluwer, Bon. 1, 1, 19. —
Aber *Frethubold Heribold*, Cr. IIIa 20, *Rádbold Gelbold Reginold*, Betuwer oder Veluwer, Bon. 1, 1, 19, — *Raeddegi*,
wol ein Friese, L. 1, 2, — *Haemmi*, in der Düffel, Bon. 1, 1,
2. — Verdumpfter Stammvocal. *in Hamulande*, L. 1, 65. —
Hd. *á: Raadald* L. 1, 25, *Rádbold*, Betuwer oder Veluwer, Bon.
1, 1, 29, *Frimáreshêm*, no. Crefeld, Cr. IIIa 18. Aber *Raeddegi* Bon. L. 1, 2, — *Rêdwaldo Raedbeisus*, in der Düffel,
Bon. 1, 1, 2, *Thatumêri* L. 1, 14, wahrscheinlich ein Wichmund'scher Zeuge.

Hd. *e:* Umlaut des *a* ist Regel: *Hellenwich*, Heelwegh
bei Aalten im Hamaland, Bon. 1, 1, 18, *Megnifrid*, Hamave,
Bon. 1, 1, 18, — aber *Campinni*, Kempen, Cr. IIIa 44, *Campinni* Cr. IIIa 19. — *Hellenwich*, Heelwegh bei Aalten im
Hamaland, Bon. 1, 1, 18 ist vereinzelt. — Für *e* in Endungen
auch *ae* in *Séaewald*, bei Wichmund an der Issel, *Enedsêac*
L. 1, 2, *Hislôae* L. 1, 4. — Hd. *é: Gêrmundi*, — aber *Hrêdgaeri* L. 1, 2, *Hildigaeri* L. 1, 9.

Hd. *i: Vulfrid* Cr. IIIa 20, *Signin Megnifrid Werenhild*,
Hamaven, Bon. 1, 1, 18, *Frideric Sigeric*, Betuwer oder Veluwer, Bon. 1, 1, 19. — aber *Frethubold* Cr. IIIa 20, *Fresonum* L. 1, 65, *fredo* Lex Cham. 2. 17, *Fresiones* Lex Cham.
26, *Godefredum*, in der Düffel, Bon. 1, 1, 2, *Fredeberti*, Hamave, Bon. 1, 1, 18.

Hd. *o.* Dafür *u* in *Vulfrici* L. 1, 2, *Bochursti,* an der Issel, L. 1, 28, *Vulfgrimi,* in der Veluwe, L. 1, 65, *Wulfhelm,* östlich vom Rhein ansässig, L. 1, 65, p. 32, *Ulfbald,* Hamave, Bon. 1, 1, 18. — Hd. *ó. Oodhelmus* L. 1, 9, *Hôstbeke Ôsterbac,* in der Veluwe, Bon. 1, 1, 19.

Hd. *u* bleibt vor *r* in *mundeburde* Lex Cham. 13, *Wôdfurd* Cr. IIIa 20. — *Campunni,* Kempen, Cr. IIIa 19, ist Cr. IIIa 44 und I*a Campinni* L. A. 2, 227.

Hd. *ei: Puthêm,* in der Veluwe, L. 1, 65, *Frimareshêm* Cr. IIIa 18, *Suafhêm,* bei Hoch-Emmerich, gegenüber Duisburg Cr. IIIa 19. 20, *Hrênheri* L. 1, 9, *Folclêbi* L, 1, 2, *Silêf Gêrlêf,* in der Veluwe, L. 1, 65, *Gêrlêc,* in der Betuwe, L. 1, 65, *Héligberti* L. 1, 4, *Gêssera* Cr. IIIa 44, *Hunlêff,* Veluwer oder Betuwer, Bon. 1, 1, 19.

Hd. *iu: Liudgêrus* L. 1, 2. 4, *Lintridi* Cr. IIIa 20. *Diusbury* Cr. IIIa 19, *Lindbury* Cr. IIIa 20, *Fliunnia* Cr. IIIa 20. — Vereinzelt ist *Ducthekinum* zweimal L. 1, 59, — *leodis* Lex Cham. 14.

Hd. *io: Theodlinda* L. 1, 4, — *Thiodbold,* in der Veluwe, L. 1, 65, — *Thiadulfi* L. 1, 2, *Liafgêr,* in der Veluwe, L. 1, 65, *Thiatlêf,* in der Veluwe, L. 1, 65, — aber *Thitbald,* Veluwer oder Betuwer, Bon. 1, 1, 19.

Hd. *ou.* Statt dessen *au* in *Máshau* Lex Cham. 25.

Hd. *uo: Wôdfurd* Cr. IIIa 20, *Frôdgêri* L. 1, 4, *Hrôdking,* in der Veluwe, L. 1, 65, *Hrôdulfus,* in der Veluwe, L. 1, 22, *Hrôdlêf,* in der Veluwe, L. 1, 65, *Hrôdgêr,* östlich vom Rhein ansässig, L. 1, 65, *Ôdilgart,* Hamavin, Bon. 1, 1, 18, *Rôthard,* Veluwer oder Betuwer, Bon. 1, 1, 19. — Daneben *Hrédgaeri* L. 1, 2. *Hrêdgêri* L. 1, 27.

Synkope: *mordro?* Lex Cham. 44, *Hislôae Hislôi* L. 1, 4. 9, vgl. *Isleyau,* Förstemann 2, 853.

Declination.

A- ja- und i- Stämme: Masc. Neutr. Sing. Dat. *Hamulande* L. 1, 65, *Andassale*, in der Betuwe, L. 1, 65, *Wastervelde* Bon, 1, 1, 18. — Wahrscheinlich hieher gehört auch: *in pago Hislôae* L. 1, 4, *in pago Hislói* L. 1, 9, *in pago Jslói* L. 1, 14, vom Flusse *Jsela* und *gavi*, vgl. *Jslegaw* Förstemann 2, 853.*) — Plur. Dat. *Bidningahûsum*, bei Doornspijk, L. 1, 2, *Brimnum*, bei Wichmund an der Issel, L. 1, 4, *Felum* L. 1, 22. 62, — *Ottarlônn* L. 1, 65. — Ein *a*- Stamm bietet Sing. Acc. in *ewa* L. 1, 65. — Ob in *Hóstbeke*, neben *Ôsterbac*, in der Veluwe, Bon. 1, 1, 19 ein *ja*- Stamm zu Grunde liegt oder nur der Casus des *i*- Stammes sich zu einem Ortsnamen verhärtete ist nicht ausgemacht. — Von *an* Stämmen kann ich nur aufführen *Hellenwich* Heelweg, bei Aalten im Hamaland, Bon. 1, 1, 18, wofür vdBergh Mnl. geogr. 188 *Hellanwich* gibt.

---

*) Aber die Dative *Batuue Batúe* L. 1, 65 werden von *auwa auweja* stammen. Eine andre Assimilation liegt vor in *Langonâe* Cr. 1, 22, (Ia), so wie in *Jslâe* Cr. IIIa 8 — *in pago J*. — aus dem Liber privilegiorum maior vom 12. Jh. Nur bat im Falle *auwa* ein Uebergang in die *i*-Declination statt gefunden wie in *chuo diu ewa*. Der Nominativ auf *u* ist vielleicht erhalten in der latinisierten Form *Felua* L. 1, 65, p. 30. Im Friesischen lautet er *ei* wie *eiland* (insula) zeigt, und die Ortsnamen auf *ei*, s. *Landei (Landoy)* im Utrechter Güterverzeichniss von 960; vgl. *eiland* in nrh. Vocabularien, DWB. 3, 105. Friesisch *álond* aber und *ilendi* in den nfr. Psalmen 71, 60, — Gl. 2, 45, — geht wie ags. *ealand* auf *aha* zurück. — Das *ei* für hd. *ou* hat seine Parallele in *hei* (ictus). Die labiale Spirans wird in die gutturale übergegangen sein, wie in *âiund* aus *âvend* (vesper) und afticierte dann den ersten Teil des Diphthongs. — Man ist demnach genötigt die ae in *Langonâe Islae Texlae* anders zu fassen als die flexivischen = *e*, s. hd. *e* und jene welche langes *é* (got. *ai*) und *â* vertreten, s. hd. *é*, und im Utrechter Güterverzeichniss von 960 *Raedbeinus*.

Iγ.

(Utrecht 8.? 9.? 10. Jh.)

Quellen.

vdBergh Oorkondenhoek n. 33 (Güterverzeichniss von Utrecht c. 960, — Mnl. Geogr. 270).

Bondam Charterboek 1, 1, 20 (Bischof von Utrecht bezeugt dass Graf Rodgarius die Kirche von Utrecht beschenkt hat 838), 1, 1, 27 (Bischof von Utrecht bezeugt eine Schenkung der Grafen Balderich von Upladen an die Kirche von Utrecht 850), 1, 1, 60 (Bischof von Utrecht beschenkt das Domcapitel von Utrecht 997), 1, 1, 60 (Frethebaldus beschenkt die Kirche von Utrecht. — Dat. Utrecht — 997).

Miraeus III 560 (Graf Ebroinus schenkt dem Bischof Willibrord von Utrecht Güter in Holland 720).

Consonanten. Hd. *d: Hovaráthorpa, northan, súthan, Northgô* vdB., *Frethebaldus* Bon. 1, 1, 61. — Hd. *t: Fresdore Aldburge,* — *Thiemár* vdB. — Hd. *z: Benetfelda Holtland* vdB. — Hd. *b: Uberán Malsna* Bon. 1, 1, 7, *Everbald Liutravan Alchrafan* vdB. — Hd. *ph: Hovaráthorpa,* — *Ubkirica* vdB. — Hd. *f v: Rôthulfvashêm* vdB. — Hd. *g: Siburg Sibrant* vdB. — Hd. *k ck: kogscult* vdB. s. vdBergh Mnl. Geogr. p. 168. — Hd. *ch: Ubkirica Niftarlaca,* — *Folcrîc* vdB. — Hd. *h: Cunebrehtus,* — *Godebrectus, M.,* — *Ôsbragtashêm* vdB. — Abfall Ausfall: *Rôthulfvashêm Liutravan* vdB. — *Polikbertus* M., *Saxbrath* vdB.? — *Scoronlô Alvitlô* vdB., *Westerlô* Bon. 1, 1, 60. — Hd. *n: súthan* vdB. — *Másamúthon* vdB. beweist nicht für Utrecht.

Vocale. Hd. *a: Aldburge Getzewald* vdB. — *Oudlô* Bon. 1, 1, 60 ist unsicher. — Hd. *á: Liudrád* vdB., — aber *Raedbeisus* M., *Rêdgêr Rêdulf in Alvitlô* vdB.*) — Hd. *ê: Gárhard Gárburg* vdB. — Hd. *i:* neben *bi* auch *be* — *bi northan, be ôstan, Benetfelda Fresdore,* vdB. — Hd. *o: Wulfbald* vdB., — *Havaráthorpa* neben *Hovaráthorpa* vdB. — Hd. *ei:* immer

---

*) Da selbst der friesische Ort *Rôthulfvashêm ô* bietet, so ist wol kein Zweifel dass hier *Rátkêr Rátolf* gemeint ist.

-hêm vdB., — *Thrûdlâf* vdB. — Hd. *iu: Liudrád Liutravan,* vdB., — *Liudgérus* Bon. 1, 1, 27. — Hd. *io: Flieta,* — *Niuwarflêt* vdB. — Hd. *ou: Northgô,* wahrscheinlich ein Teil der wesentlich fränkischen Veluwe, vdBergh Mnl. Geogr. p. 190, den die Egmonder Urkunde von 993, vdB. n. 68, friesisch *Nortgâ* nennt. — Aber *Texlâe* die friesische Insel, darauf *Landei Lanthoy* vdB. — Hd. *uo: Rôthulfvashêm Hovaráthorpa* vdB. — Aber *Gruosna* in der Lijmers Bon. 1, 1, 20.

Nominale Declination. *A-* Stämme: Masc. Sing. Gen. *Rôthulfvashêm Osbragtashêm* vdB. — Plur. Dat. *Bergum,* — *Felisun,* — *Mâsamúthon* vdB. — Neutr. Sing. Dat. *Hovaráthorpa, in Vagarâfelda, Máselande* vdB. — Plur. Gen. *Havaráthorpa Vagarâfelda* vdB. — Dat. *Súthúsum* vdB. — *Jâ-* Stämme: Fem. Plur. Nom. *hofstedi* vdB. — *An-* Stämme: Sing. Acc. *Holanweg,* vdB. — Plur. Gen. *Valcanáburg* vdB. — *Ân-* Stämme: Sing. Acc.: *Rôdánburg* vdB., *Uberán Malsna (?)* Bon. 1, 1, 7.

Charakteristik I.

Vor allem fällt auf die Verwantschaft der hier beschriebenen Mundart mit dem Sächsischen sowohl als mit dem Salfränkischen, seit es die alten *á* wieder eingeführt. Gewisse wesentliche Eigenschaften, welche sie mit diesen Dialekten teilt, müssen erst herausgehoben werden, bevor wir durch Nachweis ihrer Abweichungen von dem einen und dem andern ihr den Charakter einer selbständigen Mundart sichern.

Als Quelle des Salfränkischen dienten besonders die Herstellungen und Deutungen der Malbergischen Glosse und der deutschen Wörter in der Lex salica: J. Grimm vor Merkels Ausgabe (G), Müllenhoff bei Waitz, Das alte Recht der salischen Franken (M), Kern, Die Glossen in der Lex sal. (K).

Besonders in den Consonanten stimmen die zwei Dialekte mit unsrer Mundart, welche als Vertreterin des nfr. ältester Gestalt anzusehen ist, überein. Gemeinsam ist den drei Typen die bei got. *th* beginnende Entfernung vom Consonantismus der ersten Lautverschiebung. Die Glosse zeigt neben *th* auch *d*: *murdo* K. 67, *ronderos* K. 50, *fredum* K. 86, die Lex *faidus fredus* M., *Gailesoinda Theodebaldus* bei Gregorius. Ueber *t* für *th* s. unten. Im alts. geht *th* nach *l n* regelmässig in *d* über.

Die got. Medien *b g* haben in unsern Dialekten spirantischen Charakter. Dies geht für den In- und Auslaut hervor aus dem Wechsel von *b* und *f* im salfr. *diba* (combustio) K. 174, G. XLVII*), *efa* (si) K. 26, *sephun* K. 59, *tharfano* (audax) K. 106, *rofa* K. 131, *af* K. 33, *Ebero Eberulfus Ebruinus Alboflēdis* bei Gregorius, neben *Suáveyóttha Leuva Leuvigildus*, letztere zwei Spanier, des *b b* und *c* im alts. und nfr. Die Differenzierung des *b* in *b* weist mit der Vertretung *v f* auf einen Laut der zwischen Media und Spirans die Mitte hält. — Aehnlich wechselt *g* mit Zeichen welche auf Spirans weisen und zwar im Anlaut und Inlaut: salfr. *gamallus gasacio* M., *Arbogastes* bei Gregorius, *althachna* K. 108, *ghamalta ghimalta* K. 140, — *rachineburgius* M.**) — Auf dasselbe weist die Verwendung des *y* für *i j* und *h*: *chagme* G. XXI, *soagne* G. XXIV., *weyanus* neben *weiano* (accipiter) K. 150, *segusius hereburgius rachineburgius* M., — *gusfrit gvisofredo* neben *hisifret* (cerebri effractio) K. 86, *antigio* (indicat K. 13, die Verflüchtigung des inlautenden *g* oder des anlautenden, wenn es in den Inlaut tritt: *Sigambri* (die andre alte Schreibung *Sicambri* würde auf apocope des Stammvocals schliessen lassen — *Siggambri*: — vgl. die Bemerkung über *t* aus *dd* bei Kern s. 63.), — *Arboastes Leudastes* GDS. 378. — Im alts. kann der Wechsel zwischen *j* und *g* von *e i*, des *j* und *gi* auch vor dunkleren Vocalen auf eine Aussprache des vor *e* und *i* stehenden *g* weisen, welche entweder *j* gleich war oder

---

*) Ital. *debbio*, das Verbrennen der Gesträuche zur Düngung.

**) *chalt* (aper) ist, wie Kern 54 f. zeigt, graphisches Verderbnis für *galt*.

dasselbe einschloss. Mit dieser Beschaffenheit der got. *b g* vertretenden Laute steht im Einklang dass das euphonische Auslautgesetz des hd. hier keine Geltung hat. — Allen drei Idiomen ist wenn auch in verschiedenem Grade gemein die Neigung *h* vor Dentalen und zwischen Vocalen zu verflüchtigen: salfr. *ambatonia* (ancilla) K. 41, neben *ambahtonia*, *nêstig* K. 5 neben *nextig*, — *antio* K. 13, neben *antichio antigio*, — *Chrôdieldis Droctovêus Leubovêus* bei Gregorius. Ueber das Verhältniss im alts. s. unten. — Unsicher ist ob auch dem salfr. gleich dem nfr. und alts. Ausfall des *n* vor Dentalen zukommt. *fimcesith* K. 149 ist vielleicht ein Fehler, da die Namen entgegenstehen GDS³ 381. Aber das daneben erscheinende *five* K. 58 hat die Gewähr des mnl. für sich und stimmt mit alts. und nfr.

Bei den Vocalen ist übereinstimmend Wechsel von *e* und *i* statt hd. *e*: *antidio* und *antedio* (aperiat) K. 63, *scilla* und *schella* (tintinnabulum) G. VI, K. 163, *diba* (combustio) und *deba* G. XLVII, K. 174, *visanthamo* (ptc. prs. *visan*) K. 33, — alts. *niman -scipi* und *-scepi*, *stidi* und *stedi*, *libhean*; — Wechsel des *u* und *o* gegenüber hd. *o*: salfr. *sculando* und *scolando* (debens) K. 25, *thurp* K. 119, *uvar* K. 178, *murth* (nex) K. 68, *fucal* neben *focal* G., — alts. nur wenig: *gumo* neben *gomo*, *cuman* — Auch der Stand des alten *ô* und die monophthongierung der alten *ai au*, so wie die allerdings seltene des *io* stimmt im Allgemeinen.

Dagegen unterscheidet sich I von der Sprache des Heljand durch Abwerfung des b im Auslaut, wenn sie auch dem alts. vielleicht nicht abzusprechen ist. Im Essener Necrologium L. Arch. 6, 69 aus dem 9. Jh. und in den Trad. Corbeienses ed. Wigand 373. 475 finden sich viele Namen auf — *wi*. Allerdings sind Essen und Corvei keine zuverlässigen Fundstätten sächsischen Dialekts. Essen liegt hart am ripuarischen Werden und Corvei ist von der hessischen Grenze nicht weit entfernt, und war mit westfränkischen Mönchen besetzt worden; s. Dietrich Germ. 13, 78. — Sehr selten im Sächsischen ist Ausfall des *h* zwischen Vocalen: *gimálda* Hel. 3994 Cott., *farfiôth* Hel. 3699 Mon., *tian* Ess. Heberolle, *wieda*

MSDm. LXX, 4, — und vor *s wassan wasstum* Schmeller Gloss. Sax. 123. 126, *ses sestein* Freck. Heberolle, wo übrigens nach Heynes Angabe Kleine and. Dm. 157ᵇ die jüngere hs. M. *ses* bietet, die ältere *schs*; vgl. *sisso* im Corveier Runenalfabet Germ. 13, 84. — Die paar Corveischen Namen *Hadubret Drotbertus* welche Dietrich Germania 13, 83 anführt können den Ausfall von *t* nicht als alts. erweisen. Er ist auch vor *s* selten. — Ausfall des *n* vor Dentalen war im sächsischen ungleich häufiger als in I.

In den Vocalen erscheint die Verdumpfung des *a* vor *ld* im Heljand gar nicht und ist auch sonst selten. In dem oben citierten Essener Necrologium bleiben Namen auf -*walt* -*alt* während die -*bald* den Vocal verdumpfen. — Unsächsisch ist ferner *e* für *i* über die hd. Grenze hinaus, die Erhaltung einzelner got. *ai* und die Verwandlung der Formel *auwja* in *au ao ai oi*. — Die Declination unterscheidet sich durch den Nom. Sing. der *á* Stämme: *u* wie im ags. und *a* in I, *a* im alts.*)

Ebenso weicht I vom salfr. ab. Die Verwantschaft der Stämme und Dialekte erfordert hier eine nähere Auseinandersetzung.

Consonanten.

Hd. d. Wenn in salfr. Dm. einige Wörter statt goth *th f* zeigen, so deutet die Uebereinstimmung der Malbergischen Glosse

---

*) Der Wechsel von -*win* und -*wini* kann im Allgemeinen auf Stammverschiedenheit deuten. *Albwin* L. A. 2, 220 Cr. IIIa 20 war *comes* in *Embrikni*, also ein Ripuarier: Wenn daneben auch ein *Gérwin* im Calenbergischen vorkommt Cr. I 9, so mag das auf Rechnung des Werdenschen Schreibers gehen. Das Werdensche Heberegister A bietet eine Menge -*wini* in sächsischen und friesischen Gegenden: *Albwini* L. A. 2, p. 230, *Berahtwini* p. 233. 242, *Berwini* p. 230, *Gérwini* p. 239, *Godwini* p. 249, *Helmwini* p. 239, *Liawini* Cr. I 27, *Rádwini* L. A. 2 p. 228. 230. 233, *Rédwini* p. 237, *Ricwini* p. 244, Cr. 6, Freck. Heb. 88, *Reinwini* L. A. 2, p. 247. Aber die Freckenhorster Heberolle hat auch einen *Ricwin* 88, und in der unsächsischen Veluwe erscheinen *Mathalwini* und *Berahtwini* L. 1, 65.

mit romanischen Aufzeichnungen, zu welchen man auch die Werke fränkischer Schriftsteller in Frankreich rechnen kann, auf eine dem salfr. eigene, im nfr. wie alts. unerhörte Aussprache der germanischen Dentalspirans; s. unten. Wären nur die zwei Fälle der Lex überliefert, K. 109, so könnte man mit Kern an die Möglichkeit eines Lesefehlers denken: die dornrune erschien den Schreibern als *v*. Aber in *feodum fief*, wurde jedenfalls der Laut *f* gehört und gesprochen, Wackernagel Zs. 2, 557, Grimm bei Merkel LXXI, was allein aber wieder nicht genügte diese Aussprache als fränkisch zu erweisen. Sie hätte nur die ungeschickte Wiedergabe des fremden Lautes bezeichnen können, wenn salfr. *th* noch tonlos, gleich s^4 war, und die Salfranken die Gewohnheit hatten s^4, im Gegensatz zur gewönlichen englischen Aussprache,*) mit genäherten Lippen oder mit Annäherung der Unterlippe an die oberen Schneidezähne zu articulieren, wodurch eine Lautnuance entstand, welche dem f^1 oder f^2 nahe kam, ohne notwendig in sie überzugehen. Der Fremde hätte dann den ihm bekannteren Laut gehört. — Dass diese Aussprache im salfr. nicht die einzige, ja nicht die häufigere war, geht aus der jüngeren Transscription *t* hervor, welche im Polyptychon Irminonis zur Regel geworden ist. Ihre Deutung unten.

Hd. *z*. Im Inlaut zwischen Vocalen mitunter *d* was im nfr. nur in Eigennamen auf -*gaudus* noch vorkömmt: *lauxmada* G. XXII; s. hd. *ou*.

Hd. *ph*. *awerphe* K. 164 kann wol nach der übereinstimmenden sonstigen Lautgebung nur eine ungenaue Bezeichnung sein. — Aber Abwerfung des *ph* im Auslaut, wie im nfr., kömmt nicht vor: *reipus* G. VII, *Clep Cleb* bei Gregorius.

Hd. *f*. Es ist möglich dass die Salfranken für got. hd. *ft* auch *pt* sprachen: *Scaptarius* bei Gregorius. *pt* kommt ja auch in andern Dialekten und in nfr. Mundarten vor, s. Scherer GDS. 72 n. — Aber *tualapti* G. XV kann sehr leicht auf *tualafti* zurückgehen, das einerseits in *tualasti* verlesen, andererseits in *tualaphti* umgeschrieben wurde. s. hd. *h*.

---

*) Aber auch bei Engländern kommt diese Aussprache durch Unachtsamkeit vor; Brücke Zs. f. österr. Gymn. 1858 p. 692.

Hd. *h.* Dafür sehr häufig *ch*: *adchramire* (hramjan) G.
VII. XXIV, *chengisto* (admissarius) K. 52, *chalde* K. 105,
chleura (maxilla) K. 109, — auch c: *Caribertus* GDS.³ 380, *alac*
(templum) G. XLIV, K. 119. 133,*) — neben *adhramire* G. VII,
kris (surculus) K. 167, und dem regelmässigen *h* bei Irmino.
Seltener ist die Entsprechung *f*: *frêo* für *hrêo* G. XVIII, dann
die französischen Namen und Wörter *Flotharius Flodovêchus
flanc froc* GDS. 245. 359, Wackernagel Zs. 2, 556 ff., besonders
bei Irmino viele *Flod-Fród.***) — Die Schreibungen, deren
letztere auch die Aussprache zweifellos — wenigstens der Romanen
— kundgibt, weisen auf tonlose oder nicht vollkommen tönende
Natur des salfr. *h*: entweder χ^2 oder j^2 mit halboffener Stimmritze articuliert, die jetzige plattdeutsche und holländische gutturalspirans, s. Rumpelt Natürliches System 93. Es war ganz
natürlich dass die lateinische Orthographie hier so lange nicht
h verwendete als der deutsche Laut nicht zur Qualität des
lateinischen, des blossen Hauches, herabgesunken war s. Müllenhoff Zs. 9, 246. Die Römer hatten *Chatti Chariovalda
Cherusci Chasuarii* usw. geschrieben, und die südfränkischen
Mönche in Weissenburg schrieben noch im 9. Jh. *Chródilo
Chruadarâd Childia Gotchildia Sigicharius Fraineschaim.*
Das lateinische *h* waren sie gewohnt oft nicht auszusprechen:
deshalb unorganische Schreibungeu *Huodalrih Himicho Hódolbertus* Zeuss Trad. Wizenb. p. III. — So wird Gregorius nur die
Aussprache nicht unterschieden haben, wenn er anlautendes *h*
in Namen der verschiedensten deutschen Völkerschaften griechisches χ, lateinisches *c* in manchen Wörtern durch *ch* gibt: *Chio
Chrispus.* — Der häufige Ausfall des deutschen *h* aber zeigt
dass der Uebergang in den reinen Hauch, dem keine tönende
Periode des Lautes vorhergegangen zu sein braucht, schon begonnen hatte. Man fing an ihn wie das lateinische *h* zu behandeln, also auch im anlaut: *ronderos* (pecus) K. 49, *creburgius*
M. 287, *Ródieldis* bei Gregorius. Ebenso schwach ist anlautendes *h* im mnl. Gr. 1¹ 267, während im nfr. noch im 9.

---

*) Kern verkennt hier das Wort.
**) *adframire* steht nach Kern 133 nicht für *adhramire* sondern für
adfadimire.

10. Jh. *hr* die Regel ist. — Nichts weist auch darauf hin dass die Niederfranken *h* je so ausgesprochen hätten, dass Romanen es für *f* hätten halten können. Es genügt bei der Articulation eines χ^2 die Lippen oder oberen Schneidezähne und Unterlippe zu nähern, s. hd. *d.*, und die Luft auch nach Bildung des χ^2 fortströmen zu lassen: man hört χ^2 mehr f^1 oder mehr f^2. Die Romanen waren der Versuchung ausgesetzt nur den zuletzt gehörten und bekannten Laut wieder zu geben. — Möglich dass die Salfranken selbst mitunter nur *f* aussprachen: s. hd. *ofan fliohan flēhan.*

Eine Besonderheit des salfr. *h* ist sein Uebergang in *c* vor *t th* und *s: dructe* G. IX, K. 159, *acto* (octo) *nec than* K. 29, *nextig* K. 5, *ocxino* G. XX, K. 48, *Droctoveus Droctulfus* bei Gregorius, *Dructoinus Plectrudis* GDS. 379, *Electeo Electrudis* GDS. 375. Es ist dies nicht genau jenem vereinzelten *wactam* von I zu vergleichen, da diesem germ. *k*, das allerdings got. schon *ht* geworden war, jenen salfr. *ct* germ. *gt* und *ht* zu Grunde liegt.

Aber auch hier kann man eine abweichende Aussprache bezweifeln. Neben *ocxino* findet sich die Schreibung *obosino* G. XX, K. 48, die deutlich auf *ohosino* oder *ohesino* zurückweist, neben *nextig* K. 5, dann *ambahtonia* K. 41, *marchi* das aus *marthi* zu entnehmen K. 52, — und ganz ausgefallen ist die Spirans in *nestig* K. 5, *ambitania* K. 42. Dies wie die mnl. Formeln *cht ss* weisen darauf hin, dass *ct cs* nur ungeschickte Versuche romanischer Schreiber waren, welche in der Wiedergabe der deutschen Gutturalspirans schwankten. Die gutturale Tenuis war ihnen in Verbindung mit *s* und *t* gewohnt. Später erweichten sich ihnen die lat. *ct* mit den deutschen gemeinschaftlich. Die *Throitbold Droitberga*, Förstemann I, 353, bei Irmino, neben *Droctbold Drocberta*, Förstemann I, 351, verdanken ihre Entstehung demselben Process wie *huit* (octo) *nuit* (noctem). — Wären nicht die Zeichen der Schwäche des Lautes vor *s* und *t*, so könnte man allerdings auch im salfr. und in geringerem Umfang im nfr. die aus dem lateinischen griechischen altn. bekannte Assimilierung annehmen, s. unten.

Hd. *sc.* Dafür *x: taxaga* K. 59.

Vocale.

Hd. *a.* Gegenüber der Glosse, welche noch ganz deutlich *alah* (templum) zeigt K. 121. 169, hat Irmino *Electeo Electulfus Electrúdis* GDS. 375. — Hd. *á*: eher Umlaut als alte Form ist *nëxtic nëstig* (proximus) K. 17.

Hd. *i.* Vorgermanisch *a* und *i* erscheint als *e* in *the* neben *thi* K. 5, *renc* neben *rink* K. 72, *letu* neben *litu* K. 5, *fredum* neben *frit* K. 86, *efa* K. 26, *Sedeleuba Sedegundis* bei Gregorius, *Segemundus Segenandus* GDS. 375.

Hd. *o ó.* *U* erhält sich in *thurp* K. 119, *ufar* K. 178, *murdo* K, 67, *fucal* neben *focal* G. XXIV. — Hieher gehört wol auch das merkwürdige *sexxaudrus* G. VII, da *culter* wol nur über *colter* zu *couter cauter* geworden sein kann.*) — Statt des hd. *ó* noch mitunter der Diphthong: *haofalla* (decipula) G. XXV, *Launebodus* bei Gregorius *Austrevaldus* neben *Ostravaldus* GDS. 377.

Hd. *u ú* ist öfter als in I auch ohne folgendes *a* zu *o* erhöht: *thorve* neben *thurve* K. 115, *dructi* und *drocti* (g. *drauhts*) K. 159, *thósondi* und *thósundi* (mille) K. 58, *Thoringi Thoresmódus* neben *Thursemódus Tolbiacum* neben *Tulbiacum* bei Gregorius, und Fredegar schreibt in seiner barbarischen Weise gar *Mercori, Olixus.* — Auch langes *ú* erscheint als *ó* in *thóthósondi (túthúsundi)* K. 58.

Hd. *ei.* Dafür auch *ai ae, á: Gainoaldus Chochilaicus Stainoaldus* GDS. 376, *Bodachaem Salachaem*, *Salchámae Bodochámae* Prolog der Lex sal. Merkel p. 93.

Hd. *iu.* Dafür regelmässig *eu*, das auch ohne folgendes *a* in *eo* übergeht: *neun* K. 35, *leudinia* K. 41, *theu* K. 131, *Ansedeus Sigedeus* GDS. 377, — *theo* K. 5, *leodinia* K. 41,

---

*) Anders Kern p. 171, der in *sexxandro saxhavendró* findet: Aber das ags. *seaxculter* steht der Glosse doch näher. — Cultrum *colter* auch in dem lateinisch-deutschen Glossar Diut. 2, 210a.

Leodastes bei Gregorius. — Ein *u* finde ich bei Gregorius in *Lúdegastus:* aber es ist ein Mainzer Bischof. — Bei suffixalem *a* erscheint *eo: beodus* (mensa) G. VII, *Theoda* G. VIII, *Leobovera Theodobaldus* bei Gregorius: mitunter bleibt *eu* auch unverändert *Leuba Leubovera* ebendaselbst — *é* kommt dafür nicht vor.

Hd. *ou* wäre noch *au* geblieben in *lauxmada* (allium. herbam edens für capra), wenn Grimms Deutung p. XXII richtig ist: Kern p. 153 scheint sie abzulehnen.

Nominaldeclination.

A- Á- Declination: Substantiva. Masc. Neutr. Sing. Gen. *rencus* (puer) K. 72, *ronderos* (pecus) K. 50, *reipus* K. 119, neben *chales* (hospitium): Genus und Stamm sind zweifelhaft. — Fem. Sing. Nom. *mála* (vacca) K. 50, *stadia* K. 27. — Gen. *stadió* K. 27. — Dat. Sing. *antómitho (evacuatio).* Ist es was möglich Nominativ, dann wäre allerdings der dunkle Vocal in *Fislacu* (Iα) p. 28 zu vergleichen.

Aber trotz dieser Verschiedenheiten, welche häufig bloss in dem höheren Alter der salfr. Dm. ihren Grund haben werden, — immer nicht: aus *wi* wäre ohne Culturübertragung nicht mehr *wif* geworden: · steht das salfr. dem nfr. nicht nur näher als das alts., sondern es zeigt gerade in jenen Puncten, in welchen sich das alts. vom nfr. unterscheidet, mit diesem entschiedene Verwantschaft. Ausfall des *h* vor *t s* ist nfr. und salfr. viel häufiger, Ausfall des *n* vor Dentalen viel seltener als im alts.

Im Vocalismus stimmen beide Dialekte überein in Verdumpfung der Flexionsvocale; s. die Gen. Sing. *rencus* K. 72, *reipus* K. 119, *ronderos* K. 50, *stadió* (Nom. *stadia*) K. 27, II Sing. Opt. *antigius* K. 16, neben *antigias*, s. nfr. besonders

V und die Diphthongierungen der Wurzelvocale, s. Scherer
GDS. 125, — in der bei so alten Dm. auffälligen gelegentlichen
Synkopierung: salfr. *chôrachrô* (addictus) K. 43, nach Kern auch
saxhavendrô K. 171, s. oben p. 44. — Lese ich hier *sexcaudro* und
ist *chulde* für *chalde* (teneat) K. 105 kein Schreibfehler, so wäre
die grosse Empfindlichkeit des salfr. *a* vor *l* mit folgender
Dentalis hinlänglich bezeugt; s. im nfr. *o* für *a* unter gleichen
Verhältnissen, p. 23, — im alts. ist *a* in solcher Lage be-
ständiger, s. oben. — Das Wichtigste sind die beiden Dialekten
gemeinsamen, im alts. unerhörten *e* für hd. *i: fredum fredus*
K. 86, M. 283, neben *frit* K. 86. *efa* K. 26, *letu* K. 5 neben
litu, renc K. 72, neben *rinc, sephun* K. 59, *the* neben *thi* K. 5.

Die letzteren Erscheinungen müssen im Zusammenhang
betrachtet werden.

Excurs über die westgermanischen Vocale.

Es frägt sich zunächst um das Schicksal der *a i u* im
westgermanischen. Nehmen wir als dessen Repräsentanten das
ahd. an. Die Besonderheiten der andern Sprachen der westlichen Gruppe sollen später berücksichtigt werden.

Im ahd. ist altes *i* in Wurzeln der Nomina und Verba in
der Regel unverändert geblieben: *fridu frida* (g. *Fritharciks
friathva), strich i*-Stamm (g. *striks*, a- oder *i*-St.) *riz i*-St. (g.
rrits, a- oder *i*-St.), *antlitze ja*-St. (g. *vlits* a- oder *i*-St.), *fisc
a*-St. (g. *fisks a*-St.), *widar* (g. *vithra*), *missa* (g. *missa-*), *wiht
a*-St. (g. *vaiht a*-St.), dann die Part. Praet. der Verba mit
innerem *i*: — ausgenommen nur wie es scheint die Pronomina
er neben *ir* (g. *is*), *ez* neben *iz* (g. *ita*), *essa* (Wurzel *idh*),
wessa neben *wissa, wer* (g. vair; Fick s. 399, aber Diefenbach
1, 188), *wehha* (g. *vikô*), *quec* (g. *qius*), *lepên* (g. *liban*, alts.
libbean), lernên neben *lirnên, stec stega* Schleicher K Zs. 7, 224,
11, 52, dazu nach Müllenhoff und Wackernagel *ledic lidic* von
leithan Curtius Grundzüge³ 452, dann wol auch *sweben* (altn.

svifa). *Hwer* (s. L. Meyer Got. Sprache §. 392) und *degan gidigini* ist zweifelhaft. *W'* und *l* scheint hier von Einfluss auf den folgenden Vocal gewesen zu sein.

Die arischen *a* aber sind von den Hochdeutschen zu verschiedener Zeit verschieden behandelt worden. Als die istävonischen und herminonischen Westgermanen mit den Goten noch in relativer Sprachgemeinschaft lebten, haben sie wie diese einen Teil der alten *a* belassen, einen andern geringeren, teils nach *e i*, teils über *o* nach *u* getrieben. Die mit den gotischen gemeinsam aus alten *a* hervorgegangenen *i* der genannten westgermanischen Gruppe erhalten sich ebenso wie die alten *i*. So beruhen auf altem *a* die *a- á-* Stämme: *skif**) *rino ursprinc sind wint* (*a-* und *i-* Stamm, g. *i-* Stamm) *stimma minna rinna spinna trinko klingo klinga ringa slindo linda binda rinda vinda*, die *i-* Stämme *stich* (g. *a-* Stamm), *zil* (g. *a-* Stamm), *gift gir giskiht gisiht*, die *u-* Stämme *filu sigu ritu*, — die von Wurzel *as* stammenden Formen des Verbum substantivum. In unaccentuierten Silben dasselbe: z. B. II. III Sing. Praes. Ind. das Suffix g. *-i-þa*, ahd. *-i-da*.

Eine hervorragende Stelle nehmen die Fälle ein, in denen wurzelhaftes *a* vor Doppelnasalis oder Nasalis mehr Muta auf *i* erhöht wird. Unter den Verbalformen geschieht dies im Sing. Plur. Ind. Opt. Inf. Part. Praes. während der Sing. Ind. Praet. *a* behielt und die übrigen Formen nach *u* gingen: **) *brinná *brinnajam *brinnani *brinnanda*.

Aber neben dieser extremen Erhöhung sehen wir andre alte *a* mässigeren Impulsen bis zu *e*, allerdings geschlossenem *e****) folgen: *freh* (g. *friks a-*Stamm), *wela* (g. *vaila*), *jenér* (g.

---

*) Von *skrig* Gr. 1⁴, 525 ist nicht bewiesen dass er nicht ein *i-*Stamm ist.

**) Ich gebe den Muten überall ihre germanische Form ohne damit über das chronologische Verhältniss zwischen Färbung der *a* und der Lautverschiebung entscheiden zu wollen.

***) Ob auch im Griechischen beide Färbungen des *a* bis zu geschlossener Qualität vorgerückt sind? Die Orthographien *ε* = *a*, *o* =

jains a-St.). — Eine grosse Anzahl Wurzeln aber wurde durch beide Arten der ersten Färbung afficiert, andre behielten daneben auch altes *a*: z. B. *gerigene* (g. *rign*), *gibil* (g. *gibla*), *fillin* (g. *filleins*), *gilstrjo* (g. *gilstr* a-Stamm), *rihtjan* (g. *garaihtjan*), *gastirni* (g. *stairnô*), *wirdi* (g. *vairthida*), *irdisk* (g. *airtheins*). *birig* (g. *bairan*), *flihtjan* (g. *flaihts* a-Stamm), *gahirzan* (g. *hairtô*), *suigar* (g. *svaihra*), *firrjan firrên* (g. *fairra*), *genibele* (altn. *nifl*), *githigini* (doch s. oben), *giwitiri gisidili gasuistar* (g. *svistar*), *gifildi scirno hilu wigu âwiggi*, — daneben aber *gebal gelstar reht sterno wert erda beran sleht herza suehar ferro fell nebal thegan wetar sedal suestar feld scern helm wee*. Diese letzteren ahd. Wörter haben uns die ältere Form bewahrt, wenn auch keineswegs ausgemacht ist, dass zur Zeit der germanischen Sprachgemeinschaft schon das ahd. geschlossene *e* existierte. Es war vielleicht nur *a*°. — Noch ältere *e* scheint der skandinavische Zweig der ostgermanischen Gruppe als dialektische Eigenheit aufzubewahren in einigen einsilbigen Wörtern formaler Function *ek mer þer ser med er* s. Gr. 1³, 430.

Im Verbum der ersten Classe, Gruppe *giban* und *niman*, war, nachdem der Themavocal der II. III Sing. dem *i* der Endung assimiliert worden, — in der III Plur. schützte Position das Thematische *a*, — in diesen Formen der Wurzelvocal auf *i* erhöht worden. Statt *gabisi *gabidi *gibisi *gibidi. — Die Majorität der singularen Formen attrahierte dann die I Sing. Ind. und die II Sing. Imp. Die übrigen Präsensformen aber trieben ihr wurzelhaftes *a* nur zu *e*: also Ind. *gibâ *gibisi *gibidi *gebama *gebada *gebandi, Imp. *gib, Opt. *gebajam, Inf. *gebani, Part. Praes. *gebanda, Part. Pract. *gebanas, Nomen *geba. — Das Praeteritum aber hatte *a* bewahrt.

---

ov, s. Kühner Grammatik 1³ 44, und die Buchstabennamen *ει ου* für *e o* beweisen nichts: ει kann auch *e•i* bedeuten wie *ei* (und *ij*) im nnl. und altn.; s. Donders Onderzoekingen ged. in het phys. labor. 2, 3 (1870) p. 360. 364. — p. 365 ist statt *ei e•i* zu lesen —; Wimmer Altnord. Grammatik p. 23.

Dieser Epoche wird vorausgegangen sein eine andre, in der man *gebá gibisi* usw. conjugierte. Sie ist kaum im ags. erhalten. Die betreffenden Erscheinungen *helpe hilpst hilpd*, wie analoges im fries. *kiase kiosest kioseth* werden wie der nhd. Gebrauch auf Einwirkung der Pluralformen beruhen, — die wir ja im fries. und altn. auch im ganzen Singular finden, — d. h. auf dem Bestreben die Formen ähnlicher Function zu uniformieren, und auf dem Stil, welcher verhinderte, dass nicht der Plural sich nach dem Singular richtete. — Noch weniger dürfte man annehmen das wurzelhafte *a* in I Sing. Ind. Praes. sei während der Sprachgemeinschaft nur bis zu *e* gelangt, nach der Trennung hätten Goten Hochdeutsche und Ingävonen es gleichmässig auf *i* erhoben: die Hochdeutschen hätte, da auslautend *á* bei ihnen zu *u o* geworden wäre, nichts mehr gehindert die einmal eingeschlagene Richtung zu verfolgen. — Es wäre dies der einzige Fall, der zwänge im ahd. Fortdauer jener von *a* zu *i* treibenden Neigung des gotischen anzunehmen. Warum wäre dann in dem ganz analogen Fall des Instrumentalis nicht von *wek wigu wigo* gemacht worden?

Anders als die verschiedene Behandlung der Verbalstämme in verschiedenen Zahlen und Arten sind anzusehen Schwankungen im Wurzelvocal desselben Wortes: *seef scif* a- St. (g. *skip* a- St.), *feho fihu* (g. *faihu*), *stemna stimma* (g. *stibna*). Es wird am geratensten sein anzunehmen, dass die Formen verschiedenen germanischen Stämmen angehörten, welche der gotischen Erhöhung nicht in gleichem Masse folgten. Während die einen mit den Goten schon bei *skipa fihu* waren, standen die andern noch bei *skepa fehu*. Diese älteren Formen erhielten sich dann im gemeindeutschen Sprachschatz neben den jüngeren; vgl. nhd. *athem odem, brunnen born* und die französischen italienischen Doubletten.

Nachdem aber Hochdeutsche und Goten sich getrennt hatten, haben jene vielleicht nur die *e* oder *a°* um einige Grade dem *i* genähert: diese aber überliessen sich immer mehr ihrer Neigung zu vocalischen Extremen, welche alle jene *e*, die sie mit den Hochdeutschen gemein hatten, auf *i* erhöhte:

frekas wurde zu *friks*, *regna* zu *rign*, *helmas* zu *hilms*, *verthas* zu *virths*, *rehtas* zu *rihts*, *slehtas* zu *slihts*, *sternâ* zu *stirnô*, — erhalten blieben jene *jenas velâ*. (g. *jains vaila*), — und im Verbum der *a*-Classe folgten die Formen der Gruppen *giban niman*, welche germanisch *e* gezeigt hatten, der Analogie des Sing. Ind. Imp. Praes. und führten ihr *e* weiter zu *i*: *gibam gibith giband gibau giban*. Zum dauernden Unterschiede des gotischen von den übrigen deutschen Sprachen, so sehr auch das fries. und altn. gleich dem nhd. nach ebenmässiger Behandlung aller Praesensformen hinstreben.

Die Grenze wurde noch schärfer gezogen, seit das gotische Ohr oder Sprachorgan für consonantische Einflüsse eine Empfindlichkeit gewann, von welcher kein andrer deutscher Dialekt gewusst hatte. — Der auf Neigung zu vocalischen Extremen begründete Lautbestand wurde dadurch merklich alteriert. Der früher so beliebte *i*-Laut weicht nun an vielen Stellen auf *e* zurück, wo ihn das ahd. bewahrte: *vaiht a*- St. (ahd. *wiht a*- St.), *taihum* (ahd. *zigumês*). Oefters aber entstand auch durch diese Erniedrigung des *i* eine scheinbare Uebereinstimmung mit dem hd.: *reht* und *raihts*. Aber *reht* hat nur seinen aus *a* in der germanischen Periode erhöhten Laut bewahrt, während die Goten dasselbe Wort nach der Trennung von den Hochdeutschen zuerst zu *rihts*, dann zu *raihts* verändert haben.

Das Verhalten der altarischen *i* hatte uns nicht gestattet in den *a* der Suffixe jene Kraft zu sehen, durch welche die aus *a* gefärbten *i* zu *e* getrieben worden wären. Aber dass das *a* des Suffixes häufig die Erhebung eines wurzelhaften *a* zu *i* gehindert oder verzögert habe, ist glaublich und verständlich. *Namâ* (sumo), *namama* *namada*, auch *namandi* haften als einfachere Vorstellungen fester im Gedächtnisse als *namisi* (sumis), *malitha* (mel), auch *madja* (medius), *qathus* (uterus), *fahu* (pecus), — leistet also der Färbung — einer veränderten Aussprache mit verändertem Schalleffect — kräftigeren Widerstand: vor allem die *a*-Wurzeln der *a- â- an- ân*-Stämme. Mit Ausname der Fälle mit

Doppelnasalis oder Nasalis mehr Muta als Wurzelauslaut ist es sehr selten dass suffixales *a*, dem kein *j* vorangeht, die Erhöhung der Wurzel *a* bis auf *i* zugelassen hat: s. die oben S. 47. 48 angeführten Fälle. *skif* ist Neutrum, könnte also seinen Themavocal vertauscht haben, abgesehen von der Form *skef:* — *skirno, gaswistar, swigar, firrén* neben *firrjan* bleiben allerdings.

Wenn man entgegen der vorgetragenen Hypothese annehmen wollte, während der germanischen Sprachgemeinschaft seien zwar jene *a* auf *i* erhöht worden, welche das ahd. zeige, die übrigen aber unverändert geblieben: also *nimá *nimisi *nimidi *namama *namada *namandi und *gibil* neben *gabal* so müste man folgern, die isolierten Westgermanen hätten — durch eine Art Verwantschaft der inneren Sprachform — gerade jene *a* auf *e* erhoben, welche die Goten unterdess bis auf *i* brachten, was selbst bei den Verbalformen und Ableitungen mit *a* sich schwer begriffe. Man sollte meinen, die Analogie des Singulars hätte dann doch den Plural, den Opt., die Participia, den Inf. auch zu *i*, nicht zu *e* treiben müssen. Erkannte man in *gabal* dieselbe Wurzel, welche man in *gibil* hatte, so war doch nur Veranlassung *gibal* zu sagen. Und wie soll man die Uebereinstimmung von got., ahd. *e* erklären in Wörtern, welche keine verwanten Formen mit got. und ahd. gemeinsamem *i* bieten: *freh friks, eban ibns, swegala sviglja, vikó wecha, gester gistra, hera hiri, zesawa taihsvó, fersana fairzna, sehs saihs,* während wie es scheint kein einziges ahd. *a* der Wurzel got. *i* gegenübersteht.

Was die Motive der ersten Färbung gewesen, wissen wir nicht. Dass es nicht Einwirkung des flexivischen oder ableitenden *i* — *gibis irdisk* — gewesen, ergibt sich aus den vielen unerhöhten *a*-Wurzeln der *i*-Declination und der Seltenheit erhöhter, ebenso dass nicht Doppelnasalis oder Nasalis mehr Muta die Erhöhung des *a* veranlasst habe, s. *stamms lambs manna glaggvus*. Vor allem aber würde letzterer Annahme das Verhalten der genannten Lautverbindungen in Wurzeln mit innerem *u* widersprechen. — Nur das ist wahrscheinlich, dass *i* der Ableitung die schon angebahnte Erhöhung befördert, also *e* zu *i* getrieben habe. Unter den *i*-Stämmen gibt es, soviel ich sehe, gar kein sicheres Beispiel einer blos auf *e* erhöhten *a*-Wurzel. Das erlaubt dann die Vermutung, das thematische *i* in *gebisi gebidi* habe Anteil an der Bildung von *gibis gibid*.

Statt wurzelhaften *u*'s erscheint im hd. bei folgendem *a* regelmässig *o*, wenn die Wurzel nicht auf Doppelnasalis oder Nasalis mehr Muta auslautet: *gabotan* (g. *budans*), *hol* (g. *huls a*-St.), *tohtar* (g. *daúhtar*), *ohso* (g. *aúhsa*). Das gleiche Schicksal haben auch jene *u*, welche auf germanischer Stufe aus alten *a* entstanden sind: *ganoman* (g. *numans*), *gaholfan* (g. *hulpans*), *gomo* (g. *guma*), *ofan* (g. *aúhns*), *gaboran* (g. *baúrans*), *horn* (g. *haúrns a*-St.), neben *gabrunnan* (g. *brunnans*), *gabundan* (g. *bundans*). Z. T. mag hier wol consonantischer Einfluss wirken; s. Scherer GDS. 31.*)

Wie wir aus der verschiedenen Behandlung der alten und jungen *i* im ahd. auf Existenz eines *e* im germanischen schliessen durften, so erlaubt die gleichmässige Alterierung aller *u* bei folgendem *a* anzunehmen, sämmtliche ahd. *o* seien während der germanischen Periode *u* gewesen, wie sie das Gotische bewahrte, insofern nicht Brechung durch *h r* auch hier mitunter eine scheinbare Annäherung an den hd. Lautstand hervorgerufen hat. Aber *gaboran* hat den Wurzelvocal aus *burans dem folgenden *a* assimiliert, während er in *baúrans* durch Einwirkung des *r* von einem Endpuncte gegen das Innere der Vocalleiter zurückgeschoben wurde. Wo aber das gotische nicht consonantischen Einflüssen, das ahd. nicht vocalischen zugänglich war, sehen wir beide Sprachen in Uebereinstimmung: *lust guzzi gabundan*.

Daraus lernen wir: erstens, dass die hd. Idiome an der gotischen Neigung altes *a* bis nach *u* zu verdumpfen in ihrer germanischen Periode vollkommen Anteil genommen, was von der Erhöhung des alten *a* zu *i* nur zum Teil behauptet werden kann: d. h. dass zur Zeit der germanischen Sprachgemein-

---

*) S. Amelung, Bildung der Tempusstämme p. 55 ff.

schaft die Vocale: altes *i*, neues *i*, altes *a*, altes *u*, neues *u*, neues *e* vorhanden waren, aber nicht *o*, oder nicht mehr, da die alten *a* natürlich über *o* zu *u* gekommen sein werden. — Zweitens: dass suffixales *a* im hd. die Kraft erhält alte und neue *u* der Wurzel auf *o* zu erhöhen, und zwar auf geschlossenes o, wie es die altn. Schreibung deutlich zeigt. Die Parallele zwischen *é - a* *ó - a* im ahd. hat demnach nur den Schein der Genauigkeit: *a* musste um nach *é* zu gelangen drei, *u* um *ó* zu erreichen nur eine Station zurücklegen. — Drittens: dass hier wie bei den aus *a* entstammenden *i* Doppelnasalis oder Nasalis mehr Muta jene assimilierende Kraft der suffixalen *a* aufzuhalten scheinen, welche in der germanischen Periode der Neigung zu den vocalischen Extremen wenigstens auf dem Wege von *a* zu *i* entgegen getreten war, und in der hochdeutschen tonhöheren Vocal der Wurzelsilbe begünstigte. *Brennani* wurde noch, während Ost- und Westgermanen eine sprachliche Einheit bildeten, zu *brinnani, nemani gebani* bleibt bis zur Trennung der Stämme unangetastet. Die Part. Praet. von *brennan* und *neman* bringen in der germanischen Epoche den Wurzelvocal über *o* zu *u*, *neman* erhält bei den Hochdeutschen sein *o* durch Assimilierung wieder zurück, zu derselben Zeit, als *u* in *gagozzan* erhöht wird. — Vermuten mag man dass durch die Consonantgruppen *nn mm* oder *n* mehr Muta, *m* mehr Muta, der Vocal der Wurzel nasaliert und dadurch der assimilierenden Wirkung des suffixalen *a* entzogen worden sei. Die Nasalierung der Vocale vor einfacher und doppelter Nasalis hat sich im altn. bis ins 12. Jh. erhalten. — Viertens: dass im hd. auch nach der Scheidung von den Ostgermanen suffixale *a* in germanischer Endsilbe noch vorhanden waren, dass demnach die beiden Hauptgruppen des germanischen Sprachstammes unabhängig von einander sich der *a* und *i* in den Endsilben entledigten, was sich wol begreift, wenn sie nur gemeinsam denselben Accent sich erworben hatten; s. Scherer GDS. 135.

Das Verhalten des suffixalen *a* zu *u* und *i* hat seine deutliche Entsprechung in der verschiedenen Behandlung welche suffixale *u* und *a* durch das vocalische Auslautgesetz erfahren.

Wie suffixales *a* ein *u* der Wurzel erhöhen, aber nicht ein *i* der Wurzel erniedrigen darf, so fällt in unaccentuierter Endsilbe *a* fort, *u* aber bleibt.

Es handelt sich nun darum die Tendenz des beschriebenen hd. Lautcharakters zu erkennen. Dieselben vocalischen Veränderungen können ja Zeugen ganz verschiedener Richtungen sein. Wenn wir die hd. Vocalleiter durchgehen, so können wir Tonerhöhung als eine der treibenden Kräfte nicht verkennen. Die höchsten Vocale *i e* bleiben auf germanischer Stufe, *a* unterliegt sehr früh dem tonerhöhenden Umlaut, *u* wird durch folgendes *a* auf *o*, *iu* durch folgendes *a* auf *io* gehoben. Das Zusammentreffen dieser Erscheinungen entscheidet. Für sich betrachtet könnte der Uebergang von *u* zu *o* bei folgendem *a* entweder als blosse Assimilation betrachtet werden oder als Assimilation und Tonverstärkung: denn *o* ist tonstärker als *u*, s. O. Wolf Sprache und Ohr p. 71. — Bei *u* könnte auch eingeworfen werden, warum suffixales *a* durch Assimilation den Wurzelvocal erhöhe, suffixales *i* nicht: *buti hulfi*. Aber *a* kann auf *u* nur durch seine Verwantschaft wirken: *i* liegt weit ab. — Auch wäre wenig für Tonerhöhung der Wurzel gegenüber der Ableitung erzielt worden, wenn man auch *buti* zu *boti* oder gar zu *bati* erhoben hätte.

Aber auch die Monophthongierung setzt Tonerhöhung voraus, wenn man als Uebergangsstufen *ei* und *ao* annimmt. So dass im hd. die Erhöhung des Accentes bei *ai* dem ersten, bei *au* dem zweiten, immer dem tieferen Bestandteil des Diphthongs, einen Vocal mit höherem Eigenton substituierte. Nur der Weg von *ai au* zu *ei ao* ist dann durch die Tonerhöhung zurückgelegt worden. Die Monophthongierung der durch die Erhöhung genäherten Diphthongvocale vollzieht sich durch reine Assimilation. Und zwar trägt in beiden Fällen die erhöhte Form des ursprünglich tieferen Vocals, e und o, überall dort den Sieg über die durch die Erhöhung unberührten Bestandteile der alten Diphthonge davon, wo ê und ô durch consonantische Einflüsse befördert oder nicht gehindert werden; s. Scherer GDS. 138 Anm. f., vgl. Corssen Aussprache 1², 660. — Obwol nun dieser zweite Act der Monophthongierung alter *ai au, ei — ê, ao — ô*, nicht der Tonerhöhung seine Entstehung verdankt, da *ê ô* offenbar weniger hohe Eigentöne haben als *ei ao*, so ist doch *ê ô* den alten Diphthongen gegenüber noch immer eine Erhöhung. Der obere Eigenton des *e* (b'''") ist dem oberen des *i* (d^{IV}) näher als dem Eigenton des *a* (b''). Ebenso liegt der Eigenton von *ô* (b') näher zu *a* (b''') als zu *u* (f). — Ueber *ê* für *ai* in unbetonten Silben s. Scherer GDS. 139 Anm.

Auch hier hätte man den Uebergang von *au* zu *ô* als Tonverstärkung auffassen können, aber da *ê* schwächer lautet als *ei* s. Wolf a. a. O., ist es geraten die treibende Kraft in einem andern Princip zu suchen.

Im alts. ags. fries. wirkt suffixales *a* weniger regelmässig auf *u* der Wurzel als im ahd. Da wenigstens alts. und ags. *ê* für altarisches *â* bewahren oder nicht gänzlich einbüssen, da dieselben Sprachen früher als das ahd. *i*- Umlaut zeigen und die Ableitungsendungen dieser Sprachen ebenfalls gegen das ahd. zurückstehen, und ags. überdies alle Wurzelvocale von *a* aufwärts erhöht werden, Scherer GDS. 128. 142, so darf die Erhaltung einiger *u* bei folgendem *a* der Ableitung nicht als geringere Erhöhung des Accents gelten, sondern muss vielmehr als eine Folge des grossen Intervalls zwischen den Tonhöhen in Wurzel- und Ableitungssilben aufgefasst werden. Aber die Monophthongierung im alts. wird reine Assimilation sein. *Ai* scheint, wie die nicht seltenen *â* zeigen, über *ae* zu *ê* gewandert zu sein, s. Scherer GDS. 127. Und zwar ist diese assimilierende Kraft hier viel stärker als im hd. Sie zeigt sich schon auf den sächsischen Bracteaten*), sie erstreckt sich auch auf

---

*) Hier nicht in den *Boihemi Boiemi* des Tacitus, Germ. 28, wird man die ältesten *ê* für *ai* annehmen müssen. Die Schreibung bei Tacitus ergibt sich als eine ungenaue aus *Boiohoemum Boiohaemum* in den Hss. des Velleius und aus den griechischen Formen Βουίαιμον bei Strabo, Βαινοχαῖμαι bei Ptolemaeus und auf der Karte des Agathodaemon; s. Zeuss, Die Deutschen p. 155, Dietrich Aussprache p. 66.

den Diphthong *iu* und wird durch keine Qualität folgender Consonanten aufgehalten; auch von der ags. und fries. wird die hd. Assimilation übertroffen. Ags. *au* zwar wird gar nicht monophthongiert, nur über *oa* zu *ea* erhöht, ags. *ai* aber wie fries. *ai au* gehen in die Länge ihres ersten Bestandteils über, s. Scherer GDS. 127 f.

Sehr stark war die reine Assimilation im altn. Zwar *au* bleibt, aber *ai* wird häufig zu *á*, *ui* zu *ý* und *é*. Der dunkelste Vocal ferner wirkt ebenso auf vorhergehendes *a á* wie der höchste. Nur der Umlaut der *o-* und *u-* Laute bei folgendem *i* könnte demnach mit der Erhöhung des Tones in Zusammenhang gebracht werden. Von derselben zeugten auch die häufige mit dem gotischen gegen die übrigen Sprachen stimmenden *i* auch bei suffixalem *a*, so wie die rasche Verwitterung der Ableitungssilben, s. Scherer GDS. 146.

Die Tonerhöhungen in den besprochenen Sprachen sind eine Fortsetzung jenes Processes, welcher die alten nicht zu *é* gefärbten *á* vorher nicht nur bei den Sachsen und Franken, sondern wie der Name *Suêbi* zeigt, wahrscheinlich auch bei den Oberdeutschen zu *é* getrieben hatte. Bei diesen aber war eine Reaction gegen diese wol nie ganz befestigte Aussprache schon im 2. Jh. eingetreten, so dass der natürlich nicht mit einem Mal unterdrückte Impuls sich erst wider in der durch vocalische Assimilation unterstützten Monophthongierung der *ai au* kundgab, aber geschwächt wie er war, sich nach consonantischer Verwantschaft bestimmte. Ebenso bei den östlichen Franken.

Wahrscheinlich nicht gleichzeitig mit der Bildung der neuen *ô* aus *au*, sondern später, jedenfalls später als *é* für *ai* entstanden, wandern nun bei den Hochdeutschen alte *é ô* zu *ea oa*, den Diphthongen, welche in den jüngern Formen *ia ie uo* dem hd. Vocalismus durch Jahrhunderte sein eigentümliches Gepräge verleihen. — Da ist nun im höchsten Grade befremdend, einmal, dass entgegen der allgemeinen Strömung nach

Tonerhöhung in *ea* jedesfalls eine Vertiefung vorliegt, und dass zweitens, unmittelbar nachdem durch Monophthongierung in einer grossen Anzahl von Wörtern langes *ô* erreicht worden war, oder sogar während dieser Zeit, andre lange *ô* in andern Wörtern sich einem entgegengesetzten Triebe überlassen. In dem selben 8. Jh. gehen die *ao* (g. *au*) zu *ô* und die *oa* (g. *ô*) zu *uo*, vor denselben Consonanten. Warum werden die monophthongierten neuen *ê ô* nicht allsogleich zu *ea oa* mitgezogen? Für *ô* könnte man anführen: weil der Prozess der Monophthongierung nicht vollendet ist, weil durch das 8. Jh. die *ao* noch immer fortklangen, neben den neuen *ô*. Gerade wie im italienischen jene *o*, welche aus lateinischem *au* entstanden sind, auch nicht diphthongiert werden: es gibt kein *cuosa*, weil zur Zeit als *o* sich zu *uo* wandelte, *causa* auch noch gehört wurde: aber wie im italienischen *lieto* wurde aus *laetus*, weil *laetus* schon lange seinen Diphthong verloren hatte, so sollte man für die im 8. Jh. schon ganz feststehenden *é* aus got. *ai* den Uebergang in *ea ia* erwarten. Die Seltenheit der Fälle, in denen die Diphthongierung *ea* für germanisches *é* auftritt, *féra més hêr*, die reduplicierten praeterita nach *slâpan haitan*, würde noch nicht erklären, warum die treibende Kraft, welche hier wirkte, nie jene andern *é* (für g. *ai*) in Bewegung gesetzt habe. Und die Gleichzeitigkeit oder zeitliche Nähe assimilierender Impulse, welchen die *é ô* ihre Entstehung verdanken, und diphthongierender Impulse, welche so rasch nachdem jene *é ô* sich gebildet, von diesen Längen — wenn auch in andern Wörtern — wegdrängten, bleibt auffallend. — Wie viel Jahrhunderte stehen im italienischen zwischen den ersten monophthongierten *au* und neuen *uo*, welchen erst die Verlängerung der alten Kürzen vorausgehen musste.

Aber eben das italienische kann uns glaube ich einen Wink geben zur Erklärung dieser widersprechenden Erscheinung im ahd. Im italienischen sind die lateinischen kurzen *e* in penultima gewönlich zu *ie* geworden, sofern sie nicht durch romanische Position geschützt worden. Diese *e* waren *e*°, s. Diez 1³, 190. Das folgt mit grosser Wahrscheinlichkeit aus den Ausnamen — *brève fero* (brĕvis fĕrus), — aus der Qualität desselben kurzen e in Position — spècchio grègge (spĕculum grĕx), — so wie in antepenultima tènero tèpido (tĕner tĕpidus), — ferner aus dem geschlossenen e, das dem lateinischen i entspricht, féde piégo (fides plico), s. Diez, 1³, 190. 155, — sodann aus dem Umstand, dass die langen e, welche der Diphthongierung sehr selten unterliegen, geschlossenes e zeigen: mé sé, avéna réte, débole fémina; s. auch die älteren Schreibungen mico tico Corniglia Sarracino, ebenso im frz. cire marquis merci s. Blanc Grammatik der ital. Sprache p. 48, Diez Gr. 1³ 150, Schuchardt Vocalismus des Vulgärlateins 1, 460. Die geschlossene Qualität des langen é ist auch für das lateinische bezeugt. — Anders bei ó. Das lange lat. ō war noch in der ersten Hälfte des 5. Jhs. nach des Grammatikers Sergius*) Zeugniss von dem nach der Beschreibung deutlich geschlossenen kurzen verschieden. Ob wirklich offen oder nur weniger geschlossen ist nicht sicher. Hier muss sich die Qualität des langen ó geändert haben, und auch die Kürzen müssen bei der Verlängerung zugleich eine Aenderung in der Klangfarbe erlitten haben. Denn die Lautvertretung im Italienischen ist der bei den e-Lauten ganz parallel. Kurzes lat. o wird unter denselben Bedingungen zu uo, welche bei dem Wandel des e zu ie beobachtet werden: langes ó behält geschlossenen Laut: vóce nóme (vox nomen): — Kurzes zeigt sich offen in Position: fòssa dòtto òcchio (fossa doctus oculus), oder in drittletzter Silbe: pòpolo sòlido, so wie in Ausnamen bùve mòdo (bŏs mŏdus). Auch hier geschlossenes o für lateinisch u: dólce fórca ómero (dulcis furca humerus), — und ú für lat. ó, ital. crúna giúso tutto, span. múdo octúbre s. Diez 1³ 160, Schuchardt Vocalismus 2, 838, 3. 268. — An diesen Diphthongierungen nehmen die aus lat. ae entstandenen offenen e häufig, — lieto cielo cieco, — die aus lat. au entstandenen

---

*) Des Sergius Angaben über e é lauten: *nam quando e correptum est, sic sonat quasi diphthongus, equus: quando productum est, sic sonat quasi i, ut demens;* — über o ó: *similiter et o quando longa est, intra palatum sonat, Roma orator, quando brevis est, primis labris exprimitur;* s. Corssen Aussprache 1³, 329. 341, Schuchardt Vocalismus 2, 146.

offenen *o* nie teil, aus dem oben angeführten Grunde. — Wir
können darnach vermuten dass *e˙ o˙* oder *é˙ ó˙*, wenn keine
andern Umstände hindern, in accentuierten Silben die Diphthongierung zu *ie uo* begünstigen: — *ê* und *ô* dagegen durch einen
Vorschlag oder Nachhall zu verstärken sei durch die Natur
dieser Laute kein Anlass gegeben. *E˙* aber und *o˙* verglichen
mit *e o* haben nicht tieferen Eigenton gemein, *o˙* ist ja höher,
und würde somit eine mit der des *e* parallele Behandlung erwarten lassen. Es muss die den vocalischen Extremen sich
nähernde Klangfarbe der langen *é ó* sein, welche man im
ahd. wie im ital. als den Accentsilben angemessen empfand,
während `é `ó trotz des höheren Eigentons bei `ó dem Bedürfnisse des gesteigerten Accentes nicht genügte. Der Wurzelsilbe
schienen, wenn ihre Geltung bei langem Wurzelvocal deutlich
symbolisiert werden sollte, nur die differencierteren, weiter von
dem Normalvocal abstehenden Laute zu entsprechen; vgl. Scherer
GDS. 26. 297. Allerdings *á* selbst wurde nicht angefeindet: das
war zu alt, zu wolbefestigt, und wurde, obwol einer verschiedenen Aussprache fähig, in der hd. Aussprache wahrscheinlich
wenig oder gar nicht geschieden, während die beweglichen *e-*
und *o-* Laute sich einer Anpassung an die Bedürfnisse der
Accentsilbe darboten, so dass von den hd. Längen *á i ú é
ó*, blieben, — `é `ó zu *ea oa* werden. — Aber warum wurden
`é `ó nicht einfach zu *é ó*? Einmal wäre das nur physiologisch, nicht psychologisch das nächstliegende gewesen: in *ea
oa* ward die Qualität des unangemessenen Vocales noch bewahrt,
nur mit einem Nachklang versehen, der gewiss nicht von Anfang an ein deutliches *a* gewesen ist, — während dem geschlossenen geradezu ein offenes *e* zu substituieren im ital.
wie im hd. allgemein und gemeingültig nur für den kurzen
Vocal in unaccentuierten, vom Ohre weniger controllierten
Silben gestattet ist; — dann ist gerade das hd. jene germanische Sprache, welche die mässigste Tonerhöhung zeigt, am
wenigsten Veranlassung hatte sich um hohe Eigentöne der
Wurzelvocale zu bemühen. Ebenso hat ja auch das ital. die
latein. Endungen am treuesten bewahrt. — `*E* und `*o* hat zudem
auch eine deutliche, vielleicht in der ahd. Aussprache übertriebene Aehnlichkeit mit den unvollkommenen Vocalen: `*e* durch

die gegenüber dem *é í* merkliche Senkung des Kehlkopfes,
'ó durch die normale der des *a* ähnliche Mundstellung, während
ö´ ü´ Spitzung der Lippen erfordert. — Kurze Wurzelsilben
vertragen italienisch in Position — und vielleicht ursprünglich
in Proparoxytonis — wie ahd., wenn die Lautentwicklung darauf führt, *i*-Umlaut des *a*, — ganz gut offenen Laut. Die
Kürze machte die unangemessene Qualität erträglich, welche
die Betonung fester im Bewustsein erhielt als dies bei nicht
accentuierten Silben der Fall sein konnte. — Das ital. wie das
ahd., zwei ausgezeichnet vocalreine Sprachen, lieben offene
Qualität weder kurz noch lang, weder in accentuierten noch
in tonlosen Silben.*) Wo sie am anstössigsten scheint, in betonter
Länge, wird sie durch Diphthongierung ersetzt, wo es unbeachtet geschehen kann mit geschlossenen vertauscht; in den
dazwischen liegenden Fällen wird sie geduldet.

Das ahd. hatte demnach ursprünglich die alten Längen *é*
ó entweder aus der geschlossenen in die offene Aussprache
herabgedrückt oder nie die got. geschlossene Aussprache gekannt. Die offene Aussprache aber widersprach dem gesteigerten
Accent und führte zur Diphthongierung. Vorher schon wird
ai über *ei* zu *é* geworden sein: ungefähr gleichzeitig ging *au*
zu *ó*. Entweder war diess *ó´* — das vorhergehende *ao* hätte
schon geschlossenes *o* gehabt, — oder es war *'ó*, welches aber
durch die Fortdauer des *ao* im 8. Jh. vor Diphthongierung in
ou uo geschützt wurde, wie ital. *c'ósa*. *É* genügte als geschlossener Vocal den Anforderungen des Accents und wurde
ebensowenig verändert.

Im ital. war *ae* zu *è* und *ié* geworden, *au* zu *ò* s. S. 57 f.
Im französischen sind *è* und *ó* die Entsprechungen der alten
Diphthonge.

Die Vorliebe der langen *é ó* für geschlossene Aussprache
ist noch dem mhd. und nhd. eigen. Mhd. sind unreine

---

*) S. die Nebentöne in *ádhmuot* bei Isidor, Scherer GDS. 139 Anm.,
dann in *armuot heimuot*.

Reime *é : e ä* viel seltener als die der Formel *é: ë*; im gebildeten nhd. ist *ó* immer geschlossen, und *ê* bei den Süddeutschen.*)

Auf die beschriebene Weise wusten die Oberdeutschen und die östlichen Franken dem gesteigerten Accente gerecht zu werden. Anders geschah dies bei einer Reihe von deutschen Stämmen beider Hauptgruppen, den Goten, wenn man den ganzen Verlauf ihres nationalen Lebens in Betracht zieht, den Burgundern, den Langobarden, und jenen fränkischen Stämmen, um deren Willen diese ganze Erörterung nötig schien, den Salfranken und den Niederfranken; auch die Cherusker scheinen hieher zu gehören, vielleicht auch die spanischen Sueven. Wir wollen die Gruppe die gotisch-fränkische nennen. Die Sprachen dieser Völker haben wesentliche Züge gemein.

a) Die Vorliebe sowol der kurzen als langen Vocale für vocalische Extreme. Sie zeigt sich sowol durch Erhöhung der *e ê* (ahd. *â ea*) auf *i î*, und durch Senkung der *ô* (ahd. *uo*) zu *ú*, als durch Unwirksamkeit der suffixalen *a* den alten *u* gegenüber. — Von den Goten wissen wir dass diese Neigung nach ihrer Trennung von den Westgermanen nicht abnam. s. die Namen auf — *mir*, s. Dietrich Aussprache p. 63, dazu *Ranimirus* a. 828 Kzs. 20, 432. — Burgundisch: *Williméres Wadamires Willimiris:* aber *â* überwigt schon — oder noch; s. Wackernagel bei Binding p. 355; dazu *morginegyba Vulfila Vulfia Gundulfus Obtulfus* p. 361. 362. — Langobardisch

---

*) Schon 1843 hatte Jacobi die vertretene Auffassung der deutschen und italienischen Diphthonge angedeutet: Beiträge zur deutschen Grammatik s. 121 f: „Die romanischen Sprachen verfuhren mit lateinisch ĕ und ŏ offenbar ebenso wie die deutsche (mit ĕ und ŏ in lateinischen Wörtern). Sie unterschieden es nur dem Tone, nicht der Qualität nach, von ô und ê. Diese mögen voller bestimmter und dem u und i näher gelautet haben. Sie erhielten sich daher oder gingen in u und i über. Lat. ō und ē dagegen erfuhren dieselben Verwandlungen wie die deutschen ô und ê."

nach dem langobardischen Wörterbuch Zs. 1, 548 ff. und der neuen Ausgabe der Leges: *gildo actogild widirgild wergild filda silpmundia*, neben *geldus feld*, — *Paldulfi Rózangrulf Agilvulf fulborn fulfrêal fulefree suga* (funis von *tiuhan*), — neben *Rôdolfus Teodorolfus soga*. Für Uebergang des *ô* in *û* weiss ich nur die zweifelhaften: *tûbrûgos* anzuführen nach Grimm GDS. 482 = ahd. *diohpruoch*, ags. theohbróc. — Salfränkisch: *visanthamo* K. 33, *diba* neben *deba* G. XLVII, K. 174, *scilla* neben *schellam* K. 163, *antidio* neben *antedio* K. 63, *thurp* K. 119, *uvar* K. 178, *murdo* K. 67, *sculando* neben *scolando* K. 25, *Tulbiacum* neben *Tolbiacum* Greg. Tur. *Gislemirus Gêrflidis Irmino* GDS.³ 376, während Gregor — *mêris*, — *mârus*, — *flêdis* bietet. — Diese *ê* senken sich bekanntlich zwischen dem 6. und 8. Jh. auf *â*, s. Jacobi Beiträge p. 112. Das jüngere *ê* für *ai* war, wenn man aus dem mnl. schliessen darf, ebenfalls sehr hoch gewesen. *Ô* wechselt mit *û*: *Bûconia* neben *Bôchonia*, *Rûdulfus* neben *Rôdulfus* bei Greg. Tur. dazu *i* für *ê*, *û* für *ô* in merovingischen Urkunden; *mercidem plinius possedire nus nubis meus cognuvi* Diez 1³ 423. 425. — Niederfränkisch. *i* für *e* s. hd. *e* in den Beschreibungen Iα, Iβ, IIβ, IIδ, III VII, *u* für *o*, s. hd. *o* in Iα, Iβ, Iγ, IIβ, IIδ, III, V, *û* für *ô* (g. *ô*, ahd. *uo*) s. hd. *uo* in IIβ, IIγ, IIδ, III, V, VII. In I fehlt *û* für *ô* wol nur durch Eindringen der karolingischen Orthographie *uo û* das sicher in unsern Gegenden nicht gesprochen wurde. Entspricht doch in jüngern Perioden *ui oi* mit beinahe gleichmässiger Berechtigung. *Û* für *u û* ist in jüngern flüchtiger geschriebenen besonders deutschen Urkunden ungemein häufig.

In allen erwähnten Dialekten ist für hd. *o* auch *u*, in allen mit Ausname des burgundischen *i* für hd. *e* bezeugt, das deutet bei *e* auf ein Streben nach Erhöhung oder nach dem vocalischen Extrem, bei *u* zeigt es ein Beharren auf letzterem. — Alle Dialekte ferner mit Ausname des burgundischen lassen Wechsel eintreten zwischen *ô* (ahd. *uo*) und *û*, also wider Bewegung nach dem vocalischen Extrem. Für *ê* (ahd. *ea*) fehlen begreiflicher Weise die Belege. Die Qualität der *ê* für ahd. *â*, welche *i* allerdings sehr nahe gestanden haben muss, nach den Zeugnissen des got. burg. und salfr., welches auch lat. ê beinahe i ausspricht, beweist nicht für das ê der reduplicierenden Perfecta. Ja die ie des mnl. — doch s. Gr. 1³ 271 — und nfr. wiesen vielmehr darauf hin, dass es gleich dem entsprechenden ahd. ê offen gewesen. Allerdings unterscheidet sich das mnl. vom salfr. in wesentlichen Puncten: es kennt keinen Ausfall des n vor Dentalen, des h vor t, ebensowenig pt statt ft, ct statt ht, — letzteres ist allerdings auch im salfr. zweifelhaft, — der Umlaut des langen â bleibt dem mnl. gleichfalls unbekannt und scheint im salfr. uralt. Salfranken Niederfranken und Sachsen werden an der Bildung der ndl. Sprachen in verschiedenen Verhältnissen gearbeitet haben. Dennoch stimmt das mnl. zu unserm Typus in einigen Spuren, welche Neigung zu vocalischen Extremen verraten. Zwar *ghien plien (jehen phlegen)* könnte Uebergang in die u-Conjugation bedeuten, s. Gr. 1³ 295: aber wie in den besprochenen Dialekten erscheinen einige u für o vor l m. Dann sprechen *irst kiren ischen* — doch ist hier vielleicht r s² Ursache des Lautwandels, — und die heutige Aussprache des ê (ahd. ê ei) als éi mit kurzem unvollkommenen i für geschlossene Qualität des ê. Ebenso hat ô gegenwärtig die Geltung óu mit kurzem unvollkommenem u, wird also wol ó gewesen sein. Vgl. auch die Schreibungen *loen loef, erûne: fortûne*, Gr. 1³, 288, während u sonst u auf o leitet, die häufigen Schreibungen *prüfen süken* Gr. 1³ 298, die heutige Aussprache des oe als ü, dann *mielre selsiene* für *maelre seltsaene* Gr. 1³ 297. — Wenn wir von dieser Verwantschaft des mnl. mit dem salfr., welche allerdings für das einzelne nicht beweist, absehen, und salfr. ê (ahd. ea) dem andern salfr. ê (ahd. â) gleichsetzen, dann müssen wir auch annehmen, dass beide ê einem Schicksal der Senkung zu â erlegen seien.

U für *o* ist vielleicht nur durch consonantischen Einfluss entstanden: es erscheint mit Vorliebe vor l. Die Neigung zu vocalischen Extremen kann in dem Consonanten eine solche Förderung gefunden haben, dass dagegen der Einfluss des suffixalen a nicht aufkam. — Das wichtigste ist die deutlich geschlossene Qualität des langen *ô* (g. *ŏ*) welche alle Sprachen unsrer Gruppe vor Diphthongierung bewahrte.

b) Die Empfindlichkeit der Vocale *a i u* für consonantische Einflüsse, besonders des *l n r h*. *I* und *u* müssen in unsrer Gruppe, welche zu vocalischen Extremen neigt, als die älteren Laute aufgefasst werden, *u* ist es ja sogar im hd., s. oben S. 52. Allerdings kann man für *i* nicht immer beweisen, dass es dem *e* vorangegangen sein müsse; wie viele Stufen kann es zwischen dem entschiedenen Zuge zu vocalischen Extremen, wie wir ihn bei den Goten finden, und der gemässigten Neigung der Hochdeutschen gegeben haben! — Gotisch: *i u* werden vor *r h* zu *e o*, auch in unbetonten Silben. Die Einwirkung erklärt sich unter Annahme der Geltungen $k = \chi^2$ und $r = r$ uvulare. Die Unbequemlichkeit dass der Consonant am hintern, der Vocal am vordern Ende des Mundcanals gebildet wurde sollte verringert werden. 'O verbindet sich leicht mit χ^2, s. *fuohs*, und mit *r* uvulare, s. die österreichische und sonst verbreitete Aussprache des *ur* beinahe als *uo* — — nach dem 4. Jh. lässt die Strenge der Regel nach. Dafür treibt *n* vorhergehendes *u* zu *o*, *i* zu *e*. Man kann vor der Hand annehmen, da das spätere gotisch wie die meisten Sprachen unsrer Gruppe nicht wie das germanische der Urzeit oder das altn. bis ins 12. Jh. *i* und *u* nicht mehr zu nasalieren vermochten — gegenwärtig tut es unter allen europäischen Sprachen nur das portugiesische, s. Rumpelt System der natürlichen Sprachlaute p. 51, Brücke Grundzüge p. 29, — den Nasenton aber nicht aufgeben wollten, so seien sie genötigt gewesen zu *ę* und *ǫ* zu greifen. Beispiele sind: *Honila Honoricus Sonila* neben *Sunila, Aordus Ostha* Dietrich Aussprache p. 30, 62, — *Heswendus* Kzs. 20, 432. — Burgundisch: *Fons Gondebadus Fredemondus Teudemondus*, neben den Formen mit *u*. Die Einwirkung des *r* auf vorangehende Consonanten ist merklich, wenn auch nicht so consequent als in der gotischen Bibel. — Langobardisch: *Rödelenda Theudelenda Ludosenda Absuenda* neben *Gárisindus gasindio Absuinda*. — Salfränkisch: *rene* neben *rinc* K. 72, *Ermenboldus Ermenfridus Gundeberga Ingoberga* bei Gregorius, *thorve* neben *thurve* K. 115, *drocti* K. 159, *Thoresmódus* neben *Thursemódus* bei Gregorius. *Mercori Olixus* neben *Mercurii* bei Fredegar, — dazu *chulde* für *halde* K. 103, *sexxaudrus* G. VII. — Niederfränkisch: für *e* aus *i* s. die Beschreibungen Iα, IIα, β, γ, δ, III, V, — für *o* aus *u* s. die Beschreibungen IIβ, δ, III, V, VII. — Ueber eine Art consonantischer Einwirkung auf *i* s. unten S. 77.

Im mnl. erkennt man consonantische Einwirkungen des *r*, — s. Gr. 1³, 279. 283, — der Formeln *ld lt* auf *a*, des *r* und *s²* auf *é*, — s. Gr. 1³, 284 und oben unter a), — der r- und l- Verbindungen mit Ausname von *ll lt ld* auf *i*, — s. Gr. 1³, 272, — der Nasalen und des *r* auf *u*, — s. Gr. 1³, 274 ff. — In allen Sprachen der Gruppe wird *l* durch seinen Eigenton conservierend auf *u* gewirkt haben; s. für das mnl. Gr. 1³, 277 und oben unter a).

Vielleicht ist hier überall, mit Ausname der gotischen *e o* vor *r h*, in denen *i* in *e*, *u* in *o* übergeht, schon Steigerung des Accentes mit im Spiel; s. unten unter 4) 5). Aber dass die folgende Consonanz mit zu den Bedingungen des Lautwandels gehört ist dennoch deutlich. Eine Kraft äussert sich einer Gruppe von Objecten gegenüber dort am ersten, wo ihr am wenigsten Widerstand entgegengesetzt wird, oder wo eine andre Kraft, die allein zu schwach war sich geltend zu machen, sie unterstützt.

c) Die Rückkehr alter *á* im Burgundischen und Salfränkischen während des 6. 7. Jhs. s. Jacobi Beiträge p. 112, Wackernagel bei Binding p. 354. Dass sie im Gotischen nicht statt hatte ist wahrscheinlich durch vollständige Verdrängung der alten *á* — auch in tieftonigen Flexionssilben wie es scheint, s. die Instrumentale Scherer GDS, p. 424, Gr. 1³, 56 — zu erklären. Im salfr. werden noch immer *á* neben *é* erklungen haben, wenn unsre Quellen sie auch nicht vor dem 6. Jh.

zeigen. Die Formen der Lex, welche aus dem 7. bis 8. Jh. stammen, bieten alle Fälle der Tonsteigerung und gar kein é für á. Bei Gregorius und Fredegar aber, im 5. Jh., scheint die Monophthongierung erst angebahnt, doch beginnt bei Fredegar schon die Senkung des ê. Die Namen bei Irmino gehören wider dem ältern Typus an und bieten sogar häufig i für e (ahd á), s. GDS.³, 376. — Ob die Erscheinung auf einem Nachlassen des Accents oder der Neigung zu vocalischen Extremen beruhe ist nicht zu ermitteln. In beiden Fällen war es natürlich dass das nicht vollständig befestigte é den Lautwandel zeigt, nicht der höchste und extreme Vocal i. — Nicht wo die Erleichterung der Aussprache am willkommensten wäre tritt sie ein, sondern wo sie am wenigsten auffällt.

d) Das neugotische vom 5. Jh. ab, das burgundische und salfränkische haben in nationalen Aufzeichnungen *eu eo* für *iu*. — Gotisch: Dietrich, Aussprache p. 69 *Leuvigildus, Leovigildus Leubigito Leubericus*, Kzs. 20, 432 f. *Leuuina Leubina* a. 920, *Teudefredi Teodomirus* a. 662. — Burgundisch: Wackernagel p. 358 *Manneleubus Leuvera Theudelinda Angatheus*. — Langobardisch: *treuua treuga Theudebert Theudelenda — Theodorolfus*, — neben *Liutpert Liutprand*. — Salfränkisch: *Leubovera Leubastes Leuba*, — *Leodastes Theodobaldus* Gregorius, *theo* K. 5, *neun* K. 35, *leudinia* K. 42, *leodinia* K. 41. — Niederfränkisch sehr selten s. Iα, Iβ. — Auch diese Erscheinung kann verschieden gedeutet werden: als ein Uebergang von *e* in *i*, s. unten 5), als ein Nachlassen in dem Streben nach vocalischen Extremen, als ein Sinken des Accentes. In beiden letzteren Fällen wäre begreiflich dass sich das weniger

---

*) Eine der seltenen Fälle wegen unsichere Uebereinstimmung des Gotischen und Salfränkischen will ich nur andeuten. Got. *Gapt* für *Gaut* GDS³ 538 und *Aptacharius* für *Authari* bei Gregorius, s. Germ. 17. 77. Ebenso im Spanischen Portugiesischen *cabsar absteridade aptuno captela* Diez 1³, 172. Daneben die ungermanische Vocalisierung des *p* vor *t* Diez 1³ 279 *caudillo caudal Ceuta*.

deutlich ins Gehör fallende *i* des Diphthongs senkte. Der Lautwandel hat Analogie mit c), lässt aber wol ebensowenig als dieses eine Entscheidung über die Motive zu.

Zugleich mit den besprochenen Erscheinungen zeigen sich andre, welche wahrscheinlich durch Steigerung des Accentes hervorgerufen worden sind.

1) Erhöhender Umlaut. Im jüngern gotisch: Dietrich Aussprache p. 61, dazu *ezec* = *atisk* im Alfabet. — Burgundisch nichts. — Langobardisch: *sceifa werpire gawerfida heribannus heribergare andegawere*, neben *sarfa warpire gawarfida camfio gahagium Agilwald Agilvulf Agilmund scario*. — Ist *storesais* Chron. salernit., *stoleseys* Gl. Lindenbr. Umlaut von â? — Salfränkisch: *chengisto* K. 52, sogar *nëstig nëxtig* K. 15, während mnl. nur Umlaut des kurzen *a* kennt. — Niederfränkisch: s. die Beschreibungen von I. — Es ist nicht wahrscheinlich dass hier ausschliesslich Assimilation gewirkt habe. Warum hätten andre Vocale nicht oder nicht so consequent assimiliert?

2) Gelegentliche Uebergänge des *a* in *e*. — In salfr. Namen bei Irmino GDS 375, *Electulfus Electrûdis Electeo*. Die irminonischen Namen aber repräsentieren einen älteren Sprachstand als die glossierte Lex, sie bieten ja auch *ê* und *i* für *â* der Lex, welche mit der Glosse auch diese Erhöhung des kurzen *a* nicht kennt: *alac alag* K. p. 121. — Wir können also ähnliches in späteren Perioden der westfränkischen Dialekte, im mnl. und nfr. nicht als denselben Process betrachten, nur als dieselbe Methode die Accenterhöhung mit höherem Eigenton des betonten Vocals zu begleiten; s. mnl. *nese ghewelt* für *ghewout* Gr. 1⁴, 397, *wele bet* Gr. 1³, 269, — nfr. II⁴, IV.

3) Monophthongierung der *ai au*. Zwar noch nicht oder nur in den ersten Anfängen bei den Goten, s. Dietrich Aussprache p. 67, dazu *rêda nôiez* im Alfabet. — Bei den Burgundern, s. Wackernagel 355 fl. — Bei den Langobarden: — wir können aber ihre Sprache nicht weiter verfolgen. — Bei den Salfranken, welche ursprünglich mit den Burgundern beiläufig zu stimmen scheinen, bei den Niederländern und Niederfranken in so ausgedehntem Masse, dass sie an Consequenz nur den Sachsen nachstehen, die Hochdeutschen übertreffen. Der Weg wird, was *ai* anbelangt, nach der Schreibung gotischer Namen seit dem 7. Jh., Dietrich Aussprache p. 66, und vielleicht *reipus* der Lex salica, oder *Mârileifus* bei Gregorius wie im hd. über *ei* geführt haben. — Auch das junge *io* wurde z. T. von Niederländern und Niederfranken zu *ê* getrieben, s. hd. *io* in I, oder in IV, vgl. Gr. 1³, 271.

Die Qualität der neuen Vocallängen wird in beiden Fällen die geschlossene gewesen sein. Wäre *ai* zu 'ê geworden, so wäre schwer zu begreifen, wie es sich dem Wandel in *ie*, welchen das andre *ê* (ahd. *ea*), erfuhr, entzogen hätte. Bei 'ô für altes *au* erhübe sich die Frage, warum nicht wie im ahd. und italienischen *uo* eingetreten. Die gegenwärtige Qualität der langen *ê ô* im ndl., also auch der alten *ai au*, als Halbdiphthonge *e̤i o̤u* s. oben S. 63, wenn man durch den punctierten Vocal andeutet dass die zweite Hälfte des vom Diphthong zurückzulegenden Weges rascher durchmessen wird als die erste, Brücke Methode phonet. Transcript. p. 266 f., — weist gleichfalls auf die den vocalischen Extremen näherstehenden Laute. Sie wird bereits im mnl. existiert haben angedeutet durch die Schreibungen *ee oo*. Denn da die mnl. Metrik lehrt dass *ede* (sacramento) *bome* (arbori) nicht kürzeren Vocal hatten als *eed boom*, Gr. 1³, 266, — muss die Schreibung entweder gar nicht die Aussprache bezeichnen oder auf Qualität gehen. Die erstere Anname würde auf eine Orthographie führen, die ohne bewusste Convenienz sich wol nie hätte bilden können. Es wäre darnach in offener Paenultima und im Auslaute von jeder Bezeichnung der Länge abgesehen worden, weil an diesen Wortstellen nur lange Vocale Platz gehabt hätten, — vor Position aber und in einsilbigen auf einen Consonanten schliessenden Wörtern habe man die Unterscheidung nicht entbehren können, um *melde* von *beelde*, *wort**) von *gehoort*, *wel* von *heel* um *crom* von *oom* zu trennen. — Dem Wechsel zwischen einfacher und doppelter Schreibung des Vocals qualitative Bedeutung beizumessen empfiehlt ausserdem die Analogie des langen *â*, für welches in einsilbigen Wörtern ausser im Auslaut und vor Synkope *ae* gesetzt wird — in denselben Fällen, in welchen *ee oo* für got. *ai au* geschrieben wird, — und die Orthographie der nfr., welche zwar ohne strenge Regel, aber doch hinlänglich deutlich, in Oxytonis nicht nur für langes *â ai*, sondern auch für *ô û oi ui*, öfters auch *ei* für *é* setzt. Mnl. *ae* sowol als die nfr. Lautverbindungen waren ursprünglich Diphthonge, wenn auch mit Praeponderanz des ersten Vocals s. unten. — Dass nun die geschlossenen *é' ó'* der Oxytona in Paroxytonis zu offenen Lauten herab gesunken wären ist bei der Neigung unserer Sprachgruppe sehr unwahrscheinlich, insbesondere bei *é'*, das an Höhe des Eigentons und Nähe zum vocalischen Extrem verloren hätte. Nnl. werden auch *é* (got. *ai*) in offenen Paroxytonis und *ó* (got. *au*) an derselben Wortstelle mit *ee oo* geschrieben wie in Oxytonis, s. Gr. 1³, 316. 318. — Für die Erhaltung der geschlossenen Qualität alter *é* = got. *ai*, *ó* = got. *au* spricht auch das mnd., wo bei sehr ähnlichen Verhältnissen — s. unten — *é* (got. *ai*) und *ó* (got. *au*) auch in offenen Paroxytonis sich von den aus kurzen *i u* entstandenen neuen Längen durch geschlossene Qualität scharf geschieden haben und noch scheiden; s. Nerger Grammatik des meklenb. Dial. p. 25. 29, Germ. 11, 453 f.

Ô (got. *au*) verrät hiedurch dieselbe Qualität mit *ó* (got. *ó*): dieses aber erscheint mnl. durchgehend als *oe*, während das andre *ó* mit *o* und *oo* wechselt. Eine dreifache Qualität langer *ó* kennt man aber bereits aus dem mnd.: 1) das aus kurzem *o* und *u* gelängte, welches seit dem 15. Jh. in *a* überzugehen beginnt, — also jedenfalls ˆô, — 2) das *ó*, welches

---

*) Allerdings begegnen Reime wie *wort: gehoort* Gr. 1³, 288, — und wol auch Schreibungen: *r*- Verbindungen begünstigen *oo*.

got. *au* entspricht, höchst wahrscheinlich *ó'*, — 3) das *ó* (ahd. *uo*) durch die Schreibungen *o̊ ů* deutlich als *ó'* gekennzeichnet, s. Nerger Grammatik des meklenb. Dial. 27. 34. 1) reimt nicht mit 2) 3), diese unter einander allerdings. Auch im mnl. müssen 2) 3) sehr ähnlich geklungen haben, ohne sich zu decken. Nur selten vertritt *u* das zweite, häufig das dritte *ó (oe)*. Für *oo*, die Entsprechung des got. *au* — ich weiss nicht ob auch für gelängtes *u* vor Synkope oder *r*- Verbindungen, — wird sehr häufig *oe* geschrieben, Gr. 1³, 288. 299. — *Ò* (got. *au*) war demnach *ó'* und bezeugt seine Nähe zum *u* durch den Uebergang in den Halbdiphthong *óu*, s. Donders p. 365, — aber noch näher steht dem vocalischen Extrem *ó* (got. *ó*) das mnl. sich in *óe* diphthongiert hat, heute bei reinem *ů* angelangt ist. — Im nfr. ist das Schicksal des *ó* (got. *au*) und got. *ó* ziemlich dasselbe aber nur für dieses finden wir, abgesehen vom hd. *uo, ů* und *ui*.

4) Der Uebergang der *u*- Laute zu *o* auch in Fällen, wo weder suffixales *a*, das in letzter Silbe ja auch geschwunden war, noch consonantischer Einfluss wirken konnte. — Im gotischen und burgundischen gewähren die wenigen Beispiele allerdings kein sicheres Beispiel, s. oben b). — Das langobardische hat auffallender Weise immer so viel ich sehe *u* auch vor *nd ld: sculdahis Chunimund Alamund mundius*, — aber *idertzón* neben *drúdus púlslahi*. Vielleicht ist der vereinzelte Fall nur ein Zeugniss für die dem *ů* nahe Aussprache des langen *ó*. — Salfränkisch gewährt auch kein sicheres Beispiel. Aber das mnl., in dem nur geringe consonantische Beschränkung statt hat, Gr. 1³, 274 ff. und das nfr., — s. die Beschreibungen von II ab — lassen keinen Zweifel, dass wir es hier mit einem Princip zu tun haben, welches sich der consonantischen Affinitäten nur zu seinen Zwecken bedient. Denn wie sollte man es glaublich finden, weil vor *n r nt rt* z. B. *u* besonders häufig und zuerst zu *o* wurde, seien diese Lautverbindungen es gewesen, welche nicht nur die vor ihnen stehenden *u*, sondern mit der Zeit auch die in andern Positionen und in offenen Silben erscheinenden

in die Richtung zu *o* hin gedrängt hätten? Sobald wie im mnl. und nfr. auch andre consonantische Umgebung den Lautwandel gestattet, bleibt nur übrig entweder die in der Erscheinung identischen Vorgänge als isoliert zu betrachten, oder in etwas anderm als der consonantischen Nachbarschaft die Ursache des veränderten Lautes zu erblicken. Es wäre sonst unerklärlich wie nahverwante Laute neben einander existieren könnten, *é* und *è* z. B. im mhd.: denn nur durch die grosse lautliche Nähe alterierter Laute zu den ursprünglichen wäre es zu begreifen, dass auch diese in eine Bewegung gerissen wurden, deren Impulse sie nicht berühren konnten. — *U* muss in Accentsilben unbequem gewesen sein, am unleidlichsten wo diese Unbequemlichkeit durch eine andre vermehrt wurde, — vor *r* durch die weite Entfernung unmittelbar auf einander folgender Articulationen, — *r* als uvular angenommen, s. oben S. 64, — während Gutturale und *l* den *u*- Laut erhalten s. oben S. 65, und vgl. die Erhaltung des germanischen *au* vor gutturaler Tenuis und Media. Die Nasalen allein oder in Verbindungen werden kein so tiefes Timbre gehabt haben als *l*, da sie den Uebergang von *o* zu *u* so leicht zulassen, vgl. mhd. *kuont*, ja sogar *bekint* für *bekant* kommt im mnl. vor, Gr. 1³, 273, dem bei der Verbindung *ld lt* nur *ghewelt* für *ghewout* entspräche, Gr. 1⁴, 397. Ein par andre *e* für *u o*, s. Gr. 1³, 271. 278. — Dazu die oben unter b) über ihre mögliche Wirksamkeit vorgetragene Hypothese.

Ob der neue Vocal *ò* gewesen sei oder *ó* ist zweifelhaft. Das Schwanken einiger Wörter zwischen *o* und *u* scheint auf *ó* zu deuten. Aber man könnte auch schliessen *u* und *ó* war dem Accent unangemessen, erst *ò* genügte. Dass mnl. daneben ein andres *o* vorkam, welches seine Nähe zu *a* durch Wechsel mit diesem bezeugt, Gr. 1³, 276 *(brachte brochte)*, beweist nicht dagegen. Ein *o*° kann ja näher dem *a*° hervorgebracht werden, ohne in dieses überzugehen. Vielleicht deutet der Wechsel von *o* und *a* auch nur auf *a*°. — Die offene Qualität des neuen *o* ist aber nicht nur möglich: es weist auf sie die unvollkommene Natur des mnl. nfr. kurzen *u*. Diese geht hervor aus den Schreibungen und Reimen: *up op*

— dann *dinne* (tenuis): *minne, dinken* (videri): *stinken, pit* (puteus): *dit, stik, sticke.* Uebergang eines reinen *u* zum andern Pole der Vocalleiter wäre unerklärlich. In diesen Fällen wurden durch consonantische Einwirkung, d. i. durch die an der Spitze oder am Rücken gehobene Zunge, welche zur Bildung eines *n k t* erforderlich ist, der Weg von *u* zu *i* gebahnt, der nicht so weit ist als der von *u* nach *i*. Auch die allmälige Vertretung des *u* durch *ü* kann auf unvollkommene Aussprache weisen, obwol das lange *û*, bei welchem der Uebergang in *ü* älter und sicherer bezeugt ist, nicht mit *i* wechselt. — Auch in Deutschland tritt hie und da statt der leicht unvollkommen gebildeten kurzen *u* die Aussprache *ü* ein, Brücke Grundzüge p. 26, Rumpelt Natürliches System p. 36. Gleicherweise gehen im Lateinischen neue *u* über *ü* wie im Griechischen zu *i*, Corssen Aussprache 1³, 331. 339 f., grösstenteils in tonlosen Silben *lubido alumenta carnufex*. Die Nachbarschaft der Labialen aber wird wol nur für die verdunkelnde Färbung des alten *a* von Einfluss gewesen sein: hier bleibt *u* ja auch, *monumentum contumelia*, — s. ital. *u o* für *i e* vor Labialen in unbetonter Silbe Diez 1³, 175*). — Ist nun mnl. *u* unvollkommen und soll es des Accentes wegen zu einem deutlich articulierten Laute werden, so liegt *ȯ* näher als *ó*. Denn der offene Vocal hat eine Analogie mit dem unvollkommenen; s. S. 59 f. *Ó* mag zudem wie im nhd. nur lang gewesen sein. — Als dann im mnl. und nfr. die wurzelhaften *o* offener Paroxytona gelängt werden, da hatte man es schon längst aufgegeben Vocale, welche als Accentträger nicht beliebt waren, durch unächte Diphthonge zu ersetzen. Es scheint dass man radicaler vorging. Im mnd., dem Erben des sächsischen Dialekts, beliess man *ȯ* für verlängtes *u*, und schied es von *ó* (got. *au*), s. oben 69, im mnl. hat man es wol in *ó* verwandelt, da es mit *ó* (got. *au*) reimt, Gr. 1³, 275, ja

---

*) Der Uebergang des *ü* zu *i* wird erleichtert durch die Aehnlichkeit der Klangfarbe, welche in dem gemeinsamen tieferen Eigenton, dem ungestrichenen f, dem einzigen Eigenton des *u* begründet ist. Ebenso haben die im Klange ähnlichen in der Aussprache häufig vertauschten *e* und ö den tieferen Eigenton, eingestrichenes f, gemein.

selbst mit *oc* (got. *ó*) Gr. 1³, 276. Dafür spricht auch dass solches *ó* nach mnl. Regel wie *ó* = got. *au* vor Synkope und wol auch gewissen *r*- Verbindungen, s. Gr. 1³, 288. 313, *oo* geschrieben wird. *Oo* aber ist die regelmässige Schreibung für *ó* = got. *au*, das wir oben S. 69 f. als *ó' óu* erkannt haben. Nnl. wird auch *o* für *u* in Apokope und bei Consonantausfall *oo* geschrieben *zoon door goon* (diis) *boon* (nuntiis), Gr. 1³, 318.

Für jene *o*, welche durch consonantischen Einfluss unterstützt aus *u* entstanden sind — zumal durch die Position *nd nt* — ist damit allerdings nichts bewiesen. Ein *o*, welches nicht *oo*, also nach unsrer Anname *óu* ist, oder diesem Halbdiphthonge nahe steht, kann kurzes *ŏ* oder *ó* sein. Aber *n*- und *ch*- Verbindungen werden *ó* gehabt haben, da *n*- Verbindungen mit *oc* = got. *ó* reimen, dieses aber vor *ch*- Verbindungen oft *o* geschrieben wird, Gr. 1³, 276.

5) Eine der eben besprochenen ähnliche Erscheinung, welche in allen hier gruppierten Sprachen vorkommt, scheint mit der sonst geforderten Anname der Tonerhöhung im Widerspruch zu stehen: — statt des höchsten, also für den gesteigerten Accent tauglichsten Vocales, für *i*, tritt der nächst nidere ein, *e*, teils nur in einzelnen Fällen, teils in offenen Paroxytonis, teils durchgehend; — und es macht keinen Unterschied hiebei, ob das *i* eine Färbung des *a*, oder der Urvocal sei, ob *a* oder ein andrer Vocal der Ableitung folge. Ich setze, um eine Uebersicht der ganzen Entsprechung *i — e* zu geben und weil die Scheidung oft sehr schwierig wäre, auch die Fälle, welche oben unter b) gegeben worden waren, hieher. — Gotisch: *Fretela* (403), *bellagines Geberich Gebamundus* Dietrich Germ. 11, 195. 203, *Waldefredus Laufredus* Dietrich Aussprache 31. 37, *Reswendus Módefredi Teudefredus* Kzs. 20, 432 f. Auch *Freidebadus* Dietrich Aussprache 36 wird dasselbe bedeuten, da sonst die Zusammensetzung von *frithu* und *bad* wol bezeugt ist, s. *Fridibad* vier Fälle, Förstemann 1, 424. Mit *freid freidi* sind Zusammensetzungen in

Personennamen überhaupt nicht bewiesen; Förstemann hat nur
Freitdrút 1, 411 Cod. laur., das kann aber auch *Fritdrut* sein,
obwol der Name sonst nicht bezeugt ist; vgl. *Godefreit* L. 4,
634. — Dann *geuua Engus* im Alfabet. — Auch ein spanischer
Sueve heisst *Remismundus* GDS³, 350. — Burgundisch: *Fredeboldus Fredenandus Fredemondus Heldigernus Segismundus*,
(Wackernagel bei Binding 1, 362). — Langobardisch: *freda
fredus — Ródelenda Theudelenda Ludosenda Absuenda* neben
*Ansfrit Paldefrid Godefrit Sigiråd Siginulfus faderfyo métfyo
— Absuinda Gárisindus gasindio.* — Ganz singulär sind einige
Fälle, in denen langes *i* denselben Weg einschlägt *fulcfree
fulfréal fréald Fréa*, was im italienischen trotz der im lateinischen häufigen Aussprache *ei* für *i* — Corssen Aussprache I²,
330 — nie vorkommt: vgl. oben unter 4) *idertzón*. Vielleicht
waren die Langobarden im Verkehr mit den Romanen an ihrer
Quantität irre geworden, doch s. unten Σεσίθαχος S. 78. —
Salfränkisch: *the* neben *thi* K. 5, *fredum* neben *frit* K. 86, *efa*
K. 26, — *sephun* K. 59, *renc* neben *rinc* K. 72, *letu* neben
litu K. 5, *Segefredus Segenandus* GDS³, 375, *fredum Fredegárius Fredegundis Fredericus Sedeleuba Sedegundus Leufredus Ródieldis*, neben *Sigibertus Ermenfridus* bei Gregorius.
— Im mnl. sind beinahe alle *i* vor einfacher Consonanz zu *e*
geworden, ebenso vor *r*- und *l*- Verbindungen mit Ausname
von *ll lt ld*, Gr. 1³, 272, s. oben S. 65. *R* und *l* können durch ihr
Timbre gewirkt haben, im ersteren Falle wird die Verlängerung
der Wurzelvocale mit im Spiele sein. — Bei den Niederfranken:
s. die Beschreibungen, aus denen sich ergiebt, dass die Bewegung bei Paroxytonis in offener Silbe ihren Anfang genommen
hat: *vil vele, spil spele, mit mede;* s. Wahlenberg, De lingua
francica Rheni inferioris 1849 p. 27.

Auch hier würden wir wie oben bei der Betrachtung über
die hd. Diphthonge zur Anname zweier gleichzeitiger einander
entgegengesetzter Kräfte genötigt, wenn wir es glaublich fänden
dass in Sprachen, welche Neigung zu vocalischen Extremen
zeigen, dasselbe *i* zu *e* herabgedrückt würde, welches die *e*
sich zu erreichen bemühen. Es war offenbar ein andres vielleicht nicht *i*⁰ sondern *i* das unvollkommene *i*, jedesfalls ein *i*,

welches durch tiefen Kehlkopfstand ein Timbre erhalten hatte, zu dumpf oder zu undeutlich um den gesteigerten Anforderungen, welche an accentuierte Wurzelsilben gestellt wurden, zu genügen, um so mehr natürlich wenn, wie wir oben in Bezug auf das spätere Gotisch angenommen, ältere Nasalierung des unvollkommen gewordenen Vocals aufgegeben wurde. *I* eine für betonten Wurzelvocal sehr unbequeme Vocalform, verlor Nasalierung, wurde also erst *i* und ging dann in den nächstliegenden vollkommen deutlich articulierten Vocal über. Die Annahme wird durch unsre nhd. Aussprache unterstützt: 'Biene' hat ein langes *i*, das sich von dem kurzen in 'Wind' 'Hirt' durch höheren Kehlkopfstand, zurückgezogene Mundwinkel, d. i. durch vollkommenere Articulation unterscheidet, s. Rumpelt Natürliches System 35, Brücke Grundzüge 26. Das kurze *i* unsrer Gruppe wird jene *i*, welche beim Eintritt der Accentsteigerung zu *e* wanderten, geradezu unvollkommen gebildet haben. Dass das lange *i* rein ausgesprochen wurde, zeigt seine Bewahrung. Ein mnl. *weven* für *wiven* gibt es nicht. Die wenigen Fälle des nfr. zeugen nur von unsicherer Orthographie. Bei den Langobarden aber mag in der That auch *i* von der unvollkommenen Aussprache angegriffen worden sein.

Auf die unvollkommene Aussprache des *i* im mnl. und nfr. weisen aber auch deutliche Schreibungen. So die Verwendung des *i* in Ableitungssilben in nfr. wie in md. Mundarten, während gleichzeitig oder kurz vorher *u* und *o* auch die hellen Ableitungsvocale vertreten musten, s. Trierer Capitulare, das Schadesche Fragment. — Unvollkommenes *i* wird auch im südfränkischen gehört worden sein im Praefix *ir-*, s. Kelle Otfried 2, 445 f. Denn der Laut des *y*, offenbar *ü*, welches Otfried häufig setzt, deckt sich nicht vollkommen mit jenem ganz absonderlichen, der hier ausgedrückt werden soll, a. O. Epist. ad Liutb. 64.*) Da aber in *ir- i* der regelmässige Vocal ist, so kann hier nicht etwa ein *u* gemeint sein:

---

*) *Interdum uero nec a, nec e, nec i, nec u vocalium sonos praecauere potui: ibi y grecum mihi uidebatur ascribi. et etiam hoc elementum lingua haec horrescit interdum, nulli caracteri aliquotiens in quodam sono se nisi difficile iungens.*

ur- ist ganz selten. — Für *u* aber steht es in *firspyrnu zámyn*, und könnte hier *ü* oder *u* bedeuten, doch wahrscheinlich das letztere. Bei *blúent* ist *y* in V zweimal darüber geschrieben: soll vielleicht *üe* ausdrücken. Für *u* steht *y* auch auf einer Grabschrift von S. Alban in Mainz, Jaffe Monumenta maguntina p. 718 *De Syndroldo*, andre Abschriften bieten *Sunderholdo Sindroldo*. Vgl. ital. *dovere indovinare dovizia domani ubbriaco somigliare: o u* für *e i* vor Labialen in unbetonter Silbe, Diez 1³, 175. Auch im lateinischen werden ja einige alte und neue *i* als *ü* ausgesprochen, Corssen, Aussprache 1², 339 f. Ferner der im nfr. häufige Wechsel von *ou* und *oi*, z. B. in der Leydener Hs. des Williram VII', in der Strasburger der Weltchronik IX, ebenso in der hessischen h. Elisabeth, Rieger p. 32. 45. im preussischen Nicolaus von Jeroschin, Pfeiffer LXII, im alemannischen, Weinhold Alemann. Gramm. §§· 69. 138; vgl. äol. *οι* für *ον*. Schliesslich die Vertretung eines wurzelhaften *i* durch *o u*: mnl. *rose busant juchtich lust* Gr. 1³, 276. 278, die Pronominalformen *home haer* gehören hieher. — Nfr. *ome drudde ducke duse* usw., s. die Beschreibungen jüngerer Mundarten II* II^b III IV V VI VII VIII. — Ja schon in den ältesten Perioden der fränkischen Sprache kann man die eigentümliche Färbung des *i* angedeutet finden: *Sugambri Σούγαμβροι* neben *Sigambri*, — es spricht dies gegen die Etymologie *Sigigambri*, — wenn nicht auch hier wie im langobardischen und cheruskischen, s. unten S. 78, *i* von dem Verderbniss der Kürze war ergriffen worden: *Lupia* neben *Lippia Λούβαττοι* J. Grimm Zs. 7, 473.*) — Ob *ronderos* in der malbergischen Glosse hieher gehört K. 50? Kaum, wegen ags. *hrúdher hrýdher hridher:* - denn *hródher hrédher* scheint auf *hrundher* zu führen, dessen umgelautete Form *hridher* zu *hródher* wurde, wie *Brisinga men* zu *Brósinga mene*, *herevisa* zu *herevósa* Gr. 1³, 365. Eine andre Auffassung der letzten zwei Wörter bei Müllenhoff Zs. 12, 304. Ist *hrundhir* die ursprüngliche ags. Form, so beruht das hd. Wort auf einer Nebenform.

*) Aber über *Ligii Lygii Lugii* s. Müllenhoff Zs. 9, 253.

Consonantischer Einfluss ist unverkennbar: nicht bloss Liquiden, auch Spiranten und Medien könnten ein tiefes Timbre gehabt haben. Aber ausschliesslich consonantische Wirkungen werden hier kaum vorliegen, die Gewaltsamkeit des Uebergangs ist auffallend. Sonst hat nur *w* die Fähigkeit *i* auf *o u* herabzudrücken. Dann sind die betreffenden Fälle weit überwiegend entweder Pronominalformen für *si ir im in dise*, oder die verdumpften *i* stehen vor den starken Positionen *dd ck cht — sk ld lst* — letzteres im nfr. — einer Gruppe, welche mit einer andern, vor welcher im mnl. sich *i* erhält, wesentliche Uebereinstimmungen zeigt: *dd tt ggh ck ll lt ld st — nn ng nk nd mp*, s. Gr. 1³, 272. 278. Es sind Silben, an deren Vocal der gesteigerte Accent geringere Anforderungen stellte, beim Pronomen wegen dessen formaler Natur, in den andern bot die starke Consonanz Ersatz. Die alte Qualität des Vocals konnte sich hier erhalten oder rückhaltlos consonantischen Einflüssen folgen. Die Stelle des Accents ist gleichgültig. *rudder lust*; vgl. *ghewinne ghewin*.

In andern stärker vom Accent getroffenen Silben vor allen in offenen Paroxytonis musste der unvollkommene Vocal in den nächst liegenden reinen übergehen, das war *ê*, das als offener Laut *i* verwanter ist als *ê*. — Aber nicht weil in offenen Paroxytonis die höchste Intensität des Accents gewaltet habe. Dem widerspricht das mnl. und nfr. — mnl. *ael ale* und die zuerst in Oxytonis auftretenden nfr. *ai oi ui* für *â ô û* beweisen vielmehr, dass Paroxytona etwas schwächeren Accent gehabt haben. Die neue Länge der Wurzelvocale offener Paroxytona kann den Lautwandel auch nicht veranlasst haben, denn sie ist jünger und geht wol nicht hinter das 12. Jh. zurück. Der Niederdeutsche Berthold von Holle hat noch die hd. Quantitäten beobachtet, während er doch gar nicht bemüht ist im Wortschatz und den Formen hochdeutscher zu scheinen als er ist. Aber die kurzen Vocale offener Paroxytona können schon sehr früh die oxytonierten an Dauer übertroffen haben, ohne das Mass von zwei Moren erreicht zu haben; wirklich langes ʼê wäre ja auch zu *ie* geworden. Man könnte sich vorstellen, der alte Accent sei verschieden gemischt gewesen: der oxytonische habe mehr Tonhöhe als Tonstärke, der paroxytonische mehr Tonstärke als Tonhöhe besessen. Die Tonstärke aber könnte sehr wol die Dauer des Lautes verlängert haben. Nun können die Spuren unvollkommener Aussprache des *i* und *u* auf sehr rasche Sprache gedeutet werden. Ein sehr kurzer Laut entzieht sich leicht der Controlle des Ohres. Die Vocale offener Paroxytona widerstrebten dieser übermässigen Kürze, weil von ihnen grosse Tonstärke erfordert wurde. Vielleicht wurden sie sogar etwas über das Mass der Kürze gedehnt: *vil vele*, vgl. *ael ale, eed* (d. i. éid) *ede, boom* (d. i. bóųm) *bome*. Bei *u* gibt es kein paralleles *gud gode*.

Aber als *è* für *i* zu wirklich langem 'é wurde, hätte es nicht in *ie* diphthongiert werden müssen? Als das geschah — wie wir sahen kaum vor dem 12. Jh. — bildete man keine unächten Diphthonge mehr, vgl. S. 72. Aber dass der Laut noch unbequem war scheint doch aus den klingenden Reimen hervorzugehen, welche *é* = got. *ai* mit unsrer neuen Länge binden. Sie wird dem vocalischen Extreme genähert worden sein; vgl. die Schreibungen *heere* (exercitus) *meere* (mare) Gr. 1³, 285. Im mnd. bleiben beide langen *è* strenge geschieden, s. S. 69. — Auch hier spricht für diese Anname der mnl. Gebrauch für das neue lange *è*, gleichwie für *è* = got. *ai*, *ee* zu schreiben vor Synkope und *r*-Verbindungen. Gr. 1³, 285. Auch bei Apokope *veel* (multum), *neem* (sumo) und ausfallender Consonanz *vree* (pax) *neer* (infra).

Die Qualität des durch consonantische Assimilation erzeugten *e* ist durch das vorangehende nicht bestimmt. Vor *n*-Verbindungen war sie nach den Reimen geschlossen, vor *r*-Verbindungen offen Gr, 1³, 271.

Der Uebergang von *i* zu *e* findet sich nun aber schon im 1. Jh. bei den herminonischen Cheruskern *Segestes* Σαιγέστης *Segimērus* Σαιγίμηρος *Segimundus* Σεσίθακος *Sesithacus* Thusnelda. Freilich kein altes *i*, aber in Σεσίθακος vielleicht langes. Trotzdem lässt sich wahrscheinlich machen, dass die *e* weder von vollkommenem *i* herabgestiegen seien, noch eine Station auf dem Wege der alten *a* zu *i* bildeten. Gegen die erstere Anname spricht das unerschütterte *ê* für *â* — wie gotisch burgundisch salfränkisch: — ausser den citierten Namen *Inguiomêrus Actumêrus Chariomêrus*. Hätten wir aber in *Segimêrus Segimundus* ältere Formen anzuerkennen als in *Sigismêrus Sigismundus*, dann wäre die Färbung des *a* zu *i* später eingetreten, als jene zu *u*, s. *Thusnelda Segimundus*. Wir wissen aber dass es sich umgekehrt verhält. Auch das Thema *sigis* scheint in den Formen mit *e* verkürzt zu sein. — Dass die Römer die unvollkommenen *i* selbst durch *e* ausgedrückt hätten wäre möglich, ist aber gegenüber den oben angeführten *u* für *i* bei antiken Schriftstellern unwahrscheinlich. — Die Cherusker, die Nachbarn der Langobarden, haben also in der Tat eine wichtige Eigenheit mit der Sprache unsrer Gruppe gemein, welche allein schon davon abriete in ihnen mit Grimm Sachsen zu sehen. Die Sachsen haben mit Ausname einiger einsilbigen Pronominalformeln *we ge* neben *wi gi* — und von den einsilbigen Formen geht die Bewegung nicht aus, s. oben, — immer reines *i*; auch auf den Bracteaten, die man zwischen 300 und 600 setzt, Dietrich Zs. 13, 20. 21, *hêl til* Zs. 13, 80, *Sihuinand* Zs. 8, 57, *rimo (rimis)*, Germ. 10, 302: und doch war *ê* schon auf *â* gesunken: *sâlu* Zs. 13, 74.

6) Verlängerung des Wurzelvocals in offenen Paroxytonen. Von ihrer Chronologie und möglichen Veranlassung war eben die Rede.

7) Dazu wäre noch an S. 45 f. zu erinnern wo die Uebereinstimmungen des salfr. und mnl. mit dem nfr. waren hervorgehoben worden: verdumpfte Ableitungssilben, Synkopierungen.

Seit dem 12. Jh. gehen das mnl. und nfr. zusammen durch neue ächte Diphthonge, zuerst in langen oxytonierten Accentsilben, s. unten.

Die aufgezählten Eigenschaften sind nicht immer allen Sprachen der Gruppe gemeinsam, oder lassen sich nicht bei allen nachweisen. c) fehlt im got. langob. nfr. — d) ist im nfr. sehr selten — 1) fehlt im burg. — 2) im got. burg. langob. — 3) ist bei den Goten Burgundern Langobarden kaum in den ersten Anfängen nachzuweisen — 7) erscheint nur im salfr. und nfr. — 4) nur im mnl. und nfr. Man kann aber vom mnl. nicht nur mit Wahrscheinlichkeit auf das salfr., sondern auch von der parallelen Erscheinung 5), welche in allen Sprachen der Gruppe und im cheruskischen vorkommt, auf das Vorkommen von 4) im jüngern got., im burg. langob. salfr. schliessen, wenn 4), 5) mit 6), wie S. 77 f. vermutet worden, im Zusammenhang stehen. Nachgewiesen und nachweisbar ist 6) allerdings nur mnl. und nfr.

Die Methode den gesteigerten Accent durch Aenderungen der betonten Vocale zu begleiten ist in unseren Sprachen und im hd. wesentlich verschieden. Nur 1) hat die gotisch-fränkische Gruppe mit dem hd. gemein, 6) bringt ein neues im hd. erst bedeutend später auftretendes Princip in Anwendung und zeugt mit 3) und den salfr. mnl. nfr. Synkopierungen von stärkerem als hd. Accent. Alle übrigen beruhen auf Voraussetzungen, welche von denen des hd. verschieden sind: bei 4) 5) auf unvollkommener Vocalbildung, bei 2) auf der Erhaltung des $\bar{o}$ = got. $\bar{o}$, gegenüber der ahd. Diphthongierung, auf der Neigung zu vocalischen Extremen. Diese hat $\bar{o}$ = got. $\bar{o}$ dem u ungemein genähert und dadurch dem Accente angepasst. Auch das hd. hätte ein $\bar{o}$ dieser Art nicht verändert, wie ja ein Uebergang des hd. $\bar{o}$ = got. au in uo unerhört ist. Nicht Abneigung vor unächten Diphthongen war hier im Spiel, denn '$\bar{e}$ = hd. eu sehen wir im mnl. und nfr. ganz wie im hd. zu ie werden. — Die Empfindlichkeit ferner für consonantische

Einflüsse wird, — ohne dass man es beweisen könnte, — die unvollkommene Bildung so vieler *i u* mit veranlasst haben, und wäre dadurch mit schuldig an den im hd. unerhörten oder unter andern Bedingungen auftretenden Lautwandlungen *i — e, u — o*. — Dass zur Zeit der verlängerten Accentvocale offener Paroxytona nicht 'ě = altem *i* in *ie*, 'ŏ = altem *u* in *uo* statt in *ē ō* nach unsrer Anname übergingen, darf man nicht als einen Unterschied vom hd. auffassen; auch im hd. erlischt früh die Fähigkeit zur Bildung uneigentlicher Diphthonge. Auch unsre vereinzelt schon alten Verlängungen offener Wurzelvocale haben nicht zu neuen Diphthongen geführt.

Ebenso wie vom hd. unterscheidet sich unsre Gruppe von den übrigen germanischen Sprachen durch a) und 4) 5), besonders durch grössere Neigung zu vocalischen Extremen und durch consequentere Verwandlung alter und neuer *i* und *u* zu *e* und *o*.

Das alts. haben wir oben vom nfr. und somit von der gotisch-fränkischen Gruppe abgetrennt, da die Sprache des 9. Jh. fast keine Spur von *e* für *i* zeigt, und auch kein *o* für *u* über den hd. durch suffixales *a* bestimmten Gebrauch hinaus. Einige Neigung zu vocalischen Extremen ist vorhanden: *niman* für *neman*, *u-* in *a-*Stämmen und *ginuman*, einige *i ie* für *ē* = ahd. alts. *ea ia*; vgl. *mis* für *mēs* im Corveier Runenalfabet Germ. 13, 82. — Aber *i* muss rein gelautet haben, und der Accent wird weniger heftig, die Sprache langsamer gewesen sein als im nfr. So fehlen hier auch in späteren Perioden die für das mnl. nfr. charakteristischen Synkopen und Verschmelzungen. Die durchgedrungene Monophthongierung der *ai au*, die begonnene des *io* wird mit auf Neigung zur Assimilation componierter Vocale zu setzen sein. — Doch ist die Reinheit des *i* nicht ausnamslos: *huldi* Hel. 5045, Cott. — Für jüngere Perioden gehören vielleicht einige der Gr. 1^3, 257, Germ. 14, 211 angeführten Fälle der sächsischen Sprachentwicklung an. — Erst spät, ich glaube nicht vor dem

12. Jh., dringen die neuen *e o* in die Fälle *fridu uvil* ein: *frethepenninge* Seib. 2, 42 (Soest 1120).

Die jüngere Sprachform wesentlich sächsischer Stämme, das mnd., nähert sich sehr dem mnl. und nfr. Es zeigt wie diese Dialekte *e* für altes und junges *i, o* für *u*, Verlängerung der Wurzelvocale in offenen Paroxytonis vor dem hd. und die neuen ächten Diphthonge zunächst für lange Vocale in Oxytonis.

Die Sachsen hätten somit allerdings in unsre Gruppe miteinbezogen werden müssen, wenn wir ihre Sprache statt bis zum 10. bis ins 14. 15. Jh. in Betracht gezogen hätten. Aber ohne chronologische Begränzung ist es überhaupt nicht möglich nahverwante Sprachen zu gruppieren. S. 46 wurden allerdings die nrh. *ai oi ui* mit alten Verdumpfungen der Flexionsvocale im salfr. in Verbindung gebracht. Aber hier ist es wahrscheinlich dass die Diphthonge nur das letzte Resultat einer lange bestandenen Neigung sei tiefen Wurzelvocalen höheren Eigenton zu verleihen. Das gotische burgundische sal- und niederfränkische zeigt eben zwischen dem 5. und 10. Jh. Uebereinstimmungen.

Im ags. ebenfalls eine gewisse Hinneigung zu vocalischen Extremen *gifan gipan gitan lifer cniht guma numen* (captus) *þunor fugal*, und dass die *é ó* allmälig zur Aussprache *í ú* kamen, ist bekannt. Hier auch kräftige Einwirkung der Consonanten auf vocalische Qualität, Scherer GDS. 139 ff. Dazu die oben S. 76 erwähnten *hridher — hródher, Brísinga men — Brósinga mene, herevísa — herevósa*. — Für *i* finden wir vereinzelt *e eo* in *be freodu meox eode fela fcola*, — in letzterem Falle aber wirkte vielleicht die vom hd. und alts. verschiedene Ableitung, — noch seltener *o* für *u: fox storm vorm ofer*, aber die Partic. praet. der *i* und *u* Wurzeln bleiben unversehrt wie im alts., nur nach *v* wechselt *i* zuweilen mit *u: vidu vudu*, — auch das *u* wird rein ausgesprochen worden sein, denn der Uebergang zu *y — vyrm vyrt lyst* — ist selten. — Die sehr gewaltsame Tonsteigerung zeigt sich hier auf eine ganz andre Weise als in der gotisch-fränkischen Gruppe, s. Scherer GDS. 127 ff.

Auch im fries. Spuren extremer Neigungen bei Wurzelvocalen: *nima sia ia swird irtha,* — *ë* weschelt mit *i* im Perf. der reduplicierenden Verba, *ú* für *ó* in *dúa húa* (pendere). Aber *i* wird rein, oder der Accent nicht so kräftig gewesen sein als z. B. im mnl. Nur *fretho selorer felo,* auch *o* für *u* nur in geringer Anzahl: *forma* (primus) *pond drochten,* — also wol durch consonantischen Einfluss, — auch *op*. Daneben wie ags. *y* auch *i: skila kining kin.* — Uebrigens ist die Jugend der fries. Denkmäler zu berücksichtigen.

Im altn. finden wir *u* für *o: guð u.ci drukkin numinn.* Aber der Accent wird nicht sehr hoch gewesen sein: hat er doch nicht einmal die *au* bis zur ahd. Grenze zu monophthongieren vermocht, *i* wird auch reine Qualität bewahrt haben. Wir finden demnach nur wenig *e* für *i,* darunter kein altarisches *i: ek *mer *þer *ser em med er — renna drekka.* Auch *o* für *u* kann eintreten ohne suffixales *a: sonr* neben *sunr.* Aber im Plur. Perf. z. B. erhält sich altes *u: flugum* neben *floginn.* — Charakteristisch für das Dänische ist es, dass es gleich dem mnd. zur gotisch-fränkischen Gruppe stimmt durch Uebergang altarischer *i* zu *e* im Part. Perf.: *bliver blév, bléve bléven,* während es schwedisch noch heisst *blifver bléf bléfve blifven.*

Die Abweichungen der sächsischen friesischen und skandinavischen Sprachen von dem Vocalismus der gotisch-fränkischen Gruppe gewinnen dadurch an Bedeutung, dass sie sich begegnen mit andern Eigentümlichkeiten der Laut- und Formenlehre, welche jene Sprachen vom hd. sowol als von unsrer Gruppe unterscheiden.

Aber in den romanischen Sprachen zeigen sich Vorgänge welche den Lautwandlungen der gotisch-fränkischen Gruppe sehr ähnlich sind, — ohne sich doch mit ihnen zu decken.

Im italienischen ist lat. *é ó* immer geschlossen: beide Laute gehen gelegentlich zu *i ú.* Consonanten üben wenig Einfluss auf benachbarte Vocale. — Aber eine Steigerung des

Accentes äussert sich in ganz ähnlichen Wirkungen wie in der besprochenen germanischen Gruppe. Der einzige lateinische Diphthong der noch erhalten ist, *au*, wird monophthongiert. Aber nicht wie im gotisch-fränkischen zu *ŏ'* sondern zu '*ŏ*. Das daneben noch gehörte *au* verhindert, wie oben angenommen, auch den Uebergang in *uo*, der sonst alle '*ŏ* bedrohte. — Regelmässige Vertreter des lat. *i u* sind *é ó*, in offenen Paroxytonis *é' ó'*. Die Qualität der kurzen *i u* muss, wenn sie auch nicht unvollkommen war, zur Accentsilbe nicht hinlänglich hell geklungen haben. Die Fähigkeit lat. *i* unbetonter Silben im ital. auf *o u* herabzusinken, Diez 1³, 175, — wo auch frz. prov. span. Beispiele, — der lateinische Mittellaut *ü*, der ein Schwanken zwischen *u* und *i* möglich macht, spräche dafür. Helligkeit des Klanges ist aber geschlossenen Lauten ganz besonders eigen, deren mechanische Bedingungen am weitesten von der Bildung der unvollkommenen Laute abstehen. Das ital. scheint sofort *i u* durch *é ó* ersetzt zu haben, während das mnl. nach unsrer Anname erst allmälig dazu gelangte. Wäre erst *è ò* eingetreten so hätte das doch in offenen Paroxytonis zu *ie uo* werden oder die neuen '*é* '*ó* derselben Wortstelle hätten, statt in den Diphthong überzugehen, geschlossene Qualität annehmen müssen. — Dass man nicht *i u* wählte, an deren reinem Klange nicht zu zweifeln ist, weist darauf hin, dass der Lautwandel noch vor Längung der Wurzelsilben offener Paroxytona eingetreten war. — Diese stimmt dann wieder zum gotisch-fränkischen, ebenso die eben erwähnte unhäufige Verdumpfung unbetonter Vocale.

Offene *e o* in Paroxytonis vor einfacher Consonanz sind unbeliebt und werden in der Regel diphthongiert in *ie uo*: nicht so consequent als es mit '*é* '*ó* im hd., mit '*é* im mnl. nfr. geschieht.

Die ungestörte Erhaltung der alten *a á*, denen weder ein *e* noch *ai* entspricht, so wie die nicht vollkommen durchgeführte Diphthongierung der neuen '*é* '*ó* zu *ie uo*, s. oben S. 57 f. deuten auf eine gewisse Mässigkeit des Accents, gegenüber dem französischen oder mnl. nfr., wozu auch der Mangel an Synkopierungen und die Erhaltung der Endungen stimmt.

Historischer Zusammenhang zwischen den italienischen *e* für *i*, *o* für *u* mit den lateinischen *e o*, welche den *i* und *u* vorangegangen sind, kann nicht angenommen werden (Diez 1³, 158. 167). — Einmal sind die lateinischen *e o* kurz, und dann trifft der Lautübergang auch die altarischen *i* und — *u*, *fides video rumpo ruptus jugum*.

Im französischen ist die Neigung zu vocalischen Extremen teils geringer, teils stärker als im ital. Lat. *è* erscheint im franz. häufig als *i*, Diez 1³, 150 f., lat. *ó* in den ältesten Sprachurkunden oft als *u*. so in den casseler Glossen, in den merovingischen Urkunden, welche auch *i* für *è* bieten, Diez 1³, 424 f. Aber der gröste Teil der lat. *ó* muss offen gewesen sein, denn er wandert zu *eu*. Einwirkung der Consonanten auf Vocale ist ebenso kräftig als im ital. schwach. Welche Verwüstungen hat *l* angerichtet! — Dem Accent dienen z. T. dieselben Lautwandlungen wie im ital. und gotisch-fränkischen. Auch hier gehen *i u* zu *e* und *o*. Aber nicht zu dem geschlossenen Laut wie im ital. sondern zu dem offenen, wie im nfr. mnl. und mnd. nach unsrer Annaine. Ein Teil der alten *i u* aber diphthongiert sich durch vorgeschlagenes *(e) o* und wird *(ei) oi ou*. — Vielleicht weisen *fumier*, prov. *prumier*, — s. Diez 1³, 175, der auch Fälle mit ursprünglichem *e* anführt, — auf getrübte Aussprache des *i u*. — Auch jene *i u*, in welche lateinisch *é ó* übergehen, s. oben, werden in ihrer Reinheit gelitten haben, denn auch für diese finden wir *oi, ou*. — Diese Diphthonge für lat. *i u* und einige *é ó* mögen in einer Eigenschaft des franz. begründet sein, welche den Neigungen des ital. durchaus entgegen ist. Das ital. hat offene Paroxytona gelängt und die im lateinischen langen Vocale in der Regel erhalten: das franz. hat die meisten alten Längen zerstört, Diez 1³, 495 ff. Es begreift sich dass, wenn es sich darum handelte *i u* accentfähig zu machen, man neben dem Uebergang in die Länge 'é 'ó auch zur Diphthongierung durch Vorschlag eines *o* griff, *oi ou*. *Moi* für *mé* wird auf Uebergang der lateinischen Form in *mi* beruhen, welche dann verkürzt und wie andre Formen mit ursprünglich kurzem *i* behandelt wurde. — In den ältesten Sprachdm. findet man lat.

ô ganz ebenso behandelt. Es wird durch *ou* widergegeben,
das über *ú u* seinen Weg gemacht haben wird. Aber die
Aussprache scheint geschwankt zu haben: ó' und 'ó. Letzteres
wurde behandelt wie lateinisch kurzes o. So dass Doppelformen
entstehen: *fou feu, jaloux fameux, amour couleur*. Mit der
Zeit überwog letztere Form.

Wie im ital. wurden auch im franz. nicht alle lat. kurzen
e und *o* zu *ie eu: e* erhielt sich gewönlich in Position und vor
Nasalen, Diez 1³, 153. 162. Es ist demnach nicht wunderbar
dass jene *i u*, welche die Diphthongierung in *oi ou* nicht mit-
machen, sondern zu *è ò* werden, nicht schliesslich in der Gestalt
ie und *ou* erscheinen, nicht den Weg der lat. *e o* gehen: denn
in eben denselben Fällen, in Position und vor Nasalen, unter-
bleibt auch der Uebergang des *e* in *ie*, des *o* in *eu*, s. Diez 1³,
157. 165. Die Qualität aller *è* übrigens scheint im 13. Jh. etwas
mehr der geschlossenen Aussprache sich genähert zu haben
als die heutige Aussprache zeigt; s. die Reime frs. *è*: mhd. *é*,
Diez 1³, 423.

Auffallend sind die sparsamen *oi* für lat. *ae oe:* Diez führt
an 1³, 169 *blois foin proie*. Auffallend weil lat. *e* nie diesen
Diphthong, immer nur *ie* zeigt, wenn es nicht *e* bleibt. Es
muss die Aussprache hie und da geschwankt haben, *é'* statt
'*é*. Analog dazu die Aussprache der lat. *au* jüngerer Entlehnung und der durch *l* veranlassten als *ó'*, welche noch heute
erhalten ist, entgegen dem italienischen Gebrauch.

Die vielen *é ai* für *a*, die Synkopen, das stumme *e* zeigen
dass der franz. Accent heftiger und höher war als der ital.
Die Aehnlichkeit mit dem ags. wie auch z. T. mit dem nfr.
mnl. mnd. ist deutlich.

Wesentlich verschieden davon das normannische, welches
zwar den übrigen franz. Dialecten ähnlich lat. *i* und *u* behandelt, aber die Diphthongierung von lat. *e o* perhorresciert
und die der alten Längen *ê ô* nur zum Teile eintreten lässt:
ei neben *e* für lat. *ê*. — Dieser Dialekt zeichnet sich aus
durch Neigung zu vocalischen Extremen, worin er den burgun-

disch-picardischen übertrifft. So hat er ausser den bei diesem aufgezählten Fällen *i* für lat. *e:* z. B. *matire*, Martin Fergus p. XI, *u* für kurzes lat. *o* und für lat. *ô* noch zu einer Zeit, in welcher das übrige französisch nichts mehr davon wuste. Wie die gotisch-fränkische Gruppe hat das normannische keinen Grund lat. *o*, seit es lang geworden, zu diphthongieren, weil die Aussprache dem *u*, mit welchem es wechselt, so nahe lag, dass die geschlossene Qualität den Bedürfnissen des Accents genügte. Ebenso lat. *ŏ*. Für lat. *ê* ist aber allerdings neben *e ei* entstanden, die älteste Form des gemeinfranzösischen *oi*. — Das normannische zeigt demnach die entschiedenste Aehnlichkeit mit der gotisch-fränkischen Gruppe, italienisch mit gemeinfranzösisch stehen zwischen ihr und dem hd.

Wie die romanischen Analogien zeigen, kann die Annahme der gotisch-fränkischen Gruppe nicht so gemeint sein, als wäre durch die Uebereinstimmung im Vocalismus eine Stammesgemeinschaft dargetan, inniger als jene der Ostgermanen und Westgermanen, welche durch das consonantische Auslautgesetz illustriert wird. Aber eine scharfe Grenze zwischen beiden grossen germanischen Völkergruppen gibt es nicht. Bei den Burgunden ist *-s* im Sing. Nom. Masc. nicht mehr erhalten, Wackernagel p. 370, die Goten verlieren es im 6. Jh., Wackernagel p. 370. So können auch positive Eigenschaften Völker der west- und ostgermanischen Familie verbinden, welche gar nicht in dem Grade geschlechtlicher Verwantschaft begründet zu sein brauchen. Auch auf die Namen mit *-baudes* kann man hinweisen welche sich vorzugsweise bei Goten Burgunden Salfranken finden, sonst nur bei den Alemannen, und hier selten.

Die Erklärung der sprachlichen Uebereinstimmungen in unsrer Gruppe kann gegenwärtig nur empirisch und abstrac gegeben werden. Empirisch insofern die Erfahrung lehrt dass geographische Nähe verwante Sprachen durch gleiche oder ähnliche Eigenschaften in Laut- und Formenlehre so wie in der Syntax verbindet, und dass diese Analogien in den Grenzgebieten zunehmen. Vgl. den Zetacismus der germanischen Sprachen des Nordens, die Aussprache der Palatalen in den russisch-litauischen Mundarten und im russischen, s. Schleicher Compendium, Anmerkung zu §. 91, die Vocalisierung des *l*, die Aussprache des *u* im franz. und mnl., der Abwurf des auslautenden *s* bei Walachen und Italienern im Gegensatz zu den Westromanen, Zupitza Romanisches Jahrbuch 12, 187, vor allem aber die Beweise für die allmäligen Uebergänge jeder arischen Sprache in jede der angränzenden andern bei J. Schmidt Ueber die Verwantschaftsverhältnisse der indogermanischen Sprachen. Geographisch aber bilden die Goten Langobarden Burgunden, die erminonischen Cherusker und die nördlichen Istaevonen in ihren Ursitzen eine Gruppe, ebenso wie in späterer Zeit die Langobarden Burgunden Westgoten Niederfranken Salfranken. — Alle diese Völker, Ostgermanen Istaevonen Erminonen, waren nicht nur Nachbarn der Römer, es ist auch zur Berührung oder Vermischung gekommen. Der lateinische Vocalismus aber hat einen Grundzug mit dem unsrer germanischen Gruppe gemein, die Neigung zu vocalischen Extremen, im Gegensatz zum griechischen. Ein Teil der alten *a* ist über *é* und *ó* zu *i* und *u* vorgedrungen. *É* und *ó* wurden allmälig zu entschiedenem *é* und *ó*. Ein andrer Teil der alten *a* aber ist *e* und *o* geblieben und zwar e^* o^*. *I*, sowol altes als neues aus *a* entstandenes, und wol auch *u* scheinen in ihrer Aussprache eine Trübung erfahren zu haben. Ein gesteigerter Accent trieb dann *i* und *u* zu *é ó* und diphthongierte e^* o^*. So im italienischen. Das französische zeigt wie wir gesehen haben erklärbare Abweichungen. Das Verfahren war demnach: Vocale, welche den gesteigerten Anforderungen des Accentes nicht genügten, wurden durch passendere ersetzt. Insofern lat. *i u* zu *e o* gehen, stimmt das italienische mit der gotisch-fränkischen Gruppe, insofern e^* o^* diphthongiert werden, mit dem hd., — und zum Teil auch mit dem gotisch-fränkischen. Auch im langobardischen möchte man vermuten wäre es bei Erhaltung der Sprache zu *uo* gekommen. Die oben angeführte Spur von langobardisch *u* für *ó* ist unsicher. — Es entwickeln sich unter ähnlichen Voraussetzungen auf einem geschlossenen geographischen Gebiet bei zwei arischen Völkern ungefähr zu derselben Zeit ähnliche Processe. — Die Monophthongierung der alten Diphthonge beginnt im lateinischen wie im germanischen allerdings bedeutend früher. — Eine Steigerung des Accentes, deren Gründe zu erforschen bleiben, rief bei Romanen wie bei der gotisch-fränkischen Gruppe ähnliche Veränderungen in dem durch Neigung zu vocalischen Extremen und durch getrübte Aussprache derselben ähnlichen Lautstand hervor.

Die abstracte Erklärung liegt in der Abhängigkeit der sinnlichen und geistigen Organisation der Völker von ihrer geographischen und politischen Stellung und in der Vererbung der so bedingten Sprachdisposition.

Fassen wir zusammen was diese mitunter weit abschweifenden Erörterungen für I und damit für das nfr. ergeben, so hält der vocalische Typus dieser Mundart eine gewisse Mitte zwischen dem salfr. mit dem mnl. und dem hd. Die Erhöhung des Accentes monophthongiert *ai au* nicht gänzlich, und der Uebergang der getrübten *i u* in *e o* ist nicht wie im mnl. streng geregelt. Ebenso wenig finden wir bei den jüngern Diphthongierungen *ai oi ui*, s. unten bei II, die Strenge der mnl. Regel. In beiden Sprachen wird altes *é* nach hd. Brauch gewönlich zu *ie;* da es sich mitunter auch erhält, so ist es nicht wunderbar, dass auch *ie* aus *iu* mitunter zu *é* wird wie im sächsischen, Gr. 1³, 271. *Oi ai* für *au* in *auwa auwja* ist ausschliesslich nfr.

Im Consonantismus hat I auch Aehnlichkeit mit dem friesischen: Ausfall des schliessenden *f* vor Vocalen — *Burgwi*, des *g* zwischen Vocalen — *Wildai*, s. Gr. 1² 278, — Abfall des *t* nach *ch* in Iβ. Dazu im Wortschatz *buld* (acervus) Cr. I 18, *tuêdi* (1/2), in *cum suo manso id est én tuêdihóva* Cr. IIIa 41, *duas tuêdiá scaras* Cr. I 22, *fibta tuêdi muddi roggon* L. A. 2, 229, vgl. Frekenhorster Heberolle (ed. Heyne) Z. 496 *sivotha half malt roggon*. Nur ist im fries. die

Bedeutung gewönlich ²/₃. — Man kann dafür geltend machen dass die Friesen im 9. Jh. nicht nur in den Teisterbant vorgerückt waren, Grimm GDS³. 412, Watterich, Die Sigambern p. 189, sondern dass sie auch zwischen Rheinberg und Xanten sassen, Pertz SS. 1, 394, Gaupp Lex Franc. Cham. p. 76. Birten, no. Geldern, war ein friesischer Ort.

Geographische Uebersicht I.

I α.

beweist für Werden und dadurch für den ripuarischen Ruhrgau im 9. 10., Anfang des 11. Jhs.

I β.

Eine zweite Gruppe bilden während des 9. 10. und des beginnenden 11. Jhs. die nördlichen Franken in den Gauen Hattuaria, Moilla (wenn dies gleich dem Reiche Nijmegen und der Düffel), Maasgau, und jenseit des Rheins im Teisterbant, der Betuwe, Veluwe und im Hamaland. Diese Gebiete gehören nicht zum Herzogtum Ripuarien, — s. Eckertz, Die Ausdehnung des fränkischen Ripuarlandes, Cöln 1854, — was natürlich Stammesverwantschaft mit den im Süden wohnenden Niederfranken nicht ausschliesst.

Dass die Gaue westlich und südlich vom Rheine und die Betuwe fränkisch waren wird nicht bezweifelt, s. über die Betuwe Watterich, Die Sigambern p. 182. 185. Aber auch der Teisterbant war nicht friesisch, wie die Teilung von 839, Pertz SS. 1, 435, ergibt, in welcher der *comitatus téstrebanticus* neben dem *ducatus Fresiae* erwähnt wird. Ebenso wenig die Veluwe, s. Watterich, Die Sigambern p. 189: sie ist salisch der Abstammung wie dem Rechte nach, auch haben die veluwischen Ortsnamen nicht mehr friesisches als der ganze nfr. Typus I. Wenn richtig wäre was Förstemann 1, 267 sagt, dass mit *blidi* zusammengesetzte Namen nur bei Alemannen Baiern Franken vorkommen, so fiele auch *Blidgéringmád* in der Veluwe, L. 1, 8, für den fränkischen Charakter der Landschaft ins Gewicht. Aber *Blitholf* Cr. I 27 scheint ein Friese zu sein, und *Blithrád* L. A. 2, 249 ist aus der Twenthe.

Was das Hamaland anbelangt, so stehen der oben ausgesprochenen Ansicht und den Gründen Ledeburs, Land und Volk der Brukterer p. 60 ff., die alten Zeugnisse entgegen, welche es einen *pagus saxonicus*, seinen Grafen einen Sachsen nennen, — s. vdBergh Mnl. Geogr. p. 120, — sächsisches Recht im Lande erwähnen, — s. vdBergh p. 184, L. 1, 127 (996), — und die Issel als Gränze zwischen Sachsen und Franken bezeichnen, vdBergh p. 125. Die letzte Angabe aus dem 9. Jh. beweist nichts, da nicht zu ermitteln, welche Issel und in welcher Ausdehnung sie gemeint sei. Die Bezeichnungen aber des chamavischen Landes und Rechtes als sächsisch datieren aus dem 10. Jh. Die Sachsen werden sich mit ihrem Rechte friedlich oder gewaltsam in dem Nachbarlande ausgebreitet haben, s. Leo Vorlesungen 2, 379 Anm. Jeder Volksname kann ja politisch gemeint sein. — Vor allem aber geht aus der Lex Chamavorum deutlich hervor dass die Chamaven sich — nicht als Ripuarier — aber als Franken betrachteten, s. Zöpfl Heidelberger Jahrbücher 49, 344. Auch die Lautform der chamavischen Sprachreste hat nichts sächsisches — *fredo Widmundi*.

Die Veluwe ferner vom Hamaland nicht zu trennen wird noch empfohlen durch den Umstand, dass im 9. Jh. ein Teil des Hamalandes w. der Issel gelegen sein muss, wie aus der Urkunde Folckers L. 1, 65 hervorgeht, s. vdBergh Mnl. Geogr. p. 120. 190. Womit stimmt dass die Grafen von Zütphen den Wildbann auf beiden Ufern der Issel hatten, s. Leo Territorien des deutschen Reiches 2, 410. — Nur kann man nicht sagen — nach unsern Quellen, — dass die Sprache der in der Veluwe zurückgebliebenen Salier den Formen der Lex salica näher ständen als denen des Ruhrgaues.

Welche einzelnen Oertlichkeiten bezeugt sind ergeben die Urkunden und welche Beweiskraft ihnen innewohne die Bemerkungen zu den aus Lacomblet und Crecelius abgeschriebenen Titeln.

Iγ.

Aber noch weiter nach Nordwesten hat sich unsre Mundart erstreckt, bis in den Gau Flehite und Niftarlaka. Denn die Utrechter Urkunden im 9. 10. Jh. zeigen keine grössere Beimischung von friesischem als die Mundart überhaupt gestattet; vgl. was Watterich, Die Sigambern p. 189 für fränkische Nationalität in Flehite und Utrecht beigebracht.

Ob hier wirklich die Grenze des Typus gewesen, ob er sich nicht viel weiter nach Holland und sw. nach Flandern und Brabant verbreitet habe, ist mir nicht gelungen mit Sicherheit zu ermitteln, teils wegen Mangels an Quellenwerken, teils wegen der unzuverlässigen Natur jener, welche mir zu Gebote standen. In S Egmonder Urkunden stimmen die regelmässigen Dat. Plur. auf -an zu der Declination Iα, s. oben p. 28; vdBergh Oork. n. 66 (Graf von Holland an Egmond 989) *in Haagan, in Limban, in Smithan, in Wijmnan, in Vellesan*, n. 68 (Schenkung an Egmond 993) *Bergan,* — *Vellesen;* auch *in Phoranholta.* Im fries. sind Dative auf *-an* so viel ich sehe sehr selten. Aber *Nortga* derselben Urkunde ist friesisch, und ebenso der Abfall des *t* in *lijftoch* in der Egmouder Urkunde vdBergh n. 319 (1230 l.), was mehr bedeutet als die Personennamen in Iβ, obwol charakteristisch dass es Veluwer oder Betuwer sind. — Wenn man den Schreibungen der älteren ndl. Urkundenbücher trauen dürfte, so wären daselbst die Vocalisierungen des *l* so wie die *ae ai oe* sehr alt. Aber *aud* für *old* scheint in der Tat schon im salfr. vorzukommen. Im nfr. nach unsrer Bestimmung ist es jung. — Wichtiger ist dass nur in den ndl. Territorien Utrecht Veluwe Betuwe Hamaland die nfr. Mundart II^b mit einiger Consequenz erscheint. — Für die weitere Verbreitung des Typus I im altndl. spräche wider dass jenes für das salfr. charakteristische *pt* sich im ndl., dem doch wahrscheinlich der flandrische Dialekt zu Grunde liegt, s. unten, nicht erhalten hat. Es wäre aber möglich dass hier nur alte Culturübertragung aus dem nfr. vorliege, ganz so wie die nfr. Mundart I gleich dem ndl. die vereinzelt ausgefallenen *n* vor *th*, *h* vor *t* wider erwirbt aus hochdeutschern Mundarten, um das vor *s* verlorne sich aber nicht weiter bekümmert. Freilich wer sagt uns ob nicht ein blosses Schwanken in der Aussprache der *nth ht* nach Masgabe der überwiegenden Fälle weggeschafft worden sei?

Wir können demnach das fränkische Gebiet rechts Rhein vom Ruhrgaue, links Rhein vom Gaue Hattuaria abwärts bis an die Zuydersee während des 9. 10. Jhs. für unsre Mundart in Anspruch nehmen, d. i. die Gaue Flehite Veluwe Hamaland Teisterbant Betuwe Moilla Maasgau Hattuaria Ruhrgau.

Im 11. Jh. versiegen fast alle Quellen, nur in Werden ist die Mundart noch bezeugt. Es hindert nichts sie auch am linken Rheinufer in den oben erwähnten Landschaften anzunehmen.

Aus späterer Zeit gehören jene Documente von II^{ab} hieher, welche noch ganz unverschobenen Consonantenstand zeigen, die mit dem Exponenten 3 versehenen Fälle.

II.
Beschreibung.

II α, II β, II γ, II δ.

II α.

(Nievenheimer Gau, s. Neuss, 10. 11. Jh.)

Quellen.

Lacomblet Urkundenbuch. Aus dem Liber cartarum der Abtei Werden, s. oben p. 16 1, 3. (Sigiwinus überträgt der Abtei Werden ein zur Villa Hrodbertingahova, am Gilbach, s. Neuss, gehöriges Cortile. — Dat. Wigugises hova — Werinhardus presbiter — 793), 1, 5 (Amulricus schenkt der Abtei W. den Ort ad crucem nahe der Erft, — mündet bei Neuss in den Rhein. — Dat. Hrodberhtingahova — Thiatbaldus presbiter — 796), 1, 20 (Betto verkauft der Abtei W. ein Cortile bei Holzheim, s. Neuss. — Dat. ad crucem, s. 1, 5 — Thiatbaldus presbiter — 801), 1, 24 (Folcrada verkauft der Abtei W. einen Acker bei dem Orte ad crucem, s. 1, 5. — Dat. in loco ipso — 802), 1, 32 — (Eric und Ermenfrid übertragen der Abtei W. zwei Teile eines Forstes bei dem Orte ad crucem, s. 1, 5. — Dat. ad Kura ante basilica sancti Salvatoris — Amulbertus diaconus — 816), 1, 33 (Eric und Erminfrid schenken der Abtei W. zwei Teile eines Forstes an der Erft, — mündet bei Neuss in den Rhein. — Amalbert presbiter — 816), 1, 34 (Widrad verkauft der Abtei W. ein Grundstück im Bezirk von Wehl, no. Grevenbroich. — Dat. ad crucem, s. 1, 5 — 817), 1, 35 (Friduric verkauft der Abtei W. ein Grundstück der Villa Hrodbertingahova, s. 1, 3. — Dat. ad crucem, s. 1, 5 — Adalgerus diaconus — 817), 1, 35 (die Brüder Frithuric Hildebert und Altprect schenken der Abtei W. Grundstücke der Villa Hrodbertingahova, s. 1, 3 und andre bei Wehl, no. Grevenbroich. — Dat. ad crucem, s. 1, 5. — Adalgerus diaconus — 818).

Consonanten.

Hd. *d* nimmt zu: *Frithuric* L. 1, 5, 36, *Werithinna* L. 1, 36, — aber *Irminfridus* L. 1, 5, *Friduric Adalgêrus* L. 1, 35, 36.

Hd. *t: Widrád* L. 1, 34 — *Sitroth*, Röttgen bei Wehl, L. 1, 3, 5.

Hd. *z: Holtheim*, sws. Neuss, L. 1, 20.

Hd. *p: Alfgêr*, L. 1, 24.

Hd. *ph f: Arnapa*, die Erft, — mündet bei Neuss in den Rhein, L. 1, 5. 24. 32. 33, *Ripun* L. 1, 36 ff.: vgl. mhd. *Riflande*.

Hd. *ch: Gilibechi*, der Gillbach, — fällt s. Neuss in die Erft, L. 1, 35. — Aber *Eric* L. 1, 32. 33, *Frithuric* L. 1, 36.

Hd. *h: Hródberhtingahóva*, am Gillbach, der bei Neuss in die Erft mündet, *Wymbreht* L. 1, 24, — *Altprect* L. 1, 36. — Aber *Hrótbertingahóva* L. 1, 3, *Folcbret Godobret Liudbret* L. 1, 24, — *Hildebert* L. 1, 36.

Vocale.

Hd. *a:* Verdumpfung des Stammvocals: *Godobret* L. 1, 24.

Hd. *i: Friduric Frithuric* L. 1, 35. 36, *Ermenfrid, Erminfridus* L. 1, 32. 33. — Aber *Ermin* für *Irmin* in *Ermenfrid Erminfridus* L. 1, 32. 33. — *Wymbreht* L. 1, 24.

Hd. *ó: Oodbald* L. 1, 24.

Hd. *u: Widugises hóva*, am Gillbach, der bei Neuss in die Erft fällt, L. 1, 3, *Frithuric* L. 1, 36.

Hd. *ei: Nivanheim, Holtheim,* sws. Neuss, L. 1, 24. — Aber *Nivenêm Nivenhêm* L. 1, 33. 34. 35, *Hêmric* L. 1, 24.

Hd. *iu: Liudbret* L. 1, 24.

Hd. *uo: Hruodolfi Duodone* L. 1, 5.

II β.

(Cleve Geldern Zütphen, 12. 13. Jh. bis 1279.*)

Quellen.

Bondam Charterbock 1, 2, 25 (Graf von Geldern an die Kirche von Zütphen 1127—1131), 1, 2, 58 (Sohn des Grafen von Geldern an Utrecht 1177. — Abschrift), 1, 2, 99 (Graf von Geldern an Xanten 1209? l.), 1, 2, 124 (Graf von Geldern an Bischof von Utrecht 1225 l.), 1, 3, 4 (Graf von Geldern an Harderwijk, nw. Arnhem an der Zuyderzee, 1231 l.), 1, 3, 40 (Graf von Geldern an den Grafen von der Mark 1243 l.), 1, 3, 41 (von Dingethe, ogs. Rees, an den Grafen von Geldern. — Dat. Doetinchem, im Hamaland, so. Doesborg — 1243 l.), 1, 3, 93 (Graf von Geldern an das Capitel S. Maria in Utrecht 1256 l.), 1, 3, 104 (Graf von Oij in der Betuwe, s. Leo Terr. 2, 427, an den Grafen von Geldern 1258 l.), 1, 3, 106 (Graf von Geldern an Bischof von Utrecht 1258 l.), 1, 3, 111 (Graf von Geldern an Xanten 1259 l.), 1, 3, 115 (von Valkenburg und Ditren als Schöffen von Süsteren, n. Sittard, 1260 l.), 1, 3, 123 (Graf von Geldern an Altena 1263 l.)

Lacomblet Urkundenbuch 1, 289 (Graf von Wassenberg und Geldern stiftet auf Schloss Wassenberg, no. Heinsberg, eine Collegiatkirche 1118 l. — Aus einem Transsumpt von 1263), 1, 404 (Graf von Cleve schenkt dem Stifte Bedburg bei Cleve ein Grundstück 1162. — Nach einer Abschrift des Originals bei van Spaen Inleiding tot de historie van Gelderland), 1, 510 (Graf von Cleve schenkt der Abtei Camp, sw. Rheinberg, die zwischen Wissel und Rees gelegene Rheininsel. — Dat. in Clivo 1188),

---

*) Es findet hier die Unregelmässigkeit statt, dass die ältere Mundart aus Urkunden bis 1279 beschrieben wird, die Sprossform II^b aber schon 1271 belegt ist, — da es zweckmässig schien den älteren Typus nur aus den lateinischen Urkunden des 12. und des 13. Jhs. zu bestimmen, vor Beginn der deutschen Urkunden, welche deutlich die jüngere Gestalt II^b zeigen. Die ältere Gestalt der Mundart könnte ja in der Tat noch neben der jüngeren einige Zeit gedauert haben.

— 1188), 1, 515 (Abt von Camp, sw. Orsoy, bezeugt mehrere Geschenke der Gräfin von Cleve 1188), 1, 533 (Graf von Cleve und Bruder überlassen Hildegund und ihre Nachkommenschaft der Stiftskirche zu Rees 1191), 2, 70 (von Heinsberg beschenkt das Stift daselbst 1217 l.), 2, 110 (von Kessnich, s. Bonn, und Argenteil überlässt dem Norbertinerstift zu Heinsberg, nw. Jülich, sein Obereigentum an einem Walde 1223 l.), 2, 190 (Uebereinkunft zwischen dem Capitel von Emmerich und dem Grafen von Zütphen-Geldern 1233 l.), 2, 191 (Graf von Zütphen-Geldern erhebt Emmerich zur Stadt. — Dat. Embrice — 1233 l. — 'Aus einer alten und treuen Abschrift in dem Statutenbuche des Capitels zu Emmerich'), 2, 208 (Sohn des Grafen von Cleve bekundet eine Einigung mit Geldern. — Dat. apud Lyram — 1242 l.), 2, 258 (Sohn des Grafen von Cleve gewährt Wesel eine Verfassung 1241 l.), 2, 356 (Graf von Cleve schenkt dem Stifte Bedburg bei Cleve ein bei demselben gelegenes Gut 1249 l.), 2, 425 (von Heinsberg begibt sich der Advocatie über Strom-Meurs, ogs. Geldern, zu Gunsten der Deutzschen Kirche Camp, n. Meurs. — Dat. Heinsberg — 1256 l.), 2, 454 (Sohn des Grafen von Cleve belehnt von Herlaer 1258 l.), 2, 738 (Reinald, Graf von Geldern, Herzog von Limburg, sichert der Stadt Duisburg ihre Privilegien 1279 l.), 2, 739 (Reinald, Graf von Geldern, Herzog von Limburg, gelobt die Stadt Duisburg von gewissen Verpflichtungen zu befreien 1279 l.), 4, 644 (Frau von Heinsberg, Gräfin von Cleve, überträgt dem Kloster Schillingscapellen ein Allod zu Frauwüllensheim, oso. Düren? 1200 l.), 4, 654 (Graf von Cleve verleiht dem Kloster Schillingscapellen ein Grundstück zu Heimerzheim, o. Ahrweiler, 1202—1230 l.) 4, 656 (Graf von Cleve bekundet dass der Convent von Wissel, oso. Cleve, sich mit den Bewohnern des Ortes verglichen habe 1233 l.).

Van Spaen Inleiding, Cod. dipl. 2, 80 (Graf von Geldern an das Capitel von Zütphen 1207 l.), 4, 5 Nijmeger Schöffenspruch 1242 l.), 4, 10 (von Battenburg und Wijchen, im Reich Nijmegen, entscheiden über Cleve und den Propst von S. Johann in Utrecht 1247 l.).

Consonanten.

Hd. *d*. Im Anlaut gewönlich th: *Thiderico* L. 2, 110, — auch im Inlaut *Gruntenrothe Golekerothe* L. 1, 289, *Dingethe* Bon. 1, 3, 41, — aber *d* bildet schon die Regel. — Euphonisches *t*: *Nederwalt Ouverwalt* Bon. 1, 2, 99, neben *wildban* L. 4, 654. — Assimilation: *de Hüssene* L. 2, 356. — Ausfall: *Aleide* L. 1, 510, *Rubertus* L. 4, 656.

Hd. *t*: *Lakesdal* L. 1, 404, *Sigebodo* L. 1, 289, *Ûdo* Bon. 1, 2, 25, *bede* Bon. 1, 2, 58, *Harderewich* Bon. 1, 3, 4. —

Auslautend: *althůvech* Bon. 1, 3, 93, neben *målegůd* Bon. 1, 2, 124.

Hd. *z*: *vatertellegin* Bon. 1, 3, 115, — *Hassenderstråte* L. 2, 356, *waltgenôten holtgenôten* L. 2. 739, *vatertellegin* Bon. 1, 3, 115, — *ůtlôse* L. 2, 258, — *doufholt* L. 2, 110, *holtgenôten*, L. 2, 739, *doufhout*, *houtcorn* zweimal Bon. 1, 3, 115. — *Z* nur in den Eigennamen *Liezelinus* L. 1, 289, *Wetcelinus* L. 1, 533, *Góswinus*, geldernscher Ministeriale, L. 2, 191, *Gôzwinus de Sustris*, Süsteren, n. Sittard, L. 1, 289, *Gôzwinus de Borne* Bon. 1, 3, 115.

Hd. *s*: neben *Sutphaniensis* L. 2, 190 auch *Zutphaniensis* L. 2, 191, *Zallant* Bon. 1, 2, 58, *Zanxten* Bon. 1, 2, 99.

Hd. *b*: *Everhardus*, aus Emmerich, L. 2, 191, *Evergeldo* L. 4, 654, *althůvech* Bon. 1, 3, 93, *Ouverwalt* Bon. 1, 3, 111. — Im Auslaut euphonisches *f*: *Lůf* Bon. 1, 2, 124, *doufholt* L. 2, 110, Bon. 1, 3, 115.

Hd. *ph f*: *Schaphůsen*, s. Geldern, L. 2, 70, *skip* Bon. 1, 2, 58, — *Siegestappus* L. 1, 533, *de Landorpe* L. 2, 190, *de Lantorp* L. 2, 191.

Hd. *f*: *achtervedeme* Bon. 1, 3, 115.

Hd. *w*: *vatertellegin vedeme achtervedeme* Bon. 1, 3, 115, — *Sguederum* Bon. 1, 3, 106.

Hd. *g*: vereinzelt *ruemechinck* (exactio) vSp. 2, 30*). — Statt des euphonischen *k g*: *Wassenberg* L. 1, 289. — oder *ch*: *Toneburch* L. 4, 654. — Ausfall: *Reinaldus* L. 2, 738.

Hd. *ch*: neben *Gollekerothe Steinkirken*, n. Heinsberg, L. 1, 289, *de Kaltbeke* L. 1, 533, *Orsbeke*, nww. Achen, L. 2, 110, *Embrica*, Emmerich, L. 2, 190, *gelicke* vSp. 2, 30, *Kesnik*, s. Bonn, L. 2, 110, — *Gêrlåcus*, *dictus Hecht*, L. 2, 356, *Gêrlågo*, aus

---

*) *Exactionem que vulgo ruemechinck dicitur* L. 2, 596 (Graf von Geldern kauft von der Deutschordensballei Coblenz den Hof Diedern 1269) *rumingam*. — Hiess das Wort *rûmingi rûmigingi* st. N., oder ist *rûmunga rûmigunga* anzusetzen?

Emmerich, L. 2, 190 sind vielleicht Fremde. — *kenlige* L. 2, 739, *Wichene*, wsw. Nijmegen, vSp. 49. — *Lovenihe*, so. Erkelenz, L. 1, 289, — *Gotirswich*, nwn. Duisburg, *Winriswich* L. 2, 425. *de Battenbroych*, wol wsw. Nijmegen, L. 2, 738, *Harderewich*, nw. Arnhem, an der Zuydersee, Bon. 1, 3, 4, *Crêkenbech*, s. Wachtendonck, Bon. 1, 3, 40.

Hd. *h:* Ausfall, Abfall: *Aleide* L. 1, 510, *Segerus* L. 2, 190, — *wissel (wehsel)* vSp. 2, 30, — *Borculô*, in Hamaland, ö. Zütphen, vSp. 2, 30.

Hd. *sc sch:* im Inlaut: neben *Wiskelam*, Wissel, oso. Cleve, L. 1, 510, *Wischelô* L. 1, 533, auch *Wisgele* L. 1, 404, *Wiselensis* L. 4, 656.

Vocale.

Hd. *a:* *Aernhêm*, no. Emmerich, Bon. 1, 2, 58, *Herlaer* L. 2, 454, — *Reinoldi* L. 1, 404, *Reynoldo* vSp. 2, 30, neben *Reynaldus* L. 2, 738, *Nederwalt Ouverwalt* Bon. 1, 2, 99, *althüvech* Bon. 1, 3, 93.

Hd. *e:* *Eygelsougen* L. 4, 644, — *wissel (wehsel)* vSp, 2, 30.

Lat. *e:* *Monemunt*, Mörmter, so. Rees, L. 1, 289, *wilkoer* L. 2, 191, *kenlige* L. 2, 739.

Hd. *i:* *Godefridus* L. 4, 644, *Irmengardis* L. 2, 738, — aber *Siegestappus* L. 1, 533, — *Fredericus* L. 1, 289, *Segerus* L. 2, 190, *Ermegarde* Bon. 1, 2, 25, vSp. 2, 30, *Nederwalt* Bon. 1, 2, 99, *Schillenc* L. 4, 644, *Scapennenc* Bon. 1, 3, 115. — Wechsel mit *u* in *Lumburgensis* L. 2, 738. — *Î* folgt in *Suêtherus* L. 1, 510, *Suêtero*, Canonicus von Emmerich L. 2, 190, *Sguêderum* Bon. 1, 3, 106,[*]) der Analogie der Kürzen.

---

[*]) Diese Formen sind unsicher: s. Förstemann 1, 1135 *Swedihho Suedilt* aus bairischen Denkmälern.

Hd. *o:* *Ursoyen,* so. Rheinberg, L. 2, 268, — *Bruggenhoevêm* L. 1, 515, *Bronckhoirst* vSp. 2, 30. — Schwankende Aussprache bezeugt *Ouverwalt* Bon. 1, 2, 99. — *Olt* wird zu *out* in *doufhout houtcorn* Bon. 1, 3, 115.

Hd. *u: nôtmunde* (raptus, fries. *nêdmund*), *de Burne* L. 2, 738, *sculde* L. 2, 739, *Cunegundi* L. 2, 738, — aber auch *Borne* L. 2, 738, *koregerechte* Bon. 1, 2, 123, *Valkenborg* Bon. 1, 3, 115, vSp. 2, 30. — Ausserdem *wilkoer buerkoer* L. 2, 191. — Hd. *û: ruemechinck* vSp. 2, 30.

Hd. *ei: Reinoldi* L. 1, 404, *Heinsberg, Heinrico imperatore, Humersheim,* ssw. Cleve, L. 1, 289, *eykeyr* (glans fagina) L. 2, 984. — Aber *Argentêl?* L. 2, 210, *Hénricus,* von Emmerich, L. 2, 110, *Hênrico* L. 2, 191. 4, 656, *Ellenchêm* Bon. 1, 2, 25, *Aernhêm* Bon. 1, 2, 58, *Dôtinghêm,* oso. Doesborgh, Bon. 1, 341. — *Gêrlâcus* L. 2, 356 und *Gêrlâgo,* aus Emmerich, L. 2, 190 werden wol fremde Namen sein.

Hd. *ie:* neben *Liezelinus* L. 1, 289 auch *Thiderico* L. 2, 190, — *curmêda* L. 2, 258, *Crékenbech,* s. Wachtendonk, Bon. 1, 3, 40, — *kûrmeida* L. 2, 70, *verleys* (ndl. *verlies)* L. 2, 739.

Hd. *ou: Eygelsougen* L. 4, 644, *doufholt* L. 2, 110, *doufhout* zweimal Bon. 1, 3, 115, *Ursoyen,* so. Rheinberg, L. 2, 268. 425, *de Oye* L. 2, 356, *Oey,* in der Betuwe, Bon. 1, 3, 104, *Balgoije,* zwischen Maas und Waal, vSp. 4, 10.

Hd. *uo:* den Diphthong drückt vielleicht aus *de Brûchûsen* L. 2, 190. — Sonst *ô û: Rôtgêrus* L. 1, 510, *Rôdulfus,* aus Emmerich, L. 2, 191, *Cônrâdo,* aus Emmerich, L. 2, 190, *Dôtinghêm,* oso. Doesborgh, Bon. 1, 3, 41, — *Rûbertus,* aus Wissel, ö. Cleve, *Ûdo* Bon. 1, 2, 25, *mâlegûd* Bon. 1, 2, 124, *althûvech* Bon. 1, 3, 98. — Für *ô* erscheint *oi* in *Battenbroych,* wol im Reich Nijmegen, L. 2, 738.

Apokope: *Crékenbech,* s. Wachtendonk, Bon. 1, 3, 40, *ruemechinck,* exactio, vSp. 2, 30, *de Lantorp* L. 2, 191.

IIγ.

(Utrecht, 11. 12. 13. Jh.)

Quellen.*)

Van den Bergh, Oorkondenboek n. 85 (1003), 91 (1085), 92 (1094), 95 (1105), 110 (1122), 112 (1126), 113 (1127), 120 (1135), 123 (1139), 124 (1143), 129 (nach 1148), 132 (1155), 166 (1183).

Bondam Charterboek 1, 2, 7 (1085), 1, 2, 22 (1121) 1, 2, 24 (1127), 1, 2, 27 (1131), 1, 2, 43 (1155), 1, 2, 53 (1172), 1, 2, 55 (1176), 1, 2, 59 (1188), 1, 2, 110 (1219 l.), 1, 3, 3 (1231 l.), 1, 3, 78 (1253 l.).

Lacomblet Urkundenbuch 1, 311 (1131), 465 (1178).

Van Spaen Inleiding 2, 27 (1179), 4, 3 (1109), 4, 6 (1139), 4, 10 (1247 l.).

Consonanten.

Hd. *d: Aldenthorp* vdB. 85, *Theodericus* Bon. 1, 2, 7, *Thornen*, Provinz Utrecht, Bon. 1, 2, 24, *Thiedricus* Bon. 1, 2, 27, *Thiethardo*, Bon. 1, 2, 53. 59, *Thêmo* vSp. 4, 6, — *Tietbertus*, vdB. 92, *Tietboldus* vSp. 4, 3, *Everekestorpe* vdB. 91, — aber *Dietericus* vSp. 4, 3, — *Adalwinus* vSp. 4, 3. — Statt euphonisches *t: Scorlewalth*, vdB. 92. — Ausfall *Ólelda* Bon. 1, 2, 110.

Hd. *t: dach* vdB. 129, — *Godefridus* L. 1, 465, *Aldenthorp* vdB. 85, *Cuonrâdo* Bon. 1, 2, 7, vSp. 4, 3: — aber *virtêle* vdB. 132, — *Liuthardus Harthertus* L. 1, 311. — Assimilation: *Lübbertus* Bon. 1, 2, 22.

Hd. *s: Altêtus* Bon. 1, 2, 27, vSp. 4, 3, — *Meingôtus* L. 1, 311, *Altêtus* vdB. 1, 2, 27, vSp. 4, 3, *Marchonôtae* Bon. 1, 3, 3, *Hertenvelde* vSp. 2, 27, *Rinsâtherwald* vdB. 85, — *dat* vdB. 129. — *Z* zeigen nur die Personennamen *Atzelinus* Bon. 1, 2, 43, *Gôcelinus* Bon. 1, 2, 55, — *Gôswinus* Bon. 1, 2, 53. 55, vSp. 4, 10.

---

*) Ich unterlasse es bei diesen jüngeren utrechtschen Quellen den Inhalt der Urkunde näher anzugeben.

Hd. *s: Anscelmo* vSp. 4, 6.

Hd. *b: Gevehardus* L. 1, 311, *houvas Everekestorpe,* im Gau Niftarlake, Bon. 1, 2, 7, *Everhaldus* Bon. 1, 2, 27, *Everhardus* vSp. 4, 3, *Ravenswade* vSp. 4, 6, — auch *fv: Gefvehardus* vdB. 124. — Statt euphonisches *p: Alferus knif* L. 1, 311, *Alfero* vSp. 4, 6.

Hd. *ph f: gecôft* vdB. 129;*) — *op* vdB. 129, *Upgoie* L. 1, 311.

Hd. *g:* vereinzelt steht *de Berche* Bon. 1, 2, 27, wol die Herrschaft Berge, so. der Lijmers, — *dach* vdB. 129. — Ab-Ausfall *Alférus? Wichérus?* L. 1, 311, vSp. 4, 6. — *Sibrandus* zweimal Bon. 1, 2, 27. — Für *ng gg* in *Brúniggus* vdB. 124.

Hd. *ch: Tiezelineskerka* vdB. 112, *Wanbeke Everekestorpe*, im Gau Niftarlake, Bon. 1, 2, 7, *Bróke*, bei Velp, Bon. 1, 2, 59, *Landekinus* vSp. 4, 3: — aber *Aldenkercha* vdB. 92, *Brúchehove* Besitzung des Walburgenstifts von Zütphen Bon. 1, 2, 14, *Bróch*, bei Velp, Bon. 1, 2, 43, *Riswich*, gegenüber Wijk bij Duurstede, vSp. 4, 6. — Romanische Orthographie wird *Chuonrádo* sein vSp. 4, 3.

Hd. *sch:* auch *schultétus* ist wol aus romanischem Schreibgebrauch geflossen Bon. 1, 2, 22.

Epenthese: *Cuonrándo* vdB. 124, *Térderíci* vdB. 120.

Vocale.

Hd. *a:* neben *Aldenthorp Rinsátherwald* vdB. 85, *Aldenkercha Scorlewalth* vdB. 92, *Aldenselensi* vdB. 123, *Everhaldus* Bon. 1, 2, 27, *Waltherus* Bon. 1, 2, 43, *Reijnaldus* vSp. 2, 27, — auch *Tietboldus* vSp. 4, 3, — und *Audensele* vdB. 91, *Trenboudeswege* vdB. 166. — Die Richtung nach Vocalisierung des

---

*) *Gecôft* ist die Mittelstufe zwischen nd. *gecópt* und mnl. *gekocht*. Auch in der Urkunde des Grafen von Hennegau-Holland-Zeeland-Vriesland L. 3, 28 (1334) *ghecouft;* Gr. 1² 493.

l vor *d t* wird aufgehalten bei folgendem *i*: *Meldrike*,*) Maurik in der Niederbetuwe, vSp. 4, 6. — Vor *r* auch *ae*: *Adelhaerdus* vdB. 113.

Hd. *e*: in *Atzelinus* ist der Umlaut noch nicht durchgedrungen, Bon. 1, 2, 43.

Hd. *ae*: *hergewâdo* Bon. 1, 3, 78, *Rinsâtherwald* vdB. 85.

Hd. *i*: *Lantfridur* vdB. 95, *Smithüson* Bon. 1, 2, 7, — aber *Aldenkercha* vdB. 92, *Fredebertus* vdB. 95, *Segehardus* Bon. 1, 2, 55, *Machtelda Ôlelda* Bon. 1, 2, 110, *Hertenvelde* vSp. 2, 27.

Hd. *o*: vor *r* auch *oe*: *Herboert* vdB. 113.

Hd. *u*: *Lodwicus* L. 1, 465, *op* vdB. 129, — *Soule?*, Zulem Zuilen, vSp. 4, 6.

Hd *ei*: *virtêle* vdB. 132.

Hd. *iu*: *Liuzo Liutbertus* L, 1, 311, — aber *Luitbertus* vdB. 92, *Luitardus* Bon. 1, 2, 22, — *Lûtberto* vdB. 120, *Lübbertus Lûtbertus* Bon. 1, 2, 22. 1, 2, 27, vSp. 4, 6, *Lûdolfo* Bon. 1, 2, 53.

Hd. *io*: *Tiezelineskerka* vdB. 112, *Thiedricus* Bon. 1, 2, 27, vSp. 4, 3, *Thiethardo* Bon. 1, 2, 55. 59, *Tietboldus* vSp. 4, 3, — aber *virtêle* vdB. 132. — *Têrderici* vdB. 120, *Thêmo* vSp. 4, 6, können Friesen- oder Sachsennamen sein.

Hd. *ou*: *Upgoie* L. 1, 311, *Balgoje*, zwischen Maas und Waal, Bon. 1, 2, 53.

Hd. *uo*: *Ruodolfus* vdB. 92. 124, vSp. 4, 31, *Cuonrâdus* zweimal vdB. 124, Bon. 1, 2, 7, vSp. 4, 3. — Aber auch *ô*: *Cônrâdus* vdB. 112, Bon. 1, 2, 27, vSp. 4, 6, *Rôdolfus* Bon. 1, 2, 27, *Brôch* Bon. 1, 2, 43, *Rôbertus* Bon. 1, 2, 53, *Ôdalricus* vSp. 4, 3. — *û*: *Rûthulfus* L. 1, 311, *Brûchehove*, Hof des Walburgenstifts in Zütphen, Bon. 1, 2, 14, *Rûdolfus* Bon. 1, 2, 53, vSp. 4, 6, — und *ou*: *houvas* Bon. 1, 2, 7.

---

*) Aber der Graf von Bentheim schreibt *Maudrick* in einer an den Grafen von Geldern gerichteten Urkunde Bon. 1, 3, 79. (1253).

Synkope in *Thiedricus* Bon. 1, 2, 27, und vielleicht in *Frônakre* Bon. 1, 2, 7.

Declination: a- Stämme: Dat. Sing. und Plur.: *Frônakre* Bon. 1, 2, 7, *Hertenvelde Gomecenorde* vSp. 2, 27, — *Amerungon* Bon. 1, 2, 24, — *Thornen* Bon. 1, 2, 24, *Smithúsen* Bon. 1, 2, 7. — *I-* Stämme: Dat. Sing. *beke* in *Wanbeke* Bon. 1, 2, 7. — Aus der pronominalen Declination merke ich an: *heur* Gen. Sing. des Fem. Pers. Pron. vdB. 129, die noch gegenwärtig übliche Nebenform von *haar*.

II d.

(Ruhrgau: Werden, Gerresheim, 11. 12. 13. Jh.)

Quellen.

Crecelius Collectae I IIIa IIIb: Mitteilungen aus dem Liber privilegiorum maior monasterii Werdinensis und dem Praepositurae antiquissimum registrum, beide aus dem 12. Jh. — Die entsprechenden Formen des älteren Liber cartarum 10. 11. Jh. stehen in eckigen Klammern. Ausserdem Cr. IIIb, 15[b]. 23. 25. 31. 32. 33. 34 aus den Originalien im Düsseldorfer Staatsarchiv.

Lacomblet Archiv 2, 249 ff. (Mitteilungen aus dem Liber privilegiorum maior Monasterii Werdinensis aus der Mitte des 12. Jh.), 6, 116 (Gerresheimer Heberolle 1218—1230 l.).[*]

Lacomblet Urkundenbuch 1, 188 (Franko und Gattin beschenken die Abtei Werden 1052), 1, 247 (Abt von W. bekundet, dass der Edelmann Thuringus sein Erbe zu Dahl, Kirchspiel Kettwig, so. Duisburg, der Abtei W. geschenkt habe. — Dat. Mulenheim — 1093) 1, 266 (der Propst von W. entlässt eine Hörige zu Viehausen 1081—1105), 1, 317 (Abt von W. verleiht die abteilichen Grundstücke vor Holthausen, sso. Coesfeld, 1126—1133), 1, 364 (Abt von W. bekundet, dass er von dem

---

[*] Nur die Namen der bei Gerresheim gelegenen Ortschaften sind verwertet.

Herrn von Caster den Hof Augern vor dem Schöffengericht zu Kreuzberg, im Bezirk Arnsberg, gekauft habe 1148), 1, 368 (Abt von W. erwirbt von dem Edelmann Rurich die Hälfte des Kirchenpatronats von Hohenbodberg, noo. Crefeld, 1150) 1, 402 (Abt von W. bekundet dass der Dienstmann Heinrich von dem Lehn Kleinbarnscheid bei W. jährlich einen Zoll entrichte 1160), 2, 185 (Abt von W. einigt sich mit dem Herzog von Braunschweig bei Helmstädt ein Schloss zu erbauen 1232 l.), 2, 339 (die Abtei W. tritt dem Erzbistum Cöln das Schloss Isenburg ab 1248 l.), 2, 884 (die Abtei W. verkauft den Herrn von Meurs ihre Besitzungen zu Meurs 1287 l.), — 4, Urkunden, welche dem um die Mitte des 12. Jhs. geschriebenen liber privilegiorum maior monasterii Werdinensis entnommen sind: 4, 600 (Godescalcus schenkt der Abtei W. einen Teil seines Erbes zu Alhfridushusen, Afringhausen, sos. Altena?, 793), 4, 601 (Marchardus und Rothertus schenken ihre Besitzung in dem Walde Steinwida der Abtei W. 800), 4, 602 (Engelbert schenkt der Abtei W. eine Rottung zu Withorp 802), 4, 608 (Abt von W. bekundet dass er von Frau Edda einen Hof in der Angermark empfangen habe 1066—1081), 4, 610 (Abt von W. bekundet dass er von dem Edelmann Luppo den Hof Hintisle empfangen habe 1092), 4, 612 (Hildiburg überträgt dem Abt von W. den Hof von Liefwordinghuson 1081—1105), 4, 617 (Abt von W. stiftet mit dem Hofe Dahl ein Anniversar 1115), 4, 641 (Abt von W. bekundet dass der Vogt des Stiftes Kaiserswert diesem und der Abtei W. den Hof Hasselbeck, Kr. Elberfeld, geschenkt habe 1194).

Consonanten.

Hd. *d* kommt besonders im In- und Auslaut öfters vor, doch überwiegt inlautend wie im Anlaut *th dh*: *Speldorpe* L. 1, 188, — *Adalheiht* Cr. IIIa 53, *Adalwigo* Cr. IIIb 35, *Godefridus* Cr. IIIb 5. L. 1, 364, — *Helid* Cr. IIIb 7 : — aber *Spelthorpa* Cr. IIIa 53, *Thiederico* Cr. IIIb 3, *Aldenthorpa* Cr. IIIb 5, *Thiedrik* Cr. IIIa 7, *Lindthorpe* neben *Speldorpe* L. 1, 188, *Withorpe* L. 4, 600. 602, *Thiedrád* L. 4, 610, — *Wattenscéthe* Cr. IIIa 53, *Frethelestorpa* Cr. IIIb 5, *Flietherike*, Kreis Hamm, Cr. IIIb 5, *Héthanric* Cr. IIIa 7, *Blekkenrothe* Cr. IIIb 9, *Hemmeswerthe* Cr. IIIb 11, *Luthewig* Cr. IIIb 15, *Sütherwik*, bei Recklinghausen, Cr. IIIb 21, *rothum rodhum* L. 4, 602, — *Heleth* Cr. IIIb 6. 8, L. 4, 610, *Rütholfo* Cr. IIIb 13. — Romanische Schreibung in *Tidoni* Cr.

IIIb 15ᵇ, *Titmárus* L. 1, 402. — Ausfall in *Suíberti* L. 4, 641, *Róaldus* [*Hródaldus*] Cr. IIIa 25, *Lamberhtus* L. 1, 364. 368.

Hd. *t: Cugolóndala* Cr. IIIa 53, *Dalehûsen* L. 4, 610, — *hovestede* Cr. IIIa 53, *Godeko Godefrid Godescalc* Cr. IIIb 6, *Godescalc* Cr. IIIb 10, *Godefridus* L. 1, 364, — *Thiedrád* Cr. IIIb 10, L. 4, 612, *Rádward* Cr. IIIb 10. — *Ráthwardus* Cr. IIIb 5. — Aber euphonisches *t* in *Helmenstat Dorstat* L. 2, 185. — Ausfall: *Liubaldus* [*Liudbaldus*] Cr. IIIa 30. Abfall: *Harbernus* L. 1, 364. *Walprach Liudbrach*, bei Hillen, sso. Recklinghausen, L. A. 2, 273.

Hd. *z: Wétmerc*, sws. Bochum, Cr. IIIa 53, *Hirtfelde* L. 4, 612, *in Westerholta iuxta Redese* Cr. IIIa 53, *Langenezca* (g. *atisk)* Cr. IIIa 39, *Holtséterhûsen*, s. Werden, L. A. 2, 251. 252. — Auch *th* tritt dafür ein: *thuschene?* L. A. 2, 253, *Curthiubrake*, bei Lüdinghausen, L. A. 2, 264, — selbst *d: de Benedláge* L. A. 2, 284, [*Binutlóge* L. A. 2, 229], *Heradfelde* L. A. 2, 281, [*Hirutfelde* L. A. 2, 245]. — Geminiert in *kôkitti* Cr. IIIa 62.*) — Es leidet daher kaum einen Zweifel dass die Frau des Edelmanns *Thuringus Reinguíz* L. 1, 247 eine Fremde gewesen. — *Méngòz*, in Heisingen, ö. Werden, L. A. 2, 250, *Beringòzus* Cr. IIIb 23 und die Deminutiva *Wezel Hazzeko* L. A. 2, 251, *Gézone Hazzekone Mazzone Rázone Òze Hézone Wezzelino* Cr. IIIb 3, *Liuzo Reincico Azzo Òze Aezzelinus* Cr. IIIb 5. *Òzze* Cr. IIIb 10 können der Mundart angehören, s. *Góswinus* in IIβ, IIγ und die Deminutiva in I$\alpha\beta$.

Hd. *b: Everhardi* Cr. IIIa 54, *Nivilungus Everhardo* Cr. IIIb 3, 5, *Wiveken* Cr. IIIb 7, *de Wivelinghove* L. 1, 364, *Gevehardo* L. 4, 608, *Colvo* L. 4, 617, *halvenherten hóvetsuin* L. A. 6, 117. — Statt des euphonischen *p* euphonisches *f: Liefburgahûson* Cr. IIIa 54, *Suéf* Cr. IIIa 61, *Suáfhardi in Forkonbeke* Cr. IIIa 60, *Suáfheym* L. A. 6,

---

*) Offenbar eine junge Ziege wie die Freckenhorster Heberolle Z. 357 (ed. M. Heyne) *kòsuin* hat für *sú*.

122. *Liefwordinghůson* Cr. IIIb 9. — Abfall: *Reinwi*, in Weitmar, sws. Bochum, Cr. IIIa 59, *Azzewi* Cr. IIIb 7.

Hd. *ph f:* nur *de Saphenberg*, im Ahrgau, L. 1, 368: die fremde Orthographie ist beibehalten. — Sonst *Welp* Cr. IIIa 61, *Bernwelpo* Cr. IIIb 35, *de Linthorpe Lindthorperô* L. 1, 188, *de Helpenstein* L. 1. 364, *Loipenhelde*, sw. Werden, Cr. IIIb 5. 8, *Luopanhelderô* L. 1, 188, *Lôpenhild* L. 1, 247. — Auffällig ist *Pheinkthorpe*, bei Lüdinghausen, L. A. 2, 263, wofür das ältere Heberegister A *Paingthorpe* gibt L. A. 2, 245, ebenso *Phanewich*, im Kreis Lüdinghausen, L. A. 2, 264.

Lat. *f: pheodo* L. 2, 185.

Hd. *w.* Abfall: *Ulflâon* Cr. IIIa 39, — Ausfall in *İslôi* Cr. IIIa 10, *İslâe* Cr. IIIa 8, *Walnoia* Cr. IIIa 56, neben *Widohoiwe* Cr. IIIa 49. 65. Auch *Oyberge* bei Bochum L. A. 2, 266 wird wol ein Schafberg sein, wie der *Owiperch*, jetzt Aberg, in der Nähe des Traunsteins, Förstemann 2^2, 174.

Hd. *g: Meginhundi* Cr. IIIa 13, — aber *Threchni* (sonst *Draginni*) L. 4, 612. — Ganz vereinzelt ist *Mâlberke* Cr. IIIa 61. — Statt des euphonischen *k* am Ende gewönlich *g gh* oder *ch: bivang* [*bivanc*] Cr. IIIa 25, *Heimburg* L. 2, 185, *Wigbrath* Cr. IIIa 56, *Thuring* Cr. IIIb 10, — *Hardinghen* Cr. IIIb 5, — *Ricdach* Cr. IIIa 60, *Burch* L. A. 2, 249, *Botberch*, L. A. 2, 273. — Assimilation: *Folckêr* Cr. IIIa 39. — Ausfall nimmt zu *Meinhard* [*Meginhard*] Cr. IIIa 25, *Paginthorpe?*, in marg. *Painthorpe* Cr. IIIa 60, *Reincico* Cr. IIIb 5, *Reinbero* Cr. IIIb 34.

Hd. *ch.* Dafür in der Regel *k: Cuttelbeke* Cr. IIIa 52, *Mikolônbeke*, bei Velbert, s. Werden, Cr. IIIa 53, *Brathbeke bekarios Hazzekone Thiederico Abbikone* Cr. IIIb 3, *Reincico Flietherike* Cr. IIIb 5, *Salcko* Cr. IIIb 6, *Hizzeka Wenneka Wiveken* Cr. IIIb 7, *Godekonis* Cr. IIIb 8, *Nienkirken* Cr. IIIb 11, *Gêrlâco* Cr. IIIb 34, *Brathbeke* L. 1, 188, *Muntenbrûke* L. 1, 368, *Flêthereke* L. 4, 612, *Haselbeke*, bei Düsseldorf, L. A. 6, 119, — *Ricdach* Cr. IIIa 60, *Hêthunric*, *Thiedrik* Cr. IIIb 7, *Katwik* L. 1, 188, *Ricbreth* L. 4, 617. —

Aber *Bôcholta* Cr. IIIa 49 ist zweifelhaft, und deutlich liegt
Verschiebung vor in *Burghardus de Brŏche* L. 1, 247, neben
Burchardus de Brôke L. 1, 364, *Hasilbeche*, Kreis Elberfeld,
L. 4, 641 neben *Haselbeke* Cr. IIIa 66, *becharios* L. A. 2,
250. 253. 266, neben *bekaria* L. A. 2, 283, *Immicho*, bei
Wernen, sso. Lüdinghausen, L. A. 2, 263, — *Heynrich* L. A.
6, 120, neben *Hemelrîc* L. A. 6, 122. — Dasselbe was *ch*
wird *g* bedeuten: *Gêrlâgo* Cr. IIIb 19. 34, L. 1, 364, *Bûgheim*, Bochum, Cr. IIIb 13, *Ourtonbrôy* L. A. 6, 122.

Hd. *h*: im Inlaut zwar häufig *Velbraht*, Velbert, s. Werden
Kersenbraht Cr. IIIa 55, *Wigbraht* Cr. IIIa 56, *Lindbrahtinghove* Cr. IIIb 11, *Gêrbraht* Cr. IIIb 15, *Gumberhtus Lamberhtus* L. 1, 364. 368, selbst *Eigelbrecht* L. 4, 617, — und
mit einer an das fries. erinnernden Assimilation *Walprach
Liudbrach*, bei Hillen, sso. Recklinghausen, L. A. 2, 273, —
oder mit Vertretung durch *g*: *Suanasbugila* Cr. IIIa 60, —
aber im Anlaut ist es weniger fest als in I, *Hlópenhelde*, bei
Werden, Cr. IIIa 9, neben *Lôpanhelderô* Cr. IIIb 8, und so
in der Regel. — *Rôdbertinga* [*Hrôdbertinga*] Cr. IIIa 8, *Luthewîci* [*Hludowîci*] Cr. IIIa 22, *Lieri*, sonst *Hleri* L. 4, 612,
— und fällt sonst oft aus und ab: *Rôdbertinchôva* [*Hrôdberhtingahôva*] Cr. IIIa 9, — *Hônhurst Hâoldi* Cr. IIIb 9, *Hôinkthorpe*
Cr. IIIb 13, *Fiuhûson* L. 1, 266, *bodenlên* L. 1, 402, *Hâolt
Hôico* L. 4, 608, *Hônhurst* L. 4, 662, — *Hutlare* neben *Hûhtlare* Cr. IIIa 61, — *Hrôdbratd* — *Aldbrat Engelbrat* Cr. IIIa
39, — *Widmundi* [*Wigtmundi*], Wichmund an der Issel, Cr.
IIIa 15, — vielleicht bedeutet *th* hier auch Ausfall des *h*
Engelbrath Cr. IIIa 39, *Withmundi* L. A. 2, 277, — *Keverlô*
Cr. IIIa 65, *Asterlô* L. 2, 834, *Berkolô* L. 4, 608. — Nichts
für die Aussprache beweist die Schreibung *Sexico* L. A. 2, 264.

Hd. *n* assimiliert sich dem vorhergehenden *d* in *Biddingahêm* [*Bidningahêm*], bei Doornspijk, Cr. IIIa 35, — folgendem
b in *Scirembeke* neben *Scirenbeke* Cr. IIIa 13. — Ueber Ausfall vor *th* ist schwer zu entscheiden: *Thiadsuint in Boggi*,
Kreis Hamm, Grafschaft Arnsberg, Cr. IIIa 61, — *Gêrsuid
in Hûhtlare*, bei Recklinghausen, *Suêther*,[*]) bei Lüdinghausen,

---
[*]) S. Anmerkung zu p. 99.

L. A. 2, 259, *Suidhardus*, bei Recklinghausen, L. A. 2, 278, *Hildesuid*, im Teklenburgischen, L. A. 2, 285.

Hd. *l*: *Fréthereke*, bei Hamm, neben *Flietherike* Cr. IIIa 65, *Fléthereke* L. 4, 612.

Hd. *r*. Metathese: *Havenburnen* Cr. IIIa 47, *Sunneburnen* Cr. IIIa 48, *Thordmannia*, Dortmund, Cr. IIIb 13, neben *Trotmanne* Cr. IIIb 15^b, *Sunnenburne* L. A. 6, 117.

Hd. *sc*. Daneben auch *sch*: *Wattenschêthe*, Kreis Bochum, Cr. IIIb 21, *Aschberg* L. 4, 612, *Rimmerschêthe Hatterschêthe* L. A. 2, 256, — und *s*: *Fislaco* [*Fisclaco*], Fischlacken, oso. Duisburg, Cr. IIIa 25.

Vocale.

Hd. *a*. Verdumpfung vor *w*: *Oyberge*, bei Bochum, L. A. 2, 266 s. hd. *w*, — vor *l*: *Boldonis* neben *Baldonis* Cr. IIIb 17, — vor *r*: *Marwordus* Cr. IIIb 10, *Ridwordus* Cr. IIIb 11. — Sonst macht *e* Fortschritte: *Suenchild* L. 1, 364. 4, 612, *Weltherus*, wahrscheinlich aus dem Kreise Hamm, L. A. 2, 280, — auch die *Lentfridus*, bei Lüdinghausen, L. A. 2, 264, und bei Recklinghausen, L. A. 2, 271, werden eher *Lantfrid* bedeuten als *Lintfrid*, ein Name, den nur Graff anführt 2, 241. — Thematisches *a* kann gleichfalls durch *e* ersetzt werden *Godescalc* L. 4, 617. — In *Aldenbrayth* könnte der Diphthong durch Ausfall des *h* erklärt werden, aber *Puddayl* L. A. 6, 119. 120. — Hd. *â*: *Suêf in Mâlberke* Cr. IIIa 61, neben *Suáfhardi in Forkonbeke* Cr. IIIa 60, ist vielleicht sächsisch, — bei *Wêneswalde* [*Wâneswalde*], bei Werden, Cr. IIIa 25 ist das Längezeichen zweifelhaft. Ebensowenig beweist es, wenn Dietmar von Merseburg Radbald, den sechszehnten Abt von Werden, *Rêdbald* nennt Cr. IIIa 48.

Hd. *e*. Umlaut ist nicht durchgedrungen in *Werinhario* Cr. IIIb 8, neben *Wernere* Cr. IIIb 28, *Halingringhúson*, bei Recklinghausen, Cr. IIIb 20, neben *Helenrenchúson* Cr. IIIb 21, *Rut*-

brahtinghóve Cr. IIIa 11ᵇ, — aber *Selehêm* [*Salehêm*] Cr. IIIa
14, *Lópanhelderó*, sw. Werden, Cr. IIIb 8. — Uebergang in
i ie: *Lópenhild* L. 1, 247, *Milenbach* [*Melanbach*], Kreis
Bonn, Cr. IIIa 11, *Wicelinus* Cr. IIIb 31, — *Wiezzel* Cr.
IIIb 25, *Lieri*, sonst *Illeri*, L. 4, 612. '— Hd. *ê: Gárward
Gárufridus* Cr. IIIa 39 werden wol sächsische Laien gewesen
sein. Sie hatten auf der Synode von Münster 889 gezeugt.

Hd. *i* ist ganz gewönlich: *Liudfridus* Cr. IIIb 5, *Godefrid* Cr. IIIb 6, *Sigebrath* Cr. IIIb 10, *Sigefrid* Cr. IIIb 15ᵃ,
Segefridi Cr. IIIb 21, *Frithericus Godefridus* L. 1, 266, 4,
608, *Sigefridus* L. 4, 610, L. A. 2, 253; der letztere war s.
Werden zu Hause. — Aber *Friesonbruoke*, bei Velbert, s.
Werden, Cr. IIIa 53, — *Fretharic* Cr. IIIa 58, *Spellthorpa*
Cr. IIIa 53, L. 1, 188, *Frethekosson* L. 4, 608, *Heredfelde*.
Kreis Beckum, so. Münster, L. A. 2, 281, [*Hirutveldun* L. A.
2, 245], *Benedláge*, non. Steinfurt, L. A. 22, 845 [*Binutlóge*
L. A. 2, 229], *Frethelesthorpa* Cr. IIIb 5. — In Ableitungssilben: *Riclenghúson* Cr. IIIa 53, *Ludenchúson* Cr. IIIb 31.
— Hd. *i:* *Thornspic* [*Thornspiik*] Cr. IIIa 10; und so in der
Regel: aber auch hier dringt *e* ein: *Sêfridi* Cr. IIIa 15.
*Suéther**), bei Lüdinghausen, L. A. 2, 259, — in Ableitungssilben *Wiveken* Cr. IIIb 7, *Thiedekene* Cr. IIIb 21, *Thiezelen*
L. A. 2, 274, neben *Odikin Immikin Frenkin* Cr. IIIb 7,
Thidekin Cr. IIIb 21.

Hd. *o*. Zuweilen noch *u: Ulfláon* Cr. IIIa 39, *Hônhurst*
L. 4, 612, neben *Langonhorst* Cr. IIIa 48, — aber *obulum*
L. A. 2, 276. 279. — Für hd. *ô* auch *á Ulfláon* [*Ulflóa*] Cr.
IIIa 39, *Ásterló* L. 2, 854, neben *Óstervelde* Cr. IIIa 53, *Osterwic* Cr. IIIb 19, *Benedláge* L. A. 2, 284 [*Binutlôge* L. A. 2,
229]. — Die Länge wird gewönlich nicht mehr bezeichnet:
Ódhelmus [*Oodhelmus*] Cr. IIIa 12. — Vereinzelt ist *Woilfroide*
L. A. 6, 120.

Hd. *u: Mulenheim*, Mülheim, nw. Werden, Cr. IIIa 57,
Duisburg Cr. IIIb 5, — aber *Wormstedi* Cr. IIIa 46, *Borgthorpe*

---

*) S. Anmerkung zu S. 99.

Cr. IIIb 13. — Hd. *ú: vorhúram* L. 1, 402, *húrland* L. A. 2, 265. — Umgelautete Formen *Cruizberge*, bei Kaiserswert, L. 1, 364, *Huiniko* neben *Húniconis* Cr. IIIa 57.

Hd. *ei: Bidningaheim*, [*Bidningahêm*] bei Doornspijk, Cr. IIIa 16, *Meinhard* [*Meginhard*] Cr. IIIa 25. *Weitfelde iuxta Havenburnen, Eikinberge iuxta Suerte*, Cr. IIIa 47, *Heimricus* [*Hêmricus*] Cr. IIIa 13, *Heisingi*, w. Werden, neben *Hêsingi* Cr. IIIa 62. 63, L. A. 2, 250, *Bôkheim*, Bochum, Cr. IIIb 10, *Mulenheim* Cr. IIIb 12, *Heinricus* Cr. IIIb 27, *Heitharicus* Cr. IIIb 28, *Bardensceithe* Cr. IIIb 13, *de Bardensceide* L. 1, 402, *Flaveresheim*, nach Angabe einer alten Glosse Bleersem, noo. Crefeld, L. 4, 601, *Steinwida*, wahrscheinlich bei *Flaveresheim*, L. 4, 601, *de Búkheim* L. 4, 610: — aber *Brêdenscêth*, sws. Bochum, *Wattenscéthe*, bei Velbert, s. Werden, Cr. IIIa 53, *Hetterschêthe*, s. Werden, L. A. 2, 256, *Rimmerschêthe*, s. Werden, L. 2, 256, *Rindenscéthe* Cr. IIIa 59, *Héthanricus*, Abt von Werden, Cr. IIIa 49, *Widelêc* Cr. IIIa 17, *Héthanric* Cr. IIIb 7, *Hurtlévus* Cr. IIIb 32, *Méngôz*, in Heisingen, L. A. 2, 250, *Sténbeke*, w. Werden, L. A. 2, 255, *Wétmere* Cr. IIIa 53.

Hd. *iu* ist Regel: *Liudgêri*, Abt von Werden, L. 1, 266 4, 610, *Liudolfi* Cr. IIIa 54, *Diusburg* Cr. IIIa 59, *Liudolfo*, Cr. IIIb 3. 5, *Liuzo Liudfridus* Cr. IIIb 5, — L. 4, 610 wird ein *Liudolfus* als *de nostris* bezeichnet: — *ú* schreitet vor: *Lúdonberga* Cr. IIIa 54, *Lúthart* Cr. IIIb 28, *Lúdgêri*, Cr. IIIb 33, — von derselben Person heisst es *Lúppone* und *Liupponem* L. 4, 610, — *Lúdolfus* L. 4, 610, *Túspargensis* [*Diusburg* Cr. IIIa 59] L. A. 2, 249. — Seltener ist *ui: Duisburg* Cr. IIIb 5, *Luidhardus* L. A. 2, 264. — Ganz vereinzelt ist *Nienkirken* Cr. IIIb 11.

Hd. *io: Thiodgard* L. A. 2, 265. — Selten dafür *ia: Thiadgrimus* [*Theodgrim*] Cr. IIIa 23, *Thiadrádae* Cr. IIIb 13. — *Ie* ist das gewönliche: *Gienhúson*, bei Hannover, [*Génhúson*] Cr. I 9, *Liefburgahúson* Cr. IIIa 59, *Thiederico* Cr. IIIb 3, *Flietherike*, Kreis Hamm, Cr. IIIb 5, *Liefwordinghúson* Cr. IIIb 9, *Thiedekene* Cr. IIIb 21, *Thiedmárus* L. 4, 608.

610, *Thiedericus* L. 4, 610, *Liefwordinghûson* L. 4, 612, *Liefhardus* L. A. 2, 261. — Daneben sowol die fränkische als die sächsische Monophthongierung: *Tidhardus* Cr. IIIa 63, *Tidoni* Cr. IIIb 15, *Thidekin* Cr. IIIb 21, *Titmárus* L. 1, 402, *Trire* L. 4, 610, — *Threaent* [*Threant*], der Gau Drenthe, Cr. IIIa 23, *Tuênti* [*Tucanti*], der Gau Twente, Cr. IIIa 10, — *ei: deynstwin* L. A. 6, 117, *Hartleyf* L. A. 6, 121.

Hd. *ou*. Gewönlich dafür *ó*: *Lôpanheldo*, sw. Werden, Cr. IIIb 5, *Lôpanhelderô* Cr. IIIb 8, *Lôpenhild* L. 1, 247, *sancbôme* L. A. 2, 256. — Bei Vocalisierung der alten Formel *ari* entsteht *oiw oi*: *Mulenoie* [*Mulenegia*] Cr. IIIa 21, *Brêdenoia* Cr. IIIa 61, *Walnoia* Cr. IIIa 56, *Widehoiwe* Cr. IIIa 48. 49. *Oyberge*, bei Bochum, L. A. 2, 266, — aber auch *Loipenhelde*, Laupendahl sw. Werden, Cr. IIIb 5.

Hd. *uo* hat I gegenüber bedeutende Fortschritte gemacht *Búcholta*, nww. Essen, neben *Bócholta* Cr. IIIa 49, *Rûtholfo Friesonbruoke*, bei Velbert, s. Werden, Cr. IIIa 52, *Cuoffelde* Cr. IIIa 53, *Ruokkêri Ruozelonis* Cr. IIIa 54, *Búkheim* Cr. IIIa 58, *Cuosfelde*, Koesfeld, Cr. IIIb 5, *Rûzelo* Cr. IIIb 6, *Ruozelo* Cr. IIIb 7. *Rûtbrahtinghove* Cr. IIIa 11, *Ruotholfum* Cr. IIIb 18, *Ruotgêro* Cr. IIIb 20, *Cûnrâdus* Cr. IIIb 27, *Ôtmârsbúkholta* L. A. 2, 261. *Brúchúsen*, bei Barkhoven, s. Werden, L. A. 2, 251, *Rúzelinchûsen*, s. Werden, L. A. 2, 255, *Rûtbertus*, nw. Elberfeld, L. A. 2, 258; — auch *ó* wird dasselbe bedeuten: *Reinmôda* Cr. IIIb 10, *Cônrâdo* L. 1, 188, *Rôricum* L. 1, 368, *Rôtgêrus*, in Recklinghausen, L. A. 2, 275. — Dagegen: *Ôthelgrimus* Cr. IIIa 17, *Bôcholta* neben *Búcholta*, nww. Essen, Cr. IIIa 49, *hôve* Cr. IIIa 57, *Rôzzelinchûson*, in marg. *Rûzzelinchûson*, *kôkitti* Cr. IIIa 62, *Cônrâdi*, in marg. *Counrâdi*, Cr. IIIa 66, *Ôze* Cr. IIIb 3. 5, *Bôkheim*, Bochum, Cr. IIIb 10, — andrerseits *Búcholta* Cr. IIIa 49, *Dúdone* Cr. IIIb 3, *Rûdolfus* Cr. IIIb 7, *Herrebrûke* Cr. IIIb 9, *Rútholfo*, *Búcheim*, Bochum, Cr. IIIb 13, *Rûtgêrus* L. 4, 610, *Hersebrûke* L. 4, 612, *Rûtholfus* L. 4, 617, *Cûnrâdus* L. 4, 617, *Ûda Reimúd*, s. Werden, L. A. 2, 257. — Vereinzelt sind *Broychúsen* L. A. 6, 119, — *K(i)usfelde Ku(i)sfelde*, Koesfeld, Cr. IIIb 13.

Assimilation: *Bergarâhûson* Cr. IIIa 46, neben *Bergarôhûson* Cr. IIIa 59, *Liefburgahûsorô* Cr. IIIa 54, *Cugolôndala Mikolônbeke* Cr. IIIa 53, *Amulungus* L. 4, 608.

Apokope: *Witgêr?* Cr. IIIa 45, neben *Widohoiwe* Cr. IIIa 48, — *Brêdenscêth* neben *Wattenscêthe* Cr. IIIa 53, *Lôpenhild* L. 1, 247, sonst *Loipenhelde Lôpanheldo*, — *de Tivern* L. 1, 368, sonst *Tiverne*. — Und s. Sing. Dat. Plur. Gen. in der Declination.

Synkope: *Îslôi*, von Isala, Cr. IIIa 10, — *Flandrasbeke* (in marg. *Flandarasbeke*) Cr. IIIa 58, *Threchni*, sonst *Druginni* L. 4, 612, *Ôtmârsbûckholta* L. A. 2, 261.

Nominaldeclination.

A- ja- Stämme. Masc. Neutr. Sing. Gen. *Godasman* Cr. IIIa 39, *Rênoldasthorpa* Cr. IIIa 53, *Suanasbugila* Cr. IIIa 60, *Hugas* Cr. IIIa 61, — *Frethelesthorpa* Cr. IIIb 5. — Dat. *in Lûdonberga* Cr. IIIa 53, — *in Uviterwalde* Cr. IIIa 25, *Berge* Cr. IIIa 52, *Hônberge* Cr. IIIa 53, *de Kukinghove* Cr. IIIb 7, *de Lindbrahtinghove* Cr. IIIb 11, *Stakelenberge* Cr. IIIb 12, — *Mikilonhurst* Cr. IIIb 3, — *Bôcholta* Cr. IIIa 49, *Westerholta Rênoldasthorpa Spelthorpa*, *in Ôstfelda* Cr. IIIa 53, *Aldenthorpa* Cr. IIIb 5, — *in pago Îslôi* Cr. IIIa 10, — *Cothûservelde* Cr. IIIa 52, *Hersebrûke* Cr. IIIb 9, *G(i)unninkvelde* Cr. IIIa 13. — Plur. Gen. *Lôpanhelderô* Cr. IIIb 8, *in Luopanhelderô et Lindthorperô marco, in Angerô hûson* L. 1, 188, — *Bergarâhûson* Cr. IIIa 46, — *Alviterwalde* Cr. IIIa 25, *Cothûservelde* Cr. IIIa 52, *Holtsêterhûsen* L. A. 2, 250. — Dat. *Rattingon* Cr. IIIa 59, *Duisseron* Cr. IIIb 5, *in Galnon* Cr. IIIb 12, *Wernon* L. 4, 612, — *Kukinghoven* Cr. IIIb 7. — *Biningahûson [Biningahûsum]* Cr. IIIa 8, *Holthûson* Cr. IIIa 35, Cr. IIIb 9, *Winkilhûson* Cr. IIIb 18, *Angerûhûson* L. 1, 188, *Alhfridushûson* L. 4, 600, — *Halvenchûsen* Cr. IIIa 35, *Lûdenchûsen* Cr. IIIb 31, *Similinchûsen Gelinchûsen*, L. A. 2, 250, *Holtsêterhûsen* L. A. 2, 252, —

Issanbúrion Cr. IIIa 59, *Bodonbúrion* Cr. IIIa 63; (hd. a-Stamm).

Á- und *já*- Stämme. Sing. Nom. *hóva* Cr. IIIa 8. — *hóve* [*hóva*] Cr. IIIa 8, *Óze* L. 4, 608, — *Illôpanhelde* [*Illôpanheldi*] Cr. IIIa 9, (hd. *á*- Stamm) — *beke* (hd. *i*- Stamm): *quas terminando circumfluunt ex uno latere Rura, ex altero Lôpina Hulisbeke Lôbeke* usw. Cr. IIIa 37. — Dat. *Fisclaco* Cr. IIIa 23, *in* — *marco* Cr. IIIb 8, L. 1, 188, — *Felóe* Cr. IIIa 15, — *Lôpanheldo* Cr. IIIb 6, — *Diapenbeki* Cr. IIIa 11. *Loipenheldi* Cr. IIIb 5, *in Weldi* Cr. IIIb 11, — *in Scirembeke* Cr. IIIa 12, *Gráwónbeke* L. 4, 608, *Diapánbeke* [*Diapánbeci*] Cr. IIIa 13, *in Cuttelbeke* Cr. IIIa 52, *Mikolónbeke* Cr. IIIa 53, *Brêdenoie* Cr. IIIa 37, *Búkstede* Cr. IIIa 63, *Brahtbeke* Cr. IIIb 3. 5. — Plur. Dat. *in Angerô marcôn* L. 4, 608, *Sivonêkôn* Cr. IIIa 53, — *Altstedôn* Cr. IIIa 59, *Tifánbekán* L. A. 2, 228.

U-Stämme. Sing. Gen. *Alfridushúson* L. 4, 608.

An- Stämme. Sing. Nom. *Hugo* Cr. IIIb 5, *Adalbero* Cr. IIIb 7, *Colvo* L. 4, 612, — *Óze* Cr. IIIb 5, *Gére* Cr. IIIb 7. 10, *Reginhere* Cr. IIIb 13, *Gére* L. 1, 266, *Benne* L. 4. 610, *Ubbe* L. 4, 617. — Dat. *Mikilonhurst* Cr. IIIb 3, *Langonbúkheim* Cr. IIIb 13, — *in Curthinbrúke* L. A. 2, 264, — *in Aldenrotha, in Aldenthorpa* Cr. IIIa 59, *Aldenthorpe* Cr. IIIb 13. — Acc. *ad Galgan* Cr. IIIa 66. — Plur. Gen. *Friesônbruoke* Cr. IIIa 53.

Án- Stämme. Sing. Dat. *Schirúnbeke* L. A. 2, 277, — *Gráwónbeke* L. 4, 608, — *Diapenbeki* Cr. IIIa 11, *Scirembeke* Cr. IIIa 13, *Brêdenoie* Cr. IIIa 37. — Plur. Gen. *Cuyolóndala* Cr. IIIa 53. — Dat. *Tifánbekan* L. A. 2, 228, *de Nienkirken* Cr. IIIb 11.

Charakteristik II

II unterscheidet sich von I vor allem durch Spuren hereinbrechender Lautverschiebung. — In den Vocalen hat II abweichend von I für *iu* neben *ú* auch *ui*, für *io* neben *i e* auch *ei*; doch s. p. 36. *Ei* wird unbeholfene Schreibung für ein *e'* sein, das dem *i* sehr nahe lag, — *ui* ein Versuch den Umlaut *iü* auszudrücken.

Um die Bedeutung des vereinzelten *ch* für *k* zu würdigen, bedarf es einer Verständigung über die möglichen und tatsächlichen Veranlassungen des vorliegenden Lautwandels.

Excurs über die Lautverschiebung.

Scherer hat die vor ihm gemachten Versuche die hd. Lautverschiebung zu erklären auf schlagende Weise als unzulänglich dargetan in den betreffenden Abschnitten seines Buches Zur Geschichte der deutschen Sprache, und noch eingehender Curtius gegenüber in der Recension von Rumpelts Natürlichem System der Sprachlaute. Zs. f. öst. Gymn. 1870, p. 632 ff. Ebendaselbst hat er aber auch seine eigene Theorie einer erneuten Prüfung unterzogen, sie in einem Puncte geändert, in zwei ferneren auf die Möglichkeit anderer, von seiner ersten Aufstellung abweichender Erklärungen hingewiesen. So dass man gegenwärtig als Scherers Theorie bezeichnen kann:

1) Die hd. Verschiebung äussert sich in drei auf einander folgenden Processen: Verschiebung der Tenues, der Medien, der tönenden Affricaten oder Spiranten; Zs. f. öst. Gymn. p. 650. 659, ZGS p. 80.

2) Die Tenues werden verschieden behandelt nach ihrer Qualität: im Anlaut und nach Liquiden waren sie mit länger

dauerndem und festerem Verschluss ausgesprochen worden, zwischen Vocalen als physiologische Aspirata. In diesem Falle gingen sie in tonlose Spirans mit folgendem Hauche über und aus *fh ʒh χh* entstand durch Assimilation *ff ʒʒ χχ*: — in jenem unterlag nur die zweite Hälfte des als doppelt angenommenen Consonanten dem Lautwandel: *pp* wurde *pf*, *tt tʒ*, *kk kχ*.

Die Verschiebung der Medien beruht, was *b* und *d* anbelangt, auf einem Processe, der während und nach der ersten Verschiebung sich vollzogen haben muss. Die zwischen tönender Affricata und Spirans schwankende Aussprache, welche neben der medialen galt, musste erst beseitigt, letztere zu ausschliessender Herrschaft erhoben sein, bevor durch die hd. Verschiebung *b* geflüstert, *d* über *'d* zur Tenuis getrieben wurde. Mit *b* teilte dasselbe Schicksal *g*. Ich habe hier bestimmter ausgedrückt was Scherer Zs. f. öst. Gymn. p. 636 f. nur als ein Problem aufwirft.

Die Spiranten *f h* blieben bis auf einzelne Ausnamen unverändert: s^4 aber war tönend geworden, z^4, — und hatte entweder unmittelbar oder über d^4z^4 den Weg zu d^{13} eingeschlagen.

3) Die Ursache der ersten und dritten dieser Veränderungen ist in dem Streben nach Kraftersparniss zu suchen: die Aussprache der Consonanten sollte möglichst erleichtert werden, damit ein grösserer Teil der zum sprechen aufgewendeten Kraft den Vocalen zu Gute käme. Bei dem zweiten Processe ist Einführung der flüsternden Aussprache allerdings auch Kraftersparniss, — der Weg von *d* zu *t* aber war durch ein Bedürfniss der Differenzierung gewiesen, Zs. f. öst. Gymn. p. 651; ganz ähnlich wie bei der ersten Verschiebung die altarischen Medien aller Articulationen erst mit Flüsterstimme hervorgebracht, dann aber zum Unterschiede von der neuen, der Affricata entstammenden Media zur Tenuis getrieben worden waren. — Ebenfalls nicht als Erleichterung der Aussprache kann Scherer die von ihm als möglich hingestellten Uebergänge der *w* zu *b*, z^4 zu d^4, als Vorbedingungen des zweiten Pro-

cesses, und des z^4 zu d^{13} im dritten Process ansehen. Er spricht sich darüber nicht aus. Seiner gegenwärtigen Betrachtungsweise würde es entsprechen in den zwei erstgenannten Lautwandlungen eine Differenzierung gegenüber germanischem *v* und *th* zu erblicken.

Dagegen ist zu bemerken:
1) Das Princip ZGD. 80, nach welchem die geographische Verbreitung der verschobenen Consonanten der Stärkemesser ist für die zur Verschiebung treibenden Impulse, hat gewiss seine Berechtigung. Aber wenn man es auf die ganze Masse der hd. Mundarten zusammen anwendet, erhält man kein reines Resultat. Bei Isidor ist *th* eher verschoben als die Medien. *Dh* wird im Auslaut in der Regel zu *d*, die Ableitungen auf *-idha* wechseln mit *-ida: spáhida chiwaldida, — ziidh* zeigt dass die Geltung des *dh* nicht sicher war. Dem gegenüber nur *gotes fater muoter eitar*: die drei ersten bekannte Ausnamen von der Lautverschiebung oder Vorläufer derselben. Sie suchten auf eigene Faust die ihnen gemässe Erleichterung der Aussprache: *eitar* hat dieselben Lautbedingungen. — Doch Scherer nimmt auch *ch* in *chi-* — und dann wol auch in *bluchisôt* — für ʼ*g*, GDS. 65. Das beruht auf der Vorstellung einer vom Schreiber des Isidor erfundenen sonst gänzlich unbekannten Orthographie, nach welcher das *h* die Function habe Weichheit der vorangehenden Muta anzuzeigen, d. i. Annäherung der Tenuis an die Media, der Media an die Spirans. Die Zeichen *ch* und *gh* hätten also hier eine ganz andere Bedeutung als in romanischen seit dem 6. Jh., Diez 1³, 349. 351. 462, und im mnl., — trotzdem *gh* bei Isidor wie in den andern Orthographien nur vor *e i* zu stehen kommt; Weinhold Alem. Gram. § 212, Bair. Gram. § 175. — Was *ch* anbelangt müsste man nach Scherer annemen die isidorsche Schreibung weise auf verschiedene Aussprache auch des *k* im Auslaut und Inlaut hin: *werc*, aber *werches werchum*, — während sich doch häufig genug *dag weg berg* findet. Und gerade im Auslaut wird ʼ*k* am schwierigsten von romanischer Tenuis unterschieden werden. Kannte aber der

Uebersetzer des Isidor nur die leichte Tenuis, für wen hätte er denn seine künstliche Bezeichnung erfunden? Im lateinischen und deutschen hörte er nach Scherer nur reines *k*, '*k* gar nicht, *c* im Auslaut für *g* ist ihm nur ungenaue Schreibung für romanische Tenuis. Aber selbst wenn wir den Fall *werc* in Betracht ziehend hier deutsche Tenuis annemen im Gegensatz zu *werchum*, so ist doch unglaublich dass diese wenigen auslautenden '*k* von der Ueberzahl reiner Tenues dadurch unterschieden worden wären, dass man diesen ein differenzierendes *h* angehängt habe. Es ist viel wahrscheinlicher dass der Schreiber romanischen Gebrauch vor Augen gehabt habe. Für den *k*- Laut bot die lateinische Orthographie drei Bezeichnungen, *k c ch*. Der Uebersetzer des Isidor verschmähte *k* gänzlich und wählte *ch*, entweder weil ihm *c* mehr *h* die physiologische Aspirata, welche er sprach, auszudrücken schien oder weil die Alemannen sich schon für *ch* entschieden hatten; s. Dm. p. XXII. Im Auslaut aber kennt die lateinische Orthographie kein *ch*, hier griff er nach dem letzten noch übrigen Zeichen. — Im Gebrauch des *g* und *gh* stimmt der Deutsche mit dem Italiener und Franzosen, *gh* wird also eher vor *j*[1] warnen, als darauf hinweisen, s. Dm. p. XXII. *Gi* wurde ja geradezu für *j* gebraucht, Weinhold Alem. Gr. § 215, Bair. Gr. § 176. Möglich auch dass *gh* vom Schreiber des Isidor gar nicht mehr phonetisch gemeint war: ein unverständlich gewordener alter Schreibgebrauch vor *e* und *i*. — Aber das Praefix *chi*- fällt auf. Scherer nimmt hier *ch* für '*g*, einen Laut nahe der romanischen Tenuis, welche sonst durch *ch* bezeichnet werden soll. Scherer hätte sich hiebei auf den langobardischen Schreibgebrauch berufen können. Auch hier wird die Formel *gi* — und wol auch *ge* — das Praefix heisst noch *ga*- — durch *chi* gegeben, das mit *gi* wechselt. Ein einziges mal finde ich *lûnicild*: sonst immer entweder *launegild actogild actugild wergild gisil morgingap -geldus*, oder *launechild Ratchis Arechis Alachis Adelchis Rachipert*: — vor andern Vocalen *g* oder die Tenuis *c*, deren Stelle vor *i ch* vertreten kann um palatale Aussprache abzuweisen. Aber klärlich entspricht dieses *ch* der langobardischen Orthographie nur dem isidorschen *gh* welches die langobardischen

Schreiber nicht kannten, oder aus irgend einem Grunde vermieden. Ihre Orthographie ist überhaupt ganz italienisch und wenig phonetisch: *gawarfida marahworfin scerfa*, und die fehlenden *h* im Anlaut *andegawere arischild eriliz*. Das isidorische *ch* in *chi* steht isoliert und wird allerdings einen andern Laut ausdrücken sollen als *gh*, mit dem es nur einmal wechselt. Aber allzufern können sich die Laute nicht gestanden haben. Nun stammt die Uebersetzung des Isidor jedesfalls vom Rhein, wo jetzt noch statt gutturaler Media im Anlaut die tönende Spirans der alten germanischen Articulation mit halboffener Stimmritze gesprochen wird, Rumpelt Natürliches System 92 f., im wesentlichen j^2, — allerdings wie es scheint nur mehr vor dunklen Vocalen DWB. 5, 2. In Westfalen und Niedersachsen überhaupt so wie in Holland — s. Kern Die Glossen in der lex salica p. 54 — hat es überall statt. Auch die salfr. Orthographie setzt für *g* mitunter *ch* im Anlaut vor hellen und dunklen Vocalen: *Leuvichildus* bei Gregorius, *chisiofrit hisifreth geisofredo* K. p. 86, *chalt* Kern p. 54, — daneben auch *gh*: *ghamalta* Kern p. 140. Urkunden des 12. und 13. Jhs. aus Lippoldsburg, Churhessen, Kreis Hofgeismar schreiben *Chêsmári Chiesmári*, *rehte cheware*, also das isidorische *chi*, Gr. 1⁴, 183; s. auch *cher* (vos) neben *ger* in der gemischten Orthographie der altd. Gespräche, Sitzungsberichte der Wiener Akademie 71, 770, *chegene* in VII usw.; vgl. Rumpelt Natürliches System der Sprachlaute 92 f. Die Vermutung ligt nahe dass die Mundart Isidors in der so häufig gebrauchten Vorsilbe diese alte Aussprache länger bewahrt habe. — J^2 aber durch *ch* widerzugeben war in der Tat, wollte man nicht einen besondern Buchstaben schaffen, das natürlichste. *H* bezeichnete bei Isidor anlautend bereits den reinen Hauch, *gh* die Media. *Kh* in den Anlaut zu setzen wäre unerhört gewesen. Der Anlaut *ch* aber entsprach in bekannten lateinischen Wörtern griechischem χ, der verlangten Spirans, nur ohne Stimmton. — Aber für die übrigen *g* und für *b* nimmt auch Scherer nicht geflüsterte Aussprache an. Die Verschiebung der Media steht also zurück. Mit Isidor stimmen, was den Vortritt des dritten Schererschen Verschiebungsactes betrifft, die Mainzer Beichte, die Mainzer Glossen, die Reichenauer Beichte. Auch das Ludwigslied: da die aus-

lautenden *t* nicht für Lautverschiebung entscheiden, im Anlaut
regelmässig *th* gleich got. *th*, *d* gleich got. *d* steht, so muss
der Inlaut den Ausschlag geben. Hier sind nun von 8 Fällen
th 2 unverschoben geblieben, von 44 *d* aber 27. — Ferner
das Lied auf den heiligen Petrus, der Spruch contra malum
malannum, vielleicht der Strasburger Blutsegen, s. Müllenhoff
zu Dm. IX p. 276. — Dann der Friedberger Christ und Antichrist, das Lob Salomons, die drei Jünglinge im Feuerofen,
Judith, der Arnsteiner Marienleich, Anno und so viele Dm. der
md. Gruppe, — der Weingartner Reisesegen, — die Emmeraner Glossen zu Priscian, die Namen im Verbrüderungsbuch
S. Peter, der Entecrist, die Windberger Psalmen; s. Weinhold
Bair. Gr. §§ 145. 149. — Und wenn wir im alts. der Münchner
Heljandhs., so wie in der nfr. Mundart I öfters *d* für *th*
finden, vor jedem andern Lautwandel im Consonantenstand mit
Ausname einiger *ch* für *k*, Schmeller Gloss. Sax. 185², müsste
dies nicht nach Scherers Princip der Verschiebung der Spirans
den ersten Platz anweisen? Und wie soll man die *ch* und *z*
für *k* und *t* im späteren gotisch dazu in Beziehung bringen.
Dietrich Aussprache 32. 81 f.? Auch hier hätte ähnlich wie
im Isidor Verschiebung der Tenuis und des *th* — s. Dietrich
Aussprache 75 f. — den Anfang gemacht.

Bei Otfried kehrt sich das in der Uebersetzung des Isidor
beobachtete Verhältniss um. Hier ist *d* eher verschoben als
th. Im allgemeinen gilt zwar die Regel *d* und *th* im Anlaut.
t und *d* im In- und Auslaut. Aber der Vindobonensis zeigt
eine Reihe von Fällen, in denen anlautendes *d* in *t* corrigiert
ist, s. Kelle Otfried 2, 492 f. Dieselbe Hs. corrigiert aber
auch anlautende Dentalspirans in Media, s. Kelle Otfried 2,
502 f. Im Inlaut scheinen einige *d*, wo man *t* erwartete, dem
Schreiber zur Last zu fallen. Denn wenn der Corrector mehrmals dafür das richtige *t* setzt, so wird ihm an andern Stellen
d in denselben oder ganz ähnlichen Wörtern entgangen sein.
s. Kelle Otfried 2, 494 f. — Dasselbe Verhältniss zwischen
den Verschiebungen, was got. *d* und *th* anbelangt, zeigt Tatian:
t ist fast ganz durchgeführt während *th* sich im Anlaut noch
erhält. — Ferner die Uebersetzung der Lex salica, die Fuldaer

Beichte, die Hamelburger Markbeschreibung, der Weissenburger Katechismus, Christ und die Samariterin, — die Freisinger Hs. der Exhortatio, — das S. Galler Paternoster und Credo, die Hymnen, die Keronischen, die Junischen, die S. Galler, die Reichenauer Glossen; s. Weinhold Alem. Gr. §§ 170. 173. 179. 180. 181. 183: — aus späterer Zeit die thüringischen Psalmen und die Strassburger Rolandhs.

Nur die letzt erwähnte Gruppe, vorzüglich Süd- Ostfranken Alemannen, würde Scherers Generalisation autorisieren. Die rhein-fränkischen und z. T. die bairischen Dm. verlegten die Verschiebung der Spirans zwischen die Verschiebungen der Tenues und Mediae.

2) Ein Anlaut *pp tt kk* ist unglaublich. Wenn auch einer oder der andre ungeschickt genug war einen festen Verschluss nur durch verzögerte Explosion zu Stande zu bringen, wie sollte eine solche Aussprache, welche in einem übertriebenen Streben nach Unterscheidung der germanischen Flüstermedia von germanischer Media ihren Grund gehabt hätte, sich unter Zeitgenossen oder von Generation zu Generation fortgepflanzt haben, eine Aussprache deren wesentlicher Mechanismus gar keinen akustischen Effect hervorbringt? — Dann woher weiss Scherer dass *krippha sitzan reccho* in der Tat dieselbe Affricata zeigen als *pfunt zand chempho?* Es ist vielmehr sehr glaublich dass, wie dies in der labialen und gutturalen Stufe auch durch die Schrift angedeutet ist, der Verschluss im Inlaut länger angehalten wurde, als in den Anlauten. Davon unten. Doch weiter.

Gegen die von Scherer statuierten Uebergänge des Inlauts ʽp — fh, ʽt — sh, ʽk — χh mit späterer Assimilation spricht einmal die Ueberlieferung. Weinhold Alem. Gram. § 158: *sláphóta* Notk. Ps. 118, *gewáphinit* Wack. Pr. 3, 5, *pislifphit* Rab. 507, *gesliphent* Notk. Ps. 2, *tiephin* Wack. Pr. 1, 15, — § 159: *scópf* Rab. 512. *stouph* Notk. Ps. 10, — § 185: *hatzlich* Gl. Blas. 36, *frigelätzener* Gl. Blas. 31, *fetzera ketzel*

Gl. Blas. 49, *flitziger* Gl. Blas. 36, — *nütze: beslüzze* Walth.
v. R. 5, 4, *gruotz: guotz* (boni) Ett. Heini 596, — § 186: *emcigo*
Wack. Pr. 13, 28, wenn hier nicht Synkope schon vor Lautverschiebung eingetreten war. — *fetztzera ketztzel* Gl. Blas.
Mazcingas Neug. a. 777, fehlt bei Förstemann, *Pazcinchova*
Neug. a., 838, *flizciclichen* Fundgr. 1, 61, 27, — § 221: *becchin*
Gl. Flor., *precchente* Notk. Ps. 64, *sprecchent* Notk. Ps. 13
(s. darüber Scherer Zs. f. öst. Gymn. p. 657), *giricchi* Notk.
Ps. 78, *sprikhit* Gl. K. 122, — Weinhold Bair. Gram. § 129:
phaphen Milst. 22, 10, *sláphanto* Dm. LXXVI. 6, *creiphonter*
Gl. Teg. 206, *pisliphano* Gl. Mons. 375, *tiephen* Kar. 70, 22,
piscophe Dm. LXVIII, 1, *irruophen* Gl. Teg. 19, — § 130 *scephman* Gl. Mons. 334, *scóphsanch* Gl. Flor. 147, *schöpfbuoch* Karaj.
86, 6; — die Gl. Teg. Mons. Dm. LXVIII beweisen aber wenig,
da sie *pht* für *ft* geben, Bair. Gr. p. 134, und Milst., weil es
ph für *f* im Anlaut setzt p. 132; — § 151: *waeitz* MB. XXXVI,
1, 527, *wizzen: sitzen* Wälsch. G. 424, — § 152: *tricigvaltiz*
Zs. 8, 106, *becerunge* Kais. chr. 112, 26.

Dazu noch: *Alapfa* Neug. a. 866 neben *Alaffa*, jetzt Alpfen,
nw. Waldshut, *Apphon* Dg. a. 886. 965. 990 Förstemann 2¹,
98, *Hanapha* Lac. a. 940. 1064. 1076, im Avelgau, — *wäpffen*
Wt. 2, 120ᵇ (Pluwig 1542), L. A. 6, 2 (Buchholz und Niederweiler 1589), *lepffel* L. A. 6, 174 (Jülich-Cleve-Berg 1592),
scripft Dm. XXXV, 5ᵇ; — Upflamor, bei Möringen, hat in seiner
ältesten Form *Uplumare*, Förstemann 2¹, 1442.

Kh das Zeichen für Tenuis affricata, Weinhold Alem.
Gram. § 219, vertritt auch germanische Tenuis zwischen Vocalen *wizzetallikhén* Trier. Cap. Dm. LXVI, 26, *spräkha* De
Heinrico Dm. XVIII, 22, — *macche* Will. Leyd. Hs. 72. 17,
becche Anno 450.

Witzenburgensis Contin. Reg. Hs. 11. Jh. Pertz SS. 1, 614,
schotzwin B. 1, 343 (1056), *Wadegocensis?* Wadgassen an der
Saar, B. 2, 195 (1171—1201). 278 (1211), *Cicendorp?* Zissendorf L. 2, 379. (1251), *sátzen* (sedimus) Schu. 140 (Burgmänner des Stiftes Mainz 1351), *látzin* Gü. 3, 170 (Raugraf
1330), — *Benutzfelt*, Bénonchamp, bei Clairvaux im Luxem-

burgischen, B. 1, 22 (770), *Hirtzhorn*, in Rheinhessen, Schu.
120 (1344), Wetzlar beruht auf *Wetflar*, Baur 3, 1352 (Mainz
1364) und noch Mon. Habsb. 1, 1, XXXIII, *floitzgraben* Wt.
2, 688ᵃ (Gartzem und Kleinfei 1373), *satz* (sedit) Hö. 2, 182
(Mainz 1335). — In ganz wüst oder von Niederdeutschen geschriebenen Urkunden kommt freilich auch *detz* für *des* vor,
Hö. 2, 47 (1317), *dits* L. 4, 414 (Cöln 1480). — Aus lebenden
Mundarten führe ich nur beispielsweise an *lacen bicen*, Schmeller
Ueber die Cimbern p. 666 f., *amatze*, Mundart des Temescher
Banats, und *datz ez* in Baiern, Weinhold Bair. Gr. § 153.

Nach der Anmerkung zu p. 72 GDS würde Scherer die
labialen und gutturalen Fälle als jüngere Bildungen auffassen,
in denen der Spirans eine Muta vorgeschlagen worden wäre.
Das kommt allerdings vor: *pf* für *f*, Weinhold Bair. Gr. § 128
p. 132. Alem. Gr. § 157 p. 122. *Z* für *s* Bair. Gr. § 150, Alem.
Gr. § 184*). *Centricus Centulf* für *Sindricus Sindulf* Germ. 13,
79, Förstemann 1, 1107. *Tsch* für *sch* Bair. Gr. § 157 p. 163. Alem.
Gr. § 193 p. 159. Ferner *b* für *v*, *p* für *f* in einer Spielart der
nfr. Mundarten VII. IX. X, dann *b* für *w*, *g* für *j* besonders im
bairischen, Weinhold Bair. Gr. § 124 p. 128. § 176.**) — Nur
diese Beispiele beweisen: die alemannischen und bairischen *k*
für *ch*, Weinhold Alem. Gr. § 208, Bair. Gr. § 181, werden
wol Neubildungen sein: altes *k* hätte sich ja vorzugsweise in
Verbindung mit Liquiden erhalten müssen, was nur in geringem
Grade der Fall ist, Alem. Gram. § 224: aber sie können
ebensogut ihre Affrication verloren haben. Denn zwar beherrscht die ganze ahd. und mhd. Sprache der Trieb Affricationen zu assimilieren, aber der Vorschlag des Verschlusslautes
vor tonloser Spirans würde eine noch stärkere Gegenströmung
bekunden als der gelegentliche Abwurf der Affrication. Die
Spirans wird hier so unvollkommen gebildet worden sein, dass
sie wenig ins Gehör fiel, und als man zu assimilieren anfing
ganz abgestossen wurde. *Pt* für *ft*, *ct* für *ht* mögen Assimila-

---

*) Die alten Schreibungen bedeuten vielleicht nichts. Es kann
romanische Orthographie sein, s. mnl. nfr.

**) Vgl. im Sanskrit *K'K'h* für *K'h*, im griechischen Σαπφώ und dgl.

tionen andrer Art sein, wie im lateinischen griechischen nordischen, s. oben p. 41. 43. Aehnlich *intpallin* im Nachtrag zu VII. IX. X, wenn auch hier die Vermutung einer vorausgegangenen Affricata näher steht.

Dazu kommt dass, wenn jene oberdeutschen *k* und *p* in der Formel *pt**) vorgeschlagene Muten sein sollen, andre *p* für *f* nur unter ganz besonderen Verhältnissen vorkommen: im Auslaut — *hop briep* in der erwähnten fränkischen Spielart, — was natürlich durch die Fälle des Inlauts *hobwes hobes* veranlasst sein kann, — und im Consonantumlaut *wulpa***), — dass ferner *t* für *z* in verschobenen Mundarten so gut wie gar nicht erscheint. Dadurch entfällt die Berechtigung die oben angeführten Fälle von *z* für *ʒ* auf die Weise zu erklären, welche von Scherer für die analogen *p* für *ph*, *k* für *ch* versucht worden ist. Dass aber die Spirans der dentalen Affricata nicht auch durch gelegentlich dafür auftretendes *t* Spuren von unvollkommener Bildung hinterlassen hat mag in der leichten Ver-

---

*) Zu den Schererschen Beispielen käme noch: Ὀκταϱις, lat. *Optarit Optacharius* für *Ufitahari* der gotischen Urkunde, *Opteramus*, Zs. 3, 147 f., *schepte* Trierer Psalmen, Deutsche Interlinearversionen der Psalmen ed. Graff p. 201 Ps. 44, 9, daneben *schefte* p. 356 Ps. 76, 17, p. 604 Ps. 126, 6, p. 651 Ps. 143, 7, *hérschepte* Dm. XCIC (Schwäbisches Verlöbniss) 9. — Den salfr. oder romanischen *ct* wären hinzuzufügen langobardisch *Droctulfus* und *Lictefred* A. S. Maj. 2, was natürlich, wenn es kein Fehler ist, nicht mit Förstemann 1, 866 unter die *Liutfried* zu setzen ist, sondern zu *Lihtgér Lihtolf*, Förstemann 1, 844, — *Druclimund* Förstemann 1, 352, Trad. Wizenb. a. 713, *Tructegis* ebd. Trad. Wizenb. a. 737, *Dructold* ebd. Cod. Lauresh. 8. Jh., *Dructegisô? marca* Förstemann 2², 486, Trad. Wizenb. a. 713, *Tructolf* ebd. 2, 353. *Droctard* ebd., 1, 352, Verbrüderungsbuch S. Peter, — *Mactifred* Trad. Wizenb. 1, 898, Ann. Fuld., *Macther* ebd. Cod. Lauresb. 8. Jh., *Macteshém* in Holland 2, 974. — Dazu die Fälle, welche Weinhold Alem. Gram. § 208. Bair. Gram. § 173 anführt: *slecter* Hymnen, *Chnectelin* Neugart a. 894, *liucten* Bücher Mosis, aus dem ersten Teil der Vorauer Hs., der ähnlich dem zweiten mitteldeutsche Orthographie zeigt, s. Müllenhoff Dm. p. 390. Die Beispiele, welche deutlich auf germ. *k* beruhen wie *Wactarmala*, bei Stablo, Förstemann 2, 1454, 9. 10. Jh. habe ich bei Seite gelassen.

**) Zu *wulpa* gehören auch die Fuldaer Frauennamen *Hruadulp Ratulp Heriulp Perahtulp*, Müllenhoff Zs. 12, 252.

nehmbarkeit der tonlosen Dentalspirans seinen Grund haben, s. OWolf Sprache und Ohr p. 71, Ausland 1872 p. 791.

Empfohlen wird aber den Weg der Lautverschiebung über Affrication anzunehmen durch die Schreibung *z*. Nicht weil diesem Buchstaben im lateinischen und italienischen die Geltung *ts* zukommt, Raumer Sprachw. Schriften p. 11 Diez 1³, 229. Dagegen hat Scherer Zs. für öst. Gymn. 1870 p. 656 f. sehr begründete Einwendungen erhoben. Aber während die deutsche Orthographie des 9. Jh. es nötig fand für die labialen und gutturalen Affricaten und für gutturale Spiranten besondere im lateinischen und romanischen unerhörte Zeichen zu erfinden — *pf kh cch hh* — geschah dies bei *z* nie. *Tz* ist jung. Isidors Versuch die Spirans zu differenzieren fand wenig Beachtung. Im ganzen kann man sagen scheidet die ahd. Orthographie zwischen Spirans und Affricata der gutturalen und labialen Articulation, sie tut es nicht bei den Dentalen. Das kann zweifach ausgelegt werden. Einmal die Verschiebung des germanischen *t* ist vielleicht erst eingetreten, nachdem die deutsche Orthographie eine gewisse Befestigung erfahren, so dass der Beginn des Verschiebungsprocesses uns angedeutet würde durch das für alle Fälle des An- In- und Auslauts gemeinsame Zeichen *z*, von welchem man dann nach vollzogener Assimilation der in- und auslautenden Affricaten abzuweichen nicht mehr für nötig gefunden habe. Es ist historische Orthographie, während *pf ff kh cch hh* phonetische Schreibungen gewesen waren. — Aber die zweite Deutung scheint wahrscheinlicher, dass in *z* allein die romanische Orthographie einen der ursprünglichen Geltung der Buchstaben *ts* entsprechenden Wert darbot, während die andern Tenues affricatae sich mit der gegenwärtigen Geltung von lateinisch *ch* und *ph* nicht vollkommen deckten. Die Zeichen dafür sind dann natürlich weniger fest und phonetischen Aenderungen ausgesetzt. — Ferner die zahlreichen Fälle, in denen vor unsern Augen germanische Tenuis den Weg zur Spirans über die Affricata eingeschlagen hat und noch einschlägt, bei Doppelconsonanz, alt oder durch Consonantumlaut, nach Liquiden, im Anlaut; s. Weinhold Bair. Gram. § 129, *Affoltrapah* neben *Apholtrapah* Kozroh 8, *Chaffenberch*

1292 Notizblatt 6, 345, neben *Chaphenberch, naffezte wituhoffa*. — Alem. Gram. § 158. *sleffur sceffant scheffer gescheffede troffo roffuzent offen offaron*, — nach Liquiden liegen die Beispiele auf der Hand, — anlautend ist *f* für *pf* charakteristisch für die notkersche Orthographie, aber auch sonst alemannisch und bairisch, Weinhold Alem. Gram. § 157 *fafen fifa fefor flegen*, Bair. gr. § 128 *falanca flastar fistere*. Die gegenwärtige norddeutsche Aussprache und auch schon die des vorigen Jhs. entledigt sich fortwährend der ihr unbequemen Muta vor Spirans — *Ferd Farrer;* s. Brücke Grundzüge p. 90, Rumpelt Natürliches System p. 112.*) Aehnlich bei *z*, Weinhold Alem. Gram. § 185. — Oder *dacium* wird *taʒ* über *datz dütz*, — *Rhaetia Ries, diz diess;* — in *bis* hat alemannisch noch häufig Affricata *bitz bitze (bi ze),* — zu den Weinholdschen Beispielen Alem. Gram. § 185 p. 149 kommt noch Liutwins Adam und Eva und Zs. 3, 98 Vers 49; — nhd. *weitzen reitzen* wird wol auch älter sein als mhd. *weize reize*.

Hieher gehören auch einige Beispiele von *pf tz* für Spirans, die ich oben übergangen habe, weil sie möglicherweise auf Consonantumlaut beruhen; Weinhold Alem. Gram. § 158 *gesläpfa* M. Cap. 358. *ripher* Gl. Hrab., *stritloupfin* Arist. 435. *süphit* Gl. K. Pa. 237, — Bair. Gram. § 129, *strápht* Kindh. 75, 82. Die Wörter wären entweder erstorben oder sie haben ihre Affricata assimiliert.

Auch die Analogie des von den germanischen Medien und germanisch *th* eingeschlagenen Verschiebungsganges leitet darauf in den inlautenden Spiranten nach Vocalen vorgeschobene Posten der germanischen Tenues zu erblicken, welche einen weiteren Weg zurückgelegt hätten als die Anlaute, die Doppelconsonanten und die mit Liquiden gebildeten Formeln. *D* im Anlaut: *t* im Inlaut = *th* im Anlaut: *d* im Inlaut = *pf tz kh* im Anlaut: *f z ch* im Inlaut. Bei O. auch *p k* im Anlaut *f ch* im Inlaut, mitunter *p t* nach Liquiden: *limpan* Kelle Otfried 2, 478, *kurt* 2, 499; vgl. nfr. Mundart IV. — Die

---

*) *Farrer* verhält sich zu *offen* ganz wie prakrit *phāsa-* (sanskrit *sparça-*) zu *sarira- pphāsa*, Ascoli Corsi di glottologia 1. 211.

Heidelberger Hs. von Bruder Philipps Marienleben hat ʒ durchgeführt, für z bewahrt sie nd. t.

Nimmt man für die germanischen Tenues Neigung zur Affrication an, dann hat die weitere Erklärung des Tatbestandes keine Schwierigkeit. Jedesfalls nicht die, auf welche Scherer weist, Zs. für öst. Gymn. p. 657: wenn man voraussetzte dass nd. *pp tt kk* ebenso wie *p t k* zu *pf tz kh* verschoben worden wäre, so sei es unbegreiflich, wie im ahd. die Differenz der ursprünglich einfachen und geminierten Laute durch eine secundäre Veränderung der für die letzteren eingetretenen Verschiebungslaute wider zur Erscheinung gebracht worden sei: Differenz, Mischung und nachher wider die alte Differenz im selben Sinne komme nicht vor. — *Vitan sittan, *vitsan *sitsan, wiʒʒan sitzan* wäre allerdings eine unverständliche Entwickelung. Aber es zwingt nichts sie so anzunehmen. Im Gegenteil es ist sehr unwahrscheinlich dass *tt* und *t* von derselben Kraft auf gleiche Weise afficiert würden. Aus *t* wird *ts* geworden sein, aus *tt tts*: die Differenz fällt im Inlaut sehr gut ins Gehör. Durch Assimilierung wurde sie dann vergrössert: *ts — ss, tts' — tss*. Dass dies *tss* dann von dem anlautenden *ts* nicht graphisch unterschieden wurde ist begreiflich. Die Aussprache scheidet die Laute noch.

Es hat viel für sich dass, wie Scherer annimmt, anlautende und inlautende Tenuis verschieden ausgesprochen wurden. Aber auf inlautende Aspirata gegenüber anlautend reiner Tenuis weist nichts. Vielmehr sollte man meinen dass, wenn Aspiration*) vorhanden war, sie gerade die Alliterationsconsonanten getroffen habe. Auch sehen wir im Germanischen keinen Uebergang von $p + h, k + h, t + h$ zu *pf kχ ts*, wie im Griechischen ἐφήμερος δεχήμερος ἀνθέλκω, ausser in einigen wenigen Fällen süddeutscher Mundarten — *pfüet* aus *behüet*, — s. Wahlenberg Programm des katholischen Gymnasiums an der Apostelkirche in Cöln, 1871 p. 4, Ascoli, Corsi di glottologia 1, 167. — Doch nehmen wir zum Versuche an

---

*) Ueber den emphatischen Charakter der gegenwärtigen deutschen Aspirata s. Scherer GDS. 62.

es habe einen Sprachzustand gegeben mit anlautend reiner, inlautend aspirierter Tenuis, — ta a'ta, — und es wäre àta über atsa zu assa geworden, so ist nicht zu beweisen, dass dies eine Erleichterung der Aussprache gewesen wäre. Es kann ebensogut als Erschwerung gelten. Das hängt ganz von dem Grade der Aspiration ab. Die Zugabe an Arbeit, welchen die durch den verengten Mundcanal geblasene Luft beträgt, kann viel kleiner sein als die gewaltsame Tätigkeit so vieler Muskeln welche die Luft aus dem Brustkasten in den offenen Mundcanal pressen, — es kann aber auch der nachstürzende Hauch so geringfügig sein, dass die Articulation selbst eines unvollkommenen f mehr Anstrengung erfordert. — Ferner der Anlaut ta hätte nachfolgen müssen, ta — $'ta$ — tsa. Das ist unwahrscheinlich: wir sprechen gegenwärtig Aspirata im Anlaut, reine Tenuis im Inlaut. Und der Natur der Sache nach kann man im Beginn eines Wortes eher überschüssige Energie des Hauches vermuten als im Inlaut. Denn der Hauch muste ein sehr kräftiger deutlich hörbarer gewesen sein, wenn er in die entsprechende Spirans übergehen konnte.

Was die Articulationsstufen anbelangt so halte ich Scherers Aufstellungen hierüber bis zu jenem Grade von Sicherheit bewiesen, der sich in so schwierigen Dingen erreichen lässt. Nur für got. t möchte ich abweichend von Media und Spirans die alveolare oder dorsale Aussprache vermuten. Warum wandelt sich tht zu st im Gegensatz zu ht ft?*) An dieser Stelle wird im gotischen wie im griechischen die alte Articulation aufgegeben sein; s. Brücke über die Unhaltbarkeit dentaler Tenuis mit vierter Articulation Zs. für öst. Gymn. 1858 p. 691.**) — Für das griechische beweist die angenommene Qualität des t auch der Umstand dass es ausser πλατύς πλαϑάνη keinen

---

*) Der Uebergang zweier identischer Dentalen in st lässt vermuten dass sie wie circumflectierte Vocale nicht angehalten, sondern zweimal articuliert wurden.

**) Ich lasse, da über die Frage ob alveolare oder dorsale Aussprache der zu verschiebenden t angenommen werden solle, erst später gehandelt werden kann, t vorderhand ohne Exponenten, zum Zeichen dass ich es nicht zur vierten Articulation rechne.

Fall gibt, in dem alte affricierte Dentaltenuis sich ihrer Affrication entledigt hätte: neben einer Reihe von $\varphi - \pi\ \chi - \varkappa$ in Perfecten kein einziges $\vartheta - \tau$, Schleicher Compend. § 192. 142, 3, Grassmann KZs. 12, 81. — Ganz natürlich: f und physio!. χ hatten nie selbständige Geltung gehabt, σ aber, obwol in seinem alten Bestande geschädigt, konnte trotz seiner verschiedenen Articulation erhaltend auf $t^4 s^4$ wirken; vgl. Scherer Zs. für öst. Gymn. 641.

Ob aber die gotischen $p\ k\ t$ wirkliche, wenn auch leichte, Tenues waren oder geflüsterte Medien? Weder heimischer noch fremder Schreibung lässt es sich absehen. Wenn die Goten auch nie eine wirkliche Tenuis, immer Flüstermedia sprachen, so konnten sie doch keine anderen Zeichen verwenden als die der griechischen oder lateinischen Tenues.

Der geschilderte Verschiebungsprocess ist natürlich nicht der einzige Weg, welchen Tenues einschlagen können, um zu den Spiranten zu gelangen. Aber die germanischen $p\ k\ t$ scheinen auf diese Weise vorgegangen zu sein. Maghiarisch *hal* gegenüber finnisch *kala* setzt vielleicht ganz andre Vorgänge voraus.

Doch zu den Medien. Vor allem wird Scherers Vermutung über die eigentümlich schwankende Qualität des b und d im Gotischen auch auf die gutturale Media auszudehnen sein. Die Germ. 11, 202 mitgeteilte Runeninschrift *Volsi vah* bietet den Auslaut h an Stelle einer altarischen Media affricata, ein Fall ganz parallel den bekannten euphonischen *th* und f. *H* findet sich vereinzelt auch im Inlaut: *sihu* Glosse zu *sigis* im Ambros. B, Cor. 1, 15, 57, *Sihuinand* auf einem jütischen Bracteaten Zs. 13, 57, — im ahd. ferner *haarpit hicôz hewinnent* Weinhold Alem. Gram. § 231, — s. auch oben p. 119, *ch* für g und die im bairischen so häufigen euphonischen *ch*, andrerseits auch g für euphonisches h — *magt.*— Auf dasselbe weist der häufige Ausfall im gotischen und salfränkischen: Dietrich Aussprache p. 74 *Sisibut Sisifridus Sisigis*, J. Grimm GDS[3]. 378 *Arboastes Leubastes.* — Dazu stimmt die Verwendung des g zur Verhinderung des Hiatus: *Agetius Aegidius* bei Gregorius

für *Aëtius, segusius* für *seusius* in der Lex salica, — wenn
nicht *g* hier dieselbe Rolle spielt wie *h* in *hohubit* und dgl.,
s. Scherer GDS. 30, — der grammatische Wechsel mit *h* im
got. und ahd., Weinh. Alem. Gram. § 214, Bair. Gram. § 177,
— und die doppelte Geltung der Hagalrune, *h* und *g*. — Got.
g wird somit entweder j^2 gewesen sein oder j^2 enthalten haben.
— Vor *i* mag aber schon frühe die Articulationsstelle geändert
worden sein. Das zeigen der salfränkische Wechsel zwischen
Chlojo und *Chlogio*, — die Schreibungen *chaym chagme* für
heim in der Lex salica, GDS.³ 390, und in Ortsnamen, *Bat-
sinaymi* z. B., Pötzenham im Elsass, an der Iser, Trad. Wizenb.
739, oder *stagn* für *stein*, *Naristagne* 823, Nierstein, — der
Reim *j: g* im alts. und im Strassburger Blutsegen, s. Müllenhoff zu Dm. IV, 6, — die friesische Aussprache. Vor dunklen
Vocalen ist *j* statt *g* selten und jung; Weinhold Alem. Gram.
§ 227, Bair. Gram. § 198.

Darnach darf man allerdings in dem got. *g* an- in- und
auslautend eine Spirans j^2 vermuten. Für den Anlaut aber
weist das ags. auf einen verschliessenden Vorschlag. Denn
hier reimt *j* auf *g* vor allen Vocalen und Consonanten, Gr.
1⁴, 216 Anm., Beov. 1355 *geár: Grendel*. Da man doch nicht
Reim fürs Auge annehmen kann — *ge: g*, — und andre Spiranten nicht mit Media allitterieren, — s. Müllenhoff Dm. p.
XIX, — nie *b* und *v*. Allerdings man könnte für *j* die Aussprache $g^1 j^1$ annehmen. — Das nordische gewährt keine Auskunft wegen der vocalischen Natur seines *j*, Gr. 1⁴, 270. Aber
der oben erwähnte alts. Reimgebrauch, got. *g* vor hellen Vocalen: *j*, weist auf Annäherung des *g* an *j*, nicht umgekehrt.
— Doch die Annäherung könnte ein Uebergang in Spirans
gewesen sein: erst wie im alts. nur vor hellen Vocalen, dann
im ags. vor allen. Das ist unwahrscheinlich, einmal, weil dann
sämmtliche anlautende *g* im englischen wider zu Verschluss-
lauten geworden wären, — auch vor hellen Consonanten — *get
give*, — ohne die mit ihnen identischen alten *j* mitzuziehen —
yet you. — Denn nicht zu j^2, zu j^1 hätte der Uebergang statt
finden müssen. J^2 und j^1 stehen für das Gehör weit ab. Selbst
wenn wir für *j* die vocal-consonantische Aussprache annehmen,

s. Brücke Grundzüge p. 70, ist eine dauernde Trennung beider *j*, des alten und des aus *g* erweichten, schwer glaublich. Sie hat aber statt gefunden. Die *j* für *g*, welche im Mittelenglischen sich finden, Gr. 1⁴, 438, sind vereinzelte Erscheinungen und können wegen des gegenwärtigen Gebrauchs nicht allgemein gewesen sein. — Auch im Inlaut ist affricative Aussprache wahrscheinlich durch den alts. Consonantumlaut *gg cg*. *H*, dessen Qualität als reine Spirans freilich nicht sicher steht, wird im Consonantumlaut zu *hh*.

Die Transscription lateinischer *g* in *Agustus laigaiōn* dürfte nicht als ein Beweis für die Notwendigkeit des Elementes *g* in dem gotischen Laute angeführt werden. Denn, wenn die Goten kein *g* hatten, durch welchen Buchstaben hätte die gutturale Media eines Fremdwortes bezeichnet werden sollen? Tönende Spirans lag noch am nächsten. Ebensowenig beweist das got. *j* gegen spirantische Natur des got. *g*; dieses wird j^2, jenes j^1 gewesen sein. — Aber die Schreibung braucht nicht auf j^2 gedeutet zu werden. Es müste erst gezeigt werden dass die Griechen des 4. Jhs. γ ebenso articulierten wie die Neugriechen vor dunklen Vocalen, als j^2, und auch dann hätten die Goten, wenn sie reine Media sprachen, in dem griechischen Alfabet dafür kein passenderes Zeichen finden können als γ.

Dass got. *b* im Anlaut je den Wert w^1 ausgedrückt oder eingeschlossen hätte, lässt sich nicht beweisen. Für den Inlaut sprechen die bekannten euphonischen Fälle, der Suevenname und die Transscriptionen *Silbanus* für lat. *Silvanus*, *Naúbaimbair* für lat. *November*. Denn hier hätte es dem gotischen Schreiber nahe gelegen sich des *v* oder nach griechischem Muster des *u* zu bedienen. Dasselbe Argument aber kehrt sich gegen die ausschliessend spirantische Natur des got. *b*, wenn man die lateinische Transscription gotischer Wörter erwägt. Lateinische Orthographie gibt got. *b* regelmässig durch *b* wider. *V* im Inlaut ist selten, — die Gotennamen *Leuva Leuvichildus* bei Gregorius beweisen natürlich nichts, — nimmt aber seit dem 7. Jh. zu. Doch noch *Smaragdus* hat *Liubila*, während das gotische Alfabet *geuua* bietet. Das weist für den

Inlaut allerdings auf die Qualität bw. Wäre nur w gesprochen worden, so könnte man nicht begreifen, warum nicht regelmässig lateinisch v dafür gesetzt wurde. Lat. v war höchst wahrscheinlich derselbe Laut, w^2. den man dann für got. b annehmen müsste, da w^1 gotisch durch got. v ausgedrückt wurde, wenigstens vom 5. Jh. ab, Dietrich Aussprache p. 77. Möglich allerdings auch dass got. v sich nur durch vocal-consonantische Aussprache von got. b unterschieden, und beide den Wert w^1 gehabt hätten. Immer stand lat. $v = w^2$ gotischem $b = w^2$ oder w^1 näher als lat. b. — Für die affricierte Aussprache des got. b spricht auch die Schreibung b in alts. und nfr. und der Consonantumlaut bb für got. bj im alts. — Derselbe Consonantumlaut für got. fj würde dann auch auf affricative Natur des alts. $v b$ für inlautend got. f weisen.

Dass der Anlaut abwich scheinen die jüngern ostgermanischen Sprachen und die westgermanischen mit Ausname des hd. wahrscheinlich zu machen: überall anlautend Media, inlautend Spirans. Aber notwendig ist es nicht: bw konnte anlautend die Affrication, inlautend den Verschlusslaut aufgegeben haben. Und langobardisch *scilfor fulfor* haben vielleicht in barbarischer Schreibung einen Rest der ursprünglichen Aussprache über die zweite Verschiebung hinaus bewahrt; got. *Reciverga*, Dietrich Aussprache 71, stimmt dazu.

Die gleichmässige Behandlung des got. b und g im ahd. an allen Wortstellen, so wie die Verständlichkeit der ungleichmässigen Behandlung des b in den nd. und scandinavischen Sprachen schafft ein Vorurteil für durchgehende affricative Natur der gutturalen und labialen Medien im gotischen. Freilich können die ahd. $b g$ aller Wortstellen einen secundären Process voraussetzen. Wüste man dass b und g im An- und Inlaut gleichzeitig der zweiten Verschiebung erlegen sind, so wäre dadurch ein Beweis für die mit den Inlauten identische Qualität der Anlaute hergestellt. Wir wissen aber nur nicht, dass es nicht der Fall gewesen.

Got. $d = s^4$ ist wahrscheinlich durch die euphonischen Fälle. Statt des auslautenden th bieten die jüngeren Epochen der gotischen Sprache, das ist gotische Namen in lateinischer Orthographie auch romanisches *t*. Dietrich Aussprache 72. — Die Schreibung griechisch oder lateinisch *d* für An- und Inlaut erlaubt keinen Schluss auf die Aussprache. Für d^4 d^4z^4 z^4 war δ und *d* immer das passendste Zeichen. Nur vor Verlust des Stimmtons musten die Transscriptionen fallen. 'D wäre sofort durch *t* widergegeben worden. Man darf nicht erwarten in gotischen Eigennamen bei griechischen oder lateinischen Schriftstellern dafür hie und da *th*, oder im alts. und ags. *d* auf *th* gereimt zu finden. Ebenso wenig als *Linfila* oder den Reim *b: f* und dgl. Von Begleitung des Stimmtons sah die Orthographie selten, die Metrik wol nie ab. Möglich auch dass griechische δ schon im 4. Jh. zur Spirans geworden war. Heute sind es sämmtliche griechische Medien an allen Wortstellen. Aber wenn es bewiesen wäre, so würde doch für gotisch *d* nichts daraus folgen. Denn welchen andern Buchstaben hätten die gotischen Schreiber wählen sollen, um dentalen tönenden Verschluss auszudrücken, wenn dies die Qualität des got. *d* gewesen wäre. — Z^4 also war in got. *d* enthalten. Für einen verschliessenden Vorschlag, für die Qualität d^4z^4 spricht die Analogie der Labialen und Gutturalen. — Aber blieb die Qualität an allen Wortstellen dieselbe? — Das altn. beweist nichts: sein *d* für *d* im Inlaut scheint eine jüngere Erweichung wie *d* für *th* an derselben Wortstelle. Die ältesten Hss. haben nur *th* und Thorodd scheidet noch inlautende Spirans von Media, s. Holtzmann Altdeutsche Gram. 114. Dadurch könnte sich nur ein Vorurteil für gotisch *d* als durchgehende tönende Spirans oder Media affricata ergeben. Der ahd. Wechsel aber, *d* im Anlaut, *t* im Inlaut, weist entweder auf Einwirkung der Wortstelle hin, oder auf Verschiedenheit der anlautenden von den inlautenden Verschiebungsconsonanten. Die Frage kann demnach erst bei Besprechung des Verschiebungsprocesses selbst entschieden werden.

Doch Scherer hält die zu vermutende Qualität der gotischen Media für Folge eines secundären Processes, ähnlich den romanischen *v* für *b p*, ε für *d* im provenzalischen, z^4 für *d* im neugriechischen und altnordischen. Aus altarischer

Media affricata oder tönender Spirans sollte gotisch reine tönende Media geworden sein. die wider wenigstens teilweise den Weg zur tönenden Spirans und zur Media affricata zurückgegangen wäre. — Dass *w* in *b*, *j* in *g* übergeht kommt vor: im Nürnbergischen z. B. und Oberpfälzischen. und im Schwedischen *d* für *dh*. Aber wie jung sind diese Processe und in den ersten zwei Dialekten betreffen sie nur von der Verschiebung unberührte Spiranten. Deutsche Beispiele von tönendem *s* für *d* oder *d* für *s* sind sehr selten. Im deutsch der sette communi hört man *snaiser* (schneider) *hastusa* (staude), ebendaselbst *dadich* (dass ich), Weinhold Bair. Gram. § 145 *daldad* (soldat), in der passauer Mundart, § 147 *müadn gwedn*, österreichisch.

Die Qualität der altarischen *bh gh dh* ist durch Brücke und Scherer als Media affricata bestimmt worden. Die Verwandlung dieser Laute unmittelbar oder mittelbar über tönende Spirans in Media ist der letzte Act der ersten Verschiebung. Scherer Zs. für öst. Gymn. p. 650. Nun finden wir im got. und ags. Anzeichen eines *bw* und *gj*. Da sind wir doch darauf gewiesen die gotische Verschiebung wenigstens der b^1w^1 und g^2j^2 als nicht vollendet anzuerkennen. Sie vollzog sich in den spätern hd. Dialekten auf eine andre Weise als in allen übrigen germanischen Sprachen, indem sie auch im Inlaut Media an die Stelle der alten Affricata treten liess. Die hd. Stämme aber haben sich am weitesten vom germanischen Sprachstande entfernt. Die charakteristisch hd. Lauterscheinungen treten ferner auf einem geschlossenen geographischen Gebiet in verschiedener Dichtigkeit auf. So dass ihre Verbreitung von einem Puncte aus und durch historische Einwirkung erfolgt sein kann. Wie hätten sie, die einzigen, gerade in der Media die reine germanische Aussprache bewahrt, oder ihr nur den Stimmton entzogen, während die übrigen Ost- und Westgermanen in allen Teilen Europas gleichmässig abgewichen wären? — Bei Sachsen, Friesen, Scandinaviern sehen wir die Wirkung alter Impulse, welche sie bestimmten Media affricata mit Media oder Spirans zu vertauschen. $B^1w^1 g^2j^2$ aber wurden nach verschiedenen Principien gleichsam aufgelöst in ihre Bestandteile, und diese nach Anlaut und Inlaut, oder je nachdem heller oder dunkler Vocal folgte, verteilt. — B^1u^1 scheint früher zur Ruhe zu kommen als *aj*. — Die Hochdeutschen werden schon, bevor sich diese Processe vollzogen, ihren eigenen Weg eingeschlagen haben.

Es handelt sich noch um die Qualität des germanischen *th*. Die Aussprache ist uns zunächst bezeugt durch den gotischen Buchstaben, d. i. griechisches *φ*. Da mit einziger Ausname des *u* die Formen des gotischen Alfabets, wie sie uns die italienischen Hss. des 5. und 6. Jhs. zeigen, den griechischen und lateinischen sehr nahe kommen, die Mischung des griechischen und lateinischen Alfabetes auch sonst bezeugt ist, Wattenbach Griechische Paläographie 25 f., Kopp Palaeographia § 188 423 ff. 746, die westgotische Schrift, s. p. 136, — vgl. die neugriechische Cursive, — die Abweichungen endlich aus einem Princip sich erklären — die Ringe oben sollten nicht geschlossen werden, — so muss man annehmen dass der gotische Schriftgebrauch sich an eine vorliegende Orthographie gehalten habe, um sie nur im äussersten Notfall zu verlassen. Der Notfall trat bei *u* ein. Hatte man hiebei griechisch *ov* vor Augen, so wäre dies gotisch *ōv* oder *auv* geworden. — sollte lateinisch *u v* widergegeben werden, so fiel *v* gleich durch seine consonantische Geltung weg, *u* aber wäre von dem Episemon für 6 schwer zu trennen gewesen, welchem man, um es von Koppa, dessen Variation es ist, deutlich zu unterscheiden, den unteren Schaft gekürzt hatte. Man könnte sogar vermuten gotisch *u* sei nicht die Urune sondern nur ein zur Differenzierung umgekehrtes lateinisches *u*. Alle übrigen Zeichen sind bekannte lateinische und griechische Formen, auch *f*. Ueber die Zeichen vor *q* und *hv* unten. — Möglich wäre es natürlich dass man wie *u* auch *th* dem nationalen Alfabet entnommen und nur der griechischen Kalligraphie genähert hätte. Aber keine Lingualrune stimmt zu der Form des gotischen *th*. — Wir sind genötigt anzunehmen bei Erfindung der gotischen Schrift sei *φ* für got. *th* gewählt worden, weil dem gotischen Ohre der Laut des griechischen Buchstabens denselben oder einen ähnlichen Wert auszudrücken schien. Griechisch φ wird sogar gotischem *th* für gotische Ohren näher gestanden haben als griechisch ϑ, dessen Zeichen sie ja auch verwendeten, für *hv*. Doch könnte dieses auch wegen früherer Entlehnung nicht mehr frei gewesen sein, s. unten. Der Wert des griechischen φ im 4. Jh. wird gewiss nicht mehr *pf* gewesen sein, sondern *f*, wie ihn Priscian und ein Scholiast des Dionysius Thrax vom 8. Jh. beschreiben, s. Raumer Sprachwissenschaftliche Schriften p. 102. Das beweist dass die Goten und vielleicht vereinzelt auch die Griechen,*) *th* häufig mit vorgerücktem Unterkiefer aussprachen, oder indem sie Unterkiefer und Zunge gleichmässig zurückschoben, Brücke Zs. für öst. Gymn. 1858 p. 692. Dass diese Aussprache die gewönliche gewesen sein muss ist allerdings auffällig, genügt aber nicht um an der erschlossenen Tatsache irre zu machen. Aber vielleicht war auch das Zeichen ϑ nicht mehr frei, s. unten. — Die spanischen Westgoten sprachen entweder anders, oder sie verfügten freier über das griechische Alfabet, da sie got. *th* durch griechisches ϑ widergaben in sonst ganz lateinischer Schrift, CINDASVINϴVS RECCESVINϴVS, Aschbach Geschichte der Westgoten, p. 360. — Für die ags. Aussprache kann man anführen den Wechsel in *thengel* und *fengel* von *Eadgyth* und *Eadgif*, *Ottegebe*, Bartsch Herzog Ernst p. XCVII, *thirst* und *first*, M. Müller Essays deutsche Uebersetzung 1, 90, altn. *thengill* und *fengill*, þön und fön, *thiofnir* und *fiofnir*, altn. *thiöl*, ags. *feol*, schwed. dän. *fil*, ahd. *fila*, Grimm Gr. 1⁴, 265 GDS³ 245; über das westfränkische *f* für *th* s. oben p. 40 f. — ϴ verwendeten die Mösogoten für *hv*. Das beruht vielleicht auf älterem Brauch. In jenem trotz der Binderunen sehr altertümlichen Alfabet der Wiener Goldgefässe wird *v* durch ein ähnliches Zeichen gegeben ⊃. Das kann ϴ sein: die Linie statt des Punctes, der durch ritzen schwer deutlich zu machen war. Ist dem so, so muss die Geltung bei der Entlehnung des griechischen Zeichens dem entsprechenden griechischen Laute nahe gekommen sein. Von der Tonlosigkeit des griechischen Lautes hätte man freilich abgesehen, — was

---

*) In der heutigen Aussprache hört man oft labiale Spirans, in der Terra d'Otranto 's' und 'f; Ascoli Corsi di glottologia 1, 160.

notwendig war, wenn man vom griechischen Alfabet, nachdem es
das Digamma verloren und bevor es *v* consonantiert hatte, ein
Zeichen für tönende Labialspirans entlehnen wollte. Zu dieser
Zeit wird man *hv* entweder auch durch das Zeichen der Wiener
Goldgefässe, oder durch eine Differenzierung, oder durch Verbindung mit der Hagalrune ausgedrückt haben.

Das Alfabet der Wiener Goldgefässe verwendet für *th* die
bekannten Runenzeichen. Dietrich vermutet die Goldgefässe
stammen von Ostgoten des 5. Jhs., p. 204. Setzen wir diess
Alfabet voraus als dasjenige, welches Ulfila vorgefunden habe,
als er sein neues bildete, so ist es ganz natürlich dass er,
wenn *hv* besonders ausgedrückt werden sollte, zu dem griechischen *Υ* griff, um *v* widerzugeben, wodurch das frühere
Zeichen frei wurde und für *hv* verwendet werden konnte, ohne
von seiner lautlichen Geltung viel zu verlieren. — Wollte
Ulfila ferner statt der Dhornrune einen griechischen Buchstaben
einführen, so war ihm ϑ natürlich verwehrt. Er griff zu dem
nächst ähnlichen Laut. Der schien ihm φ. — die Mösogoten
mochten für ihr *th* häufig *f* sprechen. Möglich dass diese
zweite Aussprache des Lautes *th* sich sogar vollkommen deckte
mit der des griechischen φ. Wenn sie ihn mit vorgeschobenem
Unterkiefer erzeugten, so hatten sie f^1, das ist griechisch φ,
insofern es reine Spirans war. Dionysius von Halikarnass und
der Scholiast des 8. Jhs. sagen es deutlich genug, Brücke
Grundzüge p. 90 Anm., v. Raumer Sprachwiss. Schriften p.
102 f., während jenes *f*, welches die Griechen gelegentlich
für ϑ bildeten, nur f^2 gewesen sein kann. Der Scholiast beschreibt: ϑ werde ausgesprochen, indem die Zunge von den
Zähnen, an welche sie bei Bildung des τ fest angeschlossen
worden war, zurückweiche, — ἀποχωρούσης τῆς γλώσσης τῶν
ὀδόντων, — und so Durchgang für reichlichen Hauch gewähre.
Da sich im gotischen nie eine schwankende Orthographie in
Bezug auf *f* und *th* zeigt, so würde man dann für die aus *p*
verschobene Labialspirans die Qualität f^2 erhalten, die des
lateinischen *f*, dessen Zeichen sie trug. — Also eine sehr frühe
Abweichung von der alten Articulationsstelle. — Das kann
freilich nicht bewiesen werden. Denn wenn das *f*, welches

die Goten für ihr *th* gelegentlich aussprachen, auch f^2 gewesen wäre, so hätten sie doch keinen andern griechischen Buchstaben dafür wählen können als *φ*. d. i. f^1. Und schliesslich hätte ein sorgfältiger Schreiber, auch wenn beide *f*, die aus *p* verschobene Labialspirans, wie das neben s^4 ertönende, der ersten oder der zweiten Articulation angehört hätten, doch den unerschütterlichen Laut von dem beweglichen unterscheiden können.*)

Hvair hätte nach den vorangehenden Erörterungen in der Tat in einem germanischen Runenalfabet Platz finden können, nicht so *qairþr*. Im gotischen lässt der Buchstabe sich leicht durch unmittelbare Uebertragung aus lat. *q* erklären.**) Ebenso in einem corveier Runenalfabet aus dem 9. 10. Jh., s. Dietrich Germ. 13, 77. Die Form ist hier der des got. *th* sehr ähnlich: geöffneter Kreis des lateinischen *q*, — der Strich senkrecht statt von links nach rechts zu gehen. Die genaue Form des lateinischen *q* hat in diesem Alfabet die Geltung für *p* übernommen. Das corveier Alfabet hat ferner wie das gotische ganz moderne lateinische Formen, *a, f* und *k* in der Majuskelform des 10. Jhs. Es ist überhaupt eine sehr junge Bildung, wie aus der dem lateinischen folgenden Ordnung hervorgeht, aus der Anname des *z*, aus den rundverschnörkelten Umfor-

---

*) Jedesfalls ist vom got. ☉ das identische Zeichen für *q* in dem Briefe des Kaisers Glycerius an den gotischen Feldherrn Widemir vom J. 473 zu trennen. Wenn die Urkunde selbst echt wäre, was sie nach Sickel entschieden nicht ist, so wäre es höchst unwahrscheinlich dass Koppa vor der germanischen Lautverschiebung dieselbe Form gehabt habe, welche es im 5. Jh. n. Ch. zeigt und dass es dieselbe in der Fremde unversehrt erhalten hätte, s. Germ. 14, 223.

Schon Wackernagel hat es auffallend gefunden dass got. *th* dem griech. *φ* so ähnlich, ja oft vollkommen gleich sei, während russisch *f* durch das griech. Zeichen für *φ* gegeben werde, Zs. 2, 556 Anm.

**) Für das Altslawische bietet die Form der Buchstaben *ci* und *cerv* — die gotischen Episema für 6 und 90 — eine Chronologie der Palatalisierung. Als sie entlehnt wurden, musten sie noch guttural ausgesprochen worden sein. Die gotische Analogie spricht hier gegen eine absichtliche Differenzierung wie bei *h* und *w*.

mungen, welche auch die jüngste Entlehnung treffen. Ueberdies folgt es in der Hs. unmittelbar auf ein Chiffernalfabet mit augenscheinlich erfundenen und versetzten Zeichen. Dass *q* im gotischen wie im corveier Alfabet benannt wurde war alte Sitte. Benennt ja das gotische sogar das undeutsche *x*, *Iggs* nach der Aussprache Inx. Im corveier Alfabet ist *x* abgeschnitten: es wird wol auch durch einen Inlaut bezeichnet worden sein. Was man aber ohne zwingende Notwendigkeit nicht tun wollte. Deshalb *zetda*, da ein Anlaut *z* im sächsischen unmöglich ist. Im gotischen Alfabet ist auch *z* durch einen Inlaut bezeichnet *ezec*. *Z* verwendet der Schreiber sonst nur got. *s* auszudrücken, der ahd. Aussprache gemäss — s. Scherer GDS 101, — ausser in *sugil*, wo natürlich graphische Uebereinstimmung zwischen dem Buchstaben des Alfabets und dem Anlaut des Namens notwendig war, in *ezec* aber soll die Affricata bezeichnet werden. Es wird *atisk* sein, ahd. *ezisk*, sächs. *br.* -*edsca*, -*ezca* in Ortsnamen Förstemann 2, 479, *Langonedsca* L. A. 2, 223, *Ternezca* Cr. IIIa 39, vgl. *lazto* für *latisto*. — Aber ags. Runenalfabete bringen mitunter den Namen *cveord*. Einmal steht er immer am Ende mit *ior calc stán gár*, den jüngsten Bildungen. Dann ist ein Zeichen nirgends überliefert. Wir wissen nicht bestimmt dass es eins gehabt habe, und wenn dies, was doch wahrscheinlich, der Fall gewesen, so muss man ein aus *k* oder *v* differenziertes, oder aus beiden zusammengesetztes, oder ein noch willkürlicheres vermuten.

Das gotische Zeichen kehrt allerdings, wie es scheint, genau in einem römischen Runenalfabet wider, Germ. 16, 255. Aber wie das nah verwandte hrabanische Alfabet zeigt, von welchem das im cod. vind. 1761 theol. enthaltene, Germ. 16, 258, nur eine Verschnörkelung ist, steht es nicht für *q*, sondern für *y* — der Name des Buchstaben ist *hryri* — das ist wol = *hvaer*: — das Zeichen wird entweder eine Differenzierung von griechischem *Y* sein, oder es ist geradezu lateinisch *u*, wie in jenem corveier Alfabet *a* und *f* moderne lateinische Formen zeigen.

Doch kehren wir zu got. *th* zurück. Wenn es in f^2 übergehen konnte, so war seine gotische Geltung höchst wahrscheinlich nur s⁴. Aber welche waren seine Wandlungen, bevor es zu hd. d gelangte? Die griechische Transscription für th aller germanischen Sprachen ist ϑ. die lateinische nach th bald t, dann d Dietrich Aussprache p. 76, die romanische in der Regel t: lateinisch wie romanisch bewahren zur selben Zeit, als sie germ. th durch t ausdrücken, germanischem d sein Lautzeichen. Auf den ersten Blick scheint die lateinische Entsprechung die Geltung t⁴s⁴ t d anzudeuten. Lat. th kann ts bezeichnen: der Appendix ad Probum warnt *Izophilus* für *Theophilus* zu sprechen, Diez Gr. 1³, 229. *I* vor *z* ist verständlich, aber eben deshalb steht es vielleicht für *t*: *Tzophilus*. Keil Grammatici latini 4. 198, 1 gibt allerdings keine Variante. — Griech. ϑ wird nach dem Scholiasten des Dionysius Thrax ἀποχωροὐσις τῆς γλώσσις τῶν ὀδόντων gebildet. Das kann den Verschlusslaut mitbegreifen und auch nicht. Eutychios aber im 10. Jh. erklärt den Laut durch *tse* also t⁴s⁴, was sich bei den italienischen Griechen als 's⁴ oder 'ʃ, Ascoli Corsi di glottologia 1. 160, und in der italienischen Aussprache von ϑεῖος *zio* erhalten zu haben scheint. Auch ist Vorschlag einer Tenuis vor tonlosem Verschlusslaut nicht unerhört; s. oben p. 123. Italienisch *zucchero* gemeindeutsch *zucker* für *sacharum* frz. *sucre*. — Ja die germanische Schreibung scheint selbst auf diese Geltung zu führen, s. die nordischen Namen im Reichenauer Nekrolog, Gr. 1⁴, 261¹ Anm. 1: *Zurgils Zura Zurarin*. Es wäre demnach got. s⁴ zu t⁴s⁴ geworden, hätte dann der Affrication sich entledigt und *t* schliesslich Stimmton angenommen. — Aber dieser Hypothese steht neben der Seltenheit jener vorgeschlagenen Tenuis die deutsche Orthographie z. B. Otfrieds und Tatians entgegen, welche uns lehrt dass zur selben Zeit *th*, — das keinesfalls *t* war, von dem es geschieden wird, — und *d*, nicht *t* gesprochen wurde, ferner der Gebrauch des gegenwärtigen Englisch wol das tönende, nicht aber das tonlose *th* mit einem Verschlusslaut zu versehen. Auch sind die angeführten Geltungen von nordisch griechisch lateinisch *th* ganz unsicher. Z kann lateinisch und romanisch auch die tönende Spirans bezeichnen, *Zurgils* demnach auch *Zˢurgils* bedeuten. Wenn ferner griechisch ϑ wirklich zur Zeit, als griechische Schriftsteller germanische Namen transscribierten,

t^4s^4 bedeutete, so folgt daraus für germ. *th* nur, dass es noch tonlos und mit vierter Articulation ausgesprochen wurde. Wenn es den verschliessenden Vorschlag auch nicht hatte, so kam die griechische Schreibung durch ϑ dem fremden Laut noch immer am nächsten. Uebrigens ist das Zeugniss für die angenommene Aussprache des griech. ϑ zwar unverdächtig, aber doch nicht genügend um für das 10. Jh. die affricative Aussprache als die Regel zu erweisen. Es wird ein vereinzelter Rest der früh erloschenen alten Affricata sein, Brücke Zs. f. öst. Gymn. 1858 p. 691, oder eine vereinzelte Neubildung. — Ital. *zio* ist wahrscheinlich mit *aristocrazia polizia* auf eine Stufe zu stellen und setzt dann die Aussprache *tio* wie ἀριστοκράτεια πολιτεία voraus, ebenso wird es sich mit *Izophilus Theophilus* verhalten. Das gemeine Volk mochte *theo-* wie *teo-*, dies wie *tio-* behandelt haben, da man an tönende Spirans wol nicht denken darf. Griechisch ϑ hat nie Stimmton bekommen. Lat. *th* wird in der Regel wie *t* ausgesprochen worden sein, mit dem es im romanischen ganz zusammenfiel. Nur die Gelehrten wusten dass die Dentaltenuis in einigen Fremdwörtern mit dem griechischen Zeichen zu schreiben sei. Aber sie wusten auch dass die Griechen damit die Aussprache dentaler Spirans der vierten Articulation verbanden, — vielleicht noch mit verschliessendem Vorschlag. Grund genug, wo sie bei einem andern Volke dentale Spirans der genannten Articulation vernamen, mit oder ohne vorgeschlagenen Verschlusslaut, dieselbe durch das griechische Zeichen widerzugeben. Also dass germ. s^4 von lateinsprechenden Romanen als *th* geschrieben wurde ist ganz begreiflich. Gesprochen wird es wol gewönlich *t* geworden sein: phonetische Orthographie führte dann auch das Zeichen *t* ein.

Das germanische *th* scheint demnach sich von s^4 über z^4 d^4z^4 — nach Scherers Theorie — zu *d* gewandelt zu haben. Es bleibt kein andrer Weg, wenn man den über t^4s^4 absperrt. Dass im hd. neben dem aus *th* verschobenen *d* noch *th* geschrieben wird ist nur als historische Orthographie zu betrachten, wenn die ursprüngliche Geltung von *th* tonlose Dentalspirans vierter Articulation war. Das Zeichen wurde bewahrt, wenn

auch nicht alle Eigenschaften des bezeichneten Lautes sich
erhielten: die vierte Articulationsstelle und die spirantische
Natur genügten. Es war immer noch ein Laut, der nicht leicht
mit einem andern der Sprache geläufigen verwechselt werden
konnte. Wäre *th* je als *t* — wenn auch zunächst t^4 — ausgesprochen worden, so hätte Verwechslung mit dem vorhandenen
t nicht ausbleiben können. Denn dass auch in der hd. Verschiebung die Spiranten den Schluss machten werden wir unten
sehen.

Die verschiedene Chronologie der an- und inlautenden
Verschiebungsfälle wird man entweder mit dem verschiedenen
Werte des german. *th* an verschiedenen Wortstellen, vielleicht
z^4 und d^4z^4, — oder mit den Eigenschaften des Inlauts selbst
in Beziehung setzen müssen.

Wenden wir uns nun zur Verschiebung der besprochenen
germanischen Medien und Spiranten. Die von den Hd. ihrer
Affrication entkleideten *b* und *g* zeigen sich bei den Stämmen,
welche die zweite Lautverschiebung am energischesten durchgeführt haben, als Flüstermedia,*) im alemannischen auch noch
d. Ich halte das für eines der sichersten Resultate der Schererschen Untersuchungen. Bei '*b* und '*g* scheint nicht dass eine
Priorität des An- oder Inlauts nachgewiesen werden könne.
Von '*d* aber wissen wir dass die inlautenden Fälle vor den
anlautenden in Tenuis übergingen ebenso wie bei got. *th*
auf dem Weg zu ahd. *d* der Inlaut den Anfang der Verschiebung macht. Das lässt vermuten, dass, wenn gotisch *d* und
th Affricata waren, der Abwurf der Affrication auch zuerst
im Inlaut erfolgte. Bei Verschiebung der Tenues haben wir
ähnliches wahrscheinlich gefunden. — Wie ist diese Chronologie zu verstehen? An Erweichung durch die tönende
Umgebung des Inlauts könnte man allenfalls bei Verschiebung

---

*) Die Reime im Muspilli 16 *pardisù: pù*, 22 *pina: piutit* fechten
Scherers Aufstellung so wenig an, dass sie sie vielmehr bestätigen. Beide
Wörter wechseln gemäss der romanischen Aussprache mit *b*. —
Auch die italienischen Entsprechungen *b p* für hd. '*b*, *g c* für hd. *g*
beweisen für die angenommene Geltung der hd. Media, Diez Gram. I³,
318. 323.

der gotischen *th* denken. Es hätte im Inlaut der bequemeren Aussprache zwischen tönenden Lauten nachgegeben: $s^4 - z^4 - dz^4 - d$, oder selbst $ts^4 - {}^‘dz^4 - dz^4 - d$ wären verständliche Reihen. Die Anlaute, welche nur vor sich tönende Laute hatten, wären der erweichten Aussprache der Inlaute gefolgt, und begreiflicher Weise später zum Ziele gelangt. — Aber bei got. *d* hätte der Inlaut die Verhärtung befördert — auch bei Verschiebung der Tenues haben wir nicht gesehen, dass der Inlaut erweichend gewirkt habe, wie etwa in romanischen Sprachen, wenn *ada* aus *ata* wird. Denn es war uns der Weg von *ata* zu *assa* über *atsa* gewiesen worden.

Da somit die physikalische Eigenschaft des Inlauts den ungleichmässigen Fortschritt bei got. *d* und *th* nicht erklärt, so wäre man geneigt verschiedene Qualität der Verschiebungsconsonanten anzunehmen. Setzen wir dz^4 im Anlaut an, z^4 im Inlaut. War nun eine Kraft vorhanden, welche diese Laute zur Flüstermedia und bis zur Tenuis drängte, so ist natürlich dass sie nicht wie ein überlegter Wille zuerst an das schwierigste ging, sondern an das leichteste. In dz^4 war der gewünschte Laut bereits enthalten, nur noch tönend. Also $dz^4 - d - {}^‘d - t$. Die inlautenden *z* wären dann entweder unmittelbar zu *d* geworden, oder hätten sich zur Erleichterung den tönenden Verschlusslaut vorgeschlagen. Letzteres ist allerdings nicht wahrscheinlich, da man eben daran war die Africaten zu entfernen. Jedesfalls hätten sie, den Anlauten nachfolgend, sich später ihrer Aufgabe entledigt. Aber das Umgekehrte erfolgte. Die Inlaute stehen ahd. schon bei *t*, während Anlaute noch *d* zeigen können. Bei der Anname dz^4 im Inlaut, z^4 im Anlaut scheinen die Voraussetzungen mit den Resultaten zu stimmen.

Das ist nur eine Construction. Erst eine Erklärung der Processe kann Aufschluss über die tatsächlichen Vorgänge und sicherere Kenntniss von ihren Grundlagen, der Qualität der Verschiebungsconsonanten, gewähren.

Scherer sagt aus altar. *bw gj dz* sei durch Abwurf der Affrication *b g d* entstanden, welche Laute dann wider zur

Erleichterung der Aussprache den Stimmton verloren hätten. also 'b 'g 'd, s. GDS. 85 und Zs. f. öst. Gymn. p. 650. Dies wäre aber nur für den Indifferenzstand der Sprachorgane eine erleichterte Aussprache gewesen. Für den Normalstand war es wahrscheinlich eine Erschwerung. Scherer GDS. 23. Statt continuierlich verengter Stimmritze Verengung — Erweiterung — Verengung, s. Scherer über Arendt Zs. f. öst. Gymn. p. 648. — Im Anlaut könnte man eine Erleichterung darin sehen, dass die Stimmbänder aus dem Indifferenzstand der Pause, — wenn hier Indifferenzstand eintrat, — erst bei Articulierung des Vocals in die Verengung überzugehen brauchten. Jedesfalls ist im Anlaut am ersten an Erleichterung zu denken. Aber der Inlaut geht voran, dessen physikalische Eigenschaften keinen Anlass dazu bieten. — Noch weniger kann natürlich t für 'd, der festere Verschluss für den leichteren, eine Arbeitsersparniss sein. Scherer ist der Ansicht dieser Act sei aus einem Bedürfniss der Differenzierung hervorgegangen, Zs. f. öst. Gymn. p. 651. Er widerholt nicht mehr die GDS. p. 90 angedeutete Vermutung über die Rolle, welche die Alliteration hiebei gespielt habe. Wie hätte diese auf den Inlaut wirken können? Aber wenn es sich um Differenzierung handelte, so müste man allerdings erwarten, dass sie unterstützt durch Alliteration in wichtigeren Worten, sich zuerst im Anlaute zeige. Aber der Inlaut macht den Anfang. — Die Möglichkeit einer absichtlichen Differenzierung will ich nicht läugnen. Wenn in nfr. IV, der cölnischen Mundart, im 13. Jh. p nach Vocalen verschoben erscheint, nach Liquiden sich erhält, nachdem ein schwankender Sprachzustand vorausgegangen war, in welchem auch nach Liquiden oft verschoben wurde, und nach Vocalen mitunter Tenuis sich erhielt, — immer von up abgesehen, — so wird das Bedürfniss eines festen Schreibe- und Redegebrauches zu dieser Consequenz geführt haben. Die grammatischen Scheidungen im ags. ahd. werden gleichfalls auf bewuster Verwertung einer schwankenden Aussprache beruhen. So könnte man wol denken dass das Bedürfniss der Alliteration in Alliterationswörtern geholfen habe die allerdings leicht überschreitbare Grenze zwischen 'd und d zu erhalten oder nach eingetretenen Mischungen zu erneuern und zu befestigen. Aber die Hypothese würde den

Tatsachen widersprechen. Otfried 1, 7, 27 und der Spruch Contra malum malannum lassen germanisch *th* auf *d* reimen, s. Müllenhoff zu Dm. IX 7. 8, das Hildebrandslied vielleicht *r* auf *wr*, und die sächsischen Reime *g : j* werden auch nicht immer erlaubt gewesen sein. — Wie sollte man sich auch jene conservierende Macht der Sprache vorstellen, welche ihr innewohne, insoferne sie Laute scheide, Scherer Zs. für öst. Gymn. p. 646? Die Erhaltung der Grenze beruht doch nur auf der deutlichen Vorstellung, welche der gehörte Laut hinterlässt, nicht auf einer Vorstellung von der Grenze selbst. Es müste ja sonst bei jedem *th*, das gesprochen wurde, ein *d* und ein *t* appercipiert worden sein. — Ferner warum hätte der Dialekt des Tatian seine *d* im Anlaut zu *t* verschoben, wenn *th* an dieser Wortstelle noch unerschüttert geblieben war, also Mischung gar nicht eintreten konnte?

Bei dem dritten Act der hd. Verschiebung, dem Lautwandel des got. *th* und einiger Fälle des *f*, nimmt Scherer entweder Abwurf der Spirans in secundärer Media africata an oder unmittelbaren Uebergang von Spirans in *d;* GDS. 72, Zs. f. öst. Gymn. p. 659. Aber nur die ältere Aufstellung stimmt zu seinem Princip der erleichterten Aussprache. Auf sie führt auch die Beobachtung, dass nach *l r n* sächsisch und fränkisch zuerst *d* für *th dh* geschrieben wird. Das wäre unverständlich, wenn zur Zeit als dies geschah, Einfluss der vocalischen Umgebung oder Abneigung vor vierter Articulation die treibende Kraft des Lautwandels gewesen wäre. Erklärlich aber wird der Vorgang unter Voraussetzung der Africata. Diese verursachte begreiflicher Weise nach Consonanten mehr Schwierigkeit als nach Vocalen: statt rd^4z^4 sprach man rd^4. Das häufig gebrauchte *quedhan* bei O. *quetan* schliesst sich diesen Fällen an. — Die im wesentlichen, dem schliesslichen Uebergang in tonlosen Verschlusslaut, gleiche Verschiebung der got. Medien und der Dentalspirans weist gleichfalls auf africative Natur der ersteren hin. Nur muss man eine grössere Pause zwischen den beiden Verschiebungsacten annehmen. Altar. und got. Media africata der Dentalclasse muss schon lange die Affrication aufgegeben haben, bevor sich ein neues dz^4 bilden konnte. Die Rückkehr selbst wäre nicht so unerhört; vgl. das scandinavische, wo altarisch d^4z^4 zu d wird, im Inlaut wider zu z^4 oder d^4z^4 zurückkehrt. um nochmals d zu werden; eben daselbst altarisch $t^4 - s^4 - t$. Im englischen wurde altar. t über s^4 wahrscheinlich erst vollständig zu z^4 bevor die vereinzelten dz^4 der gegenwärtigen Aussprache entstanden.

Dass die Priorität des Inlauts durch Erweichung erklärt werden kann ist schon bemerkt worden, zugleich aber dass die Erklärung unwahrscheinlich ist, weil sie sich auf den so ähnlichen Process, die Verschiebung der altar. und germ. Media affricata, nicht anwenden lässt.

3) Wir haben bisher nur empirisch von Kräften gesprochen. Es waren Namen für Bewegungen, die zu einem gewissen Ziele führten. Wir müssen versuchen die Tendenz dieser Bewegungen zu erfassen. Dass Scherers Erleichterungen nicht nachzuweisen sind, haben wir gesehen; und auch die Differenzierung vermochten wir nicht anzuerkennen.

Das erste Resultat der verschobenen Tenues waren nach unsrer obigen Betrachtung die Affricaten pf $k\chi$ ts. Der letzte Laut findet sich im slawischen und romanischen, bedingt durch folgendes j und die hellen Vokale i, e, ea. Auch kj und pj unterliegen dem Zetacismus in vielen Sprachen, kj im griechischen, im altslawischen, pj im romanischen, im tibetanischen Schleicher Zetacismus p. 116, — bj im polnischen und griechischen, Schleicher Zetacismus p. 100; Ascoli Corsi di glottologia 1, 143. Damit aber aus kj ts^2 $(tsch)$ werde, muste $k\chi^1$ ks^2 vorangehen. Um ts^2 aus pj zu begreifen, müssen die Uebergänge $p\chi^1$ ps^2 angenommen werden. Im hd. hat festeres Beharren auf der alten Qualität des Verschiebungsconsonanten zu andern Resultaten geführt. Aus $k\chi^1$ wurde $k\chi^2$, aus pj entweder pw — pf oder $p\chi^1$ — pf.

Aber im hd. ist pf $k\chi$ ts auch eingetreten, ohne dass ein folgendes Jot oder auch nur ein heller Vocal wie im slawischen und romanischen nachweisbar wäre. Nun zeigt uns das polnische aber nicht nur denselben Vorgang, Zetacismus ohne ein ursprüngliches Jot, sondern zugleich die Ursache, ein eingeschobenes neues Jot in zahlreichen Fällen, Schleicher Zetacismus p. 99. Auch französisch hat Zetacismus in der lat. Formel ca: die Aussprache ts^z hat das englische mnl. mhd. bewahrt, die jerierte*) Mittelstufe bietet das churwälsche: *chiau* (caput) *chiamim* (caminus), Diez Gr. 1^3, 248, Ascoli Corsi di glottologia 1, 43. 203. Die Formeln *ci ce* sind schon weiter bei *s*. Das picardische zeigt dass sie denselben Weg zurückgelegt haben: hier herrscht *chi che* aber noch *ca*.

Wir sind genötigt hinter den deutschen Erscheinungen denselben Process zu vermuten. Den Anfang des assimilirenden Processes werden Verbindungen der Tenuis mit altem Jot gemacht haben, vor allem *tj*; s. gotisch *matzia* und *Pitzia*, Dietrich Aussprache p. 84; ebendaselbst eine Reihe von *z tz* vor Vocalen, auch dunklen. Reste des Einschubs zeigt der Geograph von Ravenna in *Ziurichi Ziaberna*, Wackernagel Umdeutschung p. 8. Möglich dass der Process durch die Articulationsstelle des *t* erleichtert wurde. Wenn von 4 nicht unmittelbar auf 1, sondern auf 3 gegangen wurde, so ligt Uebergang von *ta* zu *tja* sehr nahe. S^3 kommt im polnischen vor und ist hier jeriert, s. Rumpelt Natürl. System p. 86 f. Da im polnischen auch *s* und *z* der dritten Articulation angehören ist es wahrscheinlich dass die Qualität der Muta die Jerierung herbeigeführt habe, nicht umgekehrt.**)

---

*) Unter Jeriation verstehe ich Mouillierung eines Consonanten durch altes und neu eingefügtes Jot.

**) Schleicher Zetacismus p. 77 hält hd. $z =$ germ. *t* zusammen, erklärt es aber nicht. Der Uebergang ist ihm parallel der Entstehung sanskr. und altbaktr. Palatale, s. p. 63. — Wackernagel aber Umdeutschung p. 8 Anm. sagt: „die Schreibungen *Ziaberna* und *Ziurichi* weisen „darauf hin dass auch im Anlaut der Uebergang von *t* in *z* von der „Beimischung des Vocals sei begleitet worden, der inlautend im latei-„nischen *lectio* im deutschen *satjan sazjan setzen, skapjan scafjan schepfen* „*vakjan wachjan wecken* die schärfende und verhärtende Wirkung übte." — Wahrscheinlich gab es junge Jerierung auch im griechischen: Kuhn KZs. 11, 310 führt πτ in πτόλις usw. auf πj zurück. Es ist Assimilation

Nicht so häufig wie im slawischen und französischen erscheint Einschub des *j* nach der angenommenen Auffassung im italienischen *ruzzolare* (rotulare) *Forenza* (Florentum), vgl. portug. *gonçe* (contus?), prov. *lampreza* (lampreta), Diez Gr. 1³, 230. — Lat. *p* wird bei Jerierung lingual, einige Fälle aber stimmen mit dem deutschen: ital. span. port. *golfo* (κόλπος), ital. *soffice* (supplex), franz. *fresaie* (praesaga), *chef* (caput), *apruef* (a prope), *seif* (sepes). — Die romanischen Sprachen stimmen hier näher zum hd. als die nd. Sprachen, welche nur im mittelenglisch friesisch schwedisch dänisch Zetacismus der Gutturalen zeigen. Im alts. weist *antkiennian antkiendun* darauf hin, im heutigen englisch ist *p* vor *u* jeriert, in *pure* z. B.

Mit dieser Auffassung verträgt sich auch die verschiedene Chronologie der An- und Inlaute. Es gab ja keine germanischen *pj kj tj* im Anlaut. Inlaute allerdings. Und selbst wenn diess nicht der Grund war, weshalb die Anlaute bei ihrem Eintritt in die Verschiebung den Inlauten nachfolgten, so begreift sich doch dass die Veränderung der Aussprache erst den Inlaut traf, der in der Vorstellung weniger fest haftete und nicht durch Alliteration gestützt ward. Beim Zetacismus der friesischen *g* sehen wir gleichfalls den Inlaut jeriert, den Anlaut noch nicht. Im schwedischen und dänischen ist das

---

eingetreten wie bei ἐρέτjω. Tenuis hat sich folgendes *j* als Tenuis assimiliert, nur noch nicht als die derselben Lautgruppe. Zunächst wäre *κ* gelegen: aber *πκ* ist unerhört. Hier, bei einer Lautverbindung, könnte man glauben dass die Vorstellung, der zweite Laut sei vom ersten verschieden, tätig gewesen sei. s. oben p. 145.

Ein ähnlicher Fall zeigt sich im altspan. *aptuno* (auctumnus) oder im altport. *captela* (cautela): das consonantierte *u* wandelte bis zu *p*, um der folgenden Tenuis ähnlich zu werden, s. Diez Gram. 1³, 172. — In ἐρέττω und τέτταρες hat die Tenuis über die Spirans, in ἐρέσσω die Spirans über die Tenuis Macht bekommen. Ebenso in τέσσαρες, nur dass sie hier durch Annahme der fremden Articulation einen Schritt entgegen machen muste. — Und die Palatalen des Sanscrit fordern dieselbe Erklärung; s. R. v. Raumer Sprachwissenschaftliche Schriften p. 39 ff., G. Schulze Ueber das Verhältniss des *z* zu den entsprechenden Lauten (1867) p. 48, und vor allem Ascoli Corsi di glottologia 1, 42. 111 f.

umgekehrte Verhältniss bei den Tenues nur scheinbar: der Inlaut wird in der Regel erweicht. — Auch die *ch* des Ammianus Marcellinus haben vielleicht chronologische Bedeutung, Scherer GDS. 142. 472. Dass *k* den Anfang gemacht hätte wäre nicht unmöglich. Gerade wie im slawischen die Gutturalen nicht jeriert werden, weil sie im überlieferten Sprachzustande schon die Wirkungen der Jeriation, den Zetacismus, zeigen, s. Schleicher Zetacismus p. 96. 98. Auch würde damit eine Reaction stimmen, welche sich im oberdeutschen, besonders im alemannischen, schon sehr früh zeigt, Abwurf der Affrication, — und hauptsächlich dort, wo die Verschiebung sich mit der grösten Leichtigkeit zu vollziehen pflegt, also am frühesten eingetreten war, im Inlaut zwischen Vocalen. s. Weinhold Alem. Gram. § 208.

Nur die deutschen Tenues werden jeriert, nicht auch wie im slawischen die Medien: das ist sehr natürlich. Die Medien sind ja ganz junge Producte, welche zur Zeit als die Jerierung der Tenues begonnen haben muss, sich noch nicht aus den tönenden Affricaten herausgeschält hatten. — Aber ob es wirklich Tenues waren wissen wir nicht. Es können ebensogut Flüstermedien gewesen sein. Das griechische oder lateinische Alfabet hätte sie nicht anders als durch die Zeichen der Tenues geben können. — Dass fast keine Spur der Jerierung in unsern Denkmälern sich findet spricht nicht gegen unsre Annahme. Bezeichnet sie doch das litauische ebensowenig.

Die Verschiebung der got. Medien wird ebenfalls ein sehr bekannter Process sein. Wir haben gefunden dass got. *b* und *g* wahrscheinlich *bw* und *gj* waren. Die Affrication sollte entfernt werden. Sie verschwand aber nicht spurlos, sondern hinterliess den reinen Hauch. Die offene Stimmritze gefährdete natürlich den Stimmton der vorangehenden Media. So weit sehen wir das germanische auf dem Wege des altgriechischen, und das heutige indisch steht noch auf dieser Stufe, s. Brücke Wiener Sitzungsberichte der phil. hist. Classe 31, 221. Die **deutsche**

Verschiebung ist nur noch einen Schritt weiter gegangen, und hat den Hauch ganz abgeworfen, die Media aber nur geflüstert. — Da got. d zunächst dasselbe Resultat im ahd. zeigt — 'd. und dies auf die angegebene Weise sich erklärt, so sind wir genötigt seine Qualität im gotischen der des b und g gleich zu setzen, also durchweg d^4z^4. Abneigung gegen Affrication hat dann d^4z^4 zu d^4h getrieben, daraus ward 'd^4. — Der Weg von hier aus zu t^1 wird als Flucht vor vierter Articulation anzusehen sein. D^1 aber war noch nicht vorhanden, t^1 allerdings wie es scheint im gotischen, s. p. 128. Dass für unbeliebte Laute einer Articulation andre Stufen einer zweiten Articulation gesetzt werden kommt vor. Die Römer schrieben t für ϑ vor dem Cimbernkrieg, Corssen Aussprache 1², 29, die Romanen sprachen und sprechen t^1 für germanisch s^4. Dz^2, das die Franzosen aus lateinischem g und j — im letzteren Falle gotischem ddj vergleichbar — hatten hervorgehen lassen. sprachen die Deutschen im 12. 13. Jh. nicht nur als ts^2 aus *Tschofreit tschustes*, sondern auch als ts^1, *tsost zoist*, Tirol und Friedebrand, Zs. 1, 13 F. — Und polnische z^3 werden die Deutschen wol gewönlich durch s^2 widergeben. — Die Priorität der Inlaute erklärt sich psychologisch wie oben p. 148.

Zum Teil dieselben Worte, welche bei der germanischen Verschiebung d für altarisch t zeigen, sind auch hier den übrigen got. d um einen Schritt voran. Das wird Bequemlichkeit der Aussprache sein: in häufig gebrauchten Wörtern wie *got mót fadar módar* fing man bald an in der Affricata d^4z^4 statt z^4 bloss einen mässigen Hauch zu brauchen und gelangte dadurch früher zu t.

Germanisch s^4 ward seiner Articulationsweise wegen nicht eher angefeindet, als bis es sich, zuerst begreiflich im Inlaut, erweichte, und mit dem Vorschlag versehen hatte. Ganz wie f im Inlaute als v und b erscheint, s. Scherer GDS. 70 und Rumpelt Gram. 326. Das Zeichen b wird bw vorstellen, denselben Laut, den wir oben p. 132 für das andere b, die sächsische Entsprechung des got. b, vermutet haben. Inlautend got. $b = bw$ wäre also allmälig reine Spirans geworden, inlautend got. f hätte sich erst zur tönenden Spirans erweicht, sich dann die Media vorgeschlagen und diese zugleich mit bw = got. b abgeworfen. — Im hd. behielt f anlautend durchweg seine Qualität, und gelangte im Inlaut auch nur ausnamsweise über w und bw zu b. Diese verzögerte, hinter der Verschiebung von got. d zurückbleibende Bewegung des f erklärt sich z. T. wenigstens aus der Beliebtheit seiner Articulationsstelle, im Gegensatz zur vierten dentalen. Dasselbe gilt vom got. h. Doch geht es schon früh wie gh im Sanskrit in den reinen Hauch über.

Nur die Spiranten zeigen Neigung in tönender Umgebung sich zu erweichen. Natürlich: die Tenues waren durch Jerierung in andre Bahnen gedrängt. Auch ist was s und z betrifft das deutsche Ohr gegenwärtig viel nachsichtiger als gegen Verwechselung von Media und Tenuis.

Durch den Vorschlag eines d war aus der einfachen erweichten Spirans z eine Africata geworden, eine Lautverbindung welche die Sprache schon einmal beseitigt hatte. Auch jetzt ward sie beschwerlich empfunden, zunächst im Inlaut. Durch Abwurf des z beseitigte man sowol die anstössige Articulation als die unbeliebte Combination. — Dass germ. s^4 aber nur bis $'d$ gelangte, nicht bis t, wird in der verschiedenen Qualität des Vorschlags seinen Grund haben. Bei got. d wurde d^4 vorgeschlagen, hier schon d^1, also $s^4 - z^4 - d^1z^4 - d^1h - {'d}^1$. Es entsteht Flüstermedia, wie aus altar. germ. bw gj geflüstertes b und g. Die Behandlung durch das notkersche Gesetz zeigt das deutlich. Im dänischen und schwedischen ist der Process noch weiter gediehen. Im Anlaut entspricht altem th heute t, welcher Articulation? Eine Rückkehr zum altarischen Stand.

Es gab somit nicht Eine Tendenz der hd. Verschiebung sondern mehrere: Jerierung und Assimilation, Abwurf der Affrication, Erweichung tonloser Spiranten, Aufgeben der vierten dentalen Articulation. Die daraus entstandenen Bewegungen waren zum Teil Erleichterungen, zum Teil Erschwerungen der Spracharbeit.

Durch die Möglichkeit dieser Erklärung gewinnen wir einen Anhaltspunkt für die Chronologie. Weder gleichzeitig mit Verschiebung des got. d, noch früher kann die Verschiebung des got. th stattgefunden haben. In beiden Fällen hätte das aus got. th entstandene dz^4 denselben Weg mit dem andern einschlagen müssen, welches wir got. d gleichgesetzt. Da wäre nicht zu begreifen warum d^4z^4 (= got. d) zu t hätte greifen müssen, wenn d^1 in d^1z^4, das seine Affrication eben auch abgeworfen hatte oder abwarf, bereit gelegen hätte. Ein anderer Anhaltspunct sind die verschobenen Tenues in gotischen Namen, Dietrich Aussprache p. 80, — und vielleicht die ch bei Ammianus Marcellinus. Dass ch bei ihm nur nach i, bei Cassiodor auch nach andern Vocalen erscheint, Dietrich Aussprache p. 83, ist bemerkenswert. — Demnach entstehen zuerst die affricierten Tenues, dann die beiden Flüstermedien 'b 'g und t, schliesslich die Flüstermedia 'd. — Unter den Tenues könnte k den Anfang gemacht haben, s. oben p. 149 und *tunikha*, den Schluss p, das so selten jeriert wird. — Die Priorität der Tenues aber ist keinesfalls notwendig, ihre Verschiebung hätte ebensogut während oder nach den andern Verschiebungsarten statt haben können. Allerdings die Jeriation muste aufgehört haben, als das neue t sich aus got. d bildete.

Da die Resultate der ersten Lautverschiebung denen der zweiten gleich oder ähnlich sind, so ergibt sich ein Vorurteil für gleichen oder ähnlichen Vorgang. Der dritte Process hat sich erst in der hd. Verschiebung vollzogen. Der erste und der zweite können durch Jerierung erklärt werden, wie der erste Act der hd. Verschiebung. Altar. p k t waren zu pj kj tj geworden, dann wie im hd. und über das hd. hinaus zu Affricaten und durch Assimilation zu Spiranten. Ob zu einfachen oder gedoppelten geht nicht aus der gotischen durchweg einfachen Schreibung hervor. Sie mochten ihre Spiranten von doppelter Zeitdauer continuiert aussprechen, die Tenues und Liquiden mit doppeltem Ansatz, s. oben p. 128.* Es wäre aber auch gar nicht auffällig, wenn sie die Spiranten verkürzt hätten, wie es im griechischen geschah ποδσί ποσσί ποσί, — und mit φατί φησί, λύοντι λύουσι wird es sich wol nicht anders verhalten, böotisch λύωνθι zeigt noch den Gang, Ahrens De g. l. dial. 208. Das lateinische f für altarisch p^1f^1 b^1w^1 d^4z^4 ist gleichfalls ein einfacher Laut. Im französischen sind die z in *raison* und *misère* gleich lang, ebenso die s in *soeul* und *ciel cc*, auch die aus verschiedenen Palatalisierungen hervorgegangenen *ch* scheinen nicht länger zu dauern als andere Spiranten. Im slawischen wird g vor e i und vor j zu einfachem z.

Die Verschiebung der altar. Medien kann nicht gleich sein mit dem zweiten Process der hd. Verschiebung. Wären altarisch b g j eher afficiert worden, bevor sie zu gotischer Tenuis oder Flüstermedia gelangten, so wäre es unverständlich wie die alten Mediae affricatae sich erhalten hätten. Es wird nur ein ähnlicher Vorgang sein. Nehmen wir Jerierung an, so begreift sich, dass, wenn sie wegfiel, der Hauch als Ersatz eintrat und den Medien den Stimmton entzog. Ausser der armenischen Analogie, Scherer Zs. f. öst. Gymn. p. 653, gibt es auch eine in einem neuindischen Dialekte, Kzs. 11, 304, möglich wie schon erwähnt dass got. p k t nur Flüstermedia bedeuten. Trat nun wider jerierende Aussprache ein, so verstärkte sich der Verschluss, wie im alts. z. B. germanisch dj zu td wird. — Die Jerierung des g gibt nicht den Laut, welcher im zweiten Act des hd. Processes verschoben wird, g^2j^2, sondern g^2j^1. Wenn wir statt der Buchstaben die wahrscheinlichen Lautwerte einsetzen und durch Striche Bewahrung des früheren Lautstandes bezeichnen, so erhalten wir folgendes Bild der ersten und zweiten Verschiebung

altar.	p^1	k^2	t^4		b^1	g^2	d^4		b^1w^1	g^2j^2	d^4z^1
got.	f^1	χ^2	s^4		ʽb^1	ʽg^2	ʽ$d^{1.3}$		—	—	—
ahd.	—	—	ʽd^1		p^1f^1	$k^2\chi^2$	t^1s^1		ʽb^1	ʽ$g^{1.2}$	t^1

Die erste Verschiebung ist noch nicht beendet als die zweite beginnt. Die erste Verschiebung ist in der zweiten

Columne beinahe identisch mit der zweiten Verschiebung dritter Columne. Dieser Act der zweiten Verschiebung fällt also nach dem 4. Jh., ja für viele germanische Sprachen hat er sich heute noch nicht vollzogen, wenn Uebergang der Media affricata in Media die einzige Formel dafür ist.

Die Ausname *fadar*, in der Labialreihe beinahe die Regel, reiht sich leicht in die gezeichnete Entwicklung ein. Einige Tenues im Inlaute haben sich, als sie in Folge der Jerierung afficiert worden waren, erweicht, mit Stimmton versehen. Aus fat^4s^4ar wurde fad^4z^4ar in gotischer Schreibung *fadar*, welches dadurch erst im zweiten Act der hd. Verschiebung seinen Weg fortsetzen konnte: — fat^4s^4ar — fad^4z^4ar wird vom Normalstand der arbeitenden Sprachorgane nur Erleichterung der Aussprache sein. s. Arendt KSBeiträge 2, 305.

Die germanischen Verschlusslaute wären nach der gegebenen Hypothese zweimal zu Affricaten und Spiranten geworden, — nicht bloss bei den hd. Stämmen: bei den Friesen Scandinaviern Angelsachsen sehen wir dasselbe. Nur in geringerer Ausdehnung und mit anderer Assimilation. — Sie stimmen hierin unter den europäischen Sprachen mit dem slawischen und litauischen. So altsl. *s* für altar. *k*; altsl. *z* für altar. *g gh*, lit. *sz* für altar. *k*, lit. *ż* für altar. *g gh*. Für diese Entsprechungen erlaubt der überlieferte Sprachzustand nicht die mechanischen Wirkungen benachbarter Laute zu erkennen. Auch stehen diese slaw. lit. Verschiebungen von dem ursprünglichen weiter ab als eine Reihe von Fällen, in denen nachweisbar *j* oder palataler Vocal die Qualität des vorangehenden Consonanten alteriert hat. So altsl. $k - č\ c$, $g - ż\ z$. Die litauischen Fälle bezeichnet die Schrift nicht. Dieser Zetacismus ist aber jünger als die Uebergänge von altar. *k g gh* in altsl. *s*, *z*, lit. *sz ż*, da diese altsl. lit. *s sz* in der Regel altindischen und altbaktrischen *ç* entsprechen, Schleicher Beiträge 1, 110, die andere Literatur bei J. Schmidt Verwantschaftsverhältnisse p. 10. Im polnischen stimmen sie sogar phonetisch genau. Sanskrit *ç* war wahrscheinlich s^3, Brücke Grundzüge 80. Dieselbe Qualität hat das polnische *s'*, so dass z. B. in dem Worte *wies'* (vicus) altsl. *visi* sich die Qualität der Spirans wie in der Sanskritwurzel *vič* erhalten hätte, — wenn sie nicht erneuert worden ist. So dass wir die Proportion gewinnen: altsl. *c, č:* altsl. *s* (aus altar. *k*) = ahd. *tz:* got. *th* = ahd. *cch:* got. *h* = ahd. *pf:* got. *f*. — Schon die Beschränkung der Fälle auf Gutturale, denen das verwante *j* sich leichter anschliessen konnte, als andern Lautstufen, empfiehlt die dentalen Spiranten für gutturale Verschlusslaute ähnlich zu beurteilen wie die Fälle der deutlichen Palatalisierung. Das französische und polnische liefert die Analogie für umfangreiche Jerierung durch neue Jot, letzteres und die neueren indischen Sprachen für den zweimal eintretenden Process. Die alten Sanskritpalatalen sind nicht mehr unmittelbar verständlich, im Prakrit, im Pali sehen wir neue aus Verbindungen mit organischem *j* hervorgehen, Schleicher Zetacismus 59 ff. — Im Sanskrit selbst ist *ç* eine ältere Bildung als *k'*: nur jenem entsprechen die altsl. und lit. *s sz*, s. Bopp Vergl. Gram. 1², 39. Die Zwischenstufe, über welche die palatalen Verschlusslaute ihren gegenwärtigen Lautwert erreicht haben, ist in einigen *ks* für *kj* erhalten: andre *kj* und *gj* sieht man unmittelbar zu *k' g'* werden, Kuhn Kzs. 11, 309. Das umbrische hat hier einen Schritt weiter getan: *k* vor *i* wird zu *ç*, — das ist jedesfalls auch eine Dentalspirans, — wie es ja auch *ts* zu *s* getrieben. Ob es Doppelconsonanten waren oder einfache kann man nicht wissen. — Im französischen haben sich die Formeln *ce ci* ebenfalls weiter von *k* entfernt, als die Formel *cha*. lat. *ca*.

Die gegebene Erklärung der hd. Verschiebung ist eine rein äusserliche. Die zu Grunde liegenden Seelenbewegungen wären noch zu erforschen. Ein Weg sie zu finden ist die ausschliessende Diagnose. Erleichterung der Aussprache ist nicht das angestrebte Ziel, — und es ist auch nicht Einwirkung der Aussprache eines fremden Volkes. — Die Ursache für die Veränderung der germanischen Lautform in dem Verkehr mit den Slawen und dem historisch helleren mit den Romanen zu sehen liegt nahe genug. Die Uebereinstimmung mit den romanischen Sprachen zeigt sich im Vocalismus und Consonantismus, s. oben über den Vocalismus einer aus Goten

Burgunden Langobarden Cherusken Salfranken Niederfranken bestehenden Gruppe p. 61 ff., — und von den auffallenden Parallelen in Alterierung des alten Consonantenstandes war eben die Rede. Die germanischen Völker ferner, deren Lautstand dem romanischen am nächsten steht, sind gerade die Nachbarvölker, oder haben sogar mit Romanen dasselbe Land bewohnt: so die Langobarden, die Germanen des Zehntlandes, die Burgunder, die Salfranken.

Aber wie soll man sich eine Einwirkung der einen Sprache auf die andere durch den Verkehr des täglichen Lebens vorstellen? Daraus dass ein Volk in seiner Sprache gewisse Laute braucht oder begünstigt, lässt sich nicht begreifen, weshalb ein benachbartes oder ein mit dem ersten dasselbe Land bewohnendes Volk in seiner Sprache die fremden Laute oder Quantitäten nachahmen sollte. Mag auch jenes Volk das herrschende oder das gebildetere sein, es bleibt vollkommen unklar, wie die Tatsache, dass der Franzose *haut butte* sagt, auf die andere Tatsache, die niederländische Aussprache *woud stük*, eingewirkt habe. Bei Articulierung der erwähnten ndl. Worte muss die Erinnerung an die früher gehörten Worte *wald stuk* doch stärker gewesen sein als die Vorstellung, dass in Wörtern, welche dem Laute wie der Bedeutung nach weit abliegen, von Fremden *ü* und *o*, früher *ou*, gesprochen werde. — Denkbarer wäre die Einwirkung eines Volkes auf das andre, wenn das erste die Sprache des zweiten im Verkehr erlernte, aber nach dem Normalstand und den Normalbewegungen seiner Sprachorgane fehlerhaft widergäbe. Eine solche barbarische Aussprache könnte, wenn das erste Volk das herrschende oder das gebildetere war, doch von dem zweiten als eine vornehmere Art zu reden angenommen werden. Wenn das zweite Volk zerstreut lebte oder überhaupt in der Minorität war, so genügte auch das Uebergewicht der Fälle, in denen fehlerhafte Aussprache eines Wortes vernommen wurde, um deren Vorstellung bei jedem neuen Gebrauch des Wortes hervorzurufen. Deutsche, welche lange unter deutschredenden Ungarn Polen Südslawen gelebt haben, machen — nicht immer ganz unbewust — die fremde Aussprache zu der ihren. Es liesse sich vorstellen dass siegreiche Barbaren zwar die Sprache eines civilisierteren Volkes angenommen, ihm aber die eigene Aussprache aufgedrungen hätten: — oder auch dass das unterworfene Volk die Sprache des Siegers sprechen muste, seiner Bildung oder seiner Anzahl wegen wäre dann diese fehlerhafte Aussprache von dem roheren Sieger nachgeahmt worden. — Aber im Verkehr zwischen Romanen und Germanen hat nichts ähnliches stattgefunden. Die Langobarden haben allerdings die Römer besiegt und deren Sprache angenommen. Aber der römische Zetacismus ist viel älter: er stammt mindestens aus dem 2. Jh. Der zweite Fall ist wie wir wissen nicht eingetreten. — Es wäre aber immerhin möglich dass die Römer in Alemannien und im langobardischen Herzogtum im Verkehr mit den Barbaren deutsch gelernt hätten, die Art und Weise wie die zweite Landessprache von den Gebildeten gesprochen wurde, hätte dann die Aussprache der Sieger beeinflussen können. Möglich: aber was die Consonanten anbelangt, ist es bestimmt nicht geschehen. Die Italiener haben keinen labialen Zetacismus und nur Spuren von Jerierung durch neues Jot, s. oben p. 148. Im langobardischen sind die germanischen Tenues aber schon vollkommen verschoben. Die labialen Anlaute, welche das germanische entbehrt, zeigen deutlich dass es ein germanischer Process ist, wenn die römischen *porta palatium* afficiert werden. — Doch haben vielleicht die italienischen Fälle des Zetacismus vor *j* und hellen Vocalen den Anstoss gegeben, der dann zuerst in derselben Lautgruppe, später bei andern Tenues nachgewirkt habe. Die Italiener hätten, weil sie oft *tj kj* in ihrer eigenen Sprache zu articulieren gewohnt waren, daraus bei ihren Versuchen sich deutsch auszudrücken ein System gemacht. Man kommt auf unannembare Folgerungen. Denn es ist schon in einer und derselben Sprache unbegreiflich, wenn in den Formeln *tj ti te* Zetacismus eingetreten ist, warum diese Tatsache die Formeln *ta to tu* in ihrer alten Articulation irre machen sollte. *Tj* und *ts* unterscheiden sich von *t* doch mindestens ebenso sehr als Media von Tenuis, tönende von tonloser Spirans, offenes von geschlossenem *e*. Es müste nur eine besondere Abname des Gehörs und des Verstandes auch sonst bei dem Volke, in dem sich solches ereignet hat, wahrzunehmen sein.

Dasselbe ergibt sich, wenn man versucht in dem Resultate des romanisch-germanischen Verkehrs die Motive der mittelenglischen Aussprache zu erkennen. Man sieht sofort die verschiedenen Sphären des Zetacismus in beiden Sprachen, und dieselbe Lautveränderung im benachbarten Friesland und Scandinavien kann unmöglich von England stammen.

Im spanischen fällt auf s^4 und j^2, altgermanische Consonanten. Die Aehnlichkeit wird vermehrt durch das hier am längsten währende s des Auslauts. Aber es ist nicht zu begreifen, warum die Goten ihr s^4 gerade für lat. *ti ci* verwendet haben, nicht für *sa so*. *J* hat man lange mit derselben Berechtigung arabischem Einflusse zugeschrieben als gotischem, bis man erfuhr dass der Laut zu Cervantes' Zeit noch nicht existierte, Romanisches Jahrbuch 5, 107, Diez Gr. 1³, 371.

B für *w* in der Mundart der Gottscheer, der sette communi, einiger deutscher Colonien in Ungarn und Siebenbürgen findet sich auch in der deutschen Aussprache der Slovenen. Aber ist es nicht vielleicht eine altmodische Aussprache, welche im 15. Jh. in vielen Gegenden Baierns und Oesterreichs üblich gewesen war?

Und was sollten englisch niederländisch *ai ei* für *i* mit dem hd. Diphthongen zu tun haben, oder englisch *wind round* mit ruhlaisch *wäind jåungk*, Regel die Ruhlaer Mundart p. 15.

Aber es handelt sich darum den speciellen Charakter der nfr. Lautverschiebung zu erfassen.

Es gab ausser der geschilderten noch zwei Arten der hd. Verschiebung. a) Die eine besteht in der Bildung der Dentalmedia aus d^4z^4 und s^4 im alts. und nfr., Vorgänge welche den beschriebenen Uebergängen von got. d^4z^4 zu t^1, des got. s^4 zu ʼd^1 nur ähnlich sind. — b) Die zweite umfasst auch die Verschiebung des Tenues, hat aber ihren Ursprung nicht in sprachlichen Neigungen und Bedürfnissen und kann als eine Culturübertragung bezeichnet werden.

a) Got. d, nach unserer Anname d^4z^4, wird alts. schon früh zu d geworden sein. Die alts. Denkmäler bieten nirgends d für d mit solcher Consequenz, dass man an etwas anderes als an Schreibfehler denken dürfte. Während die alts. Entsprechung für got. b noch b ist, an dessen Stelle öfters v tritt. Der Weg, welchen d^4z^4 eingeschlagen hat, muss, da die heutige tönende Media wol als die ursprüngliche gelten darf, ein anderer gewesen sein als jener, welcher zu den süddeutschen 'd und t geführt hatte. Also einfacher Abwurf der Affrication ohne ersetzenden Hauch und Wechsel der Articulationsstelle. über gelegentliche Ausnamen s. unten. Die Niederdeutschen sind der Aspiration weniger zugetan als die Hochdeutschen. Die Westfahlen sprechen gegenwärtig k mit Kehlkopfverschluss, Scherer Zs. f. öst. Gymn. p. 639. — Auf diese noch zur germanischen gehörige Verschiebung folgte der Uebertritt des s^4 in d wahrscheinlich über z^4 d^1z^4: da sonst, wenn bloss die Articulationsstufe anstössig gewesen wäre, der Weg zu s^1 und z^1 näher gelegen hätte, den das nordhumbrische z. B. gleich dem dorischen Dialekt wirklich eingeschlagen hat. Auch die Bezeichnung des Lautes durch eine Differenzierung von d spricht für Affrication. — Dann muss aber die Verschiebung der Dentalspirans, s. p. 151, beträchtlich später fallen als die der altar. Media affricata, da der vorher entfernte Laut dz von neuem gebildet wurde. Nach Liquiden wird die Verschiebung einen kürzeren Weg eingeschlagen haben: wahrscheinlich s^4 z^4 d^4, da schon im gotischen nach n zuweilen d für th steht und im alts. nach l und n, bei Isidor nach l n r. — Auch die gotische Labialspirans wird wenigstens im Inlaut verschoben. Das ist mit Stimmton und verschliessendem Vorschlag versehen, wodurch sie sich mit der gröstenteils unverschobenen altarischen Media affricata begegnet. — Dass die got. Tenues daneben unverschoben erscheinen ist nicht auffallend. Konnten wir doch oben keinen inneren Zusammenhang zwischen dem ersten und den zwei folgenden Verschiebungsacten erkennen: *antkiennian* und dgl. sind wol nur die ersten Anfänge des friesischen Zetacismus.

Aehnlich verhält es sich im nfr. Auch hier ist altarisch d^4z^4 schon d geworden: got. s^4 hat schon in den ältesten Denkmälern denselben Weg eingeschlagen, ihn aber erst mit dem 12. Jh., also viel später als die oberdeutschen und die hd. fränkischen Dialekte vollendet. Altar. *bw* ist wie im alts. hinter altar. d^4z^4 zurückgeblieben: in den ältesten Dm., s. I, findet sich noch inlautend *b*. Doch erhält sich der Verschlusslaut nicht lange. So dass altar. d^4z^4 und got. s^4 seit dem 13. Jh. in d verschmolzen sind und inlautend altar. *bw* und got. *f* durchaus mit *v* widergegeben werden schon seit dem 11. Jh. Altar. *gj* scheint auch im Anlaut spirantische Aussprache gehabt zu haben; s. die Fälle in I II III V VII.

Als eine blosse Assimilation ist im nfr. wie im mnl. jenes *t* für got. *d* und *th* aufzufassen, welches bei Synkopierungen zu entstehen pflegt: *goitz gelts raitz overmitz mochte brechte bedorte begeerte* (subst.) *gewoenten* (subst.) *vurgenanten*, oder bei Verdoppelung des Lautes: *rittere*, s. Gr. 1⁴, 419.

b) Aber bis in die nördlichsten Provinzen unseres Dialektes sehen wir die Verschiebung zunächst der Tenues und des aus altar. *dz* entstandenen *d* von Jh. zu Jh. vordringen, schliesslich auch die hd. *b* über die inlautenden *v* den Sieg davon tragen. Als lautlicher Process vollkommen unbegreiflich. Wie konnten die mit den got. s^4 zu einer einförmigen Masse dentaler Medien verschmolzenen altarischen d^4z^4 wider erkannt und zu *t* getrieben werden? Und was erklärt die Verschiebung der Tenues? — Hatten wir oben recht Jeriation als die Grundbedingung der neuen Tenues affricatae zu betrachten, so müsten hier, wo der Lautwechsel sich gleichsam vor unsern Augen vollzieht, Spuren dieser veränderten Aussprache erscheinen. Ebensowenig finden wir Verdoppelung oder Aspiration der Tenues angedeutet, oder Uebergänge der Formeln *ph th* in *pf z*. — Auch die Chronologie der verschobenen Tenues ist eine andere als der lautliche Vorgang erfordert und die Geschichte der zweiten Verschiebung bei den Goten zeigt. Die Priorität des *k* bei Ammianus Marcellinus, s. oben p. 152, liesse sich begreifen, ist aber zweifelhaft. Abgesehen davon erscheint *z* und *ch* fast gleichzeitig für *t* und *k*: doch wird dem *tunihha* wol kein Wort wie *zunica gegenüberstehen: — aber noch keine Spur von verschobenem *p*. Nach der angenommenen Hypothese begreiflich. Im nfr. aber geht *k* dem *t* entschieden voran, *p* hat eine etwas wechselnde Stelle, bald vor, bald nach *k* und selbst nach *t*.

Die Tatsachen erklären sich, wenn man für die Verschiebungsprocesse im nfr. mit Ausname der Umwandlung gotischer s^t in *d* ein von der hd. gänzlich verschiedenes Princip aufstellt, und in ihnen nur die Einwirkungen der schon vollzogenen hd. Verschiebung erblickt. Anähnlichung an die hd. Schriftsprache, wie sie uns bereits in den vereinzelten *uo* für nfr. *ô* und *û* entgegengetreten war, s. Nachträge zu p. 89 und wie wir sie im 15. Jh. in der Adoptierung des gesammten hd. Vocalismus kennen lernen werden, s. unten XI.

Als eine Form der Culturübertragung charakterisiert sich die nfr. Verschiebung vor allem durch den Umstand, dass es die Kanzleien sind, welche vorangehen, dass die Sprache der Literatur mitunter sehr beträchtlich zurückbleibt, s. die Hagensche Kölner Chronik, die Neusser Chronik des Wierstraat, während die gesprochene Rede des Volks wird noch mehr am Alten festgehalten haben. Bei der Bildung der romanischen Sprachen haben dagegen Eigentümlichkeiten der Volkssprache allmälig allgemeine Geltung erlangt.

Auf dasselbe weist die Chronologie der nfr. Verschiebung, die jene Abfolge der einzelnen Processe zeigt, welche die psychologische Betrachtung des Vorganges erfordert.

Wenn die Autorität eines Dialektes durch die Sprache eines benachbarten mächtigern oder gebildeteren Stammes erschüttert wird, so zeigt sich dass die Sprachelemente des unterliegenden Dialektes mit verschiedener Festigkeit im Gedächtniss der Sprechenden haften. Zwei Gruppen von Wörtern bleiben hinter der allgemeinen Umformung der Schriftsprache und des offiziellen oder gebildeten Verkehrs zurück. Erstens Namen und technische Ausdrücke, da hier entweder die Verschiedenheit der dialektischen Formen als materiell, nicht formal gefasst wurde, oder weil der siegende Dialekt den Namen oder den technischen Ausdruck nicht hatte, oder weil — bei Namen und Rechtsausdrücken wird dies mit in Betracht zu ziehen sein — die Wichtigkeit des bezeichneten ein Vorurteil für die unveränderte Bewahrung der Form erweckte. Einem entgegengesetzten Princip scheint die zweite Gruppe ihre Sonderstellung zu verdanken. Es sind gerade Wörter von formaler Function — Pronomina, Praepositionen, das Verbum substantivum, häufig gebrauchte Verba überhaupt. Wenn ein Oesterreicher schriftdeutsch spricht, so wird es ihm leicht entschlüpfen *i* zu sagen für *ich*, *is* für *ist*, *nim* für *nehme*, *derf* für *darf*, *sein* für *sind*, — *gangen* für *gegangen*, *segen* für *sehen* wird ihm nicht in den Mund kommen. Aber es ist offenbar nicht die geringere Wichtigkeit dieser Wörter, welche sie dem Gedächtniss tiefer eingeprägt hat, sondern ihr häufigeres Vorkommen. — Damit ist nicht eine durchgehende Proportion zwischen dem grösseren oder geringeren Gebrauche der Wörter und ihrer lebhafteren oder lässigeren Beteiligung an dem Lautwandel bewiesen. Man kann nur sagen: besonders häufig gebrauchte Wörter widerstehen einer zugemuteten Veränderung länger als die Masse der übrigen. Diese verwandelt sich entweder auf einmal oder nach andern kaum ergründbaren Gesetzen; die Hs. des Servatius z. B. bietet *ich sich unghemach* neben *waken -liken sprak*.

Aber die Adoptierung der fremden Aussprache erfolgt nicht allein auf diese empirische Weise. Wären nur die in Verkehr mit den Hd. gehörten oder die in hd. Schriften gelesenen Wörter nach den Graden ihres Vorkommens aufgenommen worden, so könnten nicht Formen wie *ziden* oder *tidlich* vorkommen. Die hd. Sprache ungebildeter Norddeutscher des Mittelalters wie der Gegenwart lehrt uns dass der geänderten Sprache Vorstellungen von Gesetzen zu Grunde liegen, welche aus dem hd. abstrahiert waren. Wer ein nie gehörtes *durziltûbe* oder *trepfe* sagt weiss dass im hd. häufig statt nd. *t z*, statt nd. *p pf* gesprochen wird. Diesem Principe steht die Gewonheit gegenüber, deren Festigkeit von dem Vorkommen des zu verschiebenden Consonanten abhängen muss. Am spätesten werden demnach verschoben werden die in der gesprochenen Rede am häufigsten erscheinenden Laute, am frühsten die seltensten.

Die Quantitätsverhältnisse der gehörten und gesprochenen Laute hängen vom Stil ab. Man kann ihn nicht genügend kennen lernen aus den wörtlichen Uebersetzungen des germanischen Altertums, obwol die grösseren Differenzen sich auch aus Ulfilas und Tatian erkennen lassen. Genauere Auskunft ist, da volkstümliche Prosa sich nicht erhalten hat, aus den poetischen Denkmälern zu gewinnen, obwol der pathetische Ausdruck auch hier gewiss die massgebenden Zahlen alteriert haben wird.

Aber wenn man die nfr. Verschiebung unter diesem Gesichtspunct betrachten wollte, so dürften nicht alle jene in einer Partie des Heljand vorkommenden Consonanten gezählt werden, welche in Alemannien verschoben worden wären. Das nfr. richtete sich nach einem hd. Lautstand, der keine Ansprüche machte *pf* im Anlaut, oder *kch* irgendwo an die Stelle der Tenuis zu setzen. — *B* im Anlaut, *g* im An- und Inlaut müste gleichfalls wegfallen. — Wollte man ferner für einen andern Dialekt als den nfr., in welchem man die Verschiebung des got. *th* für einen lautlichen Process ansehen muss, untersuchen, ob die Verwandlung des got. *th* in *d* als ein lautlicher oder ein socialer Vorgang zu verstehen sei, so müste man um die Zahlen der unverschobenen Sprache zu erhalten, von allen *th* nach Liquiden absehen, da hier die Wahrscheinlichkeit eines selbständigen, vom hd. Muster unabhängigen Vorgangs zu gross ist.

Nach Heljand 1—225, in 1580 Worten, wird die Festigkeit, mit welcher die der nfr. Verschiebung ausgesetzten Consonanten im Gedächtniss hafteten, somit die Sicherheit im Gebrauche dieser Laute und der Widerstand gegen eine veränderte Aussprache durch folgende Zahlen ausgedrückt, denen ich auch in Klammern den Wert für *th* beifüge.

	p	g	b	k	t	d	(th)
H.	12	34	42	62	163	409	(> 309)

Aehnliche Verhältnisse ergeben Otfried, Anno, das Nibelungenlied, wenn man den Lautstand vor der Verschiebung annimmt. O. III, 2. 4. 6. 8, 1 — 36 = 1580 Worte, Anno 1 — 310 = 1580 Worte, Nib., die ächten Strofen von 1 — 108 incl. = 1580 Worte. Ich füge noch trotz des geringen Umfanges die Zahlen des Hildebrandsliedes (436 Wörter) und des Ludwigsliedes (419 Wörter) hinzu

	p	g	b	k	t	d	(th)
O.	11	19	61	67	191	302	(< 362)
A.	24	38	54	57	153	313	(< 326)
N.	9	20	48	65	110	278	(> 268)
H.	3	8	20	24	40	105	(> 77)
L.	2	19	15	19	21	87	(> 78)

In dem lyrischen Stück O. III, 1 (= 409 Worte) entsprechen die Zahlen

p	g	b	k	t	d	(th)
2	1	13	35	41	86	(> 71)

Der schwächer befestigten Gewonheit kann aber zu Hülfe kommen die geringe lautliche Differenz zwischen dem alten und dem neuen Laute. G^2 und j^2, g^1 und j^1, b und v stehen dem Laute nach nicht weit von einander ab, und können so nahe bei einander articuliert werden, dass der Unterschied fast verschwindet. Das Ohr gebildeter Mittel- und Norddeutscher ist heute wenig empfindlich für den Abstand zwischen g^2 j^2 und sogar χ^2; in der italienischen Aussprache stehen v und b sich sehr nahe, s. Rumpelt Natürliches System 149. Wurde im Auslaut für g wirklich χ gesprochen, so stand dieser Laut wie euphonisches *f* allerdings weit ab vom hd. euphonischen *k* und *p*. Aber die Nähe der entsprechenden Inlaute, sowie die Seltenheit der Fälle — Hel. 11 euphonische *f*, O. 10, A. 9, N. 9, — H. 4, L. 7 — O. im lyr. Stück 2 — genügt die ausbleibende Verschiebung zu erklären.

Die Consonanten zeigen viel mehr als die Vocale das Bestreben dem hd. nachzuarten. *Uo* dringen allerdings ins nfr. ein, aber nie consequent, und doch war der lautliche Abstand von *ô û oi ui* sehr bedeutend. Die Vocale des nfr. waren eben noch in der Gewalt der Tonsteigerung. Im 15. Jh. hatte sie nachgelassen, und die hd. *ei au* erhalten Kraft über die nfr. *î û ou*. — Auch im gegenwärtigen meklenburgisch wird eher ein hd. *ch* oder *z* entlehnt als ein hd. Vocal. Im 10. Capitel von F. Reuters Dörchläuchting. 1867, p. 191 — 199 Absatz, kommen einige *ch* und *z* vor, s. unten, aber kaum ein hd. Vocal ausser bei entlehnten Wörtern. — Das ist nicht auffallend, die Vocale sind tonstärker als die Consonanten und haben sich dem Gedächtniss fester eingeprägt. Die Erinnerung an sie haftet auch bei Aphasie und Agraphie länger als die Vorstellungen der Consonanten, s. Medicinische Wochenschrift, Wien, 1872 p. 762.

Die Häufigkeit der Fälle befestigt demnach nicht die Gewönung an eine fremde Aussprache. Im Gegenteil. Aber ein Minimum von Fällen ist nötig die Anziehungskraft der neuen Consonanten zu entbinden. Nicht als ob die Kraft, mit welcher die Verschiebung auftritt, der Anzahl der Fälle proportioniert wäre. Dann wäre die Verschiebung gleichzeitig eingetreten oder sie wäre nicht möglich. Die am wenigsten befestigten Laute würden am schwächsten angegriffen, die am meisten bedrohten aber fänden wider die stärkste Verteidigung. Und ein Blick auf IV V VI lehrt dass die Verschiebung der so häufigen Pronomina und Adverbia am langsamsten zum Ziele gelangt sei; s. p. 162. Die Kraft der Verschiebung kann allen Lauten gegenüber nur als eine gelten, müste durch denselben Wert ausgedrückt werden, der natürlich dem höchsten der Widerstände überlegen wäre. Aber damit dem Niederfranken zum Bewustsein komme, hier hat der Laut der besseren, der richtigeren, der schöneren

Sprache einzutreten, muss eine genügende Anzahl von Erfahrungen über den fraglichen hd. Laut voraufgegangen sein. Hätte das hd. ein einziges *pf*, das nfr. ein einziges *p*, so könnte dem Niederfranken beim besten Willen hd. zu reden, nicht bekannt sein, dass auch in diesem einzigen Falle das hd. einen andern Laut verlange. — Die verschiebende Kraft ist an einen Percentsatz der verschoben gehörten Consonanten gebunden. Ist dieser erreicht, wirkt sie gleichmässig. Das Resultat hängt also nur von dem Widerstand ab, welcher der Häufigkeit der unverschobenen Consonanten proportioniert ist. Bei *p* ist er demnach allerdings sehr gering, aber die verschiebende Kraft existiert in ihrer sonst constanten Intensität noch gar nicht, sondern äussert sich nur in einzelnen unsicheren Impulsen. — Der lautliche Vorgang wird nicht in allen Individuen und nicht in allen Stämmen derselbe sein. Dem einen kann es klar sein, dass sein gewontes *p* ein Provincialismus sei, dem zweiten ist es nie eingefallen, der dritte erinnert sich mitunter des hd. *pf*, öfters aber auch nicht. Ein Schwanken also in der Verschiebung des *p*, bald vor dem *k*, bald nach demselben, bald mit demselben, wäre ganz erklärlich.

Den begründeten Erwartungen entsprechen die Tatsachen der nfr. Verschiebung.

Eine Reihe zufällig herausgegriffener Proben der Mundarten II^a und II^b zeigt den Gang der Verschiebung von got. *k* über got. *t* zu got. *d*, während got. *p* dem *k* nachfolgt oder vorangeht, oder mit ihm auf eine Linie zu stehen kommt. Aber man würde zu falschen Resultaten gelangen, wenn man die Wirkungen der Verschiebungen durch die Zahlen der verschobenen Laute illustrierte. Stilistische Eigenheiten des Schreibers und der Inhalt eines Schriftstückes können bewirken, dass ein Wort häufig widerholt die Zahl der verschobenen oder unverschobenen Laute sehr beträchtlich vermehrt, während von Fällen des Schwankens in demselben Worte abgesehen der hochdeutschere oder niederdeutschere Charakter einer Mundart daraus hervorgeht, dass sie in einer Lautgruppe mehr oder weniger Wörter dem hd. Lautwechsel unterworfen hat. Wenn in einem nfr. Text 20 Wörter mit germanischem *t* vorkommen, von denen 5 verschoben sind, so würde $^5/_{20}$ den Grad der Verschiebung bezeichnen. Sind nun unter diesen 5 *z* zwei Wörter, welche auch unverschoben vorkommen, so wird man vom richtigen sich nicht allzuweit entfernen, wenn man den Zähler oder den Nenner des gefundenen Wertes um eins vermehrt, je nachdem die verschobene Form die Majorität oder Minorität der vorkommenden Fälle bildet. In der folgenden Aufzählung sind die Verhältnisszahlen als Procente dargestellt; so dass 1 durchgedrungene Verschiebung bedeuten sollte: es bedeutet aber auch blosse Majorität. Wenn in Wt. 4, 782 (1394) II^b: 10 *scheffene* und 1 *ertzebuschof* vorkommen, daneben 1 *schepenseyel* und 5 *up op*, so ist die Zahl der Verschiebungswörter 3, die Zahl der verschobenen 2. $^2/_3$ aber wäre zu wenig wegen der überwiegenden *scheffene* vor *schepen*. Der vergrösserte Zähler aber gibt die Einheit. — Oder L. 3, 636 (1363) V: hier gibt es nur *ch*, kein *k*, also 1 *ch*, und nur einen Fall *p* in *burgerscaf* und *burgerscap*, also wider 1 *pf ff*, so dass die Priorität von *k* hier nicht ausgedrückt werden kann. — Diese Ungenauigkeit ist jedoch für den gegenwärtigen Zweck nicht störend.

Nur *p* ist von der Verschiebung berührt in L. 3, 543 (1355) II^a: 0, 25 *pf ff*, — nur einige *k* sind verschoben in L. 3, 691 (1369) II^b: 0, 22 *ch*, — in L. 4, 105 (1417) II^b: 0,37 *ch*, — in L. 4, 114 (1419) II^b: 0, 5 *ch*, — in L. 4, 16 (1402) II^b: 0·42 *ch*, — in L. 4, 43 (1406) II^b: 0·42 *ch*, — in L. 3, 664 (1366) II^b: 0·75 *ch*, — L. 3, 697 (1370) II^a: 0·75 *ch*. — Verschobene *k* gehen voran, *t* folgen, *p* und *d* bleiben unberührt, in Hö. 2, 45 (1326) II^a: 0·66 *ch*, 0·33 *z*, — in L. 3, 452 (1348) II^b: 0·5 *ch*, 0·11 *z*, — in L. 4, 44 (1406) II^b: 0·33 *ch*, 0·05 *z*, — in L. 4, 181 (1427) II^a: 0·62 *ch*, 0·18 *z*, — L. 4, 272 (1445) II^b: 0·33 *ch*, 0·08 *z*, — in L. 4. 331 (1466) II^b: 0·25 *ch*, 0·11 *z*. — *K*, dann *p* haben die Verschiebung begonnen, *t* und *d* sind unberührt in L. 4, 157 (1424) II^b: 0·22 *ch*, 0·12 *pf*, *ff*. — *K* geht voran, *p* folgt, *t* macht den Beschluss in L. 3, 603 (1360) II^b: 0·75 *ch*, 0·33 *pf*, *ff*, 0·16 *z*, — L. 3, 641 (1363) II^b: 0·60 *ch*, 0·50 *pf*, *ff*, 0·43 *t*. — *P* geht voran, *k* folgt, *t* schliesst die Reihe, — in Wt. 4, 782 (1394) II^b: 1 *pf*, *ff*. 0·5 *ch*, 0·2 *z*.

Die Literatur zeigt die gleichen Verhältnisse. Die Hs. des epischen Gedichts Germ. 5, 356 hat 0·33 *pf*, *ff*, 0·16 *ch*, 0·15 *z*, die Hs. des Veldekeschen Servatius hat nur einige verschobene *k*; Braune, Zs. für deutsche Philologie 4, 282.

In der Verschiebung der *k* zeigt sich aber phonetische Einwirkung der vorangehenden Vocale. Man folgte dem hd. Gebote *ch* auszusprechen leichter, wenn ein *i* voranging. In II^b z. B. L. 3, 452 — nur *Vrideriche Vriderich*. L. 3, 664 (1366) nur *ick sich kenlich alremallich*, L. 3, 691 (1369) nur *hiligsgelde Gulich*, L. 3, 697 (1370) nur *nutlichen jairliche jairlichs Dyderich sich*, L. 4, 16 nur *ygelichs Gulich gelych ygelich mallich Eymerich*, L. 4, 43 (1406) *vrientlichen eyndrechtliche rustliche Henrich Gulich Eymerich redelich mallich bescheidelich gewontlich alsullich*, L. 4, 44 (1406) nur *guetlichen kentlich godelich behulplich unverbrekelich*, L. 4, 157 (1424) nur *rustlichen sich*, L. 4, 272 (1445) nur *Gulich*, L. 4, 331 (1466) nur *ongehoerlich mogelich*. — Auch in den Oudvlaemschen liederen Gent 1849 begegnen diese *ch* nach *i* p. 59 *anich (han ich)*, 60 *rijch minnentlijch ghelijch* 69. 70 *erderijch bezwich*, 207 *wijflich*. — Aber *wirelike* p. 130. Verschiebung nach *a: ach* 87.

Dass unberechenbare Zufälle hie und da die Priorität des *k* vor dem *t* beeinträchtigen können ist sehr begreiflich. Und aus kurzen Documenten werden sich mitunter abweichende Zahlen ergeben — die nichts beweisen. So hat das 21 Zeilen lange Document L. 3, 155 (1317) II^a 0·37 *z*, 0·25 *ch*, und in der sonst ganz nd. Urkunde L. 4, 370 (1473) II^b findet sich ein *datz*.

In IV geht *k*, das ganz verschoben ist, voran, *t* und *p* folgen. — *T* hat nur die Pronominalformen und die Verbindung *tt't* und *t't* unverändert gelassen, *p up* und die Fälle nach Liquiden. Die Ordnung ist demnach *k t p d*.

VI hat *k* und *p* ganz verschoben, nur schwankt *pf*, *ff* gewönlich etwas in den älteren Typus zurück: *t* folgt: die Pronominalformen sind unverschoben wie in IV. Die Ordnung ist *k p t d*.

Die Mundarten IV und VI unterscheiden sich durch ihre Behandlung der alten *t* wesentlich von dem hessischen thüringischen und den Idiomen der deutschen Colonisten im slawischen Osten und Nordosten. Nirgends hat sich daselbst die strenge Regel unsrer nfr. Mundarten gebildet, der zufolge nur die Formeln *tt't* und *t't* und pronominale Auslaute unverändert bleiben. Entweder haben diese mittel- und ostdeutschen Mundarten die Verschiebung der Dentaltenuis ganz oder bis auf *dit* durchgeführt, oder es sind auch andere Worte selbst An- und Inlaute in ihrer nd. Form bewahrt geblieben: s. Herrmann von Fritzlar, die thüringischen Psalmen, die Hs. der 'Weiteren Bruchstücke' von Athis und Prophilias, Jeroschin. — Deutlich zeigt trotz des im übrigen verschiedene Auslegungen gestattenden Consonantenstandes das Hildebrandslied Priorität des *ch*; *t* hat es noch ganz unverschoben gelassen, *k* bis auf 3 *ik* und *harmlicco* verschoben. Leider fehlt *p* nach Vocalen. Nach Liquiden bleibt es unverändert.

III und V unterscheiden sich wesentlich durch die Behandlung des *p*: in III ist *p* nach Liquiden und in *up* unverschoben, in V nach Liquiden und gewönlich in *up* verschoben, oder es lässt sich wenigstens die Tendenz zu der angegebenen Unterscheidung erkennen. — Da aber dabei *k* und *t*, oder einer der beiden Laute weniger verschoben sind als in IV, — doch ohne bestimmte Regel, nur ist die Verschiebung des *t* in V weiter gedrungen als in III, — so können die Zahlenverhältnisse in diesen fluctuierenden Mundarten sich gleichen und die Ordnung als dieselbe erscheinen: so hat L. 3, 687 (1369) III 0·73 *ch*, 0·66 *pf*, *ff* und 0·21 *z*, — Hö. 2, 32 (1315) V hat 1 *pf*, *ff*, 0·66 *ch*, 0·62 *z*, L. 3, 636 (1363) V 1 *ch*, 1 *pf*, *ff* (steht *ch* nach), 0·55 *z*.

Ebenso in der Literatur. III macht den Anfang der Verschiebung mit *k* in den Hss. des Wernher vom Niederrhein, des Wilden Mannes, des Liebesleichs, Zs. 3, 218, des Karlmeinet, Benecke Beiträge 613, Anzeiger 1855 p. 276, der Hagenschen Reimchronik von Cöln, der Wierstraatschen Reimchronik von Neuss, des Karlmeinet, in der Ausgabe v. Keller, der Legenden von S. Dorothea Barbara Margarete Katharine in Schades Geistlichen Gedichten vom Niederrhein, in dem Lied von der Pariser Beguine ebendaselbst. — Im Wilden Mann ergeben p. 1 — 8, 34 1 *ch*, 0·88 *pf*, *ff*, 0·87 *z*, 0·62 *t*, in der Neusser Chronik die Verse 1685 — 1934 1 *ch*, 0·85 *pf*, *ff*, 0·8 *z*, 0·21 *t*. — Der vielleicht V angehörige Liebesleich Zs. 3, 218 hat gleichfalls nur in *p* und *k* die Verschiebung durchgeführt.

Aber einige literarische Dm. von V zeigen Priorität des verschobenen *p* und *t* oder des *t* allein vor dem *k*. Nicht viel beweisen die Zahlen des kurzen Trierer Capitulars 1 *pf*, *ff*, 0·8 *z*, 0·66 *ch*, wenn man *kh* in *wizzetallikhen* als unverschoben oder nicht vollkommen verschoben betrachtet. Aber der alte Willehalm KRoth Dm. p. 79 hat *ic sic sprac* neben *helfen* und durchaus verschobenem *t*, nur *dat* und *daz* schwanken; — ebenso das Gedicht von der Geburt Marias — der Anfang bei Schade Liber de inf. p. 8ᵉ — nur *dat it* neben *daz*, aber *bake rike reinelike*.

Noch hartnäckiger scheinen die *k* in VIIʳ, einer nur in der Literatur — so viel ich sehe — vertretenen Spielart von VII zu haften. VII hat allein *d* unverschoben gelassen, und *p* nach Liquiden schwankt. Die Leydner Hs. aber des Williram, die Pfälzer und die Strassburger des Roland, die Trierer Psalmen zeigen auch ein und das andere unverschobene *k*. Einige wenige *k* bieten aber auch die Urkunden von VII. s. Beschreibung VII, 10. 11. 12. Jh, hd. *ch*.

Die Ursache dieser Erscheinung wird im Sprachgebrauche des benachbarten Alemanniens zu suchen sein. Die Vorstellung des zu verschiebenden *k* konnte bei dem schwankenden Gebrauch des hd. Nachbarstammes nicht kräftig genug werden, um seinen Quantitätsverhältnissen angemessen das gewohnte *k* zu überwinden; s. Weinhold Alemann. Gram. § 208. Möglich aber auch dass die Reste alemannischer Bevölkerung im Moselgebiet und an der Saar die Sprache des Landes beeinflusst haben.

Aber auffällig ist dass in IV sich ein anderes Verhältniss zeigt: hier ist *k* ganz constant verschoben, während die Mundart durch *p* in *up* und nach Liquiden altertümlicher erscheint als V. Es ist demnach *k* in IV bloss der grammatischen Consequenz wegen durchaus verschoben worden, d. h. entweder siegte bei dem Bestreben nach gleichförmiger Orthographie die Majorität der Fälle, in denen jedes einzelne Wort mit *ch* ausgesprochen wurde, über die Minorität, in welcher dieselben Wörter *k* bewahrten, — oder es war durch das Bedürfniss einer consequenten Schreibung die Vorstellung statt einfachem *k* müsse im Inlaut immer *ch* geschrieben werden, so gekräftigt worden, dass sie sich in jedem einzelnen Falle einstellte. Man hätte wie bei *p* für *up*, bei *t* für Pronominalformen hier für *ic mic dic sic* eine Ausname machen können. Dass es nicht geschah rührt offenbar von dem verglichen mit den analogen Fällen der Labial- und Lingualclasse seltenen Vorkommen dieser Pronomina her. Zwischen den Pronominalformen mit *t* und jenen mit *k* muss die Grenze liegen, über welche hinaus die Trägheit der Gewönung keine Kraft mehr hat gegen die Culturübertragung der hd. Sprache und das Bedürfniss einer festen Schreibregel.

Eine andere Unregelmässigkeit, welche in nd. Denkmälern nichtfränkischer Stämme zuweilen begegnet, findet sich so viel ich sehe im nfr. nicht. Verschiebung des *d* in *t* vor Verschiebung des *t* in *z*, ja selbst vor jeder anderen Verschiebung; s. Frauengespräch, Oesterley Niederdeutsche Dichtung p. 36; Wächterlied, Oesterley p. 56. Es sind entweder regellose Umschriften aus dem hd., oder es liegt eine nd. Mundart zu Grunde, welche gleich der hd. altarisch-germanisch d^4z^4 über d^4h hatte zu 'd^1 werden lassen. Dass der beträchtlich spätere Lautwandel des alten *th* — über z^4 d^1z^4 d^1, s. oben p. 145. 151 — die Spirans ohne Ersatz abwarf braucht nicht zu befremden. — Die alte Offenbarung Johannis vdHagen Germ. 10, 125 zeigt wider die bekannte Stufenleiter *k z t*.

Aber unabhängig von der Häufigkeit des Vorkommens wandeln sich die alten *th* zu *d*. Eine Bewegung, welche früher angehoben hat als die eben geschilderten gewaltsamen Processe, sie aber in so langsamem Tempo fortsetzt, dass im 12. Jh. noch in VII und VII^y, beinahe ganz verschobenen Mundarten, *th* eine festere Stellung haben kann als bei Isidor. So in der Hs. des Schadeschen Fragments und der Strassburger des Rolandsliedes.

Der hd. Dialekt, welcher den nfr. Schreibern vorschwebte, war zwar nicht der oberdeutsche Alemanniens, — denn *ch* für *k* ist ganz selten, — aber auch nicht der rheinfränkische. Zu sehr tritt das Bestreben hervor bis in Mundart III auch nach Liquiden die alten *p* zu verschieben. Erst IV, die kölnische Orthographie, restituierte die Tenuis in den sichern Besitz dieser Stelle. Näher steht das südfränkische, die Mundart Otfrieds, welche dem nfr. sich sogar durch gelegentliche Erhaltung des alten *t* nähert. O. hat *kurt that it feizit suazzat*, allerdings nur vereinzelt; s. Kelle 2 p. 498. 499.

Es drängt sich die Frage auf, wo die geographische Grenze zwischen den Verschiebungen als lautlichen und socialen Processes gelegen sei. Vor allem wie der Consonantenstand der dem nfr. verwanten fränkischen Dialekte aufzufassen sei. Got. *d* und *th* ist bei ihnen noch im Flusse, lässt also Aufklärung erwarten.

Bei Otfried kann die Verschiebung des got. *d* und *th* nicht jener lautliche Vorgang gewesen sein, den wir für die oberdeutsche Verschiebung angenommen haben. Allerdings ist *d*, wie wir gesehen haben, voran: aber diese Verschiebung ist weit entfernt vollendet zu sein, und schon rückt das neue *d* für *th* nach. Wie hätte d^4z^4 (got. *d*) seine Spirans abwerfen sollen, um den verabscheuten Laut sofort bei der Verschiebung des s^4 (got. *th*) wider zu erzeugen? Wie hätte, da wir durch den Zielpunct *t* gezwungen sind den Weg der dz^4 über *dh* anzunehmen, jenes dz^4, welches aus got. *th* entstanden war, abgehalten werden können, den Spuren des andern dz^4 = got. *d* bis ans Ende, bis zu *t* zu folgen? Was bei der oberdeutschen Verschiebung als glaublich erscheinen durfte, verschiedene Qualität des vorgeschlagenen Verschlusslautes, — d^4z^4 = got. *d*, während aus got. *th* = s^4 erst z^4 dann d^1z^4 hervorgegangen wäre, s. p. 151, — ist hier nicht denkbar. D^4z^4 und d^1z^4 wären zugleich auftretend nicht unterschieden worden. Hatte man die Media erster dentaler Articulation, nach welcher die Sprache ja strebte, einmal gefunden, und sie z^4 = got. s^4 vorgeschlagen, so hatte d^4z^4 = got. *d* nicht mehr nötig über d^4h 'd^4 zu t^1 zu wandern. Es lag doch viel näher d^4z^4 mit d^1z^4 zu vertauschen und darauf den Weg zu d^1h 'd^1 einzuschlagen.

Aber vielleicht ist doch germ. s^4 über z^4 unmittelbar zu d^4 und d^1 geworden. Die Bewegung, $s^4 — z^4 — d^4 — d^1$ kann unabhängig neben der andern $d^4z^4 — d^4h — {}^\cdot d^4 — t^1$ einhergehen. Die einzelnen t für got. th, welche in fränkischen Dm. vorkommen, im Strassburger Blutsegen, im Spruch contra malum malannum, im Bilsener Schlussvers, reichen nicht aus um auch hier ein vorangegangenes dh somit dz^4 zu erweisen. — Klar ist dass nicht die oberdeutsche Verschiebung vorligt. Das Resultat ist verschieden: d^1 statt ${}^\cdot d^1$ für got. th. Aber unentschieden bleibt ob wir hier einen besonderen, von dem oberdeutschen verschiedenen lautlichen Process vor uns haben oder eine Culturübertragung. Denn letztere wäre nach den Otfriedschen Zahlen sehr wol begreiflich. Germanischer d sind bei ihm weniger als germanischer th. Für den socialen Process spricht dass wir dann der Annahme einer beinahe ungestört sichern Unterscheidung zwischen tonlosem und tönendem d nicht mehr bedürfen.

Das umgekehrte sehen wir bei Isidor und einer Gruppe anderer Dm. Got. th geht voran; s. p. 120 f. Die oberdeutsche Verschiebung unserer Annahme ist sofort ausgeschlossen. Got. s^4 gelangt nicht zu ${}^\cdot d^1$, sondern zu d^1. Der Weg wird also nicht über dh geführt haben. Er kann demnach $s^4 — z^4 — d^4z^4 — d^4 — d^1$ gewesen sein, — vielleicht statt der letzten drei Stationen nur $d^4z^4 — d^1$, — oder $s^4 — z^4 — d^4 — d^1$, — vielleicht gleich aus $z^4 — d^1$. Der erstere aber war es nicht. Denn wider hätte das andere $d^4z^4 =$ got. d, dessen Verschiebung bei Isidor schon lange vor vollendeter Verschiebung des got. th begonnen hat, dem Geschicke der unmittelbar voraufgehenden andern $d^4z^4 =$ got. d folgen müssen: ihr Weg bis zu t wäre unerklärlich. — Der zweite Weg wäre möglich: er hat keine Station mit dem Gange der nachfolgenden got. d gemein. — Die Bewegung $s^4 — z^4 — d^1$ konnte neben der andern $d^4z^4 — d^4h — {}^\cdot d^4 — t^1$ sich abspielen.

Aber auch Culturübertragung könnte angenommen werden und hätte den oben angezogenen Vorteil für sich. Die Uebersetzung des Isidor ist eine der wenigst sclavischen: die Zahlenverhältnisse, welche sie bietet, unterscheiden sich von den Otfriedschen durch die Umkehrung des Verhältnisses zwischen d und th. Isidors Stil setzt weniger germ. *th* als germ. *d* voraus, 288 *th*, 365 *d* auf 1580 Worte, und stimmt mit dem Heljand s. oben p. 164. Aber es ist immerhin eine Uebersetzung. Tatian, der allerdings einer wörtlichen Glossierung viel näher steht, hat in derselben Anzahl Worte 318 *th*, 480 *d*, — stimmt also in den Zahlen mit Isidor, der Verschiebung nach aber mit Otfried. Seine germ. *d* sind viel weiter als seine germ. *th*. Aber das rheinfränkische Ludwigslied zeigt dieselben Verhältnisse mit Isidor und Heljand, das Hildebrandslied desgleichen. Auch der Lobgesang auf den heil. Anno beweist die Verbreitung des Heljandstiles. Wenn auch sein Consonantenstand nur bezeugt dass got. *d* nach got. *t* verschoben wurde. Denn got. *th* verfolgt im nfr. wie im alts. nach unserer obigen Annahme seinen eigenen Weg. — Auch nur durch seine Zahlen zeigt das Nibelungenlied, wenn wir es auf den sächsischen Consonantenstand zurückführen, seine Verwantschaft mit dem Heljand. Allerdings ist die Differenz zwischen *d* und *th* hier geringer. Aber einmal ist das Gebiet beider Consonanten aus erkennbaren Ursachen ein kleineres. Bei *th* kommt die Zuname an Artikelformen nicht in Betracht gegen den Verlust an Partikeln. In den oben bezeichneten Stellen des Heljand und des Nibelungenliedes erhalten wir folgende Entsprechung:

Helj. anlaut. *th* 250 : 72 Artikel, 63 *that**)„ 23 *thô*,
Nib.   „   „ 204 : 100   „   24 „   16 „
H. 17 *thu thin*, 16 *than*, 15 *thâr*, 7 *thôh*.
N. 11 „   „   3 „   9 „   0 „

Im Inlaut und Auslaut stehen 26 *werthan* des Heljand gegen 10 des Nibelungenliedes, 6 *quad* des Helj. ohne eine Entsprechung in den Nib.

Aehnlich die *d*. In den 21 Anlauten des Helj. sind 15 *dôn*, in den 10 der Nib. 6, die 5 *druhtin* des Helj. haben keine Entsprechung in den Nib. Im Inlaut ergeben sich folgende Reihen:

---

*) Die geringere Anzahl der *that* sind mit dem Wegfall der Dualformen die wesentlichste Ursache der im Stil der Nibelungen ersichtlichen Abname auslautender germ. *t*, 65 gegen 107 des Helj.

Helj. 263 inlaut. *d*: 71 Perf. Part. Pf., 6 Part. Prs,
Nib. 145 „ „: 31 „ „ „ 1 „ „
H. 5 *deda*, 10 *liudi*, 21 *gode*, 13 *waldan*, 11 *worda*.
N. 0 „ 3 „ 0 „ 1 „ 0 „

Desgleichen im Auslaut:

Helj. 125 auslaut. *d*: 17 Part. Pf., 6 Part. Prs., 9 *word*,
Nib. 123 „ „: 7 „ „ 0 „ „ 0 „
H. 7 *god*, 16 *mid*.
N. 2 „ 7 „

Die Zahlen aber werden hier nahezu gleich durch die in den Nib. überwiegenden II. III. Sg. und Pl., 23 gegen 7 des Helj., durch 16 *lant* und 10 *Gunther* ohne Entsprechung im Helj.

Ferners kommt für die geringe Anzahl der *d* in den Nib. noch in Betracht dass gerade viele *d* enthaltende Worte im 12/13. Jh. bereits veraltet oder im Gebrauche beschränkt waren. So die an unsrer Stelle des Helj. vorkommenden *drohtin derbi derni dwalm gigado hlîdan hêland* im Pl., *idis jugudhêd gialdrôd middilgard waldan gigamalôd thârod*.

Die Nib. weisen demnach im wesentlichen auf den Stil des Heljand, des Hildebrands- und Ludwigsliedes.

Das ist vielleicht nicht der ältere. Otfried und Anno zeigen umgekehrt weniger *d* als *th* und stimmen hierin mit Ulfilas dessen Uebersetzung unter 100 Lauten folgende Zahlen ergibt: 0 *p*, 0 *b*, 1 *k*, 3 *g*, 4 *t*, 5 *d*, 11 *th*; s. Förstemann KZs. 1, 163 ff. und Schleicher Formenlehre der kirchenslawischen Sprache p. 20. Was *d* anbelangt beruht das Uebergewicht des Helj. auf den Fällen des In- und Auslauts.

Helj. 409 *d*: 21 Anlaut, 263 Inlaut, 125 Auslaut.
Otf. 302 „: 41 „ 170 „ 91 „

Im Anlaut überwigt sogar Otfried — durch die häufigen *duan* und Ableitungen dieses Verbums, 12 gegen 5 des Helj., durch 16 *druhtin* gegen 5 des Helj. — Im Inlaut aber nimmt Helj. bedeutend zu. Die wichtigsten Fälle sind:

Helj. 263 : 72 Perf. Part. Pf., 27 *endi*, 21 *gode*. 11 *worda*,
Otf. 170 : 51 „ „ „ 6 „ 4 „ 3 „
H. 10 *liudi*, 13 *waldan* mit seinen Ableitungen.
O. 6 „ 1 „ „ „ „

Im Auslaut erklären das Uebergewicht des Helj. die Fälle:

Helj. 125 : 17 Part. Pf., 6 Part. Prs., 7 *god*, 9 *word*.
Otf. 91 : 1 „ „ 2 „ „ 0 „ 2 „

Die Abname der *th* im Heljand zeigt sich dagegen nur im Anlaut:

Helj. 309 *th* : 250 Anlaut, 36 Inlaut, 23 Auslaut.
Otf. 362 „ : 319 „ 21 „ 22 „

Den Anlaut illustrieren die Fälle:

Helj. 250 *th* : 72 Artikel, 23 *thô*, 15 *thâr*, 0 *thârod*.
Otf. 319 „ : 125 „ 37 „ 29 „ 7 *dara*.

Daran vermag die Vermehrung der *than*, Helj. 16, Otfr. 6, und der *thôh*, Helj. 7, Otfr. 3, und die 15 Inlaute *werthan* des Helj. gegen 8 des Otf. nichts zu ändern.

Ein Bindeglied zwischen beiden Stilgattungen machen die lyrischen Stücke Otfrieds. Sie stimmen mit dem Heljand. Das Gebet O. III, 1, 409 Worte, ergibt 71 *th* und 88 *d*, während die den 362 *th* 302 *d* der epischen Teile entsprechenden Zahlen 93 *th* und 78 *d* gewesen wären. — Die Abname der *th* beruht auf geringerer Verwendung des Artikels und einiger Partikeln. Die 409 lyrischen Worte sollten nach Proportion der epischen 82 anlautende *th* haben, sie zeigen nur 63. Denn statt der proportionalen 29 Artikel haben sie nur 27, statt 15 *that* nur 13, statt 7 *thâr* nur 3, statt 9 *thô* gar keines: — dafür allerdings 8 *thu thin* statt 4, 6 *thoh* statt 3. Der Inlaut und Auslaut sollte je 5 *th* bringen. Aber es sind zusammen nur 8, alle inlautend. Es hängt dies ab von geringerer Verwertung der Wörter *werthan* und *quethan*, die im In- und Auslaut je 3 mal erscheinen sollten und in unserem Stücke gar nicht gebraucht werden. — Der Zuwachs der *d* beruht auf dem Anlaut. Nach Massgabe des epischen Teiles sollten

10 anlautende, 44 inlautende, 23 auslautende *d* vorkommen. Statt dessen bieten die lyrischen Verse 26 *d* im Anlaut, 35 im Inlaut, 27 im Auslaut. Und zwar erklärt sich die Zuname des Anlauts durch die unverhältnissmässig grosse Anzahl der Verbal- und Nominalformen von *dôn*: 16 statt der proportionalen 3, dazu 6 *druhtin* statt der proportionalen 4. — Dass der Inlaut hinter den Zahlen des epischen Teils zurückbleibt hat seinen Grund in dem seltenen Vorkommen des Perfects und seines Particips: 13 Fälle wären zu erwarten, es erscheinen 6.

Man kann somit vermuten dass das Gebiet der rein lautlichen, der hd. Verschiebung im engeren Sinne, nicht in der Gegend jener Denkmäler werde zu suchen sein, welche mit Heljand und Isidor stimmend *th* eher verschieben als *d*. Aber von der andern Gruppe, welche Otfrieds Stil sich anschliessen und *d* eher zu *t* verschieben als *th* zu *d*, werden nur jene Dialekte und Mundarten Ansprüche auf rein lautliche Verschiebung machen können, in welchen der aus got. *th* entspringende Laut Flüstermedia ist und abweichend von Otfried erst auftritt, nachdem got. *d* schon durchaus zu *t* geworden ist. Das weist auf das Alemannische, dessen Schreibgebrauch im 11. Jh. bekanntlich zwischen *d* und *t* schwankt, s. Scherer GDS. 89. Natürlich, wenn man 'd als *d* schrieb, lag die Versuchung nahe das Zeichen der Media auch für *t* zu verwenden. Dass der Unterschied zwischen *d* und *t* doch gefühlt wurde zeigt schon die verschiedene Behandlung, welche beide Laute durch das Notkersche Gesetz erfahren. Auch in Behandlung der Gutturalafricata sind die Alemannen den Baiern vorausgeeilt, s. p. 123. — Gegen hohe Altertümlichkeit der bairischen Verschiebung sprechen vielleicht noch die euphonischen *ch*.

Zur Illustration der oben für das Niederfränkische angenommenen, für die übrigen fränkischen Dialekte vermuteten Verschiebung durch Culturübertragung mögen dienen die Zahlen der Verschiebungsconsonanten in dem schon früher angezogenen Abschnitte aus Reuters Dörchläuchting: 0·23 *ch* -*lichen* und -*lich* s. oben p. 168 mehrmal *lachen wochen* 0·10 *pf, ff* ein *anschaffen*,[*)]

[*)] *schaffen* auch L. A. 1, 205 (Ginderich 1463) und L. 4, 336 (1467) IIb.

0·07 *z hass smutz verhitz.* Um das Verhältniss der *d* zu den *t* zu erfahren ist Reuters Schreibung wol nicht sorgfältig genug. — *B* für nd. *v* erscheint ebensowenig als im nfr.

Das Eindringen des hd. Consonantenstandes in das gegenwärtige nd. kann aber nur als Culturübertragung aufgefasst werden, da sich bei den unverschobenen Consonanten keine jener Erscheinungen zeigt, welche uns den Wandel in andere Consonanten begreiflich machen könnte.

Hie und da sehen wir Versuch, verschobene und unverschobene Formen desselben Wortes zur Unterscheidung verschiedener Function zu verwerten. Wt. 2, 487 (Pellenz 1417) braucht *das* für die Conjunction, *dat* für den Artikel, ebenso L. A. 6, 67 (Odenkirchen 16. Jh.), Wt. 2, 724 (Weilerwist), L. 3, 496 (Köln und Brabant 1351).

Als eine Gegenprobe der vorgetragenen Erklärung des Consonantenstandes in Dialekten, welche dem hd. zustreben, kann das Eindringen hd. Consonanten in die flandrischen Volkslieder des 14. Jhs. gelten. Die Oudvlaemsche Liederen en andere Gedichten Gent 1849 (Maetschappy der vlaemsche bibliophilen, 2. serie, n. 9) ist nach S. III ff. höchst wahrscheinlich in Brügge geschrieben. Die Lieder sind teils hd. teils nd., mitunter deutlich mnl. Ursprungs. Die einen aber wie die andern zeigen in häufig vorkommenden Wörtern *tz s* für *t*, *ch* für *k*, *f* für *p*. So p. 58 hd. Lied: *hertze bas vergas — mir*, p. 59 hd. Lied: *ånich (hân ich) das hertze rijch hemelrijch minnentlijch ghelijch*, p. 61 nd. Lied: *bi der woitzer hant*, p. 63: *das hertze*, p. 64 nd. Lied: *hertze* p. 68 *hertze*, p. 69 f. *hertze zoetzer ich minnentlijch erderijch bezwijch*, p. 76 wol ein mnl. Lied: *hertze rijch minnentlijch, wel of!*, p. 89: *laes*, p. 130: *onghelijch rijch*, p. 147 f. hd. Lied: *hertze altzijt bas das*, p. 191 f. hd. Lied: *hertzen bas vergas das*, p. 207 nd. Lied: *zuetzer hertzen wijflich*, p. 218 nd. Lied: *weis gros ich*.

— Die Schreibung *tz* für nd. *t* wird nicht auf ein Schwanken hindeuten, sondern Differenzierung des mnl. und physiologischen *z*, der Dentalspirans, sein.

Die Lieder bieten, allerdings regellos, wie das zu erwarten, das umgekehrte der im nfr. und nd. beobachteten Erscheinungen. Die häufig vorkommenden Worte haben hd. Form und nicht die Häufigkeit der gewönlichen Redeweise entscheidet hier, sondern der Stil des lyrischen Volksliedes, s. das durchstehende *hertze*. — Die Erscheinung findet ihre Erklärung in der Anname, dass wir hier die Orthographie und Aussprache Hochdeutscher vor uns haben, welche niederländisch singen und schreiben wollten, durch die Beständigkeit häufig erregter Vorstellungen aber verführt z. T. bei denselben Wörtern ins hd. verfielen, welche die Niederdeutschen am spätesten auf die hd. Lautregel zu bringen pflegten.

Auch hier Einfluss des *i*. Man entschloss sich schwer nach *i k* zu sagen, am wenigsten nach langem *i*, dessen Aussprache dem hd. *ei* ähnlich war.

II.
Fortsetzung der Beschreibung.
II a, II b.

II a.
(Geldern, 14. 15. Jh.)

Quellen.

Höfer Auswahl 2, 45 (Bündniss zwischen dem Grafen von Geldern und dem Bischof von Münster 1316).

Lacomblet Urkundenbuch 3, 184 (Sohn des Grafen von Geldern erklärt alle seine Forderungen an seinen Schwager, Grafen von Geldern, erloschen 1321), 3, 223 (Graf von Geldern verspricht seine Schwester, Gräfin von Cleve, in den freien Besitz ihres Erbteils zu setzen 1327), 3, 232 (Graf von Geldern gelobt der Stat Geldern dieselben Rechte mit den andern Stäten zu verleihen 1328), 3, 302 (Graf von der Mark trägt Burg und Stat Holten dem Grafen von Cleve zu Mannlehen auf 1335), 3, 387 (Graf von Cleve und Bruder bekunden die Erbteilung zwischen von Horn und seinen Brüdern 1343), 3, 541 (Stat Arnhem bewilligt dem Herzog von Geldern dass er zwanzig Leute in die Stat senden dürfe 1355), 3, 543 (Herzog von Geldern bekennt dass sein Schwager, Graf von Cleve, für ihn vier Goldschilde erlegt habe 1355), 3, 701 (Herzogin von Brabant belehnt den Grafen von der Mark mit der Stat Wesel 1370).

Consonanten.

Hd. *d* hat *th* verdrängt.

Hd. *t*: Dafür in der Regel *d* im An- und Inlaut: *daghes lûden* L. 3, 223: aber *Wouter goets* L. 3, 223. Im Auslaut beinahe durchweg *t* wie die III Sing. Praes. Ind. zeigen: *staet* L. 3, 284, *hevet leghet stat* L. 3, 543, *onraet* L. 3, 223, *cont* L. 3, 223. 232, — aber *kund* L. 3, 302. — Assimilation: *wetencheit* L. 3, 543. — Abfall: in *ist* regelmässig L. 3, 223. 543; — Ausfall: *aüste (aldeste)* Hö. 2, 45.

Hd. *z*: *toe* L. 3, 223, — *lâten* L. 3, 232, — *uyt* L. 3, 302. — Vereinzelt *th*: *thuschen* L. 3, 223, *thô* L. 3, 302. — Aber *ganser* L. 3, 541, Hö. 2, 45, s. Gr. 1⁴, 421. — In der Geldernschen Urkunde Hö. 2, 45 regelmässig *ce cû*, ebendaselbst auch *dats*, neben *tgegen*. Der ganze Act ist wüst geschrieben. Auch L. 3, 543 hat *cen*.

Hd. *s*: Daneben wird *z* immer häufiger *zeghelſalze* L. 3, 223, *lezen* L. 3, 232.

Hd. *b*: Im Inlaut vor Vocalen *v*, vor Consonanten *f*, als Consonantumlaut *bb*, im Auslaut *f*: *liver* L. 3, 223, *lieven* L. 3, 541, — *gheloeft erfnisse* L. 3, 223, — *hebben* L. 3, 232. 543, — *wỹf* L. 3, 184. *af* L. 3, 223.

Hd. *pf, f: penninghe* L. 3, 223, *perden pleege* L. 3, 541 *scepene* L. 3, 541, *loepet* L. 3, 543, — *op* L. 3, 232, *graefscap* L. 3, 302. — L. 3, 543, das uns *een* geboten, hat auch *uf* neben *op*.

Hd. *f: gestichte* Hö. 2, 45.

Hd. *g*. Dafür im An- und Inlaut vor allen Vocalen *gh: gheloeft medeghâve ghoet* L. 3, 223, *hertoghynne* L. 3, 701, *draghen* L. 3, 302. 541, — vor Consonanten und im Auslaut *ch: ghetüchnisse* L. 3, 701, *dach mach* L. 3, 223, *Lembourch* L. 3, 184. Aber auch hier *gh: ghevolght* L. 3, 232, *ledigh* L. 3, 302. — *Cg* in *ontfincg* L. 3, 701.

Hd. *ch*. Die Verschiebung macht Fortschritte ohne das Uebergewicht der *k* zu stören: *gebrüchen* L. 3, 223, — *Gulich oich — oigh* Hö. 2, 45. — Aber in der Regel *k: alsulke sake* L. 3, 223, *sekerheide* Hö. 2, 45, *ŷgelŷc* L. 3, 701.

Hd. *h*. Dafür *g gh: hôghen* L. 3, 223. 302, *hôgen* L. 3, 541, — *reght* Hö. 2, 45; — vor *t* auch *ch: macht* Hö. 2, 45, *gerecht gewichte* L. 3, 543, *Yngelbrecht* L. 3, 701. — Ausfall: *naest* L. 3, 322, *tÿenden* L. 3, 543, *bevelen* L. 3, 701, — *ses* Hö. 2, 45, —*nâ* L. 3, 302.

Hd. *j*. Dafür in der Regel *gh g: ghenc* L. 3, 543, *Gulich* L. 3, 223.

Hd. *n*. Das dafür erscheinende *m* im Sing. Acc. Plur. Dat. ist gewiss nicht alt: *hem* (eum) L. 3, 701, *hum* (iis) L. 3, 387. — Assimilation in *mallŷke* Hö. 2, 45, neben *manlik* L. 3, 223. — Epenthese *engenzegel* Hö. 2, 45. — Ausfall in *vive* L. 3, 302 und *viftech* L. 3, 543.

Hd. *r*. Metathese in *dartich* L. 3, 302.

Vocale.

Hd. *a á.* Dafür *e* in *men* neben *man* L. 3, 543, — *gréve* (comes) ist wol Umlaut L. 3, 184. 541. 701. — In Oxytonis häufig *ae ai: daych gesaet* L. 3, 184, *aen* L. 3, 223. 701, *raet jaer claerlike* L. 3, 223, *dair graefschap* L. 3, 232, *graefscap graischap* L. 3, 302, *staen maent* L. 3, 541. — In paroxytonierten Wörtern bleibt gewönlich *a* wie *â: vader* L. 3, 184, *ghedraghen* L. 3, 302, *draghen* L. 3, 543, — *â: jâren* Hö. 2, 45, *lâten, ghedâne* L. 3, 184, *râde* L. 3, 302, *ongewâpent* L. 3, 541, *genâden* L. 3, 543. — Den Ausgangspunct dieser Erscheinung zeigt z. B. L. 3, 184 *jaer daer — ghedâne* steht vielleicht auch für *ghedaen*, — neben *lâten mânendaechs* — *daych mânendaechs* neben *daghe orlaghe talen vader.* — Vor *d t* geht *al* zu *ol oul* oder ganz zu *ou au: Reynaut auste (aldeste)* Hö. 2, 45, *Reynolt ghehauden* L. 3, 184, *Wouter Reynoult* L. 3, 223, *behoutlike* L. 3, 302, *hauden* L. 3, 541, *behoudenlýk* L. 3, 701. Doch daneben auch *ghehalden* L. 3, 184.

Hd. *e ê.* Dafür kann eintreten *ei ie i — i: seinden* L. 3, 541, — *dien* Hö. 2, 45, *gesciet* L. 3, 223, — *hi* L. 3, 232, *wilke týenden* L. 3, 543, *Yngelbrecht* L. 3, 701. — *eyrste heyren* Hö. 2, 45, — *ýrsten* L. 3, 543. — *Ee* für *e* ist selten *begeerden* L. 3, 543 und lässt keine sichere Deutung zu. — Einwirkung des *w* in *suster* L. 3, 184. 543, des *r* in *Hardenbarch* L. 3, 302.

Hd. *ae* ist in der Regel *ê: gréve wére* L. 3, 223, *stéde* L. 3, 541, *grévinne* L. 3, 701, — ganz selten *â: onderdânich* L. 3, 701.

Hd. *i.* Dafür *e* in *Lembourch met* L. 3, 184. 543, *verbenden tuest* Hö. 2, 45, *wer* L. 3, 184, *hem* L. 3, 701, *Mechteld* L. 3, 543, *weder* L. 3, 184, *zeghel vrede* L. 3, 223, *screven zekerheyden* L. 3, 302, *mede weten* L. 3, 541, *leghet* L. 3, 543. — In einsilbigen Formen bewahrt sich *i* häufiger als in Paroxytonis: *ir wi* L. 3, 223. 543, *mit* L. 3, 302. 543. — Formen des Personalpronomens zeigen auch dunklere Vocale

une L. 3, 184, *hum hun* (iis) *hum* (ei) L. 3, 387, — *hoer hoem*
L. 3, 223, *oen* L. 3, 543, *hoeren* L. 3, 387. 701, — *haers
haren hare* L. 3, 541. — Hd. *i*. Unter denselben Bedingungen,
welche *ai* für *a* begünstigen, wechselt *i* mit *ij* und *y*: *quijt
wijf* aber *sines sine scrivet* L. 3, 184, *bewijst ghepryst* aber
mine L. 3, 223, *tijt* aber *vive behoutlike* L. 3, 302, *desghelijcs*
aber *live hoveslike siden* L. 3, 541, *vijf vijftich wijs sijn*, aber
sine sinen L. 3, 543.

Hd. *o ō*. Altes *a* bleibt unverändert in *sal* L. 3, 223.
543, *van* L. 3, 184. 541. 701. — Für *o* erscheint dagegen *a*
in *vorwarden* Hö. 2, 45, *apenen* L. 3, 232; — statt dessen
auch *ae ai*: *ghelaeft* L. 3, 541, *gaeds* L. 3. 543, — *ghelaift*
L. 3, 232. 302. — Aber auch *o* wird, vorzugsweise in Oxytonis
zu *oe*: *coest* L. 3, 184, *gheloeft voer* L. 3, 223. *voert* L. 3,
503, — *goedes* L. 3, 302, *tevoeren* L. 3, 541, *hoeren* L. 3,
543. — L. 3, 541 *ghelaeft* aber *geloven*. — *Ol* kann vor *d t*
zu *ou au* werden: *sout wi* (Ausg. *sont)* Hö. 2, 45, *soude* L.
3, 223, *Bouchout* L. 3, 701. — Il in L. 2, 110 (1223) hatte
noch *doufholt*, und so auch später. — Auch für hd. *ō* kann
oe oi eintreten: *alsoe* L. 3, 223, *gehoirsam* L. 3, 701, *hoeghen*
L. 3, 223, *toe behoirende* L. 3, 701. Den Ausgang von Oxytonis
zeigt L. 3, 541: *alsoe*, aber *höghen*.

Hd. *u ü*. Statt dessen *o* in *zon monster* Hö. 2, 45, *or-
conde* L. 3, 223, *hondert ghevonden* L. 3, 232, *borch* L. 3,
302, *joncherre* L. 3, 541, *vor scolt* L. 3. 543, *onder* L. 3,
701, — *verlost* L. 3, 543, — *op* L. 3, 184. 223. 302. 541.
701. — Ziemlich regellos wechseln diese *o* mit *oe oi* — *ue*:
voer coent hoelpen L. 3, 184, *soelen* L. 3, 223. 232, *suelen
moegen* L. 3, 541, *voir* L. 3, 701. — Daneben unter denselben
Bedingungen *u*, z. B. *burger* L. 3, 541. — Statt hd.
unde ende und *ind en* L. 3, 184. 302. — Hd. *ü* bleibt entweder
— *düsent* L. 3, 543 — oder wird *ui*: *uit* L. 3, 543.

Hd. *ei*. Dafür *ē*: *gheclēdet* L. 3, 184, *Hēnric, ēn, ēnigher*
L. 3, 223, *Arnhēm een* L. 3, 302, L. 3, 541, *twē* L. 3, 543.
— Und *i*: *scrijf* Hö. 2, 45, *twintich* L. 3, 541. — *Ei* bleibt
ungefähr in denselben Wörtern, welche auch im mnl. zwischen

ei und *ê* wechseln dürfen: *meister heiliger* L. 3, 232, *eyghenen* L. 3, 302, *meystere gheleich* L. 3, 541.

Hd. *iu*. Dafür selten *ui: tuych* L. 3, 184, — regelmässig *ü: hüden* L. 3, 184, *lüden* L. 3, 223. 302. 541. 701. — Für *vriunt* aber *vrinden* Hö. 2, 45, *vriende* L. 3, 302, *vriende* L. 3, 541, *vrŷnden vrient* L. 3, 543. — Vor *w* erscheint *ou: trouwen* L. 3, 223. 232. 541.

Hd. *ie* bleibt oder wird zu *î: brief* L. 3, 184, *die brief* L. 3, 223, *brieve lieven* L. 3, 302, *brief lieven* L. 3, 541, *dye lyeven vyer* L. 3, 543, *dienst* L. 3, 701, — *live brive* L. 3, 184, *liver* L. 3, 223, *Didderic* L. 3, 223. 302, *fincg* L. 3, 701, — zu *ê* im Artikel *dê* L. 3, 184.

Hd. *ou öu*. *Ou* erhält sich vor *w* in *vrouwen* L. 3, 223. 543. — Sonst entspricht *ô — oe oi: oich oigh* Hö. 2, 45, *oec* L. 3, 223, *loepet* L. 3, 543, neben *côpen* L. 3, 541.

Hd. *uo üe*. Statt dessen *ô û — oe oi — ue: dône* Hö. 2, 45, L. 3, 184, *tô tôt stônde* L. 3, 543, *stônden* L. 3, 701, — *boele toe* L. 3, 184, *doen goedem* L. 3, 232. 543. — Dass auch diese neuen Diphthonge von den oxytonierten Formen ausgehen ist ersichtlich z. B. aus L. 3, 701: *doen ruert* neben *stônden*.

Apokope des *e* nach kurzer Silbe. *Sul wi, heb wi* Hö. 2, 45, *van Emberik* neben *Emberike* L. 3, 543, — nach langer *ons (noster), suld wi, sont wi* Hö. 2, 45: — *vrient* (Plur. Nom.) L. 3, 543 ist bekanntlich auch hd. oft einsilbig.

Synkope nach kurzer Silbe: *dis (dises)* Hö. 2, 45, *mit alle haerre partye, haers pleegt ghelaeft satersdaeghs* L. 3, 541; — nach langer *vorgenômt vorgenômder sinre alre eynge eingerhande heft* (von *hebben*) *blieft* Hö. 2, 45, *cenre cens gheleyds selfs desghelŷks ons (onses)* L. 3, 541, *jaerlics goets beruets* L. 3, 387.

Unorganisches *e: dône ghedâne* L. 3. 184.

In Praefixen erscheinen zuweilen verdumpfte Vocale: *vordeydingen* Hö. 2, 45, *ontsethen* L. 3, 184, *ontfanghen* L. 3, 302, *ontfincg* L. 3, 701.

Verschmelzungen *hies* (is eius) Hö. 2, 45, *wŷs* (nos eius) L. 3, 543, *intjaer* L. 3, 541. — Inclination: *int eyrste* oft Hö. 2, 45, *sheilgen* L. 3, 232, *sgrêven* L. 3, 184, *tsjârs* L. 3. 387.

II b.

(Cleve 13. 14. 15. Jh.)

Quellen.

Binterim und Mooren Erzdiöcese Cöln 4, 269 (Stift Xanten erwirbt das Patronat der Kirchen Alfen und Altforst, zwischen Maas und Waal 1304 l. aus Cod. Xant.), 295 (Teilung der Güter der Abtei Gladbach, s. Kempen, zwischen dem Abte und dem Convente 1315 l.), 308 (Scholasticus von Xanten beschenkt das Stift 1318 l.), 309 (ein Gladbacher Priester schenkt der Abtei den Knopshof, Kreis Gladbach Gemeinde Obergeburt, 1319 l.), 312 (Abt von Gladbach übergibt die Erbschaft des Pfarrers von Kempen dessen Nachfolger 1320 l.), 334 (Abt von Gladbach stiftet eine Messe in Gladbach 1331 l.), 335 (Weistum über die Gerechtsame des Xantenschen Capitels zu Dülken, sws. Kempen, 1332 l.). 340 (ein Gladbacher Mönch nimmt den Hof ten Houte, Engelshof bei Gladbach, in Leibzucht 1335 l.), 342 (Bestimmung des Abtes von Gladbach über den Anteil der jüngeren Priester an den Klostereinkünften 1338 l.), 349 (Advocatus von Wilich, nw. Neuss, beschenkt die Abtei Gladbach 1340 l.). 360 (ein Gladbacher Mönch pachtet den Hof ten Holte, Engelshof bei Gladbach, 1348 l.), 363 (Stift Xanten versetzt einige Wachszinsige zu Ginderich, no. Geldern, in den Stand freier Dienstleute 1352 l.), 369 (Stift Xanten verwandelt seine Leibgewinngüter zu Udem, sso. Cleve, 1359 l., aus Cod. Xant.), 370 (Stift Xanten kauft eine Erbrente in dem Udemer Bruch, sso. Cleve, 1360, von Udemer Schöffen ausgestellt aus Cod. Xant.), 377 (von Gruithuis, zwischen Xanten und Hagenbusch, kauft vor dem Gericht zu Xanten eine Erbrente 1366 l., von Xantener Schöffen ausgestellt), 383 (Kloster Hagenbusch, bei Xanten, erwirbt eine Erbrente zu Werderbruch, ono. Rees, 1371).

Höfer Auswahl 1, 10^b (Cölnischer Transfixbrief eines Vertrags zwischen dem Erzbischof von Cöln und Walram, dem Bruder des Grafen Wilhelm von Jülich. Vor 1271, dem Todesjahre des Grafen Walram [Leo Territorien 1, 988]. Höfer setzt die Urkunde aus andern Gründen vor 1275; vgl. p. 11), 2, 191 (Herr von Honepel und die Schöffen von

Niedermörmter, so. Cleve, bezeugen eine Entsagungsacte des Herrn von Ahr 1336).

Lacomblet Archiv 1, 272 (= Weistümer 2, 764, Urkunde des 14. Jhs. über die Rechte des cölnischen Erzbischofs in Geisern, bei Kempen).

Lacomblet Urkundenbuch 2, 957 (Graf von Cleve verleiht verschiedenen Personen den Udemer Bruch, no. Cleve, gegen Erbpacht 1295 l.), 2, 984 (von Heinsberg bekundet einen Schiedsspruch zwischen dem Ritter von Hülhoven, sso. Heinsberg, und seinen Gegnern 1298 l.), 2, 1011 (Graf von Cleve verkauft seinem Bruder die Herrlichkeit von Hülchrath, no. Grevenbroich. 1298 l.), 2, 1049 (Graf von Cleve erklärt eine Hufe Landes abgabenfrei 1300), 3, 15 (Graf von Cleve verleiht an Dietrich Korteluf die Hofstätte zu Maldern 1301), 3, 117 (Graf von Cleve belehnt Herrn von Euskirchen mit dem Hofe Wolffereu 1312), 3, 173 (Erbscheidung zwischen Dietrich von Cleve und dessen Bruder 1318), 3, 207 (Frau von Dinslacken, Wittwe Ottos von Cleve, einigt sich mit den Cleveschen Brüdern 1325), 3, 272 (Graf und Gräfin von Limburg verzichten auf alle gegen den Grafen von Cleve erhobenen Ansprüche an die Herrschaft Strünkede und den Hof Castrop, in der Grafschaft Arnsberg 1333), 3, 366 Herr von Berge einigt sich mit dem Grafen von Cleve 1341), 3, 429 (Graf von Meurs trifft mit seinen Brüdern eine Erbteilung 1346), 3, 444 (Die Stat Kalkar einigt sich mit dem Grafen von Cleve über ihre Privilegien 1347), 3, 511 (Landgraf von Hessen und Gemahlin verpachten eine Rente an den Grafen von Cleve 1352), 3, 560 (Graf von Meurs erklärt von Cleve belehnt worden zu sein 1356), 3, 691 (Cleve versichert Berg den Rückfall einer Mitgabe auf die Zölle von Büderich und Griethausen 1369), 3, 697 (Graf von Limburg macht den Herrn von Wittinghof zum Burgmann der Feste Neu-Isenberg 1370). 3, 721 (die Grafen von Meurs verbieten dem Grafen von der Mark den Homburger Werder 1372), 4, 272 (Herzog von Geldern-Jülich-Zütphen an seine Beamten und Untertanen 1445), 4, 331 (ein Bürger von Arnhem erklärt von dem Sohne des Herzogs von Geldern zu einer falschen Aussage gezwungen worden zu sein 1466), 4, 341 (Herzog von Geldern-Jülich-Zütphen verlängert dem Herrn von Strünckede die Frist sich zur Haft zu stellen 1468), 4, 370 (Herzog von Burgund-Lothringen-Brabant-Limburg-Luxemburg, Graf von Flandern-Artois-Burgund-Hennegau-Holland-Zeeland-Namur beschenkt den Herzog von Cleve-Mark 1473).

Zeitschrift für Rechtsgeschichte 9, 421 (Statrechtbuch von Cleve 15. Jh., — und Liber sententiarum Cliviensis 15. Jh.).

Consonanten.

Hd. *d* ist an die Stelle der *th* getreten: euphonisches *t* am Wortende gewönlich: *begeert* (desiderium) 2, 1049, *mit* L. 3, 691.

Hd. *t*. Dafür in der Regel *d: dragen râde* L. 2, 1011, *doen ridder* Hö. 2, 191, *bedgenôten* L. 3, 691. Daneben aber auch *genante* L. 2, 721. 691, *site* L. A. 1, 277, — und regelmässig *t* im Auslaut *kunt gut* L. 2, 1011, *waerheit* L. 2, 1049. *vort sęt* (latus) L. 3, 721, *vorsômt* (Part. Praet.) L. 3, 15. — Unorganisches *t* wird angehängt in *oft* (vel) *ofte nocht* L. 2, 1011.

Hd. *z* erscheint erst ganz vereinzelt für regelmässiges *t: tynsen* (census) L. 3, 173, *ten Holte, Houte*, Engelshof bei Gladbach, BM. 4, 340. 360. — *Z* in *ziden tzô* L. 3, 691, *seventzich* L. 3, 721, *bis (biz)* L. 3, 173. — *Genslik ganz aber* L. 2, 1011. 3, 691 haben nichts auffallendes. s. IIa. — Ausfall oder Assimilation in *brâbensser* L. 3, 173.

Hd. *s*. Die Schreibung *z* ist sehr gewönlich: *bezeghelt* L. 3, 272, *zuster ziele* L. 3, 15. In *ons* (nostri) ist ein *s* in dem folgenden aufgegangen, BM. 4, 370, — in *ûre ns* dem *r* assimiliert worden, Hö. 2, 191.

Hd. *b* ist inlautend *v*, im Auslaut *f: over erven — halff* L. 3, 272, *wif* L. 2, 1011, *of* L. 3, 691, *screyf* Hö. 2, 191. — Consonantumlaut: *hebben* L. 3, 15. 117. 429. 472.

Hd. *pf f: punt* L. 3, 444, *hulpen* L. 3, 207, *openbair* L. 3, 272, *scepen* Hö. 2, 191, *herschap op schep* L. 3, 721, *Lûdorp* BM. 4, 334. — Vor *t* geht *p* über *f* zu *ch: virköcht* L. 2, 1011.

Hd. *f: achter* L. 3, 429, *stightenne* L. 2, 1011.

Hd. *w* kann durch *g* vertreten werden: *wiger* BM. 4, 377, *nýgen (niuwen)* L. 3, 272, — in *negentich* schlägt auch das aus *u* entstandene *w* denselben Weg ein.

Hd. *g*. Fast durchweg *gh* vor *e*, auch bei Synkope: *dayhs* L. 2, 1049, *leght* L. 3, 15, — seltener vor anderen Vocalen *verghyen ghúde* L. 3, 444. — Bei Consonantumlaut *gg: liggen* L. 3, 691, *leggen* L. 3, 721. — Vereinzelt im Inlaut ist *ch* — *eynche ghetuychnisse* L. 3, 721, — während es im Auslaut beinahe regelmässig eintritt: *borch* L. 3, 117, *burch* L. 3, 429, *mach* L. 3, 697, *ghetuych* Hö. 2, 191, *dach* L. 3, 444. Doch findet sich hier auch öfters *gh: schuldigh* L. 3, 15, *dagh* L. 3, 272.

Hd. *ch* dringt vor, besonders nach Vocalen, — unter diesen scheint *i* begünstigt, — zuerst im Auslaut, dann auch in Wortmitte. Dennoch überwiegt *k: maken seker* L. 2, 1011, *billicke* L. 3, 15, *zake ghemaekt wilk alsulk* L. 3, 691, *malke* L. 3, 272, *Hènric*, BM. 4, 370, *gelýck* L. A. 1, 277, *ik* L. 3, 15. — Dagegen: *Diderich* L. 2, 1011, neben *maken witteliken seker*, — *Diderich jairlicher* L. 3, 697, neben *gemaket*, — *Vrederich* Hö. 2, 191, neben *vorsproken — jaerlich* BM. 4, 383, neben *maken elike*, — *Henrich* L. 3, 207, neben *roitliker spreken oyc*, — *Vrederich, ich, eendrechtichlichen* L. 3, 429, neben *sake*, — *ich ouch alincklichen* L. 3, 721, neben *vullenkomeliken gesekert sake alsulken*. — In der Gegend von Kempen und Gladbach nehmen die *ch* bedeutend zu. *Údenkirchen*, s. Gladbach, BM. 4, 312, *zache*, neben *brúken Hènric*, BM. 4, 370, *kirchen* L. A. 1, 277, neben *macken*, — *Gladbach* neben *Lobbruec* BM. 4, 295, *Ginderich*, no. Geldern, BM. 4, 363. — Verflüchtigt wird *ch* in *wittelies* L. 3, 272, abgeworfen in *my* (me) L. 3, 721.

Hd. *h*. Die gewönliche Vertretung ist im Inlaut *gh: hôghen laghte doghter* L. 3, 15, *reghte* L. 3, 172, *hôghen Meghtelt*, L. 3, 207, — ferner *g: wiger* BM. 4, 377, aber s. hd. *w*, — *nogh* L. 3, 15, *dogh* L. 3, 207, — und vor *t* auch *c: Mecthilde recte* Hö. 1, 10ᵇ. — Ausfall in *hôgerichte* L. A. 1, 277, *sin* (video) L. 2, 1011, *sien* (video) *lêns verghýet ses* Hö. 2, 191, *sestigh* BM. 4, 370, — *ná* L. 3, 429.

Hd. *j*. Dafür häufig *gh: ghene* L. 3, 15, *ghenen* L. 3, 172, *verghýet* Hö. 2, 191, — daneben *g: gene* L. 2, 1011, *Gülich* BM. 4, 335.

Hd. *n*. Assimiliert *mallicke* L. 3, 15. 173, *malke* L. 3, 697. — Ausfall in *vÿff* L. 3, 697, *viftich* L. 3, 15. 560. 721, — *ûre* (noster) Hö. 2, 191, — *eghein* L. 3, 429, aber *engein* L. 2, 1011.

Hd. *l* assimiliert sich in *asse* L. 2. 1011, — vocalisiert sich nach *o* vor Dentalen in *sude (solde)* L. 3, 117, *doufhout* L. 2, 984, *goude* L. 3, 511, *Houte* BM. 4, 340. 360, — vor anderen Consonanten nur in *Marcouf* BM. 4, 325; — es fällt aus in *as* L. A. 1, 277. L. 3, 721, neben *als* L. 3, 117. 173, L. A. 1, 277.

Hd. *r*. Metathese: *derdendeel* L. 3, 691. — Abfall: *mi* L. 3, 429.

Vocale.

Hd. *a á*. Vereinzelt *men* für *man* L. A. 1, 172, Hö. 2, 191. — *Grêve* wird Umlaut sein L. 2, 1049. 3, 15. 172. 691 usw. — *Grâve* ist Ausname L. 2, 1049. — Die Vertretung *ae ai* von den Oxytonis ausgehend greift immer mehr um sich: *aen* L. 3, 15. 117. 691. 721, *betaylt* L. 3, 173. 691, *gemaekt* L. 3, 691, *aenspraec* L. 3, 272, — *jaer stayn* L. 3, 117, *swaer daer voldaen* L. 3, 691, *jair stayn* L. 3, 173, *ghedain* L. 3, 272, *raet* L. 3, 444, *mael* L. 3, 207. 429, *nae* BM. 4, 362, *hait* L. A. 1, 277, — *hernâmaels* L. 3, 691, *Raitsleiden* BM. 4, 295, *waerheit* L. 2, 1011. 1049; 3, 207, *jaerlix* BM. 4. 370, *jaers* L. 3, 15, — *haelden vaernen* (vehi) L. 3, 721, — *raede alsôdaynen* L. 3, 721, neben *râde* L. 2, 1011; 3, 173. 429, *genáden* L. 3, 173, *járe* L. 3, 15, *mághe* L. 3, 429. — Das Verhältniss von *a â* zu *ai* zeigen deutlich L. 3, 15. 173. 452: *graischap jaer jaerlix*, neben *medegâve gewâpent*. — Consonantische Einwirkungen auf *a â* erkennt man in *sunt* (sanctus), *eerzom* L. 3, 691, *sôwoe* L. 3, 429: — *Heit* L. 3, 173 ist wol nach Analogie gebildet; s. *steit* bei hd. *ê*. — Nur wenig oder gar nicht eingedrungen ist *aud aut* für *ald alt*: *Boudekin* L. 2, 957 ist unsicher.

Hd. *e é.* Der Wurzelvocal kann zu *ei ie i* wandern: *leysen* L. 2, 1011, *geseyn* L. 3, 272, *reyde* L. 3, 721, *reicht weigen* L. A. 1, 277, — *sient* L. 3, 117, *sin* (video) *gienen willen* L. 2, 1049, *wilc Rimigius* L. 3, 691, — *ziele* L. 3, 15, *heyrschap meir* L. 2, 1011, *heirlicheiden* L. 3, 721, *tweyn* L. A. 1, 277, *steit* L. 3, 429. 721, — *hierscap* L. 3, 272, — *irstwerf* L. 3, 429, — *eie* in *vortmeiere* L. 3, 173. — Auch consonantische Einwirkung wird sein *a* für *e* in *haren tralve* L. 3, 117, Hö. 2, 191.

Hd. *ae.* Die regelmässige Entsprechung ist *é*: *stédiger* L. 2, 1011, *stédigheit* L. 2, 1049, *wéren wechtéren* L. 3, 691, *ghenédich* L. 3, 207. 429, L. A. 1, 277, *néyst* L. 3, 429, *meindédich* L. A. 1, 277, — *weert (waere ez)* BM. 4, 370, *leeghen* L. 3, 117, *weer* L. 3, 691, *apenbeerlic* L. 3, 444. — *Á* bleibt *in jairlichen* L. 3, 697.

Hd. *i.* Für *i* in offenen Paroxytonis gewönlich *e*, — allmälich auch sonst — im Personalpronomen und vor Liquiden oft *o oe oi* — *u: weder dese seghel geschreven* L. 3, 15, *sekir* L. 3, 173, *Vrederich* Hö. 2, 191, *Segeberto* BM. 4, 269, *Vernehurg* BM. 4, 308, *mede* L. 3, 429, *wetenheit* L. 3, 721, — seltener in Oxytonis : *met* Hö. 2, 191, *Meghtelt* L. 3, 207, *hem* L. 3, 272. So wechselt *mit* und *darmede* L. 2, 1011, *medegáve* L. 3, 691. — Für *e* auch *ie: diesen* L. 2, 1049. — Die dunklen Vocale erscheinen in *oren* L. 2, 1011. 3, 15, *oyren* L. 3, 173, *urre* L. 2, 1011, *oere* L. 3, 429, *oem* L. 2, 1049, *om* L. 3, 207, *um* L. 3, 429, *oen* L. 3, 424. 444. 691. 721, *ur* L. 2, 1011, *oer* L. 3, 691. — Hd. *i.* Dafür besonders in Oxytonis *ý* und *ie: wýs wýflich sien mien* L. 3, 429, *wief semeliec* L. 3, 272. Doch dringt *ý* auch in Paroxytona ein: *wrgen týden* L. 3, 15.

Hd. *o ö, ó oe.* Erhaltung des alten *a* in *van* L. 2, 1011; 3, 117, — des *u* in *urbure* L. 2, 1011, *vur* L. A. 1, 277. — Uebergang in *a: lavelicken* L. 3, 1049, *ghelaven* L. 3, 173, *bevalen geswaren* L. 3, 691, *gades warden* Hö. 2, 191, *apen* L. 3, 444, *have* BM. 4, 308. 335, *baven* L. 3, 429; — die Oxytona gewönlich mit *ae: gelaift* L. 3, 452, *gaetshús* L. 3, 1049, *vaygt* L. A. 1, 277, *praest* (praepositus) L. 3, 429,

— aber auch *Wickeraide* BM. 4, 309. — Auch *oe oi* zuerst in Oxytonis: *voert* L. 3, 429, — *doet* L. 2, 1049, *loes* BM. 4, 370, *doe* Hö. 2, 191, *behoert* L. 3, 207, — *Coelne* L. 3, 15; 4, 382, *hoyfe* BM. 4, 349, Ortsnamen mit — *roide* BM. 4, 334, — *doede* L. 3, 15, *hoirde* L. 3, 721. — Ausgang von Oxytonis zeigt Hö. 2, 191 *doe*, aber *hören behöret*, L. 2, 1049 *doet* aber *hören*, L. 3, 452 *gelaift coest*, aber *uytgenomen*. — Vertretung durch *u* in *enmuchte* L. 3, 117, — aber *siide* L. 1, 117, *sulde* L. 3, 173 wird durch Vocalisierung des *l* veranlasst sein; s. hd. *l*.

Hd. *u ü*. Dafür vor Liquiden *o oe: orkonde ons onsen honderth* L. 2, 1049, *sonnen satzong* L. A. 1, 277, *vroem* L. 3, 691, *sommer* L. A. 1, 277, *solen* L. 3, 15, *soelen scolt* L. 3, 207, *scarremole* BM. 4, 295, *vor borgh geboert* L. 3, 691, *worm* BM. 4, 377, *wilkore* L. 3, 207; — seltener vor anderen Consonanten: *nôtôt* (stuprum) L. 3, 173, *moghen* L. 3, 15, *moghenden* L. 3, 272, *op* Hö. 2, 191. L. 3, 721. — Selten ist *ue: Buerchardus* BM. 4, 363. — Uebrigens bleibt *u* auch vor Liquiden oft unverändert: *kunt* L. 2, 1011, *unse* L. 2, 1049, *summe* L. 3, 691, *burgh* L. 3, 429. — Neben *und* L. 3. 721 ist häufiger *ende inde end en* L. 2, 1011. 1049; 3, 691. — Hd. *ü* behält entweder seine Qualität: *hûs* L. 2, 1011; 3, 172, *ût* L. 3, 207, oder es wird zu *ui: huis* L. 3, 117, BM. 4, 377, *uyt* L. A. 1, 277, *Walthuisen* BM. 4, 349.

Hd. *ei*. Statt dessen *ê: bêde* L. 2, 1011, *een twê* L. 2, 1049, *êde* L. 3, 173, *erfscêdinghe* L. 3, 15, *deel gedêdingt* L. 3, 691, *Kervenhêm* BM. 4, 308. Daneben auch *ei: volleist* L. 2, 1011, *stêdigheit* L. 2, 1049, *bescheyden* L. 3, 444, *gescheiden* L. 3, 429, *heilighen* L. 3, 560, *einicherhande heyt* (*heizet*) L. 3, 272, *heymelgheyt* BM. 4, 362: zum Teil die mnl. Fälle.

Hd. *iu*. Selten durch *ui* — *ghetuich* Hö. 2, 191, *getuychnisse* L. 3, 721, — vertreten, — in der Regel durch *ü*: *lûden* L. 2, 1011; 3, 117, *trûwen* L. 3, 173, *getûge* L. 3, 691, *vrûntscap* L. 3, 429, *drû* L. 3, 721, — *vruende* L. 3. 721. — In einzelnen Wörtern auch *i ie: di* L. 2, 1011,

vrgnde die L. 3, 691, drie Hö. 2, 191, vriende L. 3, 721.
nggen (niuwen) L. 3, 272. — Iuw wird auch ow: trowelicke
L. 3, 15, trouwen L. 3, 697.

Hd. ie bleibt oder monophthongiert sich in i, selten in é:
Diederich brief L. 2, 1011, vier L. 3, 117, die L. 3, 15,
lyeven L. 3, 444, dienst L. 3, 697, — Diderich brif hir L.
2, 1011, dynst L. 3, 173, gmant gcklich L. A. 1, 277, lyve
L. 3, 691, maniren L. 3, 429, — wê dê L. 2, 1011, gekrêge
L. 3, 691. — Ei erscheint in breif L. 3. 173, breive L. 3, 697,
veirtich L. 3, 444, dey L. 3, 721. — Consonantiert wird i in
jet (ieht) L. 3, 429.

Hd. ou öu. Gewönlich dafür ô: aber frouwe L. 2, 1011;
3, 15. 444, BM. 4, 383, ouch L. 3, 721, — neben virköcht
ôch L. 2, 1011, orlôve Hö. 2, 191. — Dieses wird ganz
selten zu â: âck L. 3, 15, — häufiger zu oe oi oeck L. 3,
691, oyc L. 3, 173. 207, ghorloyft Hö. 2, 191.

Hd. uo üe wird in der Regel durch oe oi — ue ui gegeben: doen L. 2, 1011, doyn goit L. 3, 172, moet genoech
L. 3, 691, toe L. 3, 444, Halterbroich BM. 4, 309, — hoeven
L. 3, 15, doyne L. A. 1, 277, gŏede Hö. 2, 191, boelen L.
3, 207, doynde L. 3, 721. — Vorzugsweise in Paroxytonen
und Proparoxytonen erhält sich ô: dône L. 3, 15, verzônet
ghebrôdere L. 3, 207, — aber stônt L. 3, 173. — Ausgang der Erhöhung von Oxytonis zeigt L. 3, 452, doin
doemdeken, neben gûde môder. — Muyt L. 3, 15, sedelguyt
BM. 4, 335, tue guet L. 3, 429, Buecholt BM. 4, 295, Lobbruec BM. 4, 295. 342. — Auch ù kommt vorzugsweise den
Paroxytonen zu: mùder brùder L. 2, 1011, hùve L. 3, 1049,
gûde L. 3, 117, brùke BM. 4, 370, bùle L. 3, 272, vùren
L. 3, 444, — aber auch tût gût L. 2, 1011, Rùtgêri BM.
4, 268.

Apokope des e nach kurzer Silbe: of, heb wi L. 2, 1049,
om neben deme eyme L. 3, 173, — nach langer: hûs (Dat.)
L. 2, 1011, nâ Johans doet L. 2, 1049, Johann (Dat.) L. 3,
173, — nemelich L. 2, 1011, ons (uoster), begeert (begerde) L.

2, 1049, *erfniss* L. 3, 173, *aenspraek* L. 3, 272, — *um (umbe)* L. 2, 1011; 3, 173, *want (wande)* L. 2, 1049, *upqueem of geviel* (III Sing. Opt. Perf.) L. 3, 366.

Synkope des *e* nach kurzer Silbe: *gesegilt swagirs* L. 2, 1011, — *sin* (videre), *mit volkomen — willen* L. 2, 1011, *donresdaghs* L. 2, 1049, — nach langer: *sinre* L. 2, 1049, *sienre* L. 3, 173, *sins wifs scrift uns* neben *unses* L. 2, 1011, *lants Johans* L. 2, 1049, *jârs* L. A. 1, 277, *ons (onses)* L. 3, 173, *heft* (III Sing. Praes. Ind. von *hebben*) L. 2, 1049. 3, 15. 117. 429, *kirsplin* L. 2, 1011.

Die Vocale der Ableitungssilben und Praefixe erscheinen verdumpft in *ghoerfdeilt âvont* L. 3, 560, *vorsômt* L. 3, 15, *vorsproken* Hö. 2, 191, neben *virkôcht* L. 2, 1011, *sekir* L. 3, 173, *stighteinc* L. 2, 1049.

Verschmelzungen: *int (in daz)* L. 2, 1011. 1049; 3, 444, *wért (waere ez)* L. 3, 173, *heeft (he heft)* L. 2, 1049, *an édestat (an eides stat)* L. 3, 173, *dat te vastere si (daz ez diu vaster si)* L. 2, 1011, *tsjârs* L. 3, 15.

Einzelheiten über die Flexion in IIa, IIb.

In der Declination zeigen IIa und IIb ndl. Eigentümlichkeiten, nur fehlt die festere Regel.*)

Starke nominale Declination. Nicht nur die *ja*-Stämme aller Geschlechter und die *â*-Stämme im Plural neigen sich der schwachen Bildung zu. Die Analogie übt ihre Kraft auch weiter: Masc. Neutr. Plur. Gen. *punten* L. 3, 511, *kinderen* L. 2, 1011, *stucken* Hö. 2, 45. — Fem. Sing. Gen. Dat. *konden* Str., *der gulden* L. 2, 1049, *rekeninghen, genacden* L. 3, 543, — Plur. Acc. *reeden* L. 3, 173.

---

*) Es sind hier die p. 166 aufgeführten cleveschen Rechtdenkmäler verwertet, welche den Typus IIb¹ zeigen.

Schwache nominale Declination. Ndl. ist -e im Sing. Acc. *wil baide* (nuntium) Str. *de scade* L. 3, 543, *herthoge* L. 3, 511. — Aber über den ndl. Gebrauch hinaus geht: *von den gréve* L. 3, 302 und Plur. Nom. *baide* (nuntii) Str. *scepene* L. 3, 541.[*]) neben *scepenen* L. S.

Pronominale Declination. Dem ndl. entspricht Masc. Neutr. Fem. Sing. Nom. *dis breef* Hö. 2, 45, *onse joncherre* L. 3, 541, *onse boele* L. 3, 543, *unse wif* L. 2, 1011, *onse ingesegele* L. 3, 173, *onse vrowe* L. 3, 173, *ons kost* Hö. 2, 45, *unse múder* L. 2, 1011. — Masc. Sing. Dat. *in den irsten, den guede* Str. *den gestichte, den dage* Hö. 2, 45, *in desen brêve, mit onsen liven here* Hö. 2, 45, L. 3, 541, *sinen witteliken wire* L. 2, 1011, *mit onsen sigel* L. 2, 1049, *van onsen brúder* L. 3, 173, *tút úrre urbore* L. 2, 1011, *mit alle haerre partye* L. 3, 541. — Acc. *onsen here, haren penninc* L. 3, 541, — *hare provancie* L. 3, 541. — Plur. Nom. *unse erven* L. 2, |1011, — aber *unser nákomelinghe* L. 2, 1049. — Seltener findet sich die ndl. Declination in eigentlichen Adjectiven: Sing. Dat. *eenen iegeliken dinge, eenen anderen* Str., *mit ganzen ráde* L. 2, 1049, *the regthen manleyne* L. 3, 173. — Aber vom ndl. weichen andere Formen ab, sowol durch Annäherung an das hd. als durch Uebertreibung der ndl. Neigungen: *on* L. S. *oen* (ei) L. 3, 543. — Acc. *de scade* neben *den scaden* L. 3, 543. — Sing. Dat. *deme gréven* (comes) L. 3, 173, *mit alle deme regthe* L. 3, 173, — Plur. Dat. *hem* L. 3, 541.

In der Flexion des ungechlechtigen Personalpronomens ist zweifelhaft wie die fehlenden *r* des Auslauts aufzufassen seien, ob Verstümmlung oder genaue Durchführung des westgermanischen Auslautgesetzes vorliegt. Für jenes spricht *mi (mihi)* L. 3, 429. Wie hier könnte ein Abfall auch stattgefunden haben in *wi, wie* (nos, quis) L. 2, 1011, Hö. 2, 191, L. 3, 15. 184. 543, *gi gy* L. 4, 272, 370 — und im geschlechtigen Personalpronomen *he hi* L. 3, 15. 691, Hö. 2, 191, L. 3, 184, — desgleichen im Artikel *dye* L. 3, 15. 207. 223. — Aber man

---

[*]) Ist wol ein Derivativum mit *n*, auch in VI findet sich Sing. Acc. Plur. Nom. *scheffenen* Hö. 2, 1, und in VII B. 2, N. z. 2, 14 p. 355.

könnte auch annehmen der Dativ habe sich dem Acc. *my* L. 3, 721; 4, 331 assimiliert.

Conjugation.*) Auch hier Eindringen schwacher Formen in die starke und starker in die schwache oder bindevocallose Conjugation, Annäherung an das ndl. — I Sing. Praes. Ind. *haep* L. S. *doe* L. 3, 429, 340 (1339), 366 (1341), 368 (1341), 4, 298 (1451). *hebbe* L. 3, 721, ebenso *halde* in L. 3, 317 (1337). — Auch III Plur. Praes. Ind. auf *-en* ist ndl. *sin hebben staen* Str., *sin* L. 2, 2011, *staen* Hö. 2, 45, *behoeren hebben* L. 3, 543; 4, 341; — neben *sient hörent* L. 3. 173. — Sächsischem Muster aber folgen in IIb**) die II Plur. Praes. Perf. auf — *en*, nicht nur Opt. auch Ind. welche zuweilen die regelmässigen Formen auf *-et* ersetzen: *dat gy ons verbuntlick blijven* L. 4, 272, *dat gi u halden, gi moegen* L. 4, 370, — *as gy ons gedaen hebben* L. 4, 272. 341, *gi — sijn geweist, gi moegen* L. 4, 370, *so gy uns nu schrijven, dat gy — solden* L. 4, 341, *gi vreisden of cisden* Wt. 3, 869. — neben *gi hebt, gi sult, moiti* L. 4, 331, *sijdt gait* L. 4, 341. Ind. und Opt. Perf. der ersten Classe der schwachen Verba wird — im Gegensatz zum hd. und ndl. — durch Umlaut vom Indicativ unterschieden, *bekende* Str., *lendede* L. 3, 721. — Eindringen schwacher Perf. und Part. Perf. in starke Verba: *ghewest* L. A. 1, 277, *geschiede* Hö. 2, 45, *geschiet* L. 3, 223, *verghiet* Hö. 2, 191.

Die Umformung der mhd. Declination und Conjugation geht weiter als das nhd. und hätte bei einem reicheren Culturleben zu einer der mnl. ähnlichen Regel geführt. Auch hier wird die Ursache des Lautwandels z. T. in der Accentsteigerung zu sehen sein. Vor der Accentsilbe fielen die Bildungs-

---

*) Ich benutze hier auch andere als in dem Verzeichniss vor der grammatischen Beschreibung aufgeführte Urkunden.

**) Dass in IIa nicht, ist wol nur zufällig, d. h. meinem unvollständigen Material zuzuschreiben, da diese Formübertragung auch im mnl. vorkommt; z. B. Walewein 114 *ghi heden*. — Die directe Anrede ist in Urkunden selten. — Aber *dat wy gheloret hebt* L. 3, 229 (Geldern und Cleve 1328 IIa) ist vielleicht nur ein Schreibfehler durch das vorausgehende *ghelovet* hervorgerufen.

silben wenig ins Gehör. Die an sich schon schwach unterschiedenen wurden als eine aufgefasst: *-en* und *-em*. Häufige Apokope verwischte auch den Gegensatz von Wörtern, welche auf *-e* oder auf Consonanten auslauteten: dadurch wurde unorganisches *-e* möglich. Die der Bedeutung nach verwanten Formen. Sing. Nom. und Acc. schwacher Declination, Fem. Sing. Gen. Dat. Masc. Neutr. Plur. Nom. Acc. schwacher und starker Declination, die Pluralformen des Verbums konnten nun uniformiert werden. Die geringe Festigkeit, mit welcher die Vorstellungen der Casusendungen im Gedächtnisse hafteten, war ferner nicht im Stande der verführenden Analogie einsilbiger Pronominalformen Widerstand zu leisten. Ein Gen. Sing. Fem. *der* zog pronominale Flexion des folgenden Adjectivs nach sich.

Fortsetzung der Charakteristik II.
IIa, IIb.

Zeichen der ersten Mundart sind: 1) die beginnende Lautverschiebung, s. insbesondere hd. *ch*, — 2) *l* in den Formeln *alt ald olt old* kann sich vocalisieren, — 3) *e ê* nähert sich sehr dem *i* was die Schrift durch Schwanken zwischen *e ei ie i* ausdrückt, s. oben p. 62, — 4) Eindringen des Umlauts in das Gebiet des langen *â*: es wird *ê* im Gegensatz zum mnl. — 5) *iu* zeigt neben dem Uebergang zu *ú* auch den ndl. zu *ie i*: wenn wir oben p. 115 iu dem Wechsel von *iu ui* mit Recht Zeichen des *ú*-Umlautes fanden, so wird *ie i* eine Annäherung des *ü* an das *i* bedeuten, vielleicht mit Diphthongierung des unvollkommen gebildeten Vocals, — 6) *ie* kann sich zu einem dem *i* sehr genäherten *ê* monophthongieren, das durch *ê ei i* widergegeben wird, — 7) die langen Vocale *á ó ú*, — ob *ê* ist zweifelhaft, — dann auch die kurzen erhöhen sich in Accentsilben auf *ae oe ue, ai oi ui*; desgleichen jene *ó* und *ú* welche hd. *uo* entsprechen. Den Anfang machen Oxytona.

Die neuen Diphthongen, welche an die Stelle alter Längen getreten sind, erfordern eine Erörterung über ihre Aussprache, s. Scherer GDS. 125. Zeugnisse für diphthongische Aussprache sind Jeroschin (Strehlke) 244 *luit* (sonus): *gebúit* (aedificatus), *vait* (advocatus): *rait* (consilium) G. Hagen 4182, Gespräch zwischen Seele und Leib Germ. 3, 400 *verclait: stait (verclaget: stât), mait (maget): trinitait.* G wird häufig ausgeworfen s. S. Albanus, Lm. Drei nrh. Gedichte, 1, bs. in V, *manicveldier unsélie sundier.* — Dann der cölnische Ritter Harff transscribiert in seiner Pilgerfahrt (ed. Groote 1860) verschiedene Sprachen in seine niederrheinische Orthographie, p. 64 slavisch, 65 albanesisch, 75 griechisch, 112 arabisch, 188 jüdisch, 209 türkisch, 227 baskisch, 240 bretonisch. Nie wendet er *ai oi ui* an, um etwa lange Vocale auszudrücken. Nur im griechischen *oischi* οὐχί, der heutigen mouillierten Aussprache gemäss. — Die in hohen Accenten sprechenden Juden hört man bisweilen *groiss* sagen und *soi*. Auch sonst haben lebende deutsche Dialekte vereinzelt *ai* für *a â*, s. Weinhold Alem. Gram. § 49, Bair. Gram. § 66, *oi* für *o ô* Alem. Gram. § 69, Bair. Gram. § 98, *ui* für *ü* Alem. Gram. § 110.

Die nfr. Diphthonge *ai oi ui* sind Symptome eines weit verbreiteten Processes. Das mnl. und das mnd. kennt sie auch oder bietet sie in leichten Variationen. Das mnd. zeigt in einsilbigen Wörtern *ae* für *â*, *oe* für *ô* (got. *ô* und *au*), *ue* für *û*, und ganz parallel stehen die Schreibungen *ij* für *î*, *ee* für *ê* (got. *ê* und *ai*). Dass es einen Unterschied mache ob der Vocal im Auslaut oder vor einem Consonanten stehe sagen Nerger, Grammatik des meklenburgischen Dialekts 29, und Regel, Zs. 3, 56, nicht, obwol es für die Theorie des letzteren sehr wichtig wäre; — in dem angezogenen Beispielen finde ich *knee* Zs. 3, 60. — Ueber den Lautwert dieser Zeichen kann nur bemerkt werden, dass *ee*, germanisch *ê* und *ai*, geschlossene Aussprache gehabt haben muss, weil das in offenen Paroxytonis ohne Zeichen der Länge geschriebene *é*, die Verlängerung des alten oder aus *i* entstandenen *e*, von den alten *ê* derselben Wortstelle in alter wie in neuer Zeit durch die Aussprache geschieden wurde. Verlängertes *e* war und ist `*é*, echtes *ê* hat an jeder Wortstelle geschlossenen Laut. Dies spricht für analoge Natur der übrigen die Längen vertretenden Laute. *Ij* wird wahrscheinlich den reinen sehr geschlossenen *i*-Laut ausdrücken, im Gegensatz zu einem trüberen, der sich bei einem Nachlassen des Accents leicht in Paroxytonis einstellen konnte, deren Accent durch tiefen Ton der unbetonten Silbe auf bequeme Weise ausgedrückt werden konnte. Für kurzes *i* findet sich öfters *u* s. p. 76, und Bartsch zu Berthold von Holle p. XLVII. In *ae oe ue* wird nach Analogie des nfr. wirklich diphthongische Aussprache anzunehmen sein. — Mnl. haben einsilbige Wörter mit Ausname der vocalisch auslautenden, mehrsilbige in drittletzter Silbe, also bei besonders kräftigem Accent der sich auch durch Synkopierung der zweiten Silbe äussert — *råkede vaekte*, — *ae* für *â*, *ij* für *î*, *oo* für *ô* = got. *au, uu* für *û*, *ee* für *é* = got. *ai:* bei allen diesen in Paroxytonis nur vor mehrfacher Consonanz: und ausnamslos an allen Wortstellen *oe* für *ô* = got. *ô*. Die Verwendung offener Paroxytona im klingenden Reim beweist die Länge der unbezeichneten *â é î ô û:* der Unterschied dieser Laute von *ae ee ij oo uu* muss demnach qualitativ sein. Für die diphthongisch geschriebenen Laute *ue oe* empfiehlt die Schreibung und die nfr. Analogie diphthongische Aussprache anzunehmen. Vielleicht ist auch die nni. Aussprache *éi óu* für *é ô* alt; s. p. 68. 62. *Uu* war *ů* wahrscheinlich über *ui üi* s. Gr. 1³, 288; Grimms Bedenken fallen weg, da sie von der Voraussetzung der gleichen Qualität des *u* und *uu* ausgehen. *Ij* bedeutet wahrscheinlich wie für mnd. angenommen nur den reinen Laut hellster geschlossenster Articulation im Gegensatz zu dem etwas trüberen des mit *i* bezeichneten.

Man sieht das Bedürfniss dem accentuierten langen Vocale ein vocalisches Element von höherem Eigenton zuzusetzen ist am stärksten im nfr., wo es sich am wenigsten beschränkt. Die Gesetze, an welche das mnl. bei Verwendung der neuen Diphthonge *ae oe* und der sie vertretenden Vocale *uu ee oo ij*, gebunden ist, zeigen schwächeren Trieb, der nur wo äussere Umstände ihn begünstigten, wirksam war, vor schwereren Hindernissen zurückwich. Im nfr. und mnd. sehen wir keinen oder geringen Unterschied zwischen offenen oder consonantisch

oder geringen Unterschied: oder ist auf einzelne Dm. beschränkt. — Offene Paroytona aber bewahren anfänglich in beiden Dialekten gleich dem mnl. die alte Qualität des Vocals, s. Nerger Grammatik p. 25. 29, Regel Zs. 3, 56 ff. also reines *á é*, *ó ú*. Ebenso erhält in vorletzter offener Silbe *ê* und *i* nur allmälich jene übermässig geschlossene Aussprache, welche die Zeichen *ee ei*, *ii ij* andeuten sollen. — Die Behandlung des auch im Auslaut beständigen *ee* und des an allen Wortstellen haftenden *oe* für *ô* = got. ô im mnl. ist ein deutliches Zeichen, dass der Gang der Diphthongierung von geschlossenen Oxytonis über offene Oxytona sich zu offenen Paroxytonis bewegt habe: *jaer jae juere*: was gegen Liliencrons Theorie der nrh. Diphthonge spricht, Historische Volkslieder 1, 29. Später mögen geschlossene Paroxytona mit und ohne Synkope oder Apokope dran gekommen sein. *â* in *jâr* zu diphthongieren ist leichter als in *jâ*, da durch die zur Bildung des Schlussconsonanten nötige Enge oder Sperrung des Mundcanals jener Enge, welche ein *e* oder *i* erfordert vorgearbeitet ist. Dass dann *jâ* eher von dem neuen Laute ergriffen wird ist begründet durch die Natur der offenen Paroxytona, welche wegen ihres deutlichen Uebergewichtes über die rasch folgende Bildungssilbe weniger einer Erhöhung ihres Eigentons bedürfen s. oben p. 188. Doppelconsonanz hält die folgende Senkung des Tones dem Bewusstsein ferner. — Im nfr. ist bei *á o* für got. *au* und *ô û* der Anfang diphthongischer Aussprache in Oxytonis deutlich. Einen regelmässigen Wechsel aber zwischen *ee e ii i* scheint die nie strenggeregelte Orthographie nicht zu kennen.

Wir haben schon oben p. 77 f. von der Verlängerung alter Kürzen in offenen Paroxytonis gesprochen und über ihren zweifellosen Zusammenhang mit dem Accent eine Vermutung aufgestellt. — Auch in diesem Vorgang behauptet das nfr. seinen Vorrang vor dem mnl. und mnd. durch die regellose Hast, mit welcher es hier die alten Verhältnisse zerstört. So wie es die Längen in offenen Paroxytonis rasch dem Schicksal derselben Laute an andern Wortstellen, der Diphthongierung unterworfen hat, so verlängt es in kurzer Zeit eine grosse Anzahl von Kürzen in Oxytonis und vor Consonantverbindungen und

macht sie dadurch der Diphthongierung fähig und bedürftig.
Ob zuerst in offenen Paroxytonis Diphthonge statt alter Kürzen
eintraten, wie man vermuten möchte, konnte ich aus meinen
Quellen nicht entnehmen. — Im mnd. werden alte Kürzen nur
ausnamsweise und ohne Consequenz der Diphthongierung unterworfen, s. Nerger Grammatik p. 29, Regel Zs. 3, 56 ff., wol weil
die Dehnung in offenen Paroxytonis nicht so beliebt war als
im nfr. und mnl. Berthold von Holle hält sich noch streng an
die alten Quantitäten, s. Bartsch zu 4848. — Im mnl. erfordert
sowol die Verlängerung alter Kürzen als die Diphthongierung
oder entsprechende Aenderung der Qualität gewisse Begünsti-
gung. Die blosse Verlängerung, welche die Schrift nicht ausdrückt, ist wie im mnd. an die Bedingung offener paroxytonierter
Silben geknüpft. Der qualitative Lautwandel erfordert entweder
r mit folgendem Consonanten, so bei *ae* und *oo* für *a o* — *waerm
woord*, — oder besonders heftigen Accent, wie er in drittletzter
Silbe begreiflich ist — *maecte* für *makede, beelde* für *belede
(bilede), hoopte* für *hopede*. Wenn für offene Paroxytona wie
levet hopet leert hoopt geschrieben wird, so ist nicht klar, ob
hier ein ähnlich kräftiger Accent Veränderung des gelängten
Vocals und Synkope hervorgebracht habe, oder ob nur die ähnlichen Fälle alter Länge mit folgender Synkopierung nachgeahmt
wurden — *hooft* für *hovet, keert* für *keret*. Aber in einigen
offenen Paroxytonis, welche bloss *e* in der Ableitungssilbe zeigen,
muss eine ungewönliche Stärke des Accentes das *a* der Wurzel
nicht nur gelängt, sondern auch das Bildungs-*e* verschlungen
haben: — *tál* aus *tale* wurde zu *tael* nach Muster von *ael*
(anguilla). *Hij's* für *hi es, ghijt* für *ghi dat* wird nur Ersatz-
dehnung für *i* sein, im einsilbigen Worte mit reiner, sehr geschlossener Aussprache.

Vom 14. Jh. ab sehen wir die besprochenen nfr. Diphthonge auch in Hessen, s. Pfeiffer zu Hermann von Fritzlar
S. 571, Friedberger Passionsspiel Zs. 7, 545, Alsfelder Passionsspiel Zs. 3, 477, in Henneberg und Thüringen, H. Rückert zu
Köditz von Salfeld p. 162, im posnischen, s. Pfeiffer zu Jero-

schin p. LXII. Dann in Pommern, Regel Zs. 3, 53 und Meklenburg, s. Nerger Germ. 11, 452 und Grammatik des meklenb. Dialekts.

IIb unterscheidet sich von IIa wesentlich dadurch, dass es Vocalisierung des *l* in der Formel *alt ald* nicht zulässt.

In Westfahlen verliert der Typus an Bestimmtheit. Die Eigentümlichkeiten des niederrheinischen Vocalismus schwinden vor sächsischer Einförmigkeit, die mangelnden Synkopen und Verschmelzungen zeugen von gemässigterem Accente und langsamerer Aussprache. S. 871 (Marschall von Westfahlen 1385) *degedingeden*, S. 516 (Arnsberg 1307) *bespreket brecket achtede gesatget*, S. 489 (Soest 1300), *afgheleghet maket hevet*, S. 904 (König Ruprechts Reform der Fehmgerichte, Soester Hs. 1404), *richtede gefråget beclageden* S. 522 (von Korff 1308) *makede*, S. 724 (von Helden 1352) *hütede*. S. 477 (Cöln mit Münster 1498), L. 4, 66 (Paderborn 1495), S. 999 (Werl 1494), S. 854 (von Scharpenberg 1382), S. 983 (Rüeden 1482) haben beinahe oder ganz sächsischen Vocalismus.

Ebenso verwischt sich der Typus in den ndl. Urkunden, welche IIa und IIb verwenden: es tritt gelegentlich *â* statt *ê (ae)* ein. So IIa L. 4, 701 (Luxemburg - Lothringen - Brabant - Limburg 1370), *onderdânich* neben *grêve marcgrêvinne*, 4, 106 (Baiern - Hennegau - Holland - Zeeland - Vriesland 1417) *grâvinne grâve* neben *grêve*, — IIb 4, 370 (Burgund - Lothringen - Brabant - Limburg - Luxemburg 1473) *grâve*.

In den Kempener und Gladbacher Urkunden schliesslich sind die *ch* für nd. *k* zahlreicher als in den nördlichen Dmm.

Literatur II.

10. 11. Jh. Die nd. Psalmenübersetzung ungefähr vom 9. Psalm ab, Heyne Kleine nd. Dm. p. 5 f., p. 7 ff., 41 ff. (Glossae Lipsianae) und p. VIII. Doch steht das Dm. durch einige ausgeworfene *n* dem Typus I oder dem sächsischen nahe, und bezeugt durch seine verschobenen Laute vielleicht mehr vereinzelte Rückfälle eines hd. Schreibers in seine Sprache als den Consonantenstand einer Orthographie, welche von der hd. Cultur beeinflusst zu werden beginnt.

12. Jh. Werdener Abecedarium Zs. 12, 410.

13. Jh. IIb. Marienleben Deutsches Museum (1788) 1, 61. 112 (IIb^3), — Glossen Anzeiger 3, 47, — Episches Gedicht Germ. 5, 336.

14. Jh. IIa. Predigten aus einer Hs. des Slawantenklosters zu Mastricht Zs. 2, 350.

14. Jh. IIb. Nrh. Glossare, Mone Quellen und Forschungen 299 (IIb^3), — Das andere Land, Mone a. a. O. 126, — Lied von Folkmar Allena, Liliencron Historische Volkslieder 1, 155 (IIb^3).

15. Jh. vdSchueren Teuthonista, Coloniae 1475—77 (IIb^3), — Die Holden vom Niederrhein Germ. 11, 411, Hs. vom 15. 16. Jh., — Rosengarten Zs. 5, 369 (IIb^3), — Glossen, Mone a. a. O. 302, — Botanische Glossen, Mone a. a. O. 282, — J. Rusbroeks Schriften, Von dem funkelnden Steine, von vier Versuchungen sammt Anhang von dem Spiegel der Seligkeit in den von Arnswaldt seiner Ausgabe zu Grunde gelegten 'geldernschen' Hss., — Heinrichs von Veldeke h. Servatius in der von Bormans herausgegebenen Hs., — Vier Gedichte auf die Soester Fehde, Liliencron a. a. O. 1, p. 403 ff. N. 84. 85. 87 (IIb^3), — Lied auf die Einname von Delmenhorst, Liliencron a. a. O. 2, p. 171. — Lied von Meister Lenethun in Osnabrück, Liliencron a. a. O. 2, p. 224, vgl. p. 231, — Lied von Bischof Hindrik, Liliencron a. a. O. 2, p. 333 (IIb^3), — Lied vom Krieg in Geldern, Liliencron a. a.

O. 2, 355, — Lied auf Herzog Albrechts Abzug von Gröningen, Liliencron a. a. O. 2, 457 (IIb³).

[16. Jh. Chronik der Stadt Erkelentz, Eckertz Fontes adhuc inediti 1, 56 (IIb¹).

17. Jh. Chronik von Rheinberg, Eckertz Fontes adhuc inediti 2, 25 (IIb¹)]*)

Geographische Uebersicht II.

II ist Amtssprache während des 8. 9. 10. Jhs. im Gaue Nievenheim 793. 796. 801. 802. 816 zwei Urkunden, 817 zwei Urkunden, 818.

Während des 11. 12. 13. Jhs. bis 1290, s. p. 96*, in Geldern (-Wassenberg) - Zütphen (- Limburg) 1118. 1127 — 1131. 1177. 1207. 1225. 1231. 1233. 1243. 1256. 1259. 1279 zwei Urkunden, — in Cleve 1162. 1188. 1191. 1202 — 1230. 1233. 1241. 1249, — in Utrecht 1003. 1085. 1094. 1105. 1108. 1121. 1122. 1126. 1127. 1131. 1135. 1139. 1143. 1148. 1155. 1172. 1176. 1178. 1179. 1188. 1219. 1231. 1247. 1253.

Sodann bei den Geschlechtern, in den Ortschaften: links Rhein: Camp, s. Rheinberg, cölnisch, 1188, von Heinsberg 1200. 1217. 1223. 1256, von Valkenburg und Ditren als Schöffen von Süsteren, n. Sittard, 1260.

rechts Rhein: Emmerich, zütphensch, 1233. 1237 Werden 1091 — 1105. 1092. 1148. 1150. 1160. 1194. 1052. 1066 — 1081. 1092. 1093. 1081 — 1105. 1115. 1126 — 1133. 1148. 1150. 1160. 1194. 1238. 1248. 1287 und sonst im 12. Jh.,

---

*) Was hier und unten von Literatur des 16. 17. Jhs. aufgezeichnet ist, soll nur auf einzelne weniger bekannte Dmm. hinweisen.

Gerresheim, ö. Düsseldorf, 1218—1231. — Nur Cleve Süsteren Werden, Gerresheim sind bewiesen. — Statt für Geldern können die betreffenden Urkunden auch nur für Emmerich und Duisburg gelten.

Gegen die frühere Epoche hat II Verluste erlitten: im Nievenheimergau herrscht nun III. Dafür aber hat die Mundart wie es scheint Gerresheim von III erobert, und jedesfalls bedeutende Erwerbungen im N. auf dem Gebiete von I gemacht, Geldern, Zütphen, Cleve und Utrecht war vom 8. bis ins 10. Jh. und vielleicht länger I gewesen.

IIa ist im 14. Jh. Amtssprache in Luxemburg-Lothringen-Brabant-Limburg L. 3, 623 (1361), 652 (1364), 701 (1370), 706 (1370), 1035 (1397), Quix N. 315 (Dat. Löwen 1385), — Cleve L. 3, 322 (1338), 387 (1343), 406 (1344), 457 (1348) und s. Verkehr, — Geldern-Zütphen Hö. 2, 45 (1316), 108 (1326), L. 3, 217 (1326), 223 (1327), 229 (mit Cleve 1328), 232 (1328), 256 (1331), 257 (1331), 270 (1333), 271 (1333), 338 (1338), 346 (1339), 434 (1346), 440 (1347), 477 (1349), 520 (1353), 531 (1354), 544 (1355), 655 (1364), 676 (1367), 682 (1368), 755 (1374), 810 (1378), BM. 4, 326 (1326), vSp. 4, 22 (1320), 26 (1336), 27 (Geldernsche Stäte 1343), 32 (1351) und s. Verkehr.

Die Mundart tritt, was ihre Verbreitung in Geldern-Zütphen und Cleve anbelangt, die Erbschaft von II· an, das im 11. 12. 13. Jh. daselbst geherrscht hatte.

Conflicte

mit mnl. In Arnhem und der Veluwe überhaupt wurde auch mnl. gebraucht: vSp. 4, 34 (1368), 36 (1393) und natürlich auch in Brabant, nur fehlen mir die mnl. Urkunden.

mit IIb. s. die Mundart.

Verkehr.

Zum Verkehr mit Geldern bedienen sich der Mundart Jülich-Geldern L. 3, 834 (1379), — Loon-Chiny-Heinsberg-Blankenberg L. 3, 372 (1342), — Meurs, clevesches Lehn, L. 3, 658 (1364), — ferner

die Geschlechter: van der Straten L. 3, 512 (1352), von Dornick, clevisch, und Arkel L. 3, 616 (1361), von Heteren L. 3, 739 (1373), von Spee L. 3, 841 (1379),

und die geldernsche Stat Arnhem in der Veluwe L. 3, 541 (1355).

Loon und Meurs beweisen für Geldern.

Zum Verkehr mit Cleve: Hennegau-Holland-Zeeland-Vriesland L. 3, 281 (Dat. Keynoud 1334), — Horn L. 3, 254 (1331), 458 (1348), — Mark L. 3, 302 (1335), — dann

die Geschlechter: von Rinwick, geldrisch, L. 3, 242 (1329), de Kock von Werdenberg und andre geldrische Ritter L. 3, 555 (1356), von Kemenaden, clevisch, L. 3, 620 (1361), von Huesman L. 3, 703 (1370), von Rievenstein und andre brabantsche (?) Ritter L. 3, 945 (1389).

Mark beweist für Cleve.

Die Mundart dient ferner zum Verkehr des Grafen von Meurs mit Bronkhorst-Batenburg, Bare, Herlar, Amersoien, Kemenaden vSp. 4, 31 (1351), des Herrn von Driel, n. sHertogenbosch, mit Boetselaer vSp. 4, 33 (1357).

Im 15. Jh. war IIa Amtssprache in Burgund-Lothringen-Brabant-Limburg-Flandern-Artois-Luxemburg L. 4, 204 (1431), 332 (1466), 4, 440 (Maximilian, römischer König und Erzherzog Philipp, Herzog von Burgund-Lothringen- usw. 1488), 465 (Erzherzog Philipp, Herzog von Burgund-Lothringen- usw. 1495), 476, (1497), — Lothringen-Brabant-Limburg L. 4, 87 (1414), 181 (1427), — Hennegau-Holland-Zeeland-Vriesland L. 4, 106 (in den Haghe 1417), — Geldern - Jülich - Zütphen vSp. 4, 39 (1424), — von Heinsberg - Loon, als Bischof von Lüttich, mit den Grafen von Loon und Jülich - Heinsberg - Löwenberg L. 4, 170 (1425), — dann

in dem Orte Villen, w. Achen, im Limburgischen. Wt. 6, 712a.

Die Mundart schwindet im 15. Jh. wie man sieht ausserordentlich zusammen, Geldern und Cleve zeigen sie gar nicht mehr, nur in Brabant und selbst in Holland erhält sie sich, hier allerdings dem mnl. sehr nahe rückend; dann im Südwesten in Lüttich Villen.

Conflicte

mit mnl. sind unzweifelhaft vorhanden: mir fehlen nur die nötigen mnl. Belege.

mit IIb III/IV, s. diese Mundarten.

IIb war im 14. Jh. — vom 13. nur drei sichere Fälle — Amtssprache in Brabant - Limburg - Mecheln Quix N. 336 (1348) — in Cleve L. 2, 957 (1295 l.), 1011 (1298 d.), 1049 (1300), 3, 15 (1301), 117 (1312), 173 (1318), 442 (1347), 482 (1349), 590 (1359), 625 (an Meurs 1361), 640 (1363), 650 (1364), 662 (1365), 691 (1369), 737 (1373), 826 (1378), 864 (1381), 952 (1391), 963 (1392), 976 (1393), 995 (1394), 1030 (1397) und s. Verkehr, — Geldern - Zütphen L. 3, 274 (1333), 635 (1363), 665 (1366), 810 (1378), 811 (1378), vSp. 4, 19 (1307), 37 (1377) und s. Verkehr, — Jülich - Geldern - Zütphen L. 3, 882 (1384), 966 (1392), 1068 (1399), — Mark L. 3, 452 (1348), 731 (1372), 987 (1393) und s. Verkehr, — Marschall von Westfahlen S. N. 871 (1385).

Ferner bei den Geschlechtern, in den Ortschaften, links Rhein: Udem, sso. Cleve, clevisch BM. 4, 370 (1360), von Hagedorn, von Alpen-Hönepel und andre nrh. Ritter L. 3, 604 (1360), von Hönepel und Schöffen von Niedermörmter, so. Cleve, clevisch, Hö. 2, 191 (1336), Weeze, nnw. Geldern, geldernsch. Wt. 4, 785 (1326), Xanten, clevisch und cölnisch, BM. 4, 370 (1360), Zs. 15, 513 ff. (13./14. Jh.)*), Hagenbusch, bei Xanten, clevisch, BM. 4, 383 (1371)   Winterswick, ogs. Geldern, L. A. 3, 73 (1332), Graf von Meurs, clevesches Lehn, L. 3, 429 (1346) Kempen, cölnisch, BM. 4, 378 (1366), 379 (1366)   Broich oder Borch, bei Crefeld, meursisch, Wt. 4, 782 (1394), Willich, s. Crefeld, cölnisch, Wt. 2, 76,   von Heinsberg L. 2, 984 (1298 l.), unsicher vielleicht IIa, Echt, bei Waldfeucht, wgn. Heinsberg, L. A. 7, 112 (Mitte 14. Jhs.), von Randerath, so. Heinsberg, und andere loonsche Dienstmannen L. 3, 603 (im Interesse Loons 1360)   von Valkenburg nw. Achen limburgisch Hö. 1, 10b Hs. (von 1271 s. oben II 13. Jh.),

rechts Rhein: heilige Leute im Ober-Ysselschen Sallande, essensch, Wt. 3, 877 (1324)   Essen, ono. Duisburg, clevesche Vogtei, L. 3, 1058 (1399), von Bodelschwing, nw. Dortmund, L. 3, 957 (1392), Soest S. N. 489 (1300), 749 (1349)   Barkhoven, bei Werden, dem es angehört, clevesche Vogtei, Wt. 3, 22 (1320), von Hetterscheid, nnw. Elberfeld, bergisch L. 3, 909 (1386), Gerresheim, s. Düsseldorf, bergisch L. A. 6, 137 (14. Jh. l.), 141 (1312 l.), von Limburg an der Lenne, märkisch, L. 3, 697 (1370), 1057 (1399), Graf von Arnsberg, cölnischer Lehnsmann, S. N. 330 (1264 jüngere Abschrift d.), 516 (1307), 796 (1368), Arnsberger Wald, Wt. 6, 725 (1350), von Padberg, ö. Brilon, cölnisches Lehn, L. 3, 834 (1372), von Grafschaft, ö. Schmalenberg, casselsche Untervogtei, S. N. 842 (1375), von der Glinde mit 15 andern Rittern L. 3, 695 (1369). — Ausserdem von Asenrode, dessen Besitz ich nicht kenne, L. 3, 190 (1322).

IIb ist in Cleve und Geldern-Zütphen so wie im Ruhrthal der Erbe von II, das vom 11. bis ins 13. Jh. daselbst geherrscht hatte. In ihren südlichen Gebieten aber, rechts vom

---

*) Soviel die Auszüge entnehmen lassen ist hier der Typus unverschoben, und würde den Exponenten 3 verdienen.

Rhein betritt unsere Mundart alten Boden von I, dem ja mit einiger Wahrscheinlichkeit im 8. 9. 10. Jh. der Gau Chattuaria, n. vom Nievenheimer, dem ältesten Sitz der Mundart II, zugewiesen worden war. — Im O. beginnt IIb den sächsischen Dialekt von seinen alten Sitzen zu verdrängen.

Conflicte

mit dem sächsischen und halbsächsischen, wenn wir mit dem letzteren Namen eine zwischen sächsisch und IIb schwankende Mundart bezeichnen: — in Westfahlen, S. N. 610 (1329), 691 (1344) sächsisch, — in der Grafschaft Mark, L. 3, 353 (1340). 852 (1380) sächsisch. Was einzelne Geschlechter und Ortschaften betrifft, so scheinen Essen, L. 3, 771 (1375) sächsisch, und von Limburg, an der Lenne, L. 3, 913 (1387) halbsächsisch, die westlichsten Puncte von sächsisch und halbsächsisch zu sein. An beiden Orten auch IIb, das aber auch noch weiter nach Osten auf sächsischem und hessischem Boden sich mit den sächsischen Mundarten in die Herrschaft teilt, bis Arnsberg und Padberg, und nordöstlich im Münsterschen. Den Süden, Grafschaft, beherrscht IIb unbestritten.

mit IIa, das im 14. Jh. wie IIb nur mit verschiedenen Graden der Festigkeit als Amtssprache in Cleve und Geldern-Zütphen gilt.

mit IIIa im 14. Jh., s. die Mundart.

Verkehr.

Zum Verkehr mit Cleve bedienten sich der Mundart die Bevollmächtigten des Herzogs von Hennegau-Holland-Zeeland-Vriesland L. 3, 992 (1394), — Berg L. 3, 1052 (1398), — Hessen L. 3, 511 (1352),

dann die Geschlechter und Ortschaften, links Rhein: von Culenberg am Leek L. 3, 415 (1344)   Calcar, clevisch, L. 3,

444 (1347), van den Horst, clevisch, L. 3, 764 (1373), von der Eger, bei Appeldorn, clevisch, L. 3, 664 (1366), Mersheim, so. Meurs, meursisch, L. 3, 497 (1351) von Falkenburg, s. Heinsberg, jülichsch, L. 3, 977 (1393), von Niedeggen, w. Düren, jülichsch, L. 3, 828 (1379).

Rechts Rhein: von Corff, nno. Warendorf, münstersch, L. 3, 641 (1363), von Rees, nw. Wesel, clevisch, L. 3, 1042 (1398) von Spellen, nwn. Duisburg, clevisch, L. 3, 299 (1335), von Dungelen, essenscher Erbschenk, L. 3, 325 (1338), von Brabeck, w. Recklinghausen, L. 3, 401 (1343), Hagenbeck, nww. Recklinghausen, L. 3, 323 (1338), von Schulenburg, nww. Dortmund, clevisches Lehn, L. 3, 606 (1360), Stecke, Erbgraf von Dortmund, L. 3, 341 (1339), Corff und andere westfälische Ritter L. 3, 641 (1363), S. 4, 522 (1308).

Dazu die clevischen Erbämter von dem Botslar L. 3, 638 (1363), 1018 (1396), von Eil L. 3, 368 (1341), 793 (1377), von Bilant L. 3, 34 (1304).

Holland Berg Hessen beweisen für Cleve.

Zum Verkehr mit Geldern: Cöln L. 3, 1010 (1395), — von Monmenten, so. Cleve, clevisches Lehen, L. 3, 674 (1367) von Flingen, bei Düsseldorf, L. A. 4, 141 (1335).

Cöln beweist für Geldern.

Zum Verkehr mit Meurs: von Zulem, utrechtisch L. 3, 605 (1360), von Alpen, cölnischer Vogt, L. 3, 1070 (1399).

Zum Verkehr mit Mark: Bischof von Münster L. 3, 155 (1347), — von Wickede, bei Dortmund, L. 3, 304 (1340), von Sobbe, märkisch, L. 3, 686 (1369), Nassau L. 3, 707 (1371).

Münster und Nassau beweisen für Mark.

Ferner bedient sich der Mundart Besselloyns Sohn und Frau zum Verkehr mit Werden vSp. 4, 35 (1385), und von Lövenich, s. Gladbach, zum Verkehr mit Gladbach BM. 4, 397 (1389).

IIb im 15. Jh. ist Amtssprache in (Oesterreich) - Burgund - Lothringen - Brabant - Limburg - Luxemburg - Geldern - Flandern - Tirol - Holland - Zeeland - Namur - Zutphen vSp. 4, 34 (Dat. sHertogenbosch 1481), — Lothringen - Brabant - Limburg - Hennegau - Holland - Zeeland - Vriesland L. 4, 131 (1420), Hennegau - Holland - Zeeland - Vriesland L. 4, 81 (Dat. Scoonhoven 1414), — in Cleve - Mark L. 4, 46 (1407), 53 (1409), 65 (1411), 76 (1413), 77 (1413), 105 (1417), 114 (1419), 116 (1419), 126 (1420), 127 (1420), 129 (1420), 157 (1424), 185 (1428), 190 (1429), 196 (1430), 209 (1433), 224 (1437), 240 (1440), 246 (1442), 250 (1443), 257 (1444), 262 (1444), 271 (1445), 279 (1447), 280 (1447), 283 (1447), 284 (1448), 285 (1448), 286 (1448), 288 (1448), 303 (1453), 319 (1459), 327 (1463), 340 (1468), 371 (1473), 448 (1489), 473 (1496), BM. 4, 414 (1446), Zs. f. R. 9, 421 ff. mehr 10, 233 ff. (1417)[3], Zs. f. R. 9, 451 (nach 1424)[3], und s. Verkehr — in *Cleve - Mark - Jülich - Berg* Zs. f. R. 10, 206 (16. *Jh.*)[3], 10, 229 (16. *Jh.*)[3], Drei Abh. p. 24 (1614), L. 4, 566 (1556), *L. A.* 5, 9 (1532), 129 (1541), — in Jülich - Geldern - Zütphen L. 4, 14 (1402), 272 (1445), 338 (1468), 341 (1468), 355 (1471), BM. 4, 409 (1438), vSp. 4, 38 (1401), 40 (1425), 41 (1432), Ritterschaft der Veluwe vSp. 4, 42 (1467), — *in Geldern als Provinz und Stat Kamptz* 2, 472 (1566), 473 (1545)[3], *Lehnsmannen von Geldern - Zütphen Kamptz* 2, 477 (1546), — in Westfahlen S. N. 904 (König Ruprechts Reform der Fehmgerichte 1404), 980 (1479), 998 (1493), 977 (rheinisches Erzstift mit Westfahlen 1477), L. 4, 298 (von Mervelde, münstersch, an Erzbischof von Cöln, Herzog von Westfahlen und Engern, an Jülich - Berg - Ravensberg, an Meurs, an Cleve - Mark, an Meurs - Saarwerden, an von Hoia und Stat Münster, 1451), — in der bischöflichen Canzlei von Paderborn L. 4, 466 (1495), — in Nassau - Vianden - Breda L. 4, 484 (1499).

Dann bedienen sich der Mundart die Geschlechter und Ortschaften, links Rhein: Gennep, sw. Cleve, Kamptz 3, 64 (Abschrift 16. Jb.), Afferden sso. Gennep, geldernsch, Wt. 6, 714 (1436)[3], Goch, s. Cleve, clevisch seit 1469, Zs. f. R. 10, 220 (16. *Jh.* Hs. 17. *Jh.*)[3], Hanselar, zw. Rees und Kalkar, clevisch,

Wt. 3, 869 (1439)³, *Kalkar*, so. Cleve, clevisch, Zs. f. R. 10, 190 (16. Jh.)³, 10, 210 (16. Jh. Hs. 17. Jh.)³, Lüttingen, bei Xanten, clevisch, L. A. 1, 197 (= Wt. 4, 787³), Xanten, w. Wesel, clevisch und cölnisch, L. A. 1, 172 (1463), *Kamptz* 3, 85 (1596), Büderich, w. Wesel, clevisch, Zs. f. R. 10, 227 (14. Jh. Hs. 18. Jh.)³ Lottum, w. Geldern, geldernsch, Wt. 3, 865 (1428), Ginderich, no. Geldern, geldernsch, L. A. 1, 205 (1463), Menselen, noo. Geldern, cölnisch, L. A. 6, 74 (1425), Orsoy, sö. Rheinberg, clevisch, L. 4, 230 (1438)³ Wachtendonk, s. Geldern, clevisch, BM. 4, 407 (1430), Geisern, bei Kempen, cölnisch, L. A. 1, 277 (= Wt. 2, 764), Kempen, cölnisch, L. A. 6, 70 (15. Jh.), BM. 4, 412 (1446), 416 (1453), von Meurs, clevesches Lehn, L. 4, 21 (1403), p. 564 Anm. (1460) Born, bei Brüggen, jülichsch, L. A. 7, 119 (1412), Neuss, nw. Zons, cölnisch, Zs. f. R. (15. Jh. hs. 16. Jh.)³ Born, zwischen Sittard und Süstern, Wt. 3, 857 (1486)³, Gangelt, wnw. Geilenkirchen, jülichsch, L. A. 7, 116, (1499), Borschemich, ö. Erkelenz, jülichsch, L. A. 7, 88 (15. Jh.)

Rechts Rhein: Zütphen, geldernsch Zs. f. R. 10, 222 (17. Jh.)³, Zütphen - Emmerich, so. Arnhem, Zs. f. R. 10, 195, 223. (15. Jh. Hs. 16. Jh.)³ Arnhem, nw. Emmerich, geldernsch, L. 4, 331 (1466), Bon. 1, 3, 497 (15. Jh.), Doetinchem, ö. Arnhem, geldernsch, Bon. 1, 3, 19 (1532)³, Elten, s. Arnhem, geldernsch, L. 4, 336 (1467) Emmerich, so. Arnhem, geldernsch, Bon. 1, 3, 401 (15. Jh.?)³, Zs. f. R. 10, 191 (15. Jh. Hs. 16. Jh.), 10, 194 (15. Jh. Hs. 16. Jh.)³ 10, 205 (16. Jh.)³, Buegem zwischen Emmerich und Wesel, clevisch, Wt. 4, 784 (1400)³ Rees so. Emmerich, clevisch, Zs. f. R. 10, 194 (15. Jh. Hs. 16. Jh.)³, 10, 225 (16. *Jh. Hs.* 18. *Jh.*), *Reesfelder Mark*, ö. *Rees, clevisch* Wt. 3, 168 (1575) Weselerwald bei Wesel, clevisch, L. A. 3, 263 und 3, 266 (1518) Hiesfeld, bei Dinslacken, clevisch, Wt. 6, 718³, Werl, w. Soest, westfälisch, S. 993 (1487), 999 (1494), Soest, westfälisch, S. N. 946 (1441), 982 (1480), 994 (1491), Humbrechting, bei Soest, westfälisch, S. N. 966 (1461) Bennighausen, noo. Paderborn, paderbornsch, S. N. 911 (1412) Duisburg, clevisch, Wt. 6, 716. 717*, *Kamptz* 3, 47 (16. *Jh.*), 55 (1563. 1578), 56 (1534. 1579), 49 (1662), Essen, no. Duisburg, clevische Vogtei, L. 4, 467 (1495), Werden, s. Essen, Wt. 6, 721

Barmen, ö. Elberfeld, bergisch, L. A. 7, 131 (15. 16. Jh.), Beyenburg, nno. Lennep, bergisch, L. A. 7, 130 (15. Jh.), *Hagen, s. Dortmund, märkisch,* Wt. 3, 34 (1513), Graf von Arnsberg S. N. 964 (1460), Meschede, oso. Arnsberg, westfälisch, S. 992 (1486), Rüden, s. Lippstat, westfälisch, S. 983 (1482), Hanxleden, sgo. Meschede, westfälisch, S. 968 (1463) Grafschaft, s.Meschede, westfälisch S. 988 (1483).

Gegen das 14. Jh. gehalten, sehen wir im 15. ein Fortschreiten der Mundart, sw. Gangelt und Borschemich, Neuss, dann rechts Rhein, im O. bis Rüden und Paderborn, — im 14. Jh. nur in Arnsberg und Padberg, — dafür Zurückweichen im N. und NO., — für das Münstersche kein sicheres Beispiel mehr. Feste Stätten der Mundart über beide Jh. sind Essen Soest Arnsberg Grafschaft. Das Wichtigste aber ist die Befestigung von IIb auf geldernschem Gebiet, — sogar in der Veluwe und Zütphen, — wo die Mundart im 14. Jh. zwar auch schon aber nur neben der officiellen IIa gegolten hatte: im 15. aber hat IIb die ältere Mundart aufgezehrt.

Conflicte

mit sächsisch und halbsächsisch. Als officielle Sprache der Regierungen gilt in Westfahlen sowol sächsisch und halbsächsisch als IIb, — S. N. 941 (1437) z. B. ist sächsisch, — und auch in Cleve-Mark steht eine halbsächsische Urkunde den vielen in IIb gegenüber, L. 4, 148 (1423). Den Fortschritten, welche IIb in diesem Jh. macht, entsprechen einige dem nfr. schon sehr ähnliche Formen des halbsächsischen ebendaselbst, S. N. 955 (Arnsberg c. 1450), 956 (Rüden 1450), 924 (Brilon 1428), so wie die Verluste, welche sächsisch und halbsächsisch im W. erleiden: Werl S. N. 908 (1406) ist hier die letzte Station des sächsischen Dialektes, während im 14. Jh. noch Essen und Dortmund sächsisch gewesen waren, L. 3, 771 (1375), 944 (1389). — Gemeinsame Gebiete sind nun Soest Arnsberg und Grafschaft, S. N. 935 (Erzbischof von Cöln verlegt das Officialatgericht von Arnsberg nach Soest 1434), halbsächsisch, 947 (1441), 951 (1446). — Die Annexionen, welche IIb im 15. Jh. macht, werden wol mit auf Rechnung der Vereinigung der Grafschaft Mark mit Cleve kommen, 1392. Dem Andringen des nfr. konnte die Sprache der cölnischen Westfahlen und Arnsberger (seit 1180 und 1371) keinen ausreichenden Widerstand entgegensetzen.

mit mnl. hat wahrscheinlich bestanden: aber ich kann ihn nicht nachweisen, da mir die nötigen mnl. Behelfe fehlen. Im 17. Jh. war in Arnhem mnl. Amtssprache, Bon. 1, 2, 204. 228 (1617): aber das ist nach Gründung der niederländischen Republik ganz natürlich. Und aus welcher Zeit die auch im mnl. mit einigen Anklängen an IIb abgefassten Rechtsstatuten der Stat Kampen in der Veluwe. an der Zuyderzee, stammen, ist aus Bon. 1, 1, 85 nicht zu entnehmen.

mit I. Cleve und Geldern zeigt I (IIb^3) wie IIb.

mit IIa. In Geldern - Jülich - Zütphen steht ein IIa gegen 10 IIb, in Burgund nach der Vereinigung mit Brabant - Limburg (1330) 5 IIa gegen ein IIb, in dem noch selbständigen Lothringen - Brabant - Limburg 2 IIa gegen ein IIb.

mit III IV XI; s. diese Mundarten.

Verkehr.

Im Verkehr mit Cleve-Mark gebrauchen IIb: König Ruprecht L. 4, 22 (1403), — die österreichischen Offiziere: Graf von Nassau, von Egmont, von Reichenburg L. 3, 404 (1479), die österreichischen Offiziere: Junggraf von Nassau, Graf von Virneburg, von Reichenberg L. 4, 410 (1480), die österreichischen Offiziere Graf von Nassau, von Egmont, von Reichenberg L. 4, 412 (1480), — Burgund - Lothringen - Brabant - Limburg · Luxem-

burg-Geldern-Flandern L. 4, 424, Dat. van den Bosch (1483),
— Cöln L. 4, 323 (1462), — Jülich-Berg-Ravensberg L. 4, 216
(1435), 269 (1445), — Berg-Ravensberg L. 4, 33 (1403), 39
(1405), 122 (1419), 123 (1420), — Administrator von Osnabrück L. 4, 302 (1452), — Braunschweig L. 4, 214 (1434),
— Mark BM. 4, 414 p. 370 (1406).

Dann die Geschlechter und Ortschaften, links Rhein: der
Amtmann in der Duffel, ö. Nijmegen, BM. 4. 414, p. 367. 371
(1406), Egmont-Bar L. 4, 385 (1476), 397 (1478), Bylant
und andere clevesche Ritter L. 4, 64 (1421).

Rechts Rhein: Zilwolde, an der alten Yssel, zütphensch,
Wt. 6, 760, Bronkhorst und Batenborg, zütphensch, L. 4, 427
(1485), von Solms-Ottenstein, ono. Zütphen, münstersch, L.
4, 44 (1406)   Elten, nw. Emmerich, L. 4, 366 (1467)
    Wesel, clevisch, L. 4, 278 (1446), von Lippe L. 4,
266 (1445)   von der Reck, märkisch, L. 4, 137
(1431), von Limburg-Broich, märkisch, L. 4, 352 (1470),
    von Drachenfels, gegenüber Bonn, cölnisch, L. 4, 470
(1495), von Ziegenhain-Nidda, hessisch, L. 4, 118 (1419).

König Ruprecht, die österreichischen Offiziere, Burgund
Cöln Jülich Berg Osnabrück Braunschweig beweisen für Cleve-Mark.

Sonst dient IIb zum Verkehr zwischen Cöln und Soest
S. N. 902 (1400).

Excurs über Cleve, Geldern, Utrecht und Meurs.

IIa und IIb kann man auch als clevische und geldernsche
Mundart bezeichnen. Die Berechtigung dazu ergibt sich
für das 14. Jh. aus dem Umstande, dass von den 25 cleveschen Urkunden unserer Verzeichnisse 21 in IIb, 4 in IIa abgefasst sind, von den 36 geldernschen 28 in IIa und 7 in

IIb.*) Es herrschten also bei den beiden Regierungen in der Tat zwei verschiedene Mundarten, wenn auch nicht mit gleicher Entschiedenheit. Im 15. Jh. verschwindet IIa beinahe ganz aus den geldernschen Canzleien um IIb Platz zu machen, — ein IIa gegen 10 IIb: — in Cleve herrscht IIb unumschränkt, IIb mit 40 fürstlichen und stätischen Urkunden.

Der dem mnl. sich nähernde Charakter von IIa lässt sich in Zusammenhang bringen mit der politischen Geschichte des Landes, mit den grossen Erwerbungen im Niederland, — 1127 Zütphen, 1127. 1196 Veluwe als brabantsches Lehn, utrechtsches Afterlehn, 1248 Nijmwegen als Pfand, 1254 und 1256 Besitzungen in der Betuwe, 1311 Veluwe als unmittelbares utrechtsches Lehn, c. 1324 die berthoutschen Güter in Brabant, 1339 Tiel am Waal, Kuylenborg am Leeck, 1340 Dorstat am Leeck. Im Oberland mehrte sich der Besitz nur unbeträchtlich, die bedeutendste Erwerbung sind Krickebeck, s. Wachtendonk, 1243, Roermunde und Montfort, n. Heinsberg, (Leo Territorien 2, 427), Mylendonk, s. Krieckebeck, 1303, Kessel 1326, Wachtendonk, s. Geldern, 1469: dagegen wurde das geldernsche Oberquartier selbst c. 1318, Montfort 1326, Emmerich 1366 verpfändet, — 1377—1379 ward ganz Geldern-Zütphen jülichscher Besitz, — 1423 kam Geldern-Zütphen ohne Jülich, das bergisch wurde, an die Egmondschen Vicegrafen, deren vielbestrittene unbefestigte Herrschaft — 1472 wurde Geldern sogar an Burgund verpfändet — sich bis zum J. 1538 erstreckt. Nach kurzer Vereinigung mit Cleve fiel es an den Kaiser, 1543.

Die Ausdehnung geldernscher Herrschaft über Bevölkerungen verschiedener Mundarten desselben Dialekts, — Jülich Geldern Zütphen, — die schwankenden Besitzverhältnisse und die Herrschaft der ausländischen Egmonder im 15. Jh., dann wol auch der Mangel an literarischer Tätigkeit können Ursache gewesen sein dass IIa als Amts- und Geschäftssprache sich so

---

*) Ich habe hier um ein reineres Resultat zu erlangen nur die Urkunden von Geldern-Zütphen, nicht von Jülich-Geldern-Zütphen gezählt also nur bis 1379.

viel weniger befestigt hat als IIb oder IV. Die Mundart erlag z. T. dem benachbarten IIb, das im 15. Jh. nicht nur das geldernsche Oberquartier überflutete, sondern auch in den nördlichen Provinzen Eingang fand, in der Veluwe, in Zütphen, — auch die im 16. Jh. mit Cleve geschlossenen Verträge sind in IIb abgefasst — L. 4, 498 (1509), 526 (1527) mit stark ins hd. schlagendem Consonantismus, 537 (1538), — z. T. dem mnl., das schon im 14. Jh. in den genannten überrheinischen Besitzungen Gelderns Aufnahme findet und nach der Einverleibung Geldern-Zütphens in die kaiserlichen Niederlande, noch mehr nach der Bildung des holländischen Freistaates zu wenig angefochtener Herrschaft gelangt. — Daneben muss auch der Versuche gedacht werden, welche die cölnische Geschäftssprache macht dieses beinahe herrenlose Gebiet zu gewinnen. Drei Urkunden des 15. Jhs. sind in IV abgefasst.

Aber trotzdem hatte im 14. 15. Jh., da auch in den Nachbarländern kein so fester Canzleigebrauch herrschte wie etwa im 14. Jh. in Cöln oder im 14. 15. Jh. in Oesterreich sich die Mundart IIa über die Grenze des geldernschen Gebietes hinaus Eingang verschafft. Von ihrer allerdings unbedeutenden Verwertung im Cleveschen war schon die Rede. Dazu in Luxemburg-Lothringen-Brabant-Limburg fünf Urkunden im 14. Jh. gegen eine in XI*), im 15. Jh. ebendaselbst zwei Urkunden neben einer in IIb, in Hennegau-Holland-Zeeland-Vriesland eine gegen eine in IIb**), in Lüttich eine gegen

---

*) Der böhmische Herzog Wenzel stellt mit dem Herzog von Jülich diese Urkunde aus.

**) Holland war im J. 1347 an die bairische Dynastie gekommen, deren Einfluss auf die Sprache auch sonst merklich sein soll, s. Jonckbloet Geschichte der mnl. Lit. (1870) p. 294. 405, — sie brachte der Landessprache hd. Elemente zu, wie die Burgunder, welche das französische zur Hof- und Canzleisprache in allen ihren Ländern machten, französische, Jonckbloet p. 406. Aber schon früher im 13. Jh. ist die Sprache holländischer Urkunden nicht rein, s. van den Bergh Oorkondenboek van Holland en Zeeland n. 506 (1250) *drievoldicheyt dair maischop voirt goids* (dei) *jairs, aber grávinne stait (staet)*. — Vgl. die p. 178 erwähnten flandrischen Volkslieder, über welche Hoffmann in der Uebersicht der mnl. Dichtung 1857^1, p. 131 sagt: „die meisten dieser Lieder

eine sichere und mehrere wahrscheinliche in III und eine in
IV. Leider kann ich für die erwähnten Territorien nicht
die Zahlen der mnl. Urkunden gegenüberstellen: — im 16. Jh.
noch schreibt Graf von Neuenahr-Meurs an Oranien-Nassau
in IIa L. 4, 593 (1598), wol in der Meinung es sei niederländisch.

Für die Geltung, welche die zwei niederfränkischen Mundarten IIa und IIb einst in den geldernschen Niederlanden
gehabt hatten, sprechen noch späte Zeugnisse; so Bon. 1,
3, p. 395 (Statrechte von Zütphen Doetinchem Emmerich)
und auch das älteste Register der Rechenkammer von Gelderland — s. z. B. Bon. 1, 3, p. 536 — scheint nicht rein mnl.
gewesen zu sein. — Ja selbst im 18 Jh. heisst es in einer
arnhemschen Urkunde Bon. 1, 3, p. 406 (1703) *holdenn drie-
ruldigheit*. Aber die auch im Anfang des 18. Jhs. geschriebene Overijsselsche Chronik scheint ganz mnl. zu sein, Bon.
1, 2, 345.

Ein ähnlich schwankender Typus muss in Utrecht geherrscht
haben. Aus meinen spärlichen Quellen ersehe ich dass 1313,
zur Zeit als die veluwischen Sedelhöve von S. Maria in Utrecht
in den Liber pilosus eingetragen wurden, beinahe ganz mnl.
geschrieben wurde, Bon. 1, 3, 94. 1241 aber sind in der Urkunde des Domprobstes und Capitels von Utrecht vdB. N. 379,
nach einem Leydener Vidimus, noch deutliche Anklänge an
IIab zu bemerken *goit* (*guot*) *doit goedes* (dei) *goide* — doch
stáde. — Durch die Verbindung mit Burgund 1456, die Einverleibung in die kaiserlichen Niederlande 1483, und die Bildung
des holländischen Freistaates wurde der mnl. Typus unzerstörbar
befestigt.

Es war also hier I — wenn unsere oben aufgestellte Vermutung richtig — jedesfalls war es ein unverschobener Typus

---

sind in einem Gemisch von hochdeutsch und niederländisch abgefasst.
Es muss sich wol damals an den Höfen der Fürsten und Edelleute eine
dem hd. sich nähernde Hofsprache gebildet haben, die dann auch für den
Minnegesang beliebt wurde". Vgl. das italienisierte französisch welches
Mussafia in Oberitalien als Literatursprache nachgewiesen hat.

— durch Einfluss der karolingischen Hofsprache zu II geworden, um dann wider im Anschluss an den Geschäftsgebrauch eines nd. Staates zum unverschobenen Consonantenstand herab zu sinken: ein seltener Vorgang. Doch s. über Gerresheim II im 13. Jh. p. 204.

Die Grenzen der geldernschen Besitzungen und zugleich des nfr. Dialektes lassen sich jetzt noch ziemlich deutlich an den Formen der Ortsnamen erkennen. Wo heute noch *Muiden* (o= amnis) gilt waren gewiss zur Zeit als die Ortsnamen ihre offizielle unveränderliche Form erhielten keine Niederfranken, auf friesischen und sächsischen Gebieten ist das Wort ganz begreiflich: wir finden es in der Tat nur im Salland in der heutigen Provinz Overijssel, *Ijsselmuiden Genemuiden*, im Naardingerland, jetzt Provinz Utrecht, *Muiden*; s. Mone Uebersicht der nl. Volksliteratur (1838) p. 8. — Zur selben Zeit ferner war die Vocalisierung der *l* in der Betuwe und Veluwe sehr wenig durchgedrungen: an der Westgrenze *Nederwoud*, im N. *Vierhouten* dagegen *Oldenbroec Terwolde*, — in Zütphen vielleicht gar nicht — *Sillevolde*. — Ebenso sind die Besitzungen der Grafen von Holland auf friesischem Boden kenntlich durch die vocalisierten *l* in Ortsnamen und der westfriesischen Schriftsprache,[*] während die utrechtschen Friesen und Sachsen widerstanden haben. In Westfriesland findet man wie in dem gegenüberliegenden einst auch friesischen Nordholland *Oude Oudega Woudsend Oudeschot Eernewoude Snawoude Veenwouden*, aber in der Provinz Groningen schon sehr wenig — *Zoutkamp*, — und auch in Westfriesland, besonders im O. zahlreiche *Oldetrijne Olde Luxwold Duurswold Oldehoorn*, und selbst im W. *Menaldum Wijnaldum*. — Utrecht war eben später dem nnl. Sprachgebrauch zugefallen als Holland, welches die erwähnte eigentümliche Aussprache des *l* in gewissen Verbindungen schon früh aus Flandern, dessen Vasallenstaat es war, in Bezug auf die westseeländischen Inseln und einen Teil von Gent, erhalten haben muss: in Egmondschen Denkmälern, sw. Alkmar, begegnen wir schon im 11. 12. Jh. den Formen *Oudthorp*, neben *Old-*

---

[*] M. Heyne Laut- und Flexionslehre (1862) p. 71.

thorp vdB. 105 (1083. 1120), *Stoutkint* im Nekrolog vdB. 15. — In Utrecht ist 1313 das mnl. noch nicht zu ganz festem Gebrauch gediehen.

Flandern wird überhaupt der mnl. Sprache ihren eigentümlichen vom rein fränkischen abweichenden Typus gegeben haben. Ausser den erwähnten Vocalisierungen des *l* geht wahrscheinlich die Unempfindlichkeit des langen *a* auf den vlämischen Dialekt zurück. Die Flandern sind kein rein fränkischer Stamm ebenso wenig als die Holländer und die utrechtschen Untertanen: an den flandrischen Küsten hatten sich wiederholt Sachsen angesiedelt, s. Jonckbloet Geschichte der mnl. Literatur (1870) p. 6. Die malbergische Glosse aber hat *nextig nestig* wie im nfr.,*) — und in geselliger Bildung, Schrifttum und Literatur geht Flandern ja bekanntlich voran: die ersten mnl. Urkunden sind mit vlämische,**) die Anregungen der französischen Literatur,

---

*) Dass das friesische den Umlaut von *a* gehabt habe lässt sich nicht beweisen. Aber die *e* für *a* sind wahrscheinlich alt.

**) Die Urkunde der Schöffen von Bochouta 1249 ist zwar nicht die älteste mnl. überhaupt, wie Serrure sagt, Geschiedenis der ndl. en fr. Letterkonde in Vlaenderen 1855 p. 88, aber nur die Utrechter von 1241, van den Bergh Oorkondenboek n. 379 ist älter, — die älteste mhd. datiert von 1240, Wackernagel LB 1⁴, 609. — Dann käme dem Alter nach vdBergh n. 506 (Simon von Harlem belehnt seinen Schwager, Walther von Egmond, 1250), die Urkunde Margaretens von Flandern, Serrure p. 89 (1251); und die Keur von Middelburg vdBergh n. 590 (1254). — Der Typus der Utrechter und Harlemer Urkunde ist nicht rein mnl.: er zeigt Anklänge an IIa b; van den Bergh n. 506 *drievoldicheyt*. — Von 1280 bis 1300 sagt Serrure p. 91 wächst die Zahl der ndl. und französischen Urkunden in Flandern. Von 1300 verschwindet das latein aus den Actenstücken weltlicher Herren. — Angebahnt wurde der Gebrauch des mnl. in Urkunden durch die Verwendung der zweiten Landessprache zu demselben Zwecke. Das französische findet sich in flandrischen Stäteurkunden schon im 12. Jh., also früher als in Paris, da die alten frz. Urkunden des 12. Jhs. seit 1135 nach P. Meyer unächt sind, Diez Gr. 1², 121, s. Serrure p. 84, Tailliar, Recueil d'actes du 12. 13. s. Douay 1849. — Dies hängt mit der Blüte der flandrischen Statgemeinde zusammen, welche selbst vielleicht ein Product vorgermanischer Cultur ist, s. Warnkönig, Flandrische Staats- und Rechtsgeschichte 1, 313. 318, — und mit dem Eindringen frz. Cultur. — Auch in der

welche im 12. Jh. am flandrischen Hofe geblüht hatte, wurden hier zuerst verwertet zu dichterischen Productionen in heimischer Sprache und dem nationalen Geschmack entsprechend. Das kann man von dem allerdings an Alter die vlämischen Denkmäler übertreffenden Servatius des Heinrich von Veldeke nicht sagen, den Jacob von Maerlant im Spiegel historiael 1284 — 1290 als ein vaterländisches Gedicht bezeichnet, 3. Part., 5. Buch, 22. Cap. V. 77 — 84; s. Martin bei Jonckbloet a. a. O. p. XI. — Wenn Jacob von Maerlant aber in seinem nach Bonaventura übersetzten Leben des h. Franz von Assisi sich ob der in Utrecht ungebräuchlichen Ausdrücke entschuldigt — das Gedicht war für Bruder Alaerd in Utrecht verfasst worden (s. Martin Zachers Zs. 1, 169), — so geht das nur auf den Wortschatz und vielleicht auf die Fremdworte, über deren übermässigen Gebrauch bei Jacob — eine oft gerügte vlämische Unsitte (s. Jonckbloet a. a. O. 156. 276) — der Holländer Melis Stoke spottet (s. Jonckbloet a. a. O. 256).

Aber IIb war nicht nur durch die Unsicherheit der Mundart IIa kräftig und zur Herrschaft vorbereitet. Cleve gedieh im 14. und auch im 15. Jh. an Erwerbungen, Reichtum und Ansehen ebensosehr als Geldern abnam. Die Erwerbung der Grafschaft Mark 1392, der glänzende Sieg über Jülich-Berg bei Cleve 1397, die Erhebung zum Herzogtum 1417, und die

---

Folge bewahrte es Flandern als ein kostbares Privileg in der Muttersprache amtieren zu dürfen. 1385 liess sogar der frz. König einen Geleitsbrief für 150 Genter in ndl. Sprache ausstellen, um sich ihnen gefällig zu erweisen, und noch 1407 beschlossen die Schöffen von Gent dass man kein in frz. Sprache geschriebenes Actenstück berücksichtigen werde, Serrure p. 91 ff. — Aber auch der Rat von Frankfurt antwortet 1410 in seiner Mundart X auf einen lateinisch abgefassten Brief des Königs von Frankreich. Janssen 1, N. 358. 361. Und noch 1536 schrieben von den deutschen Fürsten, welche mit Franz I in Verbindung standen, jeder in seinem Deutsch an den König. So dass einem Solothurner, Pierre Chambrier, die Aufgabe zufiel die aus Deutschland einlaufenden Schriftstücke erst in die deutsche Reichssprache und daraus ins französische zu übersetzen; Höpfner Reformbestrebungen p. 22.

gewinnreiche Verbindung mit Burgund in der zweiten Hälfte
des 15. Jhs. sind die wichtigsten Ereignisse, im 16. Jh. kommt
dann die Erwerbung von Jülich-Berg hinzu. — Von der Ausdehnung clevischer Herrschaft über die Mark darf man nicht
ähnliche Folgen erwarten als die auch viel früher erfolgte
Erwerbung von Zütphen für die Geldernsche Mundart gehabt
zu haben scheint. Verglichen mit der nähern Verwantschaft,
welche unsere nfr. Mundarten IIa IIb zum mnl. zeigen, kann
das sächsische als nicht dem Grade, sondern der Art nach
verschieden bezeichnet werden. Dann ist ja das sächsische
seit dem 9. Jh. in stätigem Zurückweichen begriffen gegenüber
den hd. Dialekten, und hat so viel wir wissen, seit der Eroberung des Landes nie andern deutschen Stämmen seine
Sprache aufgedrungen, sondern vielmehr manches von seiner
Eigenart aufgegeben. Auch die cölnische Amtssprache erlitt
keine Veränderungen durch das sächsisch der Annexe Westfahlen und Arnsberg. — Eine einzige Urkunde von CleveMark im 15. Jh. — so viel ich sehe — ist sächsisch abgefasst.
Es ist ein kurzes Billet, ein Absagebrief des Herzogs Gerhard
an seinen Bruder, L. 4, 148 (1423). Ueberdiess hatte die
Grafschaft Mark schon von der Annexion sich der Mundart
IIb bedient: 3 IIb gegen 2 sächsisch; s. die Urkunden IIb
14. Jh. — Und auch schon über das märkische Gebiet hinaus
hatte sich IIb während des 14. Jhs. auf sächsischem Boden
verbreitet. Durch die clevesche Herrschaft in der Mark konnte
diese Richtung nur verstärkt werden. Und in der Tat im
14. Jh. steht eine Urkunde der westfälischen Regierung in IIb
gegen 2 sächsisch, im 15. Jh. 5 IIb gegen eine sächsisch, —
in der Grafschaft Mark im 14. Jh. schon drei IIb gegen 2
sächsisch, in Cleve-Mark im 15. Jh. 37 IIb gegen eine sächsisch, dazu im 15. Jh. eine Urkunde IIb in Paderborn.*) —
So gelangt IIb zu sicherer weithin anerkannter Herrschaft, die
in den nfr. Gegenden nur von IV übertroffen wird, wie es auch

---

*) Die Mundart ist hier allerdings nur ein verkleidetes sächsisch,
vor allem als solches kenntlich durch den Mangel an Synkopierungen.
Auch wird sächsisch und halbsächsisch nicht ganz verdrängt; s. oben
die Conflicte.

an fester Sprachregel nur hinter dem cölnischen zurückbleibt.
Ein deutliches Zeichen dafür ist die Verwendung der Mundart
in Acten, welche hochdeutsche, niederdeutsche, sowol niederfränkische als sächsische Dynasten und Ortschaften an Cleve
adressieren, die nd. natürlich nur in soweit sie IIb nicht
schon zu eigenem heimischen Gebrauch adoptiert haben; s.
Verkehr mit Cleve IIb 14. 15. Jh., — mit Mark IIb 14. Jh.,
— mit Geldern IIb 14. Jh. — Gegenüber den wenigen Fällen,
in welchen die Correspondenten sich auf IIa einlassen, s.
Verkehr mit Geldern IIa 14. Jh., — mit Cleve IIa 14. Jh.
Selbst in der von (Oesterreich-) Burgund - Brabant - Limburg mit dem Herzog von Jülich - Cleve ausgestellten Urkunde Mon. Habsb. 1, 2, p. 412 (1478) liest man *inhoult
dain*.

Die grössere literarische Tätigkeit ferner in Cleve, obwol
an sich nicht sehr bedeutend, überflügelte bei weitem die des
benachbarten Geldern-Zütphen, welches weder an der deutschen
noch an der ndl. Literatur nennenswerten Anteil nahm. So
brachte es die clevesche Sprache auch zu einer grammatischen
Fixierung, was dem Typus IIa nie gelungen ist. Aber die Orthographie Gerhards van Schueren in seinem Wörterbuch von
1475 stimmt eigentümlicher Weise nicht mit der Mehrzahl der
clevischen Staatsacten. Der Consonantismus ist streng nd.
also IIb³ und die Vocalisierung des *l* in den Formeln *old olt*
ist verpönt. Seine Sprache kann aufgefasst werden als eine
Idealisierung jenes älteren Typus IIb³ welches in juristischen
Dm. clevischer Stäte herrschte. In Cöln werden wir auch
sehen dass im 14. Jh. die Stat mitunter ihre Documente in
III/IV abfasst, während das IV der bischöflichen Canzlei unerschütterlich und erst im 15. Jh. nicht nach rückwärts nach
III sondern nach VI vorschreitet. In Neuss unterscheidet sich
gleichfalls die Sprache des Statrechts im 15. 16. Jh. — IIb³,
von der des diplomatischen Actes L. 3, 738 (1373) — III. —
Aber auch die Dm. der schönen Literatur in IIb³ können für
den Gelehrten massgebend gewesen sein. Auch diess hat seine
Analogie in südlichen Mundarten: die kölner Reim-Chronik zeigt
älteren Sprachstand als die gleichzeitigen Acten und auch die

Neussche Chronik aus dem 15. Jh. des Wierstraet ist niederdeutscher als die Urkunde von 1373, obwol die Chronik wie die Urkunden unter den Typus III fallen. — Möglich wäre aber auch dass van Schueren nun mit der Consequenz des Grammatikers den nd. Typus, welcher in der Geschäftsprache etwas schwankend geworden war, herstellen wollte und auch in der Behandlung der Formeln *old olt* der Majorität der Fälle, welche *l* in seinem consonantischen Werte unangetastet liess, gefolgt sei. Ganz so wie die cölnische Canzlei im 13. Jh. aus Bedürfniss einer festen Schreibe- und wol auch Rederegel in einigen Dingen niederdeutscher geworden ist als in der vergangenen Periode.

Trotz der lexicalischen Fixierung waren die Tage der Mundart IIb doch schon gezählt. Im 14. Jh. stehen 22 IIb gegen 4 IIa, im 15. habe ich 37 IIb verzeichnet, ohne dass eine andere Mundart concurrierte. Von der Ausbreitung der Mundart während des 14. 15. Jh. auf geldernschem und ndl. Gebiete war oben bei IIa die Rede. — Aber wie ein Vorbote nahen Verfalls ist das Verhalten von Meurs, eines clevischen Lehns, im 14. Jh. Eine Urkunde in IIb, eine in IV, im 15. 3 in IV, 2 in IIb eine in XI^2. — Im 16. Jh. 1511 annectiert Cleve den südlichen Nachbarstaat Jülich-Berg. Die Urkunde L. 4, 507 (1514) ist noch IIb, seit 1511 aber ist die ausschliessliche Herrschaft der cleveschen Mundart zu Ende. Jülich-Berg hatte im 15. und 16. Jh. vor 1511 vorzugsweise in IV amtiert, s. IV im 14. 15. Jh., III im 15. Jh., für das 16. Jh. s. das Testament des Herzogs Wilhelm II 1511 L. A. 6, 225 in IV. — Daneben aber werden schon einige Versuche in VI gemacht, s. VI im 15. Jh. und im 16. Jh. L. 4, 503 (1511). Das Beispiel der annectierten Landschaften sowol als allgemeinere Motive führten nun die Amtssprache des neuen Staates rasch zu den hochdeutschesten Typen unseres Dialekts. In IIb finde ich nur mehr abgefasst die mit von Berge, rechts Rhein, no. Cleve, ausgestellte Urkunde L. 4, 566 (1556), die Instruction an die fürstlichen Räte und Visitatoren L. A. 5 p. 94 (1532), den Bericht über die Reise des Herzog Wilhelm nach Paris L. A. 5 p. 129 (1541), ein Zeugniss des cleveschen Doctors Knops sogar in IIa Kamptz 3, 102 (1690)[3] — weit überwiegen aber IV VI VII IX XI — IV L. A. 1 p. 148 Bestätigung der bergischen Privilegien 1511)*), L. A. 6, p. 229 (an den Pfalzgrafen 1515), p. 233 (1517) — VI L. A. 1 p. 157 (1520)**) — VII L. 4. 536 (1537), L. A. 5 p. 91 (Instruction für die fürstlichen Räte 1532), p. 98 (Gutachten der Räte über die Visitationsordnung von 1532), p. 103 (Hofordnung 1534). — Nicht beweisend sind die mit den cölnischen Räten gepflogenen Verhandlungen L. A. 5 p. 117 (1536), p. 123 (1537) — IX[1] L. A. 5 p. 176 (Instruction an die herzoglichen Räte 1551), IX[1,2] p. 198 (Instruction für den herzoglichen Abgeordneten am kaiserlichen Hofe 1551) — XI[2] L. A. 5 p. 121 (Instruction für den Herzog 1537), p. 172 (des Herzog Wilhelm Entwurf einer christlichen Reformation 1545), p. 192 (Vorschläge zu Verhandlungen mit dem Papste 1551) p. 194 (Schreiben des herzoglichen Agenten Dr. Masius an den Herzog 1553), p. 219 (Antwort des Herzogs auf die Vorstellung der bergischen Stände 1577), L. A. 6, p. 146 (Briefe des herzoglichen Agenten Dr. Masius an den Herzog 1549. 1550), p. 168 (Bericht des Leibmedicus Dr. Solender über Krankheit und Tod des Herzogs Wilhelm II 1592), p. 180 (Inventar des Nachlasses des Herzogs Wilhelm II 1593), also 7 XI[2] gegen 4 VII, 3 IIb, 3 IV, 2 IX, 1 VI. — Auch die in den Jahren 1554 und 1555 gemachten offiziellen Aufzeichnungen über die Gerichte und Gerechtsame in den Provinzen Berg und Jülich sind in XI abgefasst L. A. 1 p. 288; 3, 283. 309, ebenso die Vorstellung der bergischen Stände an den Herzog 1577 L. A. 5, p. 217 und die Rechtsordnung der Provinz Jülich-Berg Kamptz 3, 115 (1556 oder 1696).

Trotzdem macht sich IIb auch im 16. 17. Jh. noch auf ausserclevischem Gebiete geltend, so im Geldrischen, s. oben 210, dazu von 1620 die geldrischen Land- und Statrechte

---

*) Aber p. 151 *entschaickonge (entschächunge)*, wol ein Rechtsausdruck.

**) VI in der an Mark-Aremberg gerichteten Urkunde L. 4, 534 (1535).

Kamptz 2, 433 (1620)[3], — ebenso schreibt in IIb Münster, an Cleve-Jülich-Berg 1539 L. 4, 532, — 1572 allerdings ist die von Münster und Cleve-Jülich-Berg abgefasste Urkunde in XI[2] L. 4, 575, — Graf von Neuenahr-Meurs, an Montmorency L. 4, 563 (1560), Herr von Berge rechts Rhein, no. Cleve, und Emmerich, (1534): auch die Jura municipalia von Duisburg sind in IIb[1] Kamptz 3, 49 (1662).

III.
Beschreibung.
(9. 10. 11. 12. Jh.)

Quellen.

Beyer Urkundenbuch 1, 295 (päpstliche Urkunde 1020), 2, 1 (Capitel von S. Cassius in Bonn verkauft der Abtei Springiersbach den Hof Spei, bei Merl an der Mosel. — Dat. Colonie 1169), 2, 95 (Abtei Siegburg gesteht den Zehnten von ihren Besitzungen in Güls, an der Mosel bei Coblenz, Maastricht zu 1189).

Böhmer Fontes 3, 340 (Series episcoporum et archiepiscoporum coloniensium; Hs. des 11. Jhs.), 3, 344 (Catalogus abbatum S. Martini in Colonia 751 — 1036; Hs. des 11. Jhs.), 3, 387 (Cælendarium necrologicum Gladbacense — Gladbach, s. Kempen; — Hs. des 12. Jhs.).

Lacomblet Archiv 4, 438 (Jura ministerialium S. Petri 12. Jh.), 5, 265 (Necrologium von Deutz, 1155—1165 geschrieben).

Lacomblet Urkundenbuch 1, 10 (Irpingus verkauft der Abtei Werden einen Weingarten zu Bachem, sos. Bonn, am Mehlenbach. — Dat. acta est autem publice in Saxonia ubi tunc temporis in hoste fuimus in loco qui nuncupatur Mimthum. — Thiatbaldus presbiter, 798. Aus dem Werdenschen Chartular des 10. 11. Jhs.), 1, 15 (Rikildis macht sich wachszinsig zum Altar des h. Severin in Cöln, 794 — 800. Aus dem Chartular des Severiustiftes in Cöln, zweite Hälfte des 13. Jhs.), 1, 67 (Erzbischof von Trier bestimmt die in seiner Diöcese dem Cunibertstift in Cöln zustehende Zehentberechtigung. — Dat. actum Colonie — 874. — Aus dem Chartular des Cunibertstiftes in Cöln, 14. Jh.), 1, 68 (Äbtissin von Gerresheim, ono. Düsseldorf, bestätigt die von ihrem Vater gemachte Stiftung 874), 1, 73 (eine freigelassene Familie verpflichtet sich an eine Kirche von Gerresheim zu Wachszins und Kürmede. — Dat. actum publice in Gerricheshaim — 882), 1, 75 (Königliche Urkunde, 888. — Aus dem Chartular des Marienstifts in Achen, 12. Jh.), 1, 84 (Eigenhörige werden aus der Dienstbarkeit entlassen gegen Wachszins und Kürmede an eine Kirche von Gerresheim, non. Düsseldorf. — Dat. *actum publice in Jherichesheim* — 907), 1, 88 (Erzbischof von Cöln beschenkt das Ursulastift daselbst 927), 1, 89 (königliche Urkunde 930), 1, 91 (E. v. C. beschenkt das Cäcilienstift daselbst 941), 1, 94 (E. v. C. beschenkt das Ursulastift daselbst 941), 1, 102 (E. v. C. beschenkt das Severinstift daselbst 948), 1, 103 (E. v. C. bestimmt den Sprengel- und Zehntbezirk der Kirche von Oberpleis, sos. Siegburg, 948), 1, 104 (Schenkung an das Severinstift in Cöln 958), 1, 105 (E. v. C. beschenkt das Cäcilienstift in Cöln 962), 1, 106 (E. v. C. gründet ein Kloster bei der Pantaleonkirche daselbst 964), 1, 111 (E. v. C. weiht und beschenkt Gerresheim, ono. Düsseldorf, 970), 1, 114 (königliche Urkunde 973), 1, 123 (E. v. C. beschenkt die Abtei S. Martin daselbst 989), 1, 136 (E. v. C. beschenkt Deutz 1003), 1, 137 (E. v. C. beschenkt Deutz 1003), 1, 138 (E. v. C. beschenkt Deutz 1003), 1, 140 (E. v. C. erwirbt einen Ministerial 1003), 1, 141 (E. v. C. beschenkt Deutz 1003), 1, 146 (E. v. C. beschenkt Deutz 1015), 1, 153 (E. v. C. beschenkt Deutz 1019), 1, 156 (königliche Urkunde 1020) 1, 157 (eine Freie heirathet einen Hörigen des Adalbertstiftes zu Achen und begibt sich in die Hörigkeit des Stifts 1020), 1, 158 (E. v. C. bestätigt eine an die Abtei S. Martin in Cöln gemachte Schenkung 1021), 1, 162 (E. v. C. vergleicht sich mit der Aebtissin von Essen 1027), 1, 164 (E. v. C. bekundet Schenkungen des Pfalzgrafen 1028), 1, 177 (E. v. C. beschenkt Deutz 1041) 1, 182 (eine Nonne beschenkt das Ursulastift in Cöln 1047), 1, 184 (königliche Urkunde 1051), 1, 192 (E. v. C. bekundet Schenkungen der Königin Richeza 1057), 1, 196 (E. v. C. beschenkt das Stift Maria ad Gradus 1061), 1, 202 (E. v. C. stiftet Siegburg 1064), 1, 203 (E. v. C. stiftet Siegburg 1064), 1, 209 (E. v. C. beschenkt die Stiftskirche zum h. Georg daselbst 1067. „Aus dem Original in dem Archiv der jetzigen Pfarrkirche zum h. Georg zu Cöln"), 1, 211 (E. v. C. bekundet Verfügungen über werdensche Zehnten 1068), 1, 217 (E. v. C. an seinen Capellan Heinrich von Essen 1073), 1, 218 (E. v. C. beschenkt das Cunibertsstift daselbst 1074), 1, 220 (E. v. C. beurkundet seine Stiftung Maria ad Gradus 1075), 1, 221 (E. v. C. verleiht precarisch ein Siegburgisches Gut 1066 — 1075), 1, 225 (eine Wittwe beschenkt die Abtei Deutz 1073 — 1075), 1, 226 (E. v. C. schenkt der Abtei Deutz zwei Mansen 1073— 1075), 1, 228 (E. v. C. bestätigt die Stiftung von Siegburg 1076), 1, 229 (E. v. C. beschenkt die Reliquien des h. Cunibert 1080), 1, 230 (E. v. C. beschenkt das Ursulastift daselbst 1080), 1, 231 (E. v. C. weiht und beschenkt Heimerzheim, no. Euskirchen, 1081), 1, 233 (E. v. C. beschenkt Werden 1083), 1, 234 (E. v. C. beschenkt die Abtei S. Martin daselbst 1083), 1, 236 (E. v. C. beschenkt die Stiftskirche Maria ad Gradus 1085), 1, 241 (E. v. C. beschenkt das Georgsstift daselbst 1079 — 1089), 1, 242 (E. v. C. bekundet Schenkungen an Rees, nwn. Düsseldorf, 1079—1089),

1, 243 (zwei Brüder beschenken Deutz 1079 — 1089), 1, 245 (E. v. C. beschenkt das Andreasstift daselbst 1091), 1, 246 (Propst des Stiftes Maria ad Gradus in Cöln beschenkt sein Stift mit einem Hause in Oberdiebach, sos. S. Goar, 1091), 1, 252 (E. v. C. beschenkt Siegburg 1096), 1, 253 (E. v. C. bekundet Erwerbungen von Siegburg 1096), 1, 257 (Die Geistlichkeit von Kaiserswert, unw. Düsseldorf, beschliesst über die tägliche Verteilung des Brotes 11. Jh.), 1, 258 (Adolf von Berg entzieht die Besitzungen des Domstiftes Cöln den Bedrückungen seines Untervogts c. 1100), 1, 259 (Propst des Adelbertstiftes zu Achen erwirbt dem Stifte ein Gut 1100), 1, 260 (E. v. C. bekundet Schenkungen der Abtei Siegburg 1102), 1, 262 (E. v. C. bestimmt dem Abte von Werden das Patronat über zwei Capellen daselbst 1103), 1, 263 (E. v. C. bekundet eine dem Stifte Maria ad Gradus daselbst gemachte Schenkung 1104), 1, 267 (E. v. C. bestimmt die Gefälle eines Vogtes von Gerresheim, nön. Düsseldorf, 1106), 1, 268 (E. v. C. incorporiert dem Cunibertstifte daselbst die Pfarre von Rheinberg, s. Wesel, 1106), 1, 269 (ein Canoniker des Apostelstiftes zu Cöln schenkt demselben ein Haus 1106), 1, 272 (E. v. C. beschenkt das Severinstift daselbst 1109), 1, 274 (E. v. C. beschenkt die Stiftskirche von Rees nwn. Düsseldorf, 1112), 1, 275 (E. v. C. beschenkt das Cassiusstift in Bonn 1112), 1, 277 (E. v. C. bekundet Schenkungen an das Cunibertstift daselbst 1116), 1, 278 (E. v. C. bestätigt der Abtei Siegburg Stiftsprivilegien und Besitzungen 1116), 1, 279 (E. v. C. bekundet dem Abt von Gladbach, s. Kempen, die Erwerbung eines Gutes in Zeltingen, nnw. Berncastel, 1116), 1, 280 (E. v. C. übergibt resignierte Lehen der Abtei Siegburg 1116), 1, 281 (E. v. C. bestätigt Güter der Kirche S. Pantaleon 1116), 1, 282 (E. v. C. bestätigt der Abtei Siegburg eine Schenkung 1117), 1, 283 (E. v. C. übergibt der Abtei Siegburg die Lehn Francos 1117), 1, 284 (E. v. C. gründet die Siegburger Propstei auf dem Apollinarisberge bei Remagen, ober Bonn, 1117), 1, 286 (E. v. C. teilt einen Hof in Zyfflich, nww. Cleve, dem Capitel zu 1117), 1, 287 (E. v. C. verzichtet auf einen Zehnt zu Gunsten des Abtes von Siegburg 1118), 1, 288 (E. v. C. bekundet die Stiftung der Klosterkirche von Dünwald, nnö. Mühlheim, 1118), 1, 292 (E. v. C. setzt regulierte Chorherrn in Steinfeld, sso. Schleiden, ein 1121), 1, 293 (ein Freier macht seine Familie und seine Besitzungen dem h. Pantaleon zu Cöln hörig 1082—1121), 1, 298 (E. v. C. schenkt dem Cunibertstifte daselbst einen Zehnten 1124), 1, 300 (E. v. C. verleiht den Kaufleuten von Siegburg Zollfreiheit 1125), 1, 301 (E. v. C. untergibt das Kloster Rolandswerth der Abtei Siegburg 1125), 1, 303 (E. v. C. entscheidet zwischen dem Pantaleon- und dem Apostelstifte daselbst 1128), 1, 306 (E. v. C. beschenkt die Abtei Steinfeld, oso. Schleiden, 1130), 1, 309 (Aufzeichnung der Gerechtsame eines dem Adalbertstifte in Achen geschenkten Gutes zu Baesweiler, sso. Geilenkirchen, 1130), 1, 321 (E. v. C. dotiert einen Altar in der Ursulakirche daselbst 1135), 1, 322 (E. v. C. bekundet eine dem Cunibertstift gemachte Schenkung 1135), 1, 330 (E. v. C. bestätigt der Abtei Altenberg, no. Mühlheim, ältere Schenkungen 1139), 1, 341

(E. v. C. bestimmt das Verhältniss zwischen der Propstei Zülpich und der Abtei Siegburg 1140), 1, 342 (E. v. C. schenkt der Abtei Brauweiler, wnw. Cöln, ein Haus an der Mosel 1140), 1, 350 (königliche Urkunde 1144), 1, 351 (E. v. C. bekundet die Gründung der Siegburger Propstei Millen, wsw. Heinsberg, 1144), 1, 355 (E. v. C. bestätigt einen Tausch zwischen Rees und einem Bruder des Grafen von Loo 1138 — 1146), 1, 357 (päpstliche Urkunde 1147), 1, 366 (die Bettziehenweber von Cöln schliessen eine Zunft 1149), 1, 367 (Abt von Brauweiler, wnw. Cöln, bestätigt die Verteilung des Sallandes des Hofes Kaiffenheim, non. Cochem?, unter die Hofeshörigen 1149), 1, 370 (Abt von Siegburg bekundet eine Abfindung 1150), 1, 378 (E. v. C. bestätigt dem Abt von S. Pantaleon einen Vertrag 1153), 1, 383 (zwei Schwestern von Sürdt, sos. Cöln, machen sich dem h. Georg in Cöln hörig und zinsig 1155), 1, 390 (Abt von Siegburg stiftet sich ein Jahrgedächtniss 1156), 1, 394 (Propst von Bonn bekundet dass ein Zinsgut seines Stiftes von einem Verwandten des Besitzers erbrechtlich in Anspruch genommen worden sei 1158), 1, 399 (Oberrichter und Senat von Cöln bezeugen dem S. Gereonsstift daselbst einen Kauf 1159), 1. 406 (Abt von Gladbach, s. Kempen, bekundet das mit dem Vogt der abteilichen Capelle Buchholz getroffene Abkommen 1163), 1, 411 (königliche Urkunde 1166), 1, 414 (E. v. C. bezeugt die Teilung von Meer und Liedberg, n. Neuss, 1166), 1, 415 (E. v. C. bekundet der Gräfin von Ahr die bedingte Abtretung des Schlosses Meer, n. Neuss, 1166), 1, 418 (E. v. C. bekundet Erwerbungen des Klosters S. Mauriz in Cöln 1166), 1, 419 (E. v. C. genehmigt eine Schenkung an Siegburg 1166), 1, 420 (E. v. C. bekundet einen Kauf Siegburgs 1166), 1, 421 (E. v. C. zählt die Besitzungen der Abtei Siegburg auf 1166), 1, 422 (E. v. C. erwirbt die Kirche zu Freialdenhoven, w. Jülich, 1166), 1, 423 (E. v. C. bestätigt der Abtei Altenberg, no. Mühlheim, ihre Besitzungen 1166), 1, 425 (Abt von S. Pantaleon in Cöln bekundet dass einige Familien dem Stiftspatron altarhörig geworden sind 1166), 1, 430 (der Verwalter des zu Remagen, ober Bonn, gelegenen deutzschen Hofes bekundet Erwerbungen 1168), 1, 433 (E. v. C. bestätigt ein Cölner Weistum 1169. „Aus dem Original im Stadtarchive von Cöln"). 1, 436 (E. v. C. bekundet die Stiftung zum h. Gangolf in Heinsberg, w. Erkelenz, 1170), 1, 437 (Propst von S. Cunibert überlässt dem Kloster zu Dünwald, nno. Mühlheim, ein Grundstück 1170) 1, 440 (E. v. C. bekundet über ein Gut des Domcapitels zu Lechenich, n. Euskirchen, 1171). 1, 442 (E. v. C. bestimmt, welche Abgabe die Abtei Heisterbach an Vilich zu entrichten habe 1172), 1, 443 (die Abtei Gladbach, s. Kempen, kauft einen Hof 1172), 1, 444 (die Aebtissin von Schwarzrheindorf, unter Bonn, versetzt die Leute des Klosterhofs in den Stand der Wachszinsigen 1172), 1, 445 (E. v. C. nimmt Schwarzrheindorf, unter Bonn, in seinen Schutz 1173), 1, 450 (königliche Urkunde 1174), 1, 452 (E. v. C. leiht sich von der Stat Cöln und von Gerard von dem Hofe Geld 1174), 1, 454 (E. v. C. bestätigt der Abtei Meer, n. Neuss, den Besitz ihrer Güter 1176), 1, 455 (E. v. C. verpfändet Stifthöfe dem Grafen von Berg 1176), 1, 456 (E. v. C. bekundet dem Stift Rees. nwn. Düsseldorf, eine Erwerbung 1176), 1, 457 (Abt von Brauweiler trifft mit den Weinbauern von Mesenich, ngo. Zell, ein neues Abkommen 1176), 1, 458 (E. v. C. bekundet unter welchen Bedingungen er ein Gut in Mörmter, oso. Cleve. erworben habe 1176), 1, 459 (E. v. C. bekundet dem Stift Schwarzrheindorf, unter Bonn, mehrere Ablösungen 1176), 1, 460 (E. v. C. genehmigt eine dem Stift Schwarzrheindorf, unter Bonn, gemachte Schenkung 1176), 1, 461 (E. v. C. bekundet eine dem Ursulastift daselbst gemachte Schenkung 1176), 1, 463 (E. v. C. nimmt Kloster Bedburg, bei Cleve, in seinen Schutz 1167 — 1177), 1, 464 (Uebereinkunft zwischen den Bürgern von Cöln und Verdun 1178), 1, 466 (E. v. C. bekundet eine Schenkung des Ritters von Kerpen an Königsdorf, w. Cöln, 1178), 1, 474 (Vergleich zwischen dem Erzbischof und der Bürgerschaft von Cöln 1180), 1, 477 (Kaiserswert, nnw. Düsseldorf, gibt seinen Weingarten in Erbpacht 1181), 1, 478 (königliche Urkunde 1181), 1, 484 (E. v. C. bekundet eine dem Stifte Münstereifel, sw. Bonn, gemachte Schenkung 1182), 1, 487 (Abt von Siegburg vermehrt die Kammereinkünfte des Abtes 1183), 1, 504 (Schwarzrheindorf, unter Bonn, bezeugt eine Wiedsche Schenkung 1187), 1, 506 (Abt von Siegburg genehmigt Siegburgische Erwerbungen 1187), 1, 508 (Dechant des S. Georgsstiftes in Cöln schenkt seinem Stifte ein Haus 1188), 1, 519 (E. v. C. überlässt den Canonikern die zu den Reliquien der h. drei Könige eingehenden Opfer 1189), 1, 520 (Graf von Berg bekundet dass ihm Graf von Hückeswagen, s. Elberfeld, zwanzig Mark Einkünfte verpfändet habe 1189), 1, 521 (Revers des Grafen von Berg dass ihm Herr von Tyvern, s. Kaiserswert, sein Erbgut verschrieben habe 1189), 1, 534 (königliche Urkunde 1192), 1, 544 (Graf von Hochstaden beschenkt die Abtei Steinfeld, oso. Schleiden, 1194), 1, 545 (päpstliche Urkunde 1195), 1, 549 (E. v. C. verleiht dem Chorherrnkloster bei Neuss eine Fischerei an der Erft — mündet bei Neuss in den Rhein — 1195), 1, 550 (E. v. C. bestätigt Rechte des Hövelerhofes der Abtei Knechtsteten, zw. Cöln und Neuss, 1195), 1, 556 (E. v. C. bekundet einen Erwerb der Abtei Camp, soo. Geldern, 1197), 1, 558 (E. v. C. zählt Güter und Renten des Klosters Schillingskapellen auf 1197), 1, 559 (E. v. C. beschenkt das Kloster Füssenich, sso. Düren 1197), 1, 570 (E. v. C. bekundet dass Herr von Erp, nwn. Euskirchen sein Allod an Grafen von Hochstaden resigniert habe 1200 l.), 4, 603 (Schenkung an das Gereonstift in Cöln 899), 4, 604 (E. v. C. beschenkt das Ursulastift daselbst 945), 4, 605 (eine Freie macht sich der Kirche des Ursulastifts in Cöln altarhörig 1021 — 1036), 4, 606 (E. v. C. beschenkt das Gereonstift daselbst 1080), 4, 607 (E. v. C. beschenkt das Gereonstift daselbst 1080), 4, 609 (E. v. C. beschenkt Deutz 1083), 4, 613 (E. v. C. beschenkt Münstereifel, sw. Bonn, 1105), 4, 616 (E. v. C. bestätigt dem Stifte Münstereifel, sw. Bonn, Verleihungen 1115), 4, 618 (Abt von S. Pantaleon in Cöln überweist Gefälle seinen Conventualen und den Armen 1123), 4, 619 (E. v. C. entscheidet zwischen Münstereifel, sw. Bonn, und Rheinbach 1120—1131), 4, 620 (E. v. C. bekundet für den Abt von S. Pantaleon daselbst 1127—1131), 4, 621 (E. v. C. bestätigt dem Kloster Königsdorf, w. Cöln, seine Besitzungen 1136), 4, 623 (Abt von S. Pantaleon bekundet dass er den bergischen Untervogt von Hittorf auf den richtigen Satz der Zollgefälle zurückgeführt habe 1151 — 1163), 4, 624 (Graf von Ahr stellt mit seinen Ministerialen die Erb- und Dienstrechte fest 1154), 4, 640 (Graf von Hochstaden beschenkt die Abtei Steinfeld, oso. Schleiden 1194).

Consonanten.

Hd. *d.* Dafür noch oft *th dh d: Bozilesthorpe,* nww. Bonn, *Walathorpe,* wnw. Bonn, *Thiederici Thancolfi* L. 1, 88, *Ruodesthorp,* Roerdorf, nnw. Jülich, L. 4, 604, *Thiedenhoven,* bei Cöln, *Iminethorp,* s. Cöln, *Walathorp,* wnw. Bonn, L. 1, 182, *Therenthorpe,* non. Düsseldorf, L. 1, 257, *Kuningesthorp,* w., Cöln, L. 4, 621, *Thiderâde* L. 1, 444, — *Hathabaldus,* Font. 3, 340, *Luthewigo Hatheboldo* L. 1, 68, *Hathagêri* L. 1, 73. 84. 88, *Öthelhardum* L. 1, 102, *Hathewig* L. 1, 146, *Wickensceithen* L. 1, 257, *Nitherindorp,* Nierendorf, no. Ahrweiler, L. 1, 284, *Luthewico* L. 1, 430, *Fritherico Fritheswindis* L. 1, 444, *Hôstatha* L. 4, 610, — *Ruothbertus* L. 1. 88, *Calverpath,* Ausg. *Calverpash,* L. 1, 257, — *Upladhen,* sw. Solingen, L. 1, 520, *Hadhewigis* L. 1, 444. — Selten *t. Tiederich,* L. 1, 242. 243, *Tiemârus Teogêrus* Font. 3, 357, — in *Wicterpus* Font. 3, 344, *Rûtdgêri* L. 4, 603, *Rôtperti* L. 4, 609, *Rûtolfus* L. 1, 269, wie in *Godestû* L. 1, 444 wol durch Assimilation. — Aber *d* erscheint schon früh: *Nitherindorp,* no. Ahrweiler, L. 1, 284, *Dravinedorp* L. 1, 370, *Dorindorp* L. 1, 487, — *Frideswind* Font. 3, 357, *Godefrido* L. 1, 394, B. 2, 95. Auch im Auslaut: *Manegold* L. 1, 258, *Erlefrid* L. 1, 281, *Frideswind* Font. 3, 357, — aber *Alflint* L. 1, 84.

Hd. *t: Diefenbach* L. 1, 253, *Dalheim* L. 1, 457, — *Gêrhardi* L. 1, 88, *Öthelhardum Selirâdi* L. 1, 102, *Kaldenkapellen* L. 1, 104, *Rodenkyrichôn* L. 1, 123, *Godefridi Herirâdi* L. 4, 604, *Ôdakaris* L. 1, 84, *Aldenhovon,* no. Achen, L. 1, 162, *Segebodonis* L. 1, 147, *werlûde* L. 1, 164, *Gode-*

fridus L. 1, 274, *Lutolfus* L. 1, 260, *hergewéde* L. 1, 415,
Scudesper L. 1, 520, *Godescalcus* Font. 3, 357, *Godefrido* L.
1, 394, B. 2, 95, *Godescalci* L. 1, 430. 529, — *Râdwigi* L.
4, 604, *Bertheid* L. 1, 84, *Harold* L. 1, 258. — Aber im
Auslaut zeigt sich bald *t: Engilestat,* s. Oberingelheim, L. 1,
94, *sellant* L. 1, 367, *Hartperno Lütprandi* L. 1, 430, —
dann im Inlaut: *hovestete* L. 1, 252. — Eine Ausname ist *th*
für *t* in *lázgùth*, L. 1, 461. 558. — Abfall: *Tiemárus Teogérus
Liubrandus* Font. 3, 357, *Harperno* L. 1, 394. — Unorganisches *t: Broccondorpt,* wsw. Bergheim, L. 4, 620.

Hd. *z* überwiegt: *Zülpeche* L. 1, 415, *vùrgezimbre* L. 1,
433, *ce* L. 1, 556, — *burchstrâza* L. 1, 102, *Wizenstên*, im
Avelgau, L, 1, 103, *Munizu,* Münz, ngo. Jülich, L. 4, 604,
Bischovisholze, bei Heimersheim, o. Ahrweiler, L. 1, 231,
Holzecláen, nw. Siegen, L. 1, 243, *Lutcellenglene,* Lüttengleho
sww. Neuss, L. 1, 257, *Metzenehùsen,* wgs. Simmern, L. 1,
257. 477, *de Holze* L. 1, 415, *geholzede* L. 1, 550, *wizzeht
(dinc)* L. 1, 433, — *Bùcols*, Zelle der Abtei Gladbach, L. 1,
406, *Gózswint* L. 1, 84, *Holzheim,* sws. Neuss, L. 1, 209.
Frâz L. 1, 366, *lázgùth* L. 1, 461. 558, *Minnevùz genóz* L.
1, 464, *ùzfanc*, proiectus domus, L. 1, 474, *Mengingóz* L. 1,
481, *Holzmarchen* L. 1, 430. — Daneben *t: Tuschinbrók,* non.
Grevenbroich, L. 1, 413, *tollenarius* L. 1, 268. 366, *tolnere*
L. 1, 464 — *de Holte* L. 1, 463, unter niderdeutschen Zeugen.
— *Holtheim* Holtum, w. Erkelenz? L. 1, 257, *Bùcult,* sso.
Siegburg, L. 1, 283, *Holthùsen,* sws. Solingen? L. 1, 521, *de
Holthùsen* L. 1, 456, *dat* L. 1, 433, *de Saltgaszen* L. 1, 461.
— Nichts bedeutet *scoltêtus* L. 1, 370.

Hd. *b.* Dafür *v: Evergêrus* Font. 3, 340, *Calverpath* L.
1, 257, *Everhardi* L. 1, 68, *Everwinus* L. 1, 173. 84, *Everhart* L. 1, 93, *Evergêr,* L. 1, 123, *Wivekin Wiva Elvewin*
L. 1, 234, *Everhardus* L. 1, 243, *Geveno* L. 1, 260, *Gevehardus* L. 1, 302, *Walraven* L. 1, 308, *werve* L. 1, 433,
Vortlivus L. 1, 508, *Everhardus* Font. 3, 357, *Everardo* B.
2, 1, L. 1, 370, *Everwino* L. 4, 624, *Hartlivus* L. 1, 444.
Unerhört ist *b* im Inlaut nicht: *Elbeke,* Elfgen, w. Greven-

broich, L. 1, 236, *Eberwini* Font. 3, 387, — sehr selten *f* — *Hartlifus* L. 1, 520, — das im Auslaut das regelmässige ist: *Alflint* L. 1, 184, *Vortlief* L. 1, 258, *halfburich* L. 1, 308, *rouf warf* L. 1, 433, *Suâf* L. 1, 464, *lifzuth* L. 1, 487, — Abfall des auslautenden *b*: *Liebwi* L. 1, 73, *Frithuwi* L. 1, 84, — Auffallend ist das oberdeutsche *p* in *Puire*, Buir, sws. Bergheim, L. 1, 138, während *Folperti* nur auf Entstehung aus *Folcberti* weist, L. 1, 136.

Hd. *ph f*: *Calverpath* L. 1, 257, *linpath* L. 1, 474; — im Inlaut zwischen Vocalen gewönlich *ph f — phf phv*: *Hanapham*, Fluss und Ort Honnef, so. Siegburg, L. 1, 103, 202. 203. 228, *Afaldrabechi*, Aplerbeck, oso. Dortmund, L. 4, 603, *Arnefe*, Erft, mündet ober Neuss in den Rhein, L. 1, 164, *Arlefe*, dasselbe, L. 1, 423, *Arnaphe* L. 1, 549, *scaphili* L. 1, 257, *de Saphfenberg*, s. Altenahr, L. 1, 288, *Saphvenberg* L. 1, 455, *Safenberg* L. 1, 460; 4, 634, — und *Sappehberch* L. 1, 279 wird dasselbe bedeuten, — *stôphus* L. 1, 477, wogegen *stôpus stôpi* L 1, 246 nur Bewahrung der älteren Form des latinisierten Wortes zu sein scheint,*) — *Stophenberg*, Stoppenberg, bei Essen, L. 1, 217. — Aber *de Riperstorp* Ripsdorf, s. Blankenheim, L. 1, 292, neben *Reiferscheid* L. 1, 308, *Erlipen Erlepe*, Erp,**) nwn. Euskirchen, L. 1, 341. 570. — Nach Liquiden ist *p* Regel: *Irpingus* L. 1, 10, *Therenthorpe*, Derendorf, nnn. Düsseldorf, L. 1, 257, *Bozilesthorpe*, nww. Bonn, *Walathorpe*, wnw. Bonn, L. 1, 88, *Herpe* L. 1, 450, *Helpensteine* — neben *Erpho* Font. 3, 357, *Erfgisi* L. 1, 88. — Im Auslaut das gleiche Verhältniss: nur *up* in *Opspringen*, ono. Heinsberg, L. 1, 436, und *Upladhen*, Opladen, ssw. Solingen, L. 1, 520. Nach Liquiden folgt auch hier *p*: *Therendorp*, Derendorf, nnn. Düsseldorf, *Duseldorp* L. 1, 257,

---

*) Selbst in den Statuten des cölnischen Domstifts aus dem 13. Jh. (IV) *stôpus stôpi* L. A. 2, 27. 35, s. IV.

**) Dass *Erlipe* wie *Vilip*, s. Bonn, zu der Zeit, als IV die ältere Mundart ablöste, nicht zu *Vilif* und *Erf* geworden ist, hat bei *Erp* vielleicht in der verdoppelten Liquida, bei *Vilip* in der Erinnerung an den Personennamen seinen Grund. Der Name des Flusses *Erf* wird seinen Weg von *Arnapa* über *Arapa* gemacht haben.

de Heldorp L. 1, 521, *Connesdorp* Coisdorf, oso. Ahrweiler, L. 1, 535, *Rummentorp*, Rondorf, s. Cöln, L. 1, 93, *Liudenthorp* L. 1, 103, *Rumundorp*, Rondorf, s. Cöln, L. 1, 105, *Palmerstorp*, sws. Cöln, *Hedenestorp*, Heddesdorf, nnn. Neuwied, L. 1, 105, *Iminethorp*, s. Cöln, L. 1, 132, *Ruodesthorp*, Roerdorf, nnw. Jülich, L. 4. 604. *Mofindorp*, Muffendorf, bei Bonn, L. 1, 75. 89. 114. 156. 202. *Therenthorp*, Derendorf, non. Düsseldorf, L. 1, 257, *Roerdorp*, nnw. Jülich, L. 1, 260, *de Aldendorp* L. 1, 282, *Morsdorp*, Kreis Cöln, L. 1, 399, *Rinhdorp*, Schwarzrheindorf, ngo. Bonn, *Heichdorp*, Eitorf, oso. Siegburg, *Lûpsdorp*, Leubsdorf, nnw. Neuwied, *Waldorp*, wnw. Bonn?, *Gudegedorp*, Godorf, s. Cöln, *Bertelsdorp*, Berzdorf, s. Cöln, L. 1, 445, *Ethedorp*, Eitorf, oso. Siegburg, *de Gendersdorp*, *Rindorp*, ngo. Bonn, L. 1, 459, *de Ossendorp*, nw. Cöln. L. 1, 464, *Odindorp*, wnw. Rheinbach, *Puplisdorp*, Poppelsdorf, bei Bonn, *Vrimersdorp*, Freimersdorf, wnw. Cöln, *Broccondorpt*, wsw. Bergheim, L. 4, 620, *Kuningesthorp*, w. Cöln, L. 4, 621, *Huttorp* L. 4, 623, *Helpricus*, Font. 3, 387, *Vremerstorp*, Freimersdorf, wnw. Cöln, *Kûningistorp*, w. Cöln, *Kyrtorp*, wnw. Bergheim, *Ichindorp*, soo. Bergheim, L. 1, 184, *Dollendorp*, sws. Siegburg, L. 1, 350, *Zudendorp*, so. Deutz, L. 1, 357, *Meimedorp*, wsw. Siegburg, *Dorindorp*, soo. Siegburg, L. 1, 450, *de Dravinsdorp*, L. 1, 370, *de Dorindorp* L. 1, 487, *Rindorp*, Schwarzrheindorf, ngo. Bonn, L. 1, 504. — Dagegen, *Bettendorf*, Bendorf, nwn. Coblenz, *Meimendorf*, wsw. Siegburg, *Mulendorf*, Millendorf, nw. Bergheim, *Moffendorph*, s. Bonn, L. 1, 203. 228, *Engeldorf*, L. 1, 241, *de Balterstorph* L. 1, 279, *Rindorph*, Schwarzrheindorf, ngo. Bonn, neben *Rindorp* L. 1, 445, *Gudegedorf*, Godorf, s. Cöln, L. 1, 460, aber L. 1, 445, *Gudegedorp*, — *Gêrmêrstorph*, im Ahrgau, L. 4, 618, *Sarwestorph Liezenthorf Tundentorf*, bei Münstereifel, L. 4, 613, *Rindorf*, Schwarzrheindorf, ngo. Bonn, *Mofindorf*, s. Bonn, L. 1, 444. — Ist in *Troistorpp*, Font. 3, 357 das doppel-*p* Zeichen der Aspiration?

Hd. *f: Suphtele*, Süchteln, sws. Kempen, L. 4, 618. — *Wizzeht* ist eher eine Ableitung mit -*eht* als Umbildung von *wizzenhaft*. — Ausfall: *Gräschaffensis* L. 1, 284.

Hd. *v.* Dafür einmal *uu* in *Westhouuon* L. 1, 177.

Hd. *g* wechselt im Anlaut mit *j*: *Jhérichesheim* neben *Gérichesheim* L. 1, 68. 73. 84. — *K* wird es durch consonantische Einwirkung: *Wichkêri* L. 1, 136. — Im Inlaut Wechsel mit *ch chg gh*: neben *Hôinge* L. 1, 93 auch *Hôinche* L. 1, 102, *Berche* L. 1, 209, *Rádwichgi* (Ausg. *Raduinchgi*) L. 1, 93 neben *Volcwigis* (Ausg. *Volcwigis*) L. 1, 269, *Reighinhardi* L. 1, 137. — Im Auslaut euphonisches *ch*: *Bodelenberch* L. 1, 520, *Lemborch* L. 1, 443, *Wichfridus* L. 1, 88. 91. 93, *burchstráza* L. 1, 102; 4, 604, *Wiheburg* (Ausg. *Wiheburg*) L. 4, 603, *Wichkéri* L. 1, 136, *Wichmannum* L. 1, 147, *Rintwech Toneburch* L. 1, 164, *Valchenburch* L. 1, 120, *Núereburch* L. 1, 504, — auch *gh*: *vorstwegh* L. 1, 102; — aber häufig bleibt *g*: *Wellenberg Sundunberg* L. 1, 103, *Hathewig* L. 1, 146, *Wiheburg Meinburg* L. 4, 603, *Arenberg* Font. 3, 357, *Siberg* L. 1, 370. — Euphonisches *c*: *Wicgéri* L. 1, 136, *Erdac Wicburga* L. 4, 603, *Virneburc* K. 4, 624. — Abfall, Ausfall: *burgrávius* L. 1, 433, *Winandus* Font. 3, 357, L. 1, 477, *Sibergensi* B. 2, 1, L. 1, 370, neben *Sygebergensi* B. 2, 95.

Hd. *k*. Oberdeutsches oder romanisches *ch* dringt selten so weit vor: *Chunibertus* Font. 3, 340, *Chuonrádi* L. 1, 162, *Chessenich* L. 1, 225 — *Valchenburch* L. 1, 220, wofür dann sogar *Falgenburg* geschrieben wird L. 4, 621, *Holzmarchen* L. 1, 430.

Hd. *ch* ist das gewönliche: *Urcechon*, Ürzig, ogs. Wittlich, L. 1, 67. 229,*) *Julicham* L. 1, 88; 4, 604, *Blancônbiechi*, im Avelgau, L. 1, 103, *Brouche*, Hackenbroich, sso. Neuss, *Benrichin Richizo* (Ausg. *Richiro*, aber L. 1, 455 *Richzo*), *Frederichus Afaldrabechi*, Aplerbeck, oso. Dortmund, L. 4, 603, *Gérichesheim*, Gerresheim, ono. Düsseldorf, L. 1, 68. 73. 84, *Bachercho*, Bacharach, ober Oberwesel, *Gladebeche*, Gladbeck, Kreis Recklinghausen, L. 1, 153, *Edelenkirecha*, sw. Altena,

---

*) In einer Urkunde des Cunibertstiftes von 1252 *Urceke*, s. Lacomblet 1 p. 33 Anm.

L. 1, 252, *de Ödenkirche* L. 1, 280. 436, *Beldechinus* L. 1,
425, *Liche*, n. Jülich, L. 1, 418. *Drachenvels* L. 1, 459.
Richeza L. 1, 457; 4, 605; *Redechinus* L. 1, 367, *Gisichinus* L. 1, 243, *Gérlácho* L. 1, 394, *de Sevliche*, Zyfflich.
wnw. Cleve, L. 1, 454, — *ich* L. 1. 433, *Diebach*, ono.
S. Goar, L. 1, 246. *Diefenbach Cungebach*, sw. Coblenz. L.
1, 253, *Ůdelbrúch*, bei Deutz, L. 1, 136, *Adelrich* L. 1, 192,
Elnrich, wol *Einrich* L. 1, 93, *Richwinus* L. 1, 269, *de
Strúbrúch* L. 1, 460, *Heinrich* L. 1, 464. *Mesenihc*, ngo.
Zell, L. 1, 457, *Tiderich* L. 1. 243, *Melanbach Bacheim*.
sos. Bonn, L. 1, 10, *Sprenkirsbach*, no. Wittlich, B. 2, 1.
Geislich L. 1, 430, *Richolfi* B. 2. 95, L. 1, 370, *de Gurzenich*, *de Gimnich* L, 1, 370, *de Brúbach* L. 4, 624. —
Denselben Laut drückt wol auch g gg aus: *Vreggana*, Frechen.
wsw. Cöln, L. 1, 93, *Mietherge*, Meiderich, o. Duisburg. L. 1.
68, *de Crigenbege* L. 4, 621, *wilgir* L. 1, 433, *Scherveger*
neben *Scherrechen* L. 1, 464, — *Argenbay Notarbag Blancónbag Hemisbag*, s. sw. Blankenberg, während die Casus obliqui
-*biechi* zeigen, *Rigdagi* L. 1, 111, *Liy*, n. Jülich, L. 4, 621.
Rigwin Gérlag Heinrig L. 4, 634, *Kelebrúg* L. 1, 280, *schaig*
(latrocinium) L. 1, 433. — Dagegen finden wir die Tenuis in
folgenden Fällen: *Rikildis* L. 1, 15, *Lunrike*, Longerich, nwn.
Cöln, L. 1, 88, *Húsekine Elvereke*, Ilverich, soo. Crefeld, neben
Botreche, Büderich, Kreis Geldern, *Streimpeche*, Strümp, so.
Crefeld, L. 1, 258, *Eikenbúren*, nahe Düsseldorf, L, 1, 521.
Bodekino Alekino Valdrica L. 1, 157, *Cuelpekowe*, Zülpichgau.
L. 1, 209, *Wivekin* L. 1, 234, *Elbeke*, Elfgen, w. Grevenbroich.
Zulpikowe L. 1, 236, *Herkenrode*, Hercheurath, bei Siegburg.
L. 1, 351, *de Kriecenbeco*, ssw. Wachtendonk, L. 1, 355, *Like*.
n. Jülich, L. 1, 436, *Brúke*, sso. Rees, L. 1, 447, *Elvreke*.
Ilverich, soo. Crefeld, L. 1, 454, *de Lisolfiskyrken*, *de Lunreke*,
Longerich, nwn. Cöln, L. 1, 461, *Núenkirkôn*, noo. Siegburg.
L. 4, 634, *Ricza* Font. 3, 387, *Glessike*, Glesch, nw. Bergheim, L. 1, 114, *Ůdenkircken*, sso. Gladbach, L. 1, 375,
Ricterka, nwn. Achen, L. 1, 411, *Wizenchirken*, Wisskirchen,
wsw. Euskirchen, L. 1, 478, *Vilekensis*, no. Bonn, L. 1, 545,
Zulpike B. 1, 295, *Sinceke*, am Rhein, ober Remagen, L.
1, 534. — Im Auslaut *Thuschinbróc*, bei *Gladebach*, L. 1,

443, *de Molbach, de Halterbrúch*, aber *Thussinbróc*, B. 4, 339, *Thuschinbróch*, aber *Ecqwini*, L. 1, 88, *Mulbah*, aber *Brúk*, Font. 3, 387, — *Waldric* L. 4, 603, *Grêvenbrúck*, Grevenberger Wald, bei Deutz, *Thiederik* L. 1, 196, *Heigenbac*, Heimbach, n. Gemünd, *Hilleneseick*, Hillensberg, sww. Heinsberg, *Gladebac*, L. 1, 436, *Tiederic Heinric* L. 4, 634. — Wie ist *Logmerbrucgen*, Leuchtenberger Bruch, Kreis Düsseldorf, zu deuten, L. 1, 257?

Hd. *h*. Abfall im Inlaut vor *t: Plettebreht* L. 1, 520, *Ruotbraht* L. 1, 84, — *Roupreth* L. 1, 236, *lifæuth* L. 1, 487. — Erweichung und Ausfall: *Albreit Albret* L. 4, 634, *knetsteden*, Kreis Neuss, *de Hônstaden* L. 1, 415, *Walpretishove* B. 2, 247, *Hôynkyrchin* L. 4, 640. — Im Auslaut *gh: Ôtlôgh* L. 1, 192. — Assimilation: *Ossendorp* L. 1, 464. Abfall: *Gêrhô* L. 4, 603, *Hôstatha* L. 4, 613, *Hôstadin* L. 4, 640.

Hd. *j* wird auch durch *g* ausgedrückt: *Guiliche* L. 4, 616, *Gulecho* L. 1, 242. 277. 302, einmal durch *h: Hilechowe*, Jülichgau, (Ausg. *Hiletzowe*) L. 4, 607.

Hd. *n*. Wechsel mit *l: Arlefe* L. 1, 423 neben *Arnefe Arnaphe* L. 1, 164. 549. — Epenthese: *Heidenricus* L. 1, 520, *Rûdengêro* L. 1, 443, *Brûnwilarensi* L. 1, 457, neben *Brûwilarensis* L. 1, 367. — Ausfall vor Dentalen ist selten und unsicher: *Suickéri* L. 4, 609, *Mareswid* L. 1, 84, *Suidberti* L. 1, 453, aber *Lantsuint* L. 1, 73, *Frideswind* Font. 3, 387. — Schreibung *Segkencheim* Senheim L. 1, 342.

Hd. *r*. Metathese: *dirdewerve* L. 1, 433. — Verdopplung: *Húrrensonshúse* L. 1, 342.

Hd. *sc sch*. Statt dessen auch *sg: Godesgalc* L. 4, 634, *heisg ich* L. 1, 433, — *shk: Vishkenich* L. 4, 639.

Vocale.

Hd. *a ā*. Dafür mitunter *e ē: Bechúsin* L. 1, 406, *Ensfridus* L. 4, 634, *Escwilere* L. 4, 604, neben *Aschwilere* L. 4, 616, *Svenehildis* L. 1, 217, *Belderich* L. 1, 242, *Weltere* L. 1, 263, *sellant* L. 1, 367, *Gengulphi* L. 1, 436, *Elverich* L. 1, 441, — *ai* nur in *Haidewigis* L. 1, 288; — *ē* in *Grévenbrúk* L. 1, 136, *Gréverode* L. 1, 321 scheint der Umlaut zu sein; *ai* für *á* zeigt sich besonders in Oxytonis *dait schaig* L. 1, 433, *laiegúith* L. 1, 558, neben *lázgúth* L. 1, 461. — Von Verdumpfungen nur die gewönlichen: *Hildiboldi Wanboldi* L. 1, 73, *Rénoldus* neben *Rénaldus* Font. 3, 387.

Hd. *e*. Dafür *ei ie i*. *Reinsa*, Rhens, L. 1, 93, *Notarbeichi Quirbeichi* L. 1, 103, *Eigilberti* L. 4, 603, *Reighinhardi* L. 1, 137, — *Blancónbiechi* L. 1, 103, — *wilgir* L. 1, 433. — Der Umlaut ist angezeigt in *Aezelini* L. 1, 182.

Hd. *ae: herwéde* L. 1, 148, *herewéde* L. 1, 458.

Hd. *i í*. Neben *Sigibertus Reginfridus* Font. 3, 340, *Rátfridi Sigiberti* L. 1, 93, *Lantfrid Reginfrid* L. 4, 603, *Wichfridus* L. 4, 604, *Sigeberg, Fridericus* L. 1, 260, *Sigewinus* L. 4, 606, *Wolfridi* L. 1, 73, — auch *Lenburch* — *Solengen* L. 1, 443, *Gelegoui* L. 1, 105, *Fredericus* L. 4, 603, *Segebodonis* L. 1, 147, *Segewin* L. 1, 366, *Godefredus* L. 4, 634, *Wede* L. 1, 504. — Auch dieses *e* wechselt mit *ie ei*: *Regenbierg* L. 1, 68, — *Godefreit* L. 4, 634. — *Í* wird in Deminutiven zu *e*: *Lembechen Schervechen* L. 1, 464.

Hd. *o ō*. Statt *von* noch *van* L. 1, 433. — Einigemal noch *u: Búcult*, sso. Siegburg L. 1, 283, neben *Vogelo* L. 1, 366 auch *Vugelo* L. 1, 269. 399. 464, — *Gúdefridi* L. 1, 102, — dafür auch *ȯ* in *copeleweide* L. 1, 164, neben *Copplegrase* L. 1, 458, *Volfridi* L. 1, 84. — Dies *ȯ* tritt auch für *ō* ein in *genȯz*, neben *Lō*, L. 1, 464. — *Oi* für *ō* findet sich in Oxytonis: *Noithúsen* L. 1, 209, *doitslag noitzoch* L. 1, 433, *Troistorpp?* Font. 3, 357. — Gewiss nicht Umlaut des *ō* ist *Schenowa*, Schönau bei Münstereifel, L. 1, 613. Wenn es richtig ist, so wird es wie *Schenenbouhel*, Schönbüchel, *Scanafeld*, Schönefeld, zu erklären sein, Förstemann 1, 1235. — Ein erhaltenes *au* in *Gauberti* braucht nicht zu befremden L. 1, 88.

Hd. *u*. Vor Liquiden ist *o* gewönlich, aber nicht unumgänglich: *de Orvare* L. 1, 258, *Hŭrrensonshŭse* L. 1. 342, *scoltêtus* L. 1, 370. 520. 638, *Isenborch* L. 1, 257, *Molengazzin* L. 1, 433, *corimêdis* L. 1, 466, — aber *Sunnenbrunno*, Somborn, n. Bochum, L. 1, 68, *mundaburdem* L. 1, 73. 84, *hunnschephen* L. 4, 634, *kurmêda* L. 1, 378, *kurmeidhe* L. 1, 556, — *wŭnde* L. 1, 433, *Cŭniberti* L. 1, 401, *Mŭlbach* L. 1, 466. — Daneben auch *Opspringen* L. 1, 436, *Lodewicus* L. 1, 459.

Ŏ erscheint in *Bŏnnensi* L. 1, 182, *Ŏrzeche*, Ürzig, ogs. Wittlich, L. 1, 209; — *uo* in *Buodberge* L. 1, 253 wird wol nur *ŭ* bedeuten. — *Cuelpekowe*, Zülpichgau, L. 1, 209, *Cuingestorph* L. 1, 337 scheint Umlaut zu sein. — Für hd. *unde* steht *inde* L. 1, 433. — Hd. *ŭ* wird in *deckhuit* durch *ui* vertreten, L. A. 4, 349, — sonst *u* und *ŭ* geschrieben: *Brŭwilarensis* L. 1, 367.

Hd. *ei* herrscht vor: *Eichforst* L. 2, 1, *Holtheim*, Holtum, w. Erkelenz, *Latheim*, Latum, sso. Crefeld, *Ceppenheim*, n. Düsseldorf, *Gêrichesheim* L. 1, 68. 73. 84. 101, *Heimerici* L. 1, 88, *Wudescheim* L. 1, 91, *Brunheim*, Bornheim, nww. Bonn, L. 4, 604, *Eifla* L. 4, 613, *Pilicheim*, Pelkum, sw. Hamm, Bezirk Arnsberg, L. 1, 141, *cŏpeleweide* L. 1, 164, *Cofbuokheim in pago Saxoniae*, Bochum, L. 1, 177, *de Lômundesheim*, Lommersum, sw. Cöln, L. 1, 182, *de Heiminsberg*, *de Seina* B. 2, 1, *de Heimersheim*, *de Hamerstein*, *Waddensheim*, ö. Ahrweiler, *Steinfeldensis*, wsw. Schleiden, L. 4, 640. — Aber *scoltêtus* L. 1, 370. 520, *scolthêtus* L. 4, 638, *Stirhêm*, ogn. Duisburg, *Mundelishêm*, nwn. Düsseldorf, *Gotholveshêm*, n. Düsseldorf, *Stochêm*, nwn. Düsseldorf, *Lathêm*, sso. Crefeld, neben *Holtheim Latheim*, s. oben, L. 1, 257, *Merhêm*, nwn. Duisburg, *Stamhêm*, nwn. Mühlheim, *Belsemshêm* L. 1, 286, *Cŏwêda* L. 1, 341, *Gêlenkirchen* L. 1, 436, *Alphêm*, nwn. Düsseldorf, L. 1, 463, *Brŭnstênus*, neben *Hamerstein*, nw.

Neuwied, L. 1, 430, *Wizenstên*, im Avelgau, L. 1, 103, *Hênricus* L. 1, 529.

Hd. iu. Statt dessen auch *ui ú: Liutberti* L. 1, 88, *Liudonthorp*, wahrscheinlich s. Blankenberg, L. 1, 103, *Liutheri* L. 1, 111, *Liutfrid* L. 4, 603, *Liutberti* L. 4, 624, *Liudewig* L. 1, 242, *Liutheri* L. 4, 624, — *Luitfridum* L. 1, 147, *Luitgêri* L. 1, 211, *Luidolfus* L. 1, 267, — *Loitberti* L. 1, 68, — *Lûdolfus* L. 1, 477, *Lûbertus* L. 1, 258, *Lûtbertum* L. 1, 67, *Nûenkirken*, noo. Siegburg, L. 4, 634. *werhide* L. 1, 164, *Lûtgart* L. 1, 260, *Lûdolfus* L. 1, 366. 420. 464, *Lûtgardis* L. 1, 425, *herstûre* L. 1, 458, *Lûtprandi* L. 1, 430, *Godestü* L. 1, 444.

Hd. ie ist constanter als *iu: Thiedrici Thiedonis* L. 1, 88, *Thiedenhovin* L. 1, 101, *Tiedericus* L. 4, 606. 607, *Tiederic* L. 1, 634, *Tiederich* L. 1, 242, *Diefenbach*, sw. Coblenz, L. 1, 253, *Diecelinus* L. 1, 260, *Diepoldo* L. 1, 421. — Doch schwankt es nach *i* und *é: Týdericus* L. 1, 477, *Dithardus* Font. 3, 344, *Tiderico* L. 1, 443, *Tideric* L. 4, 634, *Ditlint* L. 1, 234, *Tiderich* L. 1, 366, *Ditwigus* L. 1, 399, *Didericus* L. 1, 464, *Tiderich* L. 1, 243, *Tiderâde* L. 1, 444, — *Thêderici prepositi, Thêderici comitis* L. 1, 182, *kurmêde* L. 1, 378, *corimêdis* L. 1, 466. — Seltener ist *ei: Reigemagon* L. 1, 202. 203, *kurmeidhe* L. 1, 556.

Hd. *ou* bleibt in *Gelegoui* L. 1, 105, *Avelgoue* L. 1, 110, *Avelgöe* L. 1, 278, *Tuizichgoue* L. 1, 177, *Hilechowe* L. 4, 607, *Nassowe* L. 1, 459, *ouva* L. 1, 436, *rouf* L. 1, 433. — *Stôphus* L. 1, 477, *stôpus* L. 1, 246 mag den ô-Laut nur der Latinisierung verdanken. — Umlaut könnte in *Engiresgeu* L. 1, 105, *Geuwenich* L. 1, 436 vorliegen.

Hd. *uo*. *Uo* und *û: Rûdolfo* L. 1, 443, *Cûnrâdus* L. 1, 535, *Ruotberti Ruothpoldi* L. 1, 88, *Kuonrâdi* L. 1, 94, *Duodonis* L. 1, 105, *Ruotgêri* L. 1, 111, *Ruodesthorp*, Roerdorf, nnw. Jülich, L. 4, 604, *Rûdolfus* L. 4, 619, *Cûnrâdus* L. 4, 621, *Ruotgêr* L. 1, 191. 242, *Cûno* L. 1, 287, *Ruotberti Ruothardi* L. 1, 73. 84, *leengût* L. 1, 461, *Cûno* L. 1, 390,

Úda L. 1, 444, — uö: *Ruoticici Ruotberti Ruotbraht scripsit et subscripsit* L. 1, 84, — ŏ ou: *Ródeberti* L. 1, 140, *Róperti* L. 1, 105. 182, *Manbróch* L. 1, 252, *Cowéda* L. 1, 341, — *Brouche* L. 1, 105, *Rouppreth* L. 1, 236. — Ô: *Oedelbróch* L. 1, 130, *Ólricus* L. 1, 520, *Thuschinbrók* L. 1, 443, *Côno* L. 1, 535, *Róthberti* L. 1, 88, *Rótperti* L. 4, 609, *Wichmódus* L. 1, 279, *Óda* L. 1, 436, *Cônrádus* L. 1, 367, *Óda* Font. 3, 387, — ú: *selegút* Font. 3, 344, *Halterbrúch* L. 1, 443, *Húrrensonshúse* L. 1, 342, *Búkolz* L. 1, 406, *Humverstúle* L. 1, 104, *Rúbertus* L. 4, 607, *Rúkérus* L. 4, 618, *Cúnrádus* L. 4, 619. 631, *Údo* L. 1, 221, *Regemút* L. 1. 234, *Úlricus* L. 1, 420, *Cúnrádus* L. 1, 442, *Minnevúz* L. 1, 461, *Úthilhilt* Font. 3, 357, *Rúberto* L. 1, 430, *Cúnrádus* L. 1, 529, *Rúdolfi* B. 2, 95, L. 4, 624, *Wilmúdis* L. 1, 444. — Ô wird diphthongiert in *Oedelbrúch* L. 1, 136, — ú in *Brúchene* L. 1, 284, *laizgúith* L. 1, 558.

Synkope: *Gelre* L. 1, 209, *Húrrensonshúse* L. 1, 342, *mins* L. 1, 433, *Escwilre* L. A. 5 p. 267, neben *Escwillare* p. 289, *Alftre* L. 1, 559, *Bachercho* L. 1, 153, *Antwilre* L. 1, 253, *vurgezimbre* L. 1, 433, *Wizwilre* L. 1, 461, *Copplegrase* L. 1, 438, *Brúnwilrensi* L. 1, 457, *Wilre* L. 1, 322, *de Kesle* L. 1, 337, *Arwilre Lintwilre* L. 1, 430, *Rodinkirchón* L. 1, 158.

Die hellen Vocale der Ableitungssilbe schwanken wie die e der Wurzeln nach *i ei*: *wilgir* L. 1, 433, — *Fugeil* L. 1, 268, neben *Fugel Vúgel* L. 1, 269. 277.

Nominale Declination.

A- und ja- Stämme: Sing. Nom. *Starkhare* L. 1, 192, — *Avelgoue* L. 1, 111, — Gen. *curtem filiorum Wracharias, curtem Adolvas*[*]) L. 1, 162, — *Géricheshcim* L. 1, 68. 73.

---

[*]) Vielleicht sind diese Genetive aus einer sachsischen oder in I abgefassten Vorlage buchstäblich abgeschrieben worden.

87. 111, *Bozilesthorpe* L. 1, 88, *Ingermárcsthorp* L. 1, 111, *Kungesvorst* L. 1, 136, — *Bischovisholze* L. 1, 231, *Gêrichisheim* L. 1, 241. — Dat. Die Fälle auf *a* sind zweifelhaft *in Vreggana* L. 1, 93, *in Honupha* L. 1, 202, *in Orzecha Liemena Alvetra* L. 1, 209, *in Lara* L. 1, 278, *in pago Eifla*, L. 1, 292, *in Bacharacha* L. 1, 388, *in Hunepha*, — *in Unkelsteina* L. 1, 445, *in locis scilicet Berka Ossenberga* L. 1, 456 — sicherer sind die Fälle auf *e: gerihte* L. 1, 433, *Bozilesthorpe* L. 1, 88, *Berche* L. 1, 209, *Bischovisholze* L. 1, 231, *Breidenrothe* L. 1, 443, *in Inere*, *in Winitre* L. 1, 228, *in Boninge* L. 1, 259, *in Inere* L. 1, 278, *in Wedreke* L. 1, 290, — Plur. Dat. *Ruleshovan Westhovan* L. 1, 136 (L. A. 2, 205) ist gewiss nicht älter als *gespringun* L. 1, 103 — *Westhouuon* L. 1, 177, *Frîlenhuson* L. 1, 162, *Salaveldon* L. 1, 192, *Aldenhovon* L. 1, 209, *Strázveldon* L. 1, 218, *Hachúson* L. 1, 229, *Smithúson* L. 1, 257, — *Frilenchúsen* L. 1, 104, *Noithúsen* L. 1, 209, *Metzenchúsen*, L. 1, 257, *Godenghoven* L. 1, 421, *Fredenaldenhoven* L. 1, 422, *Opspringen* L. 1, 436, *Wivelinchoven* L. 1, 443, — *Thiedenhovin Beringêreshúsin* L. 1, 202, *Milinchúsin* L. 1, 278.

Á- já- Stämme: Sing. Nom. Hieher gehören vielleicht die Ortsnamen auf *a* in Urkunden welche daneben nicht latinisirte Formen zeigen *Achera Strála Nistra* L. 1, 202, *Flatena Pirna Ulma* L. 1, 228, *Wurmelinga* L. 1, 252, *Flattena Pirna Achera Ulma Lara* L. 1, 278. — Sicherer sind *burchstráza* L. 1, 102, *selehóva* L. 1, 211, — *copeleweide* L. 1, 164, *Arnefe* L. 1, 164. 423, *Wadelache* L. 1, 298. — Ich wage nicht zu entscheiden ob die vielen Nom. Acc. auf *o (u)* erstarrte Dative von *á-* Stämmen sind: *Vilepo* L. 1, 139, *Rigemago* L. 1, 153, *Unkolo Zunozo* L. 1, 92, *Epeno Clotteno Unkelo* L. 1, 220, *Wesseno* L. 1, 225, *Urcecho* L. 1, 229, *Rachecho* L. 1, 237, — *Munizu* L. 4, 604. — In Dativ-Construction werden gebraucht *Bachercho* L. 1, 153, *Hanafo* L. 1, 203, *Lunreko* L. 1, 230. — Am sichersten ist noch der Dat. *Megencelle* L. 1, 456. — Plur. Dat. *Hônstaden Knetsteden* L. 1, 415, — *Hôstadein* L. 2, 519 (wenn nicht *i-* Stamm).

I- Stämme: Sing. Nom. *Argenbag Blancânbag Hennisbag*
L. 1, 103. — Dat. *Blancônbiechî Bolltrebiechî Quirbcichî Notarbeichî* L. 1, 103, *Afaldrabechî* L. 4, 603, — *Gladebeche* L. 1, 153. — Plur. Nom. *werlûde* L. 1, 164. — Dat. *ce rûrehûrin* L. 1, 556, *Branbechen* L. 1, 104.

An- Stämme: *Sunnebrunno* L. 1, 68. — Gen. *Grévenbrûch* L. 1, 136. — Dat. *minin* L. 1, 433. — Plur. Gen. *Valchenburch* L. 1, 220.

Àn- Stämme: Sing. Nom. *Edelenkirecha* L. 1, 252. — Dat. *Blancânbag* L. 1, 103, — *Blancônbiechî* L. 1, 103, *Rodenkyrichôn* L. 1, 123, *Rodinkirchôn* (Ausg. *Rodinkircho*) L. 1, 158, — *Hôhenkirechôn* L. 1, 228, — *Saltgassen* L. 1, 461, — *Hôinkirchin* L. 1, 202. 419, *Utlinkirchin* L. 1, 383, *Wizinkirchin* L. 1, 421, *Rîngazin* L. 1, 461.

Pronominale Declination.

Masc. Sing. Nom. *Bacheracher* L. 1, 330. — Dat. *ce rehteme gerihte* L. 1, 433. — Acc. *bannene* (= *banne ine*) L. 1, 433.

Conjugation.

Praes. Ind. I Sing. *heisg ich, bannene* (= *banne ine*) L. 1, 433.

Fortsetzung der Beschreibung III.

(13. 14. 15. Jh.)

Quellen.

Binterim Mooren Die alte und neue Erzdiöcese Cöln 4, 237 (Kirche von Gladbach, s. Kempen, erwirbt das Gut Rackesleiden 1172), 4, 239 (Abt von Gladbach, s. Kempen, schenkt seinem Kloster eine Mühle 1183), 4, 247 (Urkunde über die abteilichen Mühlen von Gladbach, s. Kempen, 1231 l.), 4, 248 (Graf von Kessel, n. Horn, schenkt der Abtei Altencamp, oso. Geldern, einige Güter zu Bredel, Kreis Kempen, 1232 l.), 4, 252 (Abt von Gladbach, s. Kempen, ernennt den Pfarrer von Gladbach 1243 l.), 4, 258 (Vergleich des Pfarrers mit der Abtei Gladbach, s. Kempen, 1253 l.), 4, 261 (Abt von Gladbach, s. Kempen, bekundet die Stiftungen eines Gladbacher Mönches 1269 l.), 4, 262 (Graf von Kessel, n. Horn, verwandelt seine Ernte von Gladbach, s. Kempen, in eine fixe Abgabe 1274 l.), 4, 344 (Pfarrer von Kempen bestätigt eine Dotation der Pfarrkirche von Kempen 1339 l.), 4, 393 (Eysel von Waepen verkauft Waldhausen bei Gladbach an Herrn von Löverich 1381). — Die Urkunden dieser Sammlung mit Ausname von 4, 248. 344 beweisen nicht für die Zeit ihrer Entstehung, sondern für die Zeit der sehr jungen Chartulare, aus denen sie stammen.

Grimm Weistümer 2, 758 (= L. 3, 687, L. A. 1, 280, Weistum von Lidberg, wsw. Neuss, 1369), 2, 761 (Weistum von Wilich 1480. 92. 1539), 2, 778 (Weistum der Förster aus dem Reichswalde bei Cornelismünster aus dem 14. Jh.), 4, 804 (Weistum aus Einrode, sw. Achen, 1515), 6, 691 (Weistum aus Ürdingen, ono. Krefeld), 6, 692 (Ürdingen, ono. Krefeld, 1454).

Günther Codex diplomaticus 4, 57 (von Saffenbergs. s. Ahr, Revers an den Erzbischof von Cöln 1413).

Höfer Auswahl 1, 10 (Transfixbriefe über einen Vertrag zwischen dem Grafen von Jülich und dem Erzbischof von Cöln von 1271, — a) der von Jülich ausgestellte Brief), 1, 28 (Herr von Monjoie-Valkenburg und Herr von Kuyk entscheiden zwischen dem E. v. C. und dem Grafen von der Mark 1300), 2, 115 (Abt und Convent von Camp, oso. Geldern, vergleichen sich mit dem Decan und dem Capitel von Cöln 1340).

Lacomblet Archiv 1, 280, = Grimm Weistümer 2, 758 und Lacomblet Urkundenbuch 3, 687.

Lacomblet Urkundenbuch 2, 143 (Herr von Reifferscheid, s. Schleiden, genehmigt eine Schenkung seiner Tochter an Camp, oso. Geldern, 1226 l.), 2, 148 (das Marienstift in Achen bekundet dass es sein Besitztum zu Sinzig, ober Remagen, aus dem Erbpachtverhältniss gelöst habe 1227 l.), 2, 193 (Pfalzgraf bei Rhein belehnt Grafen von Jülich. — Dat. Frankfurt 1233 l.), 2, 198 (die Abtei Gräfrath, w. Solingen, verpflichtet sich dem cölnischen Decan 1234 l.), 2, 201 (Dechant des Marienstifts zu Achen berentet eine Kapelle daselbst 1235 l.), 2, 222 (Herr von Dyck, w. Neuss, verkauft den Rosdorferhof bei Neuss an die Abtei Eppinghofen, w. Neuss, 1237 l.), 2, 236 (von Lülsdorf, rechts Rhein, ö. Brühl, beschenkt Kloster Ophoven 1238 l.), 2, 281 (Abt und Vogt von Gladbach, s. Kempen, teilen den dortigen Gemeindewald 1243 l.), 2, 287 (Abtei Altenberg, nno. Odenthal, erwirbt einen Hof 1244 l.), 2, 394 (Graf von Berg beschenkt die Abtei Altenberg, nno. Odenthal 1253 l.), 2, 817 (eine Bürgerin von Achen und ihr Sohn schenken ihre Besitzungen der Abtei Camp, oso. Geldern, 1286 l.), 2, 1064 (Walram von Monjoie und Valkenburg und Johann von Kuyk entscheiden zwischen dem E. v. C. und dem Grafen von Jülich 1300, d.) 3, 371 (Goswin von Zwingenberg verkauft das gleichnamige Schloss bei Ürdingen an den E. v. C. 1342 l.) 2, 444 (Graf von Berg einigt sich nach dem Kriege mit der Stat Cöln 1257 l.), 2, 494 (die Schöffen des dem Stifte Rellinghausen, ogs. Duisburg, zugehörigen Hofes Froitzheim, sos. Düren, weisen ihr Hofrecht 1260 l.), 2, 741 (der Graf von Berg überträgt der Abtei Deutz das Patronat von Remagen 1280 l.), 3, 460 (der Graf von Berg und Ravensberg befreit Kaiserswert, nnw. Düsseldorf, von einem Zolle 1348), 3, 519 (der Graf von Flandern, als Gatte der Philippa von Falkenburg, verspricht dem Herrn von Schönau und Schönforst rechtskräftige Pfandbriefe auszustellen 1353), 3, 687 (= Grimm Weistümer 2, 758 und Lacomblet Archiv 1, 280, die Holzgenossen von Kleinenbroich und Büttchen weisen die Rechte des Schlosses Liedberg 1369), 3, 690 (die Brüder Reinard von Schönforst und Johann, Probst von Mastricht erklären sich mit der von ihrem Vater getroffenen Erbteilung zufrieden 1369), 3, 738 (Klageschrift der Stat Neuss, unter Cöln, in ihrer Streitigkeit mit dem E. v. C. 1373), 3, 985 (Herzog Wilhelm von Berg tritt dem Landfrieden bei, den der E. v. C., der erwählte Bischof von Paderborn, der Herzog von Braunschweig, der Markgraf von Meissen und der Landgraf von Hessen geschlossen 1393), 3, 1049 (Düsseldorfer Schöffen bezeugen eine Erbpacht 1398), 4, 60 (Herr von Loon-Heinsberg-Löwenberg erklärt sich dem Herzog von Jülich-Geldern verbunden 1440), 4, 407 (Löwen Brüssel Antwerpen Herzogenbusch Mecheln erklären keine Repressalien an dem Herzog von Jülich-Berg üben zu wollen 1479).

Consonanten.

Hd. *d.* Selten dafür noch *th: Thêderiges* Hö. 1, 10. — Ausfall in *boirve (biderbe)* L. 2, 106, Hö. 1, 28.

Hd. *t. dage dragen* L. 2, 444, *dún dúsent* Hö. 1, 10, *doym* Hö. 2, 215, *doit dach* L. A. 1, 280, *dúsent* L. 3, 738, — *gidis side behalden* L. 2, 444, *lûde hadde râde* Hö. 1, 10, — *werd* (durat) L. 2, 444, *Cûnrâd gûd gescîd mid* Hö. 1, 10, *mid* L. 3, 210. 738, — *rieth* L. 2, 1064. — Abfall in *ech* (octo) Hö. 1, 10, *is* L. 2, 444, Hö. 1, 10, — *ampman* Hö. 1, 28.

Hd. *z* überwiegt: aber: *twienge* (dissensio) *intuszen* Hö. 1, 10, *tuschen tolle te* L. 2, 1064, *tuscyn* Hö. 1, 28, *twâ tyns toll toe getoegen* neben *tzoe getzoeyen* L. A. 1, 280, *vertienden* Gü. 4, 57, BM. 4, 393, *tienden intgewordigen* L. 3, 504, *twentygh veirtygh* L. 3, 216. 460. 1049, *tgen* L. 4, 60, *ten tem Hertogenbossche* L. 4. 407, *herthoge* L. 2, 1064, *to* und *zo*, *tinsbank* und *tzins* Wt. 2, 761, — *bûten* L. 2, 444, *sculthêtus* L. 2, 494, *moeten* L. 3, 738, *holte* L. A. 1, 280, *Breidestrâten gehêten* neben *geheissen* Hö. 2, 215, *mâten* L. 3, 985. *schoittel* Wt. 2, 778, *Holthe*, bei Spezard, L. 2, 394, *holte* L. A. 1, 280, — *Wittpenninghe* (albus) *it dat wat dit* L. 2, 444, *dat dad et id alled* Hö. 1, 10, *holtgrâvio* L. 2, 281, BM. 4, 252, *Ingenholt* BM. 4, 344, *Cloppetcit* BM. 4, 261, *moit wat dat it* L. 2, 1064, Hö. 1, 28, *besyt uit dyt dat* neben *besees* L. 3, 738, *drossêt heit dit dat it allet* neben *scoltês* L. A. 1, 280, *dat* Hö. 2, 215, *dat dit* L. 3, 503, *dat id dit uit* L. 3, 216. 690, *dat ut* L. 3, 985, aber *holtzgrâschaf* L. 3, 371, *uiss* L. 3, 690, *das* L. 3, 985, — *witzlicken* L. 4, 60, *saitzen* (*sâzen*) Hö, 1, 28. — Schreibung mit *s ss: uiss* L. 3, 690, *bis lâsen* Hö. 1, 28.

Hd. *s: cappitels* in der roh geschriebenen Urkunde Hö. 1, 28, — *ainszient* L. 3, 216.

Hd. *b: over royven bliven* L. 2, 444, *prôveste haven geschivenre selver geven* Hö. 1, 10, *uver* BM. 4, 237, *ave geschrieven heven gevene* L. 2, 1004 usw. — Bei Synkope und gelegentlich auch sonst *f: gelaft iffenere* Hö. 1, 28, — Regelmässig ist *f* bei Apokope und im Auslaut: *of* Hö. 1, 10. 28, L. 3, 738, *werf* L. 3, 504, *wif* Hö. 1, 10, *schreyff* L. 3, 738, *dieff orlöff* L. A. 1, 280, *half* L. 3, 216 usw. — Assimilation in *ampman ammamanne* Hö. 1, 26.

Hd. *ph f*: *wittpenninghe* L. 2, 494, *penngen* Hö. 1, 10, *penninge punt plag* L. 2, 1064, *paffe* Hö. 2, 215, *pende* BM. 4, 393, *peighte* L. 3, 504. — Im Inlaut und Auslaut schwankend, doch nach Liquiden in der Regel *p*: *apen waepen* neben *wäffen* L. A. 1, 280, *oppe* L. 2, 444, zweimal *Ripersceit*, s. Schleiden, L. 2, 143, Hö. 1, 3, — *Cloppetscit* BM. 4, 261 — *helpen* L. 2, 444, Hö. 1, 10, *helpere* L. 2, 1064, Hö. 1, 10. 28, *uzgeworpen* L. 2, 1064, *behelpen* L. 2, 316, — aber *paffe* Hö. 2, 215, L. 3, 216, *wäffen* L. A. 1, 280, — *verkôcht* BM. 4, 393 und *verkoit* L. 3, 504 beruhen auf *verköft*, — *gelöfin* Hö. 1, 28, *roifen* Wt. 6, 692, — *scheffene* L. 2, 738. — *Hulpen* Wt. 6, 692 ist eine Ausname. — Im Auslaut nach Vocalen ist *up* am standhaftesten L. 2, 1064, Hö. 1, 28, L. 3, 738, L. A. 1, 280, Hö. 2, 215, BM. 3, 393, L. 3, 216; 4, 60. 407. 514, *uploip* Wt. 6, 692. Nur ganz selten *uff* neben *up* L. 4, 407. — Ferner *geburscap* L. 2, 741, *holtzgráschap* L. 3, 371, *schap* Wt. 6, 691, — *dorp* Hö. 1, 10, *Budendorp*, bei Sinzig, *Kunsdorp Nüendorp* L. 2, 148, *Munnindorp*, Mondorf, wsw. Siegburg, L. 2, 198, *dorp* L. 3, 504, *Gudilsdorp* L. 3, 216.

Hd. *f*. Dafür vor *t* auch *ch*: *gestichts* L. A. 1, 280, Hö. 2, 215, *gesteiz* L. 2, 1064. — Ausfall in *juncich* L. 2, 444.

Hd. *v*. Dafür auch *w*: *wor* Hö. 1, 28, — und *fv*: *breifven* Hö. 1, 28.

Hd. *w* wird *v* geschrieben in *vir gevorvort* Hö. 1, 28, *ervordigen* L. 2, 1064. — Erhalten ist es gegenüber dem hd. im Anlaut vor *r*: *wroegen* L. A. 1, 280.

Hd. *g* herrscht vor, aber: *Rütchéri* L. 2, 817, — *énichen* L. 2, 1064; 3, 738, *konichge* Hö. 1, 28, *gesacht* L. A. 1, 280. — Ebenso *ch* statt des euphonischen *k*: *duanch schuldich* L. 2, 1064, *mach* L. 2, 444, Hö. 1, 28, *slach* L. A. 1, 280, *ge-*

nûch L. 3, 504. — Vor *e* öfters *gh*: *ghemeine saghen* L. 3, 738, das neben dem gewönlichen *g* — Valkenburg Hö. 1, 10 — auch euphonisches *ch* im Auslaut vertritt: *dagh* L. 3, 738, *magh* L. 3, 216. — Ausfall in *Sifridus* BM. 4, 258.

Hd. *k: march* Hö. 1, 10, *marche* neben *Marke* Hö. 1, 28, *march* L. 2, 1064.

Hd. *ch:* ist ganz durchgedrungen wie Hö. 1, 10. 28; 2, 215, L. 2, 1064. 3, 216. 738 — oder herrscht vor. Auch mit den Schreibungen *g gg chg gh: Thêderiges versegert manlighe maghen* Hö. 1, 10, *alsulge weirlige anesprigt gebrüggen* L. 2, 1064, *sulge rige minlige sprechgent* Hö. 1, 28, *gemeinlighen inmoghten* L. 3, 504, *Guylghen vorsproghen* L. 3, 216, *kirgen* Hö. 2, 215, *sig alsolig* Hö. 1, 10, *Berenbrough* BM. 4, 344, — aber *Synzeke* zweimal L. 2, 148, *Floverke*, Flöverich, soo. Geilenkirchen, L. 2, 193, *Richterken*, Richterich, nwn. Achen, L. 2, 201, *sûke*, requisitio*) L. 2, 198, *sikirheit* L, 2, 222, *bespreken* neben *-lichen* L. A. 1, 280, *reikit reycken* neben *gemeinlighen* L. 3, 504, *versueken* L. 3, 690, *vlisliken* L. 4, 60, *ansprâke* L. 4, 407. — *Weslic*, Wesseling, nnw. Bonn, L. 2, 236, *Gorebrôc*, s. Neuss, L. 2, 287, *Thussinbrôc* BM. 4, 239, aber *Ricolphus* L. 1, 335, *Riclendis* neben *Gladebach* BM. 4, 261. — Ausfall: *kyrspels* L. A. 1, 280, *nâ* L. 2, 1063, Hö. 1, 28, L. 3, 738.

Hd. *h.* Dafür auch *g: Megtild Engelbregte regte mogte negste* BM. 4, 393, *hôgen* L. 3, 504, *nog* L. 2, 1064, *geschag* Hö. 1, 28. — Assimilation: *gewassen* L. A. 1, 280, *verwesslene wessel* Hö. 1, 10. — Ausfall: *mûdigeit* L. 2, 1064, *woireyt* Hö. 1, 28, *sien geschiet* L. 2, 444, — *leingoet* L. 2, 494, *verzien* Hö. 1, 10, *zeyn* Hö. 1, 28, *seyn* L. A. 1, 280, — *Sûtele* BM. 4, 262, *it* L. 2, 1064, *reithe* Hö. 1, 28, *sêstich* L. A. 1, 280.

---

*) Dieser Rechtsausdruck beweist nicht viel. Der Mundart IV kommt kein unverschobenes *k* zu und doch hat die von Cöln und dem Herzoge von Brabant im J. 1351 ausgestellte, sonst ganz gleichmässig geschriebene Urkunde L. 3, 496 widerholt *versuekinge versueken*. Ebenso Hö. 2, 115, in einem Revers des Rathes von Sinzig 1327, und L. 4, 32, in einer Urkunde des Grafen von Meurs - Saarwerden 1404.

Hd. *j.* Neben gewönlichem *j* auch *g: Guleche* Hö. 1, 10, *Mongoy* L. 2, 817, *genen Guliche* L. 2, 1064, *Munjoge* Hö. 1, 28.

Hd. *n.* Verdopplung *anne* Hö. 1, 28. — Ausfall: *eys* Hö. 1, 28. — Abfall: nicht nur *sage wir* neben *sagen wir*, auch *gehalde kome* Hö. 1, 28.

Hd. *l.* Vocalisierung ganz vereinzelt: *auderen* neben *halden* L. 3, 216. — Verdopplung: *sollen* Hö. 1, 28. — Ausfall: *as*, neben *also* Hö. 1, 28, *aldus* Hö. 1, 10, L. 2, 1064.

Hd. *r.* Verdopplung: *irren* Hö. 1, 28. — Metathese: *bernen* L. 2, 444. — Ausfall *Everat* Hö. 1, 28, *Everaytz* Hö. 2, 215, — Abfall: *he hie* L. 2, 1064, *hei* BM. 4, 393, *de* Hö. 1, 28, *die* Hö. 1, 10, aber auch *der* Hö. 2, 215.

Epenthese: *vordenrunge ertzenbischof vorenvaren vorgenüment verseygilnt wáreynt* Hö. 1, 28, *zweynhenge* L. 2, 1064.

Vocale.

Hd. *a â.* Für *a* mitunter *e: ever* L. 2, 444, Hö. 1, 10, *ech dage* Hö. 1, 10, *Hungerbech* L. 2, 148. 406, *Weltero* L. 2, 281, *ever det (daz)* Hö. 1, 28, *men* L. 3, 738. — Dies *e* kann dann zu *ie ei* werden: *eiver* Hö. 1, 28, *eithe* (octo) L. 2, 1064. — *Â* schlägt nur in *grêve* denselben Weg ein L. 2, 444, Hö. 1, 10. 28, *grieve* L. 2, 1064; aber es ist wol Umlaut. — Für *a* und *â* erscheint besonders in Oxytonis häufig *ae ai: stait hain* L. 2, 444, *hait hain braiht jair bestain rait* Hö. 1, 10, *hait* L. 2, 1064, Hö. 1, 28, *raid dae nae haen* L. 2, 738, *daer wae* L. A. 1, 280, *jair* L. 3, 216, — *aen naem aes* L. 3, 738, *ain dair* L. 3, 504, — *laiszin* Hö. 1, 10, *saitzen* Hö. 1, 28, *maynde* L. 3, 738, *jairen staende beraeden* L. A. 1, 280, *rayde Cônrayde* Hö. 2, 215, *maegen* BM. 4, 393, *Aighen* L. 3, 504, — *saemen schaede saiche* L. A. 1, 280, *laendes* BM.

4, 393. — Neben *ae ai* auch *oi: woireyt* Hö. 1, 28, *stoin oin* L. 3, 504, *Cônroit* L. 3, 216. — Das Verhältniss der *a á* zu *ai* zeigt z. B. L. 2, 444: *stait hain* neben *gestaden scaden gemanit dagen jâre,* L. 3, 216 *ainszient jair dair,* — *sondages mâge mâgen.*

Hd. *e é* wird oft zu *ei ie i i: geynen leigen seynt* (vident) *unreit* L. 2, 1064, *heyren deyme spreycht* Hö. 1, 28, *vermeissen* L. 3, 738, *neyman (nemen)* Hö. 2, 215, *leisen geleigen* BM. 4, 393, — *eywige* Hö. 1, 28, *steyt* L. 2, 1064, *geyt* Hö. 2, 215, — *riethe (rehte) dies dieme riechen* L. 2, 1064, — *kieren (kêren)* L. 2, 1064, — *gigenworde* L. 3, 444, *vunfzien* Hö. 1, 101, *iffenere* Hö. 1, 28, *wilge* — *ýrsten* L. 3, 738. — Auch Verdopplung des *e* kommt vor: *geleegen* L. 3, 216. — Selten werden *e*-Wurzeln durch consonantische Einflüsse verdumpft: *holpen* L. 2, 1064.

Hd. *ae* erscheint nur in *baerlichen* L. A. 1, 280, gewönlich *é: wére néist* L. 2, 1064, *gêve* Hö. 1, 28, *genêdigen* L. 3, 738, *stêder* BM. 4, 393, *underdénich* L. 3, 504, — *breeghe* L. 3, 216, *greefliche* L. A. 1, 280. — Diese *é* können gleich den andern zu *ei ie* werden: *weirlige* L. 2, 1064, *steyde* Hö. 1, 28, — *verbriechen* L. 2, 444.

Hd. *i î.* Für *i* häufig *e: Megteld weder gestegte versegert se* Hö. 1, 10, *dengemanni* L. 2, 817, *spelhove Riclendis Nederhoven* BM. 4, 261, *brengen* L. 2, 1064, *berve* Hö. 1, 28, *Frederich medeburgeren schreven* L. 3, 738, *eme weder eren* L. A. 1, 280, *vreden leget segellen* Hö. 2, 215, *bennen* L. 3, 504, — dann *ie: diesen liegen sievene* L. 2, 444, *riehteren gescriehte* Hö. 1, 10, *Niederhoven* BM. 4, 247, *ieme geschrieven iere* L. 2, 1064, *diesen* BM. 4, 393, L. 3, 216, — und *ei: eieren* (ihren) *eyme eires gesteiz (gestiftes)* L. 2, 1064, *gescreiven weider* Hö. 1, 28, *veyl* L. 3, 738, *verzeyen* BM. 4, 393. — Zu *u o oe* verdumpft wird der Vocal in *sunt zumberen* neben *zimberen* L. 2, 1064, *ungeseygel* Hö. 1, 28; 2, 215, *geschuet (geschihet)* L. A. 1, 280, *dŭcke* Hö. 2, 215, *un* L. 3, 504, *ertzebuschoff* L. 3, 732, — *érvordigen* L. 2, 1064, — *oen* L. 3, 504. 738, *oere* L. A. 1, 280, *oeren* L. 3, 504. —

Aber *sud (si ez)* Hö. 1, 10 wird wol nur Lesefehler für *si id* sein. — Nur ganz selten folgt *i* der Orthographie des kurzen Vocals: *sê lieve* Hö. 1, 10, *wiesen* L. 2, 1064, *geyt* Hö. 1, 28.

Hd. *o ö, ô oe*. *A* erhält sich in *sal van* L. 2, 444, *van* Hö. 1, 10, *van sal* L. 2, 1064, — es verdrängt *o* in *wal vail* (advocatus) *genamen* neben *genomen* L. 2, 1064, *geswaren* Hö. 1, 28, *apen* L. A. 1, 280, *have* und *hove* Hö. 2, 215, *bade* (nuntius) Wt. 6, 691. — Vereinzelt ist *twâ* (duo) L. A. 1, 280. — *U* ist erhalten in *bûcshuit* L. 2, 494. — *A* wird durch *ae ai* vertreten in *haelen* L. A. 1, 280, *wail* BM. 4, 393, *haif* Wt. 6, 691. — Häufiger ist *oe oi: goedis* L. 2, 444, *Vroezheim* L. 2, 494, *koirbischoif* Hö. 1, 10, — *goitz goetz soilde gewoenlich woert getroegen* L. A. 1, 280, *geloeve* BM. 4, 393, *vorsproeghen verloeren* L. 3, 216, — *loynt* L. 2, 1064, *soe sloetz doit noit hoeren* L. A. 1, 280, *cloisters noede gehoirt* L. 3, 504, *hoeghen loys* L. 3, 216. — Sehr vereinzelt ist *Hasselhoutz* L. 2, 817, — *houlz* Wt. 2, 761, *wulde* Hö. 1, 10 werden eine ähnliche Aussprache andeuten.

Hd. *u ü*. Dafür vor Liquiden häufig *o: orlage* neben *urluge* L. 2, 444, *scolt solen Prome* Hö. 1, 10, *Orlugsberge Storm* L. 2, 817, *konichge vor molen* Hö. 1, 28, *hondert worden* L. 3, 738, *ons onder kont* L. A. 1, 280, *monich fonf* Hö. 2, 215, *son* L. 3, 216, — selten vor andern Consonanten: *Lodowicus* BM. 4, 261, *over* BM. 4, 247, *oppe* neben *uppe* L. 2, 444, *op* neben *up, mogen* Hö. 1, 10, *op* L. A. 1, 280. — Statt des *o* auch seine Vertretungen. *koere* L. 2, 281, *koire* BM. 4, 252, *voynf* Hö. 2, 215, *boide (büte)* L. 2, 1064. — Hd. *unde* ist selten BM. 4, 393, gegenüber *inde* L. 2, 444. 1064, Hö. 1, 10, *ende* Hö. 2, 215. — Statt hd. *ú iu* oft *ui: bûcshuit* L. 2, 494, *uyt* L. 3, 738, *huys uiter* L. A. 1, 280.

Hd. *ei* herrscht vor, aber *ênside bescêdener êgen hêlegen wârede Stênvorde* BM. 4, 261, *ênichem urdêle* L. 2, 1064, *ghên* L. 3, 738, *gemênde* L. A. 1, 280, *gehêten Hênrich* neben *geheissen* Hö. 2, 210, *hêmelich* L. 3, 504, *heet* L. A. 1, 280, *heelygen* L. 3, 216.

Hd. *iu*. Statt dessen in der Regel *û: Dûtze trûwen* L. 2, 444, *lûde nûwe drû* Hö. 1, 10, *Nûendorp* L. 2, 148, *lûden stûren gezûit (geziuhet)* L. 2, 1064, *ernûwet* L. 3, 738, *Nûerkirgen gezûge* Hö. 2, 215, *vrûnde* BM. 4, 393, *trûwen* L. 3, 504, — und *ui: nuyn* L. A. 1, 280, *luiden* BM. 4, 393. — *Iuw* kann auch zu *ouw auw* werden: *trauwen* BM. 4, 393. — Artikelformen zeigen *e* mit seinen Diphthongierungen: *dê dey* Hö. 1, 28, *die* Hö. 1. 10, L. A. 1, 280, *di* Hö. 1, 10.

Hd. *ie* ist Regel, doch: *di* L. 2, 444, *brif vire dinst Diderig* Hö. 1, 10, *brifve vint* Hö. 1, 28, *dynen* L. 3, 216, — *Thêderiges* neben *Diderig, dê* Hö. 1, 10, *êwelich* L. 2, 1064, *dê* Hö. 1, 28, *léven manéren gearrestêrt* L. 3, 738, — *eechlich* BM. 4, 393. — *Ê* wird auch vertreten durch *ei: breyf verleisen deinste* L. 2, 1064, *dey hey* Hö. 1, 28, *geconfirmeirt gearrestcirt* L. 3, 738, *veirtigh* L. 3, 216. — Consonantierung des anlautenden *i* in *get (iht)* Wt. 2, 778.

Hd. *ou* bleibt oder wird zu *ô* in *ôch* L. 2, 444, *ôg* neben *oug* Hö. 1, 10, *stôphus* L. 1, 477, *verkôfte* L. 2, 1064. — Daneben *oi: royven* L. 2, 444, *boinmeister loich* L. 2, 494, *geloiffen verkoift royve* L. 2, 1064, *oich* Hö. 1, 28, *noytboyme* Hö. 2, 215. — Selten *au: frauwe* neben *frouwen* L. 3, 504.

Hd. *uo üe*. Es fehlen mir Beispiele für die Schreibung *uo*. *Û* in *Gorebrûc Hermûdeshoven* L. 2, 287, *sûke* (requisitio) *wûstioge* L. 2, 198. — In der Regel *ô û: rôrent* Hö. 1, 10, *Cônrâdo* L. 2, 281, *Rôdolfus Cônrâdus* BM. 4, 248. 252, *dôn zô sônen* L. 2, 1064, *gôdes volvôren* Hö. 1, 28, *brôder* Hö. 2, 215, *gebrôdere* BM. 4, 393, — *gûdes gesûnt dûn* L. 2, 444, *brûder dûn Cûnrâd gûden* Hö. 1, 10, *brûch* BM. 4, 247, *Lothbrûche Rûtgêrus* BM. 4, 248, *Rûdolfus* BM. 4, 247, *gûde gût volvûren* L. 2, 1064, *zû* L. 3, 738, *dûne rûrt* L. 3, 216. — Für *ô* und *û* auch die Diphthonge *oe oi ui: leyngoet* L. 2, 494, *moitwillen versoynt* L. 2, 1064, *doyme voyren* L. 3, 738, *wroegen zoe sloege Cleinenbroich* L. A. 1, 280, *doymdeggens* Hö. 2, 215, *broeder* BM. 4, 393, *Coinreyt* L. 3, 216,

— *guid* Hö. 1, 10, *guide guet* L. 2, 1064, *gueden* BM. 4, 393, *stuils verhuiden* L. 3, 504. — Ausgang von den Oxytonis zeigt L. 2, 1064: *moitwillen versoynt*, aber *sónen volvuren döne*.

Apokope des *e* nach langer Silbe: *want gesteit (gestifte), van recht* Hö. 1, 28.

Synkope nach kurzer Silbe: *goz geloft geschat* Hö. 1, 28, — nach langer: *eyns gehört vorvórt gevorvort (gevorwortet) gemacht* Hö. 1, 28, *gesteiz (gestiftes)* L. 2, 1064, — *gnáde* Hö. 1, 4.

Ableitungen zeigen gewönlich *e*: aber *gemachiet genien (jenen)* L. 2, 1064, *gelegin* Hö. 2, 215 usw., — vereinzelt *neyman (nemen)* Hö. 2, 215. Verbalpraefixe ebenso: neben regelmässigem *e*: *intfangen* L. 3, 216, *intgegenwoerdich* L. A. 1280: dem gegenüber *ontfän* Hö. 2, 10, L. A. 1, 280 *vorzigen* Hö. 1, 10, *vurbunden* L. 2, 1064.

Verschmelzungen und Inclinationen: *quémed (quaeme ez)* Hö. 1, 4, *sit (si ez)* Hö. 1, 28, *inder (unde er) upter ofte (ob die)* Hö. 1, 28, *sunter (sint der)* L. 2, 1064.

Nachtrag zu Beschreibung III.

Zu beiden Perioden der Mundart gehören noch einige unverschobene *p*, die in der heutigen officiellen Ortsbezeichnung erhalten sind: *Vilip*, s. Bonn, — offenbar derselbe Name den das Dorf Velp, bei Arnhem, trägt, in Urkunden *Vallepe Villepo Villepe*, Förstemann 2², 533, L. 1, 139 (1003). 153. 357 (1147), — dann *Ophoven*, ö. Heinsberg, *Ophoven*, ö. Achen, *Ophausen*, noo. Siegburg, — *Dorp*, nön. Siegburg. — Auch die alten Schreibungen *Ripersceit*, s. Schleiden, L. 2, 143 (von Reifferscheid an Kloster Camp 1226 l.), Hö. 1, 3 (Cöln und Jülich 1251)*) und die neue *Ripsdorf,* s. Blankenheim, *Hertenich,* Herzenich, sws. Düren, L. A. 1 p. 247, aus einem zülpicher Denkmal des 14. Jhs. in IV, stimmt zum Charakter unsrer Mundart.

Charakteristik III.

III ist ein schwankender, durch keine grössere Kanzlei zu fester Regel gebrachter Typus. Von den Mundarten II unterscheidet er sich ausser dem geringeren Mass an unverschobenen *t* und *k* besonders durch beginnende, nicht vollendete Verschiebung der inlautenden *p* nach Vocalen und auch z. T. schon nach Liquiden, durch die daneben bestehenden Fälle alter *p* aber von V, einer im Typus ähnlichen, wenig befestigten Mundart. *Up* dient als Schlagwort für beide Mundarten. In der südlichen ist es stets verschoben, in III beinahe nie. Ein secundärer Unterschied von V ist die im allgemeinen geringere Anzahl verschobener Consonanten in III. Von IV trennen unsre Mundart eine Anzahl unverschobener *t* ausser den Pronominalformen, der Formel *zt tol,* und *tuschen,* ebenso einige unverschobene *k* und der schwankende Zustand der *p,* welcher in IV nach festen Gesetzen geregelt ist. Vgl. p. 169.

Literatur III.

13. Jh. Der Wilde man, — Wernher von Niederrhein.

14. Jh. Die fünfzehn Grade (Prosa und Verse), Germ. 6, 144. — Karlmeinet, Benecke Beiträge p. 613, Anzeiger

---

*) Wenn in einer Urkunde des Herzogs von Limburg an den Grafen von Geldern zweimal *Ryperscheit* als Zeuge steht Bon. 1, 3, 76 (1253), so hat das natürlich viel weniger zu bedeuten.

1855 p. 276, Massmann Dm. p. 155, — Marienlied Zs. 3, 130, — Osterspiel aus der Hs. des Slawantenclosters in Mastricht, Zs. 2, 303, — Löwe Braun und Reinecke, J. Grimm Reinhart Fuchs p. 388.

15. Jh. Gottfried Hagens Reimchronik von Cöln, ed. v. Groote. — Claus Wierstraats Reimchronik von Neuss, ed. v. Groote. — Karlmeinet, Darmstäter Hs., ed. v. Keller, — die Legenden von der h. Dorothea, Schade Geistliche Gedichte vom Niederrhein p. 15, — von der h. Barbara, Schade 53, — von der h. Margarete, Schade p. 83, — von der h. Katharina, Schade p. 135, — die Erzählung von der Beguine von Paris, Schade p. 337, — Partonopeus Germ. 17, 191, — Carmen sponsae, Germ. 17, 357.

Geographische Uebersicht III.

III herrscht im 9. 10. Jh. in Cöln 794 — 800. 899. 927. 941 zwei Urkunden, 945. 948 zwei Urkunden, 958. 962. 964. 970. 989.

Dann bedienen sich der Mundart die Geschlechter und Ortschaften, links Rhein: Glesch, nw. Bergheim, jülichsch, (973) von Bachem, sos. Bonn, cölnisch, 798,
rechts Rhein: Gerresheim, ono. Düsseldorf, bergisch, 874. 882. 907.

Nur Cöln, von Bachem, Gerresheim haben grössere Gewähr.

Dazu darf man jene Stationen rechnen, welche durch ihre Namensform in späteren Perioden unsrer Mundart zufallen. Denn dass Ortsnamen allmälig in der officiellen Schreibung niderdeutscher werden ist sehr selten; s. p. 7. Zunächst also was in der geographischen Uebersicht des 11. 12. Jhs. durch runde, vom 13. ab durch eckige Klammern ausgezeichnet ist, s. p. 14, — dann was durch die gegenwärtige Schreibung hieher fällt — letztere hier rund eingeklammert. — Also links Rhein: Odenkirchen, sso. Gladbach, Flöverich, soo. Geilenkirchen, (Ophoven, ö. Heinsberg), Friemersdorf, s. Grevenbroich, Richterich, nwn. Achen. (Ophoven, ö. Achen), Kirchdorf, wnw. Bergheim, Königsdorf, w. Cöln, Ichendorf, soo. Bergheim, Hirzenich, sws. Düren, Zülpich, so. Düren, Erp, nwn. Euskirchen, (Vilip, s. Bonn), Sinzig, so. Remagen, Reifferscheid, s. Schleiden, Ripsdorf, s. Blankenheim, rechts Rhein: Zündorf, so. Deutz, Vilich, no. Bonn, (Dorp, non. Siegburg), (Ophausen, non. Siegburg), Dollendorf, sws. Siegburg, Meindorf, wsw. Siegburg, Dondorf, soo. Siegburg.

Im 11. 12. Jh. zeigt sich III in Cöln 1003 fünf Urkunden, 1015. 1019. 1021. 1027. 1028. 1021—1036. 1041. 1047. 1057. 1061. 1064 zwei Urkunden, 1067. 1068. 1073. 1074. 1075. 1066—1075. 1073—1075. 1076. 1080 vier Urkunden, 1081. 1083, drei Urkunden, 1085. 1079—1089 drei Urkunden. 1096. zwei Urkunden, 1091 zwei Urkunden, 1102. 1103. 1104. 1105. 1106, drei Urkunden. 1109. 1112, zwei Urkunden, 1115. 1116, fünf Urkunden, 1117, vier Urkunden, 1118, zwei Urkunden. 1082—1121. 1121. 1120—1131. 1123. 1124. 1125, zwei Urkunden, 1128. 1130. 1127—1131. 1135, zwei Urkunden, 1136. 1139. 1140, zwei Urkunden, 1144. 1138—1146. 1149. 1153. 1151—1153. 1155. 1159. 1166 neun Urkunden, 1169. 1170 zwei Urkunden, 1171 1172. 1173. 1174. 1176 sieben Urkunden, 1167—1177. 1178 zwei Urkunden, 1180. 1182. 1188. 1189. 1195, zwei Urkunden, 1197, drei Urkunden, — dann die im 12. Jh. geschriebenen jura ministerialium S. Petri L. 4, 348, der Bischof- und der Abt-Katalog aus dem 11. Jh., L. A. 4. 438, — Berg 1100. 1189, — Lüttich L. 1, 409 (1165).

Dann bei den Geschlechtern, in den Ortschaften, links Rhein: Gladbach, s. Kempen, cölnisch, 1163. 1172, und im Necrologium, L. A. 5, 265 das im 12. Jh. geschrieben, (Odenkirchen, sso. Gladbach, cölnisch, L. 1, 375, 1153) Friemersdorf, s. Greven-

(Friemersdorf, s. Grevenbroich, jülichsch, 1051)
(Kirchdorf, wnw. Bergheim, jülichsch, 1051), (Ichendorf, soo. Bergheim, jülichsch, 1051), (Königsdorf, w. Cöln, cölnisch, 1051), Brauweiler, wnw. Cöln, cölnisch 1149. 1176
 Ichterich, nwn. Achen, 1166), Achen, Reichsstat, 1020. 1100. 1130, (Zülpich, so. Düren, jülichsch, 1020), Schwarzrheindorf. n. Bonn, cölnisch, 1172. 1187, Erp, nwn. Euskirchen, jülichsch, L. 1, 341 a. 1140, s. Beschreibung III p. 233, Bonn, cölnisch. 1158. 1169 von Hochstaden, s. Bonn, 1194 zwei Urkunden, von Ahr, s. Hochstaden, 1154 Remagen. unter Sinzig, jülichsch, 1168, (Sinzig, ober Remagen, königliche Pfalz, 1192) (von Ripsdorf, s. Blankenheim, 1121),

 rechts Rhein: Kaiserswert, nwn. Düsseldorf, Reichsgut, 1181, und ohne nähere Datierung L. 1, 257
Deutz, cölnisch, 1019. 1073—1075. 1079—1089. 1155—1165.
 (Zündorf, so. Deutz, bergisch, 1147)
(Vilich, no. Bonn, bergisch, 1195) (Dollendorf, sws. Siegburg, bergisch, 1144), Meindorf, wsw. Siegburg, bergisch, 1174), Siegburg, bergisch, 1150. 1156. 1183. 1187. 1189. (Dondorf, soo. Siegburg, bergisch, 1174).

 Nur Cöln Berg Kaiserswert sind deutlich III, die übrigen wahrscheinlich.

 Auch hier muss was in der folgenden Periode in eckigen Klammern steht und was aus den gegenwärtigen Ortsnamen sich ergibt nachgetragen werden; letztere hier in runden Klammern. Links Rhein: Odenkirchen, sso. Gladbach Flöverich, soo. Geilenkirchen, (Ophoven, ö. Heinsberg) (Ophoven, ö. Achen), Hirzenich, sws. Düren, (Vilip, s. Bonn) Reifferscheid, s. Schleiden.

 rechts Rhein: (Dorp, non. Siegburg), (Ophausen, noo. Siegburg).

 Ueber Lüttich Limburg Mastricht Loon Stablo, s. den Excurs 1) zur geographischen Uebersicht.

 Die Mundart hat verglichen mit der früheren Epoche nicht nur die alten Sitze rechts und links vom Rheine behauptet, sondern auch neue im N. hinzugewonnen. Obwol vom Nievenheimergau gerade kein Zeugniss vorligt, so ist doch nicht zu bezweifeln, dass in und bei Neuss keine andre Mundart geherrscht hat als jene, welche in Gladbach und Odenkirchen, oder südlich in Cöln und Umgebung bezeugt ist. III hat hier II aufgezehrt und diese Mundart auf Geldern Cleve und das untere Ruhrthal beschränkt. — Im S. aber ist der Fortschritt wol nur scheinbar: die Parallelen links Rhein von Richterich ab werden auch in der vorigen Epoche III gewesen sein, obwol uns Zeugnisse darüber fehlen. Denn V lässt sich in diesen Gegenden nicht nachweisen, s. die geographische Uebersicht von V: auch ist Verdrängung einer dem hd. näheren Mundart durch eine ferner stehende sehr selten. Im 14. Jh. sehen wir hier deutlich IV, den natürlichen Erben von III. — Ueber äussere Zeugnisse, dass III in der That einst s. Bonn und bei Euskirchen geherrscht habe, s. Nachtrag zur Beschreibung von III im 13. 14. 15. Jh. p. 253 f. — Rechts Rhein ist V nie, so viel man sieht, über Braunsberg hinausgekommen. Wenn man demnach im 13. 14. Jh. in den Siegburgischen Gegenden IV findet, so ist sehr wahrscheinlich dass vorher III daselbst in Uebung gewesen. — Im No. aber geht Gerresheim an II verloren; s. p. 204, die hochdeutschere Mundart weicht einer niederdeutscheren.

Im 13. 14. Jh. war III Amtssprache in Jülich Hö. 1, 10 (1275). L. 2, 494 (Graf von Jülich und Schöffen von Froitzheim, sos. Düren, 1260 l.), und s. Verkehr. — Nur wenig bezeugt ist Limburg L. 2, 76 (1218 l.), 126 (1225 l.), 224 (1237 l.), 250 (1240 l.), 349 (1249 l.), 562 (1266 l.), — Berg (-Ravensberg) L. 2, 394 (1253 l.), 444 (1257 d.), 741 (1280 l.), 3, 460 (1348 l.), 985 (1393 d.), — L. A. 4, 158 (1371), — Berg L. 2, 150 (1227 l.), 290 (1244 l.), — Lüttich L. 2, 2 (1201 l.), 390 (1253 l.), 512 (1261 l.), 664 (1275 l.), 674 (1275 l.), Hö. 1, 4 (dat. Cöln 1259).

Dazu kommen die Geschlechter und Ortschaften, links Rhein: Camp, sw. Rheinberg, cölnisch, Hö. 2. 215 (1340) von Zwingenberg, bei Uerdingen, geldrisch, L. 3, 371 (1342 l.), Meer, n. Neuss, cölnisch, L. 2, 16 (1205 l.), 447 (1257 l. unsicher) Eysel van Waepen, bei Gladbach, BM. 4, 393 (1381), 394 (1381), [Odenkirchen, so. Gladbach, L. 2, 286 (1244 l.)], Kleinenbroich und Büttchen, w. Neuss, cölnisch, L. 3. 687 (1396), von Dyck, w. Neuss, L. 2, 222 (1237 l.), Neuss, gegenüber Düsseldorf, cölnisch, L. 3, 738 (1372), Zons, s. Neuss, cölnisch, L. A. 6, 64 (14. Jh.) [Flöverich, soo. Geilenkirchen, heinsbergisch, L. 2, 193 (1233 l.)], (Achen L. 2, 148 (1227 l.), 201 (1235 l.), von Schönforst, Kreis Achen, cölnischer Ministeriale, L. 3, 690 (1369). [Herzenich, sws. Düren, jülichsch, L. A. 1, p. 247 (14. Jh.)], Reichswald, bei Monjoie, seit 1336 jülichsch, Wt. 2, 778 (14. Jh.), von Monjoie-Valkenburg L. 2, 1064 (1300), Hö. 1, 28 (1300), [von Reifferscheid, s. Schleiden, L. 2, 143 (1226 l.) Hö. 1, 3 (1251)]. — Van Dyck Odenkirchen Flöverich ist schwach bezeugt.

Rechts Rhein: Düsseldorf, bergisch, L. 2, 198 (1234 l.) Gräfrath, n. Solingen, bergisch, L. 2. 198 (1234 l.) Altenberg, no. Mühlheim, bergisch, L. 2, 287 (1244 l.) von Lülsdorf, wnw. Siegburg, bergisch, L. 2. 236 (1238 l.). — Die zwei letzten Stationen sind unsicher.

Ueber Meer s. den Excurs 2) zur geographischen Uebersicht.

Aus der gegenwärtigen officiellen Schreibung kommen hinzu die Ortschaften Ophoven, ö. Heinsberg, Ophoven, ö. Achen, Erp, nwn. Euskirchen, Vilip, s. Bonn, Dorp, non. Siegburg, Ophausen, noo. Siegburg.

Von den früheren Epochen unterscheidet sich das Gebiet der Mundart im 13. 14. Jh. vor allem durch den Wegfall Cölns, welches mit seiner Umgebung und den südlich von Cöln gelegenen Landstrichen sich seit dem 13. Jh. der Mundart IV zuwendet. — Dagegen haben vielleicht Erwerbungen im N.

und W. statt gefunden, gegen II, wenn diess wirklich im 12. Jh. bis Camp und Heinsberg herabgegangen war.

Die einst so mächtige Mundart hat dadurch sehr an Bedeutung verloren. Der politische Aufschwung, welchen Jülich im 14. Jh. nam, konnte an der Sachlage nichts ändern. Auch lagen die Erwerbungen der neuen Markgrafschaft mit Ausname von Neuenahr beinahe durchaus im Norden und Westen, so die 1328 abgetretenen Besitzungen der Herren von Cuyk und Horn, ebenso Monjoie und Valkenburg, das 1356, Geldern, welches 1371 an Jülich fiel. Mit der cölnischen Canzlei vermochte keine der benachbarten Amtssprachen ausser ganz abliegende wie IIb zu concurrieren. Die Verbindung mit Berg, angebahnt 1361, vollzogen im Anfang des 15. Jhs., trug dann nur dazu bei das von Jülich adoptierte Cölnisch auch jenseits des Rheins zu verbreiten.

Conflicte

mit IIb im 14. Jh. IIb steigt herab bis Broich Randerath Echt, IIIa hinauf bis Camp Zwingenberg.

mit IV im 13. 14. Jh. s. diese Mundart.

Verkehr.

Im Verkehr wird III verwendet von den Bischöfen von Münster und Paderborn mit den Städen Münster Dortmund Soest und dem Erzbischof von Cöln L. 3, 786 (1376); es sollte wol IV sein, — zwischen (Flandern-) Valkenburg, ö. Mastricht, und von Schönforst L. 3, 519 (1353).

Im 15. Jh. war III Amtssprache in Jülich-Berg-Ravensberg L. 4. 407 (1479). — in Berg L. A. 1, p. 79 (15. 16. Jh.), 4, 62 (1403).

Sodann bei den Geschlechtern, in den Ortschaften, links Rhein: Kempen, cölnisch, BM. 4, 420 (1456), Uerdingen, ono. Crefeld, cölnisch, Wt. 6, 691. 692 (1454), Willich, nw. Neuss, clevisch, Wt. 2, 758 (1369), 761 (1480. 1492. 1539), *Heerdter Wald, n. Neuss, cölnisch* L. A. 3, 249 (1541)[1]
von Loon-Heinsberg-Löwenberg L. 4, 186 (1428), und s. Verkehr, *Einrode, bei Achen*, Wt. 4, 804 (1515), Disternich, so. Düren, jülichsch, L. A. 7, 91 (15. Jh.),

rechts Rhein: Elberfeld, bergisch, L. A. 3, 281, Bilkermark, s. Düsseldorf, bergisch, L. A. 7, 122 (1490).

Aus der gegenwärtigen officiellen Schreibung kommen hinzu Ophoven, ö. Heinsberg, Ophoven, ö. Achen, Erp, nwn. Euskirchen, Vilip, s. Bonn, Dorp, non. Siegburg. Ophausen, noo. Siegburg.

Die Mundart verliert im 15. Jh. vielleicht nicht an Gebiet, aber an Bedeutung und Verwertung. IV überflutet Jülich und Berg, die ältesten Stammsitze der Mundart, beinahe gänzlich.

Conflicte

mit IIb: Kempen zeigt IIb und III. IIb geht bis Neuss herab, III bis Uerdingen Willich und den Heerdter Wald hinauf.

mit IV: s. diese Mundart.

Verkehr.

Zum Verkehr diente die Mundart zwischen Loon-Heinsberg-Löwenberg und Jülich-Geldern L. 4, 60 (1410), was wegen der Seltenheit der Belege für Loon hier angeführt wird.

Excurse zur geographischen Uebersicht III.

1) Ueber a) Lüttich Limburg Mastricht, — b) Loon. — c) Stablo. — Loon wurde in der geographischen Uebersicht unter den Geschlechtern aufgeführt.

a) Es ist wahrscheinlich dass auch die lüttichschen limburgschen mastrichtschen Urkunden unsrer Mundart angehören: deutlicher wird der Typus aber erst in den Quellen des 13. Jhs.

(10. 11. 12. Jh.)

Quellen.

Beyer Urkundenbuch 1, 169 (dux rectorque s. Trajectensis ecclesiae schliesst eine Precarie mit der Kirche des h. Petrus in Trier ab 928), 2, 144 (das Kloster S. Servatius in Mastricht verkauft dem Kloster Rupertsberg, bei Bingen, einen Weingarten 1195), 2, 293. 294 (zwei Schreiben des Herzogs von Limburg 1190—1212 l.).

Lacomblet Urkundenbuch 1. 197 (Graf von Limburg schenkt eine Hörige an die Adalbertskirche zu Achen 1061), 1, 409 (Bischof von Lüttich bestätigt die Stiftung der Klosterkirche von Heinsberg 1165), 1, 435 (Herzog von Limburg schenkt der Abtei Steinfeld, oso. Schleiden, eine Mühle 1170), 1, 439 (der Enkel des Herzogs von Limburg genehmigt den Verkauf eines Lehns an Klosterrath, Kreis Düsseldorf, 1171).

Consonanten. Hd. *d: Thiedrici* B. 1, 169 (Mastr.), — *Ansfrithi* neben *Godefridi* B. 1, 169 (Mastr.). — Hd. *t:* schon *Talevany* B. 1, 169 (Mastr.), aber noch *Düvinforst* L. 1, 435 (Limb.), *Godefridi* B. 1, 169 (Mastr.), *Waldenrode* L. 1, 409 (Lütt.). — Hd. *z: Gôzwinus* L. 1, 409 (Lütt.). — Durch *ch* vertreten in *dechine* (decimas) L. 1, 439 (Limb.). — Hd. *b: Everhardi* B. 1, 169 (Mastr.), *Everlinus* L. 1. 197 (Limb.), *Everhelmus* L. 1, 409 (Lütt.), *Dûvinfost* L. 1, 435 (Limb.). — Hd. *ph: Reiferscheit* L. 1, 439 (Limb.), — selbst *Hel-*

fensten B. 2, 293 (Limb.), — aber *Erpone* L. 1. 439 (Limb.).
— Hd. *g* im Auslaut *g gh ch* — *c: Bury* L. 1, 169 (Mastr.).
Lemborgh L. 1, 439 (Limb.), *Lemborch* L. 1, 197 (Limb.),
Lemburc B. 2, 294 (Limb.), — Abfall: *Winandus* B. 2, 144
(Mastr.). — Hd. *ch: Gêrlâchus* B. 2, 144 (Mastr.), *Richolfus*
B. 2, 144 (Mastr.). — Hd. *h* assimiliert sich: *Willelmus* L.
1. 197 (Limb.), — Abfall: *Adeleidis* L. 1, 439 (Limb.), —
Arlô L. 1, 435 (Limb.), B. 2, 239 (Limb.).

Vocale. Hd. *a: Elbertus* L. 1, 409 (Lütt.). — Hd. *i:*
neben *Fridericus* B. 2, 144 (Mastr.), — *Lemburgh* L. 1, 197
(Limb.), 439 (Limb.), B. 2, 293 (Limb.). — Hd. *u: Lodewicus*
L. 1, 409, und neben *Lemburg* L. 1, 439 (Limb.), B. 2, 293
(Limb.) auch *Lemborch* L. 1, 197 (Limb.), *Limborch* L. 1,
435 (Limb.). — Hd. *ei:* neben *Heinricus* B. 2, 144 (Mastr.),
Adeleidis L. 1, 439 (Limb.), — *Hênrico* B. 2, 169 (Limb.),
Hênesbergensis L. 1, 409 (Lütt.), 435 (Limb.), 439 (Limb.),
Helfensten B. 2, 293 (Limb.). — Hd. *uo: Rûtgêri* B. 1, 169
(Mastr.) L. 1, 409 (Lütt.), *Ûdo* L. 1, 197 (Limb.). — *Uuo-
thilberti* B. 1, 169 (Mastr.) ist zweideutig: *Uothilberti* oder
Wôdilberti.

(13. Jh.)

Quellen.

Höfer Auswahl 1, 4 (der erwählte Bischof von Lüttich und der
Graf von Geldern - Zütphen scheiden zwischen dem Grafen von Sain und
Nassau 1259).

Lacomblet Urkundenbuch 2, 2 (der Archidiacon von Lüttich vollzieht die Verbindung der Pfarrkirche zu Geilenkirchen, n. Achen, mit
dem Norbertinerstift zu Heinsberg. — Dat. Swestris, Süsteren, w. Heinsberg 1201 l.), 2, 22 (Herzog von Limburg entsagt der widerrechtlichen
Besteuerung achenscher Leute 1208 l.), 2, 76 (Herzog von Limburg erklärt den laachschen Hof zu Lützingen, non. Mayen, frei von aller Steuer
1218 l.), 2, 108 (Herzog von Limburg beschenkt das Norbertinerstift
zu Heinsberg 1222 l.), 2, 123 (Herzog von Limburg gestelt dem Marien-

stift von Achen das Patronat der Kirche zu Montzen, in Belgien, sw. Achen? zu 1225 l.), 2, 224 (Walram von Limburg bekundet dass Graf von Jülich ihm die Vogtei von Conzen, non. Monjoie, zu Erbzins überlassen habe 1237 l.). 2, 250 (Walram von Limburg erklärt sich gegen Cöln lehnpflichtig 1240 l.). 2. 349 (Herzog von Limburg gelobt dem Erzbischof von Cöln gegen jedermann beizustehen 1249 l.), 2, 364 (Herzog von Limburg nimmt die Duisburger in seinen besondern Schutz 1250 l.), 2, 390 (der erwählte Bischof von Lüttich scheidet zwischen dem Erzbischof von Cöln und dem Grafen von Jülich. — Dat. Colonie 1253 l.), 2, 458 (Herzog von Limburg erklärt von den Besitzungen des Klosters Düssern, o. Duisburg, nur den üblichen Zins einfordern zu wollen 1258 l.), 2, 512 (Bischof von Lüttich vereinigt die Beghinen an einem Orte zwischen Achen und Burtscheid 1261 l.), 2, 519 (Herzog von Limburg beschenkt das Stift Wassenberg, no. Heinsberg. — Dat. Wassenberg 1262 l.), 2, 554 (Bischof von Lüttich und Graf von Mark scheiden zwischen dem Erzbischof und der Stat von Cöln 1265 l.), 2, 562 (Herzog von Limburg entlässt Besitzungen des Klosters Reichstein aus dem Lehnverbande 1266 l.) 2, 595 (Herzog von Limburg befreit eine Grundrente zu Myhl, bei Heinsberg, von der Lehnbarkeit 1269 l.) 2, 664 (Bischof von Lüttich genehmigt einen Verkauf des Marienstifts von Lüttich 1275 l.), 2, 674 (Bischof von Lüttich bestätigt dem Kloster Reichstein das Patronat der Kirche zu Geleen, 1275 l.).

Consonanten. Hd. *d: Thiricus* L. 2, 22 (Limb.), — *Tiricus* L. 2, 108 (Limb.). — Ausfall: *Lanscrônen* L. 2, 554 (Lütt.). — Hd. *t: Sibodo* L. 2, 22 (Limb.), — Abfall: *Thiricus Harlivus* L. 2, 22 (Limb.), *Tiricus* L. 2, 108 (Limb.). — Hd. *z: Wizwilre*, wgn. Düren, L. 2, 224 (Limb.), *Gôzwinus* L. 2. 2 (Lütt.), — aber *tweigingin* Hö. 1, 4 (Lütt.), und in L. 2, 519 (Limb.) hat der Zeuge *Theodericus* den Beinamen *Rûmschuttel*. — Hd. *b: Walravenus* L. 2, 364 (Limb.). — Hd. *ph: mâlepenigge* L. 2, 554 (Lütt.), — *Upglene* L. 2, 674 (Lütt.), *Aldendorp* L. 2, 390 (Lütt.). — Hd. *g: becgine* L. 2, 512 (Lütt.). — Auslaut: *Valkenburg* L. 2, 2 (Lütt.), — *burchrâvius* L. 2, 76 (Limb.), *Wildenberch* L. 2, 224 (Limb.). — Abfall: *Winandus* L. 2, 22 (Limb.). — *Ng* wird durch *gg* ausgedrückt in *mâlepenigge* L. 2, 554 (Lütt.). — Hd. *ch* erscheint in *Brîseche*, Breisig am Rhein, L. 2, 76 (Limb.), *de Bacheym*, *de Reynbach* L. 2, 554 (Lütt.), *Richwinsteina* L. 2, 562 (Limb.), 674 (Lütt.), *Urspech*, Orsbeck, noo. Heinsberg, L. 2, 519 (Limb.); — aber *Geylenkirken*, n. Achen, L. 2, 2

(Lütt.), *Briseke*, Breisig am Rhein, *de Kerreke* L. 2, 519 (Limb.), *Orsbeke*, noo. Heinsberg, L. 2, 2 (Lütt.), 595 (Limb.). — Hd. *h*: Abfall: *Aleidis* L. 2, 2 (Lütt.), *Eleslô* L. 2, 108 (Limb.).— Frz. *j*: *Monsoye* L. 2, 458 (Limb.). — Hd. *m* an *n* assimiliert: *Walcrannus* L. 2, 108 (Limb.).

Vocale. Hd. *i*: *niderval* L. 2, 458 (Limb.), — aber *Lemburg* L. 2, 22 (Limb.), 123 (Limb.), *de Kerreke* L. 2, 519 (Limb.), — *Lomburg* L. 2, 562 (Limb.). — Hd. *o ô*: *Urspech* L. 2, 519 (Limb.), — aber *Orsbeke* L. 2, 595 (Limb.). — Diphthongierungen: *Loyssensis* L. 2, 554 (Lütt.), *Poels Moer* L. 2, 108 (Limb.). — Hd. *ei*: *de Bacheym, Reinbach* L. 2, 554 (Lütt.), *Geylenkirken*, n. Achen, L. 2, 2 (Lütt.), *Heinricus* L. 2, 22 (Limb.), *Heinsberg* L. 2, 108 (Limb.), aber *Millehêm*, bei Bonn, L. 2, 664 (Lütt.). — Hd. *iu*: *de Nüerot* L. 2, 562 (Limb.). — Hd. *uo*: *Cûnrâdus* L. 2, 76 (Limb.). — Apokope: *Urspech* L. 2, 519 (Limb.) neben *Orsheke* L. 2, 2 (Lütt.), 595 (Limb.). — Synkope: *Kenzwilre* L. 2, 224 (Limb.), *Wilre* L. 2, 188 (Limb.), *gnâde* Hö. 1, 4.

---

b) Ueber Loon ist schwer zu entscheiden. Im 14. Jh. hat es III IV, im 14. 15. Jh. IV, im 15. Jh. III, — kaum als einzig berechtigte Amtssprachen. — Im 13. Jh. ergeben die Urkunden nichts sicheres. Bon. 1, 3, 89 (von Loon an den Grafen von Geldern 1255 l.) hat *mâlgût Aldenhôine*, im Kirchspiel Lengelo, *ledechman*, Bon. 1, 3, 90 (derselbe an denselben 1255 l.) *herwâdam*. Letzteres Wort spräche dafür dass Loon im 13. Jh. noch weit entfernt gewesen wäre sich dem cölnischen oder jülischschen Gebrauch anzuschliessen; s. *hergewâdo* in Utrecht II p. 103 gegenüber *herwêde hergewêde* III p. 238 und V. — Es war vielleicht noch II.

c) In den Urkunden von Stablo, sw. Malmedy, Martène Amplissima collectio 1, 21 ff., ist nichts das hinderte sie hieher zu ziehen, wenn der Typus auch nicht bewiesen wird.

Consonanten. Hd. *d: Tiettrůdis* 38a (910). — Hd. *t: Godescalcus* 81 (1104). — Hd. *b: Everardum* 37 (905), 38a (911). *Everelinus* 81 (1104). — Hd. *ph: Gôzilesdorp* 65 (undatiert). — Hd. *w: Gêroardus* 38a (911), — *Hartuinus* 116 (1140). — Hd. *g:* im Auslaut *Lemburch* 125 (950). — Ausfall: *Raingri* 38 (907), *Rimberti* 45 (950), *Eilgêri* 38a (911). — Abfall: *Wiboldo* 122 (1146). — Hd. *k: Erkenrádi* 38 (907), — aber *Erchempertus* 95 (1136), *Godescalchus* 126 (undatiert). — Hd. *h.* Assimilation: *Raginnarius* 38a (911), — Abfall: *Raingri* 38 (907), — unorganisches *h: Hascheri* 40 (924). — Hd. *r:* Metathese: *Astenchurno* neben *Astenebrunno,* bei Clerveaux, 58 (c. 1035), — *Astelebrunna* 65 (undatiert).

Vocale. Hd. *i: Herefridus* 37 (905), *Liutfridi* 38 (907), *Sigibertus* 45 (950), *Frithericus* 65 (undatiert), — *Frederêda* 38a (911), *Gérberca Fredericus* 72 (1067), *Lemburch* 125 (1148), 65 (undatiert). — Hd. *iu: Luithertum* 38a (911). *Luidulfi* 65 (undatiert), — *Lietfridi* 38 (967), *Lietbrandi* 47 (961), *Lietbertus* 116 (1140), — *Lûtgêri* 47 (961). — Hd. *ie: Tiettrůdis* 38a (911), *Tiezelinus Tiethwinno* 72 (1067). — Hd. *uo: Cuonrâdo* 58 (c. 1035), 102 (1138), 122 (1146), *Cuono* 86 (1126), 93 (1133), — aber *Ruezelinus* 116 (1140), — *Rôdulfi Rôderici* 38 (907), *Òderici* 40 (924), *Rôberto* 93 (1133), *Côno* 95 (1176), — *Cûnrâdus* 65 (undatiert). — Verdumpfung des Ableitungsvocals: *Amolrici* 38a (911). — Synkope: *Raingri* 38 (907).

Man sieht auch V wäre möglich.

Die Nachrichten fliessen spärlich über diese für uns des Servatius und vielleicht des Karlmeinet wegen, — s. Bartsch über Karlmeinet p. 387, — wichtige Gebiete. Die Geschäftssprache der limburgischen Regierung lassen die wenigen lateinischen Urkunden nicht erkennen. 1288 fiel das Land an Brabant, limburgische Staatsschriften könnten von der Zeit ab nur von den Einungen der Landschaft abgefasst werden, wovon mir nichts bekannt ist. Ich habe in der Beschreibung die dürftigen Reste limburgischer Orthographie vor 1288 mit Lüttich und Mastricht zusammengestellt, weil es doch glaublich ist dass Limburg dem Beispiel des benachbarten Bistums gefolgt sei, welches im 13. Jh. wenigstens ein deutliches III, im 14. Jh. ein IV bietet, und weil auch Mastricht im 12. Jh. Spuren unsrer Mundart zeigt,*) und Loon im 14. 15. Jh. zwischen IV, III und III/IV schwankt. Das limburgische Villen ferner bietet im 15. Jh. neben IIa und VI auch III/IV. — Auch für Loon und Stablo kann nur die Möglichkeit der Mundart III behauptet werden. — Lüttich, kann man annehmen, hat, da die übrigen lateinischen Urkunden jenen nicht widersprechen, welche im 13. Jh. auf III, im 14. auf IV weisen, die ältere Mundart Cölns länger festgehalten als dieses, ähnlich wie Jülich und Berg. So weit es nämlich deutsch schrieb: die gewönliche Geschäftssprache für heimische Angelegenheiten war französisch. Es bietet mit Flandern die ältesten altfranzösischen Rechtsurkunden ausserhalb Frankreichs, die zwei Keuren von 1233 und 1241. Auch die loi muée von 1287, die paix de Fosses 1302 und das Criminalstatut von 1328 und 1415 ist französisch; Warnkönig Beiträge zur Kenntniss und Quellenkunde des lütticher Gewonheitsrechts (1838), p. X. — Im 14. Jh. gibt eine Urkunde in IV, im 15. eine in IIa Zeugniss dafür,

---

*) Die alte Charte der Stat Mastricht von 1283 scheint nur in der nenniederländischen Ausgabe von 1661 erhalten zu sein, s. Warnkönig Beiträge zur Kenntniss und Quellenkunde des lütticher Gewonheitsrechts (1838), p. 189. — Wenn aber in Mastricht wie in Lüttich und Loon während des 13. Jhs. III und III/IV ausschliesslich oder mit andern Mundarten als Sprache des officiellen Verkehrs galten, so kann ein literarisches Werk vom Ende des 14. Jhs. in IIb, Heinrichs von Veldeke Servatius, nicht befremden. Die aus dem Ende des 14. Jhs. stammende Hs. des Slawantenklosters zu Mastricht ist zum Teil in IIa, zum Teil in III abgefasst, Zs. 2, 302 ff. 350 ff.; s. oben p. 202. 255. Vgl. Franquinet bei Jonckbloet Geschichte der mnl. Literatur p. 91 Anm. und Braune, Zs. für deutsche Philologie 4, 249 ff.

dass der Einfluss der deutschen Geschäftssprache noch nicht gänzlich durch den der französischen aufgehoben war. Entging doch das wallonische Lüttich beinahe allein unter den niderländischen Territorien der burgundischen Mediatisierung: Leo Territorien 2, 100.

---

2) Ueber die Abtei Meer, n. Neuss, cölnisch.

(12. 13. Jh.)

Quellen.

Lacomblet 1, 416 (Gräfin von Meer und Tochter mildern die Hörigkeit ihrer Leute zu Wahlscheid, non. Siegburg 1166), 1, 453 (Gräfin Hildegund bezeugt Resignationen zu Gunsten des Klosters Meer 1176), 2, 1 (Aufzeichnung der Besitzungen und Gerechtsame der Abtei Meer 1201). 2, 16 (der Kämmerer und Kellner von Meer erwirbt ausgeliehene Weingärten zu Wolsdorf, ö. Siegburg, zurück 1205 l.), 2, 447 (Abtei Meer überlässt ein Gut an Burggrafen von Wolkenburg 1257 l.)

Consonanten. Hd. *d: Hadewigis* L. 1, 416, — Hd. *z: holzcorn holzmarke malz* L. 2, 1. — Hd. *b: Everbero Gefhardus Gêrlif* L. 1, 453. — Hd. *pf: Gelphe,* Gellep, ö. Crefeld, *vurph* (captura) L. 2, 1, — *Rüendorp,* Rhöndorf, s. Siegburg, L. 2, 1, *Vulkirstorp,* ö. Siegburg, L. 2, 16. — Hd. *w: vurph* (captura) L. 2, 1. — Hd. *ch: Budreche,* Büderich, n. Neuss, L. 1, 453; 2, 1, *Scácheno* L. 1, 453, *Buriche.* Bürrich, ssw. Solingen, L. 2, 1, *Drachenfels,* am Rhein, s. Siegburg, L. 2, 447, — *Buchforst Búchwerd Eichforst Kyrchgeld* L. 2, 1. — Hd. *h: Brêdelô* L. 2. 1.

Vocale. Hd. *e: Wirden* L. 2, 1. — Hd. *ê: beier* (verres) L. 2, 1. — Hd. *o: Bucg,* L. 1, 453. — Hd. *ei: Walescheith* L. 1, 416, *Calecheim* L. 1, 453, *eichforst* L. 2, 1, — *Brêdeli* L. 2, 1. — Hd. *uo: Ruodolfus* L. 1, 453, — de *Búcheim* L. 1, 453, *Búchwerd Búchforst* L. 2, 1. — Synkope: *Buderche Islen* L. 2, 1.

Man brauchte die Mundart des Klosters nicht für niederdeutscher zu halten als etwa V. Aber die Umgebung von Meer weist deutlich auf III, vor allem das südlicher gelegene Neuss ist noch im 14. Jh. erst bei III, von der Neusser Chronik des 15. Jhs. nicht zu reden. An eine längere Erhaltung eines dem kaiserlichen hd. näher stehenden Typus ist hier weniger zu denken als in Gerresheim, s. p. 204. 258. Meer wurde erst 1164 gegründet. Von einer Gräfin von Ahr. Das Ahrsche Siegel hängt auch an der Urkunde von 1201. Die Mundart der von Ahr und Hochstaden habe ich zwar für das 12. Jh. mit III angesetzt p. 257, aber die Beglaubigung ist schwach. Vielleicht — nur führt in den mir vorliegenden Quellen nichts darauf — war es V. Nahe dem Gebiete dieser Mundart liegt die Grafschaft Ahr jedesfalls. — Man könnte an hd. oder einer südlicheren nfr. Mundart angehörige Mönche denken; aber vor der Ausbildung der cölnischen Mundart im Laufe des 13. Jhs. ist es auch möglich dass ein Kloster auf eigene Faust und abweichend von seinen Nachbarn versucht hat sich mit dem hd. auseinanderzusetzen.

IV.
Beschreibung
(13. 14. 15. Jh.)

Quellen.

Beyer Urkundenbuch 2, 28 (Gräfin von Molbach, Maubach an der Roer, Kreis Düren, schenkt dem Kloster Niederprüm ihr Allod zu Neuenkirchen, bei Daun, 1207 l.), 2, 247 (Graf von Ahr verzichtet auf die Vogtei von Laach 1209 l.).

Binterim Mooren Die alte und neue Erzdiöcese Cöln 4, 362 (Abt und Convent von Gladbach, s. Kempen. verpachten ihre Braukessel und Sechstermaasse 1349).

Günther Codex Rheno-Mosellanus 4, 26 (Lehnrevers des Herzogs von Jülich-Geldern-Zütphen an König Ruprecht als Pfalzgrafen 1407).

Höfer Auswahl 1, 3 (Sühne zwischen dem Erzbischof von Cöln und dem Grafen von Jülich. — Dat. Neuss 1251), 1, 5 (E. v. C. einigt die Gräfin von Sain mit dem Waldboten von Neuerburg. — Dat. Linz 1261). 1, 6 (des E. v. C. Urkunde über eine Schenkung der Gräfin von Sain 1261), 1, 7 (eine neuere Urkunde desselben über denselben Gegenstand 1263), 1, 8 (Burgfrieden von Rennenberg, bei Linz, 1270), 1, 9 (des Herrn von Isenburg, no. Neuwied, Verschreibung an die Gräfin von Sain 1272), 1, 11 (des E. v. C. Versicherungsurkunde für die Gräfin von Sain 1275), 1, 12 (Testament der Gräfin von Sain 1283), 1, 13 (andre Anordnungen der Gräfin von Sain 1284), 2, 8 (Herr von Wildenberg trägt dem Grafen von Sain die Burg Wildenberg zu Lehen auf 1307), 2, 9 (Pachtbrief über einen dem Gotteshause von Königsdorf, w. Cöln, angehörigen Hof 1309), 2, 96 (Pfandvertrag zwischen dem E. v. C. und dem Herrn von Isenburg, no. Neuwied, 1325), 2, 100 (Urkunde der Schöffen von

S. Severin in Cöln über jährliche Leistungen des Herrn von Schueren 1325), 2, 115 (Revers des Rates von Sinzig, ober Remagen, 1327), 2, 128 (Vertrag zwischen dem Grafen von Jülich und dem E. v. C. 1328), 2, 141 (E. v. C. verträgt sich mit der Stadt Cöln 1330), 2, 158 (Herr von Sain verkauft ein Gut an Swalbrunn 1333), 2, 168 (= L. 3, 278), 2, 203 (Herr von Rheindorf, nw. Bonn, verzichtet auf einen Hof zu Gunsten des Klosters S. Clara in Cöln 1337), 2, 189 (Herr von Slenderhals verkauft Hebungen an das Kloster S. Clara in Cöln 1335).

Lacomblet Archiv 1, 392 (Rechte eines Kämmerers von Jülich 1331), 2, 27. 35 (Statuten des cölnischen Domstiftes 13. Jh., d.), 3, 155 (Memorienbuch von S. Severin in Cöln 13. Jh. l.), 3, 139 (Äbtissin von S. Ursula in Cöln verzeichnet die Gefälle des Klosters 1222 l.), 7, 107 (Weistum vom Conzener Wald, Amt Sinzig, und von Remagen, unter Sinzig, 14. Jh.).

Lacomblet Urkundenbuch 2, 54 (E. v. C. bekundet eine Abtretung des Stiftes Gerresheim, ono. Düsseldorf, an das Kloster Gräfrath, n. Solingen, 1208—1216 l.), 2, 182 (das Andreasstift in Cöln überlässt dem Predigerorden ein Haus daselbst 1232 l.), 2, 288 (Abt von Siegburg, ono. Bonn, überlässt dem Kloster Wesseling, s. Cöln, die dortige Capelle 1244 l.), 2, 92 (E. v. C. macht dem Grafen von Jülich Zugeständnisse 1245 l.), 2, 213 (E. v. C. und die Grafen von Geldern Looz Jülich vermitteln einen Vergleich 1247 l.), 2, 342 (E. v. C. vergleicht sich mit Jülich 1248 l.), 2, 405 (Abt von Siegburg, ono. Bonn, überträgt dem deutschen Orden zu Rammersdorf, soo. Bonn, Güter zu Birgel, no. Ahrweiler? — und zu Muffendorf, sos. Bonn, 1254 l.), 2, 428 (Abt von Siegburg, ono. Bonn, stiftet zu Overath, oso. Mühlheim, eine Zelle 1256 l.), 2, 434 (Sühnebedingungen zwischen der Stat Cöln und dem Erzbischof 1257 l.), 2, 435 (E. und Stat Cöln untergeben ihre Streitsache Schiedsrichtern 1257 l.), 2, 446 (Urkunde des Domcapitels von Cöln über eine Baustelle 1257 l.), 2, 452 (Schiedsspruch meist cölnischer Schiedsleute zwischen dem E. und der Stat Cöln 1258 l.), 2, 464 (E. v. C. entsetzt die Münzgenossenschaft und die Münzmeister ihres Amtes 1258 l.), 2, 468 (Abt von Siegburg, ono. Bonn, überweist den Conventualinnen in Horst die Zelle zu Fürstenberg und verkauft ihnen den Hof zu Birten-Fürstenberg und Birten, Kreis Geldern? — 1259 l.), 2, 469 (E. v. C. trifft Bestimmungen über fremde Kaufleute 1259 l.), 2, 506 (Graf von Jülich weist das Vogteirecht zwischen der Abtei und dem Hofe zu Burtscheid, so. Achen, 1261 d.), 2, 532 (Graf von Katzenellenbogen, sws. Limburg an der Lahn, wird Bürger und Verbündeter von Cöln, 1263 d.), 2, 534 (Einigung zwischen dem E. und der Stat Cöln 1263 d.), 2, 550 (Spruch grösstentheils cölnischer Schiedsleute zwischen dem E. und der Stat Cöln 1264 l.), 2, 572 (Herr zu Wildenburg, an der Sieg, nno. Altenkirchen, stellt zwei Höfe der Gräfin von Sayn zu Lehen. — Dat. Breitbach bi der Nuwerburch, Kreis Neuwied, 1267 d.) 3, 22 (E.

v. C. bestätigt der Stat ihre Rechte 1302), 3, 237 (Herr von Jülich überträgt dem Herrn von Lyskirchen Besitzungen in Cöln und bei Bergheim 1328), 3, 278 (= Hö. 2, 168, Einigung zwischen dem E. und der Stat Cöln 1334), 3, 280 (der engere Rat von Cöln verspricht sich bei einem für die Stat ungünstigen Richterspruch selbst als Geisel stellen zu wollen 1334), 3, 335 (Herr von Dollendorf, sws. Siegburg? — macht seine Burg Dollendorf dem Markgrafen von Jülich zu Afterlehen. — Dat. Valender, soo. Malmedy, 1338), 3, 384 (Einigung des Herrn von Monjoie-Falkenburg und des Markgrafen von Jülich 1343), 3, 420 (E. v. C. verleiht dem Propst von Xanten die Amtmannschaft von Rheinbach, sgw. Cöln 1345), 3, 486 (Graf von Berg gebietet seinen Amtleuten den Herrn von Reiferscheid bei einer Zolleintreibung zu schützen 1349), 3, 496 (E. v. C., Herzog von Brabant, die Stäte Cöln und Achen schliessen einen Landfrieden 1351), 3, 567 (Herzog von Jülich und Graf von Loon schliessen eine Eheberedung 1357), 3, 657 (Herzog von Luxemburg-Lotringen-Brabant, Herzog von Jülich und Stat Achen schliessen einen Landfrieden 1364), 3, 661 (Graf von der Mark und die Herren von Arberg und Schleiden scheiden zwischen dem E. v. C. und dem Herrn von Isenburg, no. Neuwied, 1365), 3, 678 (Graf von Wied stellt der Herzogin von Jülich die Wahl zwischen drei Höfen frei 1367), 3, 693 (Herzog von Jülich und die Stat Cöln geloben sich Hülfe zu leisten 1369), 3, 758 (Graf von Berg beschenkt die Abtei Altenberg, no. Cöln, 1374), 3, 768 (die Schöffen von Cöln weisen dem Erzbischof seine Gerechtsame daselbst 1375), 3, 900 (Dietrich von der Mark erklärt Lehensmann des Herzogs von Berg geworden zu sein 1386), 3, 926 (die Brüder von Plettenberg geloben nichts gegen den Herzog von Berg zu unternehmen 1388), 3, 1076 (Graf von Wied verspricht dem Erzbischof von Cöln die Oeffnung mehrerer Schlösser 1400), 4, 2 (Graf von Sain-Witgenstein-Homburg erklärt von dem Herzog von Berg entschädigt worden zu sein 1401), 2, 9 (Herzog von Berg verleiht den Hof Roland den Brüdern von Ulenbroich als Mannlehen 1402), 4, 27 (Herzog von Berg an seine Ritterschaft 1404), 4, 32 (Münzordnung des Grafen von Meurs-Saarwerden 1405), 4, 34 Wilhelm von Berg, Elect von Paderborn, einigt sich mit den Grafen von Cleve-Mark 1405), 4, 67 (E. v. C. entscheidet zwischen den Grafen von Cleve und Meurs 1411), 4, 215 (Herzog von Jülich-Berg belehnt Herrn von Birgel 1435), 4, 325 (das Domcapitel, die Edelmannen, Ritter und Stäte des Erzstiftes Cöln setzen die Verfassung des Erzstiftes fest 1463), 4, 646 (Graf von Ahr-Nurburg und Graf von Hochstaden erneuern den Ahrer Burgfrieden 1202 l.), 4, 647 (Graf von Hochstaden bekundet eine Schenkung der Abtei Steinfeld, oso. Schleiden, 1212 l.), 4, 649 (E. v. C. bekundet dass der Ritter von Königswinter die Steuerfreiheit heisterbachscher Allode in Königswinter, sgw. Siegburg, anerkannt habe 1221 l.), 4, 651 (Elect von Cöln beurkundet dass Herr von Randerath seine Vogtei über stiftsche Höfe im Ruhrgau gegen Besitzungen bei Prummeren abgetreten habe 1226 l.), 4, 659 (Elect von Cöln gestattet den Leuten von Nedercamp, oso. Geldern, Beholzungsrecht, Mast und Trift in den benachbarten Waldungen 1238 l.), 4, 663 (E. v. C. ermächtigt die Stat eine Geldsumme durch Umlage einzutreiben 1242 l.), 4, 665 (E. v. C. verspricht dem Clerus den Herzog von Limburg die Grafen von Cleve und Jülich zur Genugthuung zu ermahnen 1245 l.), 4, 671 (Graf von Jülich und Herr von Wildenburg scheiden zwischen dem Herrn von Schleiden und der Abtei Steinfeld, oso. Schleiden, 1269 l.) 4, 676 (E. v. C. verleiht dem Kloster Vilich, no. Bonn, die Einkünfte der Pfarren zu Himmelgeist, sgo. Düsseldorf, und Wittlar, ngw. Düsseldorf, 1262 l.).

Zeitschrift für deutsches Altertum 9, 262, 1 (Herr von Neuerburg, Kreis Neuwied, verzichtet auf Forderungen an die Gräfin von Sain 1263 d.), 9, 263, 2 (Frau von Bedburg, nw. Bergheim, einigt sich mit ihrem Sohne, dem Herrn von Reifferscheid 1267 d.), 263, 3 (das Kloster Walburgenberg bestätigt eine Bezahlung 1270 d.).

Consonanten.

Hd. *d* und euphonisches *t*. Statt des letzteren auch *d*: *mid* Hö. 2, 203, L. 3, 141. — Ausfall in *ewer (ieweder)* L. 3, 280.

Hd. *t*: *dôde duen* Hö. 1, 11, *doyn dragen* L. A. 1, 392, — *lúde* L. 2, 434, *godis gúlde ráde stede* (urbis) *worde* Hö. 1, 11, *vaders beráden waildéde* L. 3, 237. 758, *hergewéda* L. 4, 646, — *Cúnrád stad* L. 2, 534, *id (iht)* Hö. 1, 9. 11, *geskeyd (geschehen)* Hö. 2, 100. — Doch auch *t*: besonders im Auslaut *mút gút* Hö. 1, 3, *gútliche* Zs. 9, 263, 3, *zit* L. 3, 693; — im Inlaut: *genante* L. 2, 532; 3, 758, *gesicherter* Hö. 1, 19, *hette* Zs. 9, 262, 2. — Ausfall des *t* kommt nur in nachlässig geschriebenen Geschäftsstücken, wie in der S. Severiner Urkunde, vor: *Oulreporzin* Hö. 2, 100, *lifzuch* L. 2, 342, neben *lifzut*; s. hd. *h*. Aber *is* für *ist* ist Regel: L. 2, 434. 506. 532. 572; 3, 22. 237. 335. 758, Hö. 1, 3. 9. 11. 12; 2, 9, Zs. 9, 262, 1. 263, 2; — *ist* daneben Hö. 1, 3; 2, 8. — Unorganisches *t* in *Rints* L. 3, 278, *koimantschaf* Hö. 2, 189.

Hd. *z* ist im wesentlichen durchgedrungen. Geblieben ist anlautendes *t* in *tuschin* und *tol* (telonium) L. 2, 534; 3, 22, *tussen* Hö. 1, 3, *tuschen* L. 2, 506. 532. 678, Hö. 1, 12, *tolle tollen* (das Verbum) Hö. 1, 11, L. 3, 758. *Tuschen* schwankt sogar: *zuschen* Hö. 1, 9, *tzussen* Hö. 2, 8. — In der cölnisch-jülichschen Urkunde Hö. 1, 3 ist das zweimalige *the (ze)* kaum auf Rechnung eines jülichschen — denn Jülich neigt allerdings zu III — oder neussischen Schreibers zu setzen — da die Urkunde in Neuss geschrieben ist: es wird eher der gewönliche Lesefehler — *h* für *z* — sein. — Im Inlaute nur *setten (satzten* Opt. Perf.) neben *entsetzen* (Inf.) Hö. 1, 11. — Der Titel *droyssit drossyt* L. 3, 384, *drusset* L. A. 7, 107 und Eigennamen mögen länger in der älteren Form gehaftet haben: *Rûmescntele* L. 2, 292; 4, 643, — wenn es ein cölnischer Zeugenname ist. — Im Auslaut: *gesat* Hö. 1, 3, *besat* Hö. 1, 12, — *dit* L. 2, 434. 506; 3, 22. 535. 572. 678, Hö. 1, 8. 9. 11. 12, Zs. 9, 263, 2, *dat* L. 2, 434. 532; 3, 22. 278. Hö. 1, 8. 11, Zs. 9, 263, 2, *wat* L. 2, 506, Zs. 9, 262, 2, Hö. 1, 3. 8, *it* L. 3, 237. 693, L. A. 1, 392, Hö. 1, 3. 8. 12. 158, — *allit allet* L. 3, 280, Hö. 1, 11. 12. Die übrigen Adjectiva kommen Nom. Acc. Sing. Neutr. in der Regel nur schwach oder unflectiert vor: *umbe unse erfliche reit* (ius) Hö. 1, 8. Der cölnische Statschreiber Gottfried Hagen weicht auch hierin von der Geschäftssprache ab wenn er schreibt Reimchronik 1978 *dyn lieves kint*. — Häufiger als *it* ist *id* L. 2, 430. 506. 532. 572; 3, 278. 280. 335. 693, Hö. 1, 3; 2, 203. — *Dith* L. 2, 435 wird Lesefehler für *dits* sein. — Statt *erzebischof* finden wir Zwischenformen, welche *archiepiscopus* näher stehen: *erdischebischof* Hö. 1, 5, *erchebischof* Hö. 1, 6. 7, L. 2, 534, *erzchebisschof* Hö. 1, 11, *ertschbischof ertschinbisschove* L. 3, 280. — Geschrieben wird die Spirans oft *ss s: inbuyssen uyss* L. 3, 1076, *uis* L. 3, 335.

Hd. *s* wird selten durch *ss* — *huyss* L. 3, 1076, — häufiger durch *z sz* gegeben: *guytz* L. 3, 758, *buschofz kornhuyz dez* Hö. 2, 100, — *szigerheyde ingeszigele* Hö. 2, 128.

Hd. *b* und euphonisches *p*. Dafür im Inlaut *v*, selten *f ff fv: Alverâdis* B. 2, 228, *Ovirrothe*, wsw. Mühlheim, L. 2, 428, *sieven halven* L. 2, 434, *Ovirinpleyse*, sos. Siegburg, L. 2, 428, *geven sterve bescriven* Hö. 1, 11, *erven* L.

3, 335, *lieve haven* L. 3, 678, *hůrenere* L. 4, 646, — *giffent (geebenet)* Hö. 1, 3, *viriffent (verebenet)* Hö. 1, 9, *leyfe ayfe (abe) hayfen (haben)* L. A. 1, 392; — regelmässig ist *f* vor Consonanten: *erflige* L. 2, 532, *erfliche* Hö. 1, 8; 2, 100, *gehaft* Zs. 9, 262, 1, *scryft* L. 3, 335, *gyfft* L. 3, 758; — *fv* ganz selten: *erliefven* Hö. 1, 11; vgl. *chg* unter hd. *ch.* — *B* ist nicht verpönt: *gegeben* Zs. 9, 263, 2. — Im Auslaut herrscht *f* beinahe unumschränkt: *af of half* L. 2, 434, *lifzút* L. 2, 312, *gewerf* L. 2, 446, *of* Hö. 1, 8, *af of* L. 2, 506, *wif* L. 2, 572, *schreiff* L. 3, 758, *êrstwerf* L. A. 1, 392, *urlôf* Hö. 2, 9, *gaf* Hö. 2, 203.

Unorganisches *p* in *Růympschin* (romanus) Hö. 2, 203.

Hd. *ph f: penninge* L. 2, 550, Hö. 1, 3. 11, *punderampthe* Hö. 1, 11, *pendin* L. 2, 532; 3, 758, *paffen* L. 2, 572, *pert* Zs. 9, 263, 3, *pinxsten* L. 3, 678, *pafschaf* L. 3, 693, *plegent* Hö. 1, 12, *plach* Zs. 9, 263, 2; *plaegen* L. 3, 758. — Vor Vocalen hie und da im Süden des unsrer Mundart zukommenden Gebietes *ph: phunt phenninc* Hö. 2, 158. — Im Inlaut bleibt *p* nur nach Liquiden: *helpen* L. 2, 434, Hö. 1, 11, *geworpen* Hö. 1, 11, *úzwerpen* Hö. 1, 3, *helpere* L. 3, 678. — Auch hier in einer wildenburgschen Urkunde *behelfen* Hö. 2, 8, und in einer isenburgschen *helphe* Hö. 1, 19. — *Wápenen* L. 2, 532, *gewápent* L. 3, 1076 ist bekanntlich auch oberdeutsch geworden, — *stôpus* aber L. A. 2, 27. 35; 3, 155 wol alte Latinisierung, s. III p. 233. — Auslautend wie im Inlaut: *Lizendorp* B. 2, 228, *Rumisdorp*, soo. Bonn, *Muffindorp*, sos. Bonn, L. 2, 405, *Lullisdorp*, wnw. Siegburg, L. 2, 288, *Dorindorp Dollindorp* L. 2, 428, *dorp* L. 3, 399, ein Herr von *Builisdorp*, den der Erzbischof von Cöln *fidelis noster* nennt, L. 4, 649, *dorp* Hö. 1, 3. 8. 9, L. 3, 237, *Lorstorp*, bei Ahrweiler, L. 4, 646, B. 2, 247. Nur findet man daneben vereinzelt *dorph* selbst schon in Cöln Hö. 1, 11 als Appellativum, und bei Ortsnamen oft im Testamente der Gräfin von Sayn Hö. 1, 12. — *Up* aber ist ein wesentliches Kennzeichen unserer Mundart: L. 2, 434. 506. 532. 572; 3, 22. 237. 335. 678. 693. 758, Zs. 9, 262, 1; 262, 2, Hö. 1, 3. 8. 9. 11. 12; 2, 9. 100. 141. 203. — Abfall in *koimantschaf* Hö. 2, 189.

Hd. *f.* Vor *t* dafür auch *ch: gestichte* L. 2, 424; 3, 278. 693, Hö. 1, 11. 12; 2, 141, *geschreichte* L. 2, 532, *aichter* L. 3, 278. 335, *bûwechtich (bûhaft)* Hö. 2, 9; — ebendaselbst aber auch *gehüfte.* — Entsprechend diesem Uebergange der gelegentliche Ausfall: *gestites* L. 2, 435, — *finzigsten* Hö. 1, 3.

Hd. *f v: wogit* Zs. 9, 262, 1, *wrowen wör (vor)* Hö. 2, 100, *barewûz* L. 3, 434. — Abfall: *graischaft* L. 3, 1076.

W hat sich vor *r* erhalten in *gewrechen* Hö. 1, 9. — Schreibung *v* in *vurph* L. 2, 1.

Hd. *g* und euphonisches *k* im Auslaut. Im Anlaut findet sich auch *j: Jêrenschêmensis* L. 2, 54, — im Inlaut auch *ch: cynchen* L. 2, 532; 3, 693, Hö. 2, 100, *gehuchnisse* L. 3, 22, *gevanchin gesaicht seichten* L. 3, 278, *gnoicht dinstaichə* L. 3, 678, *zûgesaicht* L. 3, 1076, *ychlicheme* L. 3, 758, *eynidreichtichme* Hö. 2, 203, — aber nur selten zwischen Vocalen *durchlûchtiche* L. 3, 486, *gênwerdichen* Hö. 2, 8, *-wichen (-wigge)* Hö. 2, 9, *rochin (rogge)* Hö. 2, 100, — im An- und Inlaut auch *gh: ghedain* L. 3, 335, *gehanghin* L. 3, 280, *alleweghe* L. 3, 567. — Die Tenuis tritt ein in *gehenkenisse* Hö. 1, 11, *gevenckenisse* Hö. 1, 9, *lancge* L. 3, 567, *gehancgen* L. 3, 758,*) — und auch für umgelautete Media *rockin (rogge)* Hö. 2, 100. — Im Auslaut wechselt *g* und *ch: mag* L. 2, 435, *gehôrig* Hö. 1, 11, *ledig lag dag* Hö. 1, 3, *krieg* L. 3, 693, *Isenburg* Hö. 1, 9, *Hacchenberg* Zs. 9, 262, 1, *Waldenberg* L. 2, 572; — dafür auch *gh: Isenburgh* L. 3, 1076, *sculdigh* L. A. 1, 392: — andrerseits *mach* L. 2, 434, *dach schuldich* L. 2, 532, *mâch* Hö. 1, 9, *plach* Zs. 9, 263, 2, *genûch* Zs. 9, 263, 2, *berch* Hö. 1, 3, *vaitdinch* L. 4, 651, — *burhc burhman* Zs. 9, 262, 1. Und so kann *g k* auch wie die Spirans sich verflüchtigen: *Sibergensis Sibodone* L. 2, 405, *Siberg* L. 2, 468, *swert* Hö. 1, 11, *vaetluide* L. 4, 671, *klait* L. 3, 278, *maischaf (mâcschaft mâgeschaft)* Hö. 2, 8, *burban* L. 2, 550.

---

*) Das weist auf die Aussprache gutturales *n* mehr *g* hin, statt gutturales *n* allein.

Hd. *k.* Ganz vereinzelt ist *march* L. 3, 486 — und der Ausfall *marde (markete)* Hö. 2, 100.

Hd. *ch* wechselt in- und auslautend mit *g gg chg gh*: *Werliche*, nnw. Bonn, L. 2, 288, *Richwino* L. 2, 405, — aber *geistligime* L. 2, 434, *redelige* L. 2, 435, *Gulege Zulpege gemagit* Hö. 1, 3, *sulige* L. 2, 506, *gibrŭgin* L. 3, 278, *Guylge* L. 3, 678, *billigene* Hö. 2, 8, — *Udenkirgin* L. 2, 550, *wilge* Hö. 1, 11; 2, 8, *solgin* Hö. 2, 100, — *spreggin* L. 2, 435, Hö. 2, 8, *maggen* L. A. 1, 392, — *fachge* Hö. 1, 11, *machgede Gulechge gelichger* L. 2, 532, *Andernachge* Hö. 1, 12, *erflichgen* L. 3, 335, *cynchge* L. 2, 532, — *Guilghe* L. 3, 335, *geszyghert* Hö. 2, 128, L. 3, 678, *minlŷghen vrŭntlŷghe* Hö. 2, 128, — *Hênrig ôg* Hö. 1, 3, *ig* L. 2, 506, *Reypag* neben *Reypach* L. 4, 671. Dieser Annäherung an die Spirans entspricht der gelegentliche Abfall *kirspelle* Hö. 1, 11. — Auffallend ist die Zähigkeit, mit der ein und das andre *k* aus der früheren Periode sich erhält: *Vilike*, no. Bonn, in der cölnischen Urkunde L. 4, 676, ebenso *Vylke* und *Brysske*, Breisig am Rhein ober Sinzig, neben *Guilche Tzulpge* in der jülichschen Urkunde Gü. 4, 26, desgleichen *Lunerke Lunirke* neben *Lunirche Lunrech*, nw. Cöln, L. A. 3, 139; — dann *sŭken* sowol im gewönlichen als juristischen Sinne, — vgl. oben p. 248 — Hö. 2, 115, L. 4, 32, *sŭken heimsŭkin, versoeken noch probieren*. — Man muss sich auch erinnern dass Breisig noch im 14. Jh. V zeigt.

Hd. *h.* Nur orthographische Abweichung ist es wenn *maith* geschrieben wird für *maiht* Hö. 1, 8. — Statt des *h* im In- und Auslaut oft *g*: *gerigthe* Hö. 1, 12; 2, 9, L. 3, 280, *engescheigen* L. 3, 758, — *durg* Hö. 1, 11, *nog 'gesag* Hö. 1, 3, *gischag* Zs. 9, 263, 2. — Wie *h f* vertritt hie und da auch *f h*: *durchluftigh* L. 3, 335. — Die Seltenheit der Fälle, in denen *ch* statt *h* geschrieben wird stimmt mit dem häufigen Ausfall: *lifzŭt* L. 2, 312, *geschit* L. 2, 435, *Méthildis* L. 4, 643, *Engelbrête sês* Hö. 1, 8, *orvéde* Hö. 1, 9, *waiss* L. 3, 758, *payt* Hö. 2, 100. *Walprétishove* L. 4, 147, B. 2, 247, — *bevelen* Hö. 1, 13, — *geschien* L. 2, 434, *hautlien* L. 2, 469, *léen* L. 4, 649. 671, *sint (sehent)* Zs. 9, 262, 1, *sin (sehen)* L. 2, 572, *hôcre* Hö. 1, 11, *lŷen* Hö. 2, 8, *verzîen* Hö. 2, 203, *burglên* L. 4, 646, *nâ* L. 2, 434, Hö. 1, 11, *hoegerichts* L. 4, 671, *Hôstaden* L. 4, 646. 647.

Hd. *j.* Die Vertretung durch *g* im Anlaut ist fast regelmässig: *giene* Hö. 1. 3. 11, Zs. 9, 262, 1, L. 3, 22. 278, *Guliche* L. 2, 434. 506, Hö. 1, 3. 9, L. 3, 237. 678. 758, L. A. 1, 392, *irgien (erjehen)* L. 2, 532, Hö. 2, 141.

Hd. *m: mûne* Hö. 1, 6.

Hd. *n* assimiliert in *mallich* L. 3, 1076.

Hd. *l* fällt in *als* leicht aus: *as* Hö. 2, 141, L. 3, 278. 678. 693. 758, — nicht aber in *alsô alse:* Hö. 1, 8, L. 2, 572; 3, 313; — *alsô* neben *as* L. 3, 278.

. Hd. *r.* Metathese in *Kirstiân* L. 2, 534, *dirde* Hö. 1, 8, L. A. 1, 393, *derdeil* L. 2, 506, *birnender* L. 3, 758, — Abwerfung im Pronomen Masc. Sing. Nom. ist häufig, aber nicht notwendig: *di* L. 2, 434, *de* Hö. 1, 3. neben *der* L. 2, 506; 3, 237, 335. 758. — *we* Hö. 1, 3, neben *wer* L. 3, 237, Hö. 2, 8, — *he* Hö. 1, 3. 9, L. 2, 506. 572. 678, Zs. 9, 263, 2, — *hei* Hö. 1, 8. L. A. 1, 392, *unse* Hö. 1, 11, Zs. 9, 263, 3. — Nur wegen Uebereinstimmung mit der heutigen Aussprache verzeichne ich *viezech (vierzec)* Hö. 1, 11, neben zweimaligem *vierzech*.

Der Laut *tsch* scheint durch *ch* gegeben in *erchebisscove* Hö. 1, 6. 7 neben *erdischebischof* Hö. 1, 5. 9, *erzchebisschof*, Hö. 1, 11, *ertzbischof* Hö. 2, 96, *ertzebischof* Hö. 2, 128, neben *ertschkenzeler, ertschbischof* L. 2, 368.

Hd. *enwaere: mâr* Hö. 1, 9, *mêr* L. 2, 506; s. Gr. 1[4], 323[1].

Vocale.

Hd. *a*. In einigen Wörtern kann dafür *e* eintreten — *evir ever* L. 2, 435. 532, Hö. 2, 8. 141, *det* Hö. 1, 3, *echt* Zs. 9, 263, 2, *men* L. 3, 758, — das in *eichtzien* L. 3, 758, *eycht* Hö. 2. 100 auch zu *ei* wandert. — In Bezug auf den Uebergang in *ae ai* schwanken die Denkmäler: es tritt ein entweder nur in Oxytonis, ohne diese Beschränkung, und fehlt auch ganz: *daich stait* L. 2, 434, neben *avir barewûz hadde, maicht ain* L. 2, 532, neben *namen ane dagen sagen, maith* Hö. 1, 8, *ainseint* Hö. 2, 141, neben *schade eirsamen, gemaint gesaicht gemaicht* L. 3, 278, neben *hadde samen sachge, dinstaichs* L. 3, 678, neben *heirschaffe haven, hailff* L. 3. 758, neben *daghe bewaren, bezailt* L. 3, 237, neben *namen zalen, aintasten* Hö. 2, 128, neben *clagen hadde, haels duer* Hö. 2, 9, neben *haven pachte,* — *taisten* L. 2, 434, *aichten* 3, 278. 335, *sayden (schaden)* Hö. 1, 3, *ayfe (abe) hayfen (haben)* L. A. 1, 392, *saiche* L. 3, 693, *beczailin dayge* Hö. 2, 100. — Kein *ai ae* in Zs. 9, 262, 1; 263, 2. 3, L. 2, 572. — Consonantischen Einflüssen wird man die seltene Erniedrigung zu *o* zuschreiben können: *eyrsome* L. 3, 22, *Wolter* L. 3, 278, *Woulter* L. 3, 926, *Oulreporzin* Hö. 2, 100.

Hd. *å*. Das *é* in *grève* Hö. 1, 3. 9, L. 2, 532, — *greyf* L. A. 1, 392 scheint Umlaut zu sein, ebenso *ei* in *leizit* Hö. 1, 11, — während *inffein* L. 2, 252. 532 der Analogie von *gên stên* neben *gân stân* folgt. - Zu den Diphthongen *ae ai* verhält sich *å* wie *a*: nur hat *ae ai* hier grösseren Umfang: *jaer gaen* L. 2, 434, *gedain* L. 2, 435, *gain jairlichs stain hain* Hö. 1, 11, neben *genâden jâre râde, begait cardinail hait* Hö. 1, 13, neben *lâzin sâsin dâden, rait braiht dait* L. 2, 532, neben *râden wâpene, Cônrait bistain* Hö. 1, 8, neben *lâzen, capellain* Hö. 1, 12, neben *capplânes, stait* L. 3, 280, *nay way* L. A. 1, 392, — *gainde gnaide* L. 2, 435, *laissen* L. 2, 532, *gainde stainde* Hö. 1, 12, *maynde raide* L. 3, 280, *plaegen* L. 3, 758, *saizzen* Hö. 2, 128, *aynsspraichge* Hö. 2, 203. — *Sloyfen* L. A. 1, 392 ist vielleicht nur Schreib- oder Lesefehler. — Die Diphthongierung tritt nicht ein Zs. 9, 262, 1; 263, 2. 3.

Hd. e. Dafür oft *ei ie i: reith* L. 2, 434, *geinen* Hö. 1, 11, Zs. 9, 262, 1, *eidelin* Hö. 1, 3, *reichte* L. 2, 532, *vreimde hei (is)* Hö. 1, 8, *seis* Hö. 1, 12, *seisse* Zs. 9, 263, 1, *leift* L. 3, 280, *gesleihte* L. 3, 278, *gegeyrene* L. 3, 758, *leisen weigen* L. 3, 693, — *dieme giene niemen* L. 2, 434, *stiedigen* L. 3, 22, — *dir* L. 2, 434, *wilge* Hö. 1, 11, *gine* Hö. 1, 3, *viriffent sin (sehen)* Hö. 1, 9, *hirzogen* L. 2, 506, *sint (sehent)* Zs. 9, 262, 1, *irkinnen wille* L. 2, 572, *hirren* L. 3, 758, — vielleicht auch zu diesen *i* gehören die *ie* bei ausgefallener Spirans: *zien (zehen) geschien* L. 2, 434, *sient (sehent)* Hö. 1. 8. 11, *zinde (schende)* Hö. 1, 12, *sien* L. 3, 335. 693, *geschient* L. 3, 758. — Consonantischer Einfluss wirkt die Verdumpfung in *intgegenwordich* Hö. 1, 13, *suster* Hö. 2, 203, L. 3, 313.

Hd. ê. Auch hier, nur in geringerem Masse, Vertretung durch *ei î: eirsamen heirscheffe* L. 2, 532; 3, 678, *eirlois* Hö. 1, 9, *eirsten keirde* Hö. 1, 12, *steit* L. 2, 434. 506; 3, 278, Hö. 1, 3. 9. 12, *steint* L. 2, 532, *gein* L. 2, 506, *geit* L. 2, 506; 3, 278, Hö. 2, 100, *seilige* L. 3, 758, *eirbéren* L. 3, 22, — *lien* L. 2, 469; 3, 335, *ŷrsten* L. 3, 693.

Hd. ae. In der Regel durch ê gegeben, das dann dessen Schicksale teilt: *hergewêde* L. 2, 405, *gnêdich nêstin* L. 2, 434, *grêven* Hö. 1, 3, *grêvinne quême stêde* Hö. 1, 11, *wêre, beswêren* L. 2, 532, *stêde* Hö. 1, 8, *gerêde geschêge prêchen* Hö. 1, 12, *dêden* Hö. 2, 9, *hergewêda* L. 4, 646, — *deide* L. 2, 550, *neistin geneitliche* Hö. 1, 3, *leizit* Hö. 1, 11, *queim* L. 2, 532, *breiche* Hö. 1, 8, *peifsin (pâbesten)* L. 3, 278, *geneydich* Hö. 2, 128, *stiedegen* L. 3, 22. — Selten fehlt Umlaut: *dâde* Hö. 1, 8. 9, *mâr (enwaere)* Hö. 1, 9, — *swayrre* L. 3, 237.

Hd. i. Die Vertretungen sind *e: Núinkerchen*, bei Daun, B. 2, 228, *eme hovezens Zulpege* Hö. 1, 3, *desin vredeliche weder geschrevin* L. 2, 532, *quemet* Hö. 1, 9, *eren* L. 2, 506, *brenen virleden* L. 2, 572, *besegilt desen* L. 3, 22, *Fredrich* L. 3, 335, *erstegen* L. 3, 693, *sevin verzegin* Hö. 2, 203, — *Lemburg* L. 2, 506; 4, 663, Hö. 1, 3, *en* Hö. 1, 3. 9, *er*

L. 2, 506, — dann *ie: ieme miede sieven gestietis* L. 2, 434, *vriede besiegelten* Hö. 1, 11, *wieder* Hö. 1, 8, *nieder* L. 2, 506, *beschriven* Hö. 1, 12, *diesen yeren* Hö. 2, 8, — und *ei: bescreiven* Hö. 1, 11, *seise (sehs)* Hö. 1, 3, *geschreichte* L. 2, 532, *eyme* L. 3, 22, *deysen gescreiven seygel* L. A. 1, 392, *seyvenden* Hö. 2, 8. *weiden eyrun eir* Hö. 2, 100, *veil* L. 3, 278, *weir* L. A. 1, 392.

Hd. *i.* Selten dafür *ie: sien blieven* L. 2, 506.

Hd. *o ö.* Dafür altes *a: sal* L. 2, 434; 3, 693, Hö. 1, 3. 8. 9. 11. 12; 2, 8. 9, Zs. 9, 262, 1, L. A. 1, 392, *van* Hö. 1, 8. 9. 11. 12; 2, 8. 9. 100. 102, L. 2, 506. 532. 572; 3, 22. 278. 335. 758, L. A. 1, 392, Zs. 9, 262, 1; 263, 2. 3, — dafür *ai* in *vain* Hö. 2, 8; — altes *u* in *hurst* L. 2, 468, *vorwurden* Hö. 1, 9; 2, 9, *urbure* Hö. 1, 12, *virgulden* Zs. 9, 263, 3, *cust* Hö. 2, 100, — dafür *ui* in *duychtere* Hö. 2, 203. — Neues *a* tritt auf in *wale* L. 2, 506, Hö. 1, 12; 2, 8. 9, *zabel (varium)* L. 2, 469, *genamen*, neben *genomen*, Hö. 1, 3, *ave* Hö. 1, 8, — dafür *ai* in *wail* L. 3, 237. 758, *geswairn (?)* L. 3, 115. — *Ou ö* findet sich in *schoult* L. 3, 768, *goulde* L. 3, 900, *Adoulff sould Reynoult* L. 4, 32, *houltz* L. 4, 215, *voulgt* L. 4, 325, *sölen* Hö. 2, 9, — *hertzougen* L. 2, 27; 3, 1076, *öva* Hö. 2, 9, — mit Ausfall des l in *goude* BM. 4, 362. — Diphthongierung in *oe oi: goizhûs* L. 2, 506, *goitz geloift* L. 3, 22. 278, *goidz* L. 3, 258. 335, *geloift* L. 3, 678, *vollenkoimlichen* L. 3, 258, *coyst* L. A. 1, 392 *geloift koist hoif* Hö. 2, 8, — *erzebiscoifis* L. 2, 435, *gewoinden* L. 2, 278. 532, *Coilne* Hö. 1, 3, *goylde* L. 3, 22, *woilde* L. 3, 278, *hoeven* L. 3, 678, L. A. 1, 392, *geboydin* L. 1, 486, *moichte* L. 3, 678, *hertzoige soilen gekoiren* L. 3, 693, *doichtere* Hö. 2, 8, *koymen* Hö. 2, 100. — Die Diphthongierung fehlt Zs. 9, 262, 1. 263, 2. 3, L. 2, 572. — Unorganischer Umlaut in *seulden weulden* L. 3, 693.

Hd. *ô oe.* Dafür selten *ú ü ui: dú* Hö. 1, 3, *düme* Hö. 1, 13, *hürent* L. 3, 22, *hüren* L. 3, 335, *gehürt* L. 3, 237, Hö. 2, 203, — *rüymschin* L. 3, 141, *gehüyrt* Hö. 2, 203. —

Die Diphthongierung in *oi* trifft zuerst Oxytona: *doit* neben *dôden* L. 2, 534, Hö. 2, 128, *Hoystaden* L. 2, 550, *noit trúwelois* Hö. 1, 8, neben *gehórint, érenlois* Hö. 1, 19, *doit* Hö. 1, 12, neben *dôde*, ebenso Hö. 2, 128, *proist* L. 3, 280, neben *hôrint, Schoinburch* L. 3, 678, — *loesin* L. 2, 522, *trúweloise* Hö. 1, 9, *gedoidet* L. 2, 506, *cloistere* Hö. 1, 12, *Roymschin* L. 3, 278, *floissen noiden* L. 3, 1076, *doiden troiste groize* L. 3, 758, *hoirunt* Hö. 2, 100. — Die Diphthongierung fehlt Zs. 9, 262, 1; 263, 2. 3, L. 3, 572.

Hd. *u ü*. Die gewönlichste Vertretung ist *o: Molbach*, Kreis Düren, B. 2, 228, *ombe scholt* Hö. 1, 11, *sone orvéde* Hö. 1, 9, *Lemborg moyen* L. 2, 506, *monchen* Hö. 1, 12, *son over* L. 2, 572, *kont onsen* L. 3, 678, *solen* L. 3, 237, *hondert gewonnen* L. 3, 693, *scholtisse* Hö. 2, 203, *ronzeyn* Hö. 2, 100, — *Lodewicum* L. 4, 651, *op* Hö. 1, 3. 9, L. 2, 532. 572, Zs. 9, 263, 3. — *Ou* erscheint in *soulen* L. 3, 335, *ouns ounsen* Hö. 2, 100, *gedoult* L. 3, 1021. — Für *o* dann die erhöhende Diphthongierung *oe oi* in *soene* L. 3, 1076, *schoilt* L. 3, 758, *koynynch* L. 3, 486, *moygen* L. A. 1, 392, *soylun* Hö. 2, 100, — *Vöne* Hö. 2, 100 wird Umlaut sein — wie *Guilghe* L. 3, 237. 335. 678. 693, *muegen* L. 3, 1076, *bueren* L. 3, 486, — *bedeurfen* L. 3, 335. — Neben *unde* Hö. 1, 8. 9; 2, 9. 203, L. 2, 572; 3, 128. 141 ist die überwiegende Form *inde ind* L. 2, 434, 532, Hö. 1, 3. 8. 9. 11. 12; 2, 9. 203, Zs. 9, 263, 2. 3; L. 2, 506. 572; 3, 22. 128. 141; — seltener ist *ende en* L. 2, 506, mit *inde*, L. A. 1, 392.

Hd. *ú iu*. Dafür vereinzelt nhd. *ou* in *houz* (domus) *élichousvrouwe ouz* Hö. 2, 96. — In der Vertretung des *ú* durch *ui* lässt sich hier kein Gesetz erkennen: *inbuyssen* L. 2, 532; 3, 234. 278, *huys* L. 3, 22. 335, *uis* L. 3, 335, *uyss huyss* L. 3, 1076, *gehuyse* L. 3, 237.

Hd. *ei*. Dafür *é: crieth* und *vriheit* L. 2, 435, *éne béden Hénrig wárede zwé* Hö. 1, 3, *meinédich* Hö. 1, 9, *hémeliggeit* L. 3, 22, *gedédingt* L. 3, 280, *cléder beréden* L. A. 1, 392, *héligin gemenlich* Hö. 2, 100. — Einige Urkunden enthalten sich der Monophthongierung beinahe gänzlich: so Hö. 1, 11, die ins hd. spielende Hö. 1, 96, L. 2, 534 bis auf den Eigennamen *Henrich*, während die ebenfalls cölnische Hö. 1, 3 sehr viele Fälle zählt.

Hd. *iu*. Die regelmässige Vertretung mit Ausname der pronominalen Endungen ist *û: vorhûre* L. 2, 288, *Nûerburg lûde trûwen* L. 2, 434, *drûhundert vrûnt trûhende dûrste* Hö. 1, 12, *gebûdet dûtschen* L. 2, 572, *nûn* Zs. 9, 263, 3, *dûden* Hö. 2, 8. — Selten wechselt dies *û* mit *ui: nuyn* L. 2, 532, *duitzschen* Hö. 1, 12, *vaetluide* L. 4, 671. — Für *diu* erscheint *die* Hö. 1, 9. 11, — *di* L. 2, 434, Hö. 1, 11.

Hd. *ie*. Dafür regellos aber häufig *i: brif* L. 2, 434, *dŷ hilt dinest* Hö. 1, 3, *hi virkisen* Hö. 1, 9, *verlise* L. 2, 506, *verdinen* Zs. 9, 262, 1, *imanne* Hö. 1, 12, *hilden* L. 2, 572, *krigen* L. 3, 678, *Dŷderich vir* Hö. 2, 8; — ebenso *é ei: ordinéren* Hö. 1, 3, *éwelich éman* L. 2, 532, *éwer Déderich* L. 3, 280, *brêve dénen* L. 3, 278, *dé léve* L. 3, 237, *démoit* Hö. 2, 203, — *upleiffe veirzich neit* L. 2, 532, *kreichs* L. 3, 141, *erleife breif* L. 3, 280, *deinstman* L. 3, 287, *seich* L. 3, 758, *veyrde* L. A. 1, 392, *keisen* Hö. 2, 8, *eimen* Hö. 2, 9. — Manche Denkmäler bewahren *ie i* beinahe ausnamslos, so Hö. 1, 9. 11. L. 2, 506.

Hd. *ou öu*. *Ô* ist häufig, aber nirgends durchgeführt: *ôg ôch* Hö. 1, 3, Zs. 9, 263, 2, *uplôfende* Hö. 2, 8, *urlôf* Hö. 2, 9, — *oi* erscheint in *meinkoif* L. 2, 452, *geloiffen* Hö. 1, 3, *oych verkoyfen* L. 2, 532, *erloyffen* Hö. 2, 141, *uploif* L. 3, 278, *koyf* L. 3, 758, *koimantschaf* Hö. 2, 189. — Im 14. Jh. beginnt die Schreibung *auw: vrauwe* L. 3, 257. 678. 758, *Nassauw* L. 3, 1076. — Vereinzelt ist *bûngart* L. A. 1, 392. — Der Umlaut zeigt sich in *heuftlûde* L. 3, 693.

Hd. *uo üe*. Den hd. Diphthong können die Fälle *û* bedeuten: *barewûz genûgen sûchin gût* L. 2, 434, *Cûnrâdi* L. 2, 428, *sûne gebrûdere* L. 2, 534, *vûgen* Hö. 1, 3, *hûvenere* L. 4, 646. — *Ö* in *brôder* Hö. 2, 9. Die Regel bilden *ô* und *û: Cônrâdi* L. 2, 468, *Cônrâdum* L. 4, 651, *gôden*

L. 2, 532, *Cônrait* Hö. 2, 8, *darzó* Zs. 9, 263, 3, *stóle góden*
L. 3, 141, *zó* L. 3, 335, — *súnen* L. 2, 434, *Cúnrât dún*
L. 2, 438, *dûne gebrúdere* L. 2, 532, *gúdin* Hö. 1, 8, *darzú
zú behúde* Hö. 1, 9, *húvenere múzen rúret* L. 2, 506, *kúchen*
Hö. 1, 12, *drúgen gemúde* L. 2, 572, *fúder* Zs. 9, 263,
2, *genúch*, Zs. 9, 263, 3, *vervúre* Hö. 2, 8, *dúnt* Hö. 2, 9,
Úlricum L. 4, 646. — *Ú* und *ó* in einem Wort: *pacis
que vulgo dicitur mútsóna* L. 4, 671. — Erhöhende Diphthongierung: *goit doin* L. 2, 532, *noit* L. 3, 141, *stoil geroirt* L.
3, 278, *gnoicht* L. 3, 678, *rois* L. A. 1, 392, *gesoint* L. 3,
693, *démoit* Hö. 2, 203, — *behoire* L. 3, 1076, *voyder* L. 3,
486, *broideren* L. 3, 758, — *guit* L. 2, 434, *dúen* Hö. 1, 11,
unmúit Hö. 1, 3, *duyn* L. 2, 532, *múytz gúytligin* L. 3, 141.
— Auch hier *ui* seltener in paroxytonierten Wörtern: *guyde
genuygen* L. 2, 532, *múyder* Hö. 2, 203.

Apokope, nach kurzer Silbe: *of sul wir* Hö. 1, 6, *eidel*
und *eidele* L. 4, 67, — nach langer: *want* L. 4, 67.

Synkope, nach kurzer Silbe: *irme* Hö. 1, 6, *goitz geloift
gemaint* L. 2, 168, *diss* L. 4, 67, — nach langer: *wilne
dinstman dienste irsten* Hö. 1, 6, *eynre unsme geconfirmeirt
heylger gezoint antasdin gevurwort uns (unses) sitzt richs
lantz geistlichs gerichts anetrift* Hö. 2, 168, *uns (unses)* L.
3, 141, *synre meynt uiswýst gemaicht briefs unss uissprúchs
geltz eldsten* L. 4, 67, *Lintwilre* L. 4, 647 *ertschkenzeler
ertschbischof* L. 2, 168, *ertzbischof* Hö. 2, 96. — *gnaeden
gnáde glich* Hö. 1, 6, *gnaiden* L. 4, 67.

Unorganisches *e: geschiene* L. 3, 496, *geweste* L. 3, 657.

Ableitungssilben, Endungen und Praefixe haben neben
regulärem *e* und *i* zuweilen teils *ei: eingein (enkein)* L. 2,
506, *erhoiheyt* L. 3, 758, *angeyst* Hö. 2, 9, *Werneyr sageyd*
Hö. 2, 100, — teils tiefere Vocale: *mútsóna* L. 4, 671, *untsechten ontsetzen* L. 3, 693, besonders aber in der merkwürdigen Urkunde des S. Severiner Magistrats von Cöln Hö. 2,
100: *hoirunt wendun* (Inf.) *soŭlun weira (waere), arkoirun*

arvallun apostolun penningun (Plur. Dat.), *henda* (Plur. Gen.), *vorgenômda* (Fem. Sing. Nom.), *genga* (Adj.) *vorsprochenma* (Sing. Dat.), *eynra* (Sing. Dat.), *sunder eyncha kunna weiderreida*, – neben *eynger kunne weiderreyde*, — *bestun* (Sing. Dat.), — *guleygun (gelegen), arkoirun arvallun bahalden.* Nur einige Fälle sind durch vocalische Assimilation zu erklären, s. Scherer zu Dm.² XXXVI, 3, 9.

Inclinationen: *al si (alse si)* Hö. 1, 6, *ast wirt (alse ez, wir ez)* Hö. 2, 168, *ind (in daz)* L. 4, 67, *dwÿle* L. 4, 296,

Was Flexion anbelangt s. unten die allgemeinen Bemerkungen zu den Beschreibungen III IV V VI.

Charakteristik IV.

IV scheidet sich durch festen Schreibegebrauch scharf von allen übrigen Mundarten ab. *T* ist nur erhalten in allen Pronominalformen, in der Formel *zt*, in *tol* und *tuschen*, — *p* nach Vocalen nur in *up*, hier aber constant, und nach Liquiden. Nur sehr selten wechselt *dorp* mit *dorph*. — Der schwankende Gebrauch der Mundart III, welche vor IV in Cöln geherrscht hatte, muss also nach einem sprachlichen Principe geregelt worden sein. Die Majorität der Fälle, in denen *p* nach Liquida gesprochen und geschrieben wurde, wird der Minorität das Gesetz dictiert haben. Ebenso musste die Minorität der Fälle, in welchen III *p* nach Vocalen zulässt, der Ueberzahl verschobener Consonanten folgen. — Sobald ein Denkmal auch nur ein *uf* zeigt habe ich es zu VI gerechnet. Nur ein *uph* schien mir, wenn andre Umstände dafür sprachen, den Charakter von IV nicht zu verändern. Vgl. p. 168.

Gegen Süden und Osten nehmen die charakteristischen Erscheinungen des nfr. Vocalismus ab und -*dorf* überwiegt: so in den Sainschen Urkunden des 13. Jhs., s. Verkehr mit Cöln, und Münster-Maifeld und Burgen L. 2, 103 (1325).

Literatur IV.

12. Jh. Segen (Prosa) Altd. Bl. 2, 1 (oder VI).

13. Jh. Geistliche Lilien (Prosa und Verse), Germ. 3, 56, — Morant und Galie, Lachmann Drei niederrheinische Gedichte p. 172, — Marienlieder, Zs. 10, 1, — Marienklage, Zs. 1, 34, — Die Böhmenschlacht Liliencron Historische Volkslieder 1, 4, — Schlacht bei Göllheim, Liliencron a. a. O. 1, 11 (vgl. Zs. 3, 1 ff.), — Minneleich, Zs. 3, 218.

14. Jh. Zwei Legenden (Prosa), v. Karajan Frühlingsgabe p. 60. 68, — Schachaufgaben, Zs. 14, 179 (oder VI) — Novelle von den drei lebendigen und drei toten Königen, Bragur 1, 91, — Gottfrieds von Strassburg Tristan, Hs. N, — Wilhelm von Holland, vdHagens Germ. 6, 250, — Bruchstück einer poetischen Legende, Germ. 17, 441.

15. Jh. J. Rusbroeks Zierde der geistlichen Hochzeit, in der von Arnswaldt seiner Ausgabe (Hannover 1848) zu Grunde gelegten „cölnischen" Hs., — Kölhoffs Chronik der Stat Cöln, (1499), — Seelentrost, ed. Pfeiffer, Deutsche Mundarten 2, 289. 433; 3, 49, — Leben Christi (prosaisch), Mone Quellen und Forschungen 475, — Psalterium, Archiv des Hennebergischen alterthumsforschenden Vereins 1 (1834) p. 72, — Gottfrieds von Strassburg Tristan, Hs. O, — Der Liebe Bergfried und Liebe und Gold, zwei Gedichte der Blankenheimer Hs., vdHagens Germ. 7, 326. 328, — Gespräch zwischen Seele und Leib, Germ. 3, 400, — H. Elisabeth, aus derselben Hs. mit dem vorhergebenden, Germ. 3, 396, — Weberschlacht, Liliencron

Historische Volkslieder 1, 70 und in Gottfried Hagens Reimchronik der Stat Cöln ed. v. Groote (1834) p. 214, — Legende von der h. Ursula, Schade, Geistliche Gedichte vom Niederrhein, p. 183, — Marienklage, Schade a. a. O. p. 214, — der Kranz göttlicher Liebe, Schade a. a. O. p. 229, — die Weissagung der Sibylle, Schade a. a. O. p. 296, — die Marter der h. Mackabäer, Schade a. a. O. p. 366.

Geographische Uebersicht IV.

IV*) gebrauchen als Amtssprache im 13. Jh. Erzbischof von Cöln und Stat Cöln L. 2, 434 (1257 d.), 435 (1257 d.), 464 (1258 l.), 469 (1259 l.), 517 (1262 d.), 534 (1263 d.), 550 (1264 l.), 4, 643 (1200 l.), 649 (1221 l.), 651 (1226 l.), 663 (1242 l.), 665 (1245 l.), Hö. 1, 11 (1275), Ennen 2, N. 381 (1258 d.), 382 (1258 d.), 416 (1260 d.), 434 (1262 d.), 461 (1263), und s. Verkehr, — Jülich L. 2, 506 (1261 d.).

Dann die Geschlechter und Ortschaften, links Rhein: Mauenheim, n. Cöln, cölnisch, L. A. 6, 48 (1286 l.)

Schweinheim, bei Rheinbach, das hochstadensch, Ann. (1855) p. 141 (1242 d., wol jüngere Abschrift), von Ahr-Nurburg und Hochstaden, s. Bonn, Hochstaden, cölnisches Lehn, L. 4, 646 (1202 l.), von Ahr, s. Bonn, B. 2, 247 (1209 l.), von Hochstaden L. 2, 32 (1210 l.), 41 (1212 l.), 46 (1214 l.), 55 (1208—1216 l.), 152 (1227 l.), 154 (1227 l.), 207 (1236 l.), 271 (1242 l.), 297 (1246 l.), 298 (1246 l.), 4, 647 (1212 l.), von Saffenberg, s. Ahr, L. 2, 397 (1253 l.),

rechts Rhein: von Rennenberg, bei Linz, cölnisch, Hö. 1, 8 (1270), Siegburg, no. Bonn, im Bergischen, L. 2, 405

---

*) Da die im 13. Jh. beginnenden deutschen Urkunden den Typus deutlich erkennen lassen haben, ist nur eine kleine Anzahl lateinischer herbei gezogen.

(1254 l.), 428 (1256 l.), 468 (1259 l.), von Neuerburg, n. Neuwied, sainscher Burgmann, Zs. 9, 262, 1, L. 4, 669 (1263 d.), von Braunsberg, noo. Neuwied, cölnische und sainsche Lehn, B. 2, 265 (1220 l.), von Sain, no. Neuwied, von Isenburg, no. Bendorf, pfälzische Lehn, Hö. 1, 9 (an Sain 1272), — dazu noch Kloster Walburgenberg Zs. 9, 263, 3 (1279 d.), das ich nicht finden kann.*) — Von Ahr-Nurburg, von Ahr, Saffenberg, Siegburg und von Braunsberg sind allerdings nicht sicher. Auch Hochstaden gibt trotz der grossen Anzahl von Urkunden kein zweifelloses Resultat, und gerade an der Grenze von V wäre dies sehr erwünscht. Deutsche Urkunden scheinen die Hochstaden im 13. Jh. noch nicht ausgestellt zu haben.

Die neue Mundart erscheint rechts und links vom Rhein auf einem Gebiet, das früher im 11. 12. Jh. III angehört hatte. Nur im So., von Neuerburg bis Isenburg, scheint sie darüber hinaus zu gehen und nach V überzugreifen, das sich daneben noch behauptet.

Conflicte

mit III. — IV teilt in Jülich die Herrschaft mit der älteren Mundart.

mit V; s. diese Mundart.

Verkehr.

Zum Verkehr mit Cöln bedient sich der Mundart: Jülich Ennen 2, 449 (1263 d.), 450 (1263 d.), wegen Seltenheit der Belege für Jülich angeführt, — Berg Ennen 2, 387 (1257 d.), 431 (1262 d.), — Limburg Ennen 2, 456 (1263 d.), 459 (1263 d.), Lüttich Münster Geldern Jülich Ennen 2, 462 (1263 d.), L. 2, 542 (1264 d.).

---

*) Eine eingehende kirchliche Topographie Deutschlands ist noch immer ein frommer Wunsch; vgl. Stumpf Acta Moguntina XXV Anm. 19.

Ferner die Geschlechter, links Rhein: von Reifferscheid-Bedburg Ennen 2, 470 (1264 d.) rechts Rhein: von Sain, no. Neuwied, Hö. 1, 12 (1283), 13 (1284), L. 2, 744 (1280 d.), die Urkunde L. 2, 786 ist gleich Hö. 1, 13, aber von 1283), von Isenburg, no. Neuwied, Ennen 2, 471 (1264 d.) von Katzenellenbogen, ssw. Limburg, Ennen 2, 457 (1263 d.).

Berg Limburg Lüttich beweisen für Cöln.

In IV verkehren ferner: von Bedburg, nw. Bergheim, mit Reifferscheid Zs. 9, 263, 2 (1376 d.), von Molbach (Maubach), bei Düren, mit Nieder Prüm B. 2, 228 (1207 l.).

Im 14. Jh. ist IV Amtssprache des Erzbischofs und der Statgemeinde von Cöln L. 2, 22 (1302), 210 (Stat 1326), 340 (1339), 382 (Stat, dat. Bonn 1342), 392 (1343), 420 (1345), 422 (1345), 426 (1344), 489 (1350), 494 (1351), 508 (1352), 516 (1352), 602 (1360), 609 (1361), 668 (1366), 670 (1366), 720 (1372), 730 (1372), 748 (1373), 752 (1373), 762 (1375), 768 (Stat 1375), 769 (1375), 799 (1377), 665 (1382), 885 (1384), 914 (1387), 937 (1389), 965 (1392), 968 (1392), 974 (1392), 988 (1393), 1011 (Stat 1395), 1016 (1396), 1021 (1396), L. A. 2, 314 (1350), Gü. 3, 344 (1347), 377 (1351), 471 (1370), 592 (1382), 657 (1398), Hö. 2, 2 (1302), 168 (1334), Wt. 2, 745 (1375), 4, 776 (1373). Ennen 1 p. 1 (Eidbuch des engern Rates 1321), p. 15 (Eidbuch von 1341), p. 37 (zweites Exemplar des Eidbuches von 1341), p. 41 (Eidbuch von 1372), p. 55 (Eidbuch von 1382), p. 63 (Eidbuch von 1395), p. 85 ff. (Ratsverordnungen des 14. Jhs.), p. 139 (Richerzeche 14. Jh.), p. 178 ff. (Richterliche Entscheidungen vom 14. Jh.), p. 329 ff. (Zunftordnungen vom 14. Jh.), Wt. 2, 836 (cölnische Verlöbnissformel), und s. Verkehr IV und III. — Jülich L. 3, 247 (1330), 450 (1347), 464 (1348), 478 (1349), 554 (1356), 561 (1356), 567 (1357), 570 (1357), 621 (1361), 627 (1362), 673 (1367), 676 (1367), L. A. 1, 392 (1331), Gü. 3, 310 (1344), 498 (1364) und s.

Verkehr, — Berg-Ravensberg L. 3, 363 (1341). 486 (1349),
582 (1358). 629 (1362), 634 (1363). 644 (1363), 647 (1363).
681 (1368), 684 ([Jülich]-Berg-Ravensberg 1368), 715 (1371),
754 ([Jülich]-Berg-Ravensberg 1374), 757 ([Jülich]-Berg-
Ravensberg 1374), 758 ([Jülich]-Berg-Ravensberg 1374), 777
(1358), 853 (1380), 872 (1383), 878 (1384), 880 (1384), 898
(1385), 919 (1387), 921 (1387), 933 (1388), 940 (1389), 960
(1392), 979 (1393), 980 (1393), 1001 (1394), 1009 (1395),
1014 (1396), 1033 (1397), 1053 (1398), 1064 (1399), 1067
(1399), L. A. 1, 286 (1392), 4. 460 (1376), 161 (1383), und
s. Verkehr, — Lüttich Weizs. p. 262 (1379).

Dann bedienen sich der Mundart die Geschlechter und
Ortschaften, links Rhein: von Meurs, clevesches Lehn, L. 3, 744
(1373) Anrath, bei Kempen, cölnisch L. A. 6, 68
(1381) Gladbach, s. Kempen, cölnisch, im jülichschen, BM. 4, 362 (1349) Odenkirchen, s. Gladbach, cölnisch, L. 3, 1051 (1398) Aldenhoven, bei
Jülich, jülichsch, L. 3, 352 (1340 l.) von Loon-
Heinsberg-Blankenberg, lüttichsches Lehn, L. 3, 532 (1354).
Achen Wt. 4, 800 (1393), Quix N. 291 (1321), 325 (1338),
331 (1340), 340 (1346), 342 (1346), 353 (1315), Weizs. p.
164 (1376), Wehrmeisterei, s. Düren, jülichsch, Wt. 2, 791.
Soller, sos. Düren, jülichsch, L. A. 7, 92 (1393—1402), Zülpich,
jülichsch, cölnisch, L. 3, 707 (1375), L. A. 1, 245 (14. Jh.),
Gimnich, Amt Lechenich, cölnisch, L. A. 6, 39 (14. Jh.), Bonn.
cölnisch, Wt. 4, 768 (= L. A. 2, 317, 14. Jh.), 4, 789 (1376)
Veihe, zwischen Gemünd und Euskirchen, jülichsch,
Wt. 2, 688 (1395), von Tomberg. soo. Rheinbach, cölnisch, Gü.
3, 591 (1381), von Hochstaden, s. Bonn, cölnisch, L. 3, 622
(1361), Ahrweiler, w. Remagen, cölnisch, Wt. 2, 634 (1395),
Sinzig, am Rhein, ober Remagen, königliche Pfalz, an Jülich
verpfändet, Hö. 2, 115 (1327) von Blankenheim, so.
Schleiden, L. 4, 680 (1391), Kesseling, s. Altenahr, cölnisch.
Wt. 2, 637 (1395), von Saffenberg, w. Neuenahr, Gü. 3, 593
(1383), von Neuenahr, sw. Sinzig, cölnisches Lehn, Gü. 3, 405
(1353), Schuld, Amt Nurburg, cölnisch, L. A. 6, 7 (1368)
Rommersheim, ö. Prüm, prümisch, Wt. 2, 515

(14. Jh.) Kuttenheim, bei Maien, triersch, Hö. 2, 121 (1327), Münster-Maifeld und Burgen, untere Mosel, triersch, Hö. 2, 103 (1325),

rechts Rhein: Stift Gerresheim, ö. Düsseldorf, bergisch, L. A. 6, 906 (14. Jh. l.), 136 (14. Jh.) Hilden und Haane, so. Düsseldorf, bergisch, L. 3, 903 (1386), von Bilstein, so. Plettenberg, S. 75 (1360) von Höscheid, s. Gräfrath, bergisch, L. 3, 507 (1352) Deutz, cölnisch, bergische Vogtei, L. 3, 904 (= Wt. 3, 3, 1388), Königsforst, bei Bensberg, bergisch, L. 3, 905 (= Wt. 6, 715, 1386) Drachenfels, gegenüber Bonn, cölnisch, L. 3, 573 (1375), von Wildenberg, an der Sieg, sainsches Lehn, Gü. 3, 594 (1383) Honnef, ober Bonn, cölnisch, L. A. 6, 12 (14. Jh.) Unkel, s. Honnef, cölnisch, L. A. 6, 6 (14. Jh.) . von Hammerstein, bei Neuwied, Reichsburggraf, Hö. 1, 29 (1300), 2, 207 (1338), Gü. 3, 578 (1380), von Sain, no. Neuwied, triersches Lehn, Hö. 1, 4 (1259).

Fortschritt gegenüber dem 13. Jh. Von grösseren Territorien kommt zu Cöln und Jülich nun Berg-Ravensberg. Was Geschlechter und Ortschaften anbelangt, so breitet sich die Mundart links Rhein nach Westen aus: Achen, im vorigen Jh. III, und südlich Rommersheim Kuttenheim Münster-Maifeld, im vorigen Jh. V, — rechts Rhein dringt sie nördlich vor bis Gerresheim Hilden und Haane, früher II und III, und östlich auf sächsischem Gebiet, bis Bilstein.

Conflicte

mit sächsisch: von Bilstein schreibt an von Steinfurd in IV, acht Jahre später sächsisch, S. 789 (1368).

mit IIb, links Rhein: beide Mundarten werden von den Grafen von Meurs gebraucht, und in Kempen fanden wir IIb, während in dem benachbarten Anrath IV herrschte. — Rechts Rhein hat in Gerresheim IV IIb noch nicht überwunden.

mit III. Aus der Berg-Ravensbergschen Canzlei stehen noch zwei Urkunden in III den zahlreichen in IV gegenüber. Gladbach ist gemeinsam, in Achen herrscht IV, ganz daneben in Schönforst III.

mit III/IV. V. VI. IX. X, s. die betreffenden Mundarten.

Verkehr.

Zum Verkehr mit Cöln bedienten sich der Mundart Kaiser Karl IV L. 3, 779 (= Weizs. p. 36, 1376), — Lothringen-Brabant-Limburg Jülich Cleve Loon Berg L. 3, 426 (an Cöln Münster Mark Arnsberg Waldeck 1345), — Cleve L. 3, 807 (1377), — Cleve-Mark L. 3, 967 (1392), — Bischöfe von Münster und Paderborn nebst Stäten Münster Dortmund Soest L. 3, 786 (1376), — die Bischöfe von Osnabrück, von Münster und Heidenreich von Ore Gü. 3, 611 (über Cöln und Berg 1387), — Mark L. 3, 342 (1339), 503 (1351), 928 (1388), — Nassau L. 3, 419 (1345).

Dann die Geschlechter und Ortschaften, links Rhein: von Botzlar, soo. Calcar, L. 3, 837 (1379), von Anghenende, wsw. Wesel, L. 3, 939 (1389), von Alpen, non. Düsseldorf, zu Hönnepel L. 3, 925 (1388), Kamp, s. Alpen, Hö. 2, 215 (1340) von Wachtendonk, s. Geldern, L. 3, 533 (dat. Cöln 1354), L. 3, 951 (1390), von Wyenhorst, Kreis Geldern, L. 3, 955 (1391), von Hüls. ö. Kempen, L. 3, 935 (1389), Graf von Meurs L. 3, 787 (1376) von Krieckenbeck, sws. Geldern L. 3, 836 (1379), von der Neersen, nno. Gladbach, L. 3, 982 (1393), von der Dick, w. Neuss, L. 3, 874 (1383) von Orsbeck, noo. Heinsberg, L. 3, 942 (1389), von Morshoven, n. Erkelenz, L. 3, 540 (1554), von Odenkirchen, ö. Gladbach, L. 3, 1051 (1398) von Harff, bei Bergheim, L. 3, 915 (1387), Gimnich, n. Euskirchen, L. A. 6, 39 (14. Jh.), von Alfter, w. Bonn, L. 3, 600 (1360), von Rheindorf, nwn. Bonn, Hö. 2, 203 (1337) von Schleiden, von Vilich, von Bibersten L. 3, 801 (1377), von

Reifferscheid, s. Schleiden, L. 3, 461 (1348), 877 (1384), 895 (1385), 924 (1388), von Saffenberg, w. Neuenahr, L. 3, 866 (1383), Remagen, am Rhein, Gü. 503 (1365) von Olbrück, bei Kempenich, L. 3, 1045 (1398), von Virneburg, s. Kempenich, L. 3, 556 (1356) von Schöneck, Kreis Prüm, L. 3, 938 (1389), von Elz, im Virneburgischen Hö, 2, 177 (1335) von Diemerstein und Frankenstein, w. Kaiserslautern, in der Pfalz, Gü. 3, 585 (1380),

rechts Rhein: von Mervelt, Kreis Coesfeld, L. 3, 884 (1384) von Düngelen, Essenscher Erbschenk, L. 3, 802 (1377), 1069 (1399), von Vitinghof. bei Essen, L. 3, 776 (1376), von Strünkede, in der Mark, L. 3, 888 (1385), Werl, w. Soest, S. 860 (1382) von Oeft L. 3, 800 (1377), von Calchem, so. Duisburg, L. 3, 1037 (1397), Graf von Arnsberg L. 3, 586 (1358), 689 (1369), S. 732 (1354), 733 (1354), 734 (1354), L. A. 4, p. 392 (1377), von Padberg, ö. Brilon, S. 893 (1397), Kniprode, nnw. Elberfeld, L. 3, 814 (1378), von Elberfeld L. 3, 1008 (1395), von Sobbe, in der Mark, L. 3, 727 (1372), Attendorn, s. Plettenberg, S. 887 (1393), von Plettenberg, n. Attendorn, S. 700 (1346), Graf von Waldeck S. 698 (1346), 699 (1346)
von Hane-Lülstorf, bei Siegburg, L. 3, 740 (1373)

Linz, ober Bonn Gü. 3, 502 (1365), von Rennenberg, bei Linz, L. 3, 812 (1378) Graf von Sain, no. Neuwied, L. 3, 557 (1356), von Isenburg, no. Neuwied, L. 3, 522 (1353).

Kaiser Karl IV., Lothringen-Brabant usw., Cleve, Cleve-Mark, Münster usw., Osnabrück usw., Mark, Nassau beweisen für Cleve.

Zum Verkehr mit Jülich und Jülich-Geldern bedienen sich der Mundart: Geldern-Jülich-Zütphen L. 3, 1000 (1394), — Bischof und Statgemeinde von Lüttich L. 3, 858 (1381), wegen Seltenheit der Belege für Lüttich angeführt, — Pfalzgraf L. 3, 559 (1356).

Dann die Geschlechter und Ortschaften, links Rhein: von Milendonk L. 3, 918 (1387), von Rheidt, s. Gladbach, L. 3,

505 (1352), 930 (1388), von der Dick, w. Neuss, L. 3, 476 (1349), 899 (1388) von Elslo, bei Mastricht, L. 3, 246 (1329), 292 (1335), von Kinzweiler, noo. Achen, L. 3. 711 (1371), von Schönforst, bei Achen, L. 3, 1062 (1399), von Breidenbend, nww. Jülich, L. 3, 388 (1343), von Aldenhoven, bei Jülich, L. 3, 352 (1340), von Ederen, wnw. Jülich, L. 3, 712 (1371), von Pattern, ssw. Jülich, L. 3, 698 (1370), von Pütz, nw. Bergheim, L. 2, 397 (1343), von Bicken, nw. Bergheim, L. 3, 922 (1387) von Montjoie-Falkenburg L. 3, 384 (1342), Conzener Wald, non. Montjoie L. A. 7, 107 (13.—14. Jh.), von Vlatten, non. Schleiden, L. 3, 887 (1384), Vettweiss, zw. Düren und Zülpich, L. 3. 876 (= Wt. 4, 770, 1383), von Dollendorf, so. Schleiden, L. 3, 335 (1338), 869 (1382), von Rohr, soo. Schleiden, L. 3, 404 (1344), von Brohl, zwischen Andernach und Remagen, Gü. 3, 244 (1339) von Salm, w. S. Vith, L. 3, 816 (1378), von Kronenburg, s. Schleiden, von Neuerburg L. 3, 413 (1344), von Langenfeld, nw. Prüm L. 3, 809 (1378)
von Virneburg, wnw. Maien, L. 3, 220 (1327)
von Leiningen, in der Pfalz, L. 3, 462 (1348),

rechts Rhein: Corvei, no. Höxter, L. 3, 315 (1337)
von Sobbe, in der Mark, L. 3, 831 (1378)
von Limburg, an der Lenne, L. 3, 718 (1372)
von Löwenberg, im Siebengebirge, L. 3, 266 (1333)
von Wied, nw. Coblenz, L. 3, 678 (1367), von Braunsberg, nno. Neuwied, L. 3, 316 (1337) von Isenburg, no. Neuwied, L. 386 (1343), 714, (1371)
von Greifenstein, bei Wiesbaden, L. 3, 269 (1333).

Geldern und Pfalzgraf beweisen für Jülich.

Zum Verkehr mit Berg-Ravensberg: Bischof von Lüttich L. 3, 301 (mit Berg über Cöln und Mark 1335), wegen Seltenheit der Belege für Lüttich angeführt, — Bischöfe von Osnabrück und Münster und Heidenreich von Ore Gü. 3, 611 (über Cöln und Berg 1387), — Mark L. 3, 407 (1344), 608 (1378), 900 (1386), — Nassau L. 3, 844 (1380).

Dann die Geschlechter und Ortschaften, links Rhein: von Alpen, nwn. Rheinberg, zu Hönnepel L. 3, 59** (1360) von der Dick, w. Neuss, L. 3, 476 (an Berg - Ravensberg und Jülich 1349) von Reifferscheid L. 3, 936 (1389) von Hunolstein, sgw. Berncastel, L. 3, 607 (und Rodemacher 1360),

rechts Rhein: Graf von Teklenburg L. 3, 708 (1371) von Mervelt, Kreis Coesfeld, L. 3, 581 (1358) von Broich, so. Duisburg, L. 3, 685 (1369), von Oeft, bei Werden, L. 3, 596 (1359), 891 (1385), von Hardenberg, sso. Werden, L. 3, 548 (1355), von Strünkede, in der Mark, L. 3, 1029 (1397) von Elberfeld L. 3, 796 (1377), von Limburg, an der Lenne, L. 3, 463 (1348), 793 (1377), 1022 (1396), 1023 (1396), 1026 (1397), von Sobbe, in der Mark, L. 3, 923 (1388), von Plettenberg, so. Altena, L. 3, 926 (1388), Graf von Waldeck L. 3, 862 (1381) von Menden, bei Siegburg, L. 3, 823 (1378) von Solms, wsw. Wetzlar, L. 3, 630 (1362), 916 (1387), von Stein L. 3, 705 (1370).

Osnabrück usw., Mark, Nassau beweisen für Berg.

Ausserdem dient die Mundart zum Verkehr links Rhein: zwischen Geldern-Zütphen und Reifferscheid und Salm L. 3, 358 (Erzbischof von Cöln und Markgraf von Jülich unterzeichnen mit 1341) zwischen von Ilem und Gladbach, s. Kempen, BM. 4, 382 (1371), von Huchelhoven und Gladbach, s. Kempen, BM. 4, 403 (1399) zwischen dem Hospitaliter Commandeur von Nidecken, s. Düren, und Jülich und Achen Quix N. 341 (1346) zwischen von Hochstaden, s. Bonn, und Coblenz L. 3, 622 (1361) zwischen Prüm und Randerath, Kreis Geilenkirchen, L. 3, 680 (1368),

rechts Rhein: zwischen von Höscheid, sws. Solingen, und Elberfeld, L. 3, 507 (1352) zwischen von Drachenfels, gegenüber Bonn, und Deutz L. 3, 573

(1357) zwischen Engeldal, soo. Friedberg, und Scocke Hö. 2, 197 (1337).

Im 15. Jh. brauchen IVa als Amtssprache: Erzbischof und Statvertretung von Cöln L. 3, 1077 (1400), 4, 29 (1404), 67 (1411), 92 (1415), 97 (Erzbischof und Stat 1414), 108 (1418), 115 (1419), 135 (1421), 138 (1422), 142 (1422), 159 (1424), 178 (1426), 218 (1435), 245 (1442), 260 (1444), 276 (1446), 292 (1449), 300 (1452), 305 (1454), 307 (1455), 311 (1456), 313 (1457), 322 (1462), 324 (1463), 325 (1463), 326 (1463), 328 (1464), 334 (1467), 335 (1467), 359 (1472), 363 (1473), 366 (Landgraf von Hessen als Verweser von Cöln 1473), 391 (derselbe 1477), 416 (1481), 437 (1487), 451 (1491), 453 (1491), L. A. 2, 182 (stätisch nach 1488), S. 926 (1430), 927 (1430), 931 (1433), 932 (1433), 933 (1434), 936 (1435), 937 (1437), 942 (1438), 949 (1444), 950 (1445), 952 (1447), 953 (1448), 957 (1450), 959 (1452), 960 (1454), 969 (1463), 972 (1465), 973 (1465), 975 (1471), 978 (1475), 996 (1491), Gü. 4, 130 (altes cölnisches Mannbuch 1426), 164 (1425), Wt. 2, 749a (1454), Walter 1 (vor 1473), Ennen 1 p. 178 ff. (gerichtliche Entscheidungen vom 15. Jh.), 2. p. 29 (Statuten des Frauenstifts S. Caecilia in Cöln 1463), und s. Verkehr, — Jülich-Geldern-Zütphen L. 4, 43 (1406), 55 (1410), 63 (1411) und s. Verkehr, — Jülich-Berg-Ravensberg L. 4, 152 (1423), 156 (1424), 183 (1427), 208 (1435), 215 (1435), 225 (1437), 249 (1443), 296 (1450), 297 (1450), 362 (1472), 384 (1476), 392 (1477), 398 (1478), 400 (1478), 425 (1484), 447 (1489), 472 (1496), 474 (1496), Gü. 4, 26 (1407) und s. Verkehr, — Jülich L. A. 1, 395. 400 (nach 1444), 411 (1473). — Merkwürdig, aber nicht genügend um IVa auch Cleve-Mark zuzuweisen, ist die Urkunde L. 4, 232 (1439), in welcher Graf Gerhard von Cleve-Mark mit Meurs, Stecke und vom Loe über seinen Bruder, den Grafen Adolf von Cleve-Mark, und den Herrn von Limburg, an der Lenne, -Broch schiedsrichtert. Vielleicht war der Act in der Meursischen Canzlei geschrieben worden. Aber auch Cleve-Mark und Virneburg L. 4, 169 (1425) ist auffallend; s. Verkehr.

Sodann die Geschlechter und Ortschaften, links Rhein: Xanten, cölnisch, clevisch, BM. 4, 404 (1407) Graf von Meurs, clevesches Lehn, L. 4, 111 (1418), 394 (1477), 432 (1486) *Boisheim, no. Kempen, jülichsch,* L. A. 7, 120 (1454), Hüls, ö. Kempen, cölnisch, L. A. 6, 69 (Weistum an den Erzbischof von Cöln und Herrn von Hüls gerichtet 1462), Uerdingen Wt. 6, 695 (1454) *Süchteln, sw. Kempen, jülichsch,* L. A. 7, 121 (1522), *Wassenberg, no. Gladbach, jülichsch,* L. A. 7, 117 (1525), Büttgen, w. Neuss, cölnisch, L. A. 6, 62 (1408) *Giesenkirchen, sso. Gladbach, cölnisch,* L. A. 6, 65 (1518), *Broich, w. Grevenbroich, cölnisch,* L. A. 6, 63 (1500), Friemersdorfer Broich, s. Grevenbroich, cölnisch, L. A. 6, 66 (1456), *Anstel, s. Neuss, cölnisch,* L. A. 58 (1549), *Frixheim, s. Neuss, cölnisch,* L. A. 6, 59 (1515) *Gereonsweiler, nnw. Jülich, jülichsch,* L. A. 7. 75 (1522), *Buchholzer Wald, nw. Jülich, jülichsch,* L. A. 3, 240 (1541), Koslarbusch, bei Jülich, jülichsch, Wt. 3, 855 (1483), Tolhauser Rode, w. Bergheim, jülichsch, Wt. 4, 779 (1407), Pfaffendorf, bei Bergheim, jülichsch, Wt. 2, 754, L. A. 7, 83 (15. Jh.), *Pulheim, nw. Cöln, jülichsch,* L. A. 7. 82 (1502), Boisdorf, sso. Bergheim, jülichsch, L. A. 7, 83 (15. Jh.), Stommelen, sww. Worringen, cölnisch, Wt. 4, 777, Frechen, w. Cöln, jülichsch, Wt. 6, 684, *Frechen, w. Cöln, jülichsch,* L. A. 7, 85 (16. Jh.), Hermülheim, sw. Cöln, L. A. 6, 40 (1435), Rondorf, s. Cöln, cölnisch, L. A. 6, 42 (15. Jh.), von Loon - Heinsberg - Löwenberg L. 4, 78 (1413), 186 (1428), *Bernsberg, n. Achen, jülichsch,* Wt. 6, 712b (1547), Achen, jülichscher Schultheiss, Wt. 4, 800b (1481), Achener Reichswald Wt. 4, 799 (1424), Burtscheid, so. Achen, achensch, Wt. 6, 709 (1424), Cornelismünster, so. Achen, achensch, Wt. 2, 781 (1413), 784 (1482), Eilendorf, bei Cornelismünster, Wt. 2, 787 (1482), Call, zwischen Düren und Achen, jülichsch, Wt. 4, 795 (= L. A. 3, 217, 1494) Conzen, n. Monjoie, jülichsch, Wt. 6, 791, L. A. 7, 708 (1415), *Kesternich, no. Monjoie, jülichsch,* Wt. 4, 792 (1501), Wollersheim, sos. Düren, jülichsch, L. A. 7, 44 (15. Jh.), Hollig, bei Nideggen, jülichsch, L. A. 7, 114 (15. Jh.), Zülpich, cölnisch, Wt. 2, 711 (Anfang 15. Jh.)

6, 680[1], Ann. (1865) p. 211 (1454. 1456), Irnich, s. Zülpich,
jülichsch, Wt. 3, 850 (1491), *Satzvei, w. Euskirchen, jülichsch*,
Wt. 2, 690 (1506). Wichterich, noo. Zülpich, jülichsch, Wt. 2,
725 (1413), 727 (1413), Lommersum, zwischen Zülpich und Bonn,
jülichsch, Wt. 2, 722, Weidenheim. nnw. Rheinbach, cölnisch.
Wt. 2, 736 (15. Jh.), Flammersheim, w. Rheinbach. jülichsch,
L. A. 7, 102 (1413), Flammerheimer Wald, w. Rheinbach.
jülichsch, Wt. 2, 685, L. A. 3, p. 198 (vor 1529), Heimerzheim, zwischen Bonn und Zülpich, Wt. 2, 719 (erste Hälfte des
15. Jhs.), Mohrenhoven, sw. Bonn, cölnisch, Wt. 2, 665 (1463),
L. A. 3, 229 (1463), Flerzheim, Amt Bonn, cölnisch, L. A. 6,
31 (1493), Meckenheim, Amt Bonn, cölnisch, L. A. 6, 33
(1421)   Reichswald, zwischen Monjoie und Cornelismünster, Wt. 6, 708, Heistert, w. Münstereifel, jülichsch, Wt.
3, 848 (1443), Ann. (1864) p. 188 (15. Jh.)   Amel
(Ambleve), so. Malmedy, nassau - viandensch, Wt. 6, 704.
Hunersdorf, w. Blankenheim. Wt. 2, 823a (15. Jh.)., Marmagen.
so. Schleiden, cölnisch. L. A. 6, 19 (1457). Antweiler, w.
Adenau, cölnisch, Wt. 2, 668 (1401), Önningen (Höningen).
ober Altenahr, cölnisch, Wt. 5, 655 (15. Jh.), *Kesseling, so.
Altenahr, cölnisch*, Wt. 2, 637 (16. 17. Jh.), Olbrück, bei
Kempenich, cölnisch, Gü. 4, 346 (1478), Waldorf, w. Breisig,
cölnisch, Wt. 2, 642 (1408), *Sinzig, ogs. Ahrweiler, königliche
Pfalz, an Jülich Cleve Cöln verpfändet*, Wt. 2, 718 (16. Jh.)
        Udelhoven, n. Kerpen, manderscheidisch, Wt.
2, 532 (1481), Hambach, bei Narburg, cölnisch, Wt. 6, 591
(15. 16. Jh.). Ober - Mendig, am Laacher See, triersch, Wt.
2, 496a (1448)   *Cochem, no. Trier, triersch*.
Wt. 2, 441 (1507), *Clotten, n. Cochem, triersch*. Wt. 2, 819
(1511), Ellenz, zwischen Eller und Cochem, triersch, Wt.
6, 533,

rechts Rhein: Ickter Mark, soo. Duisburg, bergisch, L.
A. 7, 121 (15. Jh.), von Hülscheid, cölnischer Freigraf von
Dortmund L. 4, 320 ((1459)   Huckinger oder
Buchholzer Mark, bergisch, L. A. 7, 123 (15. Jh.), Leichlingen,
sww. Solingen, bergisch L. A. 7, 133 (1457)
Mühlheim, ono. Cöln, und Buchheim, bergisch, L. A. 7, 138

(16. Jh.) Vilich, no. Bonn, bergisch, Wt. 2, 656
Altenforst. nw. Siegburg, bergisch, L. A. 7,
146 (1486), Reide, so. Siegburg, bergisch, Wt. 3, 873, L. A.
7, 143 (1457), Siglar, w. Siegburg, bergisch, L. A. 7, 142,
Geistingen, so. Siegburg, bergisch. L. A. 7, 153 (1510),
Oberpleis, sos. Siegburg, bergisch, L. A. 7, 155 (1553), Blankenberg, links Sieg, bergisch, Wt. 3, 17 (1457)

Altenwied, n. Neuwied, cölnisch, L. A. 6, 4 (1443), 5
(1403), von Leudesdorf, nnw. Neuwied, triersch, Gü. 4, 25
(1407).

Im 15. Jh. ist Zuname der Mundart bemerklich, l. Rhein:
im N. Xanten, früher IIb, während im 14. Jh. Meurs Anrath
die nördlichsten Puncte gewesen waren, — dann sw.: hier
war die Mundart im 14. Jh. nur in Loon-Heinsberg, Achen,
Veihe, Blankenheim, Rommersheim bezeugt, im 15. finden wir
sie abgesehen von Loon-Heinsberg-Löwenberg auch ausserhalb dieses Bogens, in Burtscheid Cornelismünster, dem Achener,
dem Monjoier Reichswald, früher III, dann in Conzen, Kesternich, Dreiborn, Amel, Hunersdorf, — und so. in Hambach,
Clotten, Cochem, Ellenz. Welche Mundart in diesen letzteren
Gegenden im 14. Jh. gegolten habe, ob schon IV, das nur bis zu
den Aemtern Nurburg Maien Münstermaifeld nachweisbar ist, oder
noch III oder V, erlauben unsre Quellen nicht zu entscheiden.
Nur ist V, eine Mundart, welche dem hd. näher steht als III und
IV, unwahrscheinlich. — R. Rhein: n. sind im 15. Jh. Huckingen
Ickern, im 14. Gerresheim Hilden Haane die letzten Stationen,
im O., auf sächsischem Grund, finden wir IV in Dortmund,
aber nicht mehr in Bilstein, — das ist wol zufällig; so. an
der Sieg scheint Blankenberg mit der Umgebung von Siegburg
auch einen Fortschritt des 15. Jh. anzudeuten. — Von der
clevischen Urkunde L. 4, 222, von der oben p. 296 f. die Rede
gewesen, sehe ich hier ab.

Conflicte

mit IIb, das als Amtssprache in Jülich - Geldern - Zütphen die wenigen IV überwiegt. In Xanten und Meurs sind beide Mundarten bezeugt. IV geht bis Uerdingen hinauf, IIb bis Neuss herab. — R. Rhein, nur Berührung: IV in Huckingen und Icktern, IIb in Duisburg, Essen und Werden.

mit III. III kommt vereinzelt in der Amtssprache von Jülich - Berg - Ravensberg vor, neben dem regulären IV. Dann links Rhein: im W. gebraucht Loon - Heinsberg - Löwenberg beide Mundarten; — im No. nur Berührung: III in Veldt, IV in Boisheim Hüls, und in Uerdingen, wo beide Mundarten vertreten sind. Ganz im Gebiete von IV steckt die südlichste Station von III, Disterich. Auch rechts Rhein ist die Bilker Mark III n. und s. von IV eingeschlossen, — Huckingen Icktern Leichlingen haben IV.

mit III IV, das in Villen, w. Achen, im Limburgschen erscheint, Wt. 6, 709b (1506), während Achen und Loon IV bieten.

mit VI. VII. VIII. IX. X. XI: s. die betreffende Mundart.

Verkehr.

Zum Verkehr mit Cöln bediente sich der Mundart Kaiser Ruprecht L. 4, 1 nur die ersten Zeilen, das übrige IX. (Dat. Cöln 1400), Kaiser Sigmund L. 4, 66 (1411), 90 (1414), — Cleve - Mark L. 4, 120 (1419), 160 (1424), — Pfalzgraf L. 4, 344 (mit Cöln und Jülich - Berg 1469), — Bischof von Münster L. 4, 281 (1447), — Elect von Paderborn L. 4, 11 (mit dem Domprobst von Cöln und dem Grafen von Ravensberg 1402), — Nassau L. 4, 304 (1454).

Dann die Geschlechter und Ortschaften, links Rhein: Kempen BM. 4, 420 (1436)   von der Niers L. 4, 10 (1402) von Hochstaden, s. Bonn, L. 3, 1074 (1400) von Cronenberg, wnw. Stadtkill, Gü. 4, 241 (1453), von Saffenberg, s. Altenahr, Gü. 4, 50 (1412), 109 (1422), von Rheineck, soo. Ahrweiler, Gü. 4, 74 (1417), von Andernach, nw. Coblenz, Gü. 4, 227 (1448) von Virneburg, sö. Adenau, L. 4, 40 (1405), von Geisbusch, sww. Maien, Gü. 4, 151 (1432), von Monreal, sww. Maien, Gü. 4, 172 (1439), von Kettig, nww. Coblenz, Gü. 4, 303 (1464), von Wassenach, non. Maien, Gü. 4, 305 (1465), von Waldeck, sw. Boppard, Gü. 147 (1430), von Winningen, sww. Coblenz, Gü. 4, 164 (1436), von Schöneck, Kreis S. Goar, Gü. 4, 115 (1423), von Leiningen, wsw. S. Goar, Gü. 4, 17 (mit Drachenfels an Cöln und von Neuenahr 1405), L. 4, 45 (mit Reifferscheid und Drachenfels 1406),

rechts Rhein: von Limburg, an der Lenne, L. 4, 12 (1403), von Leveringhausen, sww. Arnsberg, S. 939 (1437)
von Wildenburg, an der Sieg. Gü. 4, 45 (1411)
von Breitbach, bei Neuwied, Gü. 4, 271 (1418).

Die Kaiser Ruprecht und Sigmund, Cleve-Mark, der Pfalzgraf, Münster, Paderborn und Nassau beweisen für Cöln.

Im Verkehr mit Jülich-Berg-Ravensberg bedient sich der Mundart: Burgund-Brabant-Lothringen-Limburg L. 4, 204 (1431), 219 (burgundische Räte mit Jülich-Berg und Jülich-Zütphen 1436), — Cleve-Mark L. 4, 173 (1425), — Bischof von Hildesheim mit Herzog von Sachsen und andren L. 4, 256 (1444).

Sodann links Rhein: von Egmond-Mecheln-(Geldern) L. 4, 274 (1445), Manderscheid, s. Daun, L. 4, 373 (und Reifferscheid 1474),

Burgund Cleve-Mark Hildesheim usw. beweisen für Jülich.

Im Verkehr mit Berg-Ravensberg bedient sich der Mundart: Cleve-Mark L. 4, 119 (1419), 147 (1423).

Sodann, links Rhein: von Saffenberg, s. Altenahr, L. 4, 71 (1412), von Virneburg, sö. Adenau, L. 4, 80 (1414), 95 (1416), rechts Rhein: von Reichenstein, non. Neuwied, L. 4, 54 (1409).

Cleve - Mark beweist für Berg.

Sonst findet sich IV auch im Verkehr zwischen Cleve-Mark und Virneburg L. 4, 169 (1425).

Dann zwischen von Brohl, soo. Ahrweiler, und Braunsberg Gü. 4, 272 (1460), zwischen von Dadenberg, bei Linz, und Merode Hemersberg Einenberg u. a. und Cleve L. 4, 174 (1425), von Coverstein, Kreis Gummersbach, mit Hausenborn Gü. 4, 194 (1442).

Excurs zur geographischen Uebersicht IV.

Ueber Cöln Jülich Berg. — IV ist vorzugsweise die cölnische Mundart. Im 13. 14. Jh. herrschte sie in der bischöflichen Canzlei ausschliesslich, in der stätischen mit einer einzigen, allerdings charakteristischen Ausname, s. III/IV. Das Cöln, nicht Jülich oder Berg, vorangieng, ist an sich wahrscheinlich und ergibt sich aus den Zahlen. Im 13. Jh. sind alle cölnischen Documente, *) — ich zähle hier nur die deutschen s. p. 287 Anm. — in IV abgefasst, in Jülich stehen einer Urkunde in IV zwei in III gegenüber, in Berg ist die eine deutsche Urkunde III, — im 14. Jh. bietet Cöln 46 IV und 2 III/IV (stätische Dm.), Jülich 15 Urkunden in IV, Berg 36 IV, aber noch 2 III, — im 15. Jh. herrscht IV noch immer in Cöln mit 62 Urkunden, daneben Eindringen hochdeutscherer Mundarten, 6 VII, 4 VI, 4 IX, in Jülich-Berg 19 IV, aber noch 1 III, daneben 3 VI, in der Provinz Jülich 2 IV,**) in der Provinz Berg noch 2 III. Cöln hat demnach zuerst III

---

*) Nur die Urkunden sind aufgeführt, die zahlreichen stätischen Actenstücke des 14. 15. Jh., Mannbücher, Eidbücher, Zunftordnungen usw., welche alle IV zeigen, lasse ich bei Seite.

**) Aber ein Privatbrief des Herzogs von Jülich an seinen Schwiegervater, den Kurfürsten von Brandenburg, ist fast gauz nd., nur ein par z, Kais. B. 2, 363 (nicht aus dem kaiserlichen Buche, sondern aus Acten 1481).

durch IV ersetzt, zunächst ist Jülich, dann Berg gefolgt. — Auch über diese Nachbargebiete hinaus wurde vom 14. Jh. ab IV gelegentlich als Geschäftssprache verwendet. So im 14. Jh. in Lüttich, im 15. in Jülich-Geldern-Zütphen, — sodann in Loon, in Meurs und in Cleve, wenn hier auch nicht ausgemacht ist, ob in der fürstlichen Kanzlei selbst.

Die Befestigung aber und Autorität, welche unsere Mundart während des 14. 15. Jhs. erlangt hat, geht am deutlichsten aus dem Verkehr der drei Staaten mit niederdeutschen, sowol sächsischen als niederfränkischen, und hochdeutschen Dynasten und Stäten hervor; s. Verkehr mit Cöln IV 14. 15. Jh., Verkehr mit Jülich und Jülich-Geldern IV 14. Jh., Verkehr mit Berg IV 14. 15. Jh., Verkehr mit Jülich-Berg IV 15. Jh. — Und zwar halten sich die Correspondenten, welche überhaupt von ihrer eigenen Mundart abgehen, beinahe ausschliesslich an IV, den Haupttypus der cölnischen jülichschen bergschen Canzlei, doch s. Verkehr mit Cöln VII 14. Jh.

Aber noch mehr wird dem Einflusse Cölns zuzuschreiben sein. Wie in der zweiten Hälfte des 15. und im 16. Jh. die kaiserliche Canzlei Muster wurde für den Schreibgebrauch der Reichsfürsten, und wie hier sich dieser Einfluss auch kund gibt durch Anname von Einzelheiten der nhd. Sprachform, z. B. des Vocalismus, s. den abscheulichen Typus IX[1], so wurde auch das cölnische hie und da unvollständig oder nur in Eigentümlichkeiten des Vocalismus adoptiert. So drang im 14. Jh. VI in Nassau ein, im 15. in Hessen und in die Kanzlei des rheinischen Kurvereins, IX erscheint im 14. Jh. in Hessen, in Mainz, in Frankfurt, ja schon im 13. und im 14. Jh. in der kaiserlichen Canzlei König Albrechts und Wenzels, — im 15. Jh. in Hessen, Mainz, in der pfalzgräflichen Canzlei, — wenn diese nicht trierschem Beispiel folgt, — in der Canzlei des Königs Ruprecht, des allgemeinen und des rheinischen Kurvereins. — Es kommt hinzu dass Trier ganz ähnliche Vocalbezeichnung hat.

Die cölnische Mundart ist zu hohem Ansehen gelangt: Trier und Mainz haben nur annähernd ähnliches erreicht. Die Gründe werden, da die Erzbischöfe von Mainz mindestens eine ebenso bedeutende Rolle spielten, als die cölnischen. und da Trier über noch beträchtlicheren Landbesitz gebot als Cöln. nicht ausschliesslich in politischen Verhältnissen zu suchen sein. In Mainz stand schon der Volksdialekt dem hd. näher als der cölnische, in Mainz und Trier war die Berührung mit dem hd. eine innigere und häufigere als in Cöln. Das würde aber nur das Zurückbleiben Cölns auf einer älteren Lautstufe erklären. — Die Feststellung einer nicht mehr hd. Einflüssen. die doch fortdauerten, ausgesetzten Mundart, die Idealisierung einer in Umwandlung begriffenen Sprache durch consequente Durchführung der vorhandenen Anlagen, — wie sie in Cleve van der Schueren anstrebte, — wird wol der Stat Cöln zu danken sein, der reichsunmittelbaren mächtigen Handelsstat, der beständigen Residenz der Bischöfe, welcher auf weite Entfernung nach allen Weltgegenden keine andre gleich stand. — Im 12. Jh. war Cölns Handel zu europäischer Bedeutung gediehen, 1180 wird die cölnische Statfreiheit anerkannt, im 13. Jh. fällt die Befestigung des aristokratischen Statregiments mit der Adoptierung der neuen Mundart zusammen. Die regelmässige, in kurzen Zwischenräumen widerkehrende Versammlung des doch gröstenteils ungelehrten Rates verlangte eine Norm der deutschen Geschäftssprache. Der gelegentliche Verkehr eines geistlichen Lehnherrn mit entfernten Vasallen und Ministerialen konnte sie entbehren. Allerdings, wären im 13. Jh. in unsern Gebieten schon periodische Provinziallandtage gehalten worden, so müste man anders schliessen. Aber nur in Baiern und Oesterreich finden sie sich so frühe. Cleve, das politisch und sprachlich sehr wol für die Ausbildung eines festen Schriftgebrauchs ausgerüstet war, gelangte nur zu einem schwankenden Typus. Wesel ist mit Cöln nicht zu vergleichen und war nicht Sitz der Regierung. Auch konnte diese unmöglich über eine so gebildete Canzlei verfügen als Cöln. — Die bischöflichen Beamten werden dann den stätischen Gebrauch übernommen und folgerichtiger durchgeführt haben. In Mainz führen ähnliche Verhältnisse auf dieselbe Hypothese. — Befestigung mag der hochdeutschere Typus der neuen Schriftsprache erfahren haben durch bedeutende Erwerbungen, welche Cöln im 13. Jh. im Süden machte: 1246 tritt der Graf von

Hochstaden seine Besitzungen ab, Amt Altenahr und Hardt, 1250. 1261. 1275 fallen die Saynschen Schenkungen, 1296 kommt Amt Rheinbach an Cöln. — Die Beziehungen zu Westfahlen — seit 1180 sind die cölnischen Erzbischöfe Herzoge von Westfahlen, in den folgenden Jahrhunderten erwerben sie Bilstein und Arnsberg — konnten auf den Gang der cölnischen Canzleisprache keinen Einfluss nehmen. S. Excurs über Cleve und Geldern p. 220 f. — Die cölnische Regierung erledigte die westfälischen Angelegenheiten nach Bequemlichkeit entweder in IV oder in der sächsischen Landessprache, s. S. 935 (1434). Aber der Charakter von IV litt dadurch nicht. Die Mundart gewann durch ihre Verwertung auf sächsischem Gebiet nur an Autorität. — Im 14. Jh. kam neuer Besitz im Osten und Norden hinzu: das Amt Hülchrat, no. Grevenbroich, 1314, Amt Linn, ö. Crefeld, 1378, Vogtei Menzeln, noo. Geldern, 1388, Xanten, mit Cleve gemeinsam seit 1393, — dazu die Vorteile, welche Cöln durch Heinrich VII über Jülich erlangte. Im 15. Jh. vergrössert sich r. Rhein der cölnische Landbesitz durch Kaiserswert 1464: das Fortschreiten der Mundart in dieser Gegend illustriert die Erwerbung. Auch im S. ist vielleicht nur zufällig IV erst im 15. Jh. an der Mosel bei Cochem und Clotten nachgewiesen: das Erzstift hatte hier seit dem 11. 12. Jh. Besitzungen.

Da Jülich die cölnische Mundart adoptiert, so rücken seine Beziehungen zu den Nachbarn die Grenzen der Mundart noch weiter hinaus. Jülich gewinnt 1356 Monjoie - Valkenburg und ist seit 1423 mit den Herrn von Heinsberg - Blankenheim eng verbunden. Heinsberger aber regierten seit 1336 auch in Loon. Dem entspricht im 15. Jh. die grosse Ausdehnung der Mundart im W. — IV hatte sich während des 14. Jhs. in Jülich so befestigt, dass es sich auch während der Vereinigung mit Geldern-Zütphen, 1379 — 1423, daselbst in Kraft erhält. Es fallen 4 IV gegen 5 IIb in diesen Zeitraum. Allerdings wäre durch diese Verbindung, wenn sie länger gedauert hätte, vielleicht IV in seiner jülichschen Position bedroht worden. Denn IIb macht im 15. Jh. in der That kleine Eroberungen auf jülichschem Gebiet, s. p. 211 f. Doch das ist unbedeutend. —

Im 15. Jh., 1423, kommt Geldern-Zütphen an die Egmonder und folgt seitdem den niederländischen Geschicken; Jülich aber fällt an Berg. — Die Einwirkungen cölnischer Cultur konnten nur erleichtert werden, wenn jeder Impuls nach Osten gleich im Westen empfunden wurde. Ueberdies war das Herzogtum durch unglückliche Versuche Geldern wieder zu erlangen so geschwächt dass Herzog Gerhard 1450 Berg-Ravensberg an den Erzbischof von Cöln verkaufte: allerdings wurde der Act von den Ständen nicht ratificiert, und die Abtretung unterblieb.

Der Umschwung im 16. Jh. geschah sehr rasch. IV ist in Cöln beinahe schon beseitigt: ich habe nur mehr L. 4, 496 (1508), — dagegen erheben sich VI VII IX XI. VI L. 4, 509 (1515) Walter N. 2 (1550), — VII Walter N. 1 (1521), N. 3 (Hof und Canzleiordnung 1469), — IX L. 4, 554 (1548), — XI L. 4, 560 (1557), 561 (1558), 572 (1567), 573 (1567), 580 (1577), 596 (1595), Walter N. 4 (Poppelsdorfer Conferenz 1537), N. 5 (Landtagsabschied 1544), Kamptz 3, 273 (des Erzstiftes Cöln Reformation 1537). 593 (Polizeiordnungen der Reichsstat Cöln 1562), — 10 XI, 2 VI, 2 VII, 1 IX, 1 IV. — In Jülich-Berg bis 1511 ein III, L. A. 6, 225 (1511). ein VI, L. 4, 503 (1510), in dem neuen Staat Jülich-Cleve-Berg 7 XI² gegen 4 VII, 3 IIb, 3 IV, 2 IX, ein VI, — und auch in der Verwaltung und Vertretung der Provinzen herrscht XI, so in Jülich L. A. 3, 309 (1555), in Berg L. A. 1, 288 (1555), 3, 283 (1555), 5, 217 (1577); s. Excurs über Cleve und Geldern p. 223 ff. — Auch hier ist Cöln vorangegangen wie das Verhalten von Jülich-Berg in dem kurzen Zeitraume von 1500 — 1511 zeigt. . In Jülich-Cleve-Berg muss man wol den retardierenden Einfluss der cleveschen Regierung in Anschlag bringen.

III/IV, Nachtrag zu IV.

Als Reste des Sprachstandes III sind Urkunden des 14. 15. Jhs. zu betrachten, welche im ganzen IV angehören, nur ein oder das andre unverschobene *k*, oder ein *t* zeigen, das sonst in IV sich nicht erhalten hat. — Ein Spruch des Gerichtes vom Eigelstein, dem nördlichsten Viertel Cölns, Wt. 2, 774 (Anfang des 14. Jhs.) bietet neben der Beschränkung unverschobenen *t*'s auf die Pronominalformen *dat wat dit allit* — des unverschobenen *p* nach Vocalen auf *up* — nach Liquiden steht es in *dorp* — lauter Eigenschaften, die auf IV weisen, — auch einige unverschobene *k*: *Lunreke kerke*. Auch eine andre stätische Urkunde von Cöln L. 3, 1020 (1396) hat *nekende*, und das weniger bedeutende *kurtligen*. Ebenso wird *twincygh* in der aus Zülpich datierten Erklärung des Ritters von Bachem, bei Bonn, an Jülich L. 3, 216 (dat. Zülpich 1326), *reyken* in der auch an Jülich gerichteten Urkunde, L. 3, 747 (1373), der Frau von Loon-Bolland zu erklären sein. — Aus dem beginnenden 16. Jh. stammt ein Weistum von Villen, bei Achen im Limburgischen, Wt. 6, 709b (1506), welches *dit dat* — *op* hat, aber auch *redelicken sprickt*, neben *sachen*. — Vielleicht auch hieher gehört von Saffenberg, wsw. Neuenahr, — *war* im 13. Jh. clevisch gewesen, — Gü. 4, 57 (dat. Cöln 1413), wenn *viertienden* kein Lese- oder Schreibfehler ist. — Wichtig ist dass diese *k* und *t* nicht nur in Ortsnamen und Rechtsausdrücken vorkommen; s. oben p. 248. 277.

III.IV findet sich demnach im 14. 15. Jh., in zwei stätischen Documenten von Cöln, Wt. 2, 744 (Anfang des 14. Jhs.), L. 3, 1020 (1396), in Villen, w. Achen, im Limburgischen, Wt. 6, 709b, dann in den an Jülich gerichteten Urkunden des Ritters von Bachem, bei Bonn, L. 3, 216 (dat. Zülpich, jülichsch, 1326), und der Frau von Loon-Bolland L. 3, 747 (1373). — Es ist keine besondere Mundart, nur IV mit einigen Resten aus III, denn in Cöln hatte im 12. Jh. III geherrscht, in Jülich haben sich im 13. 14., ja selbst im 15. Jh., noch Spuren dieser älteren Verständigung des nfr. mit dem hd. erhalten. Villen aber zeigt merkwürdiger Weise noch im 15. Jh. IIa. — Die cölnischen Urkunden lehren uns vereint mit der barbarischen, wenn auch im Consonantenstand den Typus IV wahrenden Urkunde Hö. 2, 100 (1325), dass es die erzbischöfliche Regierung nicht die stätische Canzlei war, welche die durch drei Jahrhunderte bewahrte und über drei Staaten verbreitete Schriftsprache IV bis zu strenger Regelrichtigkeit ausgebildet hat, s. oben p. 304. Die an Jülich gerichteten Urkunden aber dienen wider zum Beweise, dass von der jülichschen Canzlei aus sich die Mundart über jülichsches Gebiet und in der Nachbarschaft verbreitete, nur wie Jülich selbst weniger fest im Gebrauche der Mundart war, die es nicht geschaffen, in weniger reiner Gestalt als sie die cölnischen Correspondenzen zeigen.

Conflicte

mit IIa: vielleicht in Villen, obwol III,IV daselbst nur im 16., IIa nur im 15. Jh. bezeugt ist.

mit IV in Cöln, 14. Jh.

mit VI 15. Jh., s. diese Mundart.

V.
Beschreibung
(9. 10. 11. 12. Jh.)

Quellen.

Beyer Urkundenbuch 1, 7a (Erzbischof von Trier beschenkt das Eucbariuskloster bei Trier 706), 1, 8 (Berta beschenkt das Kloster Prüm 720; aus dem goldenen Buche von Prüm*), 1, 13 (Helfrieds Schenkung an Prüm 762–804; g. B. v. P.), 1, 14 (Precarie des Abtes von Prüm mit Wetana über Diedendorf 762–804; g. B. v. P.), 1, 16 (königliche Urkunde 762; g. B. v. P.), 1, 30 (Precarie der Abtei Prüm 776–777; g. B. v. P.), 1, 31 (Gisleberts Schenkung an Prüm 777; g. B. v. P.), 1, 32 (Helmoins Schenkung an Prüm 778; g. B. v. P.), 1, 33 (Wikberts Precarie mit Prüm 786; g. B. v. P.), 1, 34 (Abt von Prüm beschenkt sein Kloster 787; g. B. v. P.), 1, 39 (Walefred schenkt Diedendorf an Prüm 801; g. B. v. P.), 1, 43 (des Abts von Prüm Tauschvertrag mit Herrn von Wich 804; g. B. v. P.), 1, 58 (Tauschvertrag der Abtei Prüm mit dem Grafen Sigard 826; g. B. v. P.), 1, 59 (königliche Urkunde 831; g. B. v. P.), 1, 65 (die Abteien Prüm und S. Maximin bei Trier tauschen Güter in der Eifel 838; g. B. v. P.), 1, 79 (Bernacius entlässt eine Hörige 849; g. B. v. P.), 1, 80 (E. v. T. bestimmt die Grenzen eines Rengeresdorfschen Zehnten 847–868; Original), 1, 83 (Erkaufrida beschenkt das Kloster S. Maximin bei Trier 853; g. B. v. P.), 1, 97 (Abt von Prüm stiftet die

---

*) Das goldene Buch der Abtei Prüm ist im 10. 11. 12. Jh. zusammengeschrieben worden, das goldene Buch von Echternach stammt aus dem 12. Jh. — Die andern nicht als Original oder gleichzeitige Abschrift bezeichneten Urkunden stammen aus jüngeren Abschriften. — Doch habe ich die Quelle nur bis zum 12. Jh. angegeben.

Memorie Nithards 861—884; g. B. v. P.), 1, 98 (Tauschbrief der Abtei Prüm über Güter zu Kersch, bei Trier, 861—884; g. B. v. P.), 1, 105 (der Abtei Prüm Precarie mit der Frau Hiedilda 866; g. B. v. P.), 1, 110 (Heririch schenkt der Abtei Prüm die Villa Wimundasheim, bei Kreuznach. — Dat. Wimundasheim 868; g. B. v. P.), 1, 117 (königliche Urkunde 880; g. B. v. P.), 1, 118 (des Abts von Prüm Precarie mit Rodulf 880; g. B. v. P.), 1, 119 (der Abtei Prüm Precarie mit dem Priester Helprad 881; g. B. v. P.), 1, 120 (der Abtei Prüm Gütertausch und Precarie mit Hartmann 882; g. B. v. P.),1, 141 (Rotger schenkt eine Capelle bei Mersch an das Kloster S. Maximin bei Trier 896), 1, 153 (Precarie des Klosters S. Maximin bei Trier mit Rorich über Güter bei Burmeringen, ssw. Remich in Luxemburg und Eslingen, s. Bitburg, 909; Or.), 1, 154 (Ausfertigung derselben Urkunde durch Rorich 909), 1, 163 (Tausch der Abtei S. Maximin bei Trier mit Gozbert 923), 1, 164 (Precarie des E. v. T. mit Liutfried über Helfant, Kreis Saarburg, 924; Or.), 1, 165 (Bernacrus schenkt dem Kloster S. Maximin bei Trier Güter im Bistum Metz 926), 1, 166 (Tauschvertrag des Klosters S. Maximin bei Trier mit zwei Edeln 926), 1, 167 (dieselbe Verhandlung in andrer Form 926), 1, 170 (Megingauds Precarie mit dem Kloster S. Maximin bei Trier 929; Or), 1, 171 (E. v. T. tauscht Besitzungen mit Albrich 929), 1, 173 (des E. v. T. Precarie mit Ada über Güter in der Grafschaft Ardennen 936), 1, 178 (E. v. T. untergibt Welcherath, sos. Adenau, der Pfarre Nachtsheim, w. Mayen, 943; Or.), 1, 180 (des Abts von Prüm Precarie mit den Eheleuten Ramengar und Adalgart 943; g. B. v. P.), 1, 181 (andre Ausfertigung derselben Urkunde 943; g. B. v. P.), 1, 187 (des Abts von Prüm Gütertausch mit Sigibod c. 948; g. B. v. P.), 1, 190 (Eigils Precarie mit Prüm c. 948—950; g. B. v. P.), 1, 204 (E. v. T. bestätigt die Stiftung der Kirche zu Humbach = Montabaur in Nassau, 959; Or.), 1, 207 (E. v. T. beschreibt die Grenzen der Pfarrei Mersch, n. Luxemburg, 960; Or.), 1, 210 (Thiedo schenkt dem Kloster S. Maximin bei Trier ein Gut in Dalheim, w. Remich, 962), 1, 211 (Graf Siegfried ertauscht von dem Kloster S. Maximin bei Trier die Burg Luxemburg 963; Or.), 1, 212 (Gräfin Uda schenkt dem Kloster S. Maximin bei Trier ihr Gut zu Frisingen, bei Esch-Alzich in Luxemburg, 963), 1, 213 (Graf Herrmann schenkt dem Kloster S. Martin in Münster-Maifeld, sw. Coblenz, einen Weingarten im Maingau 963; Or.), 1, 218 (Wolpert und Eckewich schenken dem Kloster Münster-Maifeld, sw. Coblenz, eine Hufe zu Mertlach, sso. Maien, und Ruver, noo. Trier, 964; gleichzeitige Abschrift), 1, 219 (Eberhards Precarie mit Prüm über Büdesheim, ö. Prüm, 964; g. B. v. P.), 1, 220 (des Grafen Siegfried Precarie mit dem E. v. T. 964), 1, 228 (des E. v. T. Precarie mit dem Domcapitel über Leiningen 967; Or.), 1, 230 (E. v. T. bestätigt den Leuten von Pillich, sww. Trier?, ihre Güter 965—975; Or.), 1, 233 (Graf Heinrich schenkt dem Kloster S. Maximin bei Trier die Kirche zu Uxheim im Eifelgau 970; g. B. v. P.), 1, 235 (Precarie Berlands und seiner Frau Hiltwich mit Prüm 971; g. B. v. P.), 1, 237. 238 (königliche Urkunden

973; 237 Or.), 1, 244 (E. v. T. stellt das S. Marienkloster bei Trier wider her 973; Or.), 1, 245 (Precarie eines trierschen Archidiakonen mit dem Kloster S. Maximin bei Trier über die Kirchen zu Uxheim, im Eifelgau, und Reiferscheid 975), 1, 249 (E. v. T. schenkt dem Kloster S. Maria bei Trier das Dorf Schleich, noo. Trier, 976; Or.), 1, 253 (königliche Urkunde 980; Or.), 1, 255 (E. v. T. erstattet dem Kloster S. Paulin bei Trier einen Teil der entzogenen Güter 981), 1, 257 (Richdach schenkt dem Kloster S. Maria bei Trier einige Mancipien, s. d.), 1, 260 (Aebtissin von Pfalzel, nno. Trier, schenkt ihrem Kloster einige Mancipien 989; Or.), 1, 263 (königliche Urkunde 992), 1, 267 (königliche Urkunde 993; Or.), 1, 268 (Graf Siegfried schenkt dem Kloster S. Maximin bei Trier Güter zu Mersch, im Luxemburgischen, 993; Or.), 1, 272 (Erminard schenkt dem Kloster S. Maximin bei Trier ein Gut zu Heindorf im Luxemburgischen 993—996), 1, 273 (Berta schenkt dem Kloster S. Maximin bei Trier die Villa Mutford, oso. Luxemburg, 990), 1, 283 (königliche Urkunde 1005), 1, 284 (königliche Urkunde 1005; Or.), 1, 299 (E. v. T. vergleicht sich mit den Edeln des Bidgaues s. d.; Or.), 1, 302 (E. v. T. bestätigt der Abtei S. Maria bei Trier ihre Güter 1030), 1, 306 (Abtei S. Maximin bei Trier erwirbt durch Tausch mit der Abtei Malmedy eine Villa 1035), 1, 307 (E. v. T. gestattet dem Trierschen Vogte die Ehe mit einer Verwanten 1036; Or.), 1, 308 (Testament des Propstes von S. Paulin bei Trier 1036; Or.), 1, 320 (E. v. T. bekundet eine Schenkung bei Wawern, Kreis Saarburg, 1043; gleichz. Absch.), 1, 328 (E. v. T. beschenkt die Abtei S. Simeon zu Trier 1048; Or.), 1, 338 (Des E. v. T. Precarie mit dem Grafen von Arlo 1052; Or.), 1, 342 (capitularischer Lehnbrief über einen Acker zu Münster 1055), 1, 356 (E. v. T. bestätigt der Abtei Prüm mehre Zehnten 1063; g. B. v. P.), 1, 367 (E. v. T. beschenkt die Abtei S. Simeon zu Trier 1068; Or.), 1, 375 (E. v. T. beurkundet die Schenkung eines Gutes zu Olkebach, non. Wittlich, an das Kloster S. Simeon zu Trier 1075; Or.), 1, 387 (Cuno von Coblenz bestätigt dem Stifte S. Florian in Coblenz seine Schenkungen 1092; Or.), 1, 389 (E. v. T. bewilligt dass Rykardis von Ouren ihre Kinder dem Kloster Oeren in Trier als Ministerialen übergebe 1095), 1, 392 (E. v. T. bestätigt die Schenkung des Propstes von S. Simeon zu Trier an sein Stift 1097; Or.), 1, 400 (Güterverzeichniss der Abtei Carden, noo. Cochem, c. 1100), 1, 405 (die Tochter der Frau von Lizendorf macht sich zu Prüm wachszinspflichtig 1102), 1, 408 (E. v. T. befreit Münster-Maifeld, sw. Coblenz, von einer Verpflichtung 1103), 1, 418 (E. v. T. beschenkt die Canoniker von Sprenkirsbach, w. Zell, 1110), 1, 421 (königliche Urkunde 1112), 1, 427 (Dompropst zu Trier stiftet sich eine Memorie in der Kirche des h. Simeon in Trier 1113), 1, 430 (Abt von Prüm übergiebt an Münster-Maifeld, sw. Coblenz, eine wachszinspflichtige Frau 1115), 1, 431 (E. v. T. übergiebt seinem Domcapitel ein Gut zu Lehmen, soo. Maien, 1115), 1, 433 (E. v. T. verträgt das Kloster S. Paulin bei Trier mit dem Kloster S. Irmin in Trier 1116), 1, 442 (E. v. T. überweist der Kapelle des Schlosses Arras, bei Alf, eine Weinrente 1120), 1, 445 (E. v. T. bestätigt der Abtei Carden, noo. Cochem, seine Schenkung 1121), 1, 447 (E. v. T. beurkundet dass Irmengard einen Zins abgelöst habe 1121), 1, 456 (Canonicus von S. Maria bei Trier stiftet sein Anniversar im Kloster Oeren in Trier 1127), 1, 463 (Abt von S. Maximin bei Trier beurkundet die Zinspflichtigkeit mehrerer Güter 1129), 1, 466 (E. v. T. giebt das Kloster S. Thomas bei Andernach der Abtei Sprenkirsbach, w. Zell, an der Mosel, 1129), 1, 475 (des Domcapitels in Trier Erbpachtbrief über ein Gut zu Lehmen, soo. Maien, 1132), 1, 478 (E. v. T. beurkundet die Einweihung der Kapelle zu Enkirch, unter Trarbach, an der Mosel, 1135), 1, 483 (Graf von Luxemburg beurkundet seine Rechte auf das Kloster S. Maximin bei Trier 1135), 1, 486 (Hazo aus Speicher, Kreis Bitburg, beschenkt das Domcapitel von Trier mit Weingärten bei Wittlich 1136), 1, 502 (E. v. T. bestätigt dem Stift S. Simeon in Trier den Besitz des Coblenzer Zolles 1138), 1, 504 (E. v. T. bestätigt dem Kloster S. Thomas bei Andernach seine Güter 1138), 1, 506 (päpstliche Urkunde 1139), 1, 512 (E. v. T. bestätigt die Stiftung des Klosters Schiffenburg bei Giessen 1139), 1, 532 (königliche Urkunde 1142), 1, 536 (Abt von Laach vererblehnt ein Gut 1145), 1, 540 (Abt von Sprenkirsbach, w. Zell, beurkundet die Erwerbung einiger Grundstücke zu Bruttig, oso. Cochem, 1120—1162), 1, 550 (E. v. T. bestätigt ein Herkommen in Betreff Mettlachs, nnw. Merzig, o. d.), 1, 554 (E. v. T. bestätigt dem Kloster S. Simeon zu Trier eine Schenkung zu Ernzen, bei Bruttig an der Mosel, 1150), 1, 571 (E. v. T. beurkundet dass die Grafen von Sain ihre Burg dem Erzstift als Lehen übertragen haben 1152), 1, 574 (E. v. T. bestätigt dem Kloster auf dem S. Beatusberge bei Coblenz seine Besitzungen 1153), 1, 575 (E. v. T. bestätigt die Gründung des Klosters Merzig, s. Trier, 1153), 1, 578 (E. v. T. bestätigt dem Abt von S. Euchar bei Trier eine Schenkung 1154), 1, 580 (Domcapitel von Trier übergiebt dem Kloster S. Euchar bei Trier den Zehnten zu Vilmar, an der Lahn, 1154), 1, 597 (E. v. T. bestätigt die Stiftung von Arnstein, an der Lahn, 1156), 1, 603 (E. v. T. bestätigt dem Kloster Himmerode, bei Wittlich, alte Besitzungen 1157), 1, 604 (E. v. T. bestätigt dem Kloster Himmerode, bei Wittlich, alte Zehnten 1157), 1, 607 (E. v. T. beurkundet eine Schenkung an das Kloster S. Maria bei Trier 1158), 1, 610 (E. v. T. belehnt den Grafen von Luxemburg mit der Burg Nassau 1158), 1, 614 (des Abtes von S. Maria bei Trier Pachtvertrag mit Leuten von Nittele, Kreis Saarburg, c. 1158), 1, 622 (päpstliche Urkunde 1161), 1, 630 (Domcapitel von S. Simeon in Trier vererblehnt dem Kloster Himmerode, bei Wittlich, einen Zehnten 1161), 1, 635 (E. v. T. bestätigt dem Kloster Schiffenburg, an der Lahn, den Besitz von sechs Dörfern 1162), 1, 638 (E. v. T. bestätigt die Schenkung eines Allods zu Oberdiefenbach, im Einrich an das Kloster Arnstein, an der Lahn, 1163), 1, 640 (Herr von Treis, nno. Zell, beschenkt das Laacher Hospital 1163), 1, 642 (Abt von Laach setzt die Verwendung einer Stiftung fest c. 1163), 1, 644 (des Abtes von Laach Erblehnbrief für Johann von Ebernach c. 1163), 1, 647 (des Stiftes Münster-Maifeld, sw. Coblenz,

Erbpachtbrief über Weingärten zu Merl, nwn. Zell, 1166), 1, 648 (Graf von Namur und Luxemburg stellt der Abtei Echternach den Hof Bollendorf, sw. Bitburg, zurück 1166), 2, Nachtrag zu 1, Urkunden aus dem goldenen Buche von Echternach: 1 (Aebtissin Irmina schenkt Bischof Willibrord Weingärten zum h. Kreuz bei Trier 704), 2, N. z. 1, 8 (Nebulungen schenkt der Abtei Echternach seine Güter zu Esch, in Luxemburg, 770—771 oder 774), 2, N. z. 1, 10 (Aldericus schenkt der Abtei Echternach seinen Teil an Alsdorf, Kreis Bitburg, 739—776), 2, N. z. 1, 11 (Theugerus und Harduwicus schenken der Abtei Echternach Güter im Ardennergau 780—781 oder 784), 2, N. z. 1, 14 (Hericus schenkt der Abtei Echternach Güter im Moselgau 808—809 oder 812), 2, N. z. 1, 16 (Marthem und seine Frau schenken dem Kloster Echternach ihr Gut im Kreise Bitburg 768—814), 2, N. z. 1, 17 (Hardewinus schenkt der Abtei Echternach sein Gut im Bidgau 768—814), 2, N. z. 1, 20 (E. v. T. verleiht der Frau Ava precarisch Güter im Bidgau 832), 2, N. z. 1, 21 (des E. v. T., Abtes von Echternach Precarie mit Wintarius über die der Abtei geschenkten Güter im Sauergau, am Flusse Sauer, 835), 2, N. z. 1, 22 (Irmuntrude beschenkt die Abtei Echternach 835), 2, N. z. 1, 23 (Ava schenkt der Abtei Echternach Güter im Bidgau 832—838), 2, N. z. 1, 24 (der Diakon Hethi schenkt der Abtei Echternach sein Gut zu Bibern, w. Simmern, 852—853), 2, N. z. 1, 26 (Liutfrieds Precarie mit Echternach über einige Güter 862—863), 2, N. z. 1, 28 (des Priesters Helmgaudus Precarie mit Echternach über Güter im Bidgau 866—867), 2, N. z. 1, 29 (Leodefridus schenkt dem Kloster Echternach ein Gut im Bidgau 876—882), 2, N. z. 1, 30 (Berktrudis schenkt ihre Güter im Maiengau an Echternach 895), 2, N. z. 1, 34 (Warnerus schenkt dem Kloster S. Maximin bei Trier eine Magd und eine halbe Hufe bei Platten in Luxemburg 1000), 2, N. z. 1, 37 (= Wt. 2, 269, Graf Heinrich bestimmt die Rechte der Vogtei Echternach 1095), 2, N. z. 1, 44 (Abt von S. Maximin bei Trier verleiht Zehnten und Patronatsrechte 1155), 2, N. z. 1, 47 (Gütertausch zwischen den Söhnen Dietrichs de Septem Fontibus und Echternach 1144—1168), 2, N. z. 1, 48 (Abt von Sprenkirsbach, w. Zell an der Mosel, verschreibt Justinen eine Weinrente s. d.; 1120—1169), 2, N. z. 1, 49 (Abt von Sprenkirsbach, w. Zell an der Mosel, bestätigt eine dem Kloster S. Thomas bei Andernach gemachte Schenkung 1120—1169), 2, 2 (E. v. T. verträgt die Abtei S. Maximin bei Trier mit Gottfried von Zievel 1169), 2, 3 (Abt von Laach erkauft die Hälfte einer Mühle zu Bendorf, in Nassau, 1163), 2, 6 (Abt von Prüm vereinigt die Pfarrei Güsten, bei Jülich, mit der Propstei S. Maria in Prüm 1171), 2, 7 (des Abtes von Prüm Verordnung über die Mühlen von Münstereifel 1171), 2, 11 (E. v. T. beurkundet Schenkungen Reinards von Manderscheid an das Kloster Himmerode, bei Wittlich, 1171), 2, 15 (Präbendebrief des Stiftes S. Simeon zu Trier für Lifmud 1172), 2, 19 (E. v. T. überweist dem Kloster Himmerode, bei Wittlich, einige Güter 1173), 2, 22 (E. v. T. verträgt Theodorich von der Brücke mit dem

Kloster Himmerode, bei Wittlich, 1174), 2, 24 (Abt von Echternach beschenkt die Abtei Tungerlo in Niederlothringen 1174), 2, 25 (päpstliche Urkunde 1177), 2, 27 (E. v. T. entscheidet zwischen der Abtei S. Maximin bei Trier, Emmel, Kreis Trier, und Wiltingen, Kreis Saarburg 1177), 2, 35 (E. v. T. verträgt sich mit Echternach 1179), 2, 36 (E. v. T. bekundet den Vergleich des Klosters Himmerode, bei Wittlich, mit den Pfarrern zu Altrich und Gindorf, bei Wittlich, 1179), 2, 38 (Abt von Laach löst Güter bei Bendorf, in Nassau, und Neuwied ein 1179), 2, 39 (E. v. T. schenkt dem Kloster Himmerode, bei Wittlich, Land zu Hart, Kreis Wittlich, 1180), 2, 47 (E. v. T. schenkt dem Kloster Himmerode, bei Wittlich, das Gut Langscheid, Kreis Wittlich, 1181), 2, 50 (Abt von Sprenkirsbach, w. Zell an der Mosel, beschenkt das Kloster Himmerode, bei Wittlich, 1181), 2, 54 (E. v. T. untergiebt die Zelle zu Merzig, s. Trier, der Abtei Wadgassen, sos. Saarlouis, 1182), 2, 57 (der Abtei Carden, bei Treis an der Mosel, Statut über eine Fabrik 1183), 2, 59 (E. v. T. beurkundet dem Kloster Himmerode, bei Wittlich, das Recht der Vorlese in Leudesdorf, bei Andernach, 1169—1183), 2, 67 (päpstliche Urkunde 1184), 2, 90 (des Stiftes von Münster-Maifeld Erbpachtbrief für Radulfus Canis 1187), 2, 98 (Prior von Valendar, no. Coblenz, kauft von Berthold von Covern das Vogtrecht an dem Hof zu Lonnich, so. Maien, 1189), 2, 105. 106 (päpstliche Urkunden 1190), 2, 108 (Abt von Prüm stiftet Niederprüm 1190), 2, 118 (Dechant und Convent des Stiftes S. Florin in Coblenz vergleichen sich mit Johann von Sinzich 1191), 2, 127 (Abt und Convent von Laach vertragen sich mit dem Herrn von Covern 1192), 2, 129 (päpstliche Urkunde 1193), 2, 133 (E. v. T. bestätigt Hemburgs von Lahnstein Verkauf ihres Allods zu Leudesdorf, bei Andernach, 1194), 2, 135 (päpstliche Urkunde 1194), 2, 146 (Graf von Luxemburg und Namur erlässt den Höfen Leiningen, wsw. S. Goar, und Beuren, bei Cochem, alle Vogteirechte 1136—1196), 2, 150 (der Triersche Archidiakon und Cardensche Propst Konrad bestätigt dem Kloster Laach das Recht die Pfarrei Cruft durch ihre Conventualen verwalten zu lassen 1196), 2, 171 (Abt von Prüm bestätigt dass Graf von Hochstaden einen Teil seiner Vogteirechte an das Stift Münster-Eifel aufgegeben habe 1197), 2, 174 (die Bürger von Coblenz überlassen den Nonnen von Valendar, nw. Coblenz, einen Teil ihrer Mark bei Simmern 1198), 2, 175 (E. v. T. bestätigt den Vertrag des Klosters Kaufungen mit dem Kloster S. Maria, bei Andernach, 1198), 2, 189 (des E. v. T. Vertrag mit dem Grafen von Castel 1199—1200), 2, Nachtrag zu 2, 2 (des Stifts S. Simeon zu Trier Vertrag mit seinem Vogte 1192—1200), 2, N. z. 2, 11 (Verzeichniss der Güter, Renten und Gefälle des Domcapitels von Trier c. 980—1180), 2, N. z. 2, 13 (Weistum der Rechte des Stifts S. Simeon in Trier zu Wincheringen, w. Saarburg, 12. Jh.?).

Lacomblet Urkundenbuch 1, 67 (E. v. T. bestimmt die Zehntberechtigung des Stiftes S. Cunibert zu Cöln in seiner Diöcese 874), 1,

179 (E. v. Cöln beschenkt das S. Severinstift zu Cöln 1043) 1, 264 (königliche Urkunde 1105), 1, 276 (königliche Urkunde 1114), 1, 357 (päpstliche Urkunde 1147), 1, 400 (E. v. T. bestätigt dem S. Ursulastift in Cöln und den Pfarrer von Rhens, s. Coblenz, ihre Zehntberechtigungen 1160), 1, 435 (Herzog von Limburg schenkt der Abtei Steinfeld, oso. Schleiden, eine Mühle 1170), 4, 614 (Abt von Prüm bestätigt den Kanonikern von Münster-Eifel ihre Rechte 1112), 4, 615 (Abt von Prüm schenkt Münster-Eifel eine Mühle an der Erft 1112).

Necrologium Prumiense, Archiv der Gesellschaft für deutsche Geschichte 3, 22. Die Hs. besteht aus Aufzeichnungen des 9. 10. 11. 12. Jhs.

Consonanten.

Hd. *d* und euphonisches *t*. Anlautend *th dh* im Anfang der Periode noch sehr häufig, seltener im In- und Auslaut: *Theugêrus* B. 2, N. z. 1, 11, *Didúnthorpf* B. 1, 14, *Theodane* B. 1, 39, *Herithegan* B. 1, 120, *Thifrido Thibolt* B. 2, N. z. 1, 47, *Wetelenthorp* B. 2, 6, — vielleicht ist auch *Liudrestohrf* B. 1, 65 so zu verstehen, — *Frithegardúin* B. 1, 207, — *Hunfrith* B. 1, 83. — Das *t*, welches dafür im Anlaut und Auslaut eintritt, scheint euphonisch oder beruht auf romanischem Gebrauch: so kann das eben erwähnte *Liudrestohrf* B. 1, 65 gefasst werden, dann *Teodsinda* B. 1, 32, *Tancráda Tétfredo, Teotfredus Teotgárius* B. 1, 98, *Tétfridi* B. 1, 80, *Tancrádi* B. 1, 219, *Tiepaldi* B. 1, 375, *Tiderico* B. 2, N. z. 1, 47, *Teodericus* B. 2, 24. 69, *Tédericus* L. 4, 614, — *Ruotgart* B. 1, 58, *Godelint Adalfrit Reginfrit* B. 1, 83, *Zant* B. 2, 174, *Thibolt* B. 2, N. z. 1, 47. — *D* wird nicht consequent gemieden: *Réngéresdorf* B. 1, 80, — *Theotfredus* B. 1, 98, *Tétfridi* B. 1, 180, — *Warimbald* B. 1, 30, *Malderscheid* B. 2, N. z. 2, 11. — Ausfall oder Assimilation in *Mafredus* B. 2, 22.

Hd. *t*. Dafür in der Regel *d*: *Dagemár* B. 1, 80, *Dagadrút* B. 1, 83, *ervideila* B. 1, 430, *Dalahém* B. 1, 118. 210, *Dúvinforst Dieffenbach* L. 1, 435, — *Godelint* B. 1, 83, *Harduwinus* B. 2, N. z. 1, 17, *Bodilone* B. 1, 34, *Liudewini* B. 1, 219, *Sigebodo* B. 1, 392, *heregewéde* B. 1, 571, *Ródenburne* B. 2, 146, — *Hardman* B. 1, 80, *Guodráda* B. 1, 58, *Tancrád* B. 1, 235, *Hardwino* B. 1, 210, — auch *Windrúth* bezeichnet wol dieselbe Aussprache B. 1, 83. — Im Anlaut ist *t* selten: *Talevanc*

B. 1, 3, *Ermuntrúda* B. 2, N. z. 1, 22, *Berctrúdis* B. 2, N. z. 1, 30, — noch seltener im Inlaut: *Sigiwartus* Necr. Pr., — aber *Lúterbrunna* ist begreiflich B. 2, N. z. 1, 22; — häufiger im Auslaut: *Ruotgart* B. 1, 58, *Dagadrút* B. 1, 83, *Teotfredus Teotgárius* B. 1, 98, *Tétfridi* B. 1, 180. — Ausfall des *t* und Assimilation: *Diekóz* B. 1, 80, *Râpurgam Thiocarius* B. 2, N. z. 1, 20, *Tiepaldi* B. 1, 367. 375, *Ércnbrestein* B. 1, 610 — Assimilation: *Clabpach* B. 1, 579. 580.

Hd. *z* ist nicht vollkommen durchgedrungen wie die folgende Periode beweist, welche noch ausser den Pronominalformen einige alte *t* bewahrt hat. In unsrer nur Spuren: zwar *watriscapis* B. 2, N. z. 1, 20. 22 ist ein mittellateinisches Wort, das auch in bairischen Urkunden vorkommt, Meichelbeck Hist. Fris. 2, 208 (a. 819) *wadriscapis* und 2, 273 (a. 828) *wadiscabum*, — aber *Hertenowe*, Hirzenach, am Rhein, ober Boppard, L. 1, 276 braucht kein Fehler zu sein neben *Hircenowe* in andern königlichen Urkunden L. 1, 340 (1140), 365 (1149). — In den Personennamen wechseln die Formen *gaud gaut* und *gauz góz*: *Helmgaudus* B. 2, N. z. 1, 28, *Ermengaudus* B. 1, 180, *Thietgaudi* B. 1, 163, *Tétgaud* B. 1, 165, *Megingaudus* B. 1, 170. 174, *Liofgaut*, Mancipium im Kreise Prüm. B. 1, 59, — *Gauzbertus* B. 1, 98, *Gautsbrehtinge* B. 1. 170, *Diekóz* B. 1, 80, *Gózberti* B. 1, 163, *Gózpoldi Gózperti* B. 1, 164, *Gózwinus* Necr. Pr., *Meingóz* B. 1, 401. — Sonst durchweg *z*: *Zant* B. 1, 174, *Zeiza* B. 1, 58, — *Wizesheime*, Wissersheim bei Düren, B. 1, 135, *Saltresstráza* B. 1, 204, *Luzenrode*, Lutzerath, Kreis Cochem, B. 1, 392, *Suarzensole*, bei Maien, B. 1, 273, — *Zeizolf* Necr. Pr., *Gézberch*, Chevermont, zwischen Lüttich und Limburg, *quod dicitur G.*, B. 2. N. z. 2, 11, *lázgút* B. 2, 127, *holzmarchen* B. 1, 640, *Holzheim*, bei Münstereifel, B. 1, 135. — Bemerkenswert die Schreibung *Gautsbrehtinge* B. 1, 170, — neben *Wecelo Hecelo* B. 2, 69, — und *Bechelinus Hechelo* B. 1, 648.

Hd. *b* und euphonisches *p*. *P* im Anlaut beruht auf Assimilation: *Râpurgam* B. 2, N. z. 1, 20, *Tiepaldi* B. 1, 367. 375, *Clabpach* B. 1, 579. 580; — im Inlaut gewönlich *v*: *Halmhóva in pago Tulpiacense* B. 1, 118, *Gygenhóva*, im

Ahrgau, B. 1. 120, *Everhardus* B. 1, 135. 219. 375. 392. 640;
2, N. z. 2, 11, *ervideila* B. 1, 430, *Havekesbrunno* B. 1, 392,
Ravengêrus B. 1, 220, *grûva* B. 2, N. z. 2, 11, *Sevenburnen*,
Simmern, Amt Montabaur, B. 1, 174, *Dúvinforst* L. 1, 435,
Rúveri, Rüber, bei Polch, B. 1, 218, *Ravengêrum* B. 1, 236.
237, *Elverichesburnen*, Grenze des Contelwaldes, zwischen
Mosel und Alf, *Overhecca*, Kreis Bitburg, B. 1, 622; 2, 129,
Gevelesdorp, Kreis Witlich, B. 2, 25. — Aber *b* ist nicht ver-
pönt: neben *hôva* findet sich *hûbam* B. 1, 392, *Nuivenhôbón*,
bei Handschuchsheim in Baden, B. 1, 58, neben *Rúveri* auch
Ruobera B. 1, 7, neben *Everhardus* auch *Eberhardus* B. 1,
328. 375, dann *Nebulungus* B. 2, N. z. 1, 8, *Ebrulfo* B. 1,
32, *Ghebuino* B. 1, 43, *Gebehardus* Necr. Pr.; B. 1, 355. —
Statt des euphonischen *p* im Auslaut euphonisches *f*: *seluvif*
B. 1, 141, *Lifmúdis* B. 2, 15, *collectae advocatorum, quas
ibidem vulgari nomine gúwerf vocant* B. 1, 647, *Liofgaut*,
Mancipium im Kreise Prüm, B. 1, 59.

Lateinisch *p* wird erweicht in *Ribuariense* B. 1, 105.

Hd. *ph*. Im Anlaut dafür *p*: *Palcele*, Kreis Saarburg, B.
1, 308, *Paffenlant*, bei Cochem, B. 1, 302. — Im Inlaut ist
die Verschiebung nach Vocalen durchgeführt: denn *watriscapis*
B. 2, N. z. 1, 20 beweist nichts; s. oben hd. *z*, obwol in
den Urkunden Martène Amplissima collectio 1, 17 (709. 717)
'ex cartario Epternacensi' *watrischafo watriscafo* steht, sonst
nach Vocalen durchaus *ph* oder *f*: *Disapha*, im Avelgau, B.
1, 65, *Arnefa*, Erft, ergiesst sich bei Neuss in den Rhein, B.
1, 190; L. 4, 615, *Rifer* B. 1, 245, *wâfeneshant in comitatu
Waldelefinga* B. 1, 273, *Diefenbach* L. 1, 435, — *Stephelin,
villa in comitatu Tulpiacensi*, B. 1, 180. — Nur in Gemination kann *pp* bleiben: *Stuppinberch*, bei Wittlich, B. 2, 39,
Stoppe B. 2, 146. — Auch nach Liquiden ist *ph f* das gewönliche: *Erfo Erpho* B. 1, 502. 607; 2, N. z. 2, 11; 2,
50, *Helfenstén* B. 1, 635; 2, 271. — Ebenso der Auslaut:
— *Diofbach*, bei Montabaur, B. 1, 204, *Ofdemodinge*, Ochtendung, ogn. Maien, B. 1, 213, — *Liudrestorhf*, Kreis Daun,
B. 1, 65, *Rêngêresdorf*, Kreis Neuwied, B. 1, 80, *Dúdlendorf*,
Kreis Bitburg, B. 2, N. z. 1, 16, *Godersdorf*, Kreis Trier,

B. 2, N. z. 1, 26, *Aletersdorf*, Kreis Bitburg, B. 2, N. z.
1, 10. 23, *Bickkendorf*, Kreis Bitburg, B. 2, N. z. 1, 10.
23, *Didendorpht*, Kreis Prüm, B. 1, 135, *Etilintorph Etilintroph*, Kreis Bitburg, B. 1, 235, *Novinestorf* B. 1, 187, *Alflindebach*, Kreis Adenau, B. 1, 245, *Hunzelinesdorph*, bei
Mersch, in Luxemburg, B. 1, 83. 179, *Aredorph*, Kreis Daun.
B. 1, 233, *Villinesdorph*, bei Aspelt in Luxemburg, B. 1, 212.
Hekesdorph, im Merscher Thal, in Luxemburg, B. 1, 272.
Gowerstorf, Kreis Daun, B. 2, N. z. 2, 11, *Liethdorf*, Kreis
Saarburg, B. 2, N. z. 2, 13, *Fremerstorf*, Kreis Saarlouis, B.
1, 550. 575; 2, 54, *Flastorf*, Kreis Gemünd, B. 1, 575, *Kirchtorph*, Amt Nassau, B. 1, 597, *Bettendorf*, Kreis Coblenz bei
Sain, B. 1, 638, *Dudelendorpll*, Kreis Bitburg, B. 1, 456; 2.
N. z. 1, 47. 54; 2, 38, *Hemmerstorf*, Kreis Saarlouis, B. 1,
550, *Ludesdorf*, bei Andernach, B. 1, 419. 447. 504; 2, 133.
Tuntinstorf, ssw. Saarburg, *Bullingestorf*, Kreis Bitburg, *Hittinstorf*, Kreis Saarlouis, *Bederstorf*, Kreis Saarlouis, *Mamendorf*, Kreis Merzig, B. 1, 550, *Metendorph*, Kreis Bitburg, B. 1.
356, *Omisdorf*, Kreis Saarburg, B. 1, 614, *Bollendorf*, sw. Bitburg, B. 1, 648; N. z. 1, 37. 47; 2, 24, *Bittelsdorf*, Kreis
Maien, B. 1, 400, *Wintersdorph*, Kreis Trier, B. 2, 50, *Liezendorf*, Kreis Daun, B. 1, 405. — Beachtenswerth die Schreibungen
pf: Didunthorpf, Kreis Prüm, B. 1, 14, — und *h: Grandesdorh*, Kreis Wittlich, 1, 630, wenn sie mehr als Schreibfehler
sind. — Dagegen *Helperici* B. 1, 204, *Helpensten*, unter Ehrenbreitstein, B. 2, 35, *Helpin* B. 1, 257, — *Raterestohrp*, bei
Bitburg, B. 1, 105, *Nammerestorp in comitatu Tulpiacensi* B.
1, 180. 181, *Helpsuint* B. 1, 58, *Helprado* B. 1, 119, *Helprici*
B. 1, 164. 228, *Ludenesdorp*, bei Andernach, B. 1, 603; 2.
59, *Grandesdorp*, Kreis Wittlich, B. 1, 604, *Adendorp*, Kreis
Rheinbach, B. 1, 449, *Dudendorp*, Kreis Wittlich, B. 2, 19.
Ginendorp, Kreis Bittburg, B. 2, 36, *Bettendorp*, Bendorf, ö.
Neuwied, B. 2, 3. 127, und in den königlichen und päpstlichen
Urkunden B. 1, 421. 506, L. 1, 264, *Lorstorp* B. 1, 642.
Wathilentorp, Kreis Prüm, B. 1, 16, *Bollendorp Ginnendorp
Oplendorp*, Kreis Bittburg, B. 1, 622, *Gevelesdorp, Grandestorp*,
Kreis Wittlich, B. 2, 25. 67, *Ludensdorp*, Kreis Wittlich, B. 2,
67, *Beekendorp*, bei Diekirch, im Luxemburgischen, B. 1, 622.

Hd. *f* steht vor *t* im allgemeinen fest: *Efternacense* B. 2, N. z. 1, 47, oder in der lateinischen Form *pt*, — aber *Kracht* B. 1, 442, *Ohtenethinc*, Ochtendung, ogn. Maien, L. 1, 179. — Schreibung *W* in *Wolcmâr* B. 1, 275 neben *Volcmâr*.

Hd. *v*. Selten dafür *b*: *Treberi* B. 1, 536; 2, N. z. 1, 1.

Hd. *w*. *Galterus* B. 2, 57, *Gvalterus* B. 2, 15, *Grescelinus* B. 2, 15, *Huidonis* B. 1, 65 zeigen Einfluss romanischer Orthographie. Vocalisierung in *Helmoino* B. 1, 32, *Bernoinus* B. 1, 98, *Fredesundis* B. 1, 475.

Hd. *g* und euphonisches *k*. Selten zeigt der Anlaut andere Formen: *Ghebuino* B. 1, 43, — *Jencingon*, bei Bingen, B. 1, 120. — Consonantische Assimilation ist *Diekôz* B. 1, 80. — Im Inlaut mitunter Spirans und Ausfall: *Sprenchirsbach*, w. Zell, B. 1, 418; 2, 656, — *Daibertus* B. 1, 98, *Siebodo* B. 1, 320, *Sibodo* B. 1, 400, *Sygêrus* B. 2, N. z. 1, 44, — im Auslaut sehr häufig *ch*: *Businesberch Williburuch* B. 1, 83, *Michelenberch* B. 1, 141, *Frideburuhc* B. 1, 260, *Eckiburch Hildiburch* B. 1, 121, *Rihdahc* B. 1, 257, *Rifenesburch* B. 1, 187, *Sarburch* B. 1, 308, *Revengêresburch* B. 1, 375, *Gêzberch* B. 2, N. z. 2, 11, *Lödewich* B. 1, 408, *Lucelenburch* B. 1, 431. 483, *Nürberch* B. 2, 150, *Bettenberch* B. 1, 146, *Lemborch* L. 1, 197. 435, — hie und da *gh*: *Saffenbergh* L. 1, 439, *Lemburgh* L. 1, 197. — Aber auch *g* ist gestattet: *Kiliburg* B. 1, 13, *Madelberg* B. 1, 431, *Berg* B. 2, 174, *burgban* B. 2, N. z. 1, 37, — selten aber das oberdeutsche euphonische *k*: *Mâlberc* B. 2, 11, *Luceleburc* B. 1, 648.

Hd. *k*. Besonders nach Liquiden und bei Consonantumlaut kommt in einigen Denkmälern die oberdeutsche Schreibung *ch* vor: *Cherpene*, nwn. Daun, *Chuono* B. 1, 387; 2, 118, — *Erchenbalt* B. 1, 83, *Herchentrûda* B. 1, 153, neben *Erkanbertus* Necr. Pr., *Falchilo* B. 1, 220, neben *Falcunstein* B. 2, 22, *Gunzenheche*, Grenze der Pfarre Reifferscheid, B. 1, 245, *holzmarchen* B. 1, 640, *Folchlinde* B. 1, 87, *manewerch*, terra dominicalis, L. 1, 400, neben *burchwerc* B. 2, 171.

Hd. *ch* ist nicht ganz durchgeführt. Zwar ist es das gewönliche: *Enrichi*, Einrichgau, B. 1, 117, *Michelenberch*, bei Echternach, B. 1, 141, *Eichinesceit*, bei Münstereifel, B. 1, 31. *Wizrichesheim in pago Ribuariense* B. 1, 118, *Bilicha* B. 1, 220, *Werichonis* B. 1, 178, *Lideche* B. 2, 11, — *Diufonbah*, Kreis Neuwied, B. 1, 80; L. 1, 435, *Epternach* B. 2, 19, *Wich*. Kreis Bitburg, B. 1, 43, *Dothinbach*, bei Prüm, B. 1, 32, *Rossebach* B. 1, 187, *juch* B. 2, N. z. 2, 11, p. 354, *Nagilbach*. Kreis Saarlouis, B. 2, N. z. 2, 2, — aber *Gambrikerô marca* B. 1, 117, *Brünike* B. 2, N. z. 2, 14, *Addeobace in pago Wabrinse*, la Woevre, *Krakilenheim*, zwischen Ahrweiler und Sinzig, B. 1, 118 neben *Crachilenheim*, *in pago Heinrike* B. 1, 120, *Bisikerômarkûn*, Grenze der Pfarre Mersch in Luxemburg, B. 1, 207, *Billike*, bei Trier, *Lorreke*, Kreis Trier, B. 1, 255, *Hekesdorph*, im Merscher Thal, in Luxemburg, B. 1. 272, *Kirkchûve* B. 2, N. z. 2, 13, *Alveke*, bei Alzei in Rheinhessen, B. 2, N. z. 1, 44, *Keriki* B. 2, N. z. 2. 13, *Zulpiki* B. 1, 295, *Havekesbrunno* B. 1, 392, *Rykardis* B. 2, 389, *Evernako*, bei Cochem, B. 1, 540, *Nunkyrken*, bei Daun, B. 2, 108, *Merrike*, Kreis Trier, B. 2, 108, *Ratheke*, wol Rachtig an der Mosel, w. Traben, L. 1, 357, *Drikeringou*, s. Mainfeldergau, B. 1, 284, während andre königliche Urkunden *Trichire* schreiben B. 1, 293 (1018), und *Drechere* B. 1, 300 (1023), *Liddike*, Kreis Wittlich, B. 2, 25. 67, *Einkerka*, an der Mosel, unter Trarbach, B. 2, 105, *Urceka*, s. Wittlich. *Withlika* B. 2, 106, *Pondreka*, Pünderich bei Zell, B. 2, 129. *Merreka*, Landkreis Trier, B. 2, 135, — *Albric* B. 1, 235, *Brûbac* im Einrichgau.

Hd. *h*. Im Anlaut zuweilen nach westfränkischer Orthographie *ch*: *Childeberti* B. 2, N. z. 1, 1, *Chrôdolandi* B. 1, 8. Daneben auch Abfall: *Elmfredus* B. 1, 13. Selten erhält sich *h* vor Consonanten: *Hludovici* B. 1, 118. — Durch Assimilation kann *h* zur Tenuis verhärten. *Berctrûdis* B. 2. N. z. 1, 30, *Humbrecterode*, bei Wittlich, B. 2, 19, *Mectildis* B. 1, 516, *Guntcario* B. 1, 13. — Eine Assimilation andrer Art könnte es sein, wenn *h* vor und nach Dentalen ausfällt: *Grimbret Gunbret* B. 1, 83, *Folcbrat Sigibrat* B. 1,

120, *Rŭprêt* B. 1, 273, *Ossewilre in pago Surense* B. 2, 189, *Òsenwilre*, in Luxemburg, B. 2, N. z. 1, 22. *Òteri Thioteri* B. 1, 83, *Reinnerus* B. 1, 610, — aber auch *Hailtprcht* Necr. Pr. — Ausfall zwischen Vocalen: *Hòouspalt* B. 1, 105, *Hanscòesheim* B. 1, 58, *Hòònvclisnim* B. 1, 187, *lènherre* B. 2, 189. — Abfall im Auslaut nach Vocalen: *Tungerlô Waderlô*, niderlothringisch, B. 2, 54.

Hd. *n*: *Malderscheit*, zwischen Wittlich und Daun, und *Manderscheit* B. 2, 11. — Gutturales *n* drückt die Schreibung *Ensilignga* aus, bei Gudenus, Codex dipl. 3, N. 3, die mir sicherer scheint als *Ensilinga*, bei Beyer, 1, 154.

Hd. *l*. Assimilation *Willemnus* B. 1, 656.

Hd. *r*. Metathese: *Astenburno*, bei Clervaux, im Luxemburgischen, B. 1, 306, *Lendeburno* B. 1, 456, *Sevenburnen*, Simmern, Amt Montabaur, B. 2, 174, *Rôdenburne*, bei Diekirch, im Luxemburgischen, B. 2, 146, *Elverichesburnen*, Grenze des Contelwaldes, zwischen Mosel und Alf, B. 1, 532; 2, 129, — aber *Drinbrunnin*, Kreis Merzig, B. 2, N. z. 2, 11, *Heidinbrunnun Dûtilunbrunnun*, Pfarre Mersch, in Luxemburg, B. 1, 207.

Hd. *hs*. *Òsenwilre*, in Luxemburg, B. 2, N. z. 1, 22.

Hd. *sc* ist noch ungeschädigt: *viscerehûve* B. 2, N. z. 2, 13. — Ist *Szerdeslegen* B. 1, 207 gleich *Scerdeslegen*, wie Förstemann 2², 1428 *szithús* = *scifhús?* Vgl. oben hd. *z*: *ch* für *z*.

Hd. *nt nd* ist constant: *Guntlint Engelsuint* B. 1, 83; — *Doirlith* ebendaselbst wird wol die weiter unten stehende *Diorilt* sein.

Vocale.

Hd. a. Bei folgendem i kann dafür *ai* eintreten: *Chairibertus* B. 1, 8, *Aiglulfo* B. 1, 34, *Hailtpreht* Necr. Pr.

Hd. e. Selten ist Umlaut nicht durchgedrungen: *Verrebache*, Genetiv, B. 1, 204, *Marisch*, Mersch in Luxemburg, B. 1, 14: — Bei folgendem *i* auch *ei i*: *Reiginbertus* B. 2, N. z. 1, 19, *Eimbricho* B. 1, 315, *Eingilboldo* B. 1, 218, — *Meyrla* B. 1, 647. — *I* statt *e*: *Guttregildum* B. 1, 187, neben *wergeldum* B. 2, N. z. 1, 22; 2, 24. — Hd. *é: Girlácus* B. 1, 475, *Girardo* B. 2, 11.

Hd. *ae: hergewéde* B. 1, 571.

Hd. *i*. Als Entsprechungen können eintreten *e*: *Ermina* neben *Irmina* B. 2, N. z. 1, 1, *Erminedrúda* B. 1, 433 neben *Irmuntrúda* B. 2, N. z. 1, 22, *Mekela* B. 2, N. z. 1, 17, *Elmfredus* B. 1, 13, *Ragranfredo* B. 1, 34, *Brunihelt* B. 1, 83, *Engofredo* B, 1, 98, *Nevelungi* B. 1, 268, *Erenfredus Godefredus* Necr. Pr., *Lenborch* B. 1, 639, L. 1, 197. 439, *Verneburch* B. 2, 11, *Fredesundis* B. 1, 475, *Séfert* B. 1, 478, *Hertenowe*, Hirzenach am Rhein, unter S. Goar, L. 1, 267, *Einkerka*, ssw. Zell, B. 2, 105, — *Ratheke*, an der Mosel, w. Traben, L. 1, 357, *Urceka*, w. Wittlich, B. 2, 106, *Pondreka*, w. Zell, B. 2, 129, *Merrcke*, Landkreis Trier, B. 2, 135, *Leudengen* B. 2, 146, — daneben *ie* in *Biedegowi* B. 1, 299. — Doch häufig auch *i*: *Rúthilt* B. 1, 83, *Thifrido* B. 2, N. z. 1, 22. 224, *Limborch* L. 1, 435.

Hd. o. Selten dafür noch *u*: *Ródulfo* B. 2, 11, *juch* B. 2, N. z. 2, 11. — Hd. ó. Die Eigennamen auf -*gaud* und *góz* halten sich fast die Wage: *Helmgaudus* B. 2, N. z. 1, 28, *Gauzbertus* B. 1, 98, *Ermengaudus* B. 1, 180, *Thietgaudi* B. 1, 163, *Tétgaud* B. 1, 165, *Megingaudus* B. 1, 170, *Gautsbrehtinge* B. 1, 170, *Meingaudi* B. 1, 174, — *Diekóz* B. 1, 80, *Gózberti* B. 1, 163, *Gózpoldi Gózperti* B. 1, 164, *Gózwinus* Necr. Pr., *Meingóz* B. 1, 401.

Hd. u. Die Schreibung ů ist häufig: *Bůrchardus* B. 1, 461, *Gůndolfi* B. 1, 427, *Lůdewico* B. 2, 24. 118, — *uo Uogo* B. 1, 163, *Luodewici* B. 2, N. z. 2, 11. — *O* tritt ein in *Limborch* L. 1, 147. 435 neben *Lemburgh* L. 1, 439, *Ysemborch* B. 2, 47, *scoltetus* B. 2, 90, — *Ogo* B. 1, 170, *Lodowicus* B. 2, 118; 2, N. z. 2, 11, *Prumersbosch* B. 2, 11, *Ofdemodinge* B. 1, 213. — Hd. *ů:* einmal *Truodo* B. 1, 79.

Hd. *ei.* Auch *ai* wird geschrieben: *Haimomár* B. 1, 43, *Drútlaicus* B. 1, 98, *Bolzaim* Necr. Pr. — *É* in *Adelhédis* B. 1, 430, *Dalahêm* B. 1, 210, *Okishêm* B. 1, 233, *Stenburgis Gezberch Hénricus* B. 2, N. z. 2, 11, *Elfenstên* B. 2, 27, L. 1, 293. 294, *Brétenbach* B. 2, N. z. 2, 11, *Arenstên* B. 1, 338, *Minhém* B. 1, 486, *Méngaudi* B. 2, 174, *Stenirehêm* B. 2, N. z. 1, 22, *Stenveld* B. 2, N. z. 1, 45, *Hémbach*, bei Neuwied, B. 2, 127, neben *Heimbach* B. 2, 38.

Hd. *iu*, mit den Nebenformen *ui eu eo* wird von *ů* verdrängt: *Liudulfus* B. 1, 153, *Liutgart* B. 1, 83, *Liutfridus* B. 2, N. z. 1, 26, — *Nuivenhóbón* B. 1, 58, — *Theugérus* B. 2, N. z. 1, 11, *Leutgaudi* B. 1, 11, *Neumaga* B. 1, 554, *Leubolt* B. 1, 574, *Leudefridus* B. 2, N. z. 1, 24, — *Ludila* B. 1, 83, *Lúzo* B. 1, 244, *Lufridi* B. 2, N. z. 2, 11, *Númaga* B. 1, 408, *Núnkircha* B. 1, 550, *herestúre* B. 1, 571, *Lútwini* B. 2, 150, *Lúdolfus* B. 1, 647, *Núhenburch* B. 2, 171, — *Lúthardi* B. 1, 255, *Nómagia* B. 2, 20 stehen vereinzelt.

Hd. *ie. Io ic* ist das gewönliche, *Doirlith* B. 1, 83 wol nur ungeschickte Schreibung. Daneben aber *eo: Teotlindis Leobolfus* B. 1, 58, — und Monophthongierungen: *Ditfridi* B. 1, 219, *voiddinist* B. 2, 127, *dinstehúve* B. 2, N. z. 2, 13, *Dithardo* B. 2, 118, *Thifrido Thibolt* B. 2, N. z. 1, 22, *Thiderade* L. 1, 444, — *Tétfredo* B. 1, 43, *Tétfridi* B. 1, 180, *Tétmari Tétgaud* B. 1, 165, *Tezilini* B. 1, 249, *Démódis* B. 1, 342. — *Iu* bleibt ungebrochen, wie auch oft im hd. in *Diufonbah* B. 1, 80, *Diufbach* B. 1, 204.

Hd. *ou.* Die Schreibungen *Gouuilint Frouuilint* B. 1, 83, *Naahgouue* B. 1, 166, *Methingouui* B. 1, 211 sind zweifelhaft, sicher aber *Melboum* B. 1, 308, *Kouffungin* B. 2, 175. — Daneben *au: Gauuildis Lobodungauni* B. 1, 58, *Gauulfus* B. 1, 98. — Monophthongierung noch sehr selten *ab arbore que castenbóm appellatur* B. 2, 19.

Hd. *uo* erscheint im Anfang der Periode häufiger als zu Ende derselben: *Ruodgér* B. 1, 80, *Hardmuot Wermuot* B. 1, 83, *Ruothildis* B. 1, 260, *Ruotgart* B. 1, 58, *Ruodingo* B. 1, 257, *Huodilberti* B. 1, 228, *Cuonrádus* Necr. Pr., *Uodelam* B. 2, N. z. 1, 34, *Fluorbahc* B. 1, 299, *Chuono* B. 1, 387, — *kirkehůve viskerehůve* B. 2, N. z. 2, 13, *Růdolphus* B. 2, 150, *Růtbertus, lázgůt* B. 2, 127. — Daneben *ó: Rótgérus* B. 1, 141, *Ôzilin* B. 1, 260, *Hanscoesheim hóbón* B. 1, 58, *Rótgárii* B. 1, 105, *Róricus Ôza Ôzo* B. 1, 153, *bróch* B. 2, 62, *Ródulfus* B. 2, N. z. 2, 11, *Ródengérus* B. 1, 57, *Cónrádi* B. 2, 146, — und *ú: Ûdalricus* B. 1, 328, Necr. Pr., *Rúthgérus* B. 1, 171, *Ûdonis* B. 1, 213, *Rúdolpho* B. 1, 272; 2, 38, *Scarphůve Rúzelinisgráva* B. 2, N. z. 2, 11, *Lifmúdis* B. 2, 15, *Cúnrádes* B. 1, 512. 640; 2, 381, *Chúuone* B. 1, 387, *Rúlant* B. 2, 6, *Ûlricus* B. 2, 7. — Anfänge der erhöhenden Diphthongierung: *broele* B. 1, 207, *Coenrádi* B. 2, N. z. 1, 22.

Verdumpfung der Vocale in Ableitungssilben und Praefixen: *Irmuntrúda* B. 2, N. z. 1, 22, *Godofredus* Necr. Pr., — *gůwerf* B. 1, 647, *guwere* B. 1, 463.

Declination.

Nominal. Vocalische Stämme, Sing. Gen. *Bermódasheim* B. 1, 445, *Wimundasheim*, bei Kreuznach, B. 1, 110, — *Ansheres* B. 1, 165, *Cúnrádes* B. 1, 512, — *Wimáris* B. 1, 165. Dat. *Thieméresberge Frithegarden broele* B. 1, 207, — *a Stalbach, a Ulinabach* B. 1, 207 (Masc. oder Fem.?), — *Gambrikeró marcu* B. 1, 117, — Plur. Gen. *Gambrikeró marcu* B. 1, 117, *Bisiceró markún, Pitigeró markún, Esten-*

gerugerô markûn B. 1, 207, *Merticharorô* B. 1, 228, — Dat. *Bergon* B. 1, 167, *gespringon* B. 1, 204, *Mellingon Crellingon* L. 1, 67, — *Hôônrelisnim Biriglinim* B. 1, 187, — *Balderingin* B. 1, 307. — *Szerdeslegen* B. 1, 207, — *Nuirenhôbôn* B. 1, 58, *a Bisicerô markûn, a Pitigerô markûn, a Estengerugerô markûn* B. 1, 207. — An- *ân*-Stämme. Sing. Gen. *Frithegardûn* — *Frithegarden* B. 1. 207, — Dat. *Heidinbrunnun* B. 1, 207, — *in Muselûn, in Moselûn* B. 2, N. z. 2, 11. — Plur. Dat. *Driubrunnûn* B. 2, N. z. 2, 11, *Sevenbrunnûn* B. 2, 174.

Pronominal. *Ofdemodinge* B. 1, 213.

Fortsetzung der Beschreibung V.

(13. 14. 15. Jh.)

Quellen.

Beyer Urkundenbuch der mittelrheinischen Territorien: 1, 135 (Güterverzeichniss der Abtei Prüm von 893, abgeschrieben und commentiert 1222 von dem einstmaligen Abte Caesarius. Dieser sagt in der Einleitung den barbarischen Stil habe er ob antiquitatis reverentiam unverändert gelassen, *verumtamen villarum vocabula que ex longevitate quasi barbara videbantur, nominibus que eis modernitas indidit, commutari.*), 2, 181 (Erzbischof von Trier incorporiert seinem Domcapitel die Kirchen von Perl, sw. Saarburg, und Ochtendung, ogn. Maien, 1200 l.), 2, 182 (Münster-Maifeld, sw. Coblenz, vererbpachtet einen Weingarten zu Lehmen, n. Münster-Maifeld, 1200 l.), 2, 191 (E. v. T. entscheidet einen Streit des Abtes von S. Euchar bei Trier mit Herrn von Manternach 1201 l.), 2, 194 (Propst und Capitel von S. Castor in Coblenz bestellen einen Seelsorger für Moselweiss, wsw. Coblenz, 1201 l.), 2, 198 (Wikard schenkt dem Stift S. Simeon in Trier einen Weingarten bei Coblenz 1202 l.), 2, 199 (die Herren von Sirkeis und Sidelingen vergleichen die Abtei S. Euchar bei Trier mit Herrn von Berge 1202 l.), 2, 201 (E. v. T. bestätigt die Stiftung des Klosters Sayn, ngw. Coblenz, 1202 l.), 2, 204 (E. v. T. vergleicht das Kloster Himmerode, nww. Wittlich, mit Herrn von Weiss 1202 l.), 2, 205 (E. v. T. beurkundet den Verzicht Gerards von Kele auf Ansprüche an das Kloster Himmerode, nww. Wittlich, 1202 l.), 2, 206 (E. v. T. beschenkt das Kloster S. Euchar bei Trier 1190—1202 l.), 2, 208 (E. v. T. entscheidet einen Streit des Erzstiftes mit dem Kloster S. Euchar bei Trier 1202 l.), 2, 209 (Graf von Veldenz unterwirft sich einer richterlichen Entscheidung über seine Rechte in den Dörfern der Abtei S. Euchar bei Trier 1202 l.), 2, 210 (Graf von Veldenz beurkundet dass Peter von Merzig der Abtei S. Euchar bei Trier Rechte verpfändet habe 1202 l.), 2, 211 (E. v. T. bestätigt mehrere Verhandlungen 1202 l.), 2, 213 (E. v. T. vergleicht das Kloster Himmerode, nww. Wittlich, mit den Bauern zu Ehrang, nno. Trier, 1203 l.), 2, 217 (E. v. T. befreit Güter der Abtei Rommersdorf, Kreis Neuwied, von allen Steuern 1204 l.), 2, 219 (E. v. T. vergleicht das Kloster Himmerode, nww. Wittlich, mit den Erben Alberos von Senheim 1204 l.), 2, 220 (E. v. T. bestätigt die Schenkungen des Herrn und der Frau von Malberg an das Kloster S. Thomas an der Kill 1204 l.), 2, 221 (des Domcapitels zu Trier Erbleihebrief über ein Stück Landes in Trier 1204 l.), 2, 232 (Graf von Veldenz beurkundet dass Peter von Merzig einige Herrschaften an das Stift S. Paulin bei Trier verpfändet habe 1207 l.), 2, 242 (des Stifts S. Simeon in Trier Zollrolle für Coblenz 1209 l.), 2, 246 (E. v. T. bestätigt einen Tausch zwischen dem Stift S. Simeon in Trier und der Abtei Rommersdorf, Kreis Neuwied, 1209 l.), 2, 249 (Archidiakon Theodorich von Prüm genehmigt die Schenkung zweier Kirchen von Prüm an Nieder-Prüm 1209 l.), 2, 251 (E. v. T. vergleicht das Stift S. Maria in Utrecht mit den Gebrüdern von Hammerstein 1209 l.), 2, 252 (E. v. T. beurkundet den Verzicht Simons von Ettringen auf den Zehnten zu Lonnich, oso. Maien, 1209 l.), 2, 254 (Testament des Herrn von Livezeiz in Trier 1174—1209 l.) 2, 259 (E. v. T. bestätigt die Stiftung einer Kapelle auf dem Oberwerth, s. Coblenz, 1210 l.), 2, 260 (E. v. T. beurkundet den Verzicht Gerhards von Are auf die Vogtei über das Kloster Laach 1210 l.), 2, 261 (E. v. T. vergleicht die Abtei Rommersdorf, Kreis Neuwied, mit Bruno von Isenburg 1210 l.) 2, 265 (Herr von Braunsberg, nno. Neuwied, tauscht Einkünfte mit dem Kloster Rommersdorf, Kreis Neuwied, 1210 l.), 2, 266 (Abt von Echternach beurkundet die Strafe eines Friedensbrechers 12. Jh. — 1210 l.), 2, 267 (Abt von S. Euchar bei Trier ersetzt dem Herrn von Castele ein Lehen 1187—1210 l.), 2, 268 (E. v. T. beurkundet Schenkungen an die Abtei S. Euchar bei Trier 1192—1210 l.), 2, 274 (Abt von Echternach verpachtet eine Mühle 1211 l.), 2, 275 (E. v. T. beurkundet die Verpfändung der Hunschaft von Pluwig 1211 l.), 2, 276 (E. v. T. beschenkt das Kloster Himmerode, nww. Wittlich, 1211 l.), 2, 277 (Peter der ältere bestätigt eine Schenkung seiner Frau an das Kloster S. Thomas an der Kill 1211 l.), 2, 285 (Abt und Convent zu S. Euchar bei Trier verschreiben Adelheiden ein Stipendium 1212 l.), 2, 286 (E. v. T. übergibt dem Stift Carden, gegenüber Treis, ein Haus 1212 l.), 2,

290 (E. v. T. übergibt dem Domcapitel das Patronat der Kirche von Ochtendung, Kreis Maien, 1190—1212 l.), 2, 297 (Testament des E. v. T. s. d. l.), 2, 298 (Verzeichniss der von dem E. v. T. erworbenen Güter s. d. l.), 2, N. z. 2, 12 (= L. A. 1, 297, Iura prepositi S. Castoris in Confluentia, Anfang des 13. Jhs. l.), 2, N. z. 2, 15 (Liber annalium iurium archiepiscopi et ecclesie Trevirensis c. 1220 l.; das eingeschlossene sind Lesarten einer Hs. von c. 1348), 2, N. z. 2, 16 (Güterverzeichniss der Abtei S. Maximin in Trier, Anfang des 13. Jhs.).

Grimm Weistümer 2, 512 (Laudum sive arbitramentum inter abbatem Prumiensem et Henricum dominum de Schoneck, sso. Prüm, 1279 l.).

Hardt Luxemburgische Weistümer p. 169 (Weistum von Dudelsdorf, bei Bitburg, 1345 l. junge Abschrift), p. 171 (von Echternach, no. Luxemburg, 1239 l. nach dem Copialbuch von 1546), p. 298 (von Grevenmacher, ono. Luxemburg, 1252 l. junge Abschrift), p. 461 (von Luxemburg 1244 l.).

Höfer Auswahl 1, 2 (des E. v. T. Urkunde über den Frieden von Thuron 1248 d.), 2, 82 (des Herrn von Helfenstein, bei Coblenz, Wittumsbrief 1315), 2, 114 (Revers des Rates von Sinzig 1327).

Lacomblet Urkundenbuch 3, 300 (von Luxemburg-Arlon stellt dem Erzbischof von Cöln zwei Allode zu Lehn 1246 l.), 3, 636 (Breisig erneut die Einbürgerschaft mit Andernach und weist die Rechte der Aebtissin von Essen 1363), 3, 794 (Bündniss zwischen Böhmen-Luxemburg-Lothringen - Brabant - Limburg, Jülich - Geldern, Geldern - Zütphen und Jülich - Berg - Ravensberg 1377).

Consonanten.

Hd. *d* und euphonisches *t*. Westfränkisches *t* für germanisches *t* ist nur mehr ganz selten: *Tédricus* B. 1, 135, p. 149, — euphonisches öfter: *Wolfespat* B. 2, 213, *eit wart* Hö. 1, 2, *Kylewalt* Wt. 2, 512, — aber *Moselstad* B. 2, 204, *stad* L. 3, 636.

Hd. *t*: *diergarden* B. 2, 268, *Dalheim* B. 2, N. z. 2, 15, *Daguinus* B. 1, 135, p. 188, *dôn gedân doitféda — düsent* Hö. 1, 2, *dûn* Hö. 1, 10, *gedeylit* L. 3, 636, — *leidehunde* B. 2, N. z. 2, 15, *Godefridus* B. 2, 181. 210. 266, *Merbodo* B. 2,

N. z. 2, 16, *Sibodo* B. 2, 209, *sêlegerêde* B. 2, 194, *Caldenburne* B. 1, 135, p. 178, *budel* B. 1, 135, p. 148, *curmêde* B. 1, 135, p. 178, *diergarden* B. 2, 268, *goider lûde râde antwerden* Hö. 1, 2, *godes* Hö. 1, 10, *râde beschuden* L. 3, 632, *gestêdigit* L. 3, 636, — Ausfall: *Tirricus* B. 2, N. z. 2, 15, p. 411, *nachseilde* [*nâtseilde*] B. 2, N. z. 2, 15, p. 403, *Glabach* B. 2, N. z. 2, 16, p. 437, L. 3, 632. 636; — aber ist Hö. 1, 2.

Hd. *z* ist nicht ganz durchgedrungen: ähnlich wie in III: *virtênden* Hö. 1, 2, *tû untuschen* Hö. 1, 10, — *Oumete*, Ems, bei Ehrenbreitstein, B. 2, N. z. 2, 15, p. 12. 426, neben *Oumeze* B. 2, N. z. 2, 12. 15, *hertmâl* [*hercimâl*] B. 2, N. z. 2, 15, p. 402. 411, — *witegans* B. 2, N. z. 2, 15, p. 412. 413, *Mêngôtus* B. 2, N. z. 2, 16, *setten* (Infinitiv) Hö. 1, 2, *witentheit* Hö. 1, 10, *verkurtin* neben *verkurzin*, *schettinge* neben *setzin* (Infinitiv) L. 3, 636, — *dat it hit* Hö. 1, 2, *dat* Hö. 1, 10, *dat it wat allit* — *dit* — *id* L. 3, 636. — Aber *zolstein* B. 1, 242, was gegen den Gebrauch von IV ist. — Für die Affricata auch *tz*: *tzuiginge* Hö. 1, 10, — und *zt Kunikegesholzt* B. 1, 135, p. 144; vgl. *dorpt dorpht* unter hd. *ph*; — sodann *ch*: *inchuzzen* Hö. 1, 2, *Merche* neben *Merceke*, Merzig im Saargau, B. 2, N. z. 2, 15, p. 393, s. hd. *ch*, — *sz sc*: *szwentzdigme*, *drûscin* Hö. 2, 114, — und *c*: *palegrêve* Hö. 1, 2. Statt der Spirans zuweilen — *s*: *ûs* L. 3, 636. — Alt ist der Uebergang in *x*: die *Libertas Lucemburgensis* von 1244, Hardt p. 461, wechselt zwischen *Lucemburgo* und *Luxemburgo*.

Hd. *s*: selten *z* geschrieben: *zitzin* L. 3, 636.

Hd. *b* und euphonisches *p*. Inlaut in der Regel *v*: *grûva* B. 2, 190, *Lirezeiz* B. 2. 254, *Everardus* B. 2, 202, *Walraveno* B. 2, 217, *Overhelferstal* B. 2, N. z. 2, 16, *Nivelune Gevardi Ungelouue*, B. 2, N. z. 2, 16, *Kunihkgeshûve* B. 1, 135, p. 144, *Halmhôra* B. 2, 118, *desselven* Hö. 1, 2, *orlôve* L. 3, 636; — doch auch *w*: *scouwe* B. 2, N. z. 2, 16, p. 452 — und *f*: *Idelenhâfe* B. 2, 261, *erfflichin* L. 3, 636, — das sonst dem Auslaut zukömmt: *Hellewif* B. 2, N. z. 2, 15, p.

423, *Gérewif* B. 2, N. z. 2, 16, *landerhalf* Hö. 1, 2. — Doch ist inlautend *b* besonders im Anfange der Periode recht häufig: *Sibinburnen* B, 2, N. z. 2, 15, *Ebernsheimer* B. 2, N. z. 2, 16. — Dem entspricht *b p* im Auslaut: *Suâbheim*, bei Bingen, B. 2, N. z. 2, 16, p. 430. 472, *Suâpheim* B. 2, N. z. 2, 16, p. 430.

Hd. *ph: Palzele* B. 2, 149, *Wolfspat* B. 2, 213, *Paffendorf* B. 2, 252; N. z. 2, 12. 15, *cûpennige* B. 2, N. z. 2, 15, *ûteplûge* B. 1, 135, p. 145, *Vaspenningen herperret* (equus) B. 1, 135, p. 150, *palegréve pleien* Hö. 1, 2. — Im Inlaut aber und Auslaut überwigt die Verschiebung bedeutend. Zwischen Vocalen kommt *p* wol nur geminiert vor: *Sigestappus* B. 2, 190, — aber *Stuppilberch*, bei Wittlich, der vorigen Periode, B. 2, 39, ist nun *Stuphelenberch* B. 2, N. z. 2, 15, p. 422, — dann *staupus*, erscheint nur in latinisierter Form *staupos* B. 1, 135, p. 157. 171: — dagegen *Paffendorf*, bei Coblenz, B. 2, N. z. 2, 12, *reyffe* B. 1, 135, p. 148, — sogar *v: Pavendorf* B. 2, N. z. 2, 15, p. 417. — Nach Liquiden häufig *p: Helpenstein*, bei Ehrenbreitstein, Hö. 2, 204, *Helperskirchen*, Amt Selters in Nassau, Hö. 2, 247, B. 2, N. z. 2, 15, aber *Helfenstein*, bei Ehrenbreitstein, B. 2, 217. 259, *Erpho* B. 2, 286, *Overhelferstal* B. 2, N. z. 2, 16, *helfera* Hö. 1, 2. — Im Auslaut fällt auf *burgerscap* L. 3, 636 neben *burgerscaf*, da sonst *ph f* nach Vocalen constant ist: *Woleshif* B. 2, 242, *scâfhûve* B. 2, N. z. 2, 15, *Ofthemedunc* B. 2, 290, *grâscaf* B. 1. 135, p. 154, *Senehp* B. 1, 135, p. 155, *erzebischoph of* Hö. 1, 10, *uff* B. 2, N. z. 2, 16, p. 432, L. 3, 636, Hö. 2, 114; — nach Liquiden *p: Lorsdorp*, bei Ahrweiler, B. 2, 247, *Bedendorp*, bei Coblenz, B. 2, 201, *Romersdorp*, Kreis Neuwied, B. 2, 247, *Vinceldorp* B. 2, 201, *Dŷrdorp*, Kreis Neuwied, B. 2, 265, *Dûdelendorp*, Hardt p. 169. — Daneben die Schreibung *pt: Sarensdorpt*, Kreis Daun, B. 1, 135, p. 142, *Dŷdendorpt*, Kreis Prüm, B. 1, 135, p. 147, *Dottendorpt*, bei Poppelsdorf, Kreis Bonn, *Râtelesdorpt*, s. Siegburg am Rhein, B. 1, 135, p. 182. — Aber: *Lorsdorf*, bei Ahrweiler, B. 2, 260. 297, *Bedendorf*, bei Coblenz, *Kuningisdorf Pafendorf*, bei Ehrenbreitstein, *Ibinedorf*, bei Ehrenbreitstein, *Waltersdorf*, bei Ehrenbreitstein,

Bûsendorf, Kreis Wittlich, *Moresdorf*, Kreis Cochem, B. 2, N. z. 2, 15, *Romerstorph*, Kreis Neuwied, B. 2, 217, *Râmerstorph*, Kreis Neuwied, B. 2, 261, *Râtersdorph*, bei Bittburg. *Hekkesdorph*, im Merscher Tal in Luxemburg, *Hunesdorph*, im Merscher Tal in Luxemburg, B. 2, N. z. 2, 16, *Wolphindorph* B. 2, 201, *Dûdelindorf* B. 2, 193, *Paffendorf*, bei Ehrenbreitstein, B. 2, N. z. 2, 12, *Aldesdorph* B. 2, 274, *Didendorph*, Kreis Prüm, Wt. 2, 512. — Auch an *ph* wird *t* angehängt: *Wettellendorpht*, Kreis Prüm, *Herlensdorpht*, Kreis Prüm, *Ettellendorpht*, Kreis Bitburg, B. 1, 135, p. 142, *Givenesdorpht*, Kreis Jülich, *Gundensdorpht*, Kreis Prüm, B. 1, 135, p. 143, *Lizendorpht*, Kreis Daun, B. 1, 135, p. 148, *Kelichesdorpht*, Kreis Gemünd, *Rochendorpht*, Kreis Euskirchen, B. 1, 135, p. 176, *Fladesdorpht*, Kreis Rheinbach, B. 1, 135, p. 177, *Adelesdorpht*, Kreis Gemünd, *Aldendorpht*, Kreis Rheinbach, B. 1, 135, p. 181, *Budendorpht*, Kreis Ahrweiler, B. 1, 135, p. 182. — In dem Ortsnamen *Ochtendung*, Kreis Maien, ist altes *p* sogar zu *ch* geworden: *Ofhtendinc* B. 2, 181, *Ofthemedunc* B. 2, 290, *Ofdemedinc* B. 2, N. z. 2, 15, p. 417, daneben p. 419 und in der Variante von c. 1438 *Ohtimedinc Ochtindinc*.

Hd. *f* wird hie und da *w* geschrieben: *Wlattke*, Amt Dietz in Nassau, B. 1, 135, p. 193, *Walchenberhc* B. 1, 135, p. 157, *worsthûvere* B. 2, N. z. 2, 15, *wroynde* B. 1, 135, p. 144, *camerworst* B. 1, 135, p. 178. — Vor *t* kann es zu *h* werden: *gestihte* Hö. 1, 2, — *gesticte* Hö. 1, 10 wird nichts anderes bedeuten. — Ausfall Abfall: *grâscaf* B. 1, 135, p. 154, — *vânzeyn* Hö. 2, 32.

Hd. *w*. Neben *lôvete* (cortices) auch *lûhtin* B. 2, N. z. 2, 15, p. 408.

Hd. *g* und euphonisches *k*. Im Anlaut nur selten durch *gh j y* vertreten: *yeghevin* L. 3, 636, — *jerten* B. 1, 135, p. 155, neben *gerten* p. 151, *Hariérus* B. 1, 135, p. 169. — *Nâkebûren* L. 3, 636 und *Nitchérus* B. 1, 135, p. 156 wird consonantische Assimilation sein. — Auch im Inlaut überwiegt *g* neben *gh j* bei weitem: *langhe* L. 3, 636, — *arje plejere* Hö.

1, 2, — *daye Rimeyes* B. 2, 260. — Singulär ist *hkg* und *keg* in *Kunihkgeshůve Kunikegesholzt* B. 1, 135, p. 144, vielleicht eine unorganische Gemination ausdrückend wie *Eselswekke* B. 2, N. z. 2, 16, p. 454. — *Ch* wird auch hier consonantische Assimilation sein: *Luccelburcha* B. 2, N. z. 2, 16, p. 436, *gerücht* L. 3, 636. — Ausfall in *Sistappus* B. 2, 190, *dincvoit* B. 2, 260, *haistaldi* B. 1, 135, p. 155, *Daihelmus* B. 1, 135, p. 169, *Ailulfus* neben *Agilbertus*, *Raimbaldus* B. 1, 135, p. 171, *sweirie* B. 2, N. z. 2, 15, p. 407, *Droune* [*Droine*], neben *Drogene*, der Thronbach, ergiesst sich bei Neumagen in die Mosel, *besielen*, *ingesiele daes* Hö. 1, 2. — Auslaut: einige Male *k*, — aber in der Regel *ch h Schifenberc* B. 2, 297, *dink* [*dinch*] B. 2, N. z. 2, 15, p. 410, *Niderenberc* [*Niderenberch*], B. 2, N. z. 2, 15, p. 417, — *Grimberch* B. 2, 199, *furslach* B. 2, N. z. 2, 15, *Malbech* B. 2, 181, *Sarburch* B. 2, 191, *meyswerhc* B. 1, 135 p. 183, *Bideburhc Scôneberhc* B. 1, 135, p. 154, *virceh* Hö. 1, 2, *bůdinch* L. 3, 636, — zuweilen auch *gh g*: *Isenburgh Saffenbergh Virnenburgh*, B. 2, 248, *Lucenburg* Hö. 1, 2, *Westerburg* L. 3, 636, *day mayndagh* L. 3, 636; — schliesslich Abfall: *Winandus* B. 2, 219.

Hd. *k*. Der geminierte Laut wird auf oberdeutsche Weise durch Affrication bezeichnet in *acherlandes* neben *akkere* B. 2, 298, *holzmarchen* B. 2, N. z. 2, 16, *stecchen* B. 1, 135, p. 151, — *buhcgeshůde* B. 1, 135, p. 184. — Desgleichen in *werhc* B. 1, 135, p. 153.

Hd. *ch* ist nicht ganz durchgedrungen. Gegenüber den Fällen mit *ch hh*, *Leliche*, bei Manternach in Luxemburg, B. 2, N. z. 2, 16, p. 432, *Metelach*, Kreis Merzig, *Treis*, B. 2, N. z. 2, 15, p. 415, *wochchin* L. 3, 636, — *hck*: *Cuhckeme*, Cochem, an der Mosel, w. Treis, B. 1, 135, p. 162, — *g gh*: *Cogeme*, Cochem an der Mosel, w. Treis, B. 2, N. z. 2, 15, p. 427, *Remeghe*, Remich, in Luxemburg, B. 1, 135, p. 162, — auch Schreibungen, welche auf Bewahrung der Tenuis weisen: *Gembrigke*, bei S. Goar, B. 1, 135, p. 192, neben *Gembriche*, — *Lelike*, bei Manternach, im Luxemburgischen, *Ékineskeit*, bei Münstereifel, B. 1, 135, p. 176, *Ékilec* B. 1,

135, p. 156, *Chuckeme*, Cochem, an der Mosel, w. Treis, B. 1, 135, p. 157, *Guleke*, Jülich, Hö. 1, 10, *Cânzicke*, Conz, sw. Trier, L. 2, 300, *kerike* B. 2, N. z. 2, 13, *wederspruke wiplike makin geweltlike* L. 3, 636, *kirkehůre* B. 2, N. z. 2. 13, *Makeren*, Grevenmacher in Luxemburg, Hardt p. 298, *rŷks versoeken* L. 3, 794. — Ebenso im Auslaut: neben *ch hc: Polenbach*, Kreis Wittlich, *Manbach*, Kreis Berncastel, B. 2, N. z. 2, 15, p. 422, *Blidenbach*, Amt Nassau, *Himbach* [*Humbach*]. Amt Montabaur, B. 2, N. z. 2, 15, p. 423, *Odenbahe*, in Rheinbaiern, *Wanpahe*, Kreis Achen, *Sualbahe Rembach*, Rheinbach, im Bonnergau, B. 1, 135, p. 143, *ich Hénrihe ouch* Hö. 1, 2, — und den gleichwertigen Schreibungen *g: Gladebag*, Kreis Neuwied, B. 2, 261, — auch *Ricolfus* B. 2. 198, *Ottirbac* B. 2, 297, *Nagilbac*, Kreis Saarlouis, B. 2, N. z. 2, 2, *Malderbac* [*Malenderbach*] B. 2, N. z. 2, 15, p. 117, *Ekilek* B. 1, 135, p. 156, *Efternac* B. 2, 274, *Hénric* Hö. 2, 32. 114. — Ausfall: *Malbru* [*Malbrucg*] *Malebru* [*Malebruch*] Malborn, Kreis Berncastel, B. 2, N. z. 2, 15, p. 401. 409, *hirná* L. 3, 636. — Die Schreibung *Draczenviles*, Drachenfels B. 1, 135, p. 181 hängt wol mit der andern *ch* für *z* zusammen; s. hd. *z*.

Hd. *h* fällt im Anlaut aus in folgenden Wörtern: *wôrcide* Hö. 1, 2, *bruůs* B. 1, 135, p. 148, — im Inlaut in *átha* [*áchta*] B. 2, N. z. 2, 15, p. 399, *áhtas* B. 2, N. z. 2, 16, p. 462, neben *hátte hátthin* B. 2, N. z. 2, 15, p. 394. 407, — *Wâsmât* B. 2, N. z. 2, 16, p. 451, *Erenbrehtistein* [*Erinbrêstein*], *pittrin* [*pichtere*], neben, *pichtere*, vineas quae appellantur p. B. 2, N. z. 2, 15, p. 404, *natselde* B. 1, 135, p. 145. 154, *Mâstrit* B. 1, 135, p. 159, *hervestrêt* B. 1, 135, p. 180, *Wizssele* B. 1, 135, neben *Wihselle*, Kreis Bonn, p. 179, *geschit* Hö. 1, 2, *Engelbreit Meithilde* Hö. 1, 10, *sêstich* L. 3, 636, — *lênherre* B. 2, 251, *Hoinstaden* B. 2, 298, *léyn* B. 1, 135, p. 154, *virtenden* Hö. 1, 2, *léyn sien* L. 3, 636. — Wo es steht wird es oft auch *ch* geschrieben, *áchta pichtere*, s. oben und *láhtin* [*láchtin*] cortices B. 2, N. z. 2, 15, p. 408. — Dafür *c* nicht blos in *wactas* B. 1, 135, p. 145, sondern auch in *fructe* L. 3, 636, *gesticte* Hö. 1, 10. — Assimilation:

Willemmus B. 2, N. z. 2, 16, p. 473. — Unorganisches *h* im Anlaut in *hatthin**) hätte *hattis* B. 2, N. z. 2, 15, p. 399, neben *atthin* B. 2, N. z. 2, 15, p. 395, *ahtas* B. 2, N. z. 2, 16, p. 452, *Hozburch* neben *Ozburch*, Kreis Trier, B. 2, N. z. 2, 15, p. 405. 413. 414.

Hd. *j*. Dafür *y*: *yár yáre* Hö. 1, 2, — *g gh*: *Gulekr*, Jülich, Hö. 1, 10, *geynin*, — *dieghene* L. 3, 636.

Hd. *m*. — Selten dafür *n*: *bongart* B. 1, 135. — Ausfall in *zů sane* (simul) Hö. 2, 114.

Hd. *n* gutturaler Articulation wird ausgedrückt in *Ingebrandus* B. 2, 207, das auch *Ignebrandus* geschrieben wird B. 2, 191, und *Iggebrandus* B. 2, 199, ebenso *Liniggen* B. 1, 135, p. 198. — Epenthese: *Inglinheim* [*Ingenheim*] B. 2, N. z. 2, 15, *Angues* B. 2, N. z. 2, 16, p. 443, *Merrengke* neben *Merreghe*, Mötsch bei Bidburg, B. 1, 135, p. 154, *pellince* B. 1, 135, p. 154.

Hd. *l* erhält sich in *als* Hö. 1, 2, L. 3, 636; — wird verdoppelt in *Difendelle Wüstedelle* B. 2, N. z. 2, 15, p. 401, — assimiliert in *Willemmus* B. 2, N. z. 2, 16, p. 473.

Hd. *r* wechselt hie und da mit *l*: *Zülchere* B. 2, 242 neben *Zurcha*. — Metathese: *Sibenburnen*, neben *Sibenbrunnin*, Simmern, Amt Montabaur, B. 2, N. z. 2, 15, p. 424. 426, *Astelburna*, bei Clervaux, in Luxemburg, B. 2, N. z. 2, 16, p. 138, *Caldenburne*, Kreis Daun, B. 1, 135, p. 148, *Bulenbrech* [*Bulenberch*], bei Birkenfeld, B. 2, N. z. 2, 15, p. 409. — Abfall *Gëharte* Hö. 2, 32, — im Pronomen häufig aber ohne Consequenz: *wi* Hö. 1, 10, L. 3, 636, neben *wir* Hö. 1, 10, L. 3, 632, — *my* L. 3, 636, *mir* Hö. 1, 2, *he* und *her* Hö. 1, 2, — *hey he* L. 3, 636, *de* Hö. 1, 2, *die dy* L. 3, 636.

---

*) Wenn Wackernagels Erklärung — *ähte* — richtig ist; s. Lexer WB. und Grimm DWB 1, 165; aber vgl. Schmeller *hattert* = Feldmark p. 1186 und der Gau Hatteri.

Hd. *sc sch: burgerscap* L. 3, 636. — Aber auch *sh ss* und *s: woleshif* B. 2, 242, — *visseric* B. 2, N. z. 2, 15, p. 407, — *Ekseit surcen [schurcen]* (facule) B. 2, N. z. 2, 15, p. 397, *Luncseith*, Kreis Trier, B. 2, N. z. 2, 16, p. 470, B. 2, 261, *Hevesc [Hevesche]* B. 2, N. z. 2, 15, p. 398; — einigemal auch *ch: Eveche* B. 2, N. z. 2, 15, p. 410, vgl. *Achez*e, Esch im Cölnischen, Förstemann 1, 6, — *frischingum (frichingum)* B. 2, N. z. 2, 15, p. 403.

Der Laut *tsch* wird einmal durch *chz* gegeben: denn *Chzimingen in Frisia* B. 1, 135, p. 201 kann wol nur ein altes *Kimingun* sein.

Vocale.

Hd. *a â*. Dafür *e* in *Difendelle Wüstendelle* B. 2, N. z. 2, 15, p. 401, *ehte* Hö. 1, 2, — *é* in *entfêhen* L. 3, 632, *grêco palegrêvo* Hö. 1, 2 wird wol Umlaut sein. — Die Diphthongierung *ai* besonders in Oxytonis *Spainheim* B. 1, 135, p. 161; 2, 298, *Dailheim* B. 2, N. z. 2, 16, p. 430, *maight* L. 3, 632, *ain saiche gemaint* L. 3, 636, — *ayn (âne) rait hain mayntag* L. 3, 636; — das Ueberwiegen der Oxytona zeigt z. B. Hö. 1, 2, L. 3, 632. — Liquiden können verdumpfend wirken *Wolberoni* B. 2, 297, *Longenwiler*, bei Bastogne, B. 1, 135, p. 143, neben *Langenakker in pago Tulpiacensi* B. 1, 135, p. 143. 186, — *holdin* L. 3, 636, — *wórcide* Hö. 1, 2.

Hd. *e*. Gewönliche Vertretungen sind *ei ie i: seilde* B. 2, N. z. 2, 15, *kintbeide vůderbeide* B. 2, 265, *Engelbreit Meithilde* Hö. 1, 10, *geynin* L. 3, 636, — *riecht gewiest* L. 3, 636, — *gesint (geschent)* Hö. 1, 2, *gesin (geschen)* Hö. 1, 10, *hirnâ* L. 3, 636. — Uebergang zu *a* vor *r: ar arn (her hern)* Hö. 2, 32. — Auch für hd. *ê* mitunter *ei ie i: steit* L. 3, 632, *steint stient* L. 3, 636, *Girhardus* B. 2, 249, *Pitersheim* B. 1, 135, p. 159.

Hd. *ae* in der Regel *é: sélegeréde* B. 2, 194, *néisten* Hö. 1, 2, *gestédigit* L. 3, 636; — *ei* in *seicorn* B. 2, N. z. 2, 15, p. 428.

Hd. *i*. Dafür auch *e: Engebrandus* B. 2, 211, neben *Ingebrandus* B. 2, 207, *Hemmerode* B. 2, 276, *desin neder metwechins ers* L. 3, 636, — *virceh* Hö. 1, 2, — *ie: friedebreche* Hö. 2, 242, *geriechte* L. 3, 636, — *ei: Heimmilrode* B. 2, 193. — Wechsel mit *u: Himbach* [*Humbach*], Amt Montabaur, B. 2, N. z. 2, 15, p. 423. — Ob hd. *i* in *giet (gibet)* L. 3, 636 dem Beispiele des kurzen Vocales folgt ist nicht sicher.

Hd. *o ö*. Dafür altes *a: sal* L. 3, 636, *van* B. 1, 135, p. 196, Hö. 1, 2. 10, — neues in *wanen* Hö. 1, 2; — *u: Adûlfus* B. 2, 193, *juche* B. 2, N. z. 2, 15, *buhegehûde* B. 1, 135, p. 184, — selten *oi: gewoinlich* das wol Umlaut sein wird wie *eu* in *Keulnen* Hö. 1, 2. — In *Metwechins* hat sich die alte Form erhalten, L. 3, 636. — Hd. *ó*. Dafür *au* in latinisierten Personennamen: *Ìsgaudus* B. 1, 135, p. 158, *Lûtgaudus* B. 2, 135, p. 162, — *â* in *vâde* (advocato) L. 3, 632, — *oi* beinahe nur in oxytonierten Wörtern: *loyth* B. 2, 242, *bárloys (sine herede), doitféda* Hö. 1, 2, *gehoirsam froinholz* L. 3, 636, — *wroynde* B. 2, 135, p. 144. Dagegen *hôrent* Hö. 1, 2, *ainhôrigen* L. 3, 636.

Hd. *u ü*. Die Schreibung *û* ist nicht selten: *Strázebûrch* B. 2, 242, *Zûrech* B. 2, 241, *Plûvei* B. 2, N. z. 2, 16, p. 404, — vor Liquiden oft *o: konegundis* B. 2, 217, *kont* neben *orkunde* Hö. 1, 2, *scoltétus* B. 2, 267, neben *scultéti* B. 2, N. z. 2, 15, *orvar* B. 2, N. z. 2, 15, p. 417, *coriméde* B. 2, N. z. 2, 16, p. 442, *orkunde* Hö. 1, 2, — sonst *ober* B. 2, N. z. 2, 16, p. 454, L. 3, 632, *boshe* B. 2, 40, N. z. 2, 16, p. 459, neben *Pristerbusch* p. 458, *Lodewicus* B. 2, N. z. 2, 15, *mogin* L. 3, 636. — Diese *o* können dann das Schicksal der andern teilen: *soelen moegint* L. 3, 632. — Wechsel mit *i: cyninge schettinge* neben *werunge* L. 3, 636. — *Inde* Hö. 1, 2, aber neben *unde* Hö. 1, 10, L. 3, 636 wird die ältere Form sein. — Hd. *ú*: auch hier zuweilen die Schreibung *û*: *hûs* Hö. 1. 2, — und *ou*: *godshousen* Hö. 1, 2.

Hd. *ei*. Monophthongierung häufig aber ohne Princip: *Ékinesceit* B. 1, 135, p. 148, *Ékilék* p. 156, *Ékseit* B. 2, 261, aber *Éichineskeit* B. 1, 135, p. 176, *Wegeschéden* B. 2, N. z. 2, 16, neben *Manderscheit* B. 2, 193, *Helfenstén* B. 2, 251, neben *Helfenstein* B. 2, 252, *Hoynstén* B. 1, 135, p. 197, neben *Hóstein* p. 200, *Hénricus* B. 2, 198, *sucyhe* B. 1, 135, p. 158, neben *sucighe* p. 157, *sueirie* B. 2, N. z. 2, 15, p. 407, *égen* B. 1, 135, p. 157, L. 3, 636, neben *eygin* L. 3, 636, *én* Hö. 1, 2, neben *ein eine*, L. 3, 636, *Hénrihe* Hö. 1, 2, *éde* L. 3 636, neben *corneleidus* B. 2, N. z. 2, 16, p. 452, *bómester* B. 1, 135, p. 148, *Bormésterhúve* B. 2, N. z. 2, 16, p. 462. — Für diese *é* kann *i ie* eintreten: *Manderscith* B. 2, N. z. 2, 16, p. 471, neben *Helscheit* p. 443, *Luncsheit* p. 442, *Brýsche* L. 3, 636, — *dielen* neben *gedeylit* L. 3, 636.

Hd. *iu* erhält sich selten: *Liudebertus* B. 1, 135, p. 149. Regelmässige Vertretung ist *ú*: *Númayen* B. 2, 190. 191. 209, *Dûsburch* B. 2, 242, *Núwilre* B. 2, N. z. 2, 16, p. 445, *Lútgaudus* B. 1, 135, p. 162, *Lúdebertus* p. 156, *Lúdenaccher* p. 159, *húde* p. 184, *vrûnden* L. 3, 632, *ernûwit* L. 3, 636, — *scúra* B. 1, 135 p. 192, *trûwen* Hö. 1, 2. — Der Artikel erscheint auch als *die* Hö. 1, 2. — *Í* in *Livezeiz* B. 2, 254.

Hd. *ie* wird häufig monophthongiert zu *i*. *Dirstein* B. 2, 297, *Dickengriz* B. 2, N. z. 2, 15, *di* B. 2, N. z. 2, 16, p. 454, Hö. 1, 2. 10, *Ditardus* B. 2, 251, *dinest* B. 1, 135, p. 159, Hö. 1, 2, *Tidericus* B. 2, 266, *Dýrdorp* B. 2, 265, *virzehn* Hö. 1, 2, L. 3, 636, *Didendorph* Wt. 2, 512, — oder zu *é ei*: *Schérlink* B. 2, 285, *coriméde* B. 2, N. z. 2, p. 442; B. 1, 135, p. 178, *Tédricus* B. 1, 135, p. 149, *Tétgárius* B. 1, 135, p. 176, *dé* Hö. 1, 10, — *breive* L. 3, 636. — Aber *ie* z. B. in *diergarden* B. 2, 268, *Diecelini* B. 2, N. z. 2, 16, *Tietlandus* B. 1, 135, p. 155, *brief niemer* Hö. 1, 2.

Hd. *ou öu*. Die Orthographie schwankt zwischen *ou* und *au*: neben *soumarios* B. 2, N. z. 2, 15, *Ungelouve* B. 2, N.

z. 2, 16, *scouwe* B. 2, N. z. 2, 16, p. 452, *Hagenowa* B. 2, N. z. 2, 16, *ouch* Hö. 1, 2, *frouwen* L. 3, 636, — auch *Nassawe* B. 2, 298, *staupum* B. 1, 135, p. 155. — Bei folgendem *w* kann *oi* erscheinen: *Boimêsterhûve* B. 2, N. z. 2, 16, p. 462, *Wadenoy* B. 1, 135, p. 191, — *Scônouye* B. 1, 135, p. 153. — Monophthongierung in *sômarios* B. 2, N. z. 2, 15, p. 400, *hôvetlûde* B. 1, 135, p. 178, *bômêster* B. 1, 135, p. 148, *bôngart* B. 1, 135, *orlôve* L. 3, 636.

Hd. *uo üe.* Die Schreibung *uo* ist viel seltener als *û*: *Ruothardus* B. 1, 135, p. 147, *Frômuoth* B. 1, 135, p. 177. Dafür gewönlich *ô* oder *û*: *Rôdulfus* B. 2, 181. 226, *Rûcelingrôve* B. 2, 221, *Cônrâdus (Côno)* B. 2, 181, *Côno* B. 2, 198, *Rôtbertus* B. 1, 135, p. 156, *dôn brôdera* Hö. 1, 2; — aber *û* überwigt: *grûva Cûno* B. 2, 190, *Ûdo* B. 2, 190, *Einmûde* B. 2, 297, *Wasmût* B. 2, N. z, 2, 16, *Rûdegêro Rûdolfo* B. 2, 297, *hûve brûle cûpenninge* B. 2, N. z. 2, 15, *Engelmût Harmût* B, 2, N. z. 2, 16, *Cûnrâdus* B. 2, 210, *selguut* B. 1, 135, p. 144, *vrônevûder* B. 1, 135, p. 157, *Âteplûge* B. 1, 135, p. 145, *tû dûn* Hö. 1, 10, *hûrenere fûder gerücht rûgin* L. 3, 636. — *Ô* und *û* treffen dann die gewönlichen Diphthongierungen zu *oi ui ue*: *broil* B. 1, 135, p. 145, *doin* L. 3, 632. 636, — *doen* L. 3, 632, *bruel* B. 2, N. z. 2, 15, p. 422.

Apokope, nach kurzen Silben: *dem* Hö. 1, 2, *an* Hö. 2, 32, — nach langen: *ên sida* Hö. 1, 2, *unt* und *unde* Hö. 2, 32, *dĭrst* (primus) Hö. 2, 114.

Synkope, nach kurzen Silben: *godzhûs* Hö. 1, 2, *irn* Hö. 1, 22, — nach langen: *mime neisten dinstman* Hö. 1, 2, *eyn (einen), wilne Johans uns (unses)* Hö. 2, 22, *Synzche gevurword (gevurwortet)* Hö. 2, 114.

Verdumpfte Vocale in Ableitungssilben und Praefixen: *Godofridus* B. 2, 190. 191, *manuwerch* B. 2, N. z. 2, 16, p. 472, neben *manewerch* p. 452. 453, — *untuschen* Hö. 1, 10.

Wenig Verschmelzungen: *dĭrst* (primus) Hö. 2, 114.

Declination.

Dass einige alte Flexionsvocale sich noch im 13. Jh. zeigen, wird nur scheinbare Altertümlichkeit sein. Das reguläre ist *e* und *i* in Declination wie Conjugation. Aber es findet sich neben *corimêde* B. 2, N. z. 2, 16, *nachseilde* B. 2, N. z. 2, 15, — *Pinscheruneshûve Folmáres* B. 2, N. z. 2, 16, — *deme erzebischove* Hö. 1, 2, *in grunde, Obergrasewege* B. 2, N. z. 2, 16, *Caldenburne* B. 1, 135, — *Zulchere* B. 2, 242, — *Lîniggen* Hö. 1, 135, *hûsgenôzzen* B. 2, N. z. 2, 15, *Dickengriz Lucelenkiricha* B. 2, N. z. 2, 16, — *Sibenburnen* B. 2, N. z. 2, 15, — *Folmárishûve Becelînishûve* B. 2, N. z. 2, 16, — *Sibinbrunnin* B. 2, N. z. 2, 15, — *Liprehtingin* B. 2, N. z. 2, 15, — *Aldinburg* B. 2, 298, — *hátthin* (agros) B. 2, N. z. 2, 15, p. 394, — auch *sůna doitfêda* Hö. 1, 2, — *in Astelburna* B. 2, N. z. 2, 16, p. 438, — *Luccelburcha* B. 2, N. z. 2, 16, p. 436, — *helfera* (Plur. Nom.) Hö. 1, 2, *centenera* B. 2. N. z. 2, 15, p. 410, neben *cinsere*, — *Holdegingun* B. 2, N. z. 2, 15, p. 432, *Thůron* Hö. 1, 2, — *grêvo palcgrévo* Hö. 1, 2, — *grúva* B. 2, 190, *Lucelenkiricha* B. 2, N. z. 2, 16, p. 430, — *Longunwiler* B. 1, 135, p. 173, — *Erlon* B. 2, N. z. 2, 16, p. 445. — Aus der pronominalen Declination merke ich an *wemo himo* Hö. 1, 2, neben *deme* Hö. 1, 2. — Uebrigens s. unten.

Charakteristik V.

V gleicht durch seinen schwankenden Charakter der Mundart III. Wie diese gilt neben *ch* noch *k*, wie dort haben sich *t* auch ausserhalb der Pronominalformen, der Formel *et*, der Wörter *tol* und *tuschen* erhalten. Aber V unterscheidet sich von III durch überwiegendes *f* nach Liquiden und durch ausnamsloses *f* nach Vocalen. Abgesehen von den grösseren Fortschritten, welche im Allgemeinen hier die Verschiebung auf den Gebieten der germanischen *t* und *k* gemacht hat. Vgl. p. 169.

Literatur V.

9. 10. Jh., — Xantner Glossen, Mone Quellen und Forschungen, 1, 272, — Uebersetzung aus einem Capitulare Dm. LXVI.*) —

11. 12. Jh. Glossen zu Heinrici Summarium, Germ. 9, 13, — Glossen des Junius, Suhm Symbolae 260, — Bonner Glossen, Hoffmann Altdeutsche Glossen, p. 20, — Trierer Glossen, Hoffmann Altdeutsche Glossen p. 1, — Schade Fragmenta carminis Theodisci veteris 1866, — König Rother, Heidelberger Hs., — Albanus, Lachmann Drei niederrheinische Gedichte, p. 163.

13. Jh. Herzog Ernst, ed. Bartsch p. 3, — Schlacht von Aleschans, ed. K. Roth Dm. 79.

14. Jh. Marienleben, Schade Liber de infantia p. 8c.

---

*) Könnte man beweisen, dass dieses Stück zur Promulgierung einer rechtlichen Bestimmung in Trier selbst gebraucht worden wäre, so würde das Dm. zu den Quellen der offiziellen Sprache zu rechnen sein. Was man weiss ist aber nur dass die verlorne Hs. sich einst in der Kathedralbibliothek zu Trier befunden hat.

Geographische Uebersicht V.

V gilt während des 8? 9. 10. Jhs. als Amtssprache in Trier 704. 706. 832. 835. 847—868. 853. 874. 896. 909 zwei Urkunden, 923. 924. 926 drei Urkunden, 929 zwei Urkunden, 936. 943. 959. 960. 962. 963 zwei Urkunden. 964. 965—975. 967. 970. 973. 975. 976. 981. 993. 993—996. 996.

Dann kann man die Mundart ansetzen in den Ortschaften, links Rhein: Prüm 720. 762—804. (762). 776—777. 777. 778. 786. 787. 801. 804. 826. (831). 838. 849. 861—884 zwei Urkunden, 866. 868. 880. 881. 882. 943 zwei Urkunden, 948. 948—950. 964. 971, und s. das Necrologium, Ochtendung, w. Coblenz, triersch 963, Coblenz, triersch, eine Urkunde aus dem 10. Jh. ohne nähere Datierung, Münster-Maifeld, sw. Coblenz, triersch, 963. 964   Echternach 770—774. 739—776. 780—784. 808—812. 768—814. 832—838. 835. 852—853. 862—863. 866—867. 876—882. 895.

Pfalzel, nö. Trier, triersch, 989,

rechts Rhein: im Einrichgau (880). — Aber nur Trier Prüm und Echternach sind wirklich als V angehörig bezeugt. — Der Einrich gehört vielleicht VII' an, einer Spielart von VII, welche sonst nur in der Literatur bezeugt ist, s. unten.

Dazu die Stationen welche durch die altertümliche Form ihrer Namen in der folgenden Periode sich als V zu erkennen geben. Links Rhein: Der Trechirgau, s. Mainfeldergau, Hirzenach am Rhein, unter S. Goar   Littgen, Kreis Wittlich, Wittlich, w. Enkirch, Uerzig, Kreis Wittlich, Pünderich, Kreis Wittlich, Rachtig, w. Traben, Enkirch, unter Trarbach   Mehring, Landkreis Trier,

rechts Rhein: Bendorf, ö. Neuwied.

Im 11. 12. Jh. bedienen sich der Mundart V als Amtssprache Trier 1000. 1030. 1035. 1036 zwei Urkunden, 1043. 1048. 1052. 1055. 1063. 1068. 1075. 1095. 1097. 1103. 1110, 1115. 1116. 1120. 1121 zwei Urkunden, 1127. 1129. 1132. 1135. 1138 zwei Urkunden, 1139. 1150. 1152. 1153 zwei Urkunden, 1154 zwei Urkunden, 1155. 1156. 1157 zwei Urkunden, 1158 drei Urkunden, 1160. 1161. 1162. 1163. 1169. 1171. 1172. 1173. 1174. 1179 zwei Urkunden, 980—1180. 1181. 1182. 1183. 1169—1183. 1194. 1196. 1199—1200. 1192—1200, im 11. Jh. eine, im 12. zwei undatierte Urkunden, — für Luxemburg und Luxemburg-Namur kann man es nur vermuten 1135. 1166. 1136—1196.

Dann bei den Geschlechtern, in den Ortschaften, links Rhein: Prüm 1102. 1112 zwei Urkunden, 1115. 1171 zwei Urkunden, 1190, und das vom 9. bis ins 12. Jh. gehende Necrologium   Laach, sw. Andernach, cölnisch, 1142. 1145. 1163 drei Urkunden, 1169. 1179. 1192, Coblenz, triersch, 1092. 1191. 1198, Münster-Maifeld, sw. Coblenz, prümisch, 1166. 1187, Carden, wsw. Boppard, triersch, c. 1100. 1183, Trechirgau, s. Mainfeldergau (1005), Hirzenach, am Rhein, unter S. Goar, sponheimisch (1114)   Beckendorf, bei Diekirch, luxemburgisch, (1161), Sprengirsbach, Kreis Wittlich, triersch, 1120—1162. 1120—1169 zwei Urkunden, 1181. Littgen, Kreis Wittlich, triersch, (1177). (1184), Wittlich, w. Enkirch, (1190), Uerzig, Kreis Wittlich, triersch, (1190) zwei Urkunden. Pünderich, Kreis Wittlich, triersch, (1193), Rachtig an der Mosel, w. Traben, (1147), Enkirch, an der Mosel, unter Trarbach, triersch, (1190)   Echternach 1174, Mehring, Landkreis Trier, triersch, (1194),

rechts Rhein: Vallendar, no. Coblenz, sainisch, 1189, Bendorf, ö. Neuwied, (1112).

Von den genannten Ortschaften sind Prüm Trechirgau, Hirzenach Littgen Wittlich Uerzig Pünderich Rachtig Enkirch am besten bezeugt.

Die Ausdehnung ist ziemlich dieselbe wie in der früheren Periode. Rechts Rhein ist vielleicht jetzt schon der Einrichgau verloren gegangen wol an VII, denn der Einrich ist mainzisches Landgebiet. Im 14. Jh. finden wir dort X'.

Im 13. Jh. kann man V als Amtssprache annehmen für Trier B. 2, 181 (1200 l.), 191 (1201 l.), 199 (S. Euchar bei Trier 1202 l.), 201 (1202 l.), 204 (1202 l.), 205 (1202 l.), 206 (1190—1202 l.), 208 (1202 l.), 211 (1202 l.), 213 (1203 l.), 217 (1204 l.), 219 (1204 l.), 220 (1204 l.), 221 (1204 l.), 242 (S. Simeon in Trier 1209 l.), 246 (1209 l.), 249 (1209 l.). 251 (1209 l.), 252 (1209 l.), 254 (Herr Livezeiz in Trier 1174—1209 l.), 259 (1210 l.), 260 (1210 l.), 261 (1210 l.), 267 (S. Euchar bei Trier 1187—1210 l.), 268 (1192—1210 l.), 275 (1211 l.), 276 (1211 l.), 277 (1211 l.), 285 (S. Euchar bei Trier 1212 l.), 286 (1212 l.), 290 (1190—1212 l.), 297 (ohne Datum l.), 298 (ohne Datum l.), N. z. 2, 2 (1192—1200 l.), 15 (= L. A. 1, 277, 1220 l.), 16 (S. Maximin Anfang 13. Jh. l.), Hö. 1, 2 (1248). — Aber Stat Luxemburg Ha. 461 (1244 l.) und Luxemburg-Arlon L. 2, 300 (1246 l.) haben kaum grössere Sicherheit als Luxemburg und Luxemburg-Namur in der vorigen Periode; doch s. Verkehr.

Sodann für die Geschlechter und Ortschaften, links Rhein: Prüm B. 1, 135 (Commentar von 1222 l.), 2, 249 (1209), Wt. 2, 512 (mit von Schöneck, bei Prüm, 1279 l.), Coblenz B. 2, 194 (1201 l.), B. 2, N. z. 2, 12, (Anfang 13. Jhs.)
Echternach B. 2, 266 (1210 l.), 274 (1211 l.), Ha. 171 (1239 l.), von Veldenz, sw. Berncastel, B. 2, 209 (1202 l.), 210 (1202 l.), 232 (1207 l.) Grevenmacher, ono. Luxemburg, luxemburgisch, Ha. 298 (1252 l.),

rechts Rhein: Braunsberg, bei Neuwied, isenburgisch, B. 2, 265 (1210 l.). — Nur Prüm ist sicher.

Ein Fortschreiten oder Zurückweichen der Mundart lässt sich nicht beweisen. Nur dass sie in Trier und Prüm sich erhält ist deutlich.

Im 14. Jh. war V Amtssprache, links Rhein: in Sinzig, am Rhein, ober Remagen, jülichsch, Hö. 2, 114 (1327), Breisig, am Rhein, ober Sinzig, essensch, jülichsche Vogtei, L. 3, 636 (1363),

rechts Rhein: von Helfenstein, unter Ehrenbreitstein, luxemburgisch, Hö. 2, 32 (1315), Dudelsdorf, bei Bitburg, Ha. 169 (1345 l.), ist unsicher.

Die Mundart stirbt aus. Selbst in Trier und Prüm finden wir sie nicht mehr, und in Sinzig Breisig vielleicht nur scheinbar. Es kann auch III sein das durch die jülichsche Herrschaft hieher gedrungen wäre und die Verschiebung der Labialen nach Art von VI durchzuführen begonnen hätte. — An die Stelle von V tritt Mundart IV. VI. VII. VIII. IX; s. diese Mundarten.

Conflicte

mit IVa das bis Münster-Maifeld und Kuttenheim herabgeht und in Sinzig selbst und Umgebung erscheint.

mit VI; s. diese Mundart.

Verkehr.

Im Verkehr tritt V auf in einer von Böhmen-Luxemburg-Lothringen-Brabant-Limburg, Jülich-Geldern, Geldern-Zütphen, Jülich-Berg-Ravensberg ausgestellten Urkunde L. 3, 794 (1377).

Im 15. Jh. ist beinahe jede Spur von V erloschen. An Stelle dieser Mundart IV. VI. IX. X. — Das Berncasteler Weistum Wt. 4, 746 (1400) nur, welches sonst IX zeigt, bietet auch ein *bröck*.

Excurse zur geographischen Uebersicht V.

1) Ueber das Gebiet von V. — Unter IV beginnt nicht nur eine neue Mundart, es ist auch ein andrer Stamm, der sie spricht. Die Grenze der Mundarten hat sich erhalten, bei Andernach, s. Zeuss Die Deutschen 338, — und eine Grenze des Privatrechts trifft damit nahe zusammen, s. Schröder, Geschichte des ehelichen Güterrechts 2, 59. — Erminonische Chatten sind der Hauptbestandtheil der deutschen Bevölkerung, welche die Sitze der Trevirer eingenommen. Aber auch Alemannen scheinen sich dort erhalten zu haben, Müller Die deutschen Stämme 2, 345. 423. Mit dem alemannischen stimmen sprachliche Tatsachen der Mundart V. Ueber k für ch s. oben p. 170. Dann die Verdumpfung der Vocale in Ableitungssilben. Das alemannische zeigt die Erscheinung in älteren und jüngeren Sprachepochen, Weinhold, Alem. Gramm. §§. 26. 30. 148.

---

2) Ueber Trier Luxemburg Sponheim Nassau. Es gelang den Trierer Bischöfen nicht eine Canzleisprache von ähnlicher Festigkeit und Verbreitung zu gründen wie IV, die cölnische Mundart des 14. 15. Jhs. V allerdings ist ein schwankender Typus, aber VI, eine etwas hochdeutschere Varietät von IV, hätte sich ganz gut zur officiellen Sprache geeignet. Es geschah nicht. Noch um die Mitte des 13. Jh. herrscht V, im 14. und 15. zeigt die erzbischöfliche Canzlei, so viel ich sehe, keine Spur mehr davon. Nach kurzer Rast auf den Zwischenstationen VI VII VIII? ist sie schon in den dreissiger Jahren des 14. Jhs. bei X und IX angelangt und im 15. Jh. scheint dieses bevorzugt worden zu sein. Also ein sehr rascher Vorschritt zum hd. Meine hier viel weniger als bei den nördlichen Staaten reichen Aufzeichnungen geben im 14. Jh. folgende Zahlen 8 IX, 5 X, 3 VII, 2 VIII(?), 2 VI, letztere vor 1300 und undatiert. — Die Gründe dieser Erscheinung liegen, so weit sie nicht oben im Excurs über Cöln nach IV angedeutet

sind, in den grossen Erwerbungen rechts vom Rhein, welche in die Zeit vom Erzbischof Hillin 1152—1169 bis Balduin fallen, 1307—54. Hier auch, auf Ehrenbreitstein, residierten häufig die Bischöfe des 13. und 14. Jhs., Marx 1, 1, 221. Seit Balduin datiert auch die Eintheilung in ein Ober- und Niederstift. Am innigsten wurde die Verbindung mit dem hd. Osten, als Balduin zugleich Mainz regierte 1323—1336. — Im 15. Jh. scheint in der That IX so bevorzugt dass man es triersche Canzleisprache nennen kann 8 IX gegen 2 X, 1 VII.

Einfluss auf die Nachbarstaaten ist nicht deutlich nachzuweisen. Sponheim zeigt ähnliche Zahlenverhältnisse im 14. Jh. 5 IX, 4 X, 2 VII, 1 VI. Im 15. habe ich nur 2 IX, 2 X notiert. Vielleicht hatte Sponheim mit Nassau im 12. 13. Jh. V gehabt. Dieses zeigt im 14. Jh. 5 X gegen 1 VI, 1 VII, 1 IX. Für das 15. Jh. fehlen mir Belege: ich habe nur 1 X. Vor dem 13. Jh. zeigen nassausche und vallendarsche Urkunden folgende Tatsachen:

Beyer 1, 335 (königliche Urkunde 1051), 1, 450 (königliche Urkunde 1123), 1, 496 (königliche Urkunde 1138), 1, 506 (päpstliche Urkunde 1139), 1, 525 (päpstliche Urkunde 1141), 1, 542 (königliche Urkunde 1146), 2, 98 (Prior in Vallendar, oso. Neuwied, kauft Vogt- und Meierrecht von dem Ritter von Covern 1189), 2, 173 (die Grafen von Nassau erlassen der Abtei Rommersdorf, Kreis Neuwied, die Vogteiabgaben. Dat. Loginstein 1198), 2, 185 (Herr von Grenzau, bei Vallendar, verzichtet auf eine Abgabe auf dem Hofe zu Bendorf, o. Neuwied, 1200 l.).

Consonanten. Hd. *b*: *Walraveni* B. 2, 173, *Everhardus* B. 2, 175. — Hd. *ph*. *Bedendorp*, w. Neuwied, *Waldorp*, Kreis Maien, B. 2, 98,*) *Aldendorp*, Amt Montabaur, B. 1, 506, *Kirechdorp*, Amt Nassau, B. 1, 525, — aber *Romerstorph*, Kreis Neuwied, *Paphendorf*, so. Coblenz, B. 2, 173, *de Ödendorf*, im Nassauschen, B. 1, 335.

Vocale. Hd. *u*. *konegundis* B. 2, 173, *Holdenroich Hollerich*, Amt Nassau, B. 1, 525, neben *Holdenrucke* B. 1, 542.

---

*) Während im trierschen Liber annalium iurium B. 2, N. a. 2, 151. 418 (1220) *Waldorf*.

— Hd. *ei:* *Hênricus* B. 2, 173. — Hd. *ie:* *Dithardus* B. 2, 173.

Luxemburg, das wir im 13. Jh. unter V aufgeführt haben, kommt durch die Verbindung mit Brabant - Limburg und Böhmen aus den Bahnen gleichmässiger Entwickelung und zeigt als Luxemburg - Brabant - Limburg im 14. Jh. 5 IIb, 1 IX, 1 XI.

Trotz der schwankenden Sprachverhältnisse in Trier suchten die Nachbarstaaten in ihrem Verkehr mit dem Erzbischof sich den trierschen Amtssprachen anzubequemen. S. Verkehr mit Trier im 14. Jh. VI. VII. IX. X.

Im 16. Jh. ist Trier natürlich den nördlichen Staaten in Annahme des hd. voraus. Aber die Energie, welche es dazu benötigte, war eine viel geringere. Cöln machte damals einen Sprung grösser als der Triersche im 14. Jh. Meine hier sehr dürftigen Auszüge bieten nur wenig IX mehr: triersche Landtagsacten Honth. 2, 603 (1515)[1,2], Einladung zum Landtag Honth. 2, 717 (1548)[2], trierscher Ratseid mit Glossen Marx 1, 1, 381 (vor und nach 1559), neue Ratsordnung, die Eltziana, Honth. 3, 136 (1580)[1,2], — dagegen XI: Erneuung der Union von 1456 Honth. 2, 656 (1502)[2], von Manderscheid an Trier Honth. 2, 708 (1521), Trierer Magistrat Marx 1, 1, 385 (1559)[2], Reform des Hofgerichts Honth. 3, 18 (1569)[2], gemeine Amtsordnung Honth. 3, 40 (1574)[2], *) Kriminalprocess einer Hexe Marx 1, 2, 120 (1588), Kriminalprocess eines Zauberers Marx 1, 2, 123 (1591—94), Kriminalprocess eines Zauberers Marx 1, 2, 128 (1591): also 9 X gegen 4 IX. — Von der bischöflichen Stat Trier wird man für Bildung der Geschäftssprache keine ähnliche Wirksamkeit erwarten als von den Stäten Cöln oder Mainz. In der Tat scheint die bischöfliche Canzlei nicht wie in Cöln durch Regelrichtigkeit sondern durch hochdeutschere Sprachstufe der Stat voraus. Das undatierte VI im 14. Jh., der Eid des Krämeramtes, wird der Orthographie

---

*) Eine Erkundigung nach Weistümern wie sie in Jülich und Berg in den Jahren 1554. 1555 angestellt worden war.

nach kaum in den Anfang des Jhs. fallen wie das einzige bischöfliche VI dieser Epoche. Im 16. Jh. haben die stätischen Denkmäler in IX viel entschiedener nrh. Vocalismus als die bischöflichen, so besonders der Ratseid Marx 1, 1, 381, der auch sonst in den Vocalen oder Consonanten dem hd. keine Zugeständnisse macht, s. die ähnlichen Verhältnisse in Cöln und Cleve. — Die Trierer Chronik aus dem 16. Jh. (ed. 1820) hält sich wie billig nach der Stat. Man konnte sogar einen noch älteren Typus erwarten, wenn man sich der Sprache Gottfried Hagens und Claus Wierstraats gegenüber den stätischen Documenten von Cöln und Neuss erinnert.

VI.
Beschreibung
(Ende 13. 14. 15. Jh.)

Quellen.

Günther Codex diplomaticus 4, 46 (von Reichenstein fordert den Burggrafen von Hammerstein auf ihn in den Besitz seines Anteils an der Burg Hammerstein zu setzen 1412).

Höfer Auswahl 1, 21 (Frau von Frauenstein schenkt der Abtei in Rommersdorf, Kreis Neuwied, ein Gut zu Pfaffendorf, bei Ehrenbreitstein, 1295), 2, 1 (Bündniss der Stat Wesel mit Boppard 1301), 2, 23 (Herr von Rennenberg, bei Linz, tauscht mit dem S. Katharinenkloster 1312), 2, 36 (des Wildgrafen von Schmiedburg, auf dem Hundsrück, Schuldbrief an Herrn von Reidenbach 1316), 2, 53 (Graf von Sponheim verweist Herrn von Ehrenberg, Kreis S. Goar, zum Lehnempfang, 1318), 2, 66 (Herr von Burenzheim, zwischen Andernach und Maien, 1320), 2, 73 (des Herrn von Schonenburg, Burgmanns von Schönberg, bei Ober-Wesel, — s. Leo Territorien 1, 994 Anm. — Erbzinsbrief für Herrn von Arzehem in Coblenz 1321), 2, 76 (Ropecher von Burchge verkauft einen Weingarten an Sprenkirsbach 1322), 2, 84 (des Ritters von Braunshorn-Bilstein, sso. S. Goar, Revers an das Erzstift Trier 1322), 2, 88 (des Wildgrafen von Kirberg, auf dem Hundsrück, Burgmannenrevers an das Erzstift Trier 1323), 2, 93 (des Wildgrafen von Schmiedburg Lehnsrevers an den Erzbischof von Trier 1324), 2, 109 (Frau von Braunsberg, nno. Neuwied, weist die Lehen und Rechte der von Braunsberg als Inhaber der Grafschaft Wied 1326), 2, 112 (des Rates von Coblenz Entscheidung zwischen Trier und Boppard 1326), 2, 122 (der Stat Boppard Revers an Trier 1327), 2, 123 (Frau von Arras, bei Alf, an der Mosel, bestätigt Münster-Maifeld ein Kelterhaus 1327), 2, 131 (des Burggrafen von Hammerstein, nw. Neuwied, Klage gegen Herrn von Braunsberg 1329), 2, 140 (des Ritters von Treis Revers an Carden und Treis 1330), 2, 149 (die Gemeinde Alf, an der Mosel, erkennt die Rechte des Klosters Stuben an 1331), 2, 153 (des Herrn von Crufte, am Laacher See, Vertrag mit dem Abte von Laach 1332).

Lacomblet Urkundenbuch 3, 396 (Graf von Mark bekundet eine Eheberedung mit Nassau 1343), 3, 632 (die Stat Andernach nimmt die Gemeinde Ober- und Niederbreisig zu Mitbürgern auf 1362), 3, 911 (Brief des Grafen von Nassau an den Herzog von Berg 1389).

Consonanten.

Hd. *d* und euphonisches *t* ist Regel. — Verdopplung in *gereddet* Hö. 1, 2, — Ausfall in *ar (oder)* Hö. 2, 26, *beyrve* Hö. 2, 109.

Hd. *t*. Im An- und Inlaut gewönlich *d*: *dûn dôde Gêrdrút* Hö. 1, 21, *stêde berâdin aldir haldin* Hö. 2, 1. — aber *Boparte volvùrtin biheltnisse zulte* Hö. 2, 1, — *ritters* Hö. 2, 213, — *syete*, latus, Hö. 2, 103. — *D* im Auslaut: *Gêrdrúd* Hö. 1, 21, *gûd bid* Hö. 2, 122, — *t*: *zellit*, numerat, Hö. 2, 73, *wârit* Hö. 2, 53. — Abfall, regelmässig in *ist*: *is* Hö. 2, 1. 36. 66. 73. 76 usw., — selten daneben *ist*: Hö. 2, 88, L. 3, 396, — nach *h*: *Gisilbrech*, Hö. 2, 73, *gehuldich* Hö. 2, 36, *gerechlige* Hö. 2, 109. — Unorganisches *t*: *wistent* Hö. 2, 88, *geloftnisse* Hö. 2, 1.

Hd. *z*. *T* erhält sich in *tuschin* Hö. 2, 1. 73. 103. 140, *vorsat (versatzt)* Hö. 2, 131; — im Auslaut bewahren sich die alten Pronominalformen, doch mit geringerer Zähigkeit als in IV. V: neben *dat wat it allit* — *dit* Hö. 1, 21; 2, 1. 23. 53. 66. 73. 76. 84. 88. 109. 122. 123. 131. 140. 149. 153, L. 3, 396. 632. 911, — *andert* Hö. 2, 93, — *id dad* Hö. 2, 53. 84. 109. 122, — auch *das* Hö. 2, 53, *was* L. 3, 396, *is* Hö. 2, 123, *datz* Hö. 2, 36. — Die Schreibung *s* ausser den eben citierten Fällen in *suelve* Hö. 2, 23, *bis* Hö. 2, 122. 140.

Hd. *s.* Selten dafür *z: unz* Hö. 2, 1.

Hd. *b* und euphonisches *p.* Im Inlaut *v: have live gelovit — selvin* Hö. 1, 21, *erve Kovelenze* Hö. 2, 73 usw.: daneben die Schreibungen *bv: gegebven* Hö. 2, 66, — *fv: gescreifven* Hö. 2, 73, — dann *f: eirfeliche* Hö. 2, 149, — aber besonders vor Consonanten *gelefth* Hö. 2, 66, *interfte* Hö. 2, 109, *erfflichin* L. 3, 632. — Doch ist *b* keineswegs selten: *gelobin gegebin selbin* Hö. 2, 1, *gciben gescriben* Hö. 2, 73. — Entscheidung über die Aussprache gewährt nur der constante Auslaut *ph f: schrêf* Hö. 2, 23. 36, *liph* Hö. 2, 66, *gaf* Hö. 2, 131, *of* Hö. 2, 140, L. 3, 237. 396, *-half* Hö. 2, 73. 76. 109. — Ausfall: *gegeyn* Hö. 2, 23, *gen* Hö. 2, 36.

Hd. *ph.* Im Anlaut *p: Pafindorf,* bei Ehrenbreitstein, Hö. 1. 21, *pont pande* Hö. 2, 36, *pennenge* Hö. 2, 73. 109. 123. 131. 237, *punt* Hö. 2, 76, *punt penninge* Hö. 2, 88, *paffen* L. 3, 911. — Im Inlaut und Auslaut ist die Verschiebung ganz durchgedrungen, jedoch so dass hie und da Formen mit alten *p* als gleichberechtigt erscheinen: *Paffindorf,* bei Ehrenbreitstein, Hö. 1, 21, *paffen* L. 3, 911, *-dorfe* Hö. 2, 140, *dorffin* L. 3, 632, *dorffer* L. 3, 911, *dorfs* L. 3, 632, — *uf uph* Hö. 2, 1. 23. 66. 73. 76. 88. 112. 122. 123. 131. 140. 149. 153, L. 3, 313. 396. 632. 911, *uflouf* Hö. 2, 140, — *dorf* Hö. 2, 36. 88, *Heydenstorph* Hö. 2, 109, *Gindersdorf Dierdorf,* no. Neuwied, Hö. 2, 131, *Lûdenstorf,* bei Andernach am Rhein, Hö. 2, 140. — *Gewâpinder* Hö. 2, 131 ist eine bekannte Ausname: aber *up* Hö. 2, 1. 153 ist Nebenform. In beiden Urkunden auch *uf.*

Hd. *fv: Wrauwenstein* Hö. 2, 73. — Vor *t* unverändert *stift* Hö. 2, 84. 122. — Im Inlaut einmal *nebven* Hö. 2, 66.

Hd. *w.* Dafür *v* in *vûstin* Hö. 2, 1, *vûrde* Hö. 2, 66, *vûrvurten* Hö. 2, 76. — Ausfall in *sustir* Hö. 1, 21.

Hd. *g* und euphonisches *k. Êkelicher* Hö. 2, 122, *nakebûren* und *kege* L. 3, 632 sind Assimilationen. — Im Inlaut einige *gh ch chg: daghe gehanghin* L. 3, 632, — *bůrche*

Hö. 2, 73, *Burchge* Hö. 2, 76, *hůdichen dache* Hö, 2, 109, *lechten* Hö. 2, 76. — Ausfall: *geyn* Hö. 2, 109, *sweyr beclayn* Hö. 2, 131, *liendeme* Hö. 2, 149, *virsade* Hö. 2. 112. — Im Auslaut regelmässig *ch*: *genêdich* Hö. 1, 21, *mach crich burchgrêvin* Hö. 2, 1, *dinch* Hö. 2, 36. *dach* Hö. 2, 73 usw. — Aber auch *g* kommt vor *Renninberg* Hö. 2, 23, *dag* Hö. 2, 66, — *c* nur sehr selten.

Hd. *ch* wird mitunter *g gg* geschrieben: *bilge* Hö. 2, 53, *gesprogene spregget* Hö. 2, 76, *kuntlige* Hö. 2, 84, *gerechlige* Hö. 2, 109, *kirgen* Hö. 2, 109. 237.

Hd. *h*. Dafür *g gh*: *Megtilt* Hö. 2, 23, *zogth* Hö. 2, 66, *maight* L. 3, 632, — *geschêge* Hö. 2, 76, *geschágen* Hö. 2, 149, — *durg* Hö. 2, 1. — Vereinzelt *c*: *knecthe* Hö. 2, 149, — Ausfall, Abfall: *scholteise* Hö. 2, 1, *eren* Hö. 2, 66, — *sêtzyn* Hö. 2, 36. 131, *seis* Hö. 2, 73. 109, *wâsin* Hö. 2, 1, *iet* Hö. 2, 84, *neit* Hö. 2, 109. 131, — aber auch *sehs* Hö. 2, 76, — *seint (sehent)* Hö. 2, 23. 80. 123. 149, *lein (lêhen)* Hö. 2, 88, *geschien* Hö. 2, 122, *verzgen* Hö. 2, 140, *zein* Hö. 2, 149, — *bevâlin* Hö. 2, 112, — *nâ* L. 3, 911. — Aber *nâchgebůrin* Hö. 2, 1. — Wechsel mit *w*: *geluwin* Hö. 2, 131. — Unorganisches *h* im Anlaut *har (oder) han herve* Hö. 2 36, *huns* Hö. 2, 76.

Hd. *j*. Dafür auch *g gh*: *geinin ghenen* Hö. 2, 23. 36, *gehen* Hö. 2, 66. 88. 109. 112. 122, L. 3, 396, *geirlisch* (wol Versehen für *geirlich*) Hö. 2, 131.

Hd. *m*. Hö. 2, 53 hat *man* und *wan*. — *Mŷbe (mineme)* Hö. 2, 73.

Hd. *n*. Charakteristische Schreibungen: *fungve* Hö. 2, 36, *iggesigil* Hö. 2, 73. — Ganz vereinzelt ist *vêftin (quintus)* Hö. 1, 21.

Hd. *l*. Verdopplung: *sollin* Hö. 2, 1, *hallevin* Hö. 2, 36. — Ausfall: *as* Hö. 2, 73. 123. 131, neben *als* Hö. 2, 1. — Unorganisches *l* in *Szetlzyl* Hö. 2, 36.

Hd. *r.* Wechsel mit *l* in *priol* Hö. 1, 21. — Abfall: selten in *wir: wi* Hö. 2, 88, — öfters *de die* Hö. 1, 21, L. 3, 396, — *he hie* Hö. 2, 1. 66. 73. 88. 109. 122, neben *her* Hö. 2, 122.

Hd. *sch.* Dafür auch *s: heyrsaf* Hö. 2, 109, — *ss: tüssen* Hö. 2, 73, *büisse* Hö. 1, 149, — *sz: Szetlzyl* Hö. 2, 36.

Vocale.

Hd. *a à.* Dafür tritt *e ê* ein in *ehtte* Hö. 2, 76. 131, — *entsêhen* L. 3, 632. — *Gréve* Hö. 2, 1. 36. 88. 109. 122. 131, L. 3, 313. 396. 632. 911 wird Umlaut sein, — ebenso *greyven* Hö. 2, 109, *grieve* Hö. 2, 53, — neben *gráveschaffe* Hö. 2, 53, *gráve* L. 3, 396. — Die Diphthongierung zu *ae ai* geht von den Oxytonen aus: *Spainheim* Hö. 2, 53, *baich* Hö. 2, 73, *ain* Hö. 2, 88, *stait* Hö. 2, 122, *gemaent* L. 3. 396, *maight* L. 3, 632. Paroxytonen werden nur in sorglos geschriebenen Urkunden auf gleiche Weise behandelt, so Hö. 2, 73, *naymen saymenclichen*. — Die langen *á* sind schon weiter gegangen: *rait hain gain* Hö. 2, 1, *hait* Hö. 2, 53, *jair* Hö. 2, 76. 84. 88, *heymail* Hö. 2, 152, *ayn (âne), capelayns* Hö. 2, 109, *gedaen* Hö. 2, 122, *offenbair* L. 3, 632, — *laisen* Hö. 2, 23. 149, L. 3, 396, *raude* Hö. 2, 73, *jaire* Hö. 2, 88. 122. 140, *laissene* Hö. 2, 122, *geslaiffen* L. 3, 396. Aber Hö. 2, 1. 122 noch deutlich *rait* neben *berâdin râde*, 2, 76. 84. *hain* neben *âne*. — Hö. 1, 21 zeigt diese Erhöhung noch gar nicht. — Liquiden wirken verdumpfend: *ŷrsomin* Hö. 2, 36, *Irmegurte* Hö. 2, 66.

Hd. *e ê.* Dafür *ei* in *geinin eideil* Hö. 2, 23, *deyme reichte* Hö. 2, 73, *leysen* Hö. 2, 109, *breichchen* Hö. 2, 122, *dein* Hö. 2, 149, *eyndreichtich* Hö. 2, 112, *reicht* L. 3, 632, — *ie: nieve ergieven* Hö. 2, 53, *siehent* L. 3, 396, — *i: dir* Hö. 2, 1, *ir* Hö. 2, 36, *knichte* Hö. 2, 112, *wider willen* Hö. 2, 122, *gedinknisse* Hö. 2, 131. — In Ableitungssilben und Endungen herrscht *i* dem *e* vor, aber auch *ei* findet sich:

weiseim eideil Hö. 2, 23, *scheint* Hö. 2, 76. — Liquiden und *w* wirken verdumpfend: *don* Hö. 2, 36, *geynwordichme* Hö. 2, 109. 122. 140, *zwolf wullen* L. 3, 396, *sustir* Hö. 1, 21. — Auch ê kann den Weg des kurzen Vocales einschlagen: *steit steint* Hö. 2, 73. 123, L. 3, 632, *eiliche* Hö. 2, 84, *leine heirre eirsten* Hö. 2, 109, *eirloys* Hö. 2, 140, — *lien* Hö. 2, 46, *hyerschaf* Hö. 2, 131, — *Girlant* L. 3, 396, *ŷrsomin* Hö. 2, 36. 149.

Hd. ae. Dafür regelmässig ê: *genêdich* Hö. 1, 21, *wêre* Hö. 2, 1, *stêde* Hö. 2, 23 usw., das dann öfters wie ê mit *ei ie* wechselt: *steide* Hö. 2, 23, *geiben* Hö. 2, 73, *geneydich* Hö. 2, 109, *geirlich neystin* Hö. 2, 131, — *niestin* Hö. 2, 53.

Hd. i. Die Vertretung e ist häufig: *sevene* Hö. 2, 23, *Smedeborch* Hö. 2, 36, *rethers* Hö. 2, 66, *spregget eme* Hö. 2, 76, *weder* Hö. 2, 84, *Frederich* Hö. 2, 88, *wesen* Hö. 2, 109, *besegilt* Hö. 2, 123. 140, *desme* Hö. 2, 149, *er* Hö. 2, 88. 149, *ere hemel* L. 3, 313, *brengent mede* L. 3, 396, *vurschreven* L. 3, 632, *er* Hö. 2, 88, *pennenge* Hö. 2, 73, — *bidin irme besigelin* Hö. 1, 21, *diesen* Hö. 2, 88. 112. 122. 123. 140, L. 3, 396. 632, *ime* Hö. 2, 122, *friede* L. 3, 396. 911, *ingesiegil* L. 3, 632, — *dëise beneiden weisein* Hö. 2, 23, *gescreifven leigit* Hö. 2, 73, *eiren* Hö. 2, 122, *neiden* L. 3, 632. — Daneben Verdumpfungen zu *u o* in *rundere* Hö. 2, 23, *ummer* Hö. 2, 84, *důsin důsme* Hö. 1, 21; 2, 23. 36. 66. 76. 109. 123. — Dieses *u* diphthongiert sich zu *ui* in: *důysme* Hö. 2, 73.

Hd. o ö. Dafür altes *a* in *van* Hö. 1, 21; 2, 23. 36. 73. 76. 109. 123. 131. 149, L. 3, 313. 396. 911, *sal* Hö. 2, 36. 66. 131. 140. 149, — neben *von* Hö. 2, 84. 88. 123, — *wal* Hö. 2, 88, — neues in *wanende* Hö. 2, 109, *wanhaftich* Hö. 2, 112, *af ave* Hö. 2, 140. 149, *vâde (vogete)* L. 3, 632, — *u* in *uffenbêrlichen* Hö. 2, 112. 131, *vur* Hö. 2, 123, *genůmen* Hö. 2, 131, *wulde* Hö. 2, 123. — Diphthongierungen treten selten ein, bei jenen *a* in *gewainlich* Hö. 2, 88. 122, — bei *o* in *alsoilch* Hö. 2, 88, *hoyf* Hö. 2, 109, *voir* Hö. 2, 149, *goidis* Hö. 2, 73, *buschoyve* Hö, 2, 109, *moichte* Hö. 2, 140, *hoyfe* L. 3, 911. — Hd. *ô oe*. Die Entsprechung *á* ist ganz vereinzelt *zwâ march* Hö. 2, 66, — wenig häufiger ist *ú*: *dùde* Hö. 2, 66, *strùis* Hö. 2, 123, *zùyehùrrende* L. 3, 313. — Diphthongierungen: *noit* Hö. 2, 76. 88, *Noythúsen* Hö. 2, 109. 131, *hoych lois* Hö. 2, 122, *broit* Hö. 2, 149, *stoissit* Hö. 2, 73, *doyde* Hö. 2, 109, *groisse gekoeret* Hö. 2, 122, *loyste* Hö. 2, 131. — Ausgang von den Oxytonen zeigt *noit broit* neben *hôrent* Hö. 2, 76. 88. 109, *lois* neben *bôseme* Hö. 2, 122.

Hd. *u ü*. Vor Liquiden häufig *o*: *Smedeborch pont drúhondirt* Hö. 2, 36, *worde Honoltstein* Hö. 2, 88, *geborte* Hö. 2, 122, *monster* Hö. 2, 123, *scoltheise* Hö. 2, 112. 149, — aber auch *of* Hö. 2, 53. 88, *zogth* Hö. 2, 66, *mogen* Hö. 2, 88. 122, *Lodewich* Hö. 2, 131, — dann die Vertreter von *o*: *soenen* L. 3, 396, *soelent moegent* L. 3, 632; wenn nicht Umlaut. — Neben hd. *unde* Hö. 2, 1. 53. 73. 84. 109. 122. 123. 131. 140, L. 3, 396. 632. 911 auch *ende* Hö. 2, 36. 88, mit *unde*. — Der Umlaut ist der Mundart vielleicht nicht abzusprechen: *bǔysse* Hö. 2, 149. — Ganz vereinzelt ist *feſtin*, quintus, Hö. 1, 21.

Hd. *ei*. Die Monophthongierung in *ê* ist unhäufig und ungeregelt: *schrêf* Hö. 2, 23, *Hênrich* Hö. 2, 36. 109, *ên* Hö. 2, 73, *gemênentliche* Hö. 2, 122, *dêdingin* Hö. 2, 123. 131, *hêligin meinêdich* Hö. 2, 140.

Hd. *iu* wird ganz regelmässig in *ú* monophthongiert: *vrúnde trúeliche núnzich* Hö. 1, 21, *lúdin* Hö. 2, 1, *drúhundirt* Hö. 2, 23, *úch gezúge* Hö. 2, 53 usw., — *diu* aber erscheint gewönlich als *die* Hö. 2, 53, *dŷ* Hö. 2, 131, — *di* Hö. 1, 21, — *dê* Hö. 2, 23. 109.

Hd. *ie* ist häufig, wechselt aber mit *i ê*: *Trire vi ŷ* Hö. 2, 112, — *dê* Hö. 2, 23. 66, *Dêderiche hee* Hö. 2, 66, *lêve* Hö. 2, 84, *êkelicher wê* Hö. 2, 122, *êmer mê* Hö. 2, 149; für *ê* auch *ei*: *breifve* Hö. 2, 73, *dey breyf neit* Hö. 2, 76, *deinst geingen veirten* Hö. 2, 112, *creich* Hö. 2, 131, *veir* Hö. 2, 149.

Hd. *ou öu*. Dafür auch *au*: *urlauf auch* Hö. 2, 1, *Wrauwenstên* Hö. 2, 73. 149, L. 3, 632, *kaufe gerauvit* Hö. 2, 112, *auweste* Hö. 2, 149, *Nassauwe* L. 3, 396. 911. Daneben *oi: boimgart* Hö. 2, 76, *geloyfde* Hö. 2, 109, *koyflůde beroyft* L. 3, 911. — Selten Monophthongierung: *vröen* Hö. 2, 66. — Umlaut in *leufit* Hö. 2, 1.

Hd. *uo üe*. Neben *uo ů* auch *ŏ: göt* Hö. 2, 131. — Für den Diphthong sehr häufig *ô ů: dôn gôddis* Hö. 2, 36, *dône* Hö. 2, 80, *genôchlich* Hö. 2, 122, *brôder* Hö. 2, 123, *môder rôrit* Hö. 2, 131, *gôde zô* Hö. 2, 149, — *gůdir* Hö. 2, 1, *důn* Hö. 2, 88, *gůt gůtz* Hö. 2, 109. 122, *geheimsůcht* Hö. 2, 112, *fuur* L. 3, 313, *genügen* L. 3, 396, *gebrüder* L. 3, 911. — Diphthongierungen: *goit* Hö. 2, 66, *doin* Hö. 2, 76. 131, L. 3, 632, *noit* Hö. 2, 84. 140, *gesoint gemoitliche* Hö. 2, 149, — *doen* Hö. 2, 84. 140, L. 3, 396. 632.

Apokope und Synkope: *wêr abir, vrunt* Plur., was auch hd. ist, Hö. 2, 1 — *uns* für *unses, bilge (billiche)* Hö. 2, 53. Schwere Fälle sind selten.

Unorganisches *e i* in *zinis (census) solilde (solde)* Hö. 2, 73, *hallevin (halben)* Hö. 2, 36. — Ueber die Vocale der Ableitungssilben und Endungen s. unter hd. *e*.

Charakteristik VI.

VI unterscheidet sich von IV nur durch häufige Verschiebung des *p* nach Liquiden und in *up*. Schon bei einem Falle *uf* habe ich das betreffende Dm. unter VI gesetzt. Die *z* dringen auch in die Pronominalformen ein. Vgl. p. 168. — Blieb *dat* in einer grösseren Urkunde nicht wenigstens zweimal, so rechnete ich sie zu VII.

Literatur VI.

12. Jh. Anno.

13. Jh. Bruder Hermanns Jolante, Pfeiffers Altdeutsches Uebungsbuch p. 103, — vielleicht Geistliche Lilien (Prosa und Verse) Germ. 3, 56, wenn nicht IV.

14. Jh. Das Gedicht von der Liebe, Christi- und Marien-Tagzeiten und erbauliche Prosa Zs. 17, 1, — vielleicht die Schachaufgaben Zs. 14, 179, wenn nicht IV.

15. Jh. Arnolds von Harff Pilgerfahrt 1496—99 ed. Groote 1860.

[**16. Jh.** Van Arnt Buschmann und Henrich Cöln, Germ. 17, 77; 12, 104].

Geographische Uebersicht VI.

VI war im 14. Jh. — vom 13. nur eine Urkunde — Amtssprache von Trier: Gü. 3, 5 (1300), Marx 1, 489 (Eid des Kämmeramtes o. D.) und s. Verkehr, — von Sponheim Hö. 2, 53 (= Gü. 3, 84, 1318), — von Nassau L. 3, 911 (1389) und s. Verkehr.

Dann bei den Geschlechtern, in den Ortschaften, links Rhein: von Tomburg, Kreis Rheinbach, cölnisch, Gü. 3, 255 (1339), Sinzig, am Rhein, ober Remagen, königliche Pfalz, an Jülich verpfändet, Gü. 3, 650 (1396) von Saffenberg, s. Grafschaft Ahr, cölnisches Lehn, Gü. 3, 480 (1362), von Kempenich, ono. Adenau, triersches Lehn, Gü. 3, 619 (1389), Andernach, am Rhein, unter Neuwied, cölnisch, L. 3, 632 (1362) Trimbs, ö. Maien, das triersch, Wt. 2, 476 (1390), Ober-Mendig, nno. Maien, das triersch, Wt. 2,

494 (1382), Nieder-Mendig, nno. Maien, das triersch, Wt. 2, 489 (1382), von Crufte, no. Maien, das triersch, Hö. 2, 153 (1332), von Burenzheim, no. Maien, das triersch, Hö. 2, 66 (1320), von Polch, so. Maien, das triersch, Gü. 3, 662 (1399), Coblenz, triersch, Hö. 2, 112 (1326), Gü. 3, 501 (1365) Mertloch, l. Mosel, zwischen Münster-Maifeld und Polch, virneburgisch, Wt. 2, 452 (1389), von Ettink und Mertloch, triersche und monrealsche Burgleute, Gü. 3, 402 (1353) von Treis, an der Mosel, unter Cochem, triersch, Hö. 2, 140 (1330), Gü. 3, 315 (1345), von Ehrenberg, nww. S. Goar, pfälzisches Lehen, Gü. 3, 219 (1327) Berncastel, so. Wittlich, triersch, Wt. 2, 353 (1315), von Burg, sw. Zell, Hö. 2, 76 (1322), von Alf, an der Mosel, nw. Zell, triersch, Hö. 2, 149 (1332), von Arras, an der Mosel, Kreis Zell, triersch, Hö. 2, 123 (1327), Ober-Wesel, am Rhein, ober S. Goar, Reichsstat, Hö. 2, 12 (1301) Hamme, an der Saarmündung, triersch, Gü. 3, 254 (= Wt. 2, 83, 1339),

rechts Rhein: Siegburg, no. Bonn, im Bergischen, L. 3, 542 (1355) Erpel, gegenüber Remagen, cölnisch, Wt. 5, 328 (1388), 335 (1396), von Rennenberg, bei Linz, cölnisch, Hö. 2, 23 (1312) von Hammerstein, noo. Neuwied, triersches Lehn, Hö. 2, 231 (1329), Gü. 3, 375 (1351), 484 (1362), von Braunsberg-, noo. Neuwied, -Isenburg, n. Bendorf, pfälzische Lehn, Gü. 3, 223 (1337), von Braunsberg, noo. Neuwied, cölnische und sainische Lehn, Hö. 2, 109 (1326), von Sain, no. Neuwied, triersches Lehn, L. 3, 313 (1337), 308 (1337), von Isenburg, no. Bendorf, pfälzische Lehn, Gü. 3, 203 (1334), von Helfenstein, gegenüber Coblenz, triersch, Hö. 2, 32 (1315).

Die Mundart ist in Gebiet eingedrungen, welches im vorigen Jh. IV und V beherrscht hatten. IV war links Rhein wie es scheint in Ahr und Hochstaden, also s. und w. von Tomburg und Sinzig, bis wohin VI im 14. Jh. hinaufsteigt, und rechts Rhein sind gerade die nun als VI angehörig bezeugten Siegburg Rennenberg Braunsberg Isenburg und das benachbarte Neuerburg IV gewesen. Allerdings bleibt auch IV in den erwähnten Gebieten, s. Conflict. — Aber wirklich abgelöst hat

VI die Mundart V in Trier und Braunsberg. Ob in Oberwesel die Mundart V oder VII durch VI verdrängt wurde ist schwer zu sagen: es liegt zwischen Hirzenach, das auf V, und Rupertsberg, das auf VII wiese.

Führer der Mundart ist Trier, das sich durch Adoptierung von VI sowol dem hd. als dem IV der cölnischen Canzlei nähert.

Conflicte

mit IV. — IV erstreckt sich links Rhein südöstlich bis nach Münster-Maifeld Kuttenheim, und VI steigt hinauf bis Tomburg Sinzig, beides gemeinschaftliche Stationen. — Rechts Rhein: IV endet südlich bei Hammerstein und Sain, beide unter den südlichsten Stationen von VI, — im Norden wird VI durch Siegburg begränzt, in dessen Nähe das noch IV angehörige Drachenfels liegt.

mit V. Die Berührungen sind in Sinzig, das beide Mundarten zeigt, und in Helfenstein mit V, neben Coblenz mit VI. Doch s. die Bemerkung über V im 14. Jh. p. 343.

mit VII. VIII. IX. X. XI, s. diese Mundarten.

Verkehr.

Zum Verkehr mit Trier bedienten sich der Mundart die Herzogin in Baiern Gü. 3, 112 (mit Pfalzgraf, Nassau Sponheim an Trier und König von Böhmen 1322), — die Pfalzgräfin Hö. 2, 80 (1322).

Dann die Geschlechter und Ortschaften, links Rhein: von Braunshorn, sso. S. Goar, Hö. 2, 84 (mit von Bilstein, w. Braunshorn, 1322), Boppard, am Rhein, unter S. Goar, Hö. 2, 122 (1327), von Schmidburg, Kreis Simmern, Hö. 2, 93 (1324) Wildgraf von Kirburg, Kreis

Kreuznach, Gü. 3, 166 (1330), 3, 169 (1330), Hö. 2, 88 (1323).

Baiern und Pfalzgräfin beweisen für Trier.

Zum Verkehr mit Nassau: Graf von Mark L. 3, 396 (1342).

Mark beweist für Nassau.

Ausserdem zum Verkehr zwischen Cöln und Andernach Gü. 3, 334 (1347), Cöln und von Riederen L. 3, 842 (Belehnung mit Besitz im Odenwald; die Urkunde eingerückt in den Revers der Belehnten 1379). Es wären dies die einzigen mir bekannten cölnischen Zeugnisse für VI im 14. Jh.

Dann zwischen den Geschlechtern und Ortschaften, links Rhein: von Covern, links Mosel, bei Coblenz, und von Manderscheid, Gü. 3, 301 (1344), von Frauenstein, sww. Wiesbaden, und Abtei Rommersdorf, Kreis Neuwied, Hö. 1, 21 (1295). Wildgraf von Schmiedburg, im Hundsrück, und von Reidenbach, bei S. Wendel, s. Birkenfeld, Hö. 2, 36 (1316 unsicher), von Schöneck-, Kreis S. Goar, -Burenzheim-Olbrück und Lonnich Gü. 3, 612 (1387), von Schonenburg, Burgmann von Schönberg, bei Oberwesel, (Leo Terr. 2, 994 Anm.) und von Arzeheim, in Coblenz, Hö. 2, 73 (1326).

Im 15. Jh. war VI Amtssprache der rheinischen Kurfürsten Wü. 2, 107 (1420), — Cölns L. 4, 414 (1480), S. 984 (1482), Gü. 4, 315 (1401), Chm. Rup. 3 (1401), — Jülich-Berg-Ravensbergs L. 4, 452 (1491), L. A. 1, p. 111 (15. 16. Jh.), Chm. Max N. 46 (1494), — des Landgrafen von Hessen L. 4, 25 (1404)[2].

Dann finden wir die Mundart bei den Geschlechtern, in den Ortschaften, links Rhein: Villen, w. Achen, im Limburgischen, Wt. 6, 711,[1] *Wilhelmstein, ngo. Achen, jülichsch*, L. A. 7, 115 (1536), Call und Gressenich, zwischen Düren und Achen, jülichsch, Wt. 2, 796 (1492), Zülpich, so. Düren, cölnisch, Wt. 2, 715[1], *Frauenberg, zwischen Zülpich und Euskirchen, jülichsch,* Wt. 2, 705 (1559)[1], Weilerwist, so. Lechenich, cölnisch, Wt. 2, 724[1] *Amt Wehrmeisterei, s. Düren, jülichsch,* L. A. 7, 110 (1555), Dreiborn, zwischen Schleiden und Monjoie, jülichsch, Wt. 2, 765 (1419 junge Abschrift)[1], *Schiefferberg, bei Heimbach, jülichsch,* L. A. 7, 111 (16. Jh.), *Olef, zwischen Schleiden und Gemünd, jülichsch,* Wt. 2, 768 (1546),[1,2] *Glehn, no. Schleiden, cölnisch,* L. A. 6, 21 (16. Jh.)[1,2], *Voisheim, zwischen Gemünd und Münstereifel, jülichsch,* Wt. 2, 686 (1593)[1], *Nemmenich, nww. Euskirchen, jülichsch,* L. A. 7, 97 (1564)[1], *Bornheim, nw. Bonn, cölnisch* L. A. 6, 36 (16. Jh.), Vilich, zwischen Rheinbach und Muffendorf, cölnisch, Wt. 2, 656 (1485), *Oberbachem, s. Bonn, cölnisch,* L. A. 6, 13 (1536)[1] Amel, so. Malmedy, nassau-viandensch, Ha. p. 13 (1472)[1], *Freilingen, s. Blankenheim, blankenheimisch,* Wt. 2, 577 (1509), *Hospelt, s. Münstereifel, jülichsch,* Wt. 6, 664 (1547)[1,2], Ahrweiler, wsw. Remagen, cölnisch, Wt. 2, 646 (1400), von Kempenich, s. Ahrweiler, triersches Lehn, Gü. 4, 65 (1414) *Oltzheim, zwischen Prüm und Stefflen, prümisch,* Wt. 2, 595 (1518), 2, 596, *Stefflen, zwischen Oltzheim und Hillesheim, blankenheimisch,* Wt. 2, 586 (1519)[1,2], *Nurburg, zwischen Kehlberg und Adenau, cölnisch,* Wt. 2, 610 (1545. 1553)[1], 6, 589 (1491), Sinzig, am Rhein, unter Breisig, vom Reich an Jülich verpfändet, Wt. 2, 718 (15. Jh.)[1] von Virneburg, wnw. Maien, triersche und cölnische Lehn, Gü. 4, 214 (1445), 249 (1454), 355 (1480), Nickenich, Amt Andernach, cölnisch, L. A. 6, 1 (15. Jh.), Andernach, am Rhein, ober Breisig, cölnisch, Wt. 2, 624 (1498), Gü. 4, 311 (1467) Basbellain, n. Clervaux, luxemburgisch, Ha. p. 102 (vor 1475), *Langefeld, w. Prüm, prümisch,* Wt. 2, 591 (1517), 2, 592. 593, Pronzfeld, s. Prüm, prümisch, Wt. 2, 552 (1476)[1], *Dockweiler, nnw. Daun, manderscheidisch,* Wt. 3, 839 (16. Jh.)[1], Retterath, zwischen Kaiseresch und Kelberg, virneburgisch, Wt. 2, 609 (1468), Kürrenberg, w. Maien, triersch, Wt. 6, 638b, 6, 639 (1454), von Eltz, bei Münster-Maifeld, Reichsministerial, Gü. 4, 119 (1424), 143 (1430), *Winningen, ssw. Coblenz, sponheimische Vogtei,* Wt. 2, 503 (1507)[1] Wetteldorf, bei Schönecken, triersch, Wt. 6, 582 (1450), Seffern, s. Prüm, triersch, Wt. 2, 548[12], Killburg, n. Trier, triersch, Wt. 6, 573,[12] *Bettenfeld, w. Manderscheid, triersch*, Wt. 2, 604 (1506), *Strohn, ö. Manderscheid, daunisch, Daun im 15. Jh. zur Hälfte an Trier*, Wt. 3, 803 (1510), Clotten, sw. Cochem, triersch, Wt. 6, 536, von Wunnenberg - Beilstein, Bassenheim, von der Leyen, triersche Amtsleute, an der untern Mosel, Gü. 4, 162 (1433) Wampach, District Diekirch, luxemburgisch, Ha. 725 (1475), Landscheid, zwischen Wittlich und Bitburg, mailbergisch, Wt. 6, 558[12], Monzel, an der Mosel, gegenüber Winterich, triersch, Wt. 2, 811 (1558),

rechts Rhein: *Hilden, w. Solingen, bergisch*, L. A. 7, 127 (1505)[12], Windeck, soo. Cöln, bergisch, L. A. 7, 156 (1449), Seelscheidt, n. Siegburg, bergisch, Wt. 3, 24 (1440)[1], *Kirchscheid, bei Lohmar, bergisch*, L. A. 7, 149 (1500), Oberpleis, s. Siegburg, bergisch, L. A. 7, 154 (15. 16. Jh.)[1], *Mondorf, wsw. Siegburg, bergisch*, L. A. 7, 141 (1505)[1], *Dattenfeld, o. Blankenberg, bergisch*, L. A. 7, 157 (1548) Rennenberg, bei Linz, cölnisch, Wt. 1, 623 von Hammerstein, nw. Neuwied, triersches Lehn, Gü. 4, 60 (1413), von Reichenstein, nw. Neuwied, Gü. 4, 46 (1412), 4, 231 (1419), Niederwert, non. Coblenz, triersch, Wt. 2, 510 (1469) *Kirburg, im Westerwald, noo. Hachenburg, sainisch*, Wt. 1, 643 (1537)[1].

Dazu ein Brief des Niederländers (Chmel Mon. Habsb. 1, 2, p. XLVI) Everat an Erzherzog Maximilian, Chmel Mon. Habsb. 1, 2, p. 406 (1478).

VI hat im 15. Jh. grosse Fortschritte gemacht. Links Rhein nach N.: es ist in Cöln und Jülich - Berg - Ravensberg Amtssprache geworden. Während im 14. Jh. Tomburg Sinzig die nördlichsten Puncte gewesen waren, sehen wir die Mundart jetzt in den Parallelen 'Villen' 'Wilhelmstein' 'Wehrmeisterei' 'Amel' 'Oltzheim' 'Basbellain'. W. hatte sich VI im 14. Jh. gar nur bis Saffenberg erstreckt. — Gegenüber diesen Erwerbungen hat die Mundart im S. Trier und Sponheim eingebüsst und berührt kaum mehr die Mosel, welche sie im vorigen Jh. im

So. sogar überschritten hatte. — Rechts Rhein: ebenfalls Fortschritt nach N. Im 14. Jh. war Siegburg der nördlichste Punct: nun sind es Hilden, im vorigen Jh. IV, und Windeck, — und so. endet im 15. Jh. die Mundart in Kirburg, im 14. in Isenburg. Doch mag der Fortschritt hier nur scheinbar sein: denn in Nassau, wo im 14. Jh. VI geherrscht hatte, erscheint es nun nicht mehr. — Die Fortschritte sind also wesentlich im N., — wo unsre Mundart in das Gebiet von IV eintritt, ohne es zu verdrängen.

Die Ausbreitung der Mundart rechts vom Rhein, wodurch die Reste der alten bergischen Amtssprache, welche III gewesen war, aufgesogen werden, kann im Zusammenhang stehen mit der schon lange vorher angebahnten Verbindung von Berg und Jülich 1423. Denn Jülich hatte im 14. Jh. schon ganz das cölnische IV angenommen, während Berg noch daneben seine altertümliche Mundart übte. — Wichtig als Zeugniss für die Bedeutung, welche man der Mundart beilegte, ist die eine hessische Urkunde: es vergleicht sich diesem excentrischen Erscheinen etwa die Verwendung von VII in Grafschaft und im vorigen Jh. in Waldeck. — Denn Hessen hat im 14. 15. Jh. IX. X, also hd. Mundarten.

Conflicte

mit IIa in Villen.

mit IV. — VI und IV sind Amtssprache in Cöln und Jülich Berg-Ravensberg. Dann: links Rhein geht VI n. bis Villen Gressenich Weilerwiss Cöln, — IV s. bis Amel Hunersdorf Antweiler Cochem Clotten Ellenz, — rechts Rhein hat VI seine nördlichste Grenze in Hilden und Windeck, IV seine südlichste in Hammerstein Leudesdorf.

mit III IV in Villen.

mit VII. VIII. IX. X. XI, s. diese Mundarten.

Verkehr.

Zum Verkehr mit Cöln bedient sich der Mundart von Drachenfels, am Rhein, s. Siegburg, L. 4, 343 (1469).

Zum Verkehr mit Jülich-Berg-Ravensberg, links Rhein: Erkelenz, ngw. Jülich, L. 4, 481 (1498). von Nassau-Vianden-Dietz, im Luxemburgischen, L. 4, 273 (1445), — rechts Rhein: von Sain, n. Wied, L. 4, 487 (1500).

Zum Verkehr mit Trier: von Vlatten, non. Schleiden, Gü. 4, 138 (1428).

Ausserdem finden wir die Mundart angewendet von den rheinischen Kurfürsten Wü. 2, 107 (1420), — von den Herrn von Stain Staffel Walderdorf Elz Lahnstein, an der Mosel und Lahn, Gü. 4, 144 (1430).

Zu den Beschreibungen III. IV. V. VI.

In der Flexion der Nomina Pronomina Verba haben die Mundarten III. IV. V. VI seit dem 13. Jh. wesentliche Züge gemein.

Nominale Declination. Die starken Substantiva neigen sich der schwachen Declination zu, und zwar nach ndl. Art. Masc. Sing. Acc. *eymanne* Hö. 1, 28, — und in Eigennamen häufiger als es im hd. geschieht: *herin Eberolde, her Dideriche, Heinriche* Hö. 2, 1, — Plur. Nom. *dey breyven* Hö. 1, 28, — Neutr. Plur. Acc. *hilychsvorworden* L. 4, 67, — Fem. Sing. Gen. Dat. *tweigungin besüggingin* Hö. 1, 4, *pinen* Hö. 1, 28, *gulden* Hö. 1, 6, *érin* Hö. 2, 168, *derselver anspraichen ind vorderingen, in der maissen* L. 4, 67, *genaiden* Hö. 1, 2, *leistingin* Hö. 2, 114, *gemeindin helfin* Hö. 2, 1, — Sing. Acc. *besüggenge* Hö. 1, 4, *zveiinge* Hö. 1, 28. — Auch die consonantischen Stämme haben öfters Sing. Acc. ohne *n*. Weniger bedeutet *den gréve* in Hö. 1, 28, da in demselben Dm. auch an des burchgréve hove, deme gréve vorkömmt: — aber *an den selven grévo, denselven grévo* neben Sing. Dat. *palcgréven, na sinen willen,* — *huysfraw* neben Sing. Gen. *huysfrawen* L. 4, 67 ist sicher. Doch sind die regelmässigen Formen nicht verdrängt *unsin herrin* Hö. 2, 114, *unsin ômen, vrauwen* Hö. 2, 32, *scheffenen* Hö. 2, 1.

In der Pronominalflexion ist Plur. Acc. *úch* in den Dativ gedrungen Hö. 2, 53. — Plur. Gen. *ir* nach Analogie der Nominalflexion zu *irre* geworden, Hö. 2, 32. 114, L. 4, 67. — Der Dativ *dem* wechselt wie das Adjectivum mit der schwachen Form *den, in alden rehte* L. 2, 506, *in den eyrsten* Hö. 2, 168, *uf den wazzere* Hö. 2, 1. — Sing. Acc. *de* also gleich dem Nom. nach Muster der nominalen schwachen Declination Hö. 1, 3; s. Declination IIa b. — Auch *diser* wird so behandelt *dise brief, dis brif* Hö. 1, 4; 2, 53. 114, — *an disen brive* Hö. 1, 9. — Auch in *Cristinen, sinen wive* Hö. 1, 13, *an unsen gûde* L. 2, 572, *sinen manne* Hö. 2, 8, *twischen unsen neven* Hö. 1, 4, *bit gesunden live* Hö. 1, 13, *mid gôdin willen,* Hö. 2, 168, *mit berâdin mûde* Hö. 2, 1 wird nur Analogie der schwachen Declination walten, nicht diese selbst. Denn die starken Formen haben daneben auch Geltung, und im Femininum bloss diese: *iegelichem, up dem sineme* Hö. 1, 4, *in unseme sagen* Hö. 1, 28, *zû irme urbore* Hö. 1, 6, *zô yrem nutz, unsem swager* L. 4, 67, — *nâ rehter besûggingen* Hö. 1, 4, *in irer hant, in unsir rehtir urbore* Hö. 1, 6, *zû eynre noch mêrre sichireide* Hö. 2, 114, *bit allir unsir maht* Hö. 2, 1, — während im Sing. Nom. *unse here* Hö. 1, 28, *unse swager* L. 4, 67, *sine neve* Hö. 2, 114, *unse mûne* Hö. 1, 6, *uns vrowe* Hö. 2, 23, — Formen, denen keine starken in unsern Mundarten gegenüber stehen, — wirklich schwach zu sein scheinen.

Conjugation. Schwache Formen: I Sing. Ind. Praes. *ich besetzen, haven* Hö. 1, 13, *bidden* Hö. 1, 21. 28, *bekennen* Hö. 2, 153, *bewisin* Hö. 2, 66, *beclayn* Hö. 2, 131, — *willen* Hö. 1, 13, *doen* L. 4, 9, Hö. 1, 2, — *bevelen* L. 2, 570, *ien* L. 2, 572, *nemen* L. 4, 669, *irkeesen* L. 3, 216, *gevin* Hö. 1, 21, *halden* Hö. 2, 140, *lâzen* L. 3, 911, — aber daneben, *have*

L. 2, 572, *verwundere* Gü. 4, 46. — Uebertritt in schwache Bildung in gewissen Verben. Praet. Ind. *geschiede* L. 3, 504, Hö. 1, 6. — Partic. Praet. *gescheyt geschied* L. 2, 434. 435. 506. 1064; 3, 22, Hö. 1, 2. 28; 2, 66. 100. 114. 168. 203, *gewest geweyst* L. A. 1, 392, Hö. 1, 102. 215, L. 1, 280, — aber *geschien* Hö. 2, 12. 122, L. 4, 67.

Nur selten lautet III Plur. Ind. Praes. auf *en* aus: *hoeren* L. 3, 216. — Vocalische Analogie beeinflusst III Sing. Ind. von *tuon*: *deyt* L. 3, 66 (IV), 420 IV, neben *duit* L. 2, 506. — *Geschehen* neigt sich zur *u*-Classe in *geschuyt* L. 3, 636, s. Gr. 1³, 261.

Einige Verba der ersten schwachen Conjugation mit langer Wurzelsilbe haben im Conjunctiv Praet. Umlaut *setten setzen* Hö. 1, 3. 6. 7. 11, *pente* Hö. 2, 9, *lechten* Hö. 2, 76 *gehengte* Hö. 2, 122, *untsechten* L. 3, 693. S. oben zu IIa, IIb p. 195, und Germ. 15, 129.

VII.

Beschreibung.

(10. 11. 12. Jh.)

Quellen.

Baur Hessische Urkunden 2, 1 (Engilrik befreit eine Leibeigene und macht sie dem alten Münster von Mainz pflichtig 963; Or.), 2, 2 (Erzbischof von Mainz beschenkt das Kloster S. Jacob bei Mainz 1091; nach einem Vidimus von 1286), 2, 3 (E. v. M. bestimmt Rechte des Klosters S. Jacob bei Mainz 1112; Or.), 2, 4 (Provisor des Klosters S. Jacob bei Mainz bezeugt Schenkungen an S. Jacob 1112; Or.), 2, 7 (Mainzer Bürger bezeugen einen Vertrag zwischen Mainzer Ministerialen 1143; Or.), 2, 9 (Abt von S. Jacob bei Mainz nimmt geschenkte Mancipien in Besitz 1156; Or.), 2, 12 (E. v. M. befreit die Mainzer Weber von gewissen Verpflichtungen gegen eine Abgabe 1175; Or.), 2, 13 (Propst von S. Peter in Mainz beurkundet einen Compromiss zwischen S. Peter und Mainzer Bürgern 1175; Or.), 2, 14 (Aebtissin von S. Maria in Mainz verpachtet ein Gut in Zarenheim an Herrn von Husen 1177; Or.), 2, 16 (Vorstände der Ecclesia maior in Mainz bestimmen Abgaben von Unter-Ulmen 1191; aus dem Mainzer Copialbuch), 2, 17 (Abt von S. Jacob bei Mainz verpachtet einen Weinberg bei Wizenouen 1192—1206; Or.).

Beyer Urkundenbuch 1, 110 (Heririch schenkt der Abtei Prüm die Villa Weinsheim, wsw. Alzei. Dat. Wimundasheim 808; aus dem goldnen Buch der Abtei Prüm, 10.—12. Jh.), 1, 270 (Frau Bertha schenkt dem Kloster Metlach, an der Saar, Güter bei Walderfangen, Kreis Saarlouis, 995; aus dem jungen Diplomatar von Metlach), 1, 285 (E. v. M. weiht die Kirche von Mörschbach, Kreis Simmern, ein 1006), 1,

397 (königliche Urkunde 1098), 1, 413 (E. v. M. besetzt den Disibodenberg bei Kreuznach mit Mönchen 1107), 1, 424 (Tausch zwischen dem Propst von S. Maria in Mainz und dem Kloster Disibodenberg bei Kreuznach 1112), 1, 436 (E. v. M. restituiert dem Kloster Disibodenberg bei Kreuznach ein Gut zu Windesheim, bei Kreuznach 1118), 1, 452 (königliche Urkunde 1125), 1, 457 (E. v. M. erneuert ein Herkommen zu Gunsten der Abtei Disibodenberg bei Kreuznach 1128), 1, 462 (E. v. M. bestätigt alle Besitzungen der Abtei Disibodenberg bei Kreuznach 1128), 1, 467 (E. v. M. vergleicht das Stift S. Victor daselbst mit der Abtei Disibodenberg bei Kreuznach 1130), 1, 549 (E. v. M. vergleicht die Abtei Disibodenberg bei Kreuznach mit dem Stift B. Mariae ad gradus in Mainz 1147), 2, 78 (Abt von Wadgassen, an der Saar, lässt sich den rechtlichen Erwerb eines Grundstückes bei Hundesborn von Landulf bestätigen 1174—1185), 2, 80 (Vergleich der Abtei Metlach, an der Saar, mit dem Pfarrer zu Benstorf, bei Dieuze in Lothringen, über den Zehnten von Wahlen, Val, bei Bistroff in Lothringen, 1186), 2, 145 (Abt von Wadgassen, an der Saar, verträgt sich mit dem Grafen von Saarwerden über die Vogtei von Rohrbach, bei Homburg, in Rheinbaiern, 1195), 2, 195 (Abt von Wadgassen, an der Saar, kauft von dem Propst zu Zell, an der Mosel, Teile des Zehnten von Hulsberg 1171—1201), 2, 278 (Abt von Wadgassen, an der Saar, beurkundet die Beilegung eines Streites über einen Wasserlauf zu Buss, Kreis Saarlouis, 1211), 2, 279 (die Grafen von Zweibrücken und Saarbrücken und der Propst von S. Paulin bei Trier schenken der Abtei Wadgassen, an der Saar, den Puzerberg 1208—1211), 2, N. z. 2, 10 (Güterverzeichniss der Abtei Metlach, an der Saar, vom 10.—12. Jh.), 2, N. z. 2, 14 (Güterverzeichniss des Nonnenklosters Rupertsberg, bei Bingen, p. 367—386, nach dem Jahre 1177, p. 386 vom Jahre 1202 bis 1204, p. 386—390 vom Jahre 1210 bis 1220, wie es scheint ganz von weiblichen Händen: einmal nennt sich eine scriptrix. — *) die Aufzeichnungen von p. 386 hebe ich durch a) hervor.

---

*) Der älteste Teil der Hs. soll nach p. 366 zwischen 1198—1212 (wol Druckfehler für 1202) fallen; p. 386 gebe den Schluss der ursprünglichen Hs.; es folge eine „etwas spätere (1202—1204)", den Schluss mache die auch p. 386 beginnende „Hs. von 1210—1220". — In dem ältesten Teile sind Hausensche Schenkungen erwähnt, p. 375: *Allodium domini Walteri de Hûsun quod pro remedio animæ sue sororibus de s. Ruperto in Dolgesheim* (bei Oppenheim, in Rheinhessen) *una cum Adelheide uxore sua et Friderico filio suo dedit. — Pro anima domne Adelheidis, uxoris supradicti domni Walteri, Fridericus filius eorum dedit in Dinenheim II. vineas.* — p. 384 *Waltherus de Hûsen, pro quo date sunt tres hube et. VI. iurn. agrorum et curtis cum edificiis in Dolgesheim.* Die letzten zwei Citate scheinen keine andre Deutung zuzulassen als Friedrich habe für das Seelenheil seines Vaters eine Schenkung gemacht und ebenso später für das seiner Mutter. Denn war diese vor ihrem Manne ge-

Gudenus Codex diplomaticus 1, 12 (E. v. M. gründet Northeim, Northen, in Hannover, 1055), 1, 16 (E. v. M. stiftet das Kloster Kamberg, noö. Meiningen, 1090; aus einem Transsumpt von 137), 2, 3 (E. v. M. gründet S. Peter extra muros 1069).

Lacomblet Urkundenbuch 1, 382 (E. v. M. erniedrigt die Zollgefälle der Duisburger Kaufleute 1155).

Stumpf Acta Maguntina 2 (Abt von S. Jacob bei Mainz bestimmt einen Erbpachtzins 1108), 4 (E. v. M. bestätigt in einer falschen Urkunde dem Kloster Reinhartsbrunn, im Gothaischen, eine Besitzung 1109), 9 (E. v. M. bekundet einen Tausch 1122), 10 (E. v. M. bestätigt dem Kloster Hasungen, w. Cassel, eine Schenkung 1124), 14 (E. v. M. bestätigt einen Gütertausch 1128), 17 (E. v. M. schenkt dem Stifte Jechaburg zwei Orte 1133), 19 (E. v. M. besiegelt dem Kloster Lippoldsberg, in Kurhessen an der Weser, sein Güterverzeichniss 1136), 21 (E. v. M. bestätigt dem Stifte Jechaburg eine Schenkung 1139), 23 (E. v. M. bestätigt die Dotation der Mariencapelle zu Bingen 1143), 24 (E. v. M. ersetzt dem Kloster Disibodenberg, an der Mündung der Glan in die Nahe, eine Abtretung 1143), 29 (E. v. M. weiht die Kapelle zu Sibexen, s. Hildesheim, ein 1145), 39 (E. v. M. bestätigt dem Kloster Ichtershausen, zwischen Erfurt und Arnstadt, eine Schenkung 1148), 41 (E. v. M. schlichtet einen Streit zwischen dem Kloster Hasungen, w. Cassel, und dem Stifte Fritzlar 1149) 43 (E. v. M. schreibt dem Bischof von Hildesheim 1150), 44 (E. v. M. bestätigt dem Kloster Hasungen, w. Cassel, eine Schenkung 1151), 45 (s. 44), 46 (E. v. M. bekundet einen Gütertausch zwischen dem Kloster Hasungen, w. Cassel, und dem Herrn von Gafterfeld 1151), 49 (E. v. M. bestätigt dem Kloster Lippoldsberg, in Kurhessen, an der Weser, eine Schenkung 1142—1153), 50 (die Bürger von Mainz bekunden einen Erbschaftsvertrag 1143—1153), 51 (E. v. M. vergleicht das Kloster Northeim, Nörthen, an der Leine, und einen gewissen Reinhard 1144—1153), 66 (E. v. M. bekundet dem Kloster Rupertsberg bei Bingen Gütererwerbungen 1158), 67 (E. v. M. verkauft Güter im Wirz-

---

storben so hätte doch Walther mit Friedrich an der Schenkung für ihre Seele sich betheiligt. Walthers Tod fällt also zwischen 1173 (MSF. p. 237 und Baur Hessische Urkunden 2, 11, Urkunde des Bischofs von Worms *Walterus de Husun, advocatus eiusdem villae*, Ibbernsheim, Kreis Worms, noö. Osthofen, *et Fridericus filius eius'*) und 1190, dem Todesjahr Friedrichs. Bezeugt ist Walter ausser in den bekannten und den eben mitgeteilten Stellen noch bei Stumpf, N. 63, in einer Urkunde des Erzbischofs Arnold 1157. — Die ältesten de Husun die ich kenne sind Rutgerus de Husun et frater eius Heinricus, als Zeugen in einer mainzer Urkunde von 1090, Gudenus Cod. Dipl. 1, 16. Ein jüngerer Rüdiger in der oben angeführten Urkunde Baur 2, 14 (1177).

burgischen 1158), 68 (E. v. M. verpfändet Klostergüter im Wirzburgischen 1158), 72 (E. v. M. bestätigt dem Kloster Schulpforta eine Schenkung 1153—1160), 79 (E. v. M. bestätigt in einer gefälschten Urkunde dem Kloster Lippoldsberg, in Kurhessen, an der Weser, eine Schenkung 1166), 81 (E. v. M. schenkt dem Kloster Weissenstein, bei Cassel, einen Zehnt 1170), 83 (E. v. M. bestätigt dem Kloster Lippoldsberg, in Kurhessen, an der Weser, eine Schenkung 1174), 84 (Propst von S. Peter zu Mainz bekundet eine Erbpacht 1175), 85 (Propst von S. Peter zu Mainz bekundet die Austragung eines Streites mit dem Abte von Seligenstadt am Main 1175), 92 (Aebtissin von Altenmünster zu Mainz bekundet die Schlichtung eines Streites mit dem Kloster Rupertsberg, bei Bingen, 1184), 93 (E. v. M. bestätigt dem Kloster Ichtershausen, zwischen Erfurt und Arnstadt, seine Rechte und Besitzungen 1184), 96 (E. v. M. tauscht vom Kloster Walkenried, nw. Nordhausen, eine Hufe bei Gratzungen, w. Nordhausen, gegen Leibeigene um 1184), 99 (E. v. M. bestätigt der Kirche in Tettenborn, w. Sondershausen, ihre Güter zu Bischofsrode, im Eichsfeld, 1186), 128 (E. v. M. erlaubt eine Schenkung an das Kloster Brounbach an der Tauber, s. Wertheim, 1196), 130 (E. v. M. bestätigt dem Kloster Walkenried, nw. Nordhausen, seine Güter 1196), 1134 (die Richter des mainzer Domcapitels berichten über den Streit zwischen dem Kloster Walkenried, nw. Nordhausen, und dem Propste von Jechaburg 1197), 144 (E. v. M. bestätigt dem Marienstifte von Erfurt eine Schenkung 1119), 146 (E. v. M. bestätigt dem Kloster Eberbach, im Rheingau, eine Schenkung 1150), 149 (E. v. M. bekundet über Bestimmung eines Mainzer Lehens 1196).

Consonanten.

Hd. *d*. *Th* nur noch in den ältesten Urkunden: *Thiemo*, neben *Sigefridus* G. 2, 3, *Adelmannus* G. 1, 16, — *Patherbrunensis* St. 43, *Frithuric* St. 84, *Witherthe* St. 149, — *Wickersteth* St. 72, *Hôinsceith* B. 2, N. z. 2, 14. — Auslautend euphonisches *t* in *Folcnit Godefrit* St. 50. — Consonantumlaut und Assimilation wird in *trittde* vorliegen, — Assimilation auch in *Ôbbrecht* B. 1, 457, *Ôprecht* B. 1, 462.

Hd. *t*. *D* ist an- und inlautend Regel: *Drûtwin Dragebodo* Ba. 2, 7, *Drûbertus* G. 2. 3, *dûrcins Hundesdale* B. 2, N. z. 2, 10, *Drûtwin Drûtwinus* St. 50. 66, *dale dûfeles Dragebodo* B. 2, N. z. 2, 14, — *Altestorf* B. 2, N. z. 2, 10 ist Assimilation,

— *Godeboldus* G. 1, 16, *Godefridi* B. 2, N. z. 2, 10, *Merbodo* B. 2, 145, *Cullestede Widermude* St. 23, *Ebenrode* St. 17. *Dragebodo Godefrit* St. 50, *Dragebodonis* St. 85, *Dragebodo aldemo coufde* B. 2, N. z. 2, 14, *Sigibodo* Ba. 2. 1, *Dragebodo* Ba. 2, 7, *Godeboldus* Ba. 2, 3, *Gêrnôdus* Ba. 2, 14. — Aber *t* dringt vor: *Trûtwinus* B. 2, N. z. 2, 14, — *Gotefridus Goteschalcus* Ba. 2, 9, *Altestorf* B. 2, N. z. 2, 10, *Disboti* B. 1, 457, *Dietenbrunnun* St. 4. 99, *Gûtenesberch* St. 23, *Egenstete* St. 39, *Reinboto* St. 112, *Lûtwarteshûsen* St. 44, — und ist im Auslaut gegenüber vereinzelten *d* — *Munchinhard* B. 2, N. z. 2, 10 — das gewönliche: *Goltwif* B. 2, N. z. 2, 10, *Drûtwin Eigelwart* St. 50. 66, *Trûtwinus* B. 2, N. z. 2, 14. — Auch hier *td* bei Consonantumlaut: *mitdun*, aber auch in *aldenwingartde* B. 2, N. z. 2, 14. — Assimilation in *Liuppurch* B. 2, N. z. 2, 14, p. 372. *Dippurgis* B. 2, N. z. 2, 14, p. 385, *Liuffrit* B. 1, 457, *Obbrecht* B. 1, 457, *Oprecht* B. 1, 462. — Ausfall *Drûbertus* G. 2, 3, *Liufridus* Ba. 2, 4.

IId. *z* ist ganz durchgedrungen: *daz* B. 2, N. z. 2, 14, p. 387. — Als Africata auch *c cz* geschrieben: *Bolcinga Lûczo* B. 2, N. z. 2, 10, *Racengazzen* B. 2, N. z. 2, 14 a), *Wadegocensis* B. 2, 195. 278. 279. — Schwankungen nur in Eigennamen auf *-góz*, in *diz* und *zwischen*. Denn *holtmarcas* St. 19. 49 ist als lateinisches Wort zu fassen wie *waterscapum* s. oben p. 316. 317, dagegen *Holzhûsen*, bei Friedberg, St. 112, *holcwege* B. 2, N. z. 2, 14 a), — ebenso wird *strâta* B. 2, N. z. 2, 14 sich zu *herestrâzen Steinstrâza* B. 1, 285 verhalten. Auch *gôt* für *gôz* kann die latinisierte Form bezeichnen: *Meingóto* neben *Meingôz* St. 50, Ba. 2, 7. — Auffällig dass die ältesten Aufzeichnungen von B. 2, N. z. 2, 14 *zwischen zussen* zeigen, a) aber *tuschen intussene*. — Von *diz* B. 2, N. z. 2, 14 a) ist mir in dieser Periode zwar keine Nebenform *dit* bekannt: ich halte sie aber wenigstens für Mainz wahrscheinlich, wo sie in dem folgenden Zeitraume gleichwie in Frankfurt und der Wetterau erscheint. — Wie gründlich sonst die *t* verschoben sind zeigt *Salzgazzûn*, während die Mundart III (Cöln 1176, s. p. 232) noch *saltgazzen* hatte, und *gesazt* B. 2, N. z. 2, 14 a).

Hd. *b* wechselt im Inlaut mit *v*, doch so dass ersteres überwiegt. Euphonisches *f* für *p* im Auslaut ist nicht häufig: *Ebersheim* Ba. 2, 2, *Derenhûbûn Osterhûbûn Eberhardus* Ba. 2, 3, *Gebu* neben *Everbach* Ba. 2, 7, *Gebeni* neben *Everbach* G. 2, 3, *Everhardus* G. 2, 3, *óbam* neben *Everberc Gerehardus* B. 2, N. z. 2, 10, *Eibelébe*, bei Gotha, St. 10, *hôbas* St. 19, *Ebrardi* St. 23, *Geba* St. 50, *Babenbergensis Wolfesgrûbûn* St. 66, *Eberbach* St. 68, *Eberbacenis* St. 113, *huba leimgrûbûn* neben *hûve hûvin leymgrûfen* B. 2, N. z. 2, 14 p. 378, in einem zwischen 1212 und 1270 geschriebenen Zusatze, *gescriben erben widemehôben* B. 2, N. z. 2, 14 a), — aber *Bendeléve*, ö. Sondershausen, St. 19, *Utheléven*, s. Nordhausen, St. 21, *Halverstadensis* St. 43, *Everhardus*, von Seligenstat, am Main, St. 85, *ervesscaf* St. 101, *Everbringa*, Kreis Merzig, B. 1, 397, *Suáveheim*, bei Bingen, B. 1, 450; — *Hadewip* neben *Goltwif* B. 2, N. z. 2, 10, *Alfgéri* B. 1, 110, — *Ortlip jenehalp anderhalp* B. 2, N. z. 2, 14, *anderhalp halb* B. 2, N. z. 2, 14 a). — Ueber die Qualität des *b* belehrt *kalnberwege* B. 2, N. z. 2, 14; vgl. neugr. μπ, die holländische Aussprache *wemp* für englisch *web*, — und unten p. 374 hd. *m*: *Baldebâris*.

Hd. *ph* ist im Inlaut nur nach Vocalen, wenn es altem *p* entspricht, Regel, sonst häufig *p*: *phado pfüle*, aber *pades plúchwege* B. 2, N. z. 2, 14, *pafen Cretenpûle Pannenstile underpande Pannenhecken* B. 2, N. z. 2, 14 a), — *Diephenburnen*, s. Weimar, St. 144, *uffe* B. 2, N. z. 2, 14, *pafen* B. 2, N. z. 2, 14 a), *Erfone Herfo* B. 2, N. z. 2, 10, *Erphesforth Erpfesforth* St. 24, *Helfericus* St. 50, B. 2, N. z. 2, 14 a) Ba. 2, 7. — *Apoltra* St. 13, *Herpefort Erpesfurd* St. 13. 22 beweisen vielleicht nicht für Mainz, wol aber *Helpericus vicedomnus* L. 1, 382, der ausdrücklich als Mainzer Bürger bezeichnet wird; — *Erpelcû*, bei Welgersheim in Rheinhessen, B. 2, N. z. 2, 14, p. 381, *Appelrode*, bei Rüdesheim, B. 2, N. z. 2, 14 a); — *Sigilouf* St. 112, *uf* B. 2, N. z. 2. 14 a), — *Laimmenestorf Brûnistorf Bizzinsdorfh Nitersdorfh* B. 2, N. z. 2, 10, *Benstorf Freistorf* B. 2, 80, *Camerdorf* St. 112, *Rûdirstorff* St. 72, *dorf* B. 2, N. z. 2, 14.

Hd. *f. Erpesphürt* B. 1, 436, *Erphespfurt* B. 1, 413, — *Wolcnandus* St. 130. — Ausfall im Inlaut *vorderscrit* neben *vorderscrifde* B. 2, N. z. 2, 14 a). — Assimilation: *Wolperoni* Ba. 2, 3.

Hd. *v* erscheint zuweilen als *b* geschrieben: *Habilbergensi* St. 134, — auch die Karolingischen Geschichtschreiber und Adam von Bremen haben den wol undeutschem Flussnamen *Habola*, — *hobewingarde hobestede* B. 2, N. z. 2, 14 a).

Hd. *w*. Unklar ist *Wrentilinga*, zu Oudern in Lothringen, B. 2, N. z. 2, 10, p. 340. 344, — *Vurentilinga?* *Wiger* für *wiwer* B. 2, N. z. 2, 14 ist auch sonst bekannt. — Ueber die Aussprache geben die Schreibungen Aufschluss: *zuweideil* ganz regelmässig, daneben *zewein zussen* B. 2, N. z. 2, 14. — Vocalisierung: *Naagao* B. 1, 110.

Hd. *g*. Ob *Jecheburg* neben *Gechenburg Gigenburc* St. 134. 14 hieher gehört oder zu *j* ist schwer zu ersehen. Förstemann 2³, 930 hat nur *Jechaburch*. *An den gerun* B. 2, N. z. 2, 14, in spätern aber vor 1270 geschriebenen Aufzeichnungen *an den ieren* (Lexer 1, 869), — *chegene* neben dem gewönlichen *ingêne* B. 2, N. z. 2, 14 a). — *Lúcardis* B. 2, 279 ist Assimilation. — Auch im Inlaut ist *Gechenburgensis Jecheburg* dem *Gigenburc* gegenüberzustellen St. 134, dann *Lodwichus* G. 2, 3, *Raudenberche* B. 2, N. z. 2, 14 a), — *Minnisahouen* = *Minnisougen* B. 2, N. z. 2, 14 a), p. 389. — Euphonisches *k* ist seltener als euphonisches *ch*, und *g*: *Gigenburc* St. 14, *Aschafinburc* St. 112, *Wicnant* St. 50, *Rosteberc* St. 99, *wec* B. 2, N. z. 2, 14, *Diffenwec*, B. 2, N. z. 2. 14 a), *Sygelsberk* B. 2, 278, *Frechtwec* Ba. 2, 3. — Dagegen *Ludwich* G. 2, 3, *Ruothwich*, *Speriberch* B. 2, N. z. 2, 10. *Mörsberch* B. 2, 145, *Gamenburch* St. 146, *Liuppoldesberch* St. 99, *nidewendich pluch* St. 146, *nidewendich pluchwege -wech* B. 2, N. z. 2, 14, *Hulsperch* B. 2, 195, — *Jecheburg* St. 17, *Puzerberg* B. 2, 79. — Abfall: *Wimundasheim*, wsw. Alzei, B. 1, 110.

Hd. *k*. Nach Liquiden und bei Gemination kann *ch* eintreten, in letzterem Falle auch *cch*: *Erchinbertus marchón* B. 2, N. z. 2, 10, *holtmarcham* St. 19. 49, *Sarbruche* B. 2.

145, *Hundesrucha* B. 1, 374, *rucchun hekchin* B. 2, N. z. 2, 14, *acherun* B. 2. N. z. 2, 14 a), — daneben *Uchilbruccún* B. 1, 457, *Brukke* B. 2, 278, *Sarbrucke* B. 2, 279, *Bethaggerun aggerun* B. 2, N. z. 2, 14, p. 373. 379. Vielleicht stammt daher auch die Schreibung *frengischen* B. 2, N. z. 2, 14, — aber *marcón* B. 2, N. z. 2, 14, *holtmarcas* St. 19.

Hd. *ch* ist auch in den älteren Urkunden beinahe gänzlich durchgedrungen: *Engilrih Richilo Heinrih* Ba. 2, 1, *Loriche Bleuiche Eichôn Eichin Wilebach* Ba. 2, 2. Nur ganz vereinzelt einige unverschobene Fälle. Denn der Wechsel von *Tinkiraca Tinkaracha*, an der Meurthe in Lothringen, B. 2, N. z. 2, 10 beweist wegen der latinisierten Form nichts; — und wenn *Wileke* St. 4 das Willich an der Sieg ist, so gehört der Name der Mundart III an, welcher solche *k* für *ch* zukommen: s. hd. *ch* in III, p. 236. 248: — es kann der mainzische Schreiber den fremden Namen getreu haben geben wollen. Eigentümlich dass grade dieser Name auch während der Epoche des cölnischen Dialekts in cölnischen Denkmälern der Verschiebung widerstrebt: s. IV hd. *ch*, p. 277. — Aber *Heidilbac* Ba. 2, 2, *Gêrlác* St. 67 und *Kiricdorfh*, Kreis Saarburg, B. 2, N. z. 2, 10, *Kiricberc*, Kreis Fritzlar, St. 83 lassen keine derartige Erklärung zu. — Sonst *Minciche Wintiriche* B. 2, N. z. 2, 10, *Loricha* St. 2, *Hacecha* St. 9, *Ûchtrichishúsensis* B. 2, N. z. 2, 10, *Embricho* St. 119, *eiche* B. 2, N. z. 2, 14, *Rúmesbach* B. 2, N. z. 2, 10, *Rosbach* B. 2, 145, *Heinrich* St. 50, *kirchpade* B. 2, N. z. 2, 14, *kirchwec* B. 2, N. z. 2, 14 a), — *jug* B. 2, N. z. 2, 14. — Abfall: *kirphade* B. 2, N. z. 2, 14, *Rilindis* B. 2, N. z. 2, 14 a).

Hd. *h*. Sehr vereinzelt und ohne beweisende Kraft für unsere Mundart *c* vor *t*: *Dricten*, bei Sondershausen, St. 13, das wol zu *-dreht* — Förstemann 2^2, 478 — gehören wird, — während sonst *h* durch häufigen Ab- und Ausfall grosse Schwäche zeigt: im Anlaut *óba* B. 2, N. z. 2, 10, — im Inlaut: *Hóinsceith* B. 2, N. z. 2, 10, *Hóensteine* B. 2, N. z. 2, 14, *Naagao* B. 1, 110, — *Wâsmút Rappretdesdrulen* B. 2, N. z. 2, 14, *Diedprett Ruoprát Folprét* B. 1, 374, *Ozenheim* Ba. 2, 4, *Ozzenheimer* B. 2, N. z. 2, 14, *vosses* B. 2, N. z.

2, 14 a), — im Auslaut: *Na*, die Nahe, St. 101. B. 2, N. z. 2, 14 a). — Entsprechend dieser Schwäche unorganisches *h* in *Heverhardo* B. 2, N. z. 2, 10, *Herpelcu* B. 2, N. z. 2, 14, p. 381. — Vielleicht als Dehnungszeichen in *Ruohtpert* B. 2, N. z. 2, 10, *giht (gibet)* B. 2, N. z. 2, 14 a).

Hd. *j*. Dafür auch *g*: *meigere* B. 2, N. z. 2, 14.

Hd. *m*. Neben *Baldemares* auch *Baldebáris* B. 2, N. z. 2, 14 a); s. zu hd. *b*.

Hd. *n*. Ueber die Qualität ist belehrend *gehouwenge* B. 2, N. z. 2, 14, p. 371, und *Dudiggeroth* G. 1, 12, *Cuniggeshecken* neben *Kungeshec* B. 2, N. z. 2, 14 und a). Aber *Cruselpennic* B. 2, N. z. 2, 14.

Hd. *l*. Verdopplung in *Berncollen* B. 2, N. z. 2, 10, p. 348, s. hd. *r*.

Hd. *r*. Metathese: *Hundesbürn* B. 2, 73, *Dietenburnen* St. 99, *Burnebacensis* St. 128, neben *Naseburnen*, bei Büdesheim in Rheinhessen, *Hunenburnen*, bei Welgersheim, in Rheinhessen, B. 2, N. z. 2, 14, *Schöneburne* Ba. 2, 2, — aber *Dietenbrunnun Reinherisbrunnun* St. 4, *Márienbrunnun*, bei Bingen, *Hasenbrunnan Schifelbrunnun*, bei Kreuznach, in Rheinhessen, B. 2, N. z. 2, 14. — Nicht ganz sicher scheint *Berncollen*, *in loco qui dicitur* B. 2, N. z. 2, 10, p. 348. Das Wort ist sonst so alt nicht nachgewiesen und fehlt im DWB. — Epenthese: *Gérorldsigun* B. 2, N. z. 2, 10.

Hd. *sch*: *zussen* neben *zwischen* B. 2, N. z. 2, 14, — *frisingum* G. 16.

Vocale.

Hd. *a*. Dafür in einigen Wörtern *e ae*: *Bundendele*, bei Besseringen, Kreis Merzig, *Suenehilde Svacmedingen* B. 2, N. z. 2, 10, *Welteresbohele*, bei Bingen, B. 2, N. z. 2, 14 a). *wisenplez* B. 2, N. z. 2, 14 a), p. 387; — in *Waeldinga*,

Kreis Merzig, B. 2, N. z. 2, 10, *Martbeche*, s. Nordhausen, St. 13, *Oberwelde* B. 2, N. z. 2, 14 a) wird Umlaut walten.

Hd. *e*. Es wird vertreten durch *ei* in *sveingel* B. 2, N. z. 2, 10, *Eigelwart*, neben *Egilwart*, St. 50, *Eimbrichonis obenweindich heickûn* B. 2, N. z. 2, 14, — durch *i: anewindere hirzogen virre* (multo) B. 2, N. z. 2, 14; — ob *Gigenburgensis* neben *Jecheburgensis* hieher gehört ist zweifelhaft, St. 14. — Verdumpfung zu *a* vor *r* in *Bardenbarch* B. 2, N. z. 2, 10, p. 347, aber daneben *Speriberch* p. 347, *Sigersberch* p. 350, *flahsmengere* B. 2. N. z. 2, 14, p. 384, *âmeizere* p. 379. — Hd. *ê: geit* neben *gêt* B. 2, N. z. 2, 14.

Hd. *i* ist Regel, aber Neigung zu *e* deutlich: *Werzeburgensis* St. 68, neben *Wirzeburgensis* St. 67, *Frethurico* St. 84, *Baltifreth* B. 1, 10, *Frethuric* Ba. 2, 13, neben *Fridebrando Friderûn* B. 2, N. z. 2, 10, *Reinfridus* St. 4, *Lûfrit* St. 50, *Fridelint* B. 1, 110, *Liufridus* Ba. 2, 4, *Sigefridus* Ba. 2, 14, *wesboum* B. 2, N. z. 2, 14, p. 381, neben *wisûn*. — *Ie* ist selten: *piehteri* und *pihteren* (mansus) B. 2, N. z. 2, 10, *Friedrich* St. 50, *lieget* neben *ligit* B. 2, N. z. 2, 14 a). — Verdumpfung: *Runderwege zussun* B. 2, N. z. 2, 14. — Auch hd. *i* des Deminutivums wird zu *e: Betcelen Betcechen* B. 1, 285.

Hd. *o*. Dafür altes *a* in *van sal* B. 2, N. z. 2, 14 und a), *Cradenburnen Cretenhelden* (ahd. *chreta*) B. 2, N. z. 2, 14, *Cretenpüle* B. 2, N. z. 2, 14 a), — selten altes *u: Wulfericus* neben *Wolperoni* Ba. 2, 3, *hûlze* neben *holz* B. 2, N. z. 2, 14.

Hd. *u*. Wechsel mit *o: Herpefort* St. 13, *Erpfesforth* St. 24, *Bumeneborch* St. 51, *Wormberge korzen bornen* B. 2, N. z. 2, 14 a), *Borkardus Luccelinborg Klingenborg* B. 1, 413, *Sonnenbrunnen* B. 2, N. z. 2, 14, *bohele borgere vosse* B. 2, N. z. 2, 14 a), *Côningesbunda* B. 2, 3, *Olmene* Ba. 2, 16, — *Lodericus* B. 2, 145, *Lodwich* G. 2, 3, neben *Lüdewichus*, *nozboimun offe öffe* neben *uffe* B. 2, N. z. 2, 14, *of* neben *uf* B. 2. N. z. 2, 14 a). — Hd. *û*. *Bruonicho* ist vielleicht nur *Brûnicho* B. 1, 270, — *Uchtershûsen* St. 44.

Hd. *ei*. Die Monophthongierung zu *é* erscheint in einigen Wörtern ohne Consequenz. *Nuihém*, s. Fritzlar, St. 46, *Hénricus* St. 111, *Eibeléve*, bei Gotha, St. 10, *Utheléve*, s. Nordhausen, St. 21, *Bendeléve*, ö. Sondershausen, St. 19, *stēngrūben* neben *steinhaufe* B. 2, N. z. 2, 14 a), *āmēzere* in den Rupertsberger Registern zwischen 1220 und 1270, während B. 2, N. z. 2, 14, *āmeizere* hatte. — Nicht einmal *vierdêl* B. 2, N. z. 2, 10, p. 346, *zweidêl virdêl* B. 2, N. z. 2, 14 ist Regel: a) hat *zweideil*. — Eine andre in den westlichen Urkunden erscheinende Monophthongierung ist *â*: *Hânricus*, neben *Heinricus* B. 2, N. z. 2. 10, p. 347 und 350, *Hânricus* B. 2, 145, *Hânricus Hânrici* B. 2, 279.

Hd. *iu*. Dieselben Wörter zeigen *iu ui û*: *Liudbaldus* Ba. 2, 3, — *Nuihém*, neben *Niuhém*, St. 41, — *dúrcins Lúgéri* neben *Liutwino* B. 2, N. z. 2, 10, *Lútuinus Lúdolpo* B. 1, 270, *Lúdigérus* St. 39, *Lütwarteshûsen* St. 44, *Lúfrit* St. 50, neben *Liufridus* St. 85, *nûn dúfeles Lúfridus*, neben *Liupparch Liukardis* B. 2, N. z. 2, 14, *Lúcardis* B. 2, 279, *Lúduwar* Ba. 2, 1, *Lúpoldo* Ba. 2, 2.

Hd. *ie*. Der Diphthong wechselt mit *i*: *Thiedo* L. 1, 87, *virdêl Didericus* neben *Diecelini* B. 2, N. z. 2, 10, *Dithere* St. 50, *Ditherus* St. 92, Ba. 2. 7, neben *Dietburge Diedo* Ba 2, 3, *Dietenbrunnun* St. 4, *Dietherus* St. 83, *difen grize virdêl* neben *Dietmârus*, B. 2, N. z. 2, 14. — Ganz vereinzelt ist ein Zeugenname *Thêderich* B. 1, 270.

Hd. *ou*. Monophthongierung nur in *óch*, wo sie auch hd. ist, s. B. 2, N. z. 2, 14 a). Sonst: *Betgóe Ortinou* B. 2, N. z. 2, 10, *Sigilouf* St. 112, *gehouwenen, bráchbôme ouch hóigêre hóugêrun* B. 2, N. z. 2, 14, *coufde, minnisougen* B. 2. N. z. 2, 14 a), *Náchgouue Ögesthúbin* Ba. 2, 3. — Im 13. Jh. auch *au*: *auhc steinhaufe* B. 2, N. z. 2, 14 a), — *Minnisahvuen* ebendaselbst p. 389 wird gleich *Minnisougen* sein. — Daneben *oi*: *nozboimun boime hoibet* B. 2, N. z. 2, 14 und a). — *Gawi* aber kann auch den andern Weg einschlagen *Holzgewe* B. 2, N. z. 2, 14.

Hd. *uo*: *Ruohterus* Ba. 2, 1, *Duodinhof Buochôn Ruokêrus Ruohtpert* B. 2, N. z. 2, 10, *Uodilo Cuono* B. 1, 270. — Aber ô in *Rôthart* B. 2, N. z. 2, 10, *Dôdenhûsen* St. 10, *Kônrâdo* St. 45. — Häufiger ist ô û: *ôbam* B. 2, N. z. 2, 10, *hôre* B. 2, 145, *Rôdulfi* St. 14, *hôbas* St. 19, *Ôdalricus* St. 66, *Kônrâdus* St. 96, *Cônone* St. 112, *widemehôben* B. 2, N. z. 2, 14 a), *Rôricus* B. 2, 278, — *Rûtgêrus* G. 1, 16, *Kûnrâdus Rûdolfus Ûdelrich Rûzelinus* G. 2, 3, *Haselstrûth* B. 2, N. z. 2, 10, *Ûdalricus* St. 13, *Wolvesgrûbûn* St. 66, *Hartmûdo* St. 112, *grûbûn selegût pfûle pûle hûba Rûdegêrus* B. 2. N. z. 2, 14 und a), *Rûthardus* Ba. 2, 2, *Dûdo* Ba. 2, 3. 7, *Cûnrâdus* Ba. 2, 12. — *Broich* B. 2, 80 wird wol seinen Ursprung dem jüngeren Chartulare verdanken.

Apokope: *Disboti* B. 1, 457, neben *Dýsibodi* B. 1, 462, *stocburgedur* B. 1, 467, — *dorf Himesbcrch* B. 2, N. z. 2, 14, *hûs* B. 2, N. z. 2, 14 a), neben *neste velde wege*, B. 2, N. z. 2, 14.

Synkope: in *Etrhe* B. 2, N. z. 2, 14, *Lurzwilre* Ba. 2, 2, *Tuotwilre* B. 2, N. z. 2, 10. p, 342; 2, N. z. 2, 14, *Sundreshûsun* St. 83.

Declination.

Nominale Declination. *A- ja*-Stämme. Sing. Gen. *Wimundasheim* B. 1, 10, — *Reinherisbrunnun* St. 4. — Dat. in *Hundesrucha* B. 1, 374, — *wingartde* B. 2, N. z. 2, 14. p. 372 (hd. *an*-Stamm). — Plur. Nom. *morgenâ* B. 2, N. z. 2, 14 a). — Gen. *Ôderenheimerâ* B. 2, N. z. 2, 14 a). — Dat. *Gêrorldsigun* B. 2, N. z. 2, 10 a), *acherun nozboimun* B. 2, N. z. 2, 14, — *Hûsun* G. 1, 16, *Sundreshûsun* St. 83, *Waldenerhûsun* B. 2, N. z. 2, 14, — *Dôdenhûson* St. 13, *Hûson* St. 14, *Stockhûson* St. 23, — *Almenhûsin* St. 17, — *zunun* B. 2, N. z. 2, 14 (hd. *i*-Stamm), — *wingardtun* B. 2, N. z.

2, 14 (hd. *an*-Stamm). — *Ā*-Stämme. Plur. Dat. *Buochôn* B. 2, 270, — *Burgûn* B. 2, 270 (hd. *i*-Stamm). — *An*-Stämme. Sing. Nom. *heimburgo skenko* Ba. 2, 12. — Gen. *Adelberin* B. 2, N. z. 2, 14. — Dat. *Reinherisbrunnun* St. 4. — *Ân*-Stämme. Sing. Nom. *wisa* B. 2, N. z. 2, 14 a). — Gen. *Azzelûn* Ba. 2, 2, *hûbûn marcûn* (hd. *â*-Stamm) Ba. 2, 3, *in contiguo marcûn* B. 2, N. z. 2, 14. — Dat. *in illo limite (marchôn)* B. 2, N. z. 2, 10, *Wolvesgrûbûn* St. 66, *de Uchilbruccûn* B. 1, 457, *Luccelwisûn, in Santgrûbûn, in herestrâzûn, an der kurzero gewandûn.* — *an der ouwûn* (hd. *â*-Stamm). *an der fiheweidûn* (hd. *â*-Stamm). — Plur. Dat. *Widûngewandûn* B. 2, N. z. 2, 14. — Doch kommen überall die Formen mit e vor, auch in dem alten Metlacher Güterverzeichniss B. 2, N. z. 2, 10, *Berncollen* p. 348, und sind in dem Rupertsberger Register B. 2, N. z. 2, 14 nur nicht im Stande die älteren Vocale zu verdrängen.

Pronominale Declination. Sing. Dat. *in demo aldemo,* — *an dero kurzero* B. 2, N. z. 2, 14.

Fortsetzung der Beschreibung VII.

(14. Jh.)

Quellen.

Günther Codex diplomaticus 3, 90 (Herr zu Wildenberg, an der Sieg, trägt dem Grafen von Sain seine Burg zu Lehen auf 1307), 3, 162 (Schiedsspruch der Grafen und Herren von Veldenz, Eppenstein und Hohenfels über die Fehde zwischen dem Erzbischof von Trier und dem Herrn von Sponheim 1329).

Hardt Luxemburgische Weistümer p. 164 (Weistum von Differdingen, bei Longwy, 1392).

Höfer Auswahl 2, 157 (Derer von Bussenheim, sw. Ufingen, in Nassau, von Hademar, von Pfaffendorf, gegenüber Ebrenbreitstein, und von der Arken Dienstrevers an den Erzbischof von Trier 1332).

Lacomblet Urkundenbuch 3, 624 (Graf von Sponheim erklärt dass die Weinrente von Zeltingen, an der Mosel, Eigentum des Erzbischofs und des Stiftes von Cöln sei 1361).

Consonanten.

Hd. *t*. Zwar ist *d* auch vor Vocalen häufig genug, aber *t* beginnt: *vater* Hö. 2, 157, *tusent râte* Gü. 3, 30, *syten* Gü. 3, 162. — Erweichung in *id nid (iht niht)* Gü. 3, 162.

Hd. *z*. *T* nur noch in *tuschen* Gü. 3, 162. *Bid* steht vereinzelt Gü. 3, 162, neben *biz* Hö. 2, 157, *bis* Gü. 3, 30. — Wechsel mit *tz* in *datz* Hö. 2, 157.

Hd. *b*. Dafür, aber gewönlich nicht ausschliessend *v*, vor Consonanten *f*: *selves geschriven erflich* Hö. 2, 157, *erven* Gü. 3, 30, *gegeven* Gü. 3, 162 usw., — doch auch *afe* L. 3, 624. — Im Auslaut ist *f ff* Regel: *off* Gü. 3, 30.

Hd. *ph* ist nur im Anlaut nicht ganz durchgedrungen: *Paffendorf pleger* Hö. 2, 157, *penninge Pingsten* Gü. 3, 162, *plegit* L. 3, 624, — aber *phůnt* Hö. 2, 157. — Im Inlaut und Auslaut *helferen* Hö. 2, 157, Gü. 3, 162, — *Paffendorf uf* Hö. 2, 157, *uff* Gü. 3, 30. 162, *dorff* Ha. 164.

Hd. *f v: gestichtes* L. 3, 624. — *grêve* Gü. 3, 162. Aber auch *neben* Ha. 164, Gü. 3, 162.

Hd. *w*. Neben *wir* auch *mir* (nos) Hö. 2, 157.

Hd. *g*. Erweichung in *Georje* Gü. 3, 162. — Im Auslaut gewönlich *ch* oder *g gh*: *schuldich* Hö. 2, 157, *genůch* L. 3, 624, *dach* Ha. 164, — *funfzig* Hö. 2, 157, *berg* L. 3, 624, *Lucemburg dag — wonafftigh* Ha. 164. — Ausfall Abfall: *sâden* Hö. 2, 157, *gein* Gü. 3, 30.

Hd. *k*. Auch oberdeutsche Schreibung in *march* Hö. 2, 157.

Hd. *h*. Dafür kann *gh* stehen: *eyndreghtlichen* neben *rechte* Gü. 3, 162, wie *wonafftigh* Ha. 164. — Ausfall: *sés* Hö. 2, 157, *lénen* Gü. 3, 30, *id nid* Gü. 3, 162. — Abfall: *nåkomen* Ha. 164.

Hd. *m*. *Spainhein* L. 3, 624 ist wol ein Schreibfehler.

Hd. *r*. *Di̊* (Demonstrativum) Hö. 2, 157, *he* Gü. 3, 30.

Hd. *sch*. Neben *beschoden* Hö. 2, 157, *vruntscheffen* Gü. 3, 162 auch *burgerssze* Ha. 164.

Vocale.

Hd. *a á*. *Gréven* wird Umlaut sein. — Für *á* häufig *ai*, auch schon in Paroxytonen: *Hademair* Hö. 2, 157, *maighschaft jair* — *maighe jaire* Gü. 3, 30, *hait* L. 3, 624, — *maynde maissen* Ha. 164; — für *a* selten: *Spainheim* L. 3, 624, *ain* Ha. 164.

Hd. *é*: *steit* Gü. 3, 162, Ha. 164.

Hd. *ae*: *underdénigen* Hö. 2, 157, *wére neeste* Gü. 3, 30, usw. — Dafür *ei* in *steide* Gü. 3, 162. — Singulär ist *swair* L. 3, 624.

Hd. *i* kann in *e* übergehen: *erwerdige eme gesennen* Hö. 2, 157, *mech* Ha. 164. — Dafür *ie*: *wider i̊re* Hö. 2, 157, *diesem besiegelt* Gü. 3, 30, *vrieden* Gü. 3, 162, *diesim wieder* L. 3, 624, *ingesiegel diesen* Ha. 164.

Hd. *o ö*. Altes *a* in *sal* Hö. 2, 157, neben *von sol* Gü. 3, 162, *woil* Hö. 2, 157. — *U* in *uffen sulten* Gü. 3, 30, *wuchen* Gü. 3, 162. — *Ou* nur in *herzougen* Hö. 2, 157. — Diphthongierung: *woil* Hö. 2, 157. — Hd. *ó oe*: *húrent* Ha. 164, neben *hórent* Gü. 3, 30.

Hd. *u ü*. *O* ist selten: *bedorfen beschoden* Hö. 2, 157, *gelobde* Gü. 3, 162, *ourkonde* Ha. 164. — Dafür auch *ou*: *vourgenante ourkonde* Ha. 164. — Für hd. *û* findet sich *ui* in *huys* Gü. 3, 30, neben *hûsen* Hö. 2, 157, — *eu* in *gebreucht* Ha. 164.

Hd. *ei*. *Hênrich* Gü. 3, 30, neben *heiligen, bêde* Ha. 164, — *hilligen* Gü. 3, 30.

Hd. *iu*: *lûden* Hö. 2, 157, *drû drûnde* Gü. 3, 30, *hûdigen* Gü. 3, 162, *trûwelicher* L. 3, 624, *nûntzig* Ha. 164.

Hd. *ie*. *dineren di* Hö. 2, 157, *Dieterich brieff* Gü. 3, 30, *criege* Gü. 3, 162. — Aber *î* in *iglicher crigeten* Hö. 2, 157, *Trire* Gü. 3, 162, — *ê* in *dênen* Hö. 2, 157, *dê* Ha. 164, — *ei* in *breif veir* Hö. 2, 157.

Hd. *ou*: *ouch* Hö. 2, 157, Gü. 3, 162, L. 3, 279, — *frauw* Gü. 3, 30, *auch* Ha. 164.

Hd. *uo üe*: *zû gesûnet Rûprechte gût* Hö. 2, 157. Die unzweideutige Schreibung *uo* scheint nicht vorzukommen. Aber *ou* in *doumprôbst* Ha. 164. — Sonst *ô* und *û*: *yedôn zô Rôdolf schôfen* Hö. 2, 157, — *gût Rûdegêr* Hö. 2, 157, *tûn* Gü. 3, 30, *dûn zû sûne* Gü. 3, 162, *zû dûn genûch gûde rûret* L. 3, 624, *dûn gûder mûde geûbet* Ha. 164. — Diphthongierung in *doin* Hö. 2, 157, — *guette* Ha. 164.

Apokope: *jâr* Hö. 2, 157, *swair* L. 3, 624.

Synkope: *bewŷst sins mins overmitz* L. 3, 624.

Statt *e* in Ableitungssilben gewönlich *i*: Hö. 2, 157, Gü. 3, 162, L. 3, 624. — Aber dumpfe Vocale erhalten sich lange: *Ernost* neben *Ernist, Gaganhardi* B. 2, N. z. 2, 10, *zussun hindena* B. 2, N. z. 2, 14, *nidena* B. 2, N. z. 2, 14 a).

Inclination: *bûzen* Hö. 2, 17.

Charakteristik VII.

VII hat vom nfr. Consonantenstand nur mehr $v\ f$ für b und euphonisches p, und das gewönlich nicht durchgehend. Ein *dat* in grösseren Urkunden schien mir den Charakter der Mundart nicht zu alterieren. Noch weniger *dit*, das ja ein sehr weites Gebiet über das nfr. hinaus hat. — In älteren Urkunden öfters *á* für *ei*, das aus dem sächsischen, dem bairischen und alemannischen bekannt ist, Weinhold Alem. Gram. §§. 34. 87. 120, Bair. Gram. §. 39.

Literatur· VII.

12. Jh. König Rother, hannöversche Hs., — Baracks Fragment Germ. 12, 90, wenn nicht IX, — Arnsteiner Marienleich Dm. XXXVIII.

13. Jh. Trierer Psalmenhs. ed. Graff, — Trierer Hs. des h. Silvester von Konrad von Würzburg.

Geographische Uebersicht VII.

VII im 9. 10. 11. 12. Jh. — nur Rupertsberg zeigt die Mundart noch in der ersten Hälfte des 13. Jh. — ist Geschäftssprache in Mainz 963. 1006. 1055. 1069. 1090. 1091. 1107. 1108. 1109. 1112 drei Urkunden, 1118. 1119. 1122. 1124. 1125. 1128 drei Urkunden, 1130. 1133. 1136. 1139. 1143 drei Urkunden, 1145. 1147. 1148. 1149. 1150 zwei Urkunden, 1151 zwei Urkunden, 1142—1153. 1143—1153.

1144—1153. 1155. 1156. 1158 drei Urkunden, 1153—1160. 1166. 1170. 1174. 1175 zwei Urkunden, 1177. 1184 drei Urkunden, 1186. 1191. 1196 drei Urkunden, 1197. 1192—1206.

Dann bei den Geschlechtern, in den Ortschaften: links Rhein: Rupertsberg, bei Bingen, mainzisch 12. Jh. bis 1220, Sauerschwabenheim, bei Bingen, mainzisch (1125) Weinsheim, wsw. Alzei, pfälzisch 868   Metlach, an der Saar, unter Merzig, triersche und lothringische Landeshoheit, 995. 1186, 10.—12. Jh., Erbringen, Kreis Merzig, lothringisch (1098)   Wallerfangen, nw. Saarlouis, triersche und lothringische Landeshoheit 995, Wadgassen, no. Saarlouis, saarbrückisch, in Lothringen, 1174—1185. 1195. 1171—1201 l., 1211 l., Clingemünster, non. Bergzabern, pfälzisch, B. 2, 184, a. 1200 l.*)

Rechts Rhein: Gau Königsondern, ö. Einrichgau, mainzisch, L. 1, 87, a. 927.

Nur Mainz Rupertsberg Metlach sind deutlich bezeugt.

Wir treten mit dieser Mundart aus dem Gebiete von Niederlothringen, dem sie nur zum Teil mehr angehört, in das rheinische Francien. Ob unser Typus auch auf Oberlothringen sich erstreckt lassen wir dahingestellt; s. Excurs über Mainz und Lothringen.

Verkehr.

Zum Verkehr scheint die Mundart gedient zu haben dem Grafen von Zweibrücken und Saarbrücken und dem Propst von S. Paulin bei Trier 1208—1211 l.

---

*) Worms ist wol nie VII gewesen. *Alfwinus* und Graf *Everhard*, welche die Wormser Urkunde L. 1, 87 (927) ausstellen und unterzeichnen, brauchen nicht Wormser gewesen zu sein, überdies ist es eine Schenkung an Cöln.

In der zweiten Hälfte des 13. Jh. — nur Rupertsberg ist sicher — und im 14. Jh. ist VII Amtssprache in Trier L. 3, 172 (1318), 855 (1381), Gü. 3, 497 (1364), und s. Verkehr, in Sponheim Hö. 2, 52 (1318), L. 3, 624 (1361), — in Nassau L. 3, 756 (1374). — Vielleicht beweist Verkehr auch für Mainz und den Pfalzgrafen.

Dann bei den Geschlechtern, in den Ortschaften, links Rhein: S. Paulin bei Trier, triersch, Wt. 6, 514 (N. V. VIII. IX[12] 1380), Neumagen, an der Mosel, unter Pfalzel, triersch, Wt. 2, 325 (1315)[1], Rupertsberg, bei Bingen, mainzisch, B. 2, N. z. 2, 14, p. 378 (13. Jh. von 1270 ab, l.) (14. Jh.),

Differdingen, bei Longwy, barisch, Ha. p. 164 (1392),

Rechts Rhein: Graf von Waldeck, s. Paderborn, soo. Korbach, L. 3, 973 (1392) von Sain-Isenburg L. 3, 557 (1356), 906 (1386), von Isenburg, n. Sain, L. 3, 1036 (1397), von Helfenstein, unter Ehrenbreitstein, triersche Ministeriale, Gü. 3, 605 (1386).

Sichtliches Vorrücken der Mundart an der Mosel und am rechten Rheinufer, wo sie in der vorigen Periode nur bis Bingen gelangt war. Dafür verliert sie Mainz und rechts Rhein den Gau Königsondern. Aber gewiss nicht die Saar, wenn mir auch Belege fehlen; erscheint sie dort doch schon in der früheren Periode, und ist auch im 15. Jh. noch vorhanden.

Diese Bewegung der Mundart ist V gefährlich geworden. Vereint mit VI hat VII die alte triersche Canzleisprache in Trier, die Mosel entlang und jenseit über den Rhein aufgezehrt. — Aber feste Herrschaft gewinnt unsre Mundart in keiner grössern Canzlei.

Conflicte

mit sächsisch: in Waldeck,

mit V. In Helfenstein erhält sich ein Rest der alten Mundart neben VII.

mit VI. In Trier hat VI das Uebergewicht, aber VII kömmt vor. Auch Sponheim und Nassau brauchen beide Mundarten. — Rechts Rhein finden wir VI in Braunsberg Isenburg Helfenstein, VII auch in Helfenstein und Isenburg, dann noch in Wied und Sain.

mit VIII. IX. X. XI, s. diese Mundarten.

Verkehr.

Zum Verkehr mit Trier bedienen sich der Mundart: Cöln Gü. 3, 523 (1371),

dann links Rhein: Kempenich, s. Ahrweiler, Gü. 3, 161 (1329), von Virneburg, wnw. Maien, Gü. 3, 353 (1348) von Bassenheim, w. Coblenz, von Hadamar, von Pfaffendorf, von der Arken Hö. 2, 157 (1322), von Arras, an der Mosel, bei Alf, Gü. 3, 623 (1391),

rechts Rhein: von Wied, n. Sain, Gü. 3, 545 (1373), von Solms, bei Wetzlar, Gü. 3, 181 (1332),

Cöln beweist für Trier.

Zum Verkehr dient ferner VII zwischen Cöln Mainz und dem Pfalzgrafen L. 3, 1059 (1399), — zwischen dem Grafen von Veldenz, Hauptbesitz s. Birkenfeld, und den Herren von Eppenstein und Hohenfels Gü. 3, 162 (über Trier und Sponheim 1329), zwischen Dietrich Gogrebe und von Graschaf, s. Arnsberg, S. 856 (1380), zwischen von Wildenberg, an der Sieg, und dem Grafen von Sain Gü. 3, 30 (1307)[2].

Im 15. Jh. wurde VII gebraucht von Cöln L. 4, 375 (1474), 378 (1474), 434 (1487), Gü. 4, 336 (1473), Walter 3 (1469), Chm. Mater. 2, 93 (1455), und s. Verkehr, — von Trier, Gü. 4, 100 (1421), — von dem Landgrafen von Hessen Mon. Habsb. 1, 1, p. 390 (als Verweser von Cöln 1474) 392, (als Verweser von Cöln 1474), — Lothringen L. 4, 141 (1422).

Dann von den Geschlechtern, in den Ortschaften links Rhein: *Junkersdorf*, w. Cöln, cölnisch, L. A. 6, 53 (o. D. unsicher), *Niehl*, n. Cöln, cölnisch, L. A. 6, 50 (1558) *Schwadorf*, s. Cöln, cölnisch, L. A. 6, 46 (16. Jh.)[1], *Konzen*. non. *Monjoie*, jülichsch, L. A. 7, 109 (1553)[12], *Berg*, s. *Niedeggen*, jülichsch, L. A. 7, 96 (16. Jh.)[1]. *Muggenhausen*, zwischen Bonn und Zülpich, cölnisch, Wt. 4. 765 (1555)[1], *Endenich*, sw. Bonn, cölnisch, L. A. 6, 26 (1552)[12] *Meckenheim*, s. Rheinbach, cölnisch, L. A. 6, 34 (1550)[2], *Tomberg*, Amt Rheinbach, jülichsch, L. A. 7, 103 (1553)[1], *Buchholz und Niederweiler*, non. Maien, cölnisch, L. A. 6, 2 (1589)[12], *Andernach*, am Rhein, ober Breisig, cölnisch Wt. 6, 648 (1500) von *Virneburg*, wnw. Maien, triersches Lehn, Gü. 4, 223 (1447), von *Geisbusch*, sww. Maien, triersches Lehn, Gü. 4, 365 (1484), *Lonnig*. oso. Maien, triersch, Gü. 4, 379 (1483), von *Kettig*, nw. Coblenz, triersch, Gü. 4. 69 (1416) *Weiler*, zwischen Hillesheim und Daun, virneburgisch, Wt. 2, 589 (1483), *Lehmen*, zwischen Alken und Winningen, Wt. 2, 463 (1516) *Deudesfeld*, w. Manderscheid, triersch, Wt. 2, 602a (1506), *Manderscheid*, s. Daun, Wt. 2, 602b (1506), *Merl*, nwn. Zell. triersch, Gü. 4, 225 (1447), *Gillenbeuren*, w. Cochem, triersch, Wt. 6, 594 (1554), von *Wunnenberg*, s. Virneburg, triersches Lehn, Gü. 4, 328 (1472), *Münster-Maifeld*, so. Maien, prümisch, Wt. 2, 456b (1437) *Dalheim*, bei Welschbillig, triersch, Wt. 2, 570 (1472, geschrieben 1664)[1], *Bruch*, Kreis Wittlich, luxemburgisch, Wt. 2, 331 (1506), *Monzel*, an der Mosel, gegenüber Winterich, triersch, Wt. 2, 809 (1520), *Berncastel*, sws. Trarbach, triersch, Wt. 4, 746 (1400)[2], 749 (1490)[2] *Linnig*, bei Mersch, luxemburgisch, Wt. 2, 252b (1537) *Greisch*, zwischen Arlon und *Mersch*, luxemburgisch, Ha. 295 (1583)[12], *Nennig*, rechts Mosel, Remich gegenüber, luxemburgisch, Wt. 2, 253b[1], *Wincheringen*, w. Saarburg, luxemburgisch, Ha. 744 (1494), *Rommelfangen*, an der Saar, zwischen Helfand und Freudenburg, Wt. 2, 259[12], *Metlach*, an der Saar, triersche und lothringische Landeshoheit, Wt. 2, 61 (Ende 15. Jh.)

Königsmachern, no. Thionville, lothringisch, Wt. 2, 239a (1456),

rechts Rhein: von Hammerstein, nw. Neuwied, triersch, Gü. 4, 30 (1408)[2], von Wied, nw. Coblenz, L. 4, 459 (1493), von Reichenstein, non. Neuwied, Gü. 4, 29 (1408).

Bedeutender Fortschritt im N. Ausser der cölnischen Canzlei kommt hinzu die untere Mosel, die Eifel und darüber hinaus die jülichsch-cölnischen Parallelen. Im vorigen Jh. waren der Hundsrück und die Mosel wenig unter Trier die nördlichsten Stationen gewesen. Dadurch dringt die Mundart in Gebiete ein, welche im 14. Jh. IV und VI gemeinschaftlich angehört hatten, — und auch die Reste von V bei Coblenz hat VII beseitigen helfen. — In den grossen Canzleien aber ist VII im 15. Jh. noch weniger fest als im 14. Auch von Nassau und Sponheim fehlt jedes Zeugniss. Hier hatte man wol hochdeutschere Mundarten, welche schon früher eingedrungen waren, ganz adoptiert, IX und X. — Rechts Rhein scheint die Mundart nur verloren zu haben. Denn was will der Schritt von Sain nach Hammerstein besagen? Nassau wird X geworden sein wie Katzenellenbogen. Sain hat IX adoptiert.

Conflicte

mit IV: in Cöln, doch überwigt IV bei weitem. — Die eiflischen Stationen von VII ferner und jene, welche in die Niederung n. derselben, in die Umgegend von Cöln fallen, liegen ganz im Gebiete von IV. Im Sw. aber erstreckt sich VII weiter, bis ins Luxemburgische. S. steigt IV sporadisch an die untere Mosel herab, nach Ober-Mendig Cochem Clotten Ellenz, während VII sich auch über die obere Mosel und die Saar bis nach Lothringen ausdehnt. — Rechts Rhein bewegt sich VII nur zwischen Hammerstein und Wied, IV trifft in Hammerstein mit VII zusammen, steigt aber hinauf bis Hülscheid.

mit VI. Schon in Cöln begegnen sich die Mundarten, da auch VI schwache Versuche macht die Herrschaft von IV zu erschüttern. Ferner ist die Eifel gemeinsam, aber nach N. scheiden sich die Gebiete der zwei Mundarten so, dass VI in Wilhelmstein Call Gressenich den Nw., VII den No. übernimmt, in Junkerndorf Schwadorf. Im S. überflügelt VII die südlichsten Stationen der Mundart VI, Wampach Landscheid Strohn Clotten ö. und w. Denn VII steigt herab bis Bingen und zur oberen Saar. — Rechts Rhein wird umgekehrt das kleine Gebiet von VII durch die Puncte Rennenberg Niederwert Kirburg, welche VI zeigen, eingeschlossen.

mit VIII. IX. X. XI, s. diese Mundarten.

Verkehr.

VII dient zum Verkehr zwischen Sachsen, dem bairischen Pfalzgrafen, Jülich - Berg - Ravensberg, Cleve - Mark L. 4, 483 (1499)[1].

Zum Verkehr mit Cöln bedienten sich der Mundart: Jülich-Berg-Ravensberg Gü. 4, 120 (1425), — Mainz L. 3, 1078 (mit Trier und dem Pfalzgrafen 1400).

Ausserdem von Virneburg, sw. Rheineck, Gü. 4, 324 (1471 unsicher).

Jülich Mainz beweisen für Cöln.

Zum Verkehr mit Trier wird VII verwendet, links Rhein: von Neuenahr, n. Kempenich, Gü. 4, 330 (1472), von Rheineck, ö. Neuenahr, Gü. 4, 90 (1419)   von Virneburg-, sw. Rheineck, -Cronenburg Gü. 4, 361 (1484 unsicher)
    von Wunnenberg - Beilstein, s. Virneburg, Gü. 4, 62 (1414),

rechts Rhein: von Sain - Witgenstein Gü. 4, 114 (1423), 189 (1441).

Ausserdem diente VII zum Verkehr zwischen dem Cardinallegaten von England und Cöln, Jülich - Berg - Ravensberg, Cleve - Mark und Cleve L. 4, 184 (1428),

zwischen Trier und Virneburg Gü. 4, 101 (1421), 167 (1437), Trier und Brohl Gü. 4, 103 (1421 unsicher), Trier und Elz Gü. 4, 242 (1453), wegen der geringen Beglaubigung Triers angeführt.

Sodann links Rhein: zwischen Boppard, am Rhein, unter S. Goar, und von Virneburg Gü. 4, 121 (1415 unsicher),
von Virneburg, w. Maien, Manderscheid - Daun, Manderscheid-Schleiden und von Rheineck Gü. 4, 291 (1463).

Rechts Rhein: zwischen von Katzenellenbogen, oso. Nassau, und Prüm Gü. 4, 286 (1461).

Excurse zur geographischen Uebersicht VII.

Ueber 1) Mainz und 2) Lothringen. — 1) Mainz hat in der zweiten Hälfte des 13. Jhs. entschieden mit VII gebrochen und X angenommen. Der Uebergang ist weniger grell als es scheint, denn von den niederrheinischen Vocalen, welche bei VII in späteren Perioden zu erscheinen pflegen, hatte die mainzische Mundart des 12. Jhs. nur wenig, und auch v für b, d für t nicht consequent, sodass die Anname von X als eine Entscheidung für eines der beiden Principe betrachtet werden kann, zwischen welchen die mainzische Geschäftssprache bis dahin geschwankt habe. Die Entscheidung ist ganz im hd. Sinne ausgefallen. Das ist begreiflich. Schon wegen des unbedeutenden Landgebietes der mainzischen Bischöfe werden wir in der stätischen Entwicklung die Ursache des neuen Schriftgebrauchs suchen. Die Stat Mainz war in der ersten Hälfte des 13. Jhs., 1244, zur Anerkennung ihrer Freiheit gelangt und galt nach Cöln als die bedeutendste rheinische Handelsstat. Es war aber nicht in der Lage bloss nach den

Quantitätsverhältnissen, welche die Formen der stätischen Schriftsprache zeigten, eine consequente Orthographie zu normieren wie das isolierte Cöln. Schon die Nachbarschaft so wichtiger und reicher Stäte wie Coblenz Frankfurt Worms musste das hindern. Vielleicht liegt es nicht allein an dem unvollständigen Material, dass X in Mainz etwas später als IV in Cöln zur Geltung zu kommen scheint. Cöln ist schon seit 1180 reichsunmittelbar. — X bleibt nun ganz fest und wird nur im 14. 15. Jh., der Blütezeit von IV, durch Eindringen des niederrheinischen Vocalismus etwas alteriert. Es stehen im 14. Jh. 63 X gegen 5 IX. Im 15. Jh. kommt XI hinzu. Nach meinen Quellen 23 X gegen 9 IX und 3 XI. Abgesehen von den bairischen Pfalzgrafen (nach meinen Aufzeichnungen 14. Jh. 15 X, 5 XI, 15. Jh. 33 X, 1 XI) und dem böhmischen Luxemburg - Brabant - Limburg im 14. Jh. (5 IIa, 1 XI) war in unsern Gegenden Mainz die erste Regierung, welche sich nach der kaiserlichen Canzlei richtete. — Während die kaiserliche Canzlei des 14. 15. Jhs. an Mainz mitunter noch in IX schreibt, wenn die Urkunde des Herzogs Siegmund von Oesterreich 1460 nach dem Original ist wie Schunck sagt, N. 108. — Siehe den ähnlichen Process in Cöln p. 302 ff.

2) Lothringen kann im 12. Jh. dieselbe Mundart mit Mainz gebraucht haben. In den lothringischen Urkunden des 10. 11. 12. Jhs. bei Beyer Calmet Lacomblet spricht nichts dagegen. Lacomblet Urkundenbuch 1, 315 (1133), Beyer Urkunden 1, 303 (1030), 1, 309 (1037), 1, 366 (1067), 1, 595 (1152—57), 2, 97 (1189): Calmet Histoire de Lorraine, 1. Band, Preuves, d. i. Abdrücke von Urkunden des achten bis elften Jhs.*) Obwol gerade der Umstand dass im 15. Jh. eine lothringische Urkunde in VII erscheint für die ältern Perioden auf eine niederdeutschere Urkunde schliessen liesse. Aber die mir zu-

---

*) Z. T. entschieden nicht nach den Originalen: s. z. B. S. 403 Urkunden aus der ersten Hälfte des 11. Jhs. mit den Formen *Weiskerch Betersdorff Mamendorff* usw.

gänglichen Quellen führen nicht darauf. — Sie bieten folgenden Lautstand.

Consonanten. Hd. *d:* neben *d* auch: *Thiemári Thiebaldi* C. 509 (1097), — *Tietbaldo* C. 381 (10. Jh.), *Těcelini* C. 498 (1094). — Hd. *t:* Godefridus Gêrbodo B. 2, 97 (1189). — Abfall: *Dibaldi* C. 508 (1096), *Ticmári Thiebaldi* C. 509 (1097). — Assimilation: *Liepbridi* C. 293 (787). — Hd. *b: Everelinus Everardus* L. 1, 315 (1133), *Ravangêri* B. 1, 366 (1067), *Everinus Everardus* C. 301 (836), C. 338 (933), *Everelini* C. 340 (935), 349 (936), *Ravengêri* C. 377 (966), — aber *Gibuini Geberoni* C. 413 (1034), *Gibuardi* C. 541 (952). — Hd. *ph:* Mamendorf, Kreis Merzig, B. 1, 303 (1030), 309 (1037), *Betersdorf* B. 1, 303 (1030), 309 (1097), *Betersdorf*, Kreis Merzig, B. 1, 203 (1030), *Frumersdorf*, Kreis Saarlouis, B. 2, 97 (1189), *Deldorf* C. 378 (966). — *Walendorp in comitatu Oththemedensi*, wol Waldorf, bei Polch, wsw. Ochtendung*) C. 414 (1035) wird also fremde Orthographie vielleicht V sein. — Hd. *f: Efternacensis* B. 1, 366 (1067). — Assimilation: *Liepbridi* C. 293 (787). — Hd. *g:* im Auslaut: *Biendenborch* C. 414 (1035). — Ausfall: *Seifridus?* C. 446 (1055), — *Selewiggin* neben *Selewingin* B. 1, 309 (1037). — Hd. *ch: Wiskirche*, bei Marsal, B. 1, 303 (1030), 309 (1037). — Hd. *r.* Metathese: *Eppenburnen, Rinburnen*, Kreis Merzig, B. 1, 309 (1037), *Lembruch* C. 414 (1035).

Vocale. Hd. *e: Gibuardi* C. 541 (752). — Hd. *i:* neben *Sigifridi Godefridi* C. 356 (950), *Friderici* C. 359 (950) auch *Burnefredus* C. 301 (836), *Fredegisi* C. 340 (935), *Frederici* C. 349 (942), *Lembruch* C. 414 (1035), *Seifridus* C. 446 (1055). — Hd. *o: Fulchrádi* C. 389 (982); — hd. *ó:* neben *Gôzlinus* C. 349 (942), *Gauzlinus* C. 342 (936), *Meingaudo* C. 349 (942). — Hd. *u: Borchardus* L. 1, 315 (1133), *Gontheri Amelongi* C. 349 (942), *Biendenborch* C. 414 (1035). — Hd.

---

*) Aber von einem *comitatus Ofdemedinc* ist soviel ich aus Eltesters Vorrede zum zweiten Bande des Beyerschen Urkundenbuchs sehe sonst nichts bekannt.

iu: *Leutmundus Leudoenus* C. 301 (836), — *Lietbaldus* C. 377 (966), *Liepbridi* C. 293 (787). — Hd. *ie:* neben *Thietbaldi* C. 356 (950) auch *Dibaldi* C. 502 (1096), — *Tézelini* C. 498 (1094). — Hd. *uo:* neben *Ruotholfi Cuononis* B. 1, 366 (1067), *Ruozelini* C. 378 (966), *Ruozechinus* C. 389 (982), *Cuono* C. 446 (1055), — *Ródulphi* C. 349 (936), 446 (1055), *Òdelricus* C. 381 (10. Jh.), *Cůnone Cônrádo* C. 439 (1124).

Lothringen wäre danach conservativer gewesen als Mainz, wenn die eine Urkunde des 14. Jhs. in X und die zwei des 15. Jhs. meiner Aufzeichnungen, 1 VII, 1 X, charakteristisch für die in der herzoglichen Canzlei gebrauchte Geschäftssprache sind.

VII'.

Ueber die z. T. unverschobenen *k* dieser Spielart von VII s. oben p. 170. Auch hier *â* für *ei* in der leydener Hs. des Williram, in der pfälzer des Rolandsliedes. — Die Mundart ist nur in der Literatur nachgewiesen, wird aber wol auch in den Canzleien gebraucht worden sein.

Die Denkmäler dieses Typus sind

12. Jh. Leidener Hs. des Williram, — Pfälzische und Strassburger Hs. des Rolandsliedes.

13. Jh. Trierer Psalmenhs. ed. Graff.

VIII.

Beschreibung.

(14. 15. Jh.)

Quellen.

Grimm Weistümer 3, 744 (Weistum von Irlich, rechts Rhein, unter Neuwied, 1478), 6, 573 (Weistum von Kylburg, an der Kyl, 15. Jh.), 601b (Weistum von Monreal, sw. Maien, 1452).

Günther Codex diplomaticus 3, 346 (Revers des Ritters Beyer von Boppard und Reymbolts von Rhense an den Erzbischof von Trier 1347).

Consonanten.

Hd. *t:* noch gewönlich *d: dûn lûden* Gü. 3, 346, *alders* Wt. 3, 745, — neben *tagh gûter* Wt. 6, 601b, *altem* Wt. 3, 745.

Hd. *z: zolhûs* Gü. 3, 346, *biss* Wt. 3, 745, — aber *tuschen* Wt. 3, 745, *dat* Gü. 3, 346, Wt. 3, 745, *dat id* Wt. 6, 601b, *wat et* Gü. 3, 346, — was jedoch *das alles* nicht ausschliesst Wt. 3, 745.

Hd. *ph:* neben *penden* Wt. 3, 745; 6, 601b — *pfend* Wt. 6, 601b; — *uff* Wt. 3, 745.

Hd. *g* ist das gewönliche in- und auslautend: *mag* Wt. 3, 745. — *Roichbáre* Wt. 3, 745 ist vereinzelt.

Hd. *h* fällt aus und ab: *lêne alrenést* Gü. 3, 346, — *nápern* (vicini) Wt. 3, 745.

Vocale.

Neben md. und hd. Vocalismus — s. Wt. 6, 573. 601b — zeigen sich auch folgende Formen.

Hd. *a á: hait* Gü. 3, 346, Wt. 3, 745, *hain* Wt. 6, 601b.

Hd. *e ê*. Dafür *i* in *wilich richtliche* Wt. 3, 745. — Für *é* erscheint *ei* in *gein abgeit steidt* Wt. 3, 745.

Hd. *ae: genédigen* Gü. 3, 346, *wéren* Wt. 3, 745.

Hd. *i: besiegelt diesem* Gü. 3, 346, *yeme* Wt. 3, 745.

Hd. *o ö, ô oe*. Dafür noch altes *a* in *sal* Wt. 3, 745, — neues in *ader vaidt* Wt. 3, 745. — Diphthongierung: *hoiffs* Wt. 3, 745. — Für *ô oe* neben *lôs gehôret* Gü. 3, 346, auch *oeme* (avunculus) Gü. 3, 464.

Hd. *u ü*. Vor Liquiden auch *o: torne* Gü. 3, 346, *scholtes erwonnen storment* Wt. 3, 745.

Hd. *iu*. Dafür *ú: lûden nûwe* Gü. 3, 346.

Hd. *ou öu:* im 15. Jh. auch *au: auch gehauwen* Wt. 3, 745, *bestehaupt auch* Wt. 6, 601b.

Hd. *uo üe*. Dafür *ô* und *ú* mit ihren Diphthongierungen: *roegen stoill moiss doin* Wt. 3, 745, — *dûn gûdis* Gü. 3, 346 *stûnd gûter* Wt. 6, 601b, — *buezfälligh* Wt. 6, 601b.

Apokope: *hoiff* (Dat.), *best* Wt. 3, 744.

Synkope: *hoiffs guets* Wt. 3, 744.

In Ableitungssilben und Praefixen häufig *i* statt *e*. Gü. 3, 346.

Charakteristik VIII.

VIII ist ein ganz untergeordneter Uebergangstypus. Die Vorstellung des häufig gebrauchten nicht zu verschiebenden *dat wat et* hat dem sonst durchgreifenden hd. Consonantismus, der auch *b p* für *v f* einführt, eine Zeit lang Widerstand geleistet. Beinahe nie ist *t* in den Pronominalformen festgehalten. Ich habe VIII angenommen bei mindestens zwei Fällen.

Geographische Uebersicht VIII.

VIII verwenden im 14. Jh.

zum Verkehr mit Trier: Boppard, am Rhein, unter S. Goar, Gu. 3, 346 (und Rhense 1347), von Westerburg, nwn. Hadamar, Gü. 3, 171 (1331).

Ferner dient VIII zum Verkehr zwischen dem deutschen Orden zu Coblenz und Isenburg Hö. 2, 150 (1331).

So dass man vielleicht ansetzen kann:

Conflict mit VI: Trier und Coblenz sind gemeinsam.

Conflict mit VII: Trier ist gemeinsam.

Conflict mit IX. X, s. diese Mundarten.

Im 15. Jh. erscheint VIII

bei den Geschlechtern, in den Ortschaften, links Rhein: *Gleuel, sw. Cöln, cölnisch,* L. A. 6, 47 (1567)[12]

Arlof, wsw. Rheinbach, cölnisch, L. A. 6, 16 (1598)[12]

Monreal, sw. Maien, virneburgisch, Wt. 6, 601 (1452)[12], in der Pellenz, bei Maien, Wt. 2, 487 (1417),

rechts Rhein: Irlich, am Rhein, unter Neuwied, sainisch, als Reichslehen, Wt. 3, 744 (1478).

Die Mundart scheint sich nach Norden bewegt zu haben. — In Arlof und am linken Ufer der untern Mosel betritt VIII das Gebiet, welches im 14. Jh. IV und VI inne gehabt hatten und auch jetzt noch nicht verlassen haben.

Conflicte

mit IV. Gleuel VIII fällt in die Parallele 'Gereonsweiler' von IV, und Arlof VIII ist ganz in der Nähe der Stationen Weidenheim und Flamersheim IV. Auch im S. finden wir die Pellenz und Monreal noch umgeben von Stationen der Mundart IV. — Rechts Rhein: VIII in Irlich, IV in Altenwied und Hammerstein.

mit VI. VIII herrscht in Arlof, VI in Weilerwist und Meckenheim. — Rechts Rhein liegt Irlich mit VIII zwischen Rennenberg und Niederwert, Stationen von VI.

mit VII. Gleuel VIII fällt in die Parallele 'Schwadorf' von VII, und Arlof VIII ist auch umgeben von Stationen der Mundart VII: von Tomberg Kochenheim liegen in der Nähe. An der untern Mosel berührt sich die Pellenz und Monreal VIII mit den Stationen Buchholz und Geisbusch von VII. — Rechts vom Rhein ist Irlich VIII zwischen Hammerstein und Wied gelegen, welche VII zeigen.

mit IX, s. diese Mundart.

IX.

Beschreibung.

(14. 15. Jh.)

Quellen.

Böhmer Codex diplomaticus p. 349 (der Meister des Leprosenamtes ausserhalb Frankfurt nimmt Aecker in Erbpacht 1303), p. 505 (vom Zoll- und Zentnergewicht c. 1329).

Grimm Weistümer 6, 526b (Weistum von Dhron, sw. Berncastel).

Günther Codex diplomaticus 3, 109 (Graf von Sponheim bewilligt dem Herrn von Merl die Verwendung eines Lehens 1321).

Höfer Auswahl 2, 179 (Graf von Leiningen nimmt seinen Anteil an der Burg Altleiningen von dem Erzbischof von Trier zu Lehen 1335).

Lacomblet Urkundenbuch 3, 336 (Landgraf von Hessen gelobt ein Leibgedinge nicht ohne Einstimmung des Grafen von Cleve zu veräussern 1338), 3, 379 (der Graf von Nassau trägt dem Erzbischof von Cöln einen Zehnten zu Mannleben auf 1342), 3, 593 (Urkunde der neun Geschwornen des Landfriedens in der Wetterau 1359), 4, 195 (Herzog von Jülich-Berg verschreibt seiner Braut, der Tochter des Pfalzgrafen, Herzogs von Baiern, ein Wittum 1430).

Rieger, Das Leben der h. Elisabeth (Bibliothek des literarischen Vereins in Stuttgart, 90. Band) p. 47 ff. vier wetterauische Urkunden, 2 (Schultheiss, Schöffen und Rat von Frankfurt scheiden zwischen dem Herrn von Hanau und Mainz 1294), 3 (Herr von Duna bezeugt einen Verkauf an das Johanniterhaus zu Wyezele 1328).

Consonanten.

Hd. *d.* — Gü. 3, 109 bietet *aber* für *oder*.

Hd. *t* beginnt sich geltend zu machen: *teil tegelichem* L. 3, 593; — auch inlautend: *stête*, aber nur erst vereinzelt. — Erweichung: *nid (niht)* Rie. 2, — Abfall *unvirdarp* (incorrupti) Rie. 2.

Hd. *z.* Nur *dit* widersteht bisweilen der Verschiebung Rie. 2, Wt. 6, 526b.

Hd. *s* wird *z* geschrieben in *dez* Rie. 2.

Hd. *ph: pert penningen* Rie. 2, *penning* Gü. 3, 109, *punt* Hö. 2, 179, — aber *phande* Rie. 3, *phunt phlegen* Hö. 2, 179. — Im In- und Auslaut ist die Verschiebung beinahe ganz durchgedrungen. Nur *coppir* Bö. 505.

Hd. *v.* Dafür auch *b: grêbin* L. 3, 379, Gü. 3, 109, *hobe* Bö. 505.

Hd. *g* bleibt gewönlich auch im Auslaut: *berg* L. 3, 593, — doch *drizzich* Gü. 3, 109.

Hd. *h.* Ausfall *gesient lêne* Gü. 3, 109, L. 3, 379. *lêne* Hö. 2, 179, — *nith nid* Rie. 2, *sês* Hö. 2, 179, *wâs flâs* Bö. 505.

Hd. *j: gêrlichen* L, 3, 379.

Vocale.

Hd. *a â*: dafür Umlaut in *kentzler* L. 3, 593. Diphthongierung in *stait* Rie. 2, *stait daiz* Bö. 349, *dail* neben *dal* Hö. 2, 179, *bayner* L. 3, 593, — *haint raid* Rie. 2, *hait maindayes* neben *jâre* Gü. 3, 109, *hait* neben *grâve jâr*, L. 3, 336, *gedain* L. 379, *hait raide* Hö. 2, 179, *jaire maindtz* L. 4, 195.

Hd. *e.* Vertretung durch *ei i*: *reicht* L. 4, 195, — *gesient* Gü. 3, 109, L. 3, 379, *Wysel* L. 3, 593.

Hd. *ae* wird durch *é* gegeben: *grébe* L. 3, 379.

Hd. *i î*. Vertretungen sind *e: vehe* Bö. 505, *êrwerdigir Frederich* Hö. 2, 179, *êrwerdige geschrebin* L. 3, 593, *freden* L. 4, 195, — *ie: diesen ingesiegele* Rie. 3, *diesin* Bö. 349, *virziehen ieme geschrieben* Hö. 2, 179, *diesen* L. 3, 593, — für *i ei* in *seyn seinen dreyssygk*, L. 4, 195.

Hd. *o*. Dafür altes *a* in *sal* Rie. 3, L. 3, 593, — neues in *adir* Rie. 3, L. 3, 593, *aber (oder)* Gü. 3, 109, — *u* in *uffenen* Bö. 349, *bischuf bischuffe*. — Für *ô* tritt Diphthongierung ein in *noit* Bö. 349, neben *hórent* L. 3, 379. — *Hoerent* wie *zwoelften* werden Umlaut sein, Gü. 3, 109.

Hd. *u ü, û iu*. Dafür *o: Frankenvord* neben *gebürte* Rie. 2, *Frankinvord coppir pond* Bö. 505, *of* Gü. 3, 109, *notze* L. 3, 593. — für *û au* in *drewtausend aufheben* L. 4, 195.

Hd. *ei*. *Zway* L. 4, 195, — *hýschen* L. 3, 593.

Hd. *iu*. Die regelmässige Vertretung ist *ú: lúde* Rie. 2, *húdegin* Bö. 349. — Selten *o: frontschaft* Hö. 2, 179. — Daneben schon das hd. *eu* in *drewtausend getreulich* L. 4, 195.

Hd. *ie*. Dafür häufig *i: brif brive* Rie. 2. 3, Bö. 349, L. 3, 379, *Dýtheriches* L. 3, 336, *dinen* L. 3, 379, *dinsle dý krýge* L. 3, 593, — seltener *é ei: hê* L. 3, 593, — *breyffe* L. 3, 593.

Hd. *ou öu*. *Au* macht Fortschritte: *frauwe* Gü. 3, 109, L. 3, 379, *Nassauwe* L. 3, 379, — *auch* Rie. 2, L. 3, 593, *gelaufin* Bö. 349. — *Keefen* Gü. 3, 109 soll wol Umlaut anzeigen, wenn es kein Fehler ist.

Hd. *uo üe*. Dafür regelmässig *ú: brúdir* Rie. 3, *gúden* Rie. 4, *dún dút* Bö. 349.

Apokope: *jár* (Dat.) Rie. 3, *dorf* (Dat.) Rie. 2.

Synkope: *glichir* Rie. 2, *gekouft* Rie. 3, *kentzler* L. 3, 593.

In Ableitungssilben häufig *i:* Rie. 2, Bö. 349. 505, Gü. 3, 109, L. 3, 336. 593.

Verschmelzungen: *bobin* Bö. 505, *buzsen* L. 3, 593.

Charakteristik IX.

IX unterscheidet sich vom md. (X) nur durch Reste des nfr. Vocalismus. 2, 3 Fälle niederfränkischer Diphthongen genügten um den Typus IX anzusetzen. Ein unverschobenes *t* in Pronominalformen schien ihn nicht zu alterieren.

Literatur IX.

12. Jh. Tundalus Lachmann Ueber drei niederrheinische Gedichte, p. 166, — vielleicht Baracks Fragment Germ. 12, 90, wenn nicht VII.

14. Jh. Hermann von Fritslar ed. Pfeiffer, — Strassburger Hs. von Rudolfs von Ems Weltchronik Dit. 1, 48, — Friedberger Passionsspiel Zs. 7, 545, — Alsfelder Passionsspiel Zs. 3, 477. — Bruder Hansens Marienlieder ed. Minzloff 1863.

15. Jh. Casseler Hs. von Eckarts Predigten Zs. 15, 118 ff., — Eberhart Windeck Ueber die Mainzer Unruhen Liliencron Historische Volkslieder 1, p. 308, s. p. 318.

Geographische Uebersicht IX.

IX wurde während des 14. Jhs., und wie drei Fälle lehren auch in den letzten Jahren des 13., als Amtssprache gebraucht von Böhmen-Luxemburg-Lothringen-Brabant-Limburg Bö. Cod. 718 (1376), — von der Canzlei der drei geistlichen Kurfürsten L. A. 4, 143 (1339), — von Trier L. 3, 279 (1334), Gü. 3, 345 (1347), 546 (1373), 556 (1375), Weizs.p. 21 (1374), 265 (1380), Baur 3, 1282 (1356), und s. Verkehr, — von Mainz Schu. 106 (1340), Wü. 2, 74 (1319), Gud. 3, p. 456 (1362), Baur 2, 718 (1311), 3, 1137 (1342), und s. Verkehr, — von Sponheim Gü. 3, 319 (1346), 455 (1359), 540 (1372), 613 (1387), 622 (1390), — von dem Landgrafen von Hessen L. 3, 336 (1338), S. 828 (1372), — von Nassau L. 3, 379 (1342).

Dann bei den Geschlechtern und Ortschaften, links Rhein: bergischer Landvogt von Erpach am Rhein L. 3, 947 (dat. Remagen 1390)   Pellenz, s. Niedermendig, Wt. 6, 620 (14. Jh.)[12], Coblenz Gü. 3, 409 (1353) Münster-Maifeld, sw. Coblenz, Wt. 2, 456 (1372), Gü. 3, 542 (1372), von Braunshorn, s. Wunnenberg, Gü. 3, 474 (1361)   von Senheim, s. Ehrenberg, Gü. 3, 512 (1367), Beltheim, w. Ober-Wesel, Wt, 2, 204 (= Gü. 3, 566, 1377) S. Goar, am Rhein, unter Ober-Wesel, Wt. 4, 736 (1384)   Lirschberg Igel Langsur Mesenig Grevenich, im Landbezirk Trier, L. A. 1, 255 (= Reinich Temmels Liersch, an der Mosel, bei Trier, Wt. 2, 266, 1374), S. Paulin, bei Trier, Wt. 6, 514 N. I II III IV VI VII[2] (1380), Rode, nno. Trier, Wt. 6, 563 (1398), Kenne, an der Mosel, Ehrang gegenüber, Wt. 6, 545 (vor 1392), Berncastel, ssw. Trarbach, Wt. 2, 357 (1358), Bacharach, am Rhein, ober Ober-Wesel, Wt. 2, 211 (vor 1350), Gü. 4, 1 (14. Jh.), Wildgraf von Kirberg, bei Kirn, an der Nahe, Gü. 3, 186 (1332), Wildgraf von Dhaun, w. Kreuznach, Hö. 1, 15 (1287)*)   Münstertreis,

---

*) Wenn *müten* Lese- oder Druckfehler ist, was man in der Höferschen Sammlung leider bei vielen auffallenden Formen vermuten darf. — Das eine *et* in *quaemet* würde den Typus IX nicht hindern.

w. Göllheim, in der Rheinpfalz, Wt. 4, 639 (1357)

Saarbrück, ober Saarlouis, Wt. 2, 1 (1321), Clingemünster, ssw. Dürkheim, in der Rheinpfalz, Mones Zs. 17, 167 (1313),

rechts Rhein: Graf von Waldeck, so. Sachsenhausen, S. 846 (1376), 878 (1388) von Beilstein, wnw. Wetzlar, Hö. 2, 135 (1330)', von Wied, w. Isenburg. Gü. 4, 525 (1371), Niederberg, bei Ehrenbreitstein, Gü. 3, 645 (1395), Mühlheim, bei Helfenstein, Gü. 3, 425 (1355), Limburg, an der Lahn, Mones Zs. 10, 308 (1325)

von Katzenellenbogen, s. Limburg an der Lahn, L. 3, 970 (1392) Wetterau L. 3, 593 (dat. *Kappel uf dem Rŷne*, 1359), Rie. p. 47 (1294 d.), (1228 d.), Friedberg, ö. Usingen, Rie. p. 47 (1331)', von Carben, so. Friedberg, Hö. 2, 72 (1321) Frankfurt Rie. 47 (1294 d.), Bö. Cod. 349 (1303), 508 (1330), 523 (1333), 725a (an König Karl IV 1372), 768b (1393). Weizs. p. 254 (1379), Janss. 1, 105 (1397), 113 (1397), 125 (1397), 147 (1399).

Dazu von Falkenstein-, am Donnersberg, in der Pfalz, -Minzenberg, s. Giessen, L. 3, 763 (1374), (dat. Lynss 1375) Baur 3, 1099 (1338).

In Trier hilft die Mundart V, welches bis ins 13. Jh. gedauert hatte, verdrängen, ebenso an der untern Mosel von Wittlich abwärts und in der Ecke s. der Mosel und links vom Rhein. Auch hier in Wittlich Uerzig Rachtig Pünderich, dann im Trechirgau und Hirzenach war wenigstens im 12. Jh. V die herrschende Mundart gewesen. Was im 13. Jh. wissen wir freilich nicht mit Sicherheit. — In Mainz löst IX die alte heimische Mundart VII ab, — deren Spuren ich allerdings nur noch im 12., nicht mehr im 13. Jh. nachweisen kann. Im 13. schreibt Mainz in X; dem braucht natürlich nicht eine Epoche mit IX vorangegangen zu sein, da ja IX von X sich nur durch grössere Annäherung an den niederfränkischen Vocalismus unterscheidet. Ebenso ist zu betrachten das Auftreten von IX in der Pfalz, wo im 13. Jh. — in Worms und bei von der Wisen — X geherrscht hatte. Und auch in Veldenz und

Berncastel wird IX im 14. Jh. nicht die erhaltene ältere Schreibweise darstellen, sondern die neuere, welche über X, das im 13. Jh. in Hunolstein erscheint, den Sieg davon trägt.*)

Conflicte

mit IV. Münster-Maifeld ist gemeinsame Station. IV steigt bis hieher hinab, IX bis zur Pellenz und Remagen hinauf.

mit V. Rechts Rhein IX in Niederberg Mühlheim, V in Helfenstein.

mit VI. Trier Sponheim Nassau ist gemeinschaftliches Gebiet. Sodann steigt IX hinauf bis in die Pellenz und nach Remagen, VI herab von Münstereifel bis über die Mosel nach Ehrenberg Waldeck — weiter südlich in Sponheim ist es nur vereinzelt, — und auch an der ganzen untern Mosel von Trier ab begegnen sich die beiden Mundarten. — Rechts Rhein ist Helfenstein gemeinsam, der südlichste Punct von VI.

mit VII. Trier Sponheim Nassau zeigen beide Mundarten: im übrigen fällt VII ganz in das Gebiet von IX. — Auch an der Mosel von Trier abwärts haben beide Mundarten vereinzelte Stationen, und sw. finden wir IX in Saarbrück, VII im lothringischen Differdingen. — Rechts Rhein: Grafschaft und Waldeck bieten beide Mundarten, die sich auch an dem Coblenz gegenüberliegenden Rheinufer begegnen. Niederberg Mühlheim haben IX, — Isenburg Sain Helfenstein VII.

mit VIII: vielleicht in Trier und Coblenz.

mit X. XI, s. diese Mundarten.

---

*) Die triersche Urkunde Hö. 1, 2 (1248) in V zeigt ja noch md. Vocalismus.

Verkehr.

Zum Verkehr mit Trier bedienen sich der Mundart: König Karl IV Gü. 3, 452 (1358)[12], — der Pfalzgraf Gü. 3, 660 (mit Nassau über Trier und Ehrenbreitstein 1398).

Ausserdem: von Daun, so. Hillesheim, Gü. 3, 640 (1395), der Wildgraf von Dhaun und der Rheingraf im Hundsrück Gü. 3, 464 (1359), von Virneburg, sw. Rheineck, Gü. 3, 250 (1339), 539 (1372), von Hammerstein, am Rhein, unter Neuwied, Gü. 3, 617 (1388), von Helfenstein, gegenüber Coblenz, Gü. 3, 407 (1353), von Isenburg Gü. 3, 291 (1343), 408 (1353), 587 (1381), von Leiningen, sw. Worms, Hö. 2, 179 (1335), von der Mark-Aremberg Gü. 3, 598 (1385), von Malberg, w. Manderscheid, Gü. 3, 632 (1355), Prüm Gü. 3, 599 (1385), der Raugraf, bei Wöllstein, in Rheinhessen Gü. 3, 170 (1330), von Sain, no. Neuwied, Gü. 3, 385 (1351), 495 (1363), 515 (1367), 521 (1370), 547 (1374), 625 (1392), Hö. 2, 132 (1329), von Saarbrück-Zweibrücken Hö. 2, 202 (1337), von Salm, wsw. S. Vith, Gü. 3, 543 (1373), von Schleiden, s. Gemünd. Gü. 3, 577 (1379), von Schonenburg, bei Ober-Wesel, Gü. 3, 289 (1342), 621 (1390), von Ulmen, nw. Cochem, Gü. 3, 428 (1355), 531 (1371), 568 (1378), von Waldeck, so. Braunhorn, Gü. 3, 462 (1359)*, 544, 1 (1373), 589 (1381), von Westerburg, im südlichen Westerwald, Gü. 3, 366 (1330), von Wildenburg, an der Sieg, Gü. 3, 245 (1339), 636 (1395), von Winningen, sww. Coblenz, Gü. 3, 320 (1346), von Wunnenberg, n. Braunshorn, Gü. 3, 488 (1363), 494 (1363), 552 (1375).

Die pfalzgräfliche Urkunde beweist für Trier.

Zum Verkehr mit Mainz: König Ludwig IV Hö. 2, 151 (dat. Frankfurt 1332).

Sodann: Fust und von Leyen, Hauptbesitz bei Blieskastel, in der Pfalz, Schu. 144 (1355)*, von Leyen, Hauptbesitz bei Blieskastel, in der Pfalz, und Stromberg bei Bingen Schu. 89 (dat. *Strumburg* 1334).

Urkunde König Ludwigs beweist für Mainz.

Zum Verkehr mit Sponheim: Corvey, bei Höxter in Westfahlen, Gü. 3, 455 (1359), von Ehrenberg, sw. Braunshorn, Gü. 3, 517 (1368)², von Wunnenberg, n. Braunshorn, Gü. 3, 478 (1362), 481 (1362).

Ausserdem diente IX zum Verkehr zwischen König Johann von Böhmen und dem Grafen von Veldenz Hö. 2, 98 (1325), — zwischen den Hofbeamten König Wenzels und Frankfurt Fich. 3, p. 192 (1398), — zwischen dem Pfalzgrafen und Cöln Trier Mainz Gü. 3, 666 (1390), — zwischen Katzenellenbogen, so. Nassau, und Hammerstein Gü. 3, 631 (mit Helisdorf 1393), zwischen Frankfurt und den benachbarten Stäten Friedberg Gelnhausen Wetzlar und Trier Mainz, dem Pfalzgrafen, Jülich Loon Berg Gü. 3, 398 (1452), zwischen von der Leien zu Gondorf, bei Kreuznach, und Kempenich, ono. Adenau, Gü. 3, 648 (1396), von Malberg, w. Manderscheid, und Bitburg, so. Killburg, Gü. 3, 632 (1394).

Im 15. Jh. war IX Amtssprache in der Canzlei des Kurvereins Gü. 4, 217 (1446)⁴, — der rheinischen Kurfürsten Gü. 4, 71 (1416), 180 (1439), L. 4, 454 (1492)¹², — sodann in Cöln L. 4, 168 (1425)², 365 (1473), 415 (1481)², Mon. Habsb. 1, 2, p. 417 (1481), — in Trier L. 4, 364 (1473)², Gü. 4, 260 (1457)², 273 (1460)², Honth. 2, 323 (1456)¹², 395 (1443), 460 (1476), 465 (1480), Chm. Mater. 2, 91 (1455), und s. Verkehr, — in Mainz L. 4, 162 (1425)², Wü. 1, 275 (1448), 2, 130 (1462), Baur 4, 126 (1436), 216 (1471), Mon. Habsb. 1, 1, p. XXIX (1470)², XXXI (1471), XXXII (1471—1474), Müll. F. 2, 160 (1462), und s. Verkehr, — Sponheim Gü. 4, 52 (1412), 124 (1426)², Wt. 6, 494 (Stat Sponheim 1488)¹, und s. Verkehr, — in der Canzlei des Pfalzgrafen, s. Verkehr, — des Landgrafen von Hessen L. 4, 358 (1472), Baur 4, 225 (1479)², 229 (1480)², Mon. Habsb. 1, 1, p. 450 (als Verweser von Cöln 1475)¹, Müll. M 404 (1451). *des Landgrafen von Hessen* Baur 4, 278 (1500)², und s. Verkehr.

Ferner bei den Geschlechtern, in den Ortschaften, links Rhein: *Odenkirchen, s. Gladbach,* L. A. 6. 67 (16. Jh.)[1,2], *Broich, bei Grevenbroich,* L. A. 6, 63 Anmerkung (1563)[1,2] *Esch. ö. Jülich,* L. A. 7, 77 (16. Jh.)[1], *Bergheim. w. Cöln,* L. A. 7, 80 (1544)[1,2], *Poulheim. no. Cöln,* L. A. 7, 81 (16. Jh.)[1,2], *Brauweiler, no. Cöln,* L. A. 6, 54 (16. Jh.)[1,2], *Kleinkönigsdorf, ö. Cöln,* L. A. 6, 56 (1562)[1,2], *Subweiler, nw. Cöln,* L. A. 6, 52 (16. Jh.), *Merheim, n. Cöln,* L. A. 6, 49 (16. Jh.)[1,2] *Rieholt. w. Achen,* Wt. 3, 884 (1469)[1], *Bonn* L. A. 6, 24 (1539)[1] *Montjoie. sso. Achen,* L. A. 7, 106 (1549)[1,2], *Gartzem und Kleinfey. sww. Euskirchen,* Wt. 2, 688 (1573), *Holzheim. zwischen Gemünd und Münstereifel,* Wt. 2, 694 (1593)[1], *Oberbüllesheim. nw. Rheinbach* L. A. 6, 18 (1566)[1,2]. *Eiferfei, w. Rheinbach.* L. A. 6, 17 (16. Jh.)[1,2], *Fritzdorf, zwischen Remagen und Rheinbach,* Wt. 2, 649 (1515). *Gelsdorf, w. Remagen,* L. A. 6, 10 (16. Jh.)[1,2], *Leimersdorf, w. Remagen,* Wt. 2, 647 (1559)[1] Manderfeld und Aue, nw. Prüm. Wt. 3, 831b,[1,2] *Kaltenborn, no. Nurburg,* L. A. 6, 3 (1574)[1,2], von Vlatten zu Brohl. w. Andernach, Gü. 4, 340 (1476). *Ober-Mendig* Wt. 2, 496b (1531)[2] *Hermannsbach. zwischen Prüm und Olsheim,* Wt. 3, 831a[1,2], *Selrich, bei Prüm,* Wt. 2, 546, *Nieder-Prüm, bei Prüm,* Wt. 2, 533[1,2], *Heilenbach. s. Prüm,* Wt. 3, 837 (1550)[1], *Fleringen, ö. Prüm,* Wt. 2, 524 (1556),[1] *Rommersheim, ö. Prüm,* Wt. 3, 830 (1550)[1,2], *Schönecken, so Prüm,* Wt. 2, 565 (1415). *Hoevels, zwischen Daun und Hillesheim,* Wt. 6, 584 (1559)[1,2], *Daun, so. Hillesheim,* Wt. 2, 605 (1466), 607 (1489), 6, 577 (1425), *Nickenich, nno. Maien,* Gü. 4, 187 (1440), *Buchholz und Niederweiler. non. Maien,* L. A. 6, 3 (1589)[1,2], *Monreal. w. Maien,* Wt. 3, 813 (1507), *Kürenberg, wnw. Maien,* Wt. 6, 641 (1518), *Luxem, s. Maien,* Wt. 2, 730 (1544)[1]. Maien, wsw. Coblenz, Wt. 2, 482[1,2], *Allzens, bei Maien,* Wt. 2, 479[1], *Polch, oso. Maien,* Wt. 2, 470, (= Gü. 4, 252)[1,2], *Ochtendung, no. Polch,* Wt. 2, 472[1], *Lonnich, oso. Maien,* Gü. 4, 379 (1489)[1,2], *Metternich, bei Coblenz,* Wt. 2, 508 (1563)[2], *Winningen, sw. Coblenz,* Gü. 4, 116 (1424), *Niederfell, links Mosel, ober Covern,* Wt. 2, 467[2], *Capellen, am Rhein, ober Coblenz,* Wt. 6, 484b (1489), von Eich-Olbrück, bei Coblenz, Gü. 4, 13 (1403)[1], *Kerlich, am Rhein, unter Coblenz*, Wt. 3, 828 (1463, erneut 1585)[1,2], 6, 608 (1551), von der Arken. in Coblenz, Gü. 4, 356 (1481) *Seffern, s. Prüm*, Wt. 3, 836 (1549)[1,2], *Densborn, so. Schönecken*, Wt. 2, 566 (1534)[1,2], Alflen, nw. Cochem, Wt. 2, 593 (1476)[1,2], Protiche, bei Cochem, Wt. 2, 439 (1468), *Valwig, bei Cochem*, Wt. 2, 440 (1598)[1,2], von Pirmont, bei Cochem, Gü. 4, 343 (1476), *Treis, gegenüber Carden*, Wt. 3, 810 (1501), Münster-Maifeld, w. Coblenz, Wt. 2, 458a (1417), *Carden, zwischen Castellaun und Moselkern*, Wt. 6, 483 (1537), *Ohmer, zwischen Clotten und Winningen*, Wt. 6, 539 (1518)[2], Boppard, am Rhein, unter S. Goar, Wt. 3, 774 (1412), Minderlitgen, nw. Wittlich, Wt. 6, 571a (1482), Cröv, links Mosel, zwischen Uerzig und Pünderich, Wt. 2, 370[1], Pünderich, w. Zell, Wt. 2, 403[1,2], Briedel, an der Mosel, ober Zell, Wt. 2, 414 (1468), Senheim, bei Zell, Wt. 2, 431b (1482)[1,2], Beltheim, wsw. Oberwesel, Wt. 2, 207 (1482)[2], Galgenscheid, sw. Hirzenach, Wt. 2, 453 (1460), Hirzenach, am Rhein, unter S. Goar, Gü. 4, 236, 1 (1451)   Niederweis, w. Bitburg, Wt. 2, 568b (1497)[1], *Ittel, bei Welschbillig*, Wt. 2, 290 (1561), *Meckel, bei Welschbillig*, Wt. 3, 796 (1541)[1,2], *Edisheim, bei Welschbillig*, Wt. 2, 291 (1518)[1], *Speicher, n. Orenhoven*, Wt. 6, 571b (1539)[1], *Bruch, Kreis Wittlich*, Ha. p. 137 (1284, Abschrift des 16. Jhs.)[1], Osan, zwischen Piesport und Platten, Wt. 2, 347 (1423)[1], *Uerzig, ö. Wittlich*, Wt. 2, 364 (1568)[1,2], Zeltingen, zwischen Berncastel und Rachtig, Wt. 2, 812 (1460), Wolf, an der Mosel, gegenüber Cröv, Wt. 2, 815 (15. Jh.), 818 (1435), Bacharach, am Rhein, ober Oberwesel, Wt. 2, 219   *Mersch, n. Luxemburg*, Wt. 2, 252a (1541)[1], *Kell, nach J. Grimm im Luxemburgischen, wo es Rudolph nicht anführt. Es könnte auch das sso. Trier oder nno. Maien gelegene gemeint sein.* Wt. 2, 251b (1542)[1], *Hunsdorf, im Merscher Tal, im Luxemburgischen*, Wt. 2, 252c (1537)[1], *Noispelt, zwischen Mersch und Luxemburg*, Wt. 2, 251a (1512)[1], *Oberdompban, s. Grevenmachern*, Wt. 2, 260 (1542)[1,2], *Rittersdorf, nach J. Grimm im Luxemburgischen, fehlt bei Rudolph*, Wt. 2, 253a (1544)[1], *Echternach* Ha. p. 174 (1462—1539), 193 (1541)[1,2], *Kersch, zwischen Echter-

nach und Trier, Wt. 2, 274a (1593; Abschrift von 1642). Rode, n. Trier, Wt. 2, 304b, *Giltzem n. Trier*, Wt. 6, 560 (1550)[12], S. Paulin, bei Trier, Wt. 6, 517, N. IX. X[1], *Schweich, no. Trier*, Wt. 2, 308 (1517)[12], *Riol und Velle, zwischen Kenn und Mehring*, Wt. 2. 300b (1537),[12] *Pölich, zwischen Mernich und Detzem*, Wt. 2, 316 (1550), Trittenheim, ö. Pölich, Wt. 6, 527 (1472),[1] Neumagen, n. Trittenheim, Wt. 2, 328,[12] Trittenheim. s. Neumagen, Wt. 6, 526a (1472),[1] *Monzel, gegenüber Winterich*, Wt. 2, 812 (1559),[12] Kleinich, so. Berncastel. Wt. 2, 132,[12] Ravengirsburg, ö. Kirchberg, Wt. 2, 174 (1442), von Kirburg, w. Kreuznach, Gü. 4, 19 (1406), Argenschwang, nw. Kreuznach. Wt. 6. 498 (1488), Oberheimbach, unter Bingen, Wt. 2, 227 (15. Jh.), Gensingen, sos. Bingen, Wt. 4, 609 (1491) Luxemburg Ha. p. 471,[12] *Coenen, an der Saarmündung*, Wt. 6, 520 (1508), *Wildingen, an der Saar, ober Contzem*, Wt. 2, 75 (1504), Wellingen, w. Merzig, Wt. 6. 436a, *Pluwich, sos. Trier*, Wt. 2, 120b (1542),[1] *Irsch, so. Trier*, Wt. 6, 464 (1558),[1] *Schillingen, sso. Trier*, Wt. 6, 467a (1506), *S. Matheis, bei Trier*, Wt. 3, 794 (1532),[1] Harmeskeil, zwischen Saarburg und Birkenfeld, Wt. 2, 106b, .Dhron. wsw. Berncastel, Wt. 6, 526b, *Dhroneck, ö. Trier*, Wt. 6, 472b (1534). von Veldenz, sw. Berncastel, Hauptbesitz s. Birkenfeld, s. Verkehr, Bockenau, w. Sponheim, Wt. 6, 500 (1487), *Planig, an der Mündung des Apfelbaches in die Nahe*, Wt. 4, 611 (1512) Remich, so. Luxemburg, Wt. 2, 240b (1477), Perl zwischen Sierk und Remich, Wt. 2, 239b (1468). Palzem und Dilmar, zwischen Remich und Helfand, Wt. 2, 255b,[12] *Bech, links Mosel, ober Remich*, Wt. 2, 249 (1541),[1] Helfand, wsw. Saarburg, Wt. 2, 257,[12] Tettingen und Boesdorf, so. Remich, Wt. 2, 255a.[12] *Greimerath, so. Saarburg*, Wt. 2, 102b (1521),[1] S. Gangolf, an der Saar, ober Metlach, Wt. 6, 432, *Monclair, n. Merzig*, Wt. 2, 78 (1521),[1] *Harlingen, sos. Merzig*, Wt. 2, 71 (1570),[1] Merchingen, o. Merzig, Wt. 6, 434 (1494), *Merchingen, ö. Merzig*, Wt. 6, 435 (1528), Losheim, ö. Merzig, Wt. 6, 454 (1465), *Neunkirchen, ö. Merzig*, Wt 6. 448 (1551), Oppen, ö. Merzig, Wt. 6, 479 (1488), Tholei, ö. Merzig, Wt. 3, 755 (1450),[12] *Tholei, ö. Merzig*, Wt. 3, 766 (1580. 1582. 1584),[12]

Hasborn, s. *Tholei*, Wt. 2, 94 (1545),[1] *Albisheim, oso. Kirchheim-Bolanden*, Wt. 4, 637 (16. Jh.)[1] *Thionville* Wt. 2, 238 (16. Jh.), Millingen, bei Sierk, an der oberen Mosel, Wt. 3, 785,[1] Behringen, an der Saar, ober Merzig, Wt. 2, 62 (1488), Burgalben, no. Pirmasenz, in der Rheinpfalz, Wt. 5, 678 (1484) Metz, Cr. Urk. p. 11 (1441), S. Nabor, Département Vosges, Arrondissement Remiremont, Cr. Urk. p. 14 (15. Jh.). — Dazu kommen die luxemburgischen Herren von Nuwenburg und Ourley Mon. Habsb. 1, 1 p. 151 (1477).

Rechts Rhein: Frankenberg, n. Marburg, in Churhessen, S. 958 (1451) *Langel, no. Cöln*, L. A. 7. 130 (1590)[12], *Immekeppel, no. Cöln*, L. A. 7. 139 (1565)[12] *Schwarzrheindorf, unter Bonn am Rhein*, Wt. 4, 769 (1564),[1] *Niederpleis, s. Siegburg*, L. A. 7. 150 (1577)[12], *Hohe und Herchener Mark, ö. Blankenberg*, L. A. 7, 152 (1555)[12], *Hoppgarten, ono. Blankenberg*, L. A. 7, 158 (mit Wilberhoven Uebersetzig Dattenfeld 1574)[1]

Irrlich, nwn. Neuwied, Gü. 4, 348 (1478), von Hammerstein, am Rhein, unter Neuwied, Gü. 4, 129 (1426)[1], von Wied, nw. Sain, Gü. 4, 317 (1470), von Sain, so. Wied, Gü. 4, 345 (1477)[2], 385 (1491), 401 (1497), Oerdorf, w. Dierdorf im Westerwald, Wt. 1, 626 (1480)

von Helfenstein, am Rhein, unter Ehrenbreitstein, Gü. 4, 261 (1458), 270 (1459), 298 (1464), Neremberg und Mölen, ö. Ehrenbreitstein, Wt. 1, 603 (1463), Winden, ö. Ehrenbreitstein, Wt. 6, 742 (1465),[1] Diez, sw. Limburg an der Lahn, Wt. 1, 577 (1424)[1] von Katzenellenbogen- (ssw. Limburg, an der Lahn)-Dietz, Baur 4, 226 (1475), *von Katzenellenbogen, ssw. Limburg an der Lahn*, Baur 1, 544 (1554) Königstein, nw. Frankfurt, Wt. 4, 566

Rüdesheim, gegenüber Bingen, Wt. 4, 733 (1488—91), Frauenstein, w. Wiesbaden, Wt. 4, 568, *Bleidenstat, bei Wiesbaden*, Wt. 1, 559 (1509),[2] Niederluderbach, links Main, w. Höchst. Wt. 1, 527 (1483), Eddersheim, rechts Main, sws. Frankfurt, Wt. 1, 556 (1453), Frankfurt Janss. N. 539 (1417), 540 (1417), 541 (1417), von Hanau, w. Frankfurt, Baur 4, 220 (1472)[2] Weiterstat, zwischen Darmstat und

Gross-Gerau, Wt. 4, 532 (1484), Gensheim. ssw. Darmstat, Wt. 5, 239[1]. — Dazu von Falkenstein- (am Donnersberg, in der Pfalz) - Minzenstein, s. Giessen, Baur 4, 44 (1413).

IX breitet sich aus. Von grösseren Gebieten kommt neu hinzu: Cöln, im 14. Jh. IV, der Curverein, im 14. Jh. X, die pfalzgräfliche Canzlei, im 14. Jh. X. Dafür fehlt Nassau, wo ja IX das alte X nur leicht gefärbt hatte. — Links Rhein ist die Ausdehnung nach N. besonders merklich. Im 14. Jh. war die Mundart wenig über die untere Mosel emporgestiegen — in die Pellenz: jetzt reicht sie bis Odenkirchen Broich, um in Gemeinschaft mit IV, das hier im 14. Jh. auch schon aufgetreten war, III zu verdrängen. In der cölnischen Niederung und über die ganze Eifel hin ist jetzt IX üblich, auch hier auf dem Boden von IV. mit dem es im W. unter Achen III befehdet und fast ganz beseitigt. — Grosse Erwerbungen macht die Mundart im Sw. Während sie hier im 14. Jh. nur bis Senheim Lirschberg Trier gegangen war, sehen wir sie jetzt in Mersch Luxemburg Thionville Metz, auf Gebieten welche z. T. im vorigen Jh. VII gewesen waren. In Luxemburg aber wird IX V abgelöst haben, in den lothringischen Stäten VII und X. — Rechts Rhein ist der Fortschritt gleichfalls deutlich erkennbar: im 14. Jh. waren Wied Niederberg Mühlheim, bei Ehrenbreitstein, die nördlichsten Stationen gewesen, jetzt sind es Langel Immekeppel. Sie dringt also in die Gebiete von IV und VI ein, ohne sie zu verdrängen. Von der Grafschaft Waldeck im 14. Jh., vom hessischen Frankenberg im 15. Jh. sehen wir hier ab.

Conflicte

mit IV. In Cöln allerdings verschwinden die wenigen Urkunden in IX gegen die grosse Majorität der IV. Aber links Rhein gelangt IX bis Odenkirchen Broich, bei Grevenbroich, letzteres eine Station von IV, welches nur weit darüber hinaus noch bis Xanten Meurs vorschreitet. Vom N. abgesehen ist das Gebiet IV ganz in dem viel umfänglicheren von IX enthalten. — Rechts Rhein steigt IX bis Langel Immekeppel hinauf, IV bis Hammerstein Leudesdorf herab.

mit VI. In Cöln und Hessen treffen die Mundarten zusammen. In Cöln sind beide in Minderheit gegenüber IV. — Im übrigen ist links Rhein das Gebiet VI von IX eingeschlossen, das nördlich westlich südlich über dasselbe hinausragt. — Nur im Nw. hat VI seine Stationen Villen Wilhelmstein weiter vorgeschoben als IX, das nur bis Esch Bergheim reicht. — Rechts Rhein steigt VI bis Niederwert Kirburg herab, IX bis Langel Immekeppel hinauf.

mit VII. In Cöln spielen beide Mundarten ihre bescheidene Rolle. In Trier überwiegt VII. — Links Rhein gelangt VII n. bis in die Breite von Cöln, s. kaum über die Mosel hinaus, ist also hier, wie im Sw. wo es die Saar aufwärts sich bis nach Lothringen erstreckt, durchaus eingeschlossen in die weiteren Grenzen von IX. — Auch rechts Rhein sind die Stationen von VII, Hammerstein Wied Reichenstein, mitten im Gebiete von IX.

mit VIII. Links und rechts vom Rhein fallen die wenigen Stationen von VIII in das Gebiet IX.

mit X. XI, s. diese Mundarten.

Verkehr.

Zum Verkehr mit Cöln bedient sich der Mundart König Sigmund L. 4, 90 (1414).

Zum Verkehr mit Trier bedient sich der Mundart ebenfalls König Sigmund Jauss. N. 390 (dat. Budae 1411), — Berg-Ravensberg Gü. 4, 102 (1421),

dann die Geschlechter und Ortschaften: von Bassenheim, w. Coblenz, Gü. 4, 268 (1458)[2], von Boppard- (am Rhein, unter S. Goar)-Castel, Gü. 4, 112 (1423), von Burenzheim, sw. Maien, Gü. 4, 175 (1439), von Kettig, nww. Coblenz, Gü. 4, 85 (1419),

206 (1444),² von Kesselstat, wsw. Hanau, Gü. 4, 96 (1420), Coblenz Gü. 4, 375 (1488), von Drachenfels- (am Rhein, s. Siegburg) - Olbrück Gü. 4, 219 (1446)², 221 (1446)², 314 (1468), von Elz, Kreis Maien, Gü. 4, 42 (1410). 179 (1439), 185 (1440), von Virneburg. w. Maien, Gü. 4, 9 (1402), 88 (-Cronenburg 1419), 250 (1455), 251 (1455),³ von Geisbusch, sww. Maien, Gü. 4, 228 (1448), von Grensau, w. Montabaur, Gü. 4, 123 (1426), von Isenburg, no. Neuwied, Gü. 4, 382 (1490)², von Lahnstein, sso. Coblenz, Gü. 4, 174 (1439), von Leien- (Hauptbesitz Bliescastel in der Pfalz) - Olbrück Gü. 4, 176 (1439), 349 (1479)², von Metzenhausen, wgs. Simmern, Gü. 4, 391 (1493),² von Mertloch, sso. Maien, Gü. 4, 184 (1440), von Naunheim. sso. Maien, Gü. 4, 166 (1436)², von Reichenstein, bei Neuwied, Gü. 4, 91 (1419), 239 (1452), von Saffenberg, n. Nurburg, Gü. 4, 111 (1422), von Sain - Witgenstein Gü. 4, 114 (1423), 189 (1441)², von Schöneck- (Kreis S. Goar) - Olbrück - Burenzheim Gü. 4, 243 (1453). Sunder von Senheim, n. Zell, Gü. 4, 183 (1440),² von Wunnenberg - Beilstein, s. Virneburg, Gü. 4, 259 (1457).

König Sigmund und Berg beweisen für Trier.

Zum Verkehr mit Mainz: Herzog Sigmund von Oesterreich Schu. 108 (1460).

Herzog Sigmund von Oesterreich beweist für Mainz.

Zum Verkehr mit dem Grafen von Veldenz: Markgraf von Baden Gü. 4. 201 (1443).²

Baden beweist für Veldenz.

Zum Verkehr mit dem Pfalzgrafen: Jülich - Berg - Ravensberg L. 4, 195 (1430).[13]

Jülich beweist für den Pfalzgrafen.

Zum Verkehr mit Sponheim: der Markgraf von Baden L. 4, 315 (1458).² Gü. 4, 169 (1437).²

Baden beweist für Sponheim.

Zum Verkehr mit Hessen: der Herzog von Jülich - Berg - Ravensberg L. 4, 210 (dat. Cassel 1433).

Jülich beweist für Hessen.

Ausserdem wird IX noch verwendet zum Verkehr zwischen Nassau, Eppenstein und S. Maximin bei Trier Gü. 4, 126 (1426).

Ferner links Rhein: Zum Verkehr zwischen Glens, non. Maien, und von der Leien Gü. 4, 341 (1376)[2]
zwischen Prüm und Katzenellenbogen Gü. 4, 230 (1449)
zwischen Genheim, non. Kreuznach und Waldeck, s. Ehrenberg, Gü. 4, 148 (1431).[2]

Rechts Rhein: Zum Verkehr zwischen Sain, no. Neuwied, und Hatzfeld, in Hessen, Gü. 4, 161 (1418)
zwischen Katzenellenbogen, oso. Nassau, und Rheineck, no. Virneburg, Gü. 4, 224 (1447).

X.
Beschreibung
(13. 14. 15. Jh.)

Quellen.

Böhmer Codex diplomaticus Moenofrancfurtanus p. 622b (1352), 623 (1352).

Günther Codex diplomaticus Rheno-Mosellanus 4, 2 (Erzbischof von Mainz und Burggraf von Nürnberg scheiden zwischen König Ruprecht und dem Erzbischof von Cöln 1400).

Höfer Auswahl, 1, 14 (des Erzbischofs von Mainz Sühne mit der Stat Erfurt 1287), 1, 16 (des Vogts von Hunolstein Verzicht auf die Burg zu Veldenz 1288), 1, 19 (Herr van der Wiesen reserviert sich gegen den Grafen von Sponheim 1290), 2, 35 (des Grafen von Veldenz Revers an den Erzbischof von Cöln 1315), 2, 101 (Testament des Herrn zu Rebestocke in Mainz 1325), 2, 104 (Ritter von Saarbrück verschreibt dem deutschen Orden seine Rechte an Beckingen 1325), 2, 182 (Mainzer Richter bestätigen das Urteil in Sachen des Stiftes S. Jacob bei Mainz wider Perpelers Söhne 1335).

Consonanten.

Hd. *d* assimiliert sich in *úszewenning* Hö. 2, 101.

Hd. *t* dringt vor: *tùn tac tùsent — gotes lùten stête râte* Hö. 1, 14, *garten* Hö. 1, 19, *alten genanten antworten* Hö. 2, 35.

Hd. *z* ist bis auf *dit* — Bö. Cod. p. 622b. 623 — befestigt. Aber schwankende Orthographie: *satz gesatz* Hö. 1, 182, und auch *virlâhtin* Hö. 1, 19 wird verlesen sein für *virlâztin*.

Hd. *s: war* Hö. 2, 104. Schreibung *z* in *waz* Hö. 2, 101.

Hd. *b* ist auslautend *b* oder *p: sreip* Hö. 2, 104, *lip* Gü. 4, 2, *schreib* Hö. 2, 182.

Hd. *ph*: nur im Anlaut einiges Schwanken: neben *phenninge* Hö. 1, 16 auch *pfunde* Hö. 1, 19; 2, 101.

Hd. *v*. Neben *grévin* Hö. 1, 19 auch *nebin, bischobe* Hö. 2, 202, *frebel* Gü. 4, 2.

Hd. *g*. Dafür auch *ch: einiche* Gü. 4, 2, — *ahzich* Hö. 1, 14, *ewich* Hö. 1, 19, *mach* Hö. 2, 104, neben *borgléne* Hö. 1, 19, *schuldig* Hö. 2, 35, *Silbirberg* Hö. 2, 101. — Euphonisches *k* in *tac bûzwirdik* Hö. 1, 14, *burcses* Hö. 1, 16. — Ausfall zwischen Vocalen: *gegenwertien êwier* Hö. 2, 104.

Hd. *h*. Ausfall: *borgléne* Hö. 1, 19, *verzien* Hö. 2, 104, — *iet* Hö. 2, 104, *bevolen bevollen* Hö. 2, 35, *nêsten niet* Hö. 2, 202.

Hd. *j: gehen* Hö. 1, 16, *allerleige* Hö. 2, 104.

Hd. *l: werntlich* Gü. 4, 2, *sont* Hö. 2, 104.

Hd. *r: Trielscher* Hö. 1, 16.

Hd. *sch: sreip visserien* Hö. 2, 104.

Hd. *tsch: dûchen* (= *diutschen*) Hö. 2, 104.

Vocale.

Hd. *â: nôch* Hö. 2, 101.

Hd. *e*. Dafür *i* in *irbe* Hö. 2, 101.

Hd. *ae*. In der Regel *ê*: selten *â: wâris* Hö. 2, 35, *êrbâr* Hö. 2, 101.

Hd. *i* schwankt mitunter nach *e ie: wýsen* Hö. 1, 19, *wiedir* Hö. 2. 35, *diesen* Hö. 2, 104, *vriede* Hö. 2, 202. — Vereinzelt ist *nút* (nihil) Hö. 1, 16.

Hd. *o ö, ô oe*. Für *o* auch altes *a* in *van* Hö. 1, 14. 19, *Spanheim* Hö. 1, 19, *sal* Hö. 2, 35, *sal van* Hö. 2, 101, — *u* in *nachkûmen* Hö. 2, 104. — Unorganischer Umlaut wird sein *vólge* Hö. 2, 182. — Für *ô û* in *dû* Hö. 2, 101. — *Oe* wird bezeichnet in *hóret* Hö. 1, 14, *gehórent* Hö. 1, 16, *stôszet* Hö. 1, 19.

Hd. *u ü, û iu*. Statt *u o* in *Erphorte* neben *burgen* Hö. 1, 14, *vor* Hö. 1, 19, *hondirt kontlich sonen scholt orteil of*, neben *hundirt gebûrt bûrger* Hö. 2, 101. — Doch Umlaut *ü*: Hö. 1, 16 *vúr fúnf kúndet gebúrte urkúnde, instúcke* Hö. 1, 19, — *ö: mólen* Hö. 2, 101. — Vereinzelt ist *bú* Hö. 1, 16 für *bû*.

Hd. *iu*. Neben *ú* auch *iu: lúten unserú* Hö. 1, 16, — *lúdin* Hö. 1, 19.

Hd. *ie*. Dafür auch *i: di* Hö. 1, 16; 2, 104, *brive* Hö. 1, 19, *gingen* Hö. 2, 35, *hir ickeliches Dýdarich dinste* Hö. 2, 101.

Hd. *ou öu*. Ausname ist *óch* Hö. 1, 16, — häufiger auch Hö. 1, 19; 2, 35, *frauwe kauf* Hö. 2, 35, *Dorrebaúm* Hö. 2, 101. — *Beimen* (arboribus) Hö. 2, 104 wäre nicht ganz unerwarteter alemannischer Einfluss, s. hd. *ou* in IX: aber es ist wol *bennen* zu lesen.

Hd. *uo üe*. Dafür ganz regelmässig *ú ú̂*. — Der Umlaut wird auch angezeigt *versúnen* Hö. 1, 14, *benúget* Hö. 1, 16.

Apokope: *jár zalt* Hö. 1, 14.

Synkope: *gots stúls êrbêrn heilgen gerichts — gnáden* Gü. 4, 2.

In Ableitungssilben und Praefixen häufig *i*, z. B. Hö. 1. 19; 2, 35; — aber *vorgolden* Hö. 2, 101, *Dydarich* Hö. 2, 101.

Geographische Uebersicht X.

Nur Stationen jener Gegenden natürlich werden hier aufgeführt, welche vor dem 14. 15. Jh. oder noch während dieser Periode eine der nfr. Mundarten I — VIII bieten.

X war in den letzten Jahrzehnten des 13. und im 14. Jh. Amtssprache des Kurvereins Gü. 3, 237 (1338), L. 3, 330 (1338),[2] — der rheinischen Kurfürsten L. 3, 343 (Cöln Trier Mainz 1339), Gü. 3, 451 (Mainz Trier Pfalz 1348), — der bischöflichen und stätischen Canzlei von Trier Gü. 3, 229 (1338), 238 (1338), 312 (1345), 465 (1359), Baur 3, 1364 (1365), und s. Verkehr, — von Mainz Hö. 1, 14 (1287),[2] 29 (1294),[2] 2, 101 (1325),[2] 182 (1335), Wü. 1, 270 (1335—1352), 2, 77 (1354), 78 (1354), 79 (1360), 80 (1362), 82 (1367), 84 (1377), 86 (1382), 88 (1387), 89 (1388), 93 (1393), 184 (1300),[*] Gud. 3 p. 312 (1340), 456 (1362), Schu. 90 (1335), 100 (1374), 101 (1339), 105 (1340), 126 (1346),[2] 133 (1344), 140 (1351), 149 (1373), Baur 3, 1114 (1339), 1118 (Mainzer Richter 1339), 1136 (1341), 1159 (ein Mainzer Bürger 1343), 1172 (1344), 1205 (1347),[2] 1210 (1348),[2] 1249 (1352), 1252 (1352), 1267 (1354), 1270 (1355), 1276 (1355), 1277 (1355), 1284 (1356), 1358 (1364), 1395 (1370), 1398 (1371), 1400 (1371), 1406 (1372), 1407 (1373), 1408 (1373), 1429 (1377), 1435 (1378), 1440 (1379), 1442 (1379), 1457 (1382), 1466 (1384), 1467 (1384), 1477 (1387), 1486 (1390), 1489 (1390), 1491 (1391), 1496 (1392), 1504 (1395), 1508 (1397), 1510 (1399), Bö. Cod. 11b (1332), — Lothringen, s. Verkehr, — von Spouheim L. 3, 290 (1335), Gü. 3, 275 (1341)[2], 463 (1359), Baur 3, 1291 (1375),[*] — des Pfalzgrafen L. 3, 389 (1343),

414 (1344),² 526 (1353),² 643 (1363),² 817 (1378), 893 (1385),² 997 (1394),² 1024 (1396), Gü. 3,482 (1362), 656 (1398), Schu. 98 (1338),² Weizs. p. 240 (1379), 296 (1380), Janss. 1, 97 (1394),² Baur 3, 1261 (1354),² 1372 (1366), und s. Verkehr, — des Landgrafen von Hessen Baur 1, 873 (1352),² 946 (1360), 1007 (1366), 1032 (1370), 1054 (1372). 1123 (1380), 1159 (1385), 1258 (1397), — von Nassau L. 3, 637 (1363), Wü. 1, 271 (1364),²¹ Schu. 134 (1348), Baur 1, 776 (1338), 898 (1355), und s. Verkehr,

ferner bei den Geschlechtern, in den Ortschaften, links Rhein: Coblenz Gü. 3, 620 (1390) von Ehrenberg, s. Covern, Gü. 3, 448 (1358), Ober-Wesel, am Rhein. ober S. Goar, Hö. 2, 199 (1337) Triersche Richter Gü. 3, 318 (1345) von Veldenz, sw. Berncastel, Hauptbesitz s. Birkenfeld, Hö. 2, 17 (1288),² 2, 35 (1315),² von Hunolstein, s. Veldenz, Hö. 1, 16 (1288), Bingen Baur 3, 1295 (1357),¹ Ingelheim, wsw. Mainz, Baur 3, 1240 (1351), 1504 (1396), Monbach, bei Mainz, Baur 3, 1244 (1351). 1405 (1372) Alzei, so. Kreuznach, Baur 3, 1428 (1376), von Bolanden, bei Kirchheim, Baur 2, 387 (1284 d.). 1012 (1332) Saarbrück Kremer p. 623 (1392) von der Wiesen, Edelknecht von Diepach, in der Pfalz, ober Bacharach (Leo Territorien 1, 683), Hö. 1, 19 (1290),

rechts Rhein: von Gambach, bei Arnsburg, Hö. 2, 160 (dat. Marburg 1333),² Arnsburg, sw. Lich, Hö. 1, 30 (c. 1300) von Isenburg, n. Coblenz, L. 3, 213 (1326), 376 (1342) Graf von Katzenellenbogen, ssw. Limburg, an der Lahn, Baur 1, 371 (1318), 544 (1335), 648 (1362), 662 (1368) der Einrichgau, w. Wiesbaden, Wt. 6, 745 (1361),² Wetterau Ri. 50 (1328), Akrüffel, sw. Höchst, Wt. 1, 526 (1315), Frankfurt Baur 1, 382 (1322), 500 (1328), 737 (1350), Bö. Cod. 252b (1290 d.), 431b (1317), 443 (1318), 451 (1320), 460b (1321), 464a (1322), 464b (1323), 467 (1323), 469 (1323), 471 (1323), 482 (1325), 483 (1325), 485 (1326), 492a (1327), 496 (1329), 500 (1329), 504 (1329), 505 (1329), 514 (1332), 543 (1337), 578a (1342), 579b (1342),

593 (1345), 613b (1349), 622b (1352), 623 (1352), 627 (1353)
635 (1355), 658 (1358), 679a (1360), 683 (1362), 696a (1365),
735 (1372), 737 (1373), 739 (1376), 749 (1377), 754b (1377),
758 (1382), 765 (1388), 768a (1392), 777 (1397), 778 (1399),
780 (1399).

Die Mundart hilft V verdrängen. Im 14. Jh. erscheint dieser Typus nicht mehr in Trier Veldenz Braunsberg, wenn auch noch in der Nähe des letzteren, in Helfenstein. Im S., in Mainz und in der Pfalz, erscheint X auf einem Boden, den früher VII beherrscht hatte. — Auch im Einrich war dies höchst wahrscheinlich der Fall, nur fehlen Zeugnisse für das 11. 12. 13. Jh.: in der ältesten Periode dürfen wir V oder VII' vermuten, s. p. 320 *Gambrikerô Heinrike Brûbac*. — In Veldenz lässt sich IX, welches schon im 13. Jh. dort gebraucht worden war, durch X nicht beseitigen. — Ebenso betritt X rechts Rhein in Isenburg das Gebiet der Mundart IV, welche dadurch kaum irgend eine Einbusse erleidet.

Conflicte

mit V, das in Helfenstein erscheint während der Mundart X sich das benachbarte Isenburg bedient.

mit VI. Trier Sponheim Nassau ist gemeinsam. Links Rhein fallen die Parallelen X 'von Ehrenberg' 'Triersche Richter' in das Gebiet von VI. Coblenz und Oberwesel sind gemeinsam, Die pfälzische Station von X allerdings nicht mehr. Rechts Rhein treffen die Mundarten in Isenburg zusammen. Bis dorthin reicht VI hinab, X hinauf.

mit VII. Trier Sponheim Nassau ist gemeinsam. Auch die Stationen der Mundart X links Rhein fallen mit VII zusammen, mit Ausname der Pfalz, in der sich VII im 14. Jh. nicht mehr nachweisen lässt. Rechts Rhein begegnen sich die Mundarten in Isenburg.

mit VIII: vielleicht in Coblenz.

mit IX. Trier Mainz Sponheim Nassau sind gemeinsam. Links und rechts vom Rhein fallen die Stationen von X in das Gebiet IX, Coblenz zeigt beide Mundarten. Auch in der Nähe Waldecks IX, in Frankenberg, herrscht X.

mit XI, s. diese Mundart.

Verkehr.

Zum Verkehr mit Trier verwenden X: Cöln Gü. 3, 368 (1350), — Cöln und Jülich Gü. 3, 354 (1348), — Walpot von Andernach Gü. 3, 460 (1359), von Arras, bei Alf, Gü. 3, 204 (1335), von Bell, zwischen Maien und dem Laacher See, Gü. 3, 214 (1336), Boppard, am Rhein, unter S. Goar, Gü. 3, 224 (1337), Kirberg, w. Kreuznach, Gü. 3, 221 (1332), von Covern, sw. Coblenz, Gü. 3, 467 (1360), der Comtur des deutschen Ordens Hö. 2, 47 (dat. *Spier* 1317), der Wildgraf von Dhaun, im Hundsrück, Gü. 3, 281 (1342), der Rhein- und Wildgraf von Dhaun, im Hundsrück Gü. 3, 414 (1353), 444 (1357), von Drachenfels, s. Siegburg, Gü. 3, 635 (1394), von Elz, sw. Maien, Gü. 3, 227 (1337), 350 (1348), von Virneburg, wnw. Maien, Gü. 3, 210 (1335), 211 (1335), 212 (1335), 549 (1374), von Hadamar, ö. Montabaur, Gü. 3, 382 (1351), von Heinzenberg, im Hundsrück, Gü. 3, 288 (1342), von Helfenstein, bei Ehrenbreitstein, Hö. 2, 223 (an einen Wittlicher Juden in Trier 1341), von den Leien, Hauptbesitz bei Blieskastel, in der Pfalz, Gü. 3, 440 (1357), von Leiningen, Hauptbesitz sw. Worms, Hö. 2, 163 (1333), von Lemen, soo. Maien, Gü. 3, 487 (1363), von der Mark-Aremberg, sw. Altenahr, Gü. 3, 642. 643 (1395), von Molsberg, im südlichen Westerwald, Gü. 3, 299 (1344), von Pirmont, sw. Covern, Gü. 3, 624 (1392), Püttingen Gü. 3, 339 (1347),[2] 535 (1372), von Randeck, in der Pfalz, und von Bolar Gü. 3, 286 (über Trier und von Brenner 1342), der Raugraf im Hundsrück Gü. 3, 235 (1338), von Reichenstein-Wied, sw. Isenburg, Gü. 3, 248 (1339), der Rheingraf von Rheingrafenstein, s. Kreuznach, Hö. 2, 110 (1326), Gü. 3, 327 (1346), 507 (1366), 536 (1372), von Sain, no. Neuwied, Hö. 2, 132

(1329), Gü. 3, 341 (1347), 521 (1370), 548 (1374), von Schleiden, s. Gemünd, Gü. 3, 396 (1352), von Solms, bei Wetzlar, Gü. 3, 399 (1352), von Stein, noo. Birkenfeld, Gü. 3, 454 (1359), von Stein auf Kaldenfels Hö. 2, 185 (1335), von Tomberg, Kreis Rheinbach, Gü. 3, 556 (1375), von Treiss, ono. Cochem, Gü. 3, 274 (1341), von Ulmen, nw. Cochem, Gü. 3, 321 (1346), 331 (1346), von Wunnenberg-Beilstein, s. Virneburg, Gü. 3, 644 (1395).

Cöln und Jülich beweisen für Trier.

Zum Verkehr mit Mainz: von Leiningen, Hauptbesitz sw. Worms, der Wildgraf, zwei Raugrafen, von Veldenz, von Dhaun Schu. 66 (1298 d.)², von Molsberg, n. Limburg an der Lahn, Schu. 121 (1344), von Rüdesheim, unter Bingen, Schu. 136 (1349).

Zum Verkehr mit dem Pfalzgrafen: Cleve-Mark L. 3, 1066 (1399). — von Virneburg, wnw. Maien, Gü. 3, 664 (1399), von Sain, no. Neuwied, Gü. 3, 659 (1398)², von Solms, bei Wetzlar, Gü. 3, 663 (1399).

Cleve-Mark beweist für die Pfalz.

Zum Verkehr mit Nassau: Loon L. 3, 637 (1363).

Loon beweist für Nassau.

Zum Verkehr mit dem Landgrafen von Hessen: Wetzlar, Baur N. 1985 (1364).

Zum Verkehr mit dem deutschen Orden: von Saarbrück-Zweibrücken Hö. 2, 104 (1325).

Ausserdem finden wir X verwendet in einer Erklärung des lothringischen Herrn von Hadstadt an den Herzog von Lothringen, den Grafen von Blankenberg, den Herzog von Brabant, den Grafen von Luxemburg, den Grafen von Jülich Crecelius Urkunden aus Deutsch-Lothringen p. 10 (1306), — dann zum Verkehr zwischen von Braunshorn, s. Wunneberg, und Daun mit Kirberg Gü. 3, 322 (1346), von Clein und Kloster zum Thron, soo. Usingen, Hö. 2, 3 (1304),² von Dhaun-Stein, im

Hundsrück, und Stein Schu. 96 (1338), von Heppenheim, bei Lorch, und Schwarzenberg, bei Plettenberg, Hö. 2, 40 (1316), den Herren von Stein-Oberstein, im Birkenfeldischen (oder von Rheingrafenstein, bei Kreuznach) und von Lurenburg, bei Holzapfel, in Nassau, Hö. 2, 11 (über Trier und Nassau 1309)[x], der Stat Wetzlar und ihren Gläubigern, Mainz Frankfurt Friedberg Arnsburg, Fich. 1, 179 (1382), dem Herrn von Hanau und Frankfurt Fich. 3, p. 177 (1358).

Von Hadstat beweist für Lothringen.

Im 15. Jh. ward X verwendet in den Canzleien der vereinigten Kurfürsten Müll. F. 1, 278 (1446), 512 (1455), 560 (1456), 562 (1456), 734 (1460), 2, 231 (1466), — in der Canzlei des rheinischen Kurvereins Gü, 4, 302 (1464),[2] — ferner in Mainz Wü. 1, 272 (1422), 276 (1485),[2] 2, 115 (1434), 136 (1467), Schu. 106 (1420), Janss. 1 N. 905 (1400), Baur 4, 72 (1419), 83 (1421), 106 (1428), 123 (1430), 147 (1441), 211 (1470), 251 (1486),[2] 259 (1489),[2] Mon. Habsb. 1, 1, p. XXVIII (1470),[2] Müll. F. 2, 38 (1461), 47 (1461), 48 (1461) zwei Schreiben, 1112 (1461), 113 (1462), 154 (1487), Fich. 3, p. 370 (1430), 375 (nach 1429), und s. Verkehr, — Trier Janss. 1, N. 399 (1411), Chm. Mater. 2, 23 (1452), und s. Verkehr, — Lothringen L. 4, 59 (1410),[3] 180 (1427), — in den Canzleien der Grafen von Sponheim Gü. 4, 24 (1407),[2] 35 (1409), — der Pfalzgrafen L. 4, 85 (1414),[2] 175 (1426),[2] 239 (1440),[2] Gü. 4, 67 (1415),[2] 216 (1446),[2] 274 (1460),[2] Baur 4, 61 (1417), 88 (1423), 101 (1427),[2] 180 (1456), 181 (1456), 182 (1456), 231 (1478),[2] 244 (1482),[2] 262 (1490),[2] 263 (1490),[2] 273 (1496), 275 (1498),[2] Chm. Mater. 1, 2, 23, (1452), 2, 94 (1455), Chm. Max. N. 116 (1496). 125 (1496), Müll. F. 1, 269 (1445), 2, 85 (1461), 2, 202 (1466), 2, 205 (1466), 2, 337 (1470), 2, 422 (1471), 2, 424 (1471), 2, 526 (1472), 2, 628 (1474)[1], und s. Verkehr, — der Landgrafen von Hessen L. 4, 339 (1468),[2] 485 (1499),[2] Baur 4, 108 (1428), 170 (1451),[2] 207 (1468),[2] 212 (1470), 236

(1479),[2] 242 (1481),[2] 270 (1493),[2] *des Landgrafen von Hessen* Baur 4, 277 (1500), und s. Verkehr. — des Grafen von Nassau Müll. M. 404 (1451), *des Grafen von Nassau-Saarbrück* Kremer p. 626 (1541),

dann in den Ortschaften, bei den Geschlechtern, links Rhein: von Wunnenberg-Beilstein, sw. Kempenich, Gü. 4, 21 (1406), Winningen, sw. Coblenz, Wt. 2, 501 (1424),[2] Gü. 4, 64 (1414) von Stromberg, nwn. Kreuznach, Gü. 4, 173 (1439) Alzei, so. Kreuznach, Baur 4, 208 (1468), von Saarbrück Kremer p. 618. 620. 621.

rechts Rhein: von Mintzenberg, s. Giessen, Baur 4, 241 (1481), Müll. F. 96 (1477) von Katzenellenbogen-(so. Nassau)-Diez, sw. Limburg, Müll. M. 600 (1478), von Katzenellenbogen, so. Nassau, Gü. 4, 28 (1408), Baur 4, 7 (1402), 76 (1420), 126 (1433), 191 (1460), Friedberg, nno. Frankfurt, Baur 4, 227 (1475) Frankfurt Janss. 1, 221 (1400), 361 (1410), 782 (1438).

Unter den grossen Canzleien verliert X Trier, vor allem durch Vorschreiten von IX, Luxemburg durch die burgundische Annexion. Im Ganzen wird das Gebiet von X sehr zusammengedrängt durch IX und XI.

Conflicte

mit IV, das bis an die untere Mosel herabreicht.

mit VI. Die Canzlei der rheinischen Fürsten und Hessen ist gemeinsam, so wie die Ufer der Mosel kurz vor ihrer Mündung. Winningen Wunnenberg zeigen beide Mundarten.

mit VII. Wunnenberg an der untern Mosel ist gemeinsam.

mit IX. Die Canzlei des Kurvereins, ferner Sponheim und Hessen sind gemeinsame Gebiete, auch in Mainz erscheint X, aber IX überwiegt. In der Pfalz aber trägt X den Sieg über IX davon. — Ferner begegnen sich die Mundarten an der untern Mosel, in Winningen, und die hundsrückische Station von X Stromberg ist ganz von IX eingeschlossen. — Rechts Rhein ist IX in Königstein, X in Katzenellenbogen.

mit XI, s. diese Mundart.

Verkehr.

Zum Verkehr mit Trier bedienten sich der Mundart: der Markgraf von Baden Gü. 4, 253 (1456),[2] — Wirtemberg, Gü. 4, 377 (dat. Mainz 1488), — ferner von der Arken. in Coblenz, Gü. 4, 98 (1424). von Schöneck, im Hundsrück, Gü. 4, 18 (1406).

Zum Verkehr mit Mainz: von Eppenstein, noo. Wiesbaden, Schu. 107 (1425).

Zum Verkehr mit dem Pfalzgrafen: Cöln L. 4, 172 (1425), — ferner Alzei, so. Kreuznach, Baur 4, 42 (1412), von Isenburg, n. Coblenz, Gü. 4, 3 (1401).[2] von Sain, no. Neuwied. Gü. 4, 235 (1450),[2] von Sponheim-Vianden Gü. 4, 72 (1417)[2].

Cöln beweist für die Pfalz.

Zum Verkehr mit Hessen: Cöln L. 4, 339 (1468). 485 (1499), — ferner Homburg, nnw. Frankfurt, Baur 4, 159 (1447).

Cöln beweist für Hessen.

Ausserdem diente die Mundart noch zum Verkehr zwischen Hessen Mainz Trier Pfalz L. 4, 449 (1490),[2] — Sponheim und Gulpen-Heddesheim Gü. 4, 24 (1407),[2] — ferner zwischen Kirberg, no. Birkenfeld, und Kloster Merl, nwn. Zell, Gü. 4, 10 (1402),[2] Kreuznach, s. Bingen, und Baden Gü. 4, 248 (1454),[2] Dhaun-Kirburg-Stein, im Hundsrück, und Pirmont, bei Cochem, Gü. 4, 131 (1427).

Excurs über die Pfalz und Hessen.

Meine Quellen ergeben nicht dass die Canzleien des Pfalzgrafen bei Rhein und des Landgrafen von Hessen im 12. oder 13. Jh. einem der nfr. Typen von I — VIII gefolgt seien: vom 14. Jh. ab zeigen sie Beeinflussung durch das cölnische und hd., — Hessen macht nicht nur im Vocalismus Zugeständnisse an die nrh. Orthographie, — im 14. Jh. 2 IX gegen 8 X, im 15. Jh. 6 IX gegen 10 X, sogar 2 VII*) und ein auffallendes VI findet sich im 15. Jh.

Hier einiges wenige über die Lautgebung in pfälzischen Urkunden vor dem 14. Jh.

Beyer Urkundenbuch 1, 388 (Pfalzgraf bei Rhein stiftet die Abtei Laach 1093), 1, 425 (dasselbe c. 1112), 1, 469 (Pfalzgraf bei Rhein beschenkt den h. Euchar in Cochem 1130), 1, 490 (Pfalzgraf bei Rhein beschenkt die Abtei Sprenkirsbach, w. Zell, 1136), 2, 58 (Pfalzgraf bei Rhein verträgt Sponheim mit Sprenkirsbach, w. Zell, 1183; aus einer vidimierten Copie des 18. Jhs.), 2, 102 (Pfalzgraf bei Rhein ordnet die Steuerverhältnisse in Diebach und Mannebach bei Bacharach 1190; unbeglaubigte Abschrift des 18. Jhs.), 2, 168 (Pfalzgraf bei Rhein verpfändet an Sponheim die Einkünfte im Mainfeld 1197; Abschrift des 19. Jhs.), 2, 245 Pfalzgraf bei Rhein nimmt Himmerode, Kreis Wittlich, in seinen Schutz 1209).

Consonanten. Hd. *t.* Ausfall: *Diebach Diepach*, in der Pfalz, ober Bacharach, 2, 102. — Hd. *b: Elverichesburnen*, bei Sprenkirsbach, w. Zell, 1, 490, aber *Eberhardi* 1, 469. — Hd. *ph.* Nichts beweist *Bettendorp*, Bendorf bei Sain, 1, 388. — Hd. *g. dinchroit* 1, 388, *Willeberg Willeberch* 1, 425, — aber *Kerebergk Revengirsburgk* 2, 102. — Hd. *r: Elverichesburnen*, bei Sprenkirsbach, 1, 490.

---

*) Die VII allerdings vom Landgrafen Hermann, der zugleich Verweser in Cöln war: ohne die Urkunde in VI würde man sie unbedenklich auf cölnische Rechnung setzen.

Vocale. Hd. *i: Kerebergk* 2, 102, *Hemmenrode*, Kreis Wittlich, 2, 245, neben *Fridericus* 2, 58, *Godefridus* 2, 168. — Hd. *uo: Cůnradus Rudenyéro* 2, 58.

Die Residenz der Pfalzgrafen ist schon seit Heinrich 1197—1227 Heidelberg. Die Verbindung mit dem bairischen Hause datiert von 1214. Wol in Folge dieser Verhältnisse wendet die pfälzische Geschäftssprache sich rasch dem hd. zu. Nrh. Einfluss ist ganz schwach. Mit dem böhmischen Luxemburg ist es die erste Canzlei, welche sich in unsren Gegenden des nhd. bedient; s. p. 390. Im 14. Jh. 15 X gegen 5 XI, im 15. Jh. 33 X gegen 1 XI: Zahlen, die gewiss nicht das richtige Verhältniss der drei Mundarten illustrieren.

VII^x. IX^x. X^x.

(Spielarten von VII. IX. X im 13. 14. Jh.)

Quellen.

Grimm Weistümer 6, 745 (Weistum aus dem Einrich 1361, X).

Günther Codex diplomaticus 3, 162 (Graf von Veldenz mit dem Herrn von Eppenstein und Hohenfels scheidet zwischen Trier und Sponheim 1329, VII), 3, 461 (von Waldeck, s. Ehrenberg, reversiert ein Lehn an Trier 1353, IX), 3, 517 (Lehensrevers des Herrn von Ehrenberg an den Grafen von Sponheim 1368, IX).

Höfer Auswahl 1, 15 (Wildgraf von Daun, w. Kreuznach, vergleicht sich mit Herrn Bozel 1287, IX), 1, 80 (das Kloster Arnsburg, so. Giessen, setzt Schiedsrichtern seine Rechte auf Dorfgullen auseinander c. 1300, X), 2, 3 (des Ritters von Clein Schenkung an das Kloster zum Trone in Nassau, sso. Usingen, 1304, X), 2, 11 (die Herren von Stein-Oberstein, im Birkenfeldischen (oder Rheingrafenstein, bei Kreuznach) und Lurenburg, bei Holzapfel in Nassau, scheiden zwischen dem Erzbischof von Trier und dem Grafen von Nassau 1309, X), 2, 134 (die

Grafen und Herren von Nassau Sain Limburg Molsberg reversieren sich gegen den Erzbischof von Trier 1330, IX), 2, 135 (des Herrn von Bilstein, bei Wetzlar, Schuldverschreibung an den Grafen von Solms 1330, IX), 2, 160 (Frau von Gambach, bei Marburg, beschenkt die Abteien Hagene und Arnsburg, so. Giessen, 1333, X).

Rieger, das Leben der heiligen Elisabeth, Bibliothek des literarischen Vereins in Stuttgart, Band 90, p. 47 ff. Urkunde 4 (Schultheiss Schöffen und Rat von Friedberg, in der Wetterau, bestätigen die Verpflichtung der Eheleute Rule zu einer jährlichen Leistung 1331, IX).

Würdtwein Diplomataria Maguntina 1, 271 (Einigung der nassauschen Brüder dat. *Eltevil* 1364 X), 2, 184 (Friedegebot von Mainz 1300 X).

Hd. *z*. Im Anlaut nur noch *tuschen* Hö. 2, 11 IX, Wt. 6, 745 X, neben *schuschin* Hö. 1, 30 X. — *Müten* Hö. 1, 15 IX ist wol Lesefehler, s. oben Anmerkung zu p. 401. — Im Auslaut: *dit* Hö. 2, 3 X, Hö. 2, 160 X, — *et* in *queemet* Hö. 1, 15 IX, *spracht* Hö. 2, 11, — *bit* Wü. 1, 271 X; 2, 184, X, Hö. 1, 15 IX; 2, 134 IX, 135 IX, Wt. 6, 745 X, *bid* Gü. 3, 162 VII, 517 IX.

Hd. *ph*: *wâpenin* und *wâfinen, pund pennige*, aber *helfen* Wü. 2, 184 X.

Hd. *f*: *intpallin* Hö. 1, 30 X, *emtpallen* Gü. 3, 462 IX neben *inphallen* Hö. 1, 15 IX.

Hd. *f v*: *hob* Wü. 1, 271 X, *neeben*, aber *grâven brîf* Hö. 1, 15 IX, *nebin briebin hob*, neben *hofe* Hö. 1, 30 X, *brêbe brip* Hö. 2, 3 X, *grêben hobe bischobe* — *hŏp*, neben *brîf* Hö. 2, 11 IX, *brip* Rie. 4 IX, *grêbe* Hö. 2, 134 IX, *grêbe briebe brieb* Hö. 2, 135 IX, *habestat hab brip* Hö. 2, 160 X, *grêbe bischobis* Wt. 6, 745 X.

Charakteristik VII^x. IX^x. X^x.

Die Kennzeichen dieser Spielart sind *bit* für *biz* und *b p* für *v f* = got. *f*. Letzteres kaum durch falsche Analogie zu erklären — *hop* für *hof* weil man hd. *lip*, nicht *lif*, sage, — denn warum fände sich gerade in diesen Dm. auch *emtpallen intpallin* für *entfallen*.*) Es wird die Aussprache der tönenden und tonlosen Labialspirans den Verschlusslaut vorgeschlagen haben.

Literatur IX^x.

14. 15. Jh. Salman und Morolt und Salomon und Markolf in vdHagens Gedichten des Mittelalters I.

Geographische Uebersicht VII^x. IX^x. X^x.

Dieses Typus bedient sich im 13. 14. Jh. Nassau Wü. 1, 271 (1364. X^{gx}),

dann die Ortschaften und Geschlechter, links Rhein: von Dhaun, im Hundsrück, Hö. 1, 15 (1287, IX^x),

rechts Rhein: von Beilstein, wnw. Wetzlar, Hö. 2, 135 (1330, IX^x), Arnsburg, bei Lich, Hö. 130 (c. 1300, X^x),

der Einrichgau, w. Wiesbaden, Wt. 6, 745 (1361, X^x).

---

*) Im altn. wird das ähnliche *háspreyja* nur der Abneigung gegen die in einfachen Wörtern unerhörte Bindung *sf* seinen Ursprung verdanken; Gr. 1^4, 267.

Verkehr.

Zum Verkehr mit Trier und Nassau verwenden den Typus: von Stein-Oberstein im Birkenfeldischen (oder Rheingrafenstein, bei Kreuznach) Hundsrück und von Lurenburg, in Nassau, Hö. 2, 11 (1309, X').

Ferner Nassau im Verkehr mit Trier Hö. 2, 134 (mit Sain Limburg Molsperg 1330, X').

Zum Verkehr mit Mainz bedient sich der Spielart: von der Leyen, Hauptbesitz bei Blieskastel, in der Pfalz, Schu. 144 (1345, IX').

Zum Verkehr mit Sponheim: von Ehrenberg, ö. Wunnenberg, Gü. 3, 517 (1368, IX').

Zum Verkehr mit Trier: von Waldeck, s. Ehrenberg, Gü. 3, 462 (1359, IX'), — ferner von Clein in einer an das Kloster Thron, bei Usingen, gerichteten Urkunde Hö. 2, 3 (1304, X').

Nur p für f brauchen Frau von Gambach, sw. Arnsburg, Hö. 2, 160 (an die Klöster Hagene und Arnsburg 1333, X'), — Friedberg, n. Frankfurt, Rie. p. 47 (an den h. Orden des h. Johann zu *Wyzele* 1331, IX'). — B für v mit einiger Consequenz in landgräflich hessischen Urkunden Baur 1, 873 (1352), 1123 (1380), 1159 (1385).

Nur *bit* hat Mainz im Verkehr mit Trier und Sponheim Wü. 2, 184 (1300, X'), von Sponheim Baur 2, 1291 (1357, X'), von Veldenz, Hauptbesitz s. Birkenfeld, Gü. 3, 102 (Veldenz, von Ennenstein und von Hohenfels 1329 VII'). — Worms Baur 3, 1263 (1344, X') ist nicht mehr innerhalb unsres Gebietes, s. p. 383.

Excurs zur geographischen Uebersicht
VII^x. IX^x. X^x.

Ueber das Gebiet dieser Spielarten. — Wie schon die Urkundentitel zeigen ist der Gebrauch *b p* für *v f* zu setzen besonders im Hessischen häufig. Das zeigt sich auch in den literarischen Denkmälern. Es findet sich bei Herbort von Fritzlar, s. Frommann zu 105, bei Hermann von Fritzlar *Jôsép Jôsépe Stépân* p. 572, aber wie es scheint nicht in der oberhessischen h. Elisabet, s. Rieger p. 32, im Friedberger Passionsspiel Zs. 7, 554. 555, im Alsfelder Passionsspiel Zs. 3, p. 484, v. 163 *Luciper*, p. 496, v. 67. p. 502, v. 355 *hobscheit*, in Frankfurter Urkunden des 13. 14. Jhs. sehr häufig *Frônhobe* Böhm. Cod. p. 34. 41 (1222. 1223), neben *Frônhove* p. 33, *Grêbenbrunne* p. 44 (1225), *hob* p. 252 (1290), p. 593 (1345), *hobestat* p. 483 (1325), 504 (1329). — Aber auch im Thüringischen: bei Albrecht von Halberstat Bartsch p. CCVII, in Tirol und Friedebrant Zs. 1, 13 DEFH *tiubel tûbel*, F *hoben*, E *geprûbet*, im Wartburgkrieg 1, 20; 2, 51 *tiubels*, 2, 93 *Kebernberc*, — überhaupt in md. und nd. Dm.: Pilatus 70 *neben: eben*, Alexander und Antiloie Altd. Bl. 1, 250 v. 16 *tûbel*, v. 21 *hobe*, in der Strassburger Hs. des Alexanderliedes Weismann CV, in Segremors Zs. 11, 492, *hop hobes*, bei Meister Gervelin MSH. 3, 36b *hob: lob*, bei Frauenlob MSH. 3, 346b *reben: eben*, Rumzlant MSH. 3, 369b *prüeben: üeben*, — bei Jeroschin Pfeiffer LXIV, in Athis und Prophilias Halberstäter Hs., 'Weitere Bruchstücke' A** 1, 33 *hobisch*, Berthold von Holle Bartsch p. LVIII.

Im Sw. erstreckt sich dieses *b* für *v* bis Lothringen, s. Crecelius Urkunden aus Deutschlothringen p. 11, Metz 1441, IX, p. 14 S. Nabor 15. Jh., IX.

Auch im bairischen, Weinhold § 125, findet sich dieses *b* für *v*, dem aber kein auslautendes *p* entspricht.

XI.
Beschreibung.
(14. 15. Jh.)

Quellen.

Günther Codex diplomaticus 4, 398 (der Wild- und Rheingraf incorporiert der Kirche S. Peter, bei Kreuznach, vier Altäre 1496).

Höfer Auswahl 2, 28 (des Pfalzgrafen Lehnsrevers an den Grafen von Sponheim 1343), 2, 208 (des Pfalzgrafen Bestimmung wegen der Kur in seinem Hause 1338).

Lacomblet Urkundenbuch 4, 193 (Ulrich, Vogt von Metz, Graf zu Kirchberg, Herr zu Reichenburg, schreibt an den Herzog von Jülich-Berg 1429), 4, 217 (Herzog von Jülich-Berg-Geldern quittiert dem Kaiser Sigmund über eine Geldsumme 1435), 4, 233 (die Erzbischöfe von Mainz Cöln Trier, der Pfalzgraf, der Herzog von Sachsen und der Markgraf von Brandenburg erneuern ihre Vereinigung 1439).

Consonanten.

Hd. *t* ist Regel. Doch noch öfters *beráden* L. 4, 193, — *gewald* L. 4, 217.

Hd. *z*: schon häufig *s* geschrieben: *grús was* L. 4, 193.

Hd. *f*. Ausfall: *gráschaft* L. 4, 193.

Hd. *g* kann im Auslaut zu *ch* werden: *Haidelberch* Hö. 2, 28.

Hd. *k*. Dafür auch oberdeutsches *ch: chunt* Hö. 2, 28. 208, *urchünde* Hö. 2, 28.

Hd. *j: Gulich* L. 4, 217.

Vocale.

Hd. *a á*. — *Dorumb* L. 4, 217, — *wó* Hö. 2, 208, *ûn* L. 4, 217. — Vereinzelt *hain* L. 4, 217.

Hd. *ae*. Neben dem gewönlichen *ê* auch *ä: genädigrs* L. 4, 193.

Hd. *i* bleibt gewönlich, aber ein und das andre *Frederich abgeschrebene — diesen -friede* L. 4, 233 alterieren den Typus nicht. — Für hd. *i* dringt *ei* ein: *seinen sein leihen* Hö. 2, 28, *Rein offenleich vreitag*, neben *Rine igelichem* Hö. 2, 208, *freyen Reichenburg* L. 4, 193, *reych sein* neben *tzýten* L. 4, 217, *kunigreich zweitracht*, neben *richs bý Rine zýten bliben* L. 4, 233.

Hd. *o ó: ader* L. 4, 233. — Umlaut von *ó* wird angezeigt in *hörent* Hö. 2, 208, neben *hôrent* Hö. 2, 28, *gehóret* L. 4, 217. — Für *ô* hie und da *oi: noit* Gü. 3, 398.

Hd. *u: mogen* L. 4, 217, *orkunde* L. 4, 233. — Unorganischer Umlaut: *sülin* Hö. 2, 28, *üns unser* Hö. 2, 208. — Auch der echte wird häufig bezeichnet: *über* Hö. 2, 28, *dafür kürfürsten über stücken gebürt* Hö. 2, 208, *hübsch* L. 4, 193. — Aber *Doringen* L. 4, 233.

Hd. *ú*. *Au* ist noch selten: *laut* L. 4, 217.

Hd. *ei: tédingen* Hö. 2, 208. — Der Diphthong steht sonst ganz fest und erscheint auch in der bairischen Form: *erzaiget Haidelberch* Hö. 2, 28.

Hd. *iu: getrûwen* Hö. 2, 28, L. 4, 233, *fründlichen* L. 4, 193. 233, *allerdurchlüchtigisten lantlûte* L. 4, 217, *dütsche* L. 4, 233, *gefründ* L. 4, 193. — Daneben das bairische *eu: ewr ew* L. 4, 193, *leuten* L. 4, 217, *neun* L. 4, 233. — Vereinzelt ist *dreitzehen* Hö. 2, 28 und *driutzehnhundert* Hö. 2, 208.

Hd. *ou oü. Au* dringt vor: *junckfraw* L. 4, 193, *cristenglauben augen* L. 4, 233.

Hd. *uo üe. Uo* ist deutlich bezeichnet Hö. 2, 208 *zû zu lâzen* und *tûn tünde hertzogetûm* L. 4, 193: Sonst in der Regel *û: grûs gûtes benûget* L. 4, 217 usw. — Die Praeposition erscheint auch in der Form *zo* L. 4, 217.

Apokope: *wolt zalt* L. 4, 193, *anspräch recht* L. 4, 217.

Synkope: *sins richs* Hö. 2, 208, *min* (= *minen*) *unss eins* L. 4, 193, *richs diess* L. 4, 233.

In Ableitungssilben neben *e* auch *i:* L. 4, 217.

Charakteristik XI.

Nur wenn die hd. und nhd. Laute überwiegen oder durchgedrungen sind, habe ich XI angenommen. Sonst IX X oder IX[1]. Denkmäler, indenen die nhd. Diphthonge nur vereinzelt oder mit nfr. Vocalen vermischt erscheinen, sind unter IX X oder IX[1] aufgeführt.

Excurs über die nhd. Diphthonge.

Es frägt sich wie die nhd. Diphthonge *ei au eu*, welche wir in die meisten Mundarten des nfr. Dialektes haben eindringen sehen, aufzufassen sind, ob als Folgen einer eigentümlichen Sprechweise, welche die Niederfranken mit den Baiern und z. T. mit den Holländern und Engländern gemein gehabt hätten, oder als Culturübertragung aus der nhd. Reichssprache.

Am frühesten und entschiedensten zeigt sich die Neigung *i û ü̊ (iu)* zu gunieren in Baiern. Den Anfang macht *ou* für *û* und *ü̊ (iu)*. In der Milstäter Hs. ist es für *û* durchgeführt, für *ü̊* wechselt es mit *iu*. Im 13. Jh. sind bereits alle drei Vocale gleichmässig diphthongiert. Der Vorgang muss als eine selbständige Entwickelung der bairischen Aussprache aufgefasst werden, da an fränkischen, alemannischen, oder gar ausländischen Einfluss nicht zu denken ist. Auch sehen wir, dass die drei Diphthonge mit andern dialektischen Eigentümlichkeiten gerade dann aus der bairischen Schriftsprache verschwinden, als man in Baiern sich nach der alemannischen Hofsprache zu richten beginnt. In der zweiten Hälfte des 13. Jhs. aber und später sehen wir die Volkssprache in Baiern in Uebereinstimmung mit der Sprache der bairischen Canzleien und der Literatur, wenn man nicht annehmen will, dass die *-leich*, *-weich* und *-reich* in Adjectiven und Eigennamen eine consequentere Durchführung des Princips bei den Gebildeten voraussetzen.

Im Alemannischen muss man zwischen Schwaben und der Schweiz mit dem Elsass unterscheiden. Hier hat die Volkssprache nur *ei* für *î*, und nur im Auslaut angenommen, s. Weinhold Alem. Gram. §§ 57. 131, — und die Denkmäler halten lange an den alten Vocalen fest. Dort ist *û* schon früh durch *ou* ersetzt, im schwäbischen Eheverlöbniss, und die Volkssprache zeigt die Diphthonge beinahe in demselben Umfange wie das bairische; s. Weinhold Alem. Gram. § 96. — Dass in Schwaben die Gunierung des *û* nicht Culturübertragung sein kann, liegt auf der Hand. Aber die Art und Weise wie alle die neuen Diphthonge in die beiden andern Landschaften alemannischen Gebietes eindringen zeigt dass auch hier keine Nachahmung einer fremden Aussprache stattgefunden hat. Eine solche müste sich bei den seltenen Fällen eher zeigen als bei den häufigeren, s. p. 160. Nun sind die Zahlen, welche die Widerstandskräfte der alten Vocale repräsentieren, unter 1580 Wörtern für *i* 80, für *ú* 23, für *iu* 19. So nach Schunk Codex diplomaticus Magunt. p. 297—314. Ueber *au* für *ou* schien es nicht notwendig oder fruchtbringend Zahlen zu vergleichen. Am häufigsten erscheint *au* in der Formel *auu* wie im mnl. Gr. 1³, 292. Das Verhältniss von *ú* zu *iu* gilt nur für die jüngere Zeit, in der die flexivischen *ů̈ (iu)*, welche an der Diphthongierung nicht Teil nehmen, schon geschwächt worden sind. Die Milstäter Hs. z. B. zeigt beträchtlich mehr *iu (ou)* als *ú (ou)*. Doch stehen auch im 14. Jh. die Zahlen der *iu* denen der *ú* zu nahe, als dass wir in kleineren Denkmälern eine constante Priorität der *eu* (für *iu*) vor den *ou* (für *ú*) erwarten dürften. Nur müsten jedesfalls beide Laute den diphthongierten *i* voraufgehen. — Aber gerade dieses macht den Anfang. *Ei* für *i* eindringend oder ganz durchgeführt neben unerschüttertem *ú ů̈ (iu)* zeigt sich in Mentels Bibel 1466, bei P. Diemringer 1480, in den bei Grüninger in Strassburg erschienenen Ausgaben des Terenz seit 1499, in S. Brants Freidank 1508, in Geilers von Kaisersberg Tractaten 1510, ebenso in der Postille, Strassburg bei Schott 1522, in P. Gengenbachs Nollhart 1517, in Klinglers Büchlein vom Spiel, Strassburg bei Flach 1520, in Murners lutherischem Narren, Strassburg bei Grüninger 1522, und in seinen Briefen; s. Weinhold Alem. Gram. §§ 57. 131, Zarncke S. Brants Narrenschiff 273b f.

Aber wenn wir in der Schweiz und im Elsass die *ei au eu* durch nationale Entwickelung erklären, wie war sie möglich, da das Volk sie noch heute beinahe nicht kennt? — In Schwaben sind wie wir gesehen haben die *ou* für *ú* uralt, aber auch hier eilen z. B. im Augsburger Drucke des Narrenschiffs die *ei* den *ou* voraus, Zarncke a. a. O. 274a. Es bleibt nichts übrig als der Sprache der Gebildeten in Alemannien eine von der Sprache des Volkes gesonderte und von der Reichssprache unabhängige Lautbewegung zuzuschreiben. Nachdem ursprünglich von der ganzen Bevölkerung Schwabens nur *û*, von der ganzen Bevölkerung des übrigen Alemanniens vielleicht nur auslautendes *i* als unbequem war empfunden worden, suchten die gebildeten Alemannen des ganzen Gebietes im 15. Jh. vor allem sich die Aussprache aller *i* zu erleichtern. — In dem Baiern gleichfalls benachbarten Obersachsen sehen wir ähnliches, Zarncke a. a. O. 274a.

In England aber hat sich der analoge Process ganz wie in Oesterreich entwikelt. $\mathring{U}$ wird seit dem 13. Jh. als *ou* ausgesprochen. Wobei man annehmen muss dass jene *û*, welche um dieselbe Zeit an Stelle der germanischen *ô* traten, eine weniger geschlossene Aussprache hatten. Sie wären ja sonst mit den alten *û* zu *ou* geworden: vgl. Scherer GDS. 130 f. — Ob in Holland *a°ü* für *ü (û ui)* dem *e•i* für *i (ij)* vorangieng, kann ich nicht sagen.*)

Das Niederfränkische zeigt in seinem Verhalten zur nhd. Diphthongierung Aehnlichkeit mit dem Alemannischen. Dass eine nationale Disposition zur Gunierung der *i* und *û* vorhanden war ist sehr wahrscheinlich. Schon die alten Reime *i: ei* weisen darauf hin; s. Bartsch Ueber Karlmeinet p. 226, Schade Geistliche Gedichte vom Niederrhein p. 227. Obwol man die Ungenauigkeit der niederrheinischen Reime in Anschlag bringen muss. Dazu gibt es eine Reihe aus dem Norden unseres Gebietes stammender Denkmäler welche *ei* für *i* durchführen, neben unangetastetem *û*, das bei Culturübertragung doch hätte zuerst an die Reihe kommen müssen, und ganz nd. Consonantenstand; vgl. p. 165. 203. 210. — Die gegenwärtige Volkssprache ferner zeigt an der Mosel annähernd dieselben Verhältnisse wie in Schwaben, nördlich aber in Cöln und Cleve finden wir *ei* für *i*, *au* für *û* nur im Auslaut, ähnlich wie

---

*) Ueber *ij* bemerkt J. Grimm Gr. 1³, 317 dass Reime wie *lijden: beiden* von guten Dichtern nicht nur in Belgien gemieden würden. Aber Donders in den Onderzoekingen 2, 3 (1870) p. 365 scheint dem *ij* wie dem *ei* dieselbe Geltung *e•i* zu erteilen.

in der Schweiz und im Elsass. Sollte die Anlage zu dieser
Aussprache alt sein und nur in der Schrift keinen Ausdruck
gefunden haben? — Die physikalische Bedingung des diphthongierten Lautes wäre verständlich. P. 197 hatten wir gesehen, dass im mnl. und mnd. parallel mit dem Uebergang
der á in *ae ai*, der ó in *oe oi*, der é in *ee* auch *ui* für *ú* und
eine sehr geschlossene Aussprache des *i*, zuweilen durch *ii ij*
ausgedrückt, von geschlossenen Oxytonis ausgehend allmälig
sich über die offenen Oxytona, und schliesslich auch über die
offenen Paroxytona verbreitet hat. Mit einer Milderung des
Accentes, welche vielleicht seit dem 15. Jh. eintritt, wird diese
Aussprache der langen Vocale allmälig aufgegeben. Nun
waren die *ui* der drei Stufen, geschlossene Oxytona, offene
Oxytona, offene Paroxytona, nicht gleichmässig befestigt, am
wenigsten auf der letzten, am stärksten auf der ersten. Ein
Sinken des Accentes, das die *ui* der offenen Paroxytona zu
offenem *ú* trieb, konnte es in offenen und geschlossenen Oxytonis nur zu geschlossenem *ú* bringen. Und zwar werden die
ú vor Consonanten eine noch geschlossenere Qualität gehabt
haben als die auslautenden. Dennoch aber ist es begreiflich
dass in diesen mehr als in jenen die geschlossene Aussprache
als beschwerlich empfunden wurde, da durch die Bildung der
Schlussconsonanten jene Verengung in der Mundhöhle erleichtert
wird, welche die geschlossenen Vocale im Gegensatz zu den
offenen erfordern; vgl. p. 199. Die Erleichterung ist der Diphthong *au*. Das '*ú* offener Paroxytona bedarf sie nicht. —
Aehnlich bei *û* (hd. *iu*), *i*. *Ii* offener Paroxytona wird '*i* geworden sein, das *í* offener Oxytona erhält den Vorschlag.
S. Scherer GDS. p. 19.

Wie dem auch sei, die durchgeführten *ei* für *î* können
wir nicht umhin als eine von der Weise des Volks abweichende
Aussprache der Gebildeten Niederfrankens zu betrachten. —
Ou für *ú* aber und *eu* für *û (iu)* werden in dem Umfang, in
welchem sie in nfr. Denkmäler eindringen, auf Nachahmung
des nhd. beruhen. Darauf deutet schon das Verhalten der
Wörter *úz* und *úf*, letzteres allerdings vielleicht immer kurz,
welche im nfr. wie im elsässischen und obersächsischen, Zarncke

a. a. O. 274a, 275a, am spätesten zu *auf auz* werden, während das schwäbische Eheverlöbniss *ouf ouzvart* hat, und das Verhältniss der *úf úz* zu den *ouf ouz* in der Milstäter Hs. wesentlich dasselbe ist als das der diphthongierten und nichtdiphthongierten Fälle bei andern Wörtern. Die bei Karajan gedruckten Stücke zeigen unter 25 *úf úffe* 23 *ouf ouffe* und 2 *úf*, unter 19 *úz úzen uzzen* 12 *ouz ouzzen* und 7 *úz úzzir*. Das einzige Wort welches an Häufigkeit des Vorkommens sich mit den beiden Präpositionen messen kann ist *hús*, das 7 mal *hous*, 5 mal *hús* bietet. Denn *brut* das allerdings der 'Hochzeit' wegen häufig ist, 11 Fälle, und immer *brout* geschrieben wird, kann die Gelegenheit benutzt haben um seinen Nom. Acc. dem Gen. Dat. *broute* ähnlicher zu machen. *Lúhte* das nur viermal erscheint hat doch einmal den langen Vocal bewahrt. Auf das Fremdwort *nátúre* ist nicht viel Gewicht zu legen obwol es bei Heinrich von Melk in der Todesmahnung 692 *natawer* geschrieben wird.

Allerdings für unmöglich möchte ich es jetzt meine p. 161 f. ausgesprochene Ansicht modificierend nicht halten, dass auch bei nationaler Entwickelung häufig gebrauchte Formwörter einer veränderten Aussprache länger widerstünden als andre. Der physikalische Process wird aufgehalten durch eine besonders kräftige Vorstellung, welche das oft gehörte Wort in dem Sprechenden erzeugt hat. Aber wenn dieselbe Neuerung verschiedene Lautgruppen trifft, wenn z. B. alle Tenues affriciert werden, alle extremen oder dem Extrem sich nähernden langen Vocale mit einem Vorschlag *u* versehen werden sollen, dann kann bei nationaler Entwickelung die Chronologie der Lautprocesse sich nicht nach der Häufigkeit der Lautgruppen richten, es wird weder *k* vor dem *t* affriciert, noch *ú* vor dem *î* guniert werden. Ausser durch Zufall. Denn die treibende Kraft ist nicht die Vorstellung eines Sprachgesetzes, s. p. 162, das auf einzelne in der Erinnerung mehr oder minder befestigte Laute in Anwendung zu bringen ist, sondern ein physisches Bedürfniss der Aussprache. Worte leben allerdings in der Vorstellung und könnten die Macht der Gewonheit dem neuernden Triebe gegenüberstellen, aber Vorstellungen der Laute würden doch erst durch Vorstellungen von Lautgesetzen zum Bewusstsein gelangen.

Wenn wir somit annehmen die nhd. Diphthonge im nfr. seien Resultate zweier Strömungen, einer nationalen, welche die *i* zu *ei* trieb, und einer fremden welche ausser den *i* auch noch die *û* und *ü (iu)* mit einem Vorschlag zu versehen trachtete, so erklärt es sich warum wir sowol Denkmäler sehen, welche *ei* neben überwiegenden *û (û* und *iu)* zeigen, andererseits aber solche, in denen *ou* dem *i* und *eu* vorangeht, oder deren *ei* zwischen *ou* für *û* und *eu* für *iu* in der Mitte steht.

So zeugen für Priorität des *ei* ausser den oben p. 203. 210 erwähnten Cleveschen folgende Denkmäler: in VI Wt. 2, 552 (Pronzfeld, sw. Prüm, 1476) 0·77 *ei*, 0·66 *au*, 0·43 *eu*, — Wt. 2, 586 (Steffeln, noo. Prüm, 1519) 0·87 *ei*, 0·66 *eu*, 0·5 *au*. — Wt. 2, 610 (Dreiborn, wnw. Schleiden, 1515) 0·68 *ei*, 0·11 *au*, 0 *eu*, — Wt. 2, 718 (Sinzig, am Rhein, unter Breisig, 16. Jh.) 0·66 *ei*, 0·5 *au*, — *iu eu* kommt nicht vor, — Wt. 4, 765 (Muggenhausen, zwischen Bonn und Zülpich, 1555) 0·9 *ei*, 0·53 *au*, 0·5 *eu*, — in VII: L. A. 6, 386 (Schwadorf, sws. Cöln, 16. Jh.) 0·77 *ei*, 0·6 *au*, — *iu eu* kommt nicht vor, — L. A. 7, 103 (Tomberg, Kreis Rheinbach, 1553) 0·77 *ei*, 0·25 *au*, 0 *eu*, — in IX: Wt. 2, 479 (Allzens, so. Maien, 15. Jh. o. D.) 0·88 *ei*, 0·5 *au*, — *eu iu* kommt nicht vor, — Wt. 2, 574 (Helfant, wsw. Saarburg, 15. Jh. o. D.) 1 *ei* 1 *eu* 0·75 *au*, — L. A. 6, 49 (Merheim, Bezirk Cöln, 16. Jh.) 0.91 *ei*, 0·66 *au*, 0.5 *eu*, — in XI: L. 4, 217 (Jülich-Berg-Geldern an König Sigmund 1435) 0·57 *ei*, 0·5 *eu*, 0·33 *au*.

Au eu gehen voran in IV: Hö. 2, 96 (Pfandvertrag zwischen dem Erzbischof von Cöln und dem Herrn von Isenburg 1325) s. p. 282, — in VI: L. A. 7, 128 (Hilden, soo. Düsseldorf, 1505) 0·83 *au*, 1 *eu*, 0·75 *ei*, — Wt. 2, 503 (Winningen, bei Coblenz, 1507) 1 *au*, 1 *eu*, 0·88 *ei*, — L. 4, 414 (Cöln Sachsen Hessen 1480) 0·4 *au*, 0·6 *eu*, 0·2 *ei*, — in VII: L. A. 7, 109 (Conzen, nön. Montjoie, 1553) 1 *au*, 0·7 *ei*, — in IX: L. 4,

195 (Jülich-Berg 1430) 1 *au*, 1 *eu*, 0·81 *ei*, — L. 4, 454 (Mainz Cöln Trier Pfalzgraf 1492) 0·4 *au*, 0·33 *eu*, 0.09 *ei*. — Wt. 2, 694 (Holzheim, zwischen Gemünd und Münstereifel. 1593) 1 *au*, 1 *eu*, 0·75 *ei*, — L. A. 6, 56 (Klein-Königsdorf, w. Cöln, 1562) 1 *au*, 1 *eu*, 0·9 *ei*, — L. A. 6, 67 (Odenkirchen, n. Jülich, 16. Jh.) 1 *au*, 1 *eu*, 0·9 *ei*, — in XI: L. 4, 207 (Pfalzgraf an Cleve 1433) 1 *au*, 1 *eu*, 0·85 *ei*. — Ausserdem in IX Wt. 2, 546 (Selrich, bei Prüm, 15. Jh.); die neuen Diphthongen sind durchgedrungen, nur *uff* neben *auff*. — Wt. 2, 482 (Maien, w. Coblenz, o. D.); die neuen Diphthonge sind durchgedrungen, aber *auss* wechselt mit *üss*, *auf* mit *uff*.

Eu bleibt hinter *ei* zurück in VII L. 4, 483 (Sachsen Pfalzgraf Jülich-Berg, Cleve-Mark 1499) 0·25 *au*, 0·22 *ei*, 0·2 *eu*.

Au bleibt hinter *ei* zurück in VI: Wt. 6, 558 (Landscheid, zwischen Wittlich und Bitburg, o. D.) 1 *eu*, 0·92 *ei*, 0·8 *au*, — Wt. 2, 724 (Weilerwist, zwischen Lommersum und Lechenich. o. D.) 1 *au*, 0·85 *ei*, 0·5 *au*, — in VII: Wt. 2, 656 (Vilich, zwischen Rheinbach und Muffendorf, 1485) 1 *eu*, 0·75 *ei*, 0·66 *au*, — in IX: Wt. 3, 830 (Rummersheim, soo. Prüm, 1550) 1 *eu*, 0·83 *ei*, 0·5 *au*, — Wt. 2, 647 (Liemersdorf, w. Remagen,) 1 *eu*. 0·9 *ei*, 0 *au*, — L. A. 6, 3 (Gerechtsame des Abtes von Gladbach zu Buchholz-Niederweiler, Amt Andernach, 1589) 1 *eu*, 0·8 *ei*, 0·8 *au*, — L. A. 6, 24 (Bonn 16. Jh.; sehr kurz) 1 *eu*, 0·8 *ei*, 0 *au*, — in XI: L. 4, 193 (Metz an Jülich-Berg 1429) 0·33 *eu*, 0·2 *ei*, 0 *au*, — L. 4, 456 (Cöln 1492) 1 *eu*, 0.88 *ei*, 0·83 *au*.

In *-lich -lichen* der Adj. und Adv. und in *-wich -rich* der Eigennamen hatte der hd. Gebrauch nicht durchzudringen vermocht, entweder wegen der Häufigkeit der Wörter oder, wenn hier Culturübertragung anzunehmen, wegen der Verkürzung des *i* im md. und nfr., wodurch das Gesetz *ei* für *i* hier keine Anwendung zu finden schien. Die Reichssprache wirkte hier auf das bairisch-österreichische zurück und stellte hier den reinen Vocal statt der Gunierung wieder her, welche z. B. in

Urkunden König Ludwigs ganz üblich gewesen war, s. Pfeiffer Freie Forschung p. 370, und ebenso in bairischen Privaturkunden, p. 367 n.

Geographische Uebersicht XI.

Wie in X sind nur Stationen jener Gegenden aufgeführt, welche vor dem 14. 15. Jh. oder noch während dieser Periode eine der nfr. Mundarten I—VIII bieten.

Im 14. Jh. war XI Canzleisprache in Luxemburg - Brabant - Limburg L. 3, 725 (1372)[2], — in der Pfalz Hö. 2, 28 (1313), 208 (1338)[2], L. 3, 1065 (1399)[2], Gü. 3, 472 (1303)[2], Wü. 2, 45 (1300)[2].

Ferner wurde die Mundart gebraucht links Rhein: im Saarbrücker Landrecht Krem. 551 (1321)[2], in Ensmingen, bei Saargemünd, Wt. 6, 421 (1348)[2].

rechts Rhein: in Sain - Vallendar Gü. 3, 253 (1339), wenn die Urkunde alt ist.

Conflicte

mit IV: rechts Rhein ist Sain gemeinsam,

mit V: rechts Rhein hat Helfenstein V, Sain - Vallendar XI.

mit VI: rechts Rhein hat Isenburg Helfenstein VI, Sain - Vallendar XI.

mit VII, in Lothringen: Differdingen hat VII, Ensmingen XI. — Rechts Rhein ist Sain gemeinsam.

mit IX, das in Wied herrscht, während Sain-Vallendar XI zeigt.

mit X: die pfalzgräfliche Canzlei zeigt beide Mundarten.

Im 15. Jh. ist XI Amtssprache des Kurvereins L. 4, 233 (dat. Frankfurt 1439)², — es wird ferner verwendet in Mainz Wü. 2, 173 (1462)², 176 (1492)², 278 (1486)², *in Mainz* Wü. 1, 279 (1504), — in der Canzlei des Pfalzgrafen L. 4, 207 (1433)², — *des Grafen von Nassau-Saarbrück* Krem. 627a (1544)², 627b (1546)²,

sodann bei den Geschlechtern, in den Ortschaften, links Rhein: von Meurs-Saarwerden BM. 4, 435 (1472)²*)
 Kempen BM. 4, 411 (1444)²**) Güsten, so. Jülich, Wt. 2, 755 (1431)², *Oberembt, w. Bergheim,* L. A. 7, 79 (1563)², *Niel, n. Cöln,* L. A. 6, 51 (16. Jh.)²
 Flamersheim, w. Rheinbach, L. A. 3, p. 200 (1564), *Endenich, sw. Bonn,* L. A. 6, 27 (1557)², *Oberbachem, s. Bonn,* L. A. 6, 14 (16. Jh.)² *Tondorf,* soo. *Schleiden,* L. A. 7, 101 (16. Jh.)² *Cruft, w. Maien,* Wt. 3, 816 (1585) *Masburg, sw. Kaiseresch,* Wt. 6, 654 (1548)², *Alflen, no. Cochem,* Wt. 2. 407 (1507)², Karden, Treis gegenüber, Wt. 2, 449 (1462)², Fankel, soo. Cochem, Wt. 6, 535 (15. Jh.)², Nieder-Hirzenach, nww. S. Goar, Gü. 4, 236, 2 (1451)², Timpesort und Holzfeld, wnw. S. Goar, Gü. 4, 236, 3 (1451)² *Scheidweiler, nno. Wittlich,* Wt. 2, 385 (1506)², *Mesenich, an der Mosel, ober Ellenz,* Wt. 6, 542 (1507)², *Kennfuss, sww. Cochem,* Wt. 2, 405 (1500)², *Wulverscheid, bei Cochem,* fehlt bei Rudolph, Wt. 2, 391 (1507)², *Steinecken, bei Cochem,* fehlt bei Rudolph,

---

*) Nur wenige hd. Vocale.

**) Diese Urkunden sind zwar dem Codex diplom. des Protonotarius Jansen entnommen, aber so nachlässig er seine Vorlagen auch abschrieb, s. BM. 4, 410, Neigung sie hochdeutsch darzustellen zeigt er nicht, s. BM. 4, 386. 412.

Wt. 2, 398 (1506)², *Flossbach, bei Cochem*, Wt. 2, 401 (1507)², *Zurmühlen, an der untern Mosel*, fehlt bei Rudolph, Wt. 2, 393 (1506)² Ettelbrück, sw. Dickirch, Ha. p. 236 (1492)², *Ettelbrück, sw. Dickirch*, Ha. p. 236 (1598)², *Erenzen, bei Echternach*, Ha. p. 220 (1400—1684)², *Igel, sw. Trier*, Wt. 2, 274b (1537)², *Trier* s. p. 346, Pfalzel, no. Trier, Wt. 6, 522 (1461)², Kenn, no. Trier, Ehrang gegenüber, Wt. 2, 314 (1493)², *Kenn, no. Trier, Ehrang gegenüber*, Wt. 2, 314 (1535)², *Irsch, so. Trier*, Wt. 6, 438 (16. Jh.)², *Mernich, zwischen Schweich und Pölich*, Wt. 2, 315 (1548) *Biwer, bei Grevenmachern*, Ha. p. 118 (1581)², *Brombach, zwischen Oberstein und Birkenfeld*, Wt. 6, 446 (1508)², Wild- und Rheingraf von Daun, im Hundsrück, Gü. 4, 398 (1496)² Saarbrücker Propsteirecht Krem. p. 625 (1442)², Eschringen, so. Saarbrück, Wt. 6, 423 (1498),

rechts Rhein: Frankfurt Böhm. Cod. 781a (der Frankfurter Gesandte berichtet aus Prag an den Rat 1400).

Von den grossen Canzleien wird zwar nur Mainz im 15. Jh. neu erworben: aber sonst ist der Fortschritt der Mundart weitaus rascher und umfassender, als im Bereich der geschilderten Sprachbewegungen vorgekommen. IIb. IV. VI. VII. IX. X sind durch die neue Mundart zu Schaden gekommen, X auch in den Canzleien des Pfalzgrafen und des Erzbischofs von Mainz.

Conflicte

mit IIb: Kempen Meurs ist gemeinsam, wenn auch IIb noch bedeutend überwiegt.

mit III: Kempen ist gemeinsam.

mit IV. Im N. ist Meurs gemeinsam, — im W. fallen die Grenzen von XI mit denen von IV entweder zusammen, oder die Grenze XI läuft innerhalb der Grenze von IV, —

sw. aber und s. hat XI, welches an der Mosel bei Trier sich ausbreitet und nach Luxemburg zur Saar und in den Hundsrück hinüberstreift, grösseren Umfang.

mit VI. Die Parallelen von XI 'Flamersheim' 'Tondorf' 'Cruft' 'Alften' 'Scheidweiler' fallen in das Gebiet von VI, aber weder die nördlichen Stationen — 'Meurs' 'Güsten' — noch die südlichen um Trier, an der Saar und im Hundsrück.

mit VII. Von der Parallele XI 'Güsten' ist Niel mit VII gemeinsam, auch die Parallelen XI 'Flamersheim' 'Tondorf' fallen in entsprechende des Gebietes VII, ebenso die folgenden an der untern Mosel, welche aber die Mundart VII im 15. Jh. kaum überschreitet. — Auch im Sw., an der untern Mosel, von Wittlich nach W., dann im Luxemburgischen begegnen sich die Mundarten.

mit VIII, dessen wenige Stationen links Rhein ganz in das Gebiet von XI zu fallen scheinen.

mit IX. Mainz und die Canzlei des Pfalzgrafen sind gemeinsam. Mit Ausname von Meurs und Kempen sind alle Stationen von XI innerhalb des grösseren und reicheren Gebietes IX gelegen.

mit X. Die Canzleien des Erzbischofs von Mainz und des Pfalzgrafen sind gemeinsam, aber X überwiegt weit. — Ober-Wesel mit X fällt in die Nähe von Nieder-Hirzenach, welches XI zeigt, und die Station Trier von X ist ganz umgeben von XI. Alles übrige aber weicht ab.

Verkehr.

Zum Verkehr finden wir XI gebraucht von Mainz und dem Pfalzgrafen Klüpfel 1, 163 (1494)

Excurs über die Verbreitung des Nhd.

Das Nhd. wurde erst seit der österreichischen Dynastie dauernd in der kaiserlichen Canzlei gebraucht. Vorher war nicht nur md. — im wesentlichen unser X, — sondern auch IX in Verwendung gewesen. X z. B. in Urkunden König Karls IV. Gü. 3, 479 (1362), König Ruprechts Müll. F. 1, 77 (1408), L. 4, 49. 50 (1407), 51a (1408), Gü. 4, 5 (1404), König Sigmunds L. 4, 89 (1414)², 4, 178 (1439)², 4, 100 (1416), 4, 103 (1417), 4, 104 (1417). — IX allerdings seltener in der Canzlei König Albrechts I. Hö. 1, 25 (1209), Karls IV. Weizs. p. 39, N. 15 (1376)¹, Wenzels I. Gü. 3, 572. 573 (1379),*) Ruprechts L. 4, 37 (1405)². — Dazu hörte im Verkehr mit den Reichsfürsten die Accommodierung an deren Mundarten auf. König Ludwig IV. hatte in IX an Mainz geschrieben, König Karl IV. in IV an Cöln, in IX an Trier, König Ruprecht in IIb an Cleve-Mark, in IV (und IX) an Cöln, König Sigmund halbsächsisch an die Friesen, s. Unger Geschichte der deutschen Stände 2, 107 (1416), in IV und IX an Cöln, in IX an Trier, Herzog Sigmund von Oesterreich in IX an Mainz. — Jetzt machte man nur noch in den neu erworbenen Niederlanden Zugeständnisse. Hier wurden kaiserliche Ordonnanzen ndl. oder in IIa promulgiert: Chm. Max. N. 373 (o. D.), L. 4, 440 (1488). — Die auf das Fehmgericht bezüglichen Verordnungen König Ruprechts bei S. N. 904 (1404), 980 (1479), 998 (1493) in IIb werden wol westfälische Abschriften sein; s. p. 210.

Doch schrieben sowol luxemburgische Könige in XI, — wie König Sigmund an Cleve L. 4, 223 (dat. Prag 1437), — als auch habsburgische Könige und Herzoge in X, — so König Albrecht II. Müll. F. 1, 90 (1438), Herzog Albrecht von Oesterreich an Ulm Müll. F. 1, 95 (1450), und selbst in der

---

*) Für König Wenzel ist die Mundart nur dann nachgewiesen, wenn Cöln, an welches beide Urkunden gerichtet sind nicht selbst IX hat, was freilich durch die von Cöln Trier Mainz und den Pfalzgrafen in IX ausgestellten Urkunden nicht bewiesen wird.

hd. an König Ladislaus gerichteten Urkunde König Friedrichs III. Müll. F. 1, 536 (1455) sind die *i* und *u* noch stark im Uebergewicht; ebenso in dem Schreiben König Friedrichs III. an die böhmischen Landstände Müll. F. 1, 537 (1455). — Trotzdem war nun der hd. Charakter der Reichssprache entschieden.

Seit 1438 nehmen auch nhd. Schriftstücke zu, welche aus rheinischen Canzleien an den Kaiser gesandt werden.*) Denn das nhd., welches im 16. Jh. in den meisten grossen Canzleien unsrer Bezirke zu häuslichen Angelegenheiten verwendet wurde, war im 15. Jh. vorbereitet worden durch den Verkehr mit dem Kaiser oder hd. schreibenden Fürsten im Osten des Reiches.

Nhd. schreibt der Erzbischof von Cöln an den Herzog von Sachsen L. 4, 456 (1492), Kais. B. 2, 34 (1484), an den Kurfürsten von Brandenburg, Kais. B. 2, 45 (1485), 307 (1475), an den Kurfürsten von Brandenburg und den Herzog von Sachsen Kais. B. 2, 61 (1485).

Der Erzbischof von Trier an den Kurfürsten von Brandenburg Kais. B. 2, N. 32 (1484), 304 (1475, nicht aus dem kaiserlichen Buch). an Erzherzog Albrecht von Oesterreich Chm. Mater. II, 91 (1455),

Der Erzbischof von Mainz an König Maximilian Chm. Max. N. 35 (1494), 36 (1494), 38 (1494), an Oesterreich Mon. Habsb. 1, 1, 387 (1473), an den Kurfürsten von Brandenburg, Kais. B. 2, 35 (1484), 155 (1485), 198 (1486), an die Markgrafen von Brandenburg Kais. B. 2, 201 (1486),

---

*) Die Citate aus dem kaiserlichen Buch fallen vielleicht weg. Obwol von Minutoli sagt p. VI das copierte Exemplar dürfe nur mit Vorsicht benutzt werden, so erweckt doch die gleichmässig hd. Orthographie aller Acten Verdacht; über Minutolis Unzuverlässigkeit s. Chmel Monum. Habsb. 1, 1, XLIV. — Es ist dies bedauerlich bei der Seltenheit cölnischer trierscher mainzischer Correspondenzen, über welche schon Chmel geklagt hat, Mon. Habsb. 1, 1, p. XLVI.

Der Herzog von Jülich-Geldern-Zütphen an König Ruprecht Gü. 4, 26 (1407).

der Herzog von Jülich-Berg-Ravensberg an König Sigmund L. 4, 217 (1435), an den Kurfürsten von Brandenburg Kais. B. 2, 30 (1484), die Herzogin von Jülich an ihren Bruder, Markgrafen von Brandenburg, Kais. B. 2, 372 (o. D., nicht aus dem kaiserlichen Buch),

der Pfalzgraf (wegen der Seltenheit der Fälle, in welchen die pfalzgräfliche Canzlei XI zu eigenen Angelegenheiten verwendet) in einem offenen für ganz Deutschland bestimmten Sendschreiben an einen anonymen Fürsten Mon. Habsb. 1, 1 p. XCIII (1474)[z],

der Landgraf von Hessen, als Verweser von Cöln, an Kaiser Friedrich III. Mon. Habsb. 1, 1 445 (1475), *an König Maximilian* Chm. Max. N. 300 (1510),

der Graf von Nassau an König Maximilian Chm. Max. N. 100 (1496).

Frankfurt hält im 14. Jh. fest an seinem X, und auch in den ersten Jahren des 15., — für die spätere Zeit fehlen mir die Quellen. — Die einzige hd. Urkunde aber, welche Böhmer und Janssen bieten, ist ein Bericht des sächsischen Gesandten am kaiserlichen Hofe aus Prag 1400. Die dazu gehörige Archivnote ist wider md. Böhm. Cod. p. 781a (1400) und 781b (1400). Auch die Briefe, welche Frankfurt zu dieser Zeit an König Wenzel und Sigmund richtet, sind in X abgefasst; Janss. 1. N. 115 (1397), 134. 146 (1399), 178. 179. 202. 209 (1400), 418 (1411).

Jenseits der deutschen Sprachgrenze ligt im 15. Jh. die Canzlei des Bischofs von Metz, doch durfte man vermuten dass einst Lothringen einem nfr. Typus angehört habe; s. p. 390. 1477 schreibt der Bischof in reinem hd. an Erzherzog Maximilian Mon. Habsb. 1, 1, p. 149.

Aber der Gebrauch der heimischen Sprache zum Verkehr mit dem Reiche und Oesterreich überwigt noch.

An Kaiser Friedrich und Erzherzog Maximilian schreiben in X: der Erzbischof von Mainz Mon. Habsb. 1, 1 p. XXVIII (1470)[2], — der Pfalzgraf Müll. F. 2, 202 (1466), 2, 422 (1471), 2, 526 (1472), — der Herzog von Sachsen Müll. F. 1, 504 (1454) — die Gesammtheit der Kurfürsten Müll. M. 560 (1456 etwas hd.),

in IX: der Erzbischof von Cöln Mon. Habsb. 1, 2, 417 (an Erzherzog Maximilian 1481), — der Erzbischof von Mainz Mon. Habsb. 1, 1 p. XXIX (1470)[2], p. XXXI (1471), — der Landgraf von Hessen, als Verweser in Cöln, Mon. Habsb. 1, 1, 450 (1475)[1] — die Luxemburger von *Nuwenburg* und von *Ourley* Mon. Habsb. 1, 1 p. 151 (1477); — auch einer Art IX bedient sich Maria von Burgund Mon. Habsb. 1, 1 p. 140 (an Erzherzog Maximilian 1474),

in VII: der Landgraf von Hessen, als Verweser von Cöln, Mon. Habsb. 1, 1 p. 390 (1474), p. 392 (1474),

in VI: der Niederländer Everat Mon. Habsb. 1, 2, p. 406 (an Erzherzog Maximilian 1478).

Ausserhalb unsres Gebietes verkehrt mit dem Kaiser z. B. Zürich alemannisch Chm. Mater. 1, p. 100. 104 (1442), schon mit hd. Beimischung; ebenso Basel Müll. F. 1, 232 (1444), der Herzog von Braunschweig und die Herzogin von Pommern aber ganz nd. Chm. Mater. 1, p. 280 (1447), Mon. Habsb. 1, 1 p. 439 (1475), — während der König von Dänemark sich mit hd. abquält Mon. Habsb. 1, 1 p. 451 (1475).

An Kaiser Maximilian schreibt der Pfalzgraf, der doch auch XI gebraucht, in X Chm. Max. N. 116 (1496), 125 (1496), — der Herzog von Jülich-Berg in VI Chm. Max. N. 46 (1494), — und die schweizer Hauptleute modificieren ihr alemannisch gar nicht in dem Briefe an die königlichen Räte in Feldkirch Klüpfel 1, p. 289 (1499); es ist dieselbe Mundart, in der sie an die Hauptleute des schwäbischen Bundes geschrieben hatten, p. 288.

An Erzherzog Albrecht von Oesterreich schreibt Cöln in VII Chm. Mater. 2, 93 (1455), — der Erzbischof von Trier in IX² Chm. Mater. 2, 91 (1455), — der Pfalzgraf und die Pfalzgräfin in X, Chm. Mater. 2 p. 23 (1452), p. 94 (1455),

und ausserhalb unsres Gebietes z. B. die Gesellschaft des S. Georgsschildes in Schwaben alemannisch, Chm. Mater. 2, 56 (1453); aber mit *ai* für *ei*.

An Herzog Friedrich von Oesterreich schreiben sämmtliche Kurfürsten in X, Chm. Mater. 1, p. 70 (1440).

Aber es waren nicht die grossen Canzleien des nfr. Gebietes, welche XI zuerst adoptierten. Kleine Geschlechter und Ortschaften, die keinen festen Schreibegebrauch ausgebildet hatten, erlagen den fremden Einflüssen eher. S. das geographische Verzeichniss von XI im 15. Jh.; vgl. auch das Eindringen des hd. Vocalismus in die Mundarten VI. VII. IX im 15. Jh. Für Meurs darf die Verbindung mit Saarwerden kaum in Anschlag gebracht werden: sie war nach kurzer Dauer 1417 gelöst worden. Diese cleveschen Lehnsleute haben eine sehr rasche Sprachentwickelung durchgemacht: im 14. Jh. ein IIb, ein IV, im 15. Jh. 2 IIb, 3 IV, ein XI.

Aehnlich wie dem Kaiser oder einem österreichischen Prinzen gegenüber gestaltete sich der Verkehr mit dem König von Böhmen wie unter andern aus den Urkunden und Correspondenzen des 20. Bandes der Fontes rerum austriacarum hervorgeht. Sie ergeben z. B. dass zu König Georg Podiebrads Zeit in der sächsischen Canzlei noch md. herrschte, so p. 61 (Herzog Friedrich von Sachsen an seinen Vogt 1453), p. 117 (Kurfürst Friedrich von Sachsen an seinen Bruder, Herzog Wilhelm in Sachsen, 1457), p. 129. 133. 134 (Räte des Herzogs Wilhelm berichten aus Böhmen an den Herzog 1458). — Im Verkehr mit Georg Podiebrad und den böhmischen Herren aber bedienen die Sachsen sich neben dem md. p. 13a (Herzog Wilhelm von Sachsen an Georg Podiebrad 1450), p. 23 (Herzog Friedrich von Sachsen und Albrecht, Markgraf von Brandenburg, an den Podiebradbund 1451), p.

453 (Herzog Friedrich von Sachsen an Georg Podiebrad 1453), auch des hd.: p. 1 (Herzog Friedrich von Sachsen und der böhmische Herrenverein 1450), p. 183 (Herzog Wilhelm von Sachsen an König Georg 1459).

Allerdings bietet nhd. auch eine Urkunde, in welcher der Bischof von Meissen mit einem Herrn von Wartenberg über Herzog Friedrich von Sachsen und Johann von Wartenberg entscheidet, p. 34 (1452); s. Müllenhoff Dm. XXVI.

Uebersicht.

Einleitung	1
I. Beschreibung	15
Iα, Iβ, Iγ	15
Iα (Werden, 9. 10., Anfang 11. Jhs.)	15
Consonanten	18
Vocale	23
Declination	27
Iβ (Nordwestliche Niederfranken, 9. 10., Anfang 11. Jhs.)	29
Consonanten	31
Vocale	33
Declination	35
Iγ (Utrecht 8.? 9.? 10. Jh.)	36
Charakteristik I	37
Excurs über die westgermanischen Vocale	46
Geographische Uebersicht I	90
II. Beschreibung	94
IIα (Nievenheimer Gau, 10. 11. Jh.)	94
Consonanten	95
Vocale	95
IIβ (Cleve, Geldern, Zütphen, 12. 13. Jh. bis 1279)	96
Consonanten	97
Vocale	99
IIγ (Utrecht, 11. 12. 13. Jh.)	101
Consonanten	101
Vocale	102

IId (Ruhrgau, 11. 12. 13. Jh.)	104
Consonanten	106
Vocale	109
Nominaldeclination	113
Charakteristik II	115
Excurs über die Lautverschiebung	115
Fortsetzung der Beschreibung II	179
IIa (Geldern 14. 15. Jh.)	179
Consonanten	180
Vocale	182
IIb (Cleve 13. 14. 15. Jh.)	185
Consonanten	187
Vocale	189
Einzelheiten über die Flexion in IIa, IIb	193
Fortsetzung der Charakteristik II. — IIa, IIb (über die nfr. Diphthonge)	196
Literatur II	202
Geographische Uebersicht II	208
Excurs über Cleve, Geldern, Utrecht und Meurs	214
III. Beschreibung (9. 10. 11. 12. Jh.)	226
Consonanten	231
Vocale	238
Nominale Declination	241
Pronominale Declination. Conjugation	243
Fortsetzung der Beschreibung III (13. 14. 15. Jh.)	244
Consonanten	246
Vocale	249
Nachtrag zur Beschreibung III	253
Charakteristik III	254
Literatur III	254
Geographische Uebersicht III	255
Excurs über Lüttich Limburg Mastricht	262
„ „ Loon	265
„ „ Stablo	266
„ „ die Abtei Meer	268
IV. Beschreibung (13. 14. 15. Jh.)	270
Consonanten	273
Vocale	279
Charakteristik IV	285
Literatur IV	286
Geographische Uebersicht IV	287
Excurs über Cöln Jülich Berg	302
III/IV, Nachtrag zu IV	307

V. Beschreibung	309
Consonanten	315
Vocale	322
Declination	324
Fortsetzung der Beschreibung V	325
Consonanten	327
Vocale	334
Declination	338
Charakteristik V	338
Literatur V	339
Geographische Uebersicht V	340
Excurse zur geographischen Uebersicht V: über das Gebiet von V	344
„ über Trier Luxemburg Sponheim Nassau	345
VI. Beschreibung	349
Consonanten	350
Vocale	352
Charakteristik VI	355
Literatur VI	356
Geographische Uebersicht VI	356
Zu den Beschreibungen III. IV. V. VI	363
VII. Beschreibung	366
Consonanten	369
Vocale	374
Declination	377
Fortsetzung der Beschreibung VII	378
Consonanten	379
Vocale	380
Charakteristik VII	382
Literatur VII	382
Geographische Uebersicht VII	382
Excurse zur geographischen Uebersicht VII:	
„ über Mainz	389
„ über Lothringen	390
Spielart VII′	392
VIII. Beschreibung	393
Consonanten	393
Vocale	394
Charakteristik VIII	395
Geographische Uebersicht VIII	395

IX. Beschreibung	397
Consonanten	398
Vocale	398
Charakteristik IX	400
Literatur IX	400
Geographische Uebersicht IX	401
X. Beschreibung	414
Consonanten	414
Vocale	415
Geographische Uebersicht X	417
Excurs über Hessen und die Pfalz	425
Spielarten VII^s. IX^s. X^s. Beschreibung	426
Charakteristik VII^s. IX^s. X^s.	428
Literatur IX^s.	428
Geographische Uebersicht VII^s. IX^s. X^s.	429
Excurs zur geographischen Uebersicht VII^s. IX^s. X^s.	430
XI. Beschreibung	431
Consonanten	431
Vocale	433
Charakteristik XI	434
Excurs über die nhd. Diphthonge	434
Geographische Uebersicht XI	441
Excurs über die Verbreitung des Neuhochdeutschen	445

Verzeichniss

der Quellen und Abkürzungen.

Ann. — Annalen des historischen Vereins für den Niederrhein.

B. — H. Beyer Urkundenbuch zur Geschichte der mittelrheinischen Territorien 1860.

Ba. Baur. — L. Baur Hessische Urkunden 1850.

BM. — Binterim und Mooren Die alte und neue Erzdiöcese Cöln 1828.

Bö. Cod. — J. Böhmer Codex diplomaticus Moenofrancfurtanus 1836.

Bon. — Bondam Charterboek der hertogen van Gelderland 1783.

C. — Calmet Histoire ecclésiastique et civile de Lorraine 1728.

Chm. Mater. — Chmel Materialien zur österreichischen Geschichte 1832.

Chm. Max. — Chmel Urkunden zur Geschichte Maximilians I, Bibliothek des literarischen Vereins in Stuttgart 1845.

Chm. Rup. — Chmel Regesta chronologica Ruperti regis Romanorum 1834.

Cr. I, IIa, IIIa, IIIb. — Crecelius Collectae ad nominum propriorum Saxonicorum et Frisiorum scientiam spectantes 1864.

Cr. Urk. — Crecelius Urkunden aus Deutsch-Lothringen 1870.

Drei Abh. — Drei Abhandlungen zur Geschichte des deutschen Rechtes von F. Bluhme, R. Schröder, H. Loersch 1871.

Ennen. — Ennen und Eckertz Quellen zur Geschichte der Stadt Cöln 1863.

Fich. — Fichard Frankfurtisches Archiv 1811.

Font. — Böhmer Fontes rerum germanicarum 1843.

G. Gud. — Gudenus Codex diplomaticus Maguntinus 1743.

Gü. — Günther Codex diplomaticus Rhenomosellanus 1822.

Hardt. — Hardt Luxemburger Weistümer 1870.

Hö. — L. Höfer Auswahl der ältesten Urkunden deutscher Sprache 1835.

Honth. — Hontheim Historia Trevirensis diplomatica 1750.

Jans. — Janssen Frankfurts Reichscorrespondenz 1863.

Kais. B. 1. — Das kaiserliche Buch des Markgrafen Albrecht Achilles ed. E. Höfler 1850. — Kais. B. 2. — Das kaiserliche Buch des Markgrafen Albrecht Achilles ed. v. Minutoli 1850.

Kamptz. — Kamptz Die Provinzial- und statutarischen Rechte der preussischen Monarchie 1826.

Klüpfel. — Klüpfel Urkunden zur Geschichte des schwäbischen Bundes, Bibliothek des literarischen Vereins in Stuttgart 1840.

Krem. — Kremer Genealogische Geschichte der alten ardennischen Geschlechter, insbesondere des Hauses der Grafen zu Saarbrück 1785.

Kzs. — Kuhns Zeitschrift für vergleichende Sprachforschung.

L. — Lacomblet Urkundenbuch zur Geschichte des Niederrheins 1840.

L. A. — Lacomblet Archiv für die Geschichte des Niederrheins 1832.

Lex Cham. — Lex Francorum Chamavorum ed. E. Th. Gaupp 1855.

Lex Rip. — Lex Salica una cum lege Ripuariorum ed. E. A. Th. Laspeyres 1833.

L. S. — Liber Sententiarum Cliviensis, Zeitschrift für Rechtsgeschichte 9, 451.

Martène. — Martène Veterum scriptorum et monumentorum amplissima collectio 1724.

Marx. — Marx Geschichte des Erzstiftes Trier 1858.

M. — Miraeus Opera diplomatica et historica 1723.

Mieris. — Mieris Groot charterboek der graven van Holland 1753.

Mon. Habsb. — Monumenta Habsburgica 1853.

Mones Zs. — Mones Zeitschrift für Geschichte des Oberrheins 1850.

Müll. F. — J. J. Müller Des heil. römischen Reiches teutscher Nation Reichstagstheatrum unter Kaiser Friedrich V 1713.

Müll. M. — J. J. Müller Des heil. römischen Reichs teutscher Nation Reichstagstheatrum wie selbe unter Kaiser Maximilians I Regierung gestanden 1718.

Quix. — Quix Geschichte der Stat Achen 1840.

Rie. — Rieger Vorrede zum Leben der h. Elisabeth, Bibliothek des literarischen Vereins in Stuttgart 1868, p. 47 ff.

Rudolph. — H. Rudolph Vollständiges geographisch-topographisch-statistisches Ortslexicon von Deutschland 1868.

S. — Seibertz Urkundenbuch von Westfahlen und Arnsberg 1839.

Schu. — Schunck Codex diplomaticus 1797.

St. — Stumpf Acta Moguntina 1863.

Str. — Statrechtbuch von Cleve, Zeitschrift für Rechtsgeschichte 9, 421; 10, 229.

vdB. — Van der Bergh Oorkondenboek van Holland en Zeeland 1866.

vSp. — Van Spaen Oordeelkundige Inleiding tot de historie van Gelderland 1801.

Walther. — Walther Das alte Erzstift und die Stadt Cöln 1866.

Weizs. — Weizsäcker Deutsche Reichstagsacten unter König Wenzel 1867.

Wt. — Weistümer ed. J. Grimm 1840.

Wü. — Würdtwein Diplomataria Moguntina 1788.

Zs. - Haupts Zeitschrift für deutsches Altertum.

Zs. f. R. — Zeitschrift für Rechtsgeschichte.

Verbesserungen und Nachträge.

Pagina 13 Zeile 7 v. u. Lies IIb statt II^b.

    „ 15 Es fehlt eine auch für die folgenden Beschreibungen geltende Bemerkung dass die Längezeichen lediglich etymologische Geltung haben, mit Ausname der Ersatzdehnungen, welche ich bei Ausfall des *n (m)* und *h (g)* angezeigt habe. — Doch ist gegen diesen Grundsatz im zweiten Bogen noch vielfach verstossen.

    „ 19 Zeile 18 v. u. 'Euphonisches *t: malterôt* L. A. 2, 230' zu streichen.

    „ 22 Zeile 15 v. o. Hinzuzufügen: *Timberlâe Holanlâe* Cr. I 22.

    „ 24 Zeile 14 v. u. Hinzuzufügen: Hd. *ae: Lantsétion* L. A. 2, 227, neben *Waltsátion* Cr. I 13.

    „ 25 Zeile 6 v. o. Hinzuzufügen: *Timberlâe Holanlâe* Cr. I 22.

    „ 28 Zeile 12 v. o. *Waltsátión Lantsétión* gehören unter die *an*-Stämme.

    „ 29 Zeile 10 v. o. Hinzuzufügen: *Brêdânaiá* Cr. IIIa 36.

    „ 31 „ 4 v. u. L. *Ezelinum Hecilinum*.

    „ 32 „ 15 v. o. L. *Hislôi*. — 17 v. o. L. *Máshau*. — 18 v. o. L. *Hellenwich*.

    „ 33 Zeile 1 v. o. Hinzuzufügen: *Hislôae* L. 1, 4, *Hislôi* L. 1, 9.

    „ 39 Unter den Analogien mit dem Sächsischen wären auch die *â ao* für *ô* = got. *au* in Ia zu erwähnen.

gewesen, ebenso bei den *i*-Stämmen die Plur. Dat. auf *-iun -ion, -un -on*.

Pagina 46 Zeile 1 v. o. Hinzuzufügen vor V: IV.

„ 70 „ 9 v. o. Darnach sind die *á ao* für *ô = got. au*, welche in I*α* und II*δ*, also nur in Werdenschen Aufzeichnungen vorkommen, als sächsische Orthographie oder Aussprache aufzufassen. Im N. und No. unseres Dialektgebietes findet sich ja auch vereinzelt anderes, was dem Sächsischen und Friesischen entspricht.

„ 74 Zeile 11 v. o. Doch ist vielleicht das zweite *e* in *free* Stammsuffix, sodass *freal freald frea Frea* zu schreiben wäre.

„ 87 Ueber die Nähe des Italienischen zum Hochdeutschen, im Gegensatz zu andern romanischen Sprachen, welche mit dem Sächsischen Friesischen Skandinavischen Aehnlichkeit zeigen, s. J. Grimm Kleine Schriften 1, 64 ff.

„ 88 Zeile 8 v. o. Es lässt sich nicht absehen wie und warum die lateinische Volkssprache in Mösien und Illyrien während des 3. bis 6. Jhs. sich nach der lateinischen Volkssprache der Italiener gerichtet haben sollte; s. G. Paris Romania 1, 11, Anm. 3.

„ 89 Zeile 9 v. u. Es ist vergessen worden ausdrücklich zu bemerken was allerdings p. 62. 70 schon angedeutet war, dass die neben *ô* erscheinenden *uo* für hd. *uo* nicht als Diphthonge aufzufassen sind, sondern entweder als hd. Orthographie, als Culturübertragung, oder als Versuch die dem *u* sehr genäherte Aussprache des *ô* anzudeuten. Auch die Schreibung weist darauf hin. Zwar nicht in I, aber in II*γ*. II*δ*. III. VI. VII findet sich oft neben *uo* auch *ó ou*. Solches Schwanken der Schreibung hat uns in andern Fällen nur als Zeichen einer veränderten Klangfarbe, nicht einer Diphthongierung des Vocals gegolten. *Iu* und *ui* für hd. *iu* wies auf *ů*, p. 115, *ei ie* auf *é*, p. 62. 196. — Wo sonst noch *o̊* erscheint, insbesondere für *u o ou*, da mag es wirklichen Diphthong, oder eine zwischen *o* und *u* schwankende Aussprache bedeuten. Denn nur ganz vereinzelt findet sich daneben *uo*, — für *ou* gar nicht was auch oberdeutsch ausserordentlich selten ist, MSDm². p. 435, Graff 5, 347, — und vielleicht ist es immer eine unrichtige Auflösung des *u* bedeutenden Zeichens *ů*; s. hd. *u û* in V. VII. Steht *o̊ ou* für altes oder neu aus *u* entstandenes *o*, s. p. 70 ff., so folgt in der Regel eine Liquida, *v* oder *g*; s. hd. *o u* in III. IV. VII. Die Schreibung *uo* erscheint zu selten für *u*, und ist zu unsicher, als dass es geraten wäre den Lautwert *uo* für das Zeichen *o̊* anzunehmen, wie Weinhold es mit den in der Vorauer Hs. vor *n r l* häufigen *o̊* für *u* thut, Bair. Gram. § 100, vgl. § 114. — Wenn demnach das aus *u* neu entstandene *o* offen war, s. p. 71 f., so wird *o̊ ou* hier den Diphthong *òu* bedeuten, der im nnl. für hd. *ô* die Regel geworden ist; Donders p. 365. Für hd. *ou* wird die Schreibung *o̊ ou* aber wol auf *óu* weisen, s. III. VII. — Schwankungen der Orthographie sind bei so nahe liegenden Lauten natürlich. Doch ist es ganz vereinzelt, wenn z. B. hd. *ô* in *genôz* durch *o̊* gegeben wird, s. MSDm.² p. 582. *Ó* = got. *au* war ja auch geschlossen, nur dem Grade nach von *ó* = got. *ô* unterschieden: *o̊* wird auch hier die Nähe zum *u* bezeichnen; vgl. p. 69 f.

Pagina 93 Zeile 3 v. u. L. IIa, IIb statt II^{a,b}

» 96 » 4 v. o. Hinzuzufügen *hóva* L. 1, 3.

» 100 » 5 v. u. L. *málegûd*.

» 114 » 2 v. u. L. *Tiefânbekân*.

Pagina 119 „ 5 v. o. *Ch* für *g* bekanntlich auch in bairischer Orthographie, Zs. 12, 301.

„ 121 „ 1 v. u. L. *hatzlich*.

„ 122 „ 6 v. u. Hinzuzufügen *emetzigaz* Dm. LVI, 16.

„ 124 „ 9 v. u. Hinzuzufügen vor 2, 974: Mieris.

„ 127 „ 17 v. u. L. *tts* statt *tts'*. — 5 v. u. Es wäre auch Schmeller Mundarten Bayerns 81. 137 zu citieren gewesen.

„ 136 „ 8 v. u. Das Runenzeichen ist missraten. Es ist ein stehendes Oval mit einer vom Mittelpunkte bis an die obere Spitze gezogenen Linie.

„ 147 Zeile 1 v. u. Es war auch auf Ebel Kzs. 14, 34 zu verweisen.

„ 148 Zeile 13 v. o. Labialer Zetacismus kommt im Englischen nicht vor: das Beispiel ist unpassend. Eher hätte angeführt werden können die hie und da gehörte Aussprache: *kyind cyow unregyarded*, Flügel WB. 1, p. XV.

„ 161 Zeile 7. 8 v. o. L. *tunihha — zunica*. — Zu der ganzen Erörterung wäre noch hinzuzufügen dass für Uebertragung der Lautverschiebung aus dem Hd. ins Nfr. auch der Umstand spricht, dass im entgegengesetzten Falle entweder noch die heutige Aussprache oder die Denkmäler uns Spuren der Jeriation zeigen müsten. Statt dessen finden wir nur $p + h$ für hd. *pf* am Mittelrhein. Durch Aspiration ist aber die deutsche Lautverschiebung nicht entstanden, wie die Composita zeigen.

„ 166 Zeile 14 v. u. L. IIa und IIb statt II^a und II^b.

„ 196 Zeile 15 v. o. *Ei* für verlängertes *e* ist nicht parallel den *ai oi ui* für *á ó ú*, weil sich bei diesen nicht daneben ein *ia io iu* findet wie hier *ie*; aber es vergleicht sich dem *ui* das mit *iu* wechselt und den Umlaut des langen *u*-Lauts anzudeuten scheint.

Pagina 202 Unter 'Literatur' fehlen überall Denkmäler, welche mir nicht eine einheitliche Mundart zu zeigen schienen, darunter besonders Glossen.

„ 203 Zeile 4 v. o. L. 56 statt 65. — 5 v. o. Die kleine Chronik ist äusserst wüst geschrieben. Die Verfasserin strebt nach hd. Lautgebung, fällt aber immer wieder in einen Typus zurück, der IIb[1] zu sein scheint. — 5 v. u. Zu streichen: 1091 bis 1194. — 3 v. u. 1282 statt 1288.

„ 207 Zeile 15 v. u. Vor 'Gerresheim' einzuschieben: Düsseldorf, bergisch, Kzs. 20, 150 (1397).

„ 208 Zeile 8 v. u. L. III statt IIIa.

„ 220 „ 20 v. u. L. 24 (1614)[1] statt 24 (1614).

„ 224 „ 17 v. u. L. Solenander statt Solender.

„ 246 „ 15 v. o. L. *tô zô*.

„ 252 „ 11 v. u. L. *wûstinge* statt *wûstioge*.

„ 253 „ 3 v. o. L. *volvûren*.

„ 257 „ 6 v. o. Schwarzrheindorf gehört rechts Rhein, in Parallele 'Vilich'.

„ 307 „ 14 v. u. L. *redelicken*.

„ 317 „ 11 v. u. L. *Wâfeneshant*.

„ 325 „ 9 v. o. L. *Drinbrunnûn*.

„ 328 „ 11 v. o. L. B. 2, N. z. 2, 12. 15, p. 426.

„ 331 „ 14 v. u. *Holzmarchen* B. 2, N. z. 2, 16 gehört in Zeile 12 v. u.

„ 332 „ 10 v. u. L. *nâtselde*. — 7 v. u. Hinzuzufügen vor *sêstich: geschuyt*.

„ 335 „ 15 v. u. L. *barloys*.

„ 345 Zeile 13 v. o. L. 3 IX statt 2 IX. — In Nassau-Saarbrück wurde XI um die Mitte des 16. Jhs. officiell. Kremer theilt p. 626 und 627 drei beinahe gleichlautende Diplome mit, durch welche einzelne nassau-saarbrücksche Untertanen ermächtigt werden sich dem geistlichen Stande zu widmen. 626 (1541) bietet: *flissig zitlang siner, — ûsser, — frûnd, — ouch erlouben*, neben *Nassaw*, — und *togenlich*. — 627a (1544) *flissig zitlang siner*, neben *sein — ûsser, — freund, — ouch erlouben* neben *Nassaw*, — und *togenlich*. — 627b (1546) *vleissig zeitlang seiner sein, — aus, — freund, — auch erlauben Nassaw*, — und *dugelich*.

Pagina 346 Zeile 16 v. u. Hinzuzufügen vor 'Erneuung': Wt. 2, 281 (1565)², 6, 518². — 9 v. u. 10 XI statt 9 X.

„ 351 Zeile 3 v. o. L. *virsâde*.

„ 368 „ 3 v. o. L. 137.) statt 137).

„ 376 „ 14 v. u. L. *Minnisahvuen*.

„ 377 Unter Synkope wäre noch anzuführen: *eime coufde* B. 2, N. z. 2, 14a). — Auch Inclinationen bietet dieses Denkmal: *uffemo gegenmo bime*.

„ 378 Zur pronominalen Declination: *an den Binger wege* B. 2, N. z. 2, 14 a); s. p. 364.

„ 379 Zeile 1 v. o. L. Bassenheim, sw. Usingen.

„ 381 „ 8 v. o. L. *frûnde*.

„ 382 „ 7 v. u. Nach Rupertsberg ist 'und Wadgassen' einzuschalten.

„ 391 „ 13 v. o. 309 (1097) bis 203 (1030) zu streichen.

„ 400 „ 6 v. u. L. Diut statt Dit.

„ 429 „ 4 v. o. 'Hundsrück' zu streichen.

„ 429 „ 4 v. u. L. 162 statt 102.

„ 430 „ 8 v. o. L. *Stepán*.

„ 438 „ 10 v. o. L. *brût*.

„ 442 „ 5 v. o. Nach 'verwendet' einzuschalten: *in Trier*, s. p. 346.

„ 443 Zeile 6 v. o. 'Trier s. p. 346' zu streichen.

www.ingramcontent.com/pod-product-compliance
Lightning Source LLC
Chambersburg PA
CBHW022110300426
44117CB00007B/661